Heinemann | Hager | Murer (Hrsg.)

Wettbewerbsrecht

Wettbewerbsrecht

mit europarechtlichen Bezügen und Immaterialgüterrecht

TEXTAUSGABE

Herausgegeben von

Prof. Dr. iur. Andreas Heinemann
Dr. iur. Patricia Hager
Dr. iur. Angelika Murer

4. Auflage

Stand 1. Januar 2024

Bibliografische Information der Deutschen Nationalbibliothek
Die Deutsche Nationalbibliothek verzeichnet diese Publikation in der Deutschen Nationalbibliografie; detaillierte bibliografische Daten sind im Internet über http://dnb.dnb.de abrufbar.

Alle Rechte vorbehalten. Dieses Werk ist weltweit urheberrechtlich geschützt. Insbesondere das Recht, das Werk mittels irgendeines Mediums (grafisch, technisch, elektronisch und/oder digital, einschliesslich Fotokopie und Downloading) teilweise oder ganz zu vervielfältigen, vorzutragen, zu verbreiten, zu bearbeiten, zu übersetzen, zu übertragen oder zu speichern, liegt ausschliesslich beim Verlag. Jede Verwertung in den genannten oder in anderen als den gesetzlich zugelassenen Fällen bedarf deshalb der vorherigen schriftlichen Einwilligung des Verlags.

© 2024 Dike Verlag AG, Zürich/St. Gallen
ISBN 978-3-03891-591-1

www.dike.ch

Vorwort

Diese Textausgabe enthält die wichtigsten Erlasse auf dem Gebiet des Wettbewerbsrechts. Den Kern bilden das Kartellrecht und das Recht gegen den unlauteren Wettbewerb. Im Mittelpunkt stehen also das Bundesgesetz über Kartelle und andere Wettbewerbsbeschränkungen (Kartellgesetz, KG) und das Bundesgesetz gegen den unlauteren Wettbewerb (UWG). Das Kartellgesetz wird durch zahlreiche Erlasse ausgefüllt, die sich mit der Wettbewerbskommission, dem Verfahren, den Gebühren und Sanktionen sowie der Zusammenschlusskontrolle befassen. Gesetze und Verordnungen werden durch Bekanntmachungen der Wettbewerbskommission konkretisiert. So wurden in diese Sammlung die Vertikalbekanntmachung (Neufassung 2023), die KFZ-Verordnung und die Bekanntmachung über Kalkulationshilfen aufgenommen. Auch das Preisüberwachungsgesetz (PüG) folgt kartellrechtlichen Kategorien. Auf dem Gebiet des Lauterkeitsrechts ist die Verordnung über die Bekanntgabe von Preisen (Preisbekanntgabeverordnung, PBV) ein wichtiger Erlass zur Begleitung des UWG.

Der Wettbewerb wird nicht nur durch die Wettbewerbsgesetze im engeren Sinn geschützt, sondern ordnet sich in ein grösseres System ein, das Wettbewerb erst möglich macht. Auch diesen allgemeinen Ordnungsrahmen will die vorliegende Textsammlung sichtbar machen. Grundlegend sind die Vorgaben der Bundesverfassung zur Wirtschaftsfreiheit und zum Wettbewerb. Das Bundesgesetz über den Binnenmarkt (Binnenmarktgesetz, BGBM) bekämpft die interkantonalen Beschränkungen der beruflichen Mobilität und des Wirtschaftsverkehrs. Das Bundesgesetz über die technischen Handelshemmnisse (THG) beseitigt demgegenüber Behinderungen des grenzüberschreitenden Handels aufgrund technischer Vorschriften. Der wichtigste Handelspartner der Schweiz ist die EU. Wichtige bilaterale Verträge bauen Handelsbarrieren zwischen der Schweiz und der EU ab und bilden die Grundlage für die gegenseitigen Wirtschaftsbeziehungen. In dieser Sammlung sind das Freihandelsabkommen von 1972 (FHA) und das Luftverkehrsabkommen (LVA) von 1999 abgedruckt. Letzteres enthält auch Regeln über die Anwendung des Wettbewerbsrechts im bilateralen Verhältnis. Während diese Besonderheiten auf den Luftverkehr beschränkt sind, hat das am 1. Dezember 2014 in Kraft getretene Abkommen zwischen der Schweiz und der EU über die Zusammenarbeit auf dem Gebiet des Wettbewerbsrechts allgemeine Reichweite. Als Kooperationsabkommen der zweiten Generation ermöglicht es den Wettbewerbsbehörden der Schweiz und der EU den Austausch vertraulicher Informationen. Hierauf baut auch das neue Wettbewerbsabkommen zwischen der Schweiz und Deutschland auf, das am 1. September 2023 in Kraft getreten ist. Aufgrund der besonderen Bedeutung des EU-Rechts für Schweizer Unternehmen finden sich in dieser Sammlung auch die wichtigsten Erlasse des Europäischen Wettbewerbsrechts.

Der Wettbewerb dient nicht nur optimaler Faktorallokation und leistungsgerechter Einkommensverteilung. Er ist auch das beste Instrument zur schnellen Anpassung an geänderte Verhältnisse und zur Förderung des technischen Fortschritts. Hierin besteht eine Übereinstimmung mit dem Immaterialgüterrecht, das ebenfalls auf die Hervorbringung von Innovationen zielt. Das Verhältnis zwischen Immaterialgüterrecht und Wettbewerbsrecht ist nicht immer spannungsfrei. Die wichtigsten immaterialgüterrechtlichen Texte (Patentgesetz, Urheberrechtsgesetz, Designgesetz und Markenschutzgesetz) wurden wegen ihres starken Wettbewerbsbezugs ebenfalls in diese Sammlung aufgenommen.

Die Neuauflage bringt die Textausgabe auf den Stand vom 1. Januar 2024. Sie berücksichtigt neben den laufenden Änderungen insbesondere die Einführung des Konzepts der relativen Marktmacht in das Kartellgesetz zum 1. Januar 2022, das neue Vertriebskartellrecht in der EU (Gruppenfreistellungsverordnung 2022/720) und der Schweiz (neue Vertikalbekanntmachung zum 1. Januar 2023 und KFZ-Verordnung zum 29. November 2023) sowie die Einführung von Regeln gegen das Geoblocking (Art. 3a) und gegen Paritätsklauseln im Beherbergungsgewerbe (Art. 8a) im UWG.

Wer eine konzise Einführung in das Wettbewerbsrecht sucht, kann auf den ebenfalls im Dike-Verlag erschienenen Band von Heinemann/Kellerhals, Wettbewerbsrecht *in a nutshell* (3. Auflage 2023), verwiesen werden.

Im Januar 2024 Andreas Heinemann/Patricia Hager/Angelika Murer

Inhaltsverzeichnis

B. Europäisches Wettbewerbsrecht

I. Kartellrecht

II. Lauterkeitsrecht

C. Immaterialgüterrecht

A. Schweizerisches Wettbewerbsrecht

I. Kartellrecht

Bundesverfassung der Schweizerischen Eidgenossenschaft

vom 18. April 1999 (Stand am 1. Januar 2024)

Präambel

Im Namen Gottes des Allmächtigen! Das Schweizervolk und die Kantone, in der Verantwortung gegenüber der Schöpfung, im Bestreben, den Bund zu erneuern, um Freiheit und Demokratie, Unabhängigkeit und Frieden in Solidarität und Offenheit gegenüber der Welt zu stärken, im Willen, in gegenseitiger Rücksichtnahme und Achtung ihre Vielfalt in der Einheit zu leben, im Bewusstsein der gemeinsamen Errungenschaften und der Verantwortung gegenüber den künftigen Generationen, gewiss, dass frei nur ist, wer seine Freiheit gebraucht, und dass die Stärke des Volkes sich misst am Wohl der Schwachen, geben sich folgende Verfassung[1]:

[…]

2. Titel Grundrechte, Bürgerrechte und Sozialziele

1. Kapitel: Grundrechte

[…]

Art. 26 *Eigentumsgarantie*

[1] Das Eigentum ist gewährleistet.

[2] Enteignungen und Eigentumsbeschränkungen, die einer Enteignung gleichkommen, werden voll entschädigt.

Art. 27 *Wirtschaftsfreiheit*

[1] Die Wirtschaftsfreiheit ist gewährleistet.

[2] Sie umfasst insbesondere die freie Wahl des Berufes sowie den freien Zugang zu einer privatwirtschaftlichen Erwerbstätigkeit und deren freie Ausübung.

Art. 28 *Koalitionsfreiheit*

[1] Die Arbeitnehmerinnen und Arbeitnehmer, die Arbeitgeberinnen und Arbeitgeber sowie ihre Organisationen haben das Recht, sich zum Schutz ihrer Inte-

---

AS **1999** 2556

[1] Angenommen in der Volksabstimmung vom 18. April 1999 (BB vom 18. Dez. 1998, BRB vom 11. Aug. 1999 – AS **1999** 2556; BBl **1997** I 1, **1999** 162 5986).

ressen zusammenzuschliessen, Vereinigungen zu bilden und solchen beizutreten oder fern zu bleiben.

[2] Streitigkeiten sind nach Möglichkeit durch Verhandlung oder Vermittlung beizulegen.

[3] Streik und Aussperrung sind zulässig, wenn sie Arbeitsbeziehungen betreffen und wenn keine Verpflichtungen entgegenstehen, den Arbeitsfrieden zu wahren oder Schlichtungsverhandlungen zu führen.

[4] Das Gesetz kann bestimmten Kategorien von Personen den Streik verbieten.

Art. 29 *Allgemeine Verfahrensgarantien*

[1] Jede Person hat in Verfahren vor Gerichts- und Verwaltungsinstanzen Anspruch auf gleiche und gerechte Behandlung sowie auf Beurteilung innert angemessener Frist.

[2] Die Parteien haben Anspruch auf rechtliches Gehör.

[3] Jede Person, die nicht über die erforderlichen Mittel verfügt, hat Anspruch auf unentgeltliche Rechtspflege, wenn ihr Rechtsbegehren nicht aussichtslos erscheint. Soweit es zur Wahrung ihrer Rechte notwendig ist, hat sie ausserdem Anspruch auf unentgeltlichen Rechtsbeistand.

Art. 29*a*[5] *Rechtsweggarantie*

Jede Person hat bei Rechtsstreitigkeiten Anspruch auf Beurteilung durch eine richterliche Behörde. Bund und Kantone können durch Gesetz die richterliche Beurteilung in Ausnahmefällen ausschliessen.

Art. 30 *Gerichtliche Verfahren*

[1] Jede Person, deren Sache in einem gerichtlichen Verfahren beurteilt werden muss, hat Anspruch auf ein durch Gesetz geschaffenes, zuständiges, unabhängiges und unparteiisches Gericht. Ausnahmegerichte sind untersagt.

[2] Jede Person, gegen die eine Zivilklage erhoben wird, hat Anspruch darauf, dass die Sache vom Gericht des Wohnsitzes beurteilt wird. Das Gesetz kann einen anderen Gerichtsstand vorsehen.

[3] Gerichtsverhandlung und Urteilsverkündung sind öffentlich. Das Gesetz kann Ausnahmen vorsehen.

---

[5] Angenommen in der Volksabstimmung vom 12. März 2000, in Kraft seit 1. Jan. 2007 (BB vom 8. Okt. 1999, BRB vom 17. Mai 2000, BB vom 8. März 2005 – AS **2002** 3148, **2006** 1059; BBl **1997** I 1, **1999** 8633, **2000** 2990, **2001** 4202).

3. Titel: Bund, Kantone und Gemeinden

2. Kapitel: Zuständigkeiten

7. Abschnitt: Wirtschaft

[...]

Art. 94 *Grundsätze der Wirtschaftsordnung*

1 Bund und Kantone halten sich an den Grundsatz der Wirtschaftsfreiheit.

2 Sie wahren die Interessen der schweizerischen Gesamtwirtschaft und tragen mit der privaten Wirtschaft zur Wohlfahrt und zur wirtschaftlichen Sicherheit der Bevölkerung bei.

3 Sie sorgen im Rahmen ihrer Zuständigkeiten für günstige Rahmenbedingungen für die private Wirtschaft.

4 Abweichungen vom Grundsatz der Wirtschaftsfreiheit, insbesondere auch Massnahmen, die sich gegen den Wettbewerb richten, sind nur zulässig, wenn sie in der Bundesverfassung vorgesehen oder durch kantonale Regalrechte begründet sind.

Art. 95 *Privatwirtschaftliche Erwerbstätigkeit*[57]

1 Der Bund kann Vorschriften erlassen über die Ausübung der privatwirtschaftlichen Erwerbstätigkeit.

2 Er sorgt für einen einheitlichen schweizerischen Wirtschaftsraum. Er gewährleistet, dass Personen mit einer wissenschaftlichen Ausbildung oder mit einem eidgenössischen, kantonalen oder kantonal anerkannten Ausbildungsabschluss ihren Beruf in der ganzen Schweiz ausüben können.

3 Zum Schutz der Volkswirtschaft, des Privateigentums und der Aktionärinnen und Aktionäre sowie im Sinne einer nachhaltigen Unternehmensführung regelt das Gesetz die im In- oder Ausland kotierten Schweizer Aktiengesellschaften nach folgenden Grundsätzen:

a. Die Generalversammlung stimmt jährlich über die Gesamtsumme aller Vergütungen (Geld und Wert der Sachleistungen) des Verwaltungsrates, der Geschäftsleitung und des Beirates ab. Sie wählt jährlich die Verwaltungsratspräsidentin oder den Verwaltungsratspräsidenten und einzeln die Mitglieder des Verwaltungsrates und des Vergütungsausschusses sowie die unabhängige Stimmrechtsvertreterin oder den unabhängigen Stimmrechtsvertreter. Die Pensionskassen stimmen im Interesse ihrer Versicherten ab und legen offen, wie sie gestimmt haben. Die Aktionärinnen und Aktionä-

[57] Mit Übergangsbestimmung.

re können elektronisch fernabstimmen; die Organ- und Depotstimmrechtsvertretung ist untersagt.

b. Die Organmitglieder erhalten keine Abgangs- oder andere Entschädigung, keine Vergütung im Voraus, keine Prämie für Firmenkäufe und -verkäufe und keinen zusätzlichen Berater- oder Arbeitsvertrag von einer anderen Gesellschaft der Gruppe. Die Führung der Gesellschaft kann nicht an eine juristische Person delegiert werden.

c. Die Statuten regeln die Höhe der Kredite, Darlehen und Renten an die Organmitglieder, deren Erfolgs- und Beteiligungspläne und deren Anzahl Mandate ausserhalb des Konzerns sowie die Dauer der Arbeitsverträge der Geschäftsleitungsmitglieder.

d. Widerhandlung gegen die Bestimmungen nach den Buchstaben a–c wird mit Freiheitsstrafe bis zu drei Jahren und Geldstrafe bis zu sechs Jahresvergütungen bestraft.[58]

Art. 96 *Wettbewerbspolitik*

[1] Der Bund erlässt Vorschriften gegen volkswirtschaftlich oder sozial schädliche Auswirkungen von Kartellen und anderen Wettbewerbsbeschränkungen.

[2] Er trifft Massnahmen:

a. zur Verhinderung von Missbräuchen in der Preisbildung durch marktmächtige Unternehmen und Organisationen des privaten und des öffentlichen Rechts;

b. gegen den unlauteren Wettbewerb.

Art. 97 *Schutz der Konsumentinnen und Konsumenten*

[1] Der Bund trifft Massnahmen zum Schutz der Konsumentinnen und Konsumenten.

[2] Er erlässt Vorschriften über die Rechtsmittel, welche die Konsumentenorganisationen ergreifen können. Diesen Organisationen stehen im Bereich der Bundesgesetzgebung über den unlauteren Wettbewerb die gleichen Rechte zu wie den Berufs- und Wirtschaftsverbänden.

[3] Die Kantone sehen für Streitigkeiten bis zu einem bestimmten Streitwert ein Schlichtungsverfahren oder ein einfaches und rasches Gerichtsverfahren vor. Der Bundesrat legt die Streitwertgrenze fest.

---

[58] Angenommen in der Volksabstimmung vom 3. März 2013, in Kraft seit 3. März 2013 (BRB vom 15. Nov. 2012 und 30. April 2013 – AS **2013** 1303; BBl **2006** 8755, **2008** 2577, **2009** 299, **2012** 9219, **2013** 3129).

Art. 98 *Banken und Versicherungen*

[1] Der Bund erlässt Vorschriften über das Banken- und Börsenwesen; er trägt dabei der besonderen Aufgabe und Stellung der Kantonalbanken Rechnung.

[2] Er kann Vorschriften erlassen über Finanzdienstleistungen in anderen Bereichen.

[3] Er erlässt Vorschriften über das Privatversicherungswesen.

Art. 99 *Geld- und Währungspolitik*

[1] Das Geld- und Währungswesen ist Sache des Bundes; diesem allein steht das Recht zur Ausgabe von Münzen und Banknoten zu.

[2] Die Schweizerische Nationalbank führt als unabhängige Zentralbank eine Geld und Währungspolitik, die dem Gesamtinteresse des Landes dient; sie wird unter Mitwirkung und Aufsicht des Bundes verwaltet.

[3] Die Schweizerische Nationalbank bildet aus ihren Erträgen ausreichende Währungsreserven; ein Teil dieser Reserven wird in Gold gehalten.

[4] Der Reingewinn der Schweizerischen Nationalbank geht zu mindestens zwei Dritteln an die Kantone.

Art. 100 *Konjunkturpolitik*

[1] Der Bund trifft Massnahmen für eine ausgeglichene konjunkturelle Entwicklung, insbesondere zur Verhütung und Bekämpfung von Arbeitslosigkeit und Teuerung.

[2] Er berücksichtigt die wirtschaftliche Entwicklung der einzelnen Landesgegenden. Er arbeitet mit den Kantonen und der Wirtschaft zusammen.

[3] Im Geld- und Kreditwesen, in der Aussenwirtschaft und im Bereich der öffentlichen Finanzen kann er nötigenfalls vom Grundsatz der Wirtschaftsfreiheit abweichen.

[4] Bund, Kantone und Gemeinden berücksichtigen in ihrer Einnahmen- und Ausgabenpolitik die Konjunkturlage.

[5] Der Bund kann zur Stabilisierung der Konjunktur vorübergehend auf bundesrechtlichen Abgaben Zuschläge erheben oder Rabatte gewähren. Die abgeschöpften Mittel sind stillzulegen; nach der Freigabe werden direkte Abgaben individuell zurückerstattet, indirekte zur Gewährung von Rabatten oder zur Arbeitsbeschaffung verwendet.

[6] Der Bund kann die Unternehmen zur Bildung von Arbeitsbeschaffungsreserven verpflichten; er gewährt dafür Steuererleichterungen und kann dazu auch die Kantone verpflichten. Nach der Freigabe der Reserven entscheiden die

Unternehmen frei über deren Einsatz im Rahmen der gesetzlichen Verwendungszwecke.

Art. 101 *Aussenwirtschaftspolitik*

[1] Der Bund wahrt die Interessen der schweizerischen Wirtschaft im Ausland.

[2] In besonderen Fällen kann er Massnahmen treffen zum Schutz der inländischen Wirtschaft. Er kann nötigenfalls vom Grundsatz der Wirtschaftsfreiheit abweichen.

Art. 102 *Landesversorgung*[59]

[1] Der Bund stellt die Versorgung des Landes mit lebenswichtigen Gütern und Dienstleistungen sicher für den Fall machtpolitischer oder kriegerischer Bedrohungen sowie in schweren Mangellagen, denen die Wirtschaft nicht selbst zu begegnen vermag. Er trifft vorsorgliche Massnahmen.

[2] Er kann nötigenfalls vom Grundsatz der Wirtschaftsfreiheit abweichen.

Art. 103 *Strukturpolitik*[60]

Der Bund kann wirtschaftlich bedrohte Landesgegenden unterstützen sowie Wirtschaftszweige und Berufe fördern, wenn zumutbare Selbsthilfemassnahmen zur Sicherung ihrer Existenz nicht ausreichen. Er kann nötigenfalls vom Grundsatz der Wirtschaftsfreiheit abweichen.

Art. 104 *Landwirtschaft*

[1] Der Bund sorgt dafür, dass die Landwirtschaft durch eine nachhaltige und auf den Markt ausgerichtete Produktion einen wesentlichen Beitrag leistet zur:

a. sicheren Versorgung der Bevölkerung;
b. Erhaltung der natürlichen Lebensgrundlagen und zur Pflege der Kulturlandschaft;
c. dezentralen Besiedlung des Landes.

[2] Ergänzend zur zumutbaren Selbsthilfe der Landwirtschaft und nötigenfalls abweichend vom Grundsatz der Wirtschaftsfreiheit fördert der Bund die bodenbewirtschaftenden bäuerlichen Betriebe.

[3] Er richtet die Massnahmen so aus, dass die Landwirtschaft ihre multifunktionalen Aufgaben erfüllt. Er hat insbesondere folgende Befugnisse und Aufgaben:

[59] Mit Übergangsbestimmung.
[60] Mit Übergangsbestimmung.

a. Er ergänzt das bäuerliche Einkommen durch Direktzahlungen zur Erzielung eines angemessenen Entgelts für die erbrachten Leistungen, unter der Voraussetzung eines ökologischen Leistungsnachweises.

b. Er fördert mit wirtschaftlich lohnenden Anreizen Produktionsformen, die besonders naturnah, umwelt- und tierfreundlich sind.

c. Er erlässt Vorschriften zur Deklaration von Herkunft, Qualität, Produktionsmethode und Verarbeitungsverfahren für Lebensmittel.

d. Er schützt die Umwelt vor Beeinträchtigungen durch überhöhten Einsatz von Düngstoffen, Chemikalien und anderen Hilfsstoffen.

e. Er kann die landwirtschaftliche Forschung, Beratung und Ausbildung fördern sowie Investitionshilfen leisten.

f. Er kann Vorschriften zur Festigung des bäuerlichen Grundbesitzes erlassen.

[4] Er setzt dafür zweckgebundene Mittel aus dem Bereich der Landwirtschaft und allgemeine Bundesmittel ein.

Art. 104*a*[61] *Ernährungssicherheit*

Zur Sicherstellung der Versorgung der Bevölkerung mit Lebensmitteln schafft der Bund Voraussetzungen für:

a. die Sicherung der Grundlagen für die landwirtschaftliche Produktion, insbesondere des Kulturlandes;

b. eine standortangepasste und ressourceneffiziente Lebensmittelproduktion;

c. eine auf den Markt ausgerichtete Land- und Ernährungswirtschaft;

d. grenzüberschreitende Handelsbeziehungen, die zur nachhaltigen Entwicklung der Land- und Ernährungswirtschaft beitragen;

e. einen ressourcenschonenden Umgang mit Lebensmitteln.

Art. 105 *Alkohol*

Die Gesetzgebung über Herstellung, Einfuhr, Reinigung und Verkauf gebrannter Wasser ist Sache des Bundes. Der Bund trägt insbesondere den schädlichen Wirkungen des Alkoholkonsums Rechnung.

[61] Angenommen in der Volksabstimmung vom 24. Sept. 2017, in Kraft seit 24. Sept. 2017 (BB vom 14. März 2017, BRB vom 30. Nov. 2017 – AS **2017** 6735; BBl **2014** 6135; **2015** 5753; **2017** 2495, 7829).

Art. 106[62] *Geldspiele*

[1] Der Bund erlässt Vorschriften über die Geldspiele; er trägt dabei den Interessen der Kantone Rechnung.

[2] Für die Errichtung und den Betrieb von Spielbanken ist eine Konzession des Bundes erforderlich. Der Bund berücksichtigt bei der Konzessionserteilung die regionalen Gegebenheiten. Er erhebt eine ertragsabhängige Spielbankenabgabe; diese darf 80 Prozent der Bruttospielerträge nicht übersteigen. Diese Abgabe ist für die Alters-, Hinterlassenen- und Invalidenversicherung bestimmt.

[3] Die Kantone sind zuständig für die Bewilligung und die Beaufsichtigung:

a. der Geldspiele, die einer unbegrenzten Zahl Personen offenstehen, an mehreren Orten angeboten werden und derselben Zufallsziehung oder einer ähnlichen Prozedur unterliegen; ausgenommen sind die Jackpotsysteme der Spielbanken;

b. der Sportwetten;

c. der Geschicklichkeitsspiele.

[4] Die Absätze 2 und 3 finden auch auf die telekommunikationsgestützt durchgeführten Geldspiele Anwendung.

[5] Bund und Kantone tragen den Gefahren der Geldspiele Rechnung. Sie stellen durch Gesetzgebung und Aufsichtsmassnahmen einen angemessenen Schutz sicher und berücksichtigen dabei die unterschiedlichen Merkmale der Spiele sowie Art und Ort des Spielangebots.

[6] Die Kantone stellen sicher, dass die Reinerträge aus den Spielen gemäss Absatz 3 Buchstaben a und b vollumfänglich für gemeinnützige Zwecke, namentlich in den Bereichen Kultur, Soziales und Sport, verwendet werden.

[7] Der Bund und die Kantone koordinieren sich bei der Erfüllung ihrer Aufgaben. Das Gesetz schafft zu diesem Zweck ein gemeinsames Organ, das hälftig aus Mitgliedern der Vollzugsorgane des Bundes und der Kantone zusammengesetzt ist.

[62] Angenommen in der Volksabstimmung vom 11. März 2012, in Kraft seit 11. März 2012 (BB vom 29. Sept. 2011, BRB vom 20. Juni 2012 – AS **2012** 3629; BBl **2009** 7019, **2010** 7961, **2012** 6623).

10. Abschnitt: Zivilrecht, Strafrecht, Messwesen

[...]

Art. 122[92] *Zivilrecht*

[1] Die Gesetzgebung auf dem Gebiet des Zivilrechts und des Zivilprozessrechts ist Sache des Bundes.

[2] Für die Organisation der Gerichte und die Rechtsprechung in Zivilsachen sind die Kantone zuständig, soweit das Gesetz nichts anderes vorsieht.

Art. 123[93] *Strafrecht*

[1] Die Gesetzgebung auf dem Gebiet des Strafrechts und des Strafprozessrechts ist Sache des Bundes.

[2] Für die Organisation der Gerichte, die Rechtsprechung in Strafsachen sowie den Straf- und Massnahmenvollzug sind die Kantone zuständig, soweit das Gesetz nichts anderes vorsieht.

[3] Der Bund kann Vorschriften zum Straf- und Massnahmenvollzug erlassen. Er kann den Kantonen Beiträge gewähren:

a. für die Errichtung von Anstalten;

b. für Verbesserungen im Straf- und Massnahmenvollzug;

c. an Einrichtungen, die erzieherische Massnahmen an Kinder, Jugendlichen und jungen Erwachsenen vollziehen.[94]

[92] Angenommen in der Volksabstimmung vom 12. März 2000, in Kraft seit 1. Jan. 2007 (BB vom 8. Okt. 1999, BRB vom 17. Mai 2000, BB vom 8. März 2005 – AS **2002** 3148, **2006** 1059; BBl **1997** I 1, **1999** 8633, **2000** 2990, **2001** 4202).

[93] Angenommen in der Volksabstimmung vom 12. März 2000, in Kraft seit 1. April 2003 (BB vom 8. Okt. 1999, BRB vom 17. Mai 2000, BB vom 24. Sept. 2002 – AS **2002** 3148; BBl **1997** I 1, **1999** 8633, **2000** 2990, **2001** 4202).

[94] Angenommen in der Volksabstimmung vom 28. Nov. 2004, in Kraft seit 1. Jan. 2008 (BB vom 3. Okt. 2003, BRB vom 26. Jan. 2005, BRB vom 7. Nov. 2007 – AS **2007** 5765; BBl **2002** 2291, **2003** 6591, **2005** 951).

Bundesgesetz über Kartelle und andere Wettbewerbsbeschränkungen (Kartellgesetz, KG)

vom 6. Oktober 1995 (Stand am 1. Juli 2023)

Die Bundesversammlung der Schweizerischen Eidgenossenschaft,

gestützt auf die Artikel 27 Absatz 1, 96[1], 97 Absatz 2 und 122[2] der Bundesverfassung[3],[4]

in Ausführung der wettbewerbsrechtlichen Bestimmungen internationaler Abkommen,

nach Einsicht in die Botschaft des Bundesrates vom 23. November 1994[5],

beschliesst:

AS **1996** 546

[1] Dieser Bestimmung entspricht Art. 31bis der BV vom 29. Mai 1874 [BS **1** 3].

[2] Dieser Bestimmung entspricht Art. 64 der BV vom 29. Mai 1874 [BS **1** 3].

[3] SR **101**

[4] Fassung gemäss Ziff. I des BG vom 20. Juni 2003, in Kraft seit 1. April 2004 (AS **2004** 1385; BBl **2002** 2022 5506).

[5] BBl **1995** I 468

1. Kapitel: Allgemeine Bestimmungen

Art. 1 *Zweck*

Dieses Gesetz bezweckt, volkswirtschaftlich oder sozial schädliche Auswirkungen von Kartellen und anderen Wettbewerbsbeschränkungen zu verhindern und damit den Wettbewerb im Interesse einer freiheitlichen marktwirtschaftlichen Ordnung zu fördern.

Art. 2 *Geltungsbereich*

[1] Das Gesetz gilt für Unternehmen des privaten und des öffentlichen Rechts, die Kartell- oder andere Wettbewerbsabreden treffen, Marktmacht ausüben oder sich an Unternehmenszusammenschlüssen beteiligen.

[1bis] Als Unternehmen gelten sämtliche Nachfrager oder Anbieter von Gütern und Dienstleistungen im Wirtschaftsprozess, unabhängig von ihrer Rechts- oder Organisationsform.[6]

[2] Das Gesetz ist auf Sachverhalte anwendbar, die sich in der Schweiz auswirken, auch wenn sie im Ausland veranlasst werden.

Art. 3 *Verhältnis zu anderen Rechtsvorschriften*

[1] Vorbehalten sind Vorschriften, soweit sie auf einem Markt für bestimmte Waren oder Leistungen Wettbewerb nicht zulassen, insbesondere Vorschriften:

a. die eine staatliche Markt- oder Preisordnung begründen;

b. die einzelne Unternehmen zur Erfüllung öffentlicher Aufgaben mit besonderen Rechten ausstatten.

[2] Nicht unter das Gesetz fallen Wettbewerbswirkungen, die sich ausschliesslich aus der Gesetzgebung über das geistige Eigentum ergeben. Hingegen unterliegen Einfuhrbeschränkungen, die sich auf Rechte des geistigen Eigentums stützen, der Beurteilung nach diesem Gesetz.[7]

[3] Verfahren zur Beurteilung von Wettbewerbsbeschränkungen nach diesem Gesetz gehen Verfahren nach dem Preisüberwachungsgesetz vom 20. Dezember 1985[8] vor, es sei denn die Wettbewerbskommission und der Preisüberwacher treffen gemeinsam eine gegenteilige Regelung.

---

[6] Eingefügt durch Ziff. I des BG vom 20. Juni 2003, in Kraft seit 1. April 2004 (AS **2004** 1385; BBl **2002** 2022 5506).

[7] Satz eingefügt durch Ziff. I des BG vom 20. Juni 2003, in Kraft seit 1. April 2004 (AS **2004** 1385; BBl **2002** 2022 5506).

[8] SR **942.20**

Art. 4 *Begriffe*

[1] Als Wettbewerbsabreden gelten rechtlich erzwingbare oder nicht erzwingbare Vereinbarungen sowie aufeinander abgestimmte Verhaltensweisen von Unternehmen gleicher oder verschiedener Marktstufen, die eine Wettbewerbsbeschränkung bezwecken oder bewirken.

[2] Als marktbeherrschende Unternehmen gelten einzelne oder mehrere Unternehmen, die auf einem Markt als Anbieter oder Nachfrager in der Lage sind, sich von andern Marktteilnehmern (Mitbewerbern, Anbietern oder Nachfragern) in wesentlichem Umfang unabhängig zu verhalten.[9]

[2bis] Als relativ marktmächtiges Unternehmen gilt ein Unternehmen, von dem andere Unternehmen beim Angebot oder bei der Nachfrage einer Ware oder Leistung in einer Weise abhängig sind, dass keine ausreichenden und zumutbaren Möglichkeiten bestehen, auf andere Unternehmen auszuweichen.[10]

[3] Als Unternehmenszusammenschluss gilt:

a. die Fusion von zwei oder mehr bisher voneinander unabhängigen Unternehmen;

b. jeder Vorgang, wie namentlich der Erwerb einer Beteiligung oder der Abschluss eines Vertrages, durch den ein oder mehrere Unternehmen unmittelbar oder mittelbar die Kontrolle über ein oder mehrere bisher unabhängige Unternehmen oder Teile von solchen erlangen.

2. Kapitel: Materiellrechtliche Bestimmungen

1. Abschnitt: Unzulässige Wettbewerbsbeschränkungen

Art. 5 *Unzulässige Wettbewerbsabreden*

[1] Abreden, die den Wettbewerb auf einem Markt für bestimmte Waren oder Leistungen erheblich beeinträchtigen und sich nicht durch Gründe der wirtschaftlichen Effizienz rechtfertigen lassen, sowie Abreden, die zur Beseitigung wirksamen Wettbewerbs führen, sind unzulässig.

[2] Wettbewerbsabreden sind durch Gründe der wirtschaftlichen Effizienz gerechtfertigt, wenn sie:

a. notwendig sind, um die Herstellungs- oder Vertriebskosten zu senken, Produkte oder Produktionsverfahren zu verbessern, die Forschung oder die

---

[9] Fassung gemäss Ziff. I des BG vom 20. Juni 2003, in Kraft seit 1. April 2004 (AS **2004** 1385; BBl **2002** 2022 5506).

[10] Eingefügt durch Ziff. I des BG vom 19. März 2021, in Kraft seit 1. Jan. 2022 (AS **2021** 576; BBl **2019** 4877).

Verbreitung von technischem oder beruflichem Wissen zu fördern oder um Ressourcen rationeller zu nutzen; und

b. den beteiligten Unternehmen in keinem Fall Möglichkeiten eröffnen, wirksamen Wettbewerb zu beseitigen.

[3] Die Beseitigung wirksamen Wettbewerbs wird bei folgenden Abreden vermutet, sofern sie zwischen Unternehmen getroffen werden, die tatsächlich oder der Möglichkeit nach miteinander im Wettbewerb stehen:

a. Abreden über die direkte oder indirekte Festsetzung von Preisen;

b. Abreden über die Einschränkung von Produktions-, Bezugs- oder Liefermengen;

c. Abreden über die Aufteilung von Märkten nach Gebieten oder Geschäftspartnern.

[4] Die Beseitigung wirksamen Wettbewerbs wird auch vermutet bei Abreden zwischen Unternehmen verschiedener Marktstufen über Mindest- oder Festpreise sowie bei Abreden in Vertriebsverträgen über die Zuweisung von Gebieten, soweit Verkäufe in diese durch gebietsfremde Vertriebspartner ausgeschlossen werden.[11]

Art. 6 *Gerechtfertigte Arten von Wettbewerbsabreden*

[1] In Verordnungen oder allgemeinen Bekanntmachungen können die Voraussetzungen umschrieben werden, unter denen einzelne Arten von Wettbewerbsabreden aus Gründen der wirtschaftlichen Effizienz in der Regel als gerechtfertigt gelten. Dabei werden insbesondere die folgenden Abreden in Betracht gezogen:

a. Abreden über die Zusammenarbeit bei der Forschung und Entwicklung;

b. Abreden über die Spezialisierung und Rationalisierung, einschliesslich diesbezügliche Abreden über den Gebrauch von Kalkulationshilfen;

c. Abreden über den ausschliesslichen Bezug oder Absatz bestimmter Waren oder Leistungen;

d. Abreden über die ausschliessliche Lizenzierung von Rechten des geistigen Eigentums;

e.[12] Abreden mit dem Zweck, die Wettbewerbsfähigkeit kleiner und mittlerer Unternehmen zu verbessern, sofern sie nur eine beschränkte Marktwirkung aufweisen.

---

[11] Eingefügt durch Ziff. I des BG vom 20. Juni 2003, in Kraft seit 1. April 2004 (AS **2004** 1385; BBl **2002** 2022 5506).

[12] Eingefügt durch Ziff. I des BG vom 20. Juni 2003, in Kraft seit 1. April 2004 (AS **2004** 1385; BBl **2002** 2022 5506).

[2] Verordnungen und allgemeine Bekanntmachungen können auch besondere Kooperationsformen in einzelnen Wirtschaftszweigen, namentlich Abreden über die rationelle Umsetzung von öffentlich-rechtlichen Vorschriften zum Schutze von Kunden oder Anlegern im Bereich der Finanzdienstleistungen, als in der Regel gerechtfertigte Wettbewerbsabreden bezeichnen.

[3] Allgemeine Bekanntmachungen werden von der Wettbewerbskommission im Bundesblatt veröffentlicht. Verordnungen im Sinne der Absätze 1 und 2 werden vom Bundesrat erlassen.

Art. 7 *Unzulässige Verhaltensweisen marktbeherrschender und relativ marktmächtiger Unternehmen*[13]

[1] Marktbeherrschende und relativ marktmächtige Unternehmen verhalten sich unzulässig, wenn sie durch den Missbrauch ihrer Stellung auf dem Markt andere Unternehmen in der Aufnahme oder Ausübung des Wettbewerbs behindern oder die Marktgegenseite benachteiligen.[14]

[2] Als solche Verhaltensweisen fallen insbesondere in Betracht:

a. die Verweigerung von Geschäftsbeziehungen (z. B. die Liefer- oder Bezugssperre);
b. die Diskriminierung von Handelspartnern bei Preisen oder sonstigen Geschäftsbedingungen;
c. die Erzwingung unangemessener Preise oder sonstiger unangemessener Geschäftsbedingungen;
d. die gegen bestimmte Wettbewerber gerichtete Unterbietung von Preisen oder sonstigen Geschäftsbedingungen;
e. die Einschränkung der Erzeugung, des Absatzes oder der technischen Entwicklung;
f. die an den Abschluss von Verträgen gekoppelte Bedingung, dass die Vertragspartner zusätzliche Leistungen annehmen oder erbringen.
g.[15] die Einschränkung der Möglichkeit der Nachfrager, Waren oder Leistungen, die in der Schweiz und im Ausland angeboten werden, im Ausland zu den dortigen Marktpreisen und den dortigen branchenüblichen Bedingungen zu beziehen.

---

[13] Fassung gemäss Ziff. I des BG vom 19. März 2021, in Kraft seit 1. Jan. 2022 (AS **2021** 576; BBl **2019** 4877).

[14] Fassung gemäss Ziff. I des BG vom 19. März 2021, in Kraft seit 1. Jan. 2022 (AS **2021** 576; BBl **2019** 4877).

[15] Eingefügt durch Ziff. I des BG vom 19. März 2021, in Kraft seit 1. Jan. 2022 (AS **2021** 576; BBl **2019** 4877).

Art. 8 *Ausnahmsweise Zulassung aus überwiegenden öffentlichen Interessen*

Wettbewerbsabreden und Verhaltensweisen marktbeherrschender Unternehmen, die von der zuständigen Behörde für unzulässig erklärt wurden, können vom Bundesrat auf Antrag der Beteiligten zugelassen werden, wenn sie in Ausnahmefällen notwendig sind, um überwiegende öffentliche Interessen zu verwirklichen.

2. Abschnitt: Unternehmenszusammenschlüsse

Art. 9 *Meldung von Zusammenschlussvorhaben*

[1] Vorhaben über Zusammenschlüsse von Unternehmen sind vor ihrem Vollzug der Wettbewerbskommission zu melden, sofern im letzten Geschäftsjahr vor dem Zusammenschluss:

a. die beteiligten Unternehmen einen Umsatz von insgesamt mindestens 2 Milliarden Franken oder einen auf die Schweiz entfallenden Umsatz von insgesamt mindestens 500 Millionen Franken erzielten; und

b. mindestens zwei der beteiligten Unternehmen einen Umsatz in der Schweiz von je mindestens 100 Millionen Franken erzielten.

[2] ...[16]

[3] Bei Versicherungsgesellschaften treten an die Stelle des Umsatzes die jährlichen Bruttoprämieneinnahmen, bei Banken und übrigen Finanzintermediären die Bruttoerträge, sofern sie den Rechnungslegungsvorschriften gemäss dem Bankengesetz vom 8. November 1934[17] (BankG) unterstellt sind.[18]

[4] Die Meldepflicht besteht ungeachtet der Absätze 1–3, wenn am Zusammenschluss ein Unternehmen beteiligt ist, für welches in einem Verfahren nach diesem Gesetz rechtskräftig festgestellt worden ist, dass es in der Schweiz auf einem bestimmten Markt eine beherrschende Stellung hat, und der Zusammenschluss diesen Markt oder einen solchen betrifft, der ihm vor- oder nachgelagert oder benachbart ist.

[5] Die Bundesversammlung kann mit allgemeinverbindlichem, nicht referendumspflichtigem Bundesbeschluss:

---

[16] Aufgehoben durch Ziff. I des BG vom 20. Juni 2003, mit Wirkung seit 1. April 2004 (AS **2004** 1385; BBl **2002** 2022 5506).

[17] SR **952.0**

[18] Fassung gemäss Ziff. I des BG vom 20. Juni 2003, in Kraft seit 1. April 2004 (AS **2004** 1385; BBl **2002** 2022 5506).

a. die Grenzbeträge in den Absätzen 1–3 den veränderten Verhältnissen anpassen;
b. für die Meldepflicht von Unternehmenszusammenschlüssen in einzelnen Wirtschaftszweigen besondere Voraussetzungen schaffen.

Art. 10 *Beurteilung von Zusammenschlüssen*

1 Meldepflichtige Zusammenschlüsse unterliegen der Prüfung durch die Wettbewerbskommission, sofern sich in einer vorläufigen Prüfung (Art. 32 Abs. 1) Anhaltspunkte ergeben, dass sie eine marktbeherrschende Stellung begründen oder verstärken.

2 Die Wettbewerbskommission kann den Zusammenschluss untersagen oder ihn mit Bedingungen und Auflagen zulassen, wenn die Prüfung ergibt, dass der Zusammenschluss:
a. eine marktbeherrschende Stellung, durch die wirksamer Wettbewerb beseitigt werden kann, begründet oder verstärkt; und
b. keine Verbesserung der Wettbewerbsverhältnisse in einem anderen Markt bewirkt, welche die Nachteile der marktbeherrschenden Stellung überwiegt.

3 Bei Zusammenschlüssen von Banken im Sinne des BankG[19], die der Eidgenössischen Finanzmarktaufsicht (FINMA) aus Gründen des Gläubigerschutzes als notwendig erscheinen, können die Interessen der Gläubiger vorrangig berücksichtigt werden. In diesen Fällen tritt die FINMA an die Stelle der Wettbewerbskommission; sie lädt die Wettbewerbskommission zur Stellungnahme ein.[20]

4 Bei der Beurteilung der Auswirkungen eines Zusammenschlusses auf die Wirksamkeit des Wettbewerbs berücksichtigt die Wettbewerbskommission auch die Marktentwicklung sowie die Stellung der Unternehmen im internationalen Wettbewerb.

Art. 11 *Ausnahmsweise Zulassung aus überwiegenden öffentlichen Interessen*

Unternehmenszusammenschlüsse, die nach Artikel 10 untersagt wurden, können vom Bundesrat auf Antrag der beteiligten Unternehmen zugelassen werden, wenn sie in Ausnahmefällen notwendig sind, um überwiegende öffentliche Interessen zu verwirklichen.

---

19 SR **952.0**

20 Fassung gemäss Anhang Ziff. 8 des Finanzmarktaufsichtsgesetzes vom 22. Juni 2007, in Kraft seit 1. Jan. 2009 (AS **2008** 5207; BBl **2006** 2829).

3. Kapitel: Zivilrechtliches Verfahren

Art. 12 *Ansprüche aus Wettbewerbsbehinderung*

[1] Wer durch eine unzulässige Wettbewerbsbeschränkung in der Aufnahme oder Ausübung des Wettbewerbs behindert wird, hat Anspruch auf:

a. Beseitigung oder Unterlassung der Behinderung;

b. Schadenersatz und Genugtuung nach Massgabe des Obligationenrechts[21];

c. Herausgabe eines unrechtmässig erzielten Gewinns nach Massgabe der Bestimmungen über die Geschäftsführung ohne Auftrag.

[2] Als Wettbewerbsbehinderung fallen insbesondere die Verweigerung von Geschäftsbeziehungen sowie Diskriminierungsmassnahmen in Betracht.

[3] Die in Absatz 1 genannten Ansprüche hat auch, wer durch eine zulässige Wettbewerbsbeschränkung über das Mass hinaus behindert wird, das zur Durchsetzung der Wettbewerbsbeschränkung notwendig ist.

Art. 13 *Durchsetzung des Beseitigungs- und Unterlassungsanspruchs*

Zur Durchsetzung des Beseitigungs- und Unterlassungsanspruchs kann das Gericht auf Antrag des Klägers namentlich anordnen, dass:

a. Verträge ganz oder teilweise ungültig sind;

b. der oder die Verursacher der Wettbewerbsbehinderung mit dem Behinderten marktgerechte oder branchenübliche Verträge abzuschliessen haben.

Art. 14[22]

Art. 15 *Beurteilung der Zulässigkeit einer Wettbewerbsbeschränkung*

[1] Steht in einem zivilrechtlichen Verfahren die Zulässigkeit einer Wettbewerbsbeschränkung in Frage, so wird die Sache der Wettbewerbskommission zur Begutachtung vorgelegt.

[2] Wird geltend gemacht, eine an sich unzulässige Wettbewerbsbeschränkung sei zur Verwirklichung überwiegender öffentlicher Interessen notwendig, so entscheidet der Bundesrat.

Art. 16 und 17[23]

---

[21] SR **220**

[22] Aufgehoben durch Anhang 1 Ziff. II 16 der Zivilprozessordnung vom 19. Dez. 2008, mit Wirkung seit 1. Jan. 2011 (AS **2010** 1739; BBl **2006** 7221).

[23] Aufgehoben durch Anhang 1 Ziff. II 16 der Zivilprozessordnung vom 19. Dez. 2008, mit Wirkung seit 1. Jan. 2011 (AS **2010** 1739; BBl **2006** 7221).

4. Kapitel: Verwaltungsrechtliches Verfahren

1. Abschnitt: Wettbewerbsbehörden

Art. 18 *Wettbewerbskommission*

[1] Der Bundesrat bestellt die Wettbewerbskommission und bezeichnet die Mitglieder des Präsidiums.[24]

[2] Die Wettbewerbskommission besteht aus 11–15 Mitgliedern. Die Mehrheit der Mitglieder müssen unabhängige Sachverständige sein.

[2bis] Die Mitglieder der Wettbewerbskommission legen ihre Interessen in einem Interessenbindungsregister offen.[25]

[3] Die Wettbewerbskommission trifft die Entscheide und erlässt die Verfügungen, die nicht ausdrücklich einer anderen Behörde vorbehalten sind. Sie gibt Empfehlungen (Art. 45 Abs. 2) und Stellungnahmen (Art. 46 Abs. 2) an die politischen Behörden ab und erstattet Gutachten (Art. 47 Abs. 1).

Art. 19 *Organisation*

[1] Die Wettbewerbskommission ist von den Verwaltungsbehörden unabhängig. Sie kann sich in Kammern mit selbständiger Entscheidungsbefugnis gliedern. Sie kann ein Mitglied des Präsidiums im Einzelfall ermächtigen, dringliche Fälle oder Fälle untergeordneter Bedeutung direkt zu erledigen.

[2] Die Wettbewerbskommission ist administrativ dem Eidgenössischen Departement für Wirtschaft, Bildung und Forschung (WBF)[26] zugeordnet.

Art. 20 *Geschäftsreglement*

[1] Die Wettbewerbskommission erlässt ein Geschäftsreglement; darin regelt sie insbesondere die Einzelheiten der Organisation, namentlich die Zuständigkeiten des Präsidiums, der einzelnen Kammern und der Gesamtkommission.

[2] Das Geschäftsreglement bedarf der Genehmigung durch den Bundesrat.

---

[24] Fassung gemäss Ziff. I des BG vom 20. Juni 2003, in Kraft seit 1. April 2004 (AS **2004** 1385; BBl **2002** 2022 5506).

[25] Eingefügt durch Ziff. I des BG vom 20. Juni 2003, in Kraft seit 1. April 2004 (AS **2004** 1385; BBl **2002** 2022 5506).

[26] Ausdruck gemäss Ziff. I 6 der V vom 15. Juni 2012 (Neugliederung der Departemente), in Kraft seit 1. Jan. 2013 (AS **2012** 3655). Diese Änd. wurde im ganzen Erlass berücksichtigt.

Art. 21 *Beschlussfassung*

[1] Die Wettbewerbskommission und die Kammern sind beschlussfähig, wenn mindestens die Hälfte der Mitglieder, in jedem Fall aber mindestens drei Mitglieder, anwesend sind.

[2] Sie fassen ihre Beschlüsse mit dem einfachen Mehr der anwesenden Mitglieder; bei Stimmengleichheit gibt der Präsident oder die Präsidentin den Stichentscheid.

Art. 22 *Ausstand von Kommissionsmitgliedern*

[1] Ein Mitglied der Wettbewerbskommission tritt in den Ausstand, wenn ein Ausstandsgrund nach Artikel 10 des Verwaltungsverfahrensgesetzes vom 20. Dezember 1968[27] vorliegt.

[2] Ein persönliches Interesse oder ein anderer Grund der Befangenheit ist in der Regel nicht gegeben, wenn ein Mitglied der Wettbewerbskommission einen übergeordneten Verband vertritt.

[3] Ist der Ausstand streitig, so entscheidet die Wettbewerbskommission oder die entsprechende Kammer unter Ausschluss des betreffenden Mitgliedes.

Art. 23 *Aufgaben des Sekretariats*

[1] Das Sekretariat bereitet die Geschäfte der Wettbewerbskommission vor, führt die Untersuchungen durch und erlässt zusammen mit einem Mitglied des Präsidiums die notwendigen verfahrensleitenden Verfügungen. Es stellt der Wettbewerbskommission Antrag und vollzieht ihre Entscheide. Es verkehrt mit Beteiligten, Dritten und Behörden direkt.

[2] Es gibt Stellungnahmen ab (Art. 46 Abs. 1) und berät Amtsstellen und Unternehmen bei Fragen zu diesem Gesetz.

Art. 24 *Personal des Sekretariats*

[1] Der Bundesrat wählt die Direktion, die Wettbewerbskommission wählt das übrige Personal des Sekretariats.

[2] Das Dienstverhältnis richtet sich nach der Personalgesetzgebung des Bundes.

Art. 25 *Amts- und Geschäftsgeheimnis*

[1] Die Wettbewerbsbehörden wahren das Amtsgeheimnis.

[2] Sie dürfen Kenntnisse, die sie bei ihrer Tätigkeit erlangen, nur zu dem mit der Auskunft oder dem Verfahren verfolgten Zweck verwerten.

[27] SR **172.021**

[3] Dem Preisüberwacher dürfen die Wettbewerbsbehörden diejenigen Daten weitergeben, die er für die Erfüllung seiner Aufgaben benötigt.

[4] Die Veröffentlichungen der Wettbewerbsbehörden dürfen keine Geschäftsgeheimnisse preisgeben.

2. Abschnitt: Untersuchung von Wettbewerbsbeschränkungen

Art. 26 *Vorabklärung*

[1] Das Sekretariat kann Vorabklärungen von Amtes wegen, auf Begehren von Beteiligten oder auf Anzeige von Dritten hin durchführen.

[2] Das Sekretariat kann Massnahmen zur Beseitigung oder Verhinderung von Wettbewerbsbeschränkungen anregen.

[3] Im Verfahren der Vorabklärung besteht kein Recht auf Akteneinsicht.

Art. 27 *Eröffnung einer Untersuchung*

[1] Bestehen Anhaltspunkte für eine unzulässige Wettbewerbsbeschränkung, so eröffnet das Sekretariat im Einvernehmen mit einem Mitglied des Präsidiums eine Untersuchung. Eine Untersuchung wird in jedem Fall eröffnet, wenn das Sekretariat von der Wettbewerbskommission oder vom WBF damit beauftragt wird.[28]

[2] Die Wettbewerbskommission entscheidet, welche der eröffneten Untersuchungen vorrangig zu behandeln sind.

Art. 28 *Bekanntgabe*

[1] Das Sekretariat gibt die Eröffnung einer Untersuchung durch amtliche Publikation bekannt.

[2] Die Bekanntmachung nennt den Gegenstand und die Adressaten der Untersuchung. Sie enthält zudem den Hinweis, dass Dritte sich innert 30 Tagen melden können, falls sie sich an der Untersuchung beteiligen wollen.

[3] Die fehlende Publikation hindert Untersuchungshandlungen nicht.

Art. 29 *Einvernehmliche Regelung*

[1] Erachtet das Sekretariat eine Wettbewerbsbeschränkung für unzulässig, so kann es den Beteiligten eine einvernehmliche Regelung über die Art und Weise ihrer Beseitigung vorschlagen.

---

[28] Fassung gemäss Ziff. I des BG vom 20. Juni 2003, in Kraft seit 1. April 2004 (AS **2004** 1385; BBl **2002** 2022 5506).

[2] Die einvernehmliche Regelung wird schriftlich abgefasst und bedarf der Genehmigung durch die Wettbewerbskommission.

Art. 30 *Entscheid*

[1] Die Wettbewerbskommission entscheidet auf Antrag des Sekretariats mit Verfügung über die zu treffenden Massnahmen oder die Genehmigung einer einvernehmlichen Regelung.

[2] Die am Verfahren Beteiligten können schriftlich zum Antrag des Sekretariats Stellung nehmen. Die Wettbewerbskommission kann eine Anhörung beschliessen und das Sekretariat mit zusätzlichen Untersuchungsmassnahmen beauftragen.

[3] Haben sich die tatsächlichen oder rechtlichen Verhältnisse wesentlich geändert, so kann die Wettbewerbskommission auf Antrag des Sekretariats oder der Betroffenen den Entscheid widerrufen oder ändern.

Art. 31 *Ausnahmsweise Zulassung*

[1] Hat die Wettbewerbskommission entschieden, dass eine Wettbewerbsbeschränkung unzulässig ist, so können die Beteiligten innerhalb von 30 Tagen beim WBF eine ausnahmsweise Zulassung durch den Bundesrat aus überwiegenden öffentlichen Interessen beantragen. Ist ein solcher Antrag gestellt, so beginnt die Frist für die Einreichung einer Beschwerde beim Bundesverwaltungsgericht erst mit der Eröffnung des Entscheides des Bundesrates zu laufen.[29]

[2] Der Antrag auf ausnahmsweise Zulassung durch den Bundesrat kann auch innerhalb von 30 Tagen nach Eintritt der Rechtskraft eines Entscheides des Bundesverwaltungsgerichts oder des Bundesgerichts gestellt werden.[30]

[3] Die Zulassung ist zeitlich zu beschränken; sie kann mit Bedingungen und Auflagen verbunden werden.

[4] Der Bundesrat kann eine Zulassung auf Gesuch hin verlängern, wenn die Voraussetzungen dafür weiterhin erfüllt sind.

---

[29] Fassung des Satzes gemäss Anhang Ziff. 27 des Verwaltungsgerichtsgesetzes vom 17. Juni 2005, in Kraft seit 1. Jan. 2007 (AS **2006** 2197; BBl **2001** 4202).

[30] Fassung gemäss Anhang Ziff. 27 des Verwaltungsgerichtsgesetzes vom 17. Juni 2005, in Kraft seit 1. Jan. 2007 (AS **2006** 2197; BBl **2001** 4202).

3. Abschnitt: Prüfung von Unternehmenszusammenschlüssen

Art. 32 *Einleitung des Prüfungsverfahrens*

[1] Wird ein Vorhaben über einen Unternehmenszusammenschluss gemeldet (Art. 9), so entscheidet die Wettbewerbskommission, ob eine Prüfung durchzuführen ist. Sie hat die Einleitung dieser Prüfung den beteiligten Unternehmen innerhalb eines Monats seit der Meldung mitzuteilen. Erfolgt innerhalb dieser Frist keine Mitteilung, so kann der Zusammenschluss ohne Vorbehalt vollzogen werden.

[2] Die beteiligten Unternehmen dürfen den Zusammenschluss innerhalb eines Monats seit der Meldung des Vorhabens nicht vollziehen, es sei denn, die Wettbewerbskommission habe dies auf Antrag dieser Unternehmen aus wichtigen Gründen bewilligt.

Art. 33 *Prüfungsverfahren*

[1] Beschliesst die Wettbewerbskommission die Durchführung einer Prüfung, so veröffentlicht das Sekretariat den wesentlichen Inhalt der Meldung des Zusammenschlusses und gibt die Frist bekannt, innerhalb welcher Dritte zum gemeldeten Zusammenschluss Stellung nehmen können.

[2] Zu Beginn der Prüfung entscheidet die Wettbewerbskommission, ob der Zusammenschluss ausnahmsweise vorläufig vollzogen werden kann oder aufgeschoben bleibt.

[3] Sie führt die Prüfung innerhalb von vier Monaten durch, sofern sie nicht durch Umstände gehindert wird, die von den beteiligten Unternehmen zu verantworten sind.

Art. 34 *Rechtsfolgen*

Die zivilrechtliche Wirksamkeit eines meldepflichtigen Zusammenschlusses bleibt, unter Vorbehalt des Fristablaufs gemäss Artikel 32 Absatz 1 und der Bewilligung zum vorläufigen Vollzug, aufgeschoben. Trifft die Wettbewerbskommission innerhalb der in Artikel 33 Absatz 3 genannten Frist keine Entscheidung, so gilt der Zusammenschluss als zugelassen, es sei denn, die Wettbewerbskommission stelle mit einer Verfügung fest, dass sie bei der Prüfung durch Umstände gehindert worden ist, die von den beteiligten Unternehmen zu verantworten sind.

Art. 35 *Verletzung der Meldepflicht*

Wurde ein meldepflichtiger Unternehmenszusammenschluss ohne Meldung vollzogen, so wird das Verfahren nach den Artikeln 32–38 von Amtes wegen eingeleitet. In einem solchen Fall beginnt die Frist nach Artikel 32 Absatz 1 zu laufen, sobald die Behörde im Besitz der Informationen ist, die eine Meldung enthalten muss.

Art. 36 *Verfahren der Ausnahmegenehmigung*

[1] Hat die Wettbewerbskommission den Zusammenschluss untersagt, so können die beteiligten Unternehmen innerhalb von 30 Tagen beim WBF eine ausnahmsweise Zulassung durch den Bundesrat aus überwiegenden öffentlichen Interessen beantragen. Ist ein solcher Antrag gestellt, so beginnt die Frist für die Einreichung einer Beschwerde beim Bundesverwaltungsgericht erst mit der Eröffnung des Entscheides des Bundesrats zu laufen.[31]

[2] Der Antrag auf ausnahmsweise Zulassung durch den Bundesrat kann auch innerhalb von 30 Tagen nach Eintritt der Rechtskraft eines Entscheides des Bundesverwaltungsgerichts oder des Bundesgerichts gestellt werden.[32]

[3] Der Bundesrat entscheidet über den Antrag möglichst innerhalb von vier Monaten seit Eingang des Antrages.

Art. 37 *Wiederherstellung wirksamen Wettbewerbs*

[1] Wird ein untersagter Zusammenschluss vollzogen oder ein vollzogener Zusammenschluss untersagt und für den Zusammenschluss keine ausnahmsweise Zulassung beantragt oder erteilt, so sind die beteiligten Unternehmen verpflichtet, die Massnahmen durchzuführen, die zur Wiederherstellung wirksamen Wettbewerbs erforderlich sind.

[2] Die Wettbewerbskommission kann die beteiligten Unternehmen auffordern, verbindliche Vorschläge darüber zu machen, wie wirksamer Wettbewerb wiederhergestellt wird. Sie setzt dafür eine Frist fest.

[3] Billigt die Wettbewerbskommission die Vorschläge, so kann sie verfügen, wie und innert welcher Frist die beteiligten Unternehmen die Massnahmen durchführen müssen.

[4] Machen die beteiligten Unternehmen trotz Aufforderung der Wettbewerbskommission keine Vorschläge oder werden diese von der Wettbewerbskommission nicht gebilligt, so kann die Wettbewerbskommission folgende Massnahmen verfügen:

a. die Trennung der zusammengefassten Unternehmen oder Vermögenswerte;

b. die Beendigung des kontrollierenden Einflusses;

---

[31] Fassung des Satzes gemäss Anhang Ziff. 27 des Verwaltungsgerichtsgesetzes vom 17. Juni 2005, in Kraft seit 1. Jan. 2007 (AS **2006** 2197; BBl **2001** 4202).

[32] Fassung gemäss Anhang Ziff. 27 des Verwaltungsgerichtsgesetzes vom 17. Juni 2005, in Kraft seit 1. Jan. 2007 (AS **2006** 2197; BBl **2001** 4202).

c. andere Massnahmen, die geeignet sind, wirksamen Wettbewerb wiederherzustellen.

Art. 38 *Widerruf und Revision*

[1] Die Wettbewerbskommission kann eine Zulassung widerrufen oder die Prüfung eines Zusammenschlusses trotz Ablauf der Frist von Artikel 32 Absatz 1 beschliessen, wenn:

a. die beteiligten Unternehmen unrichtige Angaben gemacht haben;

b. die Zulassung arglistig herbeigeführt worden ist; oder

c. die beteiligten Unternehmen einer Auflage zu einer Zulassung in schwerwiegender Weise zuwiderhandeln.

[2] Der Bundesrat kann eine ausnahmsweise Zulassung aus denselben Gründen widerrufen.

4. Abschnitt: Verfahren und Rechtsschutz

Art. 39 *Grundsatz*

Auf die Verfahren sind die Bestimmungen des Verwaltungsverfahrensgesetzes vom 20. Dezember 1968[33] anwendbar, soweit dieses Gesetz nicht davon abweicht.

Art. 40 *Auskunftspflicht*

Beteiligte an Abreden, marktmächtige Unternehmen, Beteiligte an Zusammenschlüssen sowie betroffene Dritte haben den Wettbewerbsbehörden alle für deren Abklärungen erforderlichen Auskünfte zu erteilen und die notwendigen Urkunden vorzulegen. Das Recht zur Verweigerung der Auskunft richtet sich nach den Artikeln 16 und 17 des Verwaltungsverfahrensgesetzes vom 20. Dezember 1968[34] [35].

Art. 41 *Amtshilfe*

Amtsstellen des Bundes und der Kantone sind verpflichtet, an Abklärungen der Wettbewerbsbehörden mitzuwirken und die notwendigen Unterlagen zur Verfügung zu stellen.

---

[33] SR **172.021**

[34] SR **172.021**

[35] Fassung des zweiten Satzes gemäss Ziff. I 3 des BG vom 28. Sept. 2012 über die Anpassung von verfahrensrechtlichen Bestimmungen zum anwaltlichen Berufsgeheimnis, in Kraft seit 1. Mai 2013 (AS **2013** 847; BBl **2011** 8181).

Art. 42[36] *Untersuchungsmassnahmen*

[1] Die Wettbewerbsbehörden können Dritte als Zeugen einvernehmen und die von einer Untersuchung Betroffenen zur Beweisaussage verpflichten. Artikel 64 des Bundesgesetzes vom 4. Dezember 1947[37] über den Bundeszivilprozess ist sinngemäss anwendbar.

[2] Die Wettbewerbsbehörden können Hausdurchsuchungen anordnen und Beweisgegenstände sicherstellen. Für diese Zwangsmassnahmen sind die Artikel 45–50 des Bundesgesetzes vom 22. März 1974[38] über das Verwaltungsstrafrecht sinngemäss anwendbar. Hausdurchsuchungen und Beschlagnahmen werden auf Grund eines Antrages des Sekretariats von einem Mitglied des Präsidiums angeordnet.

Art. 42*a*[39] *Untersuchungen in Verfahren nach dem Luftverkehrsabkommen Schweiz–EG*

[1] Die Wettbewerbskommission ist die schweizerische Behörde, die für die Zusammenarbeit mit den Organen der Europäischen Gemeinschaft nach Artikel 11 des Abkommens zwischen der Schweizerischen Eidgenossenschaft und der Europäischen Gemeinschaft vom 21. Juni 1999[40] über den Luftverkehr zuständig ist.

[2] Widersetzt sich ein Unternehmen in einem auf Artikel 11 des Abkommens gestützten Verfahren der Nachprüfung, so können auf Ersuchen der Kommission der Europäischen Gemeinschaft Untersuchungsmassnahmen nach Artikel 42 vorgenommen werden; Artikel 44 ist anwendbar.

Art. 42*b*[41] *Bekanntgabe von Daten an eine ausländische Wettbewerbsbehörde*

[1] Eine Bekanntgabe von Daten an eine ausländische Wettbewerbsbehörde ist nur zulässig gestützt auf ein Gesetz, ein internationales Abkommen oder mit Zustimmung der betroffenen Unternehmen.

---

[36] Fassung gemäss Ziff. I des BG vom 20. Juni 2003, in Kraft seit 1. April 2004 (AS **2004** 1385; BBl **2002** 2022 5506).

[37] SR **273**

[38] SR **313.0**

[39] Eingefügt durch Ziff. I des BG vom 20. Juni 2003, in Kraft seit 1. April 2004 (AS **2004** 1385; BBl **2002** 2022 5506).

[40] SR **0.748.127.192.68**

[41] Eingefügt durch Anhang des BB vom 20. Juni 2014 über die Genehmigung des Abk. zwischen der Schweiz und der EU über die Zusammenarbeit bei der Anwendung ihres Wettbewerbsrechts und über die Umsetzung, in Kraft seit 1. Dez. 2014 (AS **2014** 3711; BBl **2013** 3959).

[2] Ohne Zustimmung der betroffenen Unternehmen können die Wettbewerbsbehörden einer ausländischen Wettbewerbsbehörde vertrauliche Daten, insbesondere Geschäftsgeheimnisse, gestützt auf ein internationales Abkommen nur bekannt geben, wenn:

a. die im empfangenden Staat untersuchten Verhaltensweisen auch nach schweizerischem Recht unzulässig sind;
b. beide Wettbewerbsbehörden dieselben oder miteinander verbundene Verhaltensweisen oder Rechtsgeschäfte untersuchen;
c. die Daten von der ausländischen Wettbewerbsbehörde nur für Zwecke der Anwendung kartellrechtlicher Bestimmungen sowie als Beweismittel in Bezug auf den Untersuchungsgegenstand verwendet werden, für den die Wettbewerbsbehörde das Auskunftsbegehren gestellt hat;
d. die Daten nicht in einem Straf- oder Zivilverfahren verwendet werden;
e. die Parteirechte und das Amtsgeheimnis im ausländischen Verfahrensrecht gewahrt sind; und
f. die vertraulichen Daten der ausländischen Wettbewerbsbehörde nicht im Rahmen einer einvernehmlichen Regelung (Art. 29) oder der Mitwirkung an der Aufdeckung und der Beseitigung einer Wettbewerbsbeschränkung (Art. 49*a* Abs. 2) bekannt gegeben werden.

[3] Die Wettbewerbsbehörden informieren die betroffenen Unternehmen und laden diese zur Stellungnahme ein, bevor sie der ausländischen Wettbewerbsbehörde die Daten übermitteln.

Art. 43 *Beteiligung Dritter an der Untersuchung*

[1] Ihre Beteiligung an der Untersuchung einer Wettbewerbsbeschränkung können anmelden:

a. Personen, die aufgrund der Wettbewerbsbeschränkung in der Aufnahme oder in der Ausübung des Wettbewerbs behindert sind;
b. Berufs- und Wirtschaftsverbände, die nach den Statuten zur Wahrung der wirtschaftlichen Interessen ihrer Mitglieder befugt sind, sofern sich auch Mitglieder des Verbands oder eines Unterverbands an der Untersuchung beteiligen können;
c. Organisationen von nationaler oder regionaler Bedeutung, die sich statutengemäss dem Konsumentenschutz widmen.

[2] Das Sekretariat kann verlangen, dass Gruppen von mehr als fünf am Verfahren Beteiligten mit gleichen Interessen eine gemeinsame Vertretung bestellen, falls die Untersuchung sonst übermässig erschwert würde. Es kann in jedem Fall die

Beteiligung auf eine Anhörung beschränken; vorbehalten bleiben die Parteirechte nach dem Verwaltungsverfahrensgesetz vom 20. Dezember 1968[42].

[3] Die Absätze 1 und 2 gelten sinngemäss auch im Verfahren der ausnahmsweisen Zulassung einer unzulässigen Wettbewerbsbeschränkung durch den Bundesrat (Art. 8).

[4] Im Verfahren der Prüfung von Unternehmenszusammenschlüssen haben nur die beteiligten Unternehmen Parteirechte.

Art. 44[43]

5. Abschnitt: Übrige Aufgaben und Befugnisse der Wettbewerbsbehörden

Art. 45 *Empfehlungen an Behörden*

[1] Die Wettbewerbskommission beobachtet laufend die Wettbewerbsverhältnisse.

[2] Sie kann den Behörden Empfehlungen zur Förderung von wirksamem Wettbewerb unterbreiten, insbesondere hinsichtlich der Schaffung und Handhabung wirtschaftsrechtlicher Vorschriften.

Art. 46 *Stellungnahmen*

[1] Entwürfe von wirtschaftsrechtlichen Erlassen des Bundes oder andern Bundeserlassen, die den Wettbewerb beeinflussen können, sind dem Sekretariat vorzulegen. Es prüft diese auf Wettbewerbsverfälschungen oder übermässige Wettbewerbsbeschränkungen hin.

[2] Die Wettbewerbskommission nimmt im Vernehmlassungsverfahren Stellung zu Entwürfen von rechtsetzenden Erlassen des Bundes, die den Wettbewerb beschränken oder auf andere Weise beeinflussen. Sie kann zu kantonalen rechtsetzenden Erlassesentwürfen Stellung nehmen.

Art. 47 *Gutachten*

[1] Die Wettbewerbskommission verfasst für andere Behörden Gutachten zu Wettbewerbsfragen von grundsätzlicher Bedeutung. Sie kann das Sekretariat in Fällen von untergeordneter Bedeutung beauftragen, an ihrer Stelle Gutachten zu erstatten.

[2] …[44]

---

[42] SR **172.021**

[43] Aufgehoben durch Anhang Ziff. 27 des Verwaltungsgerichtsgesetzes vom 17. Juni 2005, mit Wirkung seit 1. Jan. 2007 (AS **2006** 2197; BBl **2001** 4202).

[44] Aufgehoben durch Ziff. I des BG vom 20. Juni 2003, mit Wirkung seit 1. April 2004 (AS **2004** 1385; BBl **2002** 2022 5506).

Art. 48 *Veröffentlichung von Entscheiden und Urteilen*

[1] Die Wettbewerbsbehörden können ihre Entscheide veröffentlichen.

[2] Die Gerichte stellen dem Sekretariat die Urteile, die in Anwendung dieses Gesetzes gefällt werden, unaufgefordert und in vollständiger Abschrift zu. Das Sekretariat sammelt diese Urteile und kann sie periodisch veröffentlichen.

Art. 49 *Informationspflichten*

[1] Das Sekretariat und die Wettbewerbskommission orientieren die Öffentlichkeit über ihre Tätigkeit.

[2] Die Wettbewerbskommission erstattet dem Bundesrat jährlich einen Tätigkeitsbericht.

6. Abschnitt: Verwaltungssanktionen[45]

Art. 49*a*[46] *Sanktion bei unzulässigen Wettbewerbsbeschränkungen*

[1] Ein Unternehmen, das an einer unzulässigen Abrede nach Artikel 5 Absätze 3 und 4 beteiligt ist oder marktbeherrschend ist und sich nach Artikel 7 unzulässig verhält, wird mit einem Betrag bis zu 10 Prozent des in den letzten drei Geschäftsjahren in der Schweiz erzielten Umsatzes belastet.[47] Artikel 9 Absatz 3 ist sinngemäss anwendbar. Der Betrag bemisst sich nach der Dauer und der Schwere des unzulässigen Verhaltens. Der mutmassliche Gewinn, den das Unternehmen dadurch erzielt hat, ist angemessen zu berücksichtigen.

[2] Wenn das Unternehmen an der Aufdeckung und der Beseitigung der Wettbewerbsbeschränkung mitwirkt, kann auf eine Belastung ganz oder teilweise verzichtet werden.

[3] Die Belastung entfällt, wenn:

a. das Unternehmen die Wettbewerbsbeschränkung meldet, bevor diese Wirkung entfaltet. Wird dem Unternehmen innert fünf Monaten nach der Meldung die Eröffnung eines Verfahrens nach den Artikeln 26–30 mitgeteilt und hält es danach an der Wettbewerbsbeschränkung fest, entfällt die Belastung nicht;

b. die Wettbewerbsbeschränkung bei Eröffnung der Untersuchung länger als fünf Jahre nicht mehr ausgeübt worden ist;

---

[45] Ursprünglich vor Art. 50.

[46] Eingefügt durch Ziff. I des BG vom 20. Juni 2003, in Kraft seit 1. April 2004 (AS **2004** 1385; BBl **2002** 2022 5506). Siehe auch die SchlB am Ende dieses Erlasses.

[47] Fassung gemäss Ziff. I des BG vom 19. März 2021, in Kraft seit 1. Jan. 2022 (AS **2021** 576; BBl **2019** 4877).

c. der Bundesrat eine Wettbewerbsbeschränkung nach Artikel 8 zugelassen hat.

Art. 50[48] *Verstösse gegen einvernehmliche Regelungen und behördliche Anordnungen*

Verstösst ein Unternehmen zu seinem Vorteil gegen eine einvernehmliche Regelung, eine rechtskräftige Verfügung der Wettbewerbsbehörden oder einen Entscheid der Rechtsmittelinstanzen, so wird es mit einem Betrag bis zu 10 Prozent des in den letzten drei Geschäftsjahren in der Schweiz erzielten Umsatzes belastet. Artikel 9 Absatz 3 ist sinngemäss anwendbar. Bei der Bemessung des Betrages ist der mutmassliche Gewinn, den das Unternehmen durch das unzulässige Verhalten erzielt hat, angemessen zu berücksichtigen.

Art. 51 *Verstösse im Zusammenhang mit Unternehmenszusammenschlüssen*

[1] Ein Unternehmen, das einen meldepflichtigen Zusammenschluss ohne Meldung vollzieht oder das vorläufige Vollzugsverbot missachtet, gegen eine mit der Zulassung erteilte Auflage verstösst, einen untersagten Zusammenschluss vollzieht oder eine Massnahme zur Wiederherstellung wirksamen Wettbewerbs nicht durchführt, wird mit einem Betrag bis zu einer Million Franken belastet.

[2] Bei wiederholtem Verstoss gegen eine mit der Zulassung erteilte Auflage wird das Unternehmen mit einem Betrag bis zu 10 Prozent des auf die Schweiz entfallenden Gesamtumsatzes der beteiligten Unternehmen belastet. Artikel 9 Absatz 3 ist sinngemäss anwendbar.

Art. 52 *Andere Verstösse*

Ein Unternehmen, das die Auskunftspflicht oder die Pflichten zur Vorlage von Urkunden nicht oder nicht richtig erfüllt, wird mit einem Betrag bis zu 100'000 Franken belastet.

Art. 53 *Verfahren*[49]

[1] Verstösse werden vom Sekretariat im Einvernehmen mit einem Mitglied des Präsidiums untersucht. Sie werden von der Wettbewerbskommission beurteilt.

[2] ...[50]

---

[48] Fassung gemäss Ziff. I des BG vom 20. Juni 2003, in Kraft seit 1. April 2004 (AS **2004** 1385; BBl **2002** 2022 5506).

[49] Fassung gemäss Anhang Ziff. 27 des Verwaltungsgerichtsgesetzes vom 17. Juni 2005, in Kraft seit 1. Jan. 2007 (AS **2006** 2197; BBl **2001** 4202).

[50] Aufgehoben durch Anhang Ziff. 27 des Verwaltungsgerichtsgesetzes vom 17. Juni 2005, mit Wirkung seit 1. Jan. 2007 (AS **2006** 2197; BBl **2001** 4202).

7. Abschnitt:[51] Gebühren

Art. 53*a*

[1] Die Wettbewerbsbehörden erheben Gebühren für:

a. Verfügungen über die Untersuchung von Wettbewerbsbeschränkungen nach den Artikeln 26–31;

b. die Prüfung von Unternehmenszusammenschlüssen nach den Artikeln 32–38;

c. Gutachten und sonstige Dienstleistungen.

[2] Die Gebühr bemisst sich nach dem Zeitaufwand.

[3] Der Bundesrat legt die Gebührensätze fest und regelt die Gebührenerhebung. Er kann vorsehen, dass für bestimmte Verfahren oder Dienstleistungen, namentlich bei der Einstellung der Verfahren, keine Gebühren erhoben werden.

5. Kapitel: Strafsanktionen

Art. 54 *Widerhandlungen gegen einvernehmliche Regelungen und behördliche Anordnungen*

Wer vorsätzlich einer einvernehmlichen Regelung, einer rechtskräftigen Verfügung der Wettbewerbsbehörden oder einem Entscheid der Rechtsmittelinstanzen zuwiderhandelt, wird mit Busse bis zu 100’000 Franken bestraft.

Art. 55 *Andere Widerhandlungen*

Wer vorsätzlich Verfügungen der Wettbewerbsbehörden betreffend die Auskunftspflicht (Art. 40) nicht oder nicht richtig befolgt, einen meldepflichtigen Zusammenschluss ohne Meldung vollzieht oder Verfügungen im Zusammenhang mit Unternehmenszusammenschlüssen zuwiderhandelt, wird mit Busse bis zu 20’000 Franken bestraft.

Art. 56 *Verjährung*[52]

[1] Die Strafverfolgung für Widerhandlungen gegen einvernehmliche Regelungen und behördliche Anordnungen (Art. 54) verjährt nach sieben Jahren.

---

[51] Eingefügt durch Ziff. I des BG vom 20. Juni 2003, in Kraft seit 1. April 2004 (AS **2004** 1385; BBl **2002** 2022 5506).

[52] Fassung gemäss Ziff. I 3 des BG vom 17. Dez. 2021 über die Anpassung des Nebenstrafrechts an das geänderte Sanktionenrecht, in Kraft seit 1. Juli 2023 (AS 2023 254; BBl 2018 2827).

[2] Die Strafverfolgung für andere Widerhandlungen (Art. 55) verjährt nach vier Jahren.

Art. 57 *Verfahren und Rechtsmittel*

[1] Für die Verfolgung und die Beurteilung der strafbaren Handlung gilt das Bundesgesetz über das Verwaltungsstrafrecht vom 22. März 1974[53].

[2] Verfolgende Behörde ist das Sekretariat im Einvernehmen mit einem Mitglied des Präsidiums. Urteilende Behörde ist die Wettbewerbskommission.

6. Kapitel: Ausführung internationaler Abkommen

Art. 58 *Feststellung des Sachverhalts*

[1] Macht eine Vertragspartei eines internationalen Abkommens geltend, eine Wettbewerbsbeschränkung sei mit dem Abkommen unvereinbar, so kann das WBF das Sekretariat mit einer entsprechenden Vorabklärung beauftragen.

[2] Das WBF entscheidet auf Antrag des Sekretariats über das weitere Vorgehen. Es hört zuvor die Beteiligten an.

Art. 59 *Beseitigung von Unvereinbarkeiten*

[1] Wird bei der Ausführung eines internationalen Abkommens festgestellt, dass eine Wettbewerbsbeschränkung mit dem Abkommen unvereinbar ist, so kann das WBF im Einvernehmen mit dem Eidgenössischen Departement für auswärtige Angelegenheiten den Beteiligten eine einvernehmliche Regelung über die Beseitigung der Unvereinbarkeit vorschlagen.

[2] Kommt eine einvernehmliche Regelung nicht rechtzeitig zustande und drohen der Schweiz von der Vertragspartei Schutzmassnahmen, so kann das WBF im Einvernehmen mit dem Eidgenössischen Departement für auswärtige Angelegenheiten die Massnahmen verfügen, die zur Beseitigung der Wettbewerbsbeschränkung erforderlich sind.

6*a*. Kapitel:[54] Evaluation

Art. 59*a*

[1] Der Bundesrat sorgt für die Evaluation der Wirksamkeit der Massnahmen und des Vollzugs dieses Gesetzes.

---

[53] SR **313.0**

[54] Eingefügt durch Ziff. I des BG vom 20. Juni 2003, in Kraft seit 1. April 2004 (AS **2004** 1385; BBl **2002** 2022 5506).

[2] Der Bundesrat erstattet nach Abschluss der Evaluation, spätestens aber fünf Jahre nach Inkrafttreten dieser Bestimmung, dem Parlament Bericht und unterbreitet Vorschläge für das weitere Vorgehen.

7. Kapitel: Schlussbestimmungen

Art. 60 *Ausführungsbestimmungen*

Der Bundesrat erlässt die Ausführungsbestimmungen.

Art. 61 *Aufhebung bisherigen Rechts*

Das Kartellgesetz vom 20. Dezember 1985[55] wird aufgehoben.

Art. 62 *Übergangsbestimmungen*

[1] Laufende Verfahren der Kartellkommission über Wettbewerbsabreden werden mit Inkrafttreten dieses Gesetzes sistiert; nötigenfalls werden sie nach Ablauf von sechs Monaten nach neuem Recht weitergeführt.

[2] Neue Verfahren der Wettbewerbskommission über Wettbewerbsabreden können frühestens sechs Monate nach Inkrafttreten des Gesetzes eingeleitet werden, es sei denn, mögliche Verfügungsadressaten verlangten eine frühere Untersuchung. Vorabklärungen sind jederzeit möglich.

[3] Rechtskräftige Verfügungen und angenommene Empfehlungen nach dem Kartellgesetz vom 20. Dezember 1985[56] unterstehen auch bezüglich der Sanktionen dem bisherigen Recht.

Art. 63 *Referendum und Inkrafttreten*

[1] Dieses Gesetz untersteht dem fakultativen Referendum.

[2] Der Bundesrat bestimmt das Inkrafttreten.

Schlussbestimmung zur Änderung vom 20. Juni 2003[57]

Wird eine bestehende Wettbewerbsbeschränkung innert eines Jahres nach Inkrafttreten von Artikel 49*a* gemeldet oder aufgelöst, so entfällt eine Belastung nach dieser Bestimmung.

---

[55] [AS **1986** 874, **1992** 288 Anhang Ziff. 12]
[56] [AS **1986** 874, **1992** 288 Anhang Ziff. 12]
[57] AS **2004** 1385; BBl **2002** 2022 5506

Datum des Inkrafttretens:

Artikel 18–25 am 1. Februar 1996[58]

alle übrigen Bestimmungen am 1. Juli 1996[59]

Anhang

Änderung von Bundesgesetzen

…[60]

[58] BRB vom 24. Jan. 1996.

[59] V vom 17. Juni 1996 (AS **1996** 1805).

[60] Die Änderungen können unter AS **1996** 546 konsultiert werden.

Verordnung über die Kontrolle von Unternehmenszusammenschlüssen (VKU)

vom 17. Juni 1996 (Stand am 1. Januar 2013)

Der Schweizerische Bundesrat,

gestützt auf Artikel 60 des Kartellgesetzes vom 6. Oktober 1995[1] (Gesetz),

verordnet:

Art. 1 *Erlangung der Kontrolle*

Ein Unternehmen erlangt im Sinne von Artikel 4 Absatz 3 Buchstabe b des Gesetzes die Kontrolle über ein bisher unabhängiges Unternehmen, wenn es durch den Erwerb von Beteiligungsrechten oder auf andere Weise die Möglichkeit erhält, einen bestimmenden Einfluss auf die Tätigkeit des andern Unternehmens auszuüben. Mittel zur Kontrolle können, einzeln oder in Kombination, insbesondere sein:

a. Eigentums- oder Nutzungsrechte an der Gesamtheit oder an Teilen des Vermögens des Unternehmens;

b. Rechte oder Verträge, die einen bestimmenden Einfluss auf die Zusammensetzung, die Beratungen oder Beschlüsse der Organe des Unternehmens gewähren.

Art. 2 *Gemeinschaftsunternehmen*

[1] Ein Vorgang, durch den zwei oder mehr Unternehmen gemeinsam die Kontrolle über ein Unternehmen erlangen, das sie bisher nicht gemeinsam kontrollierten, stellt einen Unternehmenszusammenschluss im Sinne von Artikel 4 Absatz 3 Buchstabe b des Gesetzes dar, wenn das Gemeinschaftsunternehmen auf Dauer alle Funktionen einer selbständigen wirtschaftlichen Einheit erfüllt.

[2] Gründen zwei oder mehr Unternehmen ein Unternehmen, das sie gemeinsam kontrollieren wollen, so liegt ein Unternehmenszusammenschluss vor, wenn das Gemeinschaftsunternehmen die Funktionen nach Absatz 1 erfüllt und in es Geschäftstätigkeiten von mindestens einem der kontrollierenden Unternehmen einfliessen.

AS **1996** 1658

[1] SR **251**

Art. 3 *Beteiligte Unternehmen*

[1] Für die Berechnung der Grenzbeträge nach Artikel 9 Absätze 1–3 des Gesetzes sind die Umsätze der am Zusammenschluss beteiligten Unternehmen massgebend. Als beteiligte Unternehmen im Sinne dieser Verordnung gelten:

a. bei der Fusion: die fusionierenden Unternehmen;

b. bei der Erlangung der Kontrolle: die kontrollierenden und die kontrollierten Unternehmen.

[2] Ist Gegenstand des Zusammenschlusses ein Teil eines Unternehmens, so gilt dieser Teil als beteiligtes Unternehmen.

Art. 4 *Berechnung des Umsatzes*

[1] Für die Berechnung des Umsatzes sind von den Erlösen, die die beteiligten Unternehmen während des letzten Geschäftsjahres mit Waren und Leistungen in ihrem normalen geschäftlichen Tätigkeitsbereich erzielt haben, Erlösminderungen wie Skonti und Rabatte, Mehrwertsteuern und andere Verbrauchssteuern sowie weitere unmittelbar auf den Umsatz bezogene Steuern abzuziehen.

[2] Geschäftsjahre, die nicht zwölf Monate umfassen, sind nach dem Durchschnitt der erfassten Monate auf volle zwölf Monate umzurechnen. Umsätze in ausländischen Währungen sind nach den in der Schweiz geltenden Grundsätzen ordnungsmässiger Rechnungslegung in Schweizer Franken umzurechnen.

[3] Finden zwischen denselben Unternehmen innerhalb von zwei Jahren zwei oder mehr Vorgänge zur Erlangung der Kontrolle über Teile von diesen Unternehmen statt, so sind diese Vorgänge für die Umsatzberechnung als einziger Zusammenschluss anzusehen. Der Zeitpunkt des letzten Geschäftes ist massgebend.

Art. 5 *Umsatz eines beteiligten Unternehmens*

[1] Der Umsatz eines beteiligten Unternehmens setzt sich zusammen aus den Umsätzen aus eigener Geschäftstätigkeit und den Umsätzen:

a. der Unternehmen, bei denen es mehr als die Hälfte des Kapitals oder der Stimmrechte besitzt oder mehr als die Hälfte der Mitglieder der zur gesetzlichen Vertretung berufenen Organe bestellen kann oder auf andere Weise das Recht hat, die Geschäfte des Unternehmens zu führen (Tochterunternehmen);

b. der Unternehmen, die bei ihm einzeln oder gemeinsam die Rechte oder Einflussmöglichkeiten nach Buchstabe a haben (Mutterunternehmen);

c. der Unternehmen, bei denen ein Unternehmen nach Buchstabe b die Rechte oder Einflussmöglichkeiten nach Buchstabe a hat (Schwesterunternehmen);

d. der Unternehmen, bei denen mehrere der in diesem Absatz aufgeführten Unternehmen die Rechte oder Einflussmöglichkeiten nach Buchstabe a jeweils gemeinsam haben (Gemeinschaftsunternehmen).

[2] Bei der Berechnung des Gesamtumsatzes eines beteiligten Unternehmens sind die Umsätze aus Geschäften zwischen den in Absatz 1 genannten Unternehmen nicht zu berücksichtigen.

[3] Umsätze eines Gemeinschaftsunternehmens, das von den beteiligten Unternehmen gemeinsam kontrolliert wird, sind diesen Unternehmen zu gleichen Teilen zuzurechnen. Absatz 2 ist sinngemäss anwendbar.

Art. 6 *Berechnung der Bruttoprämieneinnahmen bei Versicherungsgesellschaften*

[1] Die Bruttoprämieneinnahmen umfassen die im letzten Geschäftsjahr in Rechnung gestellten Prämien im Erst- und im Rückversicherungsgeschäft, einschliesslich der in Rückdeckung gegebenen Anteile und abzüglich der auf den Erstversicherungsprämien eingenommenen Steuern oder sonstigen Abgaben. Für die Berechnung des auf die Schweiz entfallenden Anteils ist auf die Bruttoprämieneinnahmen abzustellen, die von in der Schweiz ansässigen Personen gezahlt werden.

[2] Artikel 4 Absätze 2 und 3 sowie Artikel 5 sind sinngemäss anwendbar.

Art. 7[2]

Art. 8[3] *Ermittlung der Grenzwerte bei Beteiligung von Banken und übrigen Finanzintermediären*

[1] Die Bruttoerträge umfassen sämtliche im letzten Geschäftsjahr erwirtschafteten Erträge aus der ordentlichen Geschäftstätigkeit gemäss den Bestimmungen des Bundesgesetzes vom 8. November 1934[4] über Banken und Sparkassen und dessen Ausführungserlasse, einschliesslich:

a. des Zins- und Diskontertrages;

b. des Zins- und Dividendenertrages aus den Handelsbeständen;

---

[2] Aufgehoben durch Ziff. I der V vom 12. März 2004, mit Wirkung seit 1. April 2004 (AS **2004** 1395).

[3] Fassung gemäss Ziff. I der V vom 12. März 2004, in Kraft seit 1. April 2004 (AS **2004** 1395).

[4] SR **952.0**

c. des Zins- und Dividendenertrages aus Finanzanlagen;
d. des Kommissionsertrages aus dem Kreditgeschäft;
e. des Kommissionsertrages aus dem Wertschriften- und Anlagegeschäft;
f. des Kommissionsertrages aus dem übrigen Dienstleistungsgeschäft;
g. des Erfolges aus dem Handelsgeschäft;
h. des Erfolges aus Veräusserungen von Finanzanlagen;
i. des Beteiligungsertrages;
j. des Liegenschaftenerfolges; und
k. anderer ordentlicher Erträge.

[2] Mehrwertsteuern und andere unmittelbar auf die Bruttoerträge bezogene Steuern dürfen davon abgezogen werden.

[3] Banken und übrige Finanzintermediäre, welche internationale Rechnungslegungsvorschriften anwenden, berechnen die Bruttoerträge analog den vorstehenden Bestimmungen.

[4] Sind an einem Zusammenschluss Unternehmen beteiligt, von denen nur ein Teil Banken oder Finanzintermediäre sind oder die nur teilweise solche Tätigkeiten betreiben, so sind zur Ermittlung des Erreichens der Grenzwerte die Bruttoerträge dieser Unternehmen oder Unternehmensteile zu veranschlagen und zum Umsatz beziehungsweise zu den Bruttoprämieneinnahmen der übrigen beteiligten Unternehmen oder Unternehmensteile hinzuzuzählen.

[5] Artikel 4 Absätze 2 und 3 sowie Artikel 5 sind sinngemäss anwendbar.

Art. 9 *Meldung eines Zusammenschlussvorhabens*

[1] Die Meldung eines Zusammenschlussvorhabens ist in fünffacher Ausfertigung beim Sekretariat der Wettbewerbskommission (Sekretariat) einzureichen, und zwar:

a. bei der Fusion durch die beteiligten Unternehmen gemeinsam;
b. bei der Erlangung der Kontrolle durch das Unternehmen, welches die Kontrolle erlangt, beziehungsweise gemeinsam durch die Unternehmen, welche die Kontrolle erlangen.

[2] Bei gemeinsamer Meldung haben die meldenden Unternehmen mindestens einen gemeinsamen Vertreter zu bestellen.

[3] Meldende Unternehmen oder ihre Vertreter mit Wohnsitz oder Sitz im Ausland haben in der Schweiz ein Zustellungsdomizil zu bezeichnen.

Art. 10 *Benachrichtigung der Eidgenössischen Finanzmarktaufsicht*[5]

Die Wettbewerbskommission informiert die Eidgenössische Finanzmarktaufsicht unverzüglich über die Meldung von Zusammenschlussvorhaben von Banken im Sinne des Bundesgesetzes vom 8. November 1934[6] über die Banken und Sparkassen.

Art. 11 *Inhalt der Meldung*

[1] Die Meldung muss folgende Angaben enthalten:

a. Firma, Sitz und Kurzbeschreibung der Geschäftstätigkeit der Unternehmen, die nach den Artikeln 4–8 zur Feststellung des Erreichens der Grenzwerte miteinzubeziehen sind, sowie der Veräusserer der Beteiligungen;

b. eine Beschreibung des Zusammenschlussvorhabens, der relevanten Tatsachen und Umstände sowie der Ziele, die mit dem Zusammenschlussvorhaben verfolgt werden;

c. die nach den Artikeln 4–8 berechneten Umsätze beziehungsweise Bilanzsummen oder Bruttoprämieneinnahmen sowie die auf die Schweiz entfallenden Anteile der beteiligten Unternehmen;

d. die Angabe aller sachlichen und räumlichen Märkte, die von dem Zusammenschluss betroffen sind und in denen der gemeinsame Marktanteil in der Schweiz von zwei oder mehr der beteiligten Unternehmen 20 Prozent oder mehr beträgt oder der Marktanteil in der Schweiz von einem der beteiligten Unternehmen 30 Prozent oder mehr beträgt, und eine Beschreibung dieser Märkte, die zumindest über die Vertriebs- und Nachfragestrukturen sowie die Bedeutung von Forschung und Entwicklung Auskunft gibt;

e. hinsichtlich der nach Buchstabe d erfassten Märkte für die letzten drei Jahre die Marktanteile der am Zusammenschluss beteiligten Unternehmen und, soweit bekannt, von jedem der drei wichtigsten Wettbewerber sowie eine Erläuterung der Grundlagen für die Berechnung der Marktanteile;

f. für die nach Buchstabe d erfassten Märkte die Angabe der in den letzten fünf Jahren neu eingetretenen Unternehmen sowie derjenigen Unternehmen, die in den nächsten drei Jahren in diese Märkte eintreten könnten, und, nach Möglichkeit, die Kosten, die ein Markteintritt verursacht.

---

[5] Die Bezeichnung der Verwaltungseinheit wurde in Anwendung von Art. 16 Abs. 3 der Publikationsverordnung vom 17. Nov. 2004 (SR **170.512.1**) angepasst. Die Anpassung wurde im ganzen Text vorgenommen.

[6] SR **952.0**

[2] Der Meldung sind ferner folgende Unterlagen beizulegen:

a. Kopien der neuesten Jahresrechnungen und Jahresberichte der beteiligten Unternehmen;

b. Kopien der Verträge, die den Zusammenschluss bewirken oder sonst mit ihm in einem Zusammenhang stehen, soweit sich deren wesentlicher Inhalt nicht bereits aus den Angaben nach Absatz 1 Buchstabe b ergibt;

c. im Falle eines öffentlichen Kaufangebots Kopien der Angebotsunterlagen;

d. Kopien der Berichte, Analysen und Geschäftspläne, die im Hinblick auf den Zusammenschluss erstellt wurden, soweit sie für die Beurteilung des Zusammenschlusses wichtige Angaben enthalten, die sich nicht bereits aus der Beschreibung nach Absatz 1 Buchstabe b ergeben.

[3] Die sachlichen und räumlichen Märkte nach Absatz 1 Buchstaben d–f bestimmen sich wie folgt:

a. Der sachliche Markt umfasst alle Waren oder Leistungen, die von der Marktgegenseite hinsichtlich ihrer Eigenschaften und ihres vorgesehenen Verwendungszwecks als substituierbar angesehen werden.

b. Der räumliche Markt umfasst das Gebiet, in welchem die Marktgegenseite die den sachlichen Markt umfassenden Waren oder Leistungen nachfragt oder anbietet.

[4] Die Meldung ist in einer der Amtssprachen einzureichen. Das Verfahren wird in dieser Sprache durchgeführt, sofern nichts anderes vereinbart wird. Die Beilagen können auch in englischer Sprache eingereicht werden.

Art. 12 *Erleichterte Meldung*

Die beteiligten Unternehmen und das Sekretariat können vor der Meldung eines Zusammenschlusses Einzelheiten des Inhalts der Meldung einvernehmlich festlegen. Das Sekretariat kann dabei von der Pflicht zur Vorlage von einzelnen Angaben oder Unterlagen nach Artikel 11 Absätze 1 und 2 befreien, wenn es der Ansicht ist, dass diese für die Prüfung des Falles nicht notwendig sind. Vorbehalten bleibt die Pflicht zur Vorlage von zusätzlichen Angaben und Unterlagen nach Artikel 15.

Art. 13 *Meldeformulare und Erläuterungen*

[1] Die Wettbewerbskommission kann die Angaben nach Artikel 11 in Meldeformularen umschreiben und die Anmeldeerfordernisse in Erläuterungen näher bezeichnen. Sie kann festlegen, inwieweit eine bei einer ausländischen Behörde eingereichte Meldung für die Meldung eines Zusammenschlussvorhabens in der Schweiz verwendet werden kann.

[2] Die Wettbewerbskommission veranlasst die Veröffentlichung der Meldeformulare und der Erläuterungen im Bundesblatt.

Art. 14 *Bestätigung der Vollständigkeit der Meldung*

Das Sekretariat bestätigt den meldenden Unternehmen innert zehn Tagen schriftlich den Eingang der Meldung und deren Vollständigkeit. Sind die Angaben oder Beilagen in einem wesentlichen Punkt unvollständig, so fordert das Sekretariat die meldenden Unternehmen innert der gleichen Frist auf, die Meldung zu ergänzen.

Art. 15 *Zusätzliche Angaben und Unterlagen*

[1] Beteiligte Unternehmen und mit ihm im Sinne von Artikel 5 verbundene Unternehmen sowie Veräusserer von Beteiligungen müssen auch nach der Bestätigung der Vollständigkeit der Meldung dem Sekretariat binnen einer von ihm gesetzten Frist zusätzliche Angaben machen und Unterlagen einreichen, die für die Prüfung des Zusammenschlussvorhabens von Bedeutung sein können. Insbesondere müssen sie Auskunft erteilen über bisherige oder geplante Absatz- oder Umsatzzahlen sowie über die Marktentwicklung und ihre Stellung im internationalen Wettbewerb.

[2] Das Sekretariat kann bei betroffenen Dritten Auskünfte einholen, die für die Beurteilung des Zusammenschlussvorhabens von Bedeutung sein können. Es kann dabei Dritten unter Wahrung der Geschäftsgeheimnisse der beteiligten Unternehmen und der mit ihnen im Sinne von Artikel 5 verbundenen Unternehmen sowie der Veräusserer vom Zusammenschlussvorhaben in geeigneter Weise Kenntnis geben.

Art. 16 *Bewilligung des Vollzugs*

[1] Die beteiligten Unternehmen dürfen den Zusammenschluss vor Ablauf der Monatsfrist nach Artikel 32 Absatz 2 des Gesetzes vollziehen, wenn ihnen die Wettbewerbskommission mitteilt, dass sie den Zusammenschluss für unbedenklich hält.

[2] Bewilligt die Wettbewerbskommission den Vollzug nach Artikeln 32 Absatz 2 und 33 Absatz 2 des Gesetzes, so kann sie diesen mit Bedingungen und Auflagen verbinden. Im Falle der Bewilligung des Vollzugs im Zusammenhang mit einem öffentlichen Kaufangebot kann sie insbesondere anordnen, dass die durch die übernehmende Gesellschaft erworbenen Stimmrechte nur zur Erhaltung des Werts der getätigten Investition ausgeübt werden dürfen.

Art. 17 *Bewilligung des Vollzugs bei Banken*

Erachtet die Eidgenössische Finanzmarktaufsicht einen Zusammenschluss von Banken aus Gründen des Gläubigerschutzes als notwendig, so kann sie auf

Ersuchen der beteiligten Banken oder von Amtes wegen in jedem Zeitpunkt des Verfahrens und nötigenfalls vor Eingang der Meldung des Zusammenschlussvorhabens den Vollzug nach den Artikeln 32 Absatz 2 und 33 Absatz 2 in Verbindung mit Artikel 10 Absatz 3 des Gesetzes bewilligen. Sie lädt vor ihrem Entscheid die Wettbewerbskommission zur Stellungnahme ein.

Art. 18 *Veröffentlichung der Einleitung eines Prüfungsverfahrens*

Beschliesst die Wettbewerbskommission, ein Prüfungsverfahren nach Artikel 32 des Gesetzes einzuleiten, so ist dies in der nächstmöglichen Ausgabe des Bundesblattes und des Schweizerischen Handelsamtsblattes zu veröffentlichen. Die Veröffentlichung enthält Firma, Sitz und Geschäftstätigkeit der beteiligten Unternehmen und eine kurze Beschreibung des Zusammenschlusses sowie die Angabe der Frist, innert welcher Dritte zum gemeldeten Zusammenschlussvorhaben Stellung nehmen können.

Art. 19 *Stellungnahme Dritter*

Die Stellungnahme Dritter im Sinne von Artikel 33 Absatz 1 des Gesetzes erfolgt in schriftlicher Form. Das Sekretariat kann im Einzelfall eine Anhörung anordnen.

Art. 20 *Fristen*

[1] Die Frist von einem Monat für die Einleitung des Prüfungsverfahrens nach Artikel 32 Absatz 1 des Gesetzes beginnt am Tag nach Eingang der vollständigen Meldung und endet mit Ablauf des Tages im Folgemonat, dessen Datum dieselbe Tageszahl trägt wie der Tag des Fristbeginns; gibt es diesen Tag im Folgemonat nicht, so endet die Frist am letzten Tag des Folgemonats. Artikel 22*a* des Verwaltungsverfahrensgesetzes vom 20. Dezember 1968[7] findet keine Anwendung.

[2] Der Beschluss über die Einleitung der Prüfung ist den beteiligten Unternehmen innerhalb der Monatsfrist nach Artikel 32 Absatz 1 des Gesetzes zuzustellen.

[3] Die Frist für die Durchführung einer Prüfung nach Artikel 33 Absatz 3 des Gesetzes beginnt am Tag nach der Zustellung des Beschlusses der Wettbewerbskommission zur Durchführung der Prüfung nach Artikel 10 des Gesetzes. Für die Fristberechnung gilt Absatz 1 singemäss.

---

[7] SR **172.021**

Art. 21 *Wesentliche Änderungen der Verhältnisse*

Wesentliche Änderungen der in der Meldung beschriebenen tatsächlichen Verhältnisse sind dem Sekretariat unaufgefordert und umgehend mitzuteilen. Können diese Änderungen erhebliche Auswirkungen auf die Beurteilung des Zusammenschlussvorhabens haben, so kann das Sekretariat vor Einleitung des Prüfungsverfahrens oder die Wettbewerbskommission nach Einleitung des Prüfungsverfahrens beschliessen, dass die Frist nach Artikel 20 erst am Tag nach Eingang der Mitteilung über die wesentlichen Änderungen beim Sekretariat zu laufen beginnt.

Art. 22 *Berichterstattung über unbedenkliche Zusammenschlüsse*

Die Wettbewerbskommission erstattet dem Eidgenössischen Departement für Wirtschaft, Bildung und Forschung[8] laufend Bericht über die von ihr als unbedenklich erachteten Zusammenschlüsse. Sie bezeichnet die beteiligten Unternehmen und begründet in kurzer Form, warum hinsichtlich eines meldepflichtigen Zusammenschlusses kein Prüfungsverfahren eingeleitet wurde (Art. 32 Abs. 1 des Gesetzes) beziehungsweise weder eine Untersagung noch eine Zulassung mit Bedingungen oder Auflagen ausgesprochen wurde.

Art. 23 *Veröffentlichung des Entscheides nach Abschluss der Prüfung*

Das Sekretariat veranlasst die Veröffentlichung des Entscheides der Wettbewerbskommission nach Abschluss der Prüfung im Bundesblatt und im Schweizerischen Handelsamtsblatt. Die Veröffentlichung enthält Firma und Sitz der beteiligten Unternehmen, eine kurze Beschreibung des Zusammenschlussvorhabens, eine summarische Wiedergabe der Entscheidgründe und des Dispositivs des Entscheides.

Art. 24 *Übergangsbestimmung*

[1] Unternehmenszusammenschlüsse im Sinne des Gesetzes sind bis vier Monate nach dem Inkrafttreten des Gesetzes nicht meldepflichtig, sofern:

a. der dem Zusammenschluss zugrundeliegende Vertrag vor dem Inkrafttreten des Gesetzes abgeschlossen worden ist;

b. ein öffentliches Kaufangebot vor dem Inkrafttreten des Gesetzes veröffentlicht worden ist.

[2] Wird der Vollzug in der Schweiz durch ein vorläufiges Vollzugsverbot verhindert, das sich aus einem öffentlich-rechtlichen Bewilligungsverfahren ein-

[8] Die Bezeichnung der Verwaltungseinheit wurde in Anwendung von Art. 16 Abs. 3 der Publikationsverordnung vom 17. Nov. 2004 (SR **170.512.1**) auf den 1. Jan. 2013 angepasst.

schliesslich eines ausländischen Fusionskontrollverfahrens ergibt, so steht die Frist von vier Monaten bis zum Wegfall dieses Vollzugsverbots still.

Art. 25 *Inkrafttreten*

Diese Verordnung tritt am 1. Juli 1996 in Kraft.

Geschäftsreglement der Wettbewerbskommission (Geschäftsreglement WEKO, GR-WEKO)

vom 15. Juni 2015 (Stand am 1. November 2015)

vom Bundesrat genehmigt am 25. September 2015

Die Wettbewerbskommission,

gestützt auf Artikel 20 Absatz 1 des Kartellgesetzes vom 6. Oktober 1995[1] (KG),

erlässt folgendes Reglement:

1. Kapitel: Allgemeine Bestimmungen

Art. 1 *Gegenstand*

[1] Dieses Reglement regelt die Organisation und die Zuständigkeiten der Wettbewerbsbehörden, nämlich:

a. der Wettbewerbskommission, bestehend aus:
   1. der Gesamtkommission (Kommission),
   2. der Kammer für Teilverfügungen und der Kammer für Unternehmenszusammenschlüsse (Kammern),
   3. dem Präsidium;

b. des Sekretariats

[2] Es regelt zudem die Informationspolitik der Wettbewerbsbehörden.

Art. 2 *Geltungsbereich*

Dieses Reglement gilt für sämtliche Zuständigkeiten der Wettbewerbsbehörden, die sich aus dem KG und seinen Ausführungserlassen sowie weiteren Gesetzen und internationalen Abkommen ergeben, namentlich aus dem:

a. Luftfahrtgesetz vom 21. Dezember 1948[2];

b. Fernmeldegesetz vom 30. April 1997[3];

c. Bundesgesetz vom 24. März 2006[4] über Radio und Fernsehen;

AS **2015** 3905

[1] SR **251**

[2] SR **748.0**

[3] SR **784.10**

[4] SR **784.40**

d. Preisüberwachungsgesetz vom 20. Dezember 1985[5] (PüG);

e. Binnenmarktgesetz vom 6. Oktober 1995[6];

f. Bundesgesetz vom 6. Oktober 1995[7] über die technischen Handelshemmnisse;

g. Landwirtschaftsgesetz vom 29. April 1998[8];

h. Abkommen zwischen der Schweizerischen Eidgenossenschaft und der Europäischen Gemeinschaft vom 21. Juni 1999[9] über den Luftverkehr;

i. Abkommen zwischen der Schweizerischen Eidgenossenschaft und der Europäischen Union vom 17. Mai 2013[10] über die Zusammenarbeit bei der Anwendung ihres Wettbewerbsrechts.

Art. 3 *Sitz*

Die Wettbewerbskommission hat ihren Sitz in Bern.

2. Kapitel: Kommission

1. Abschnitt: Organisation

Art. 4 *Einberufung und Leitung der Sitzungen*

[1] Die Kommission wird durch den Präsidenten oder die Präsidentin einberufen. Sie muss einberufen werden, wenn vier ihrer Mitglieder dies verlangen.

[2] Die Sitzungen werden durch den Präsidenten oder die Präsidentin geleitet. Er oder sie legt zu Beginn der Sitzung die Traktandenliste zum Entscheid vor.

Art. 5 *Sitzungsteilnehmende*

[1] Neben den Mitgliedern der Kommission nehmen der Direktor oder die Direktorin des Sekretariats (der Direktor oder die Direktorin) sowie von ihm oder ihr bestimmtes Personal des Sekretariats an den Sitzungen teil, es sei denn, es liege ein gegenteiliger Beschluss der Kommission vor.

---

[5] SR **942.20**
[6] SR **943.02**
[7] SR **946.51**
[8] SR **910.1**
[9] SR **0.748.127.192.68**
[10] SR **0.251.268.1**

[2] Der Preisüberwacher oder die Preisüberwacherin kann mit beratender Stimme an den Sitzungen teilnehmen (Art. 5 Abs. 2 zweiter Satz PüG[11]); er oder sie kann sich auch schriftlich vernehmen oder sich vertreten lassen.

[3] Die Sitzungen sind nicht öffentlich.

Art. 6 *Beschlussfassung*

[1] Die Kommission ist beschlussfähig, wenn:

a. mindestens die Hälfte der Mitglieder anwesend ist; und

b. mehr als die Hälfte der anwesenden Mitglieder unabhängige Sachverständige sind.

[2] Sind mindestens die Hälfte der anwesenden Mitglieder keine unabhängigen Sachverständigen, so kann die Beschlussfähigkeit durch Ausschluss der notwendigen Anzahl dieser Mitglieder hergestellt werden. Das Los bestimmt, wer ausgeschlossen wird.

[3] Die Kommission fasst ihre Beschlüsse mit dem einfachen Mehr der anwesenden Mitglieder. Bei Stimmengleichheit gibt der Präsident oder die Präsidentin den Stichentscheid.

Art. 7 *Protokoll*

[1] Über die Sitzungen wird Protokoll geführt. Das Protokoll enthält zumindest die Namen der Sitzungsteilnehmer und Sitzungsteilnehmerinnen, die Traktanden, die gestellten Anträge und die gefassten Beschlüsse.

[2] Das Protokoll wird von der Kommission genehmigt und vom Protokollführer oder der Protokollführerin unterschrieben.

Art. 8 *Zirkulationsbeschlüsse*

[1] Die Kommission kann über einzelne Geschäfte auf dem Zirkulationsweg beschliessen, es sei denn, vier Mitglieder verlangten innert drei Werktagen ab Zustellung des Beschlussantrags eine Beratung.

[2] Der Präsident oder die Präsidentin sorgt für die Information der Kommissionsmitglieder, des Preisüberwachers oder der Preisüberwacherin sowie des Direktors oder der Direktorin und koordiniert die Beschlussfassung.

[3] Ein Beschluss kommt zustande, wenn:

a. mindestens die Hälfte der Mitglieder an der Abstimmung teilnehmen; und

b. mehr als die Hälfte der teilnehmenden Mitglieder unabhängige Sachverständige sind.

---

[11] SR **942.20**

[4] Die Kommission fasst ihre Beschlüsse mit einfachem Mehr der an der Abstimmung teilnehmenden Mitglieder. Bei Stimmengleichheit gibt der Präsident oder die Präsidentin den Stichentscheid.

Art. 9 *Unterschriften*

Verfügungen, Empfehlungen, Gutachten und Stellungnahmen der Kommission tragen die Unterschriften des Präsidenten oder der Präsidentin und des Direktors oder der Direktorin.

2. Abschnitt: Zuständigkeiten

Art. 10

[1] Die Kommission nimmt alle Aufgaben und Befugnisse der Wettbewerbsbehörden wahr, die nicht ausdrücklich einem anderen Organ oder dem Sekretariat zugewiesen sind.

[2] Sie hat insbesondere die folgenden Aufgaben:

a. Sie erlässt allgemeine Bekanntmachungen und stellt dem Bundesrat Antrag auf Erlass von Verordnungen über gerechtfertigte Arten von Wettbewerbsabreden (Art. 6 KG).

b. Sie nimmt Stellung in Verfahren über die ausnahmsweisen Zulassungen aus überwiegenden öffentlichen Interessen (Art. 31 und 36 KG) sowie in Verfahren vor dem Bundesverwaltungsgericht und dem Bundesgericht.

c. Sie genehmigt die Begründung und Beendigung der Arbeitsverhältnisse des Personals des Sekretariats ab der Lohnklasse 24 mit Ausnahme der Direktion (Art. 24 Abs. 1 zweiter Halbsatz KG).

d. Sie trifft organisatorische und vertragliche Vorkehren zur Wahrung der Interessen der Wettbewerbsbehörden und zur Verhinderung von Interessenkollisionen; dazu gehört insbesondere der Erlass eines Verhaltenskodex für die Mitglieder der Kommission sowie die Mitarbeiter und Mitarbeiterinnen des Sekretariats.

e. Sie entscheidet, ob Kommissionsmitglieder, das Personal des Sekretariats sowie beigezogene Experten und Expertinnen vom Amtsgeheimnis (Art. 25 KG) zu entbinden sind.

f. Sie genehmigt das interne Informationskonzept (Art. 32 Bst. d).

g. Sie legt die allgemeinen Ziele und Prioritäten ihrer Tätigkeit sowie der Tätigkeit des Sekretariats fest.

h. Sie nimmt zuhanden der anderen Organe und des Sekretariats Stellung zu Rechtsfragen von grundsätzlicher Bedeutung.

[3] Sie kann das Präsidium oder einzelne Mitglieder mit der Prüfung bestimmter Geschäfte oder Geschäftskategorien betrauen oder dafür besondere Ausschüsse bilden.

[4] Sie kann externe Experten und Expertinnen zur Beratung beiziehen.

3. Kapitel: Kammern

1. Abschnitt: Organisation

Art. 11 *Zusammensetzung*

[1] Die Kammern werden von der Kommission bestellt.

[2] Sie bestehen je aus drei Mitgliedern der Kommission; dabei müssen jeweils mindestens:

a. zwei Mitglieder unabhängige Sachverständige sein; und

b. ein Mitglied dem Präsidium angehören.

[3] Fällt ein Mitglied der Kammer aus, so kann es für ein einzelnes Verfahren durch ein von der Kommission bestimmtes anderes Mitglied der Kommission vertreten werden.

Art. 12 *Vorsitz*

[1] Den Vorsitz hat ein Mitglied der Kammer, das dem Präsidium angehört.

[2] Gehören in einer Kammer mehrere Mitglieder dem Präsidium an, so bestimmt sich der Vorsitz nach dem Rang, dann nach dem Dienstalter und schliesslich nach dem Lebensalter.

Art. 13 *Einberufung und Leitung der Sitzungen*

[1] Eine Kammer wird durch den Vorsitzenden oder die Vorsitzende einberufen. Sie muss einberufen werden, wenn ein Mitglied der Kammer dies verlangt.

[2] Die Sitzungen werden durch den Vorsitzenden oder die Vorsitzende geleitet. Er oder sie legt zu Beginn der Sitzung die Traktandenliste der Kammer zum Entscheid vor.

Art. 14 *Sitzungsteilnehmende*

[1] Neben den Mitgliedern der Kammer nehmen der Direktor oder die Direktorin sowie von ihm oder ihr bestimmtes Personal an den Sitzungen teil, es sei denn, es liege ein gegenteiliger Beschluss der Kammer vor.

² Der Preisüberwacher oder die Preisüberwacherin kann mit beratender Stimme an den Sitzungen teilnehmen (Art. 5 Abs. 2 zweiter Satz PüG[12]); er oder sie kann sich auch schriftlich vernehmen oder sich vertreten lassen.

³ Die Sitzungen sind nicht öffentlich.

Art. 15 *Beschlussfassung*

¹ Eine Kammer ist beschlussfähig, wenn alle drei Mitglieder anwesend sind.

² Eine Kammer fasst ihre Beschlüsse mit dem einfachen Mehr. Bei Stimmengleichheit gibt der oder die Vorsitzende den Stichentscheid.

Art. 16 *Protokoll*

¹ Über die Sitzungen wird Protokoll geführt. Das Protokoll enthält zumindest die Namen der Sitzungsteilnehmer und Sitzungsteilnehmerinnen, die Traktanden, die gestellten Anträge und die gefassten Beschlüsse.

² Das Protokoll wird von der Kammer genehmigt und vom Protokollführer oder der Protokollführerin unterschrieben.

Art. 17 *Zirkulationsbeschlüsse*

¹ Eine Kammer kann über einzelne Geschäfte auf dem Zirkulationsweg beschliessen, es sei denn, ein Mitglied verlange innert drei Werktagen ab Zustellung des Beschlussantrags eine Beratung.

² Der oder die Vorsitzende sorgt für die Information der Kammermitglieder, des Preisüberwachers oder der Preisüberwacherin sowie des Direktors oder der Direktorin und koordiniert die Beschlussfassung.

³ Ein Beschluss kommt zustande, wenn alle drei Mitglieder an der Abstimmung teilnehmen.

⁴ Die Kammer fasst ihre Beschlüsse mit dem einfachen Mehr. Bei Stimmengleichheit gibt der oder die Vorsitzende den Stichentscheid.

Art. 18 *Unterschriften*

Verfügungen und Stellungnahmen einer Kammer tragen die Unterschriften des oder der Vorsitzenden und des Direktors oder der Direktorin.

---

[12] SR **942.20**

2. Abschnitt: Zuständigkeiten

Art. 19 *Kammer für Teilverfügungen*

[1] Die Kammer für Teilverfügungen schliesst auf Antrag des Sekretariats das Untersuchungsverfahren für einen Teil der Parteien mit Teilverfügung ab, während die Untersuchung gegen den übrigen Teil der Parteien weitergeführt wird.

[2] Sie entscheidet mit Teilverfügung über:

a. die Verfahrenseinstellung; oder

b. die Genehmigung einer einvernehmlichen Regelung zusammen mit übrigen Massnahmen (Art. 30 Abs. 1 KG), insbesondere Sanktionen (Art. 49*a* KG) und Gebühren (Art. 53*a* KG).

[3] Artikel 30 Absatz 2 KG über Stellungnahmen der Verfahrensbeteiligten, Anhörungen und zusätzliche Untersuchungsmassnahmen gilt sinngemäss.

[4] Die Kammer kann den Antrag an das Sekretariat zurückweisen und verlangen, dass das Sekretariat der Kommission einen Antrag zum gleichzeitigen Entscheid für alle Verfahrensparteien vorlegt.

[5] Sie ist auch zuständig für alle im Zusammenhang mit einer Teilverfügung nach Absatz 1 stehenden Stellungnahmen in Verfahren vor dem Bundesverwaltungsgericht und dem Bundesgericht.

Art. 20 *Kammer für Unternehmenszusammenschlüsse*

[1] Die Kammer für Unternehmenszusammenschlüsse prüft auf Antrag des Sekretariats, ob hinsichtlich eines Zusammenschlussvorhabens eine Prüfung durchzuführen ist (Art. 32 Abs. 1 KG).

[2] Sie leitet gegebenenfalls eine Prüfung ein. Eine solche ist in jedem Fall einzuleiten, wenn die Mehrheit der Mitglieder der Kommission es verlangt.

[3] Das Sekretariat lässt seinen Antrag allen Mitgliedern der Kommission zukommen. Will ein Mitglied der Kommission, das nicht Mitglied der Kammer ist, eine Prüfung verlangen, so teilt es dies den übrigen Mitgliedern der Kommission sowie dem Sekretariat innert gesetzter Frist unabhängig vom Entscheid der Kammer mit.

[4] Die Kammer entscheidet über die Bewilligung des vorzeitigen Vollzugs eines Zusammenschlusses in der vorläufigen Prüfung (Art. 32 Abs. 2 KG).

[5] Die Kommission kann die Kammer mit weiteren ständigen Aufgaben im Rahmen des Zusammenschlusskontrollverfahrens betrauen. Solche zusätzlichen Aufgaben sind in geeigneter Form zu publizieren.

Art. 21 *Beizug von Experten und Expertinnen*

Die Kammern können externe Experten und Expertinnen zur Beratung beiziehen.

4. Kapitel: Präsidium

1. Abschnitt: Organisation

Art. 22 *Zusammensetzung*

Das Präsidium besteht aus dem Präsidenten oder der Präsidentin und mindestens einem Vizepräsidenten oder einer Vizepräsidentin.

Art. 23 *Einberufung und Leitung der Sitzungen*

[1] Das Präsidium wird durch den Präsidenten oder die Präsidentin einberufen. Es muss einberufen werden, wenn ein Mitglied des Präsidiums dies verlangt.

[2] Die Sitzungen werden durch den Präsidenten oder die Präsidentin geleitet.

Art. 24 *Sitzungsteilnehmende*

[1] Neben den Mitgliedern des Präsidiums nehmen der Direktor oder die Direktorin sowie von ihm oder ihr bestimmtes Personal des Sekretariats an den Sitzungen teil, es sei denn, es liege ein gegenteiliger Beschluss des Präsidiums vor.

[2] Die Sitzungen sind nicht öffentlich.

Art. 25 *Protokoll*

Über die Sitzungen wird kein Protokoll geführt, es sei denn, ein Mitglied des Präsidiums verlange dies ausdrücklich.

Art. 26 *Unterschriften*

Verfügungen über Hausdurchsuchungen und Beschlagnahmen (Art. 42 Abs. 2 KG) werden von einem Mitglied des Präsidiums unterzeichnet.

2. Abschnitt: Zuständigkeiten

Art. 27 *Präsidium*

[1] Das Präsidium bereitet zusammen mit dem Direktor oder der Direktorin sowie dem von ihm oder ihr bestimmten Personal des Sekretariats die Kommissionssitzungen vor.

[2] Es pflegt die Beziehungen mit der Wirtschaft, der Wissenschaft, staatlichen Stellen und ausländischen Wettbewerbsbehörden sowie weiteren interessierten Kreisen.

[3] Es kann mit Mitgliedern der Kommission und dem Sekretariat Fragen besprechen, die im Zusammenhang mit einem Verfahren stehen oder unabhängig von einem solchen sind.

Art. 28 *Präsident oder Präsidentin*

[1] Der Präsident oder die Präsidentin:

a. sorgt für die Koordination zwischen der Kommission und dem Sekretariat;

b. nimmt die Aufgaben nach Artikel 27 Absatz 2 hauptverantwortlich wahr und koordiniert diese mit den anderen Mitgliedern des Präsidiums und dem Direktor oder der Direktorin;

c. informiert die Kommission und den Direktor oder die Direktorin über seine oder ihre Tätigkeiten sowie über die Tätigkeiten des Präsidiums;

d. sorgt für die sachgerechte und rechtzeitige Information der Kommission über die Tätigkeiten des Sekretariats;

e. beaufsichtigt die Geschäftsführung des Sekretariats;

f. kann auch ausserhalb der Sitzungen mit Mitgliedern der Kommission und dem Sekretariat Fragen besprechen, die im Zusammenhang mit einem Verfahren stehen oder unabhängig von einem solchen sind.

[2] Er oder sie kann sich bei der Erfüllung seiner oder ihrer Aufgaben durch einen Vizepräsidenten oder eine Vizepräsidentin vertreten lassen.

Art. 29 *Anordnungen bei besonderer Dringlichkeit*

Bei besonderer Dringlichkeit kann ein Mitglied des Präsidiums das Nötige anordnen; es orientiert die Kommission sofort.

5. Kapitel: Sekretariat

1. Abschnitt: Organisation

Art. 30

[1] Das Sekretariat setzt sich aus folgenden Personen zusammen:

a. dem Direktor oder der Direktorin;

b. dem stellvertretenden Direktor oder der stellvertretenden Direktorin;

c. mindestens einem Vizedirektor oder einer Vizedirektorin;

d. dem Leiter oder der Leiterin Ressourcen und Logistik;

e. den Mitarbeitern und Mitarbeiterinnen.

[2] Es kann sich in Dienste gliedern.

[3] Seine Geschäftsleitung besteht aus den in Absatz 1 Buchstaben a–d genannten sowie weiteren vom Direktor oder der Direktorin bestimmten Personen.

2. Abschnitt: Zuständigkeiten

Art. 31 *Sekretariat*

[1] Zusätzlich zu den ihm direkt im Gesetz übertragenen Aufgaben nimmt das Sekretariat die folgenden Aufgaben wahr:

a. Es führt Marktbeobachtungen durch.

b. Es informiert das Präsidium über den Abschluss von Vorabklärungen (Art. 26 KG).

c. Es eröffnet im Einvernehmen mit einem Mitglied des Präsidiums die Untersuchungen sowie die Sanktionsverfahren (Art. 27, 53 und 57 KG) und nimmt die Untersuchungshandlungen vor.

d. Es legt die Geschäfte der Kommission, der zuständigen Kammer oder einem Mitglied des Präsidiums mit einem begründeten Antrag zum Entscheid vor. Beinhaltet der Antrag ein Präjudiz oder eine Praxisänderung, so weist es speziell darauf hin.

e. Es erteilt den Mitgliedern der Kommission auf Verlangen Auskünfte über laufende Geschäfte, die in deren Entscheidungskompetenz fallen.

f. Es kann auch ausserhalb der Sitzungen mit der Kommission, dem Präsidium und dem Präsidenten oder der Präsidentin Fragen besprechen, die im Zusammenhang mit einem Verfahren stehen oder unabhängig von einem solchen sind.

[2] Es kann externe Experten und Expertinnen zur Beratung beiziehen.

Art. 32 *Direktor oder Direktorin*

Der Direktor oder die Direktorin:

a. leitet die Sekretariatsgeschäfte und ist für die Tätigkeiten des Sekretariats verantwortlich;

b. legt die Organisation des Sekretariats fest und regelt die Delegation der Kompetenzen sowie die Unterschriftsbefugnis;

c. begründet, ändert oder beendet die Arbeitsverhältnisse des Personals des Sekretariats mit Ausnahme der Direktion, unter Vorbehalt der erforderlichen Genehmigungen durch die Kommission (Art. 10 Abs. 2 Bst. c);

d. hält die internen Informations- und Entscheidungsprozesse in einem Konzept fest und unterbreitet dieses der Kommission zur Genehmigung;

e. sorgt innerhalb des Sekretariats für eine einheitliche Rechtsanwendung;
f. organisiert die Arbeiten im Rahmen der von der Kommission gesetzten Prioritäten;
g. informiert mit dem von ihm oder ihr bestimmten Personal des Sekretariats die Kommission, die Kammern und das Präsidium über alle Geschäfte, die in deren Zuständigkeit liegen, und über die Tätigkeiten des Sekretariats im Allgemeinen;
h. bezeichnet das Personal des Sekretariats, das zur Leitung von Anhörungen und zu Zeugeneinvernahmen befugt ist;
i. pflegt in Absprache mit dem Präsidium die Beziehungen mit der Wirtschaft, der Wissenschaft, staatlichen Stellen und ausländischen Wettbewerbsbehörden sowie weiteren interessierten Kreisen.

6. Kapitel: Information

Art. 33 *Informationskonzept*

Die Kommission legt die Grundsätze ihrer Informationspolitik (Art. 48 und 49 KG) in einem Konzept fest.

Art. 34 *Amtliche Publikation*

Die in kartellrechtlichen Verfahren vorgesehenen amtlichen Publikationen erfolgen im Bundesblatt und im Schweizerischen Handelsamtsblatt.

Art. 35 *Veröffentlichung von Entscheiden und Stellungnahmen*

[1] Endverfügungen und Ergebnisse aus Zusammenschlusskontrollverfahren werden publiziert.

[2] Weitere Entscheide und Stellungnahmen, namentlich aus Vorabklärungen und Beratungen, werden publiziert, sofern sie für die Praxis der Wettbewerbsbehörden von Bedeutung sind.

Art. 36 *Jahresbericht*

[1] Der Jahresbericht an den Bundesrat (Art. 49 Abs. 2 KG) gibt den Behörden und der Öffentlichkeit eine Übersicht über die Tätigkeiten der Wettbewerbsbehörden.

[2] Er wird durch das Sekretariat erstellt und von der Kommission genehmigt.

Art. 37 *Medienarbeit*

Verantwortlich für die Medienarbeit sind der Präsident oder die Präsidentin und der Direktor oder die Direktorin.

7. Kapitel: Schlussbestimmungen

Art. 38 *Aufhebung eines anderen Erlasses*

Das Geschäftsreglement der Wettbewerbskommission vom 1. Juli 1996[13] wird aufgehoben.

Art. 39 *Inkrafttreten*

Dieses Reglement tritt am 1. November 2015 in Kraft.

[13] [AS **1996** 2870, **2009** 355]

Verordnung über die Sanktionen bei unzulässigen Wettbewerbsbeschränkungen (KG-Sanktionsverordnung, SVKG)

vom 12. März 2004 (Stand am 18. Februar 2021)

Der Schweizerische Bundesrat,

gestützt auf Artikel 60 des Kartellgesetzes vom 6. Oktober 1995[1] (KG),

verordnet:

1. Abschnitt: Allgemeines

Art. 1

Diese Verordnung regelt:

a. die Bemessungskriterien bei der Verhängung von Sanktionen gemäss Artikel 49*a* Absatz 1 KG;

b. die Voraussetzungen und das Verfahren beim gänzlichen oder teilweisen Verzicht auf eine Sanktion gemäss Artikel 49*a* Absatz 2 KG;

c. die Voraussetzungen und das Verfahren der Meldung nach Artikel 49*a* Absatz 3 Buchstabe a KG.

2. Abschnitt: Sanktionsbemessung

Art. 2 *Grundsätze*

[1] Die Sanktion bemisst sich nach der Dauer und der Schwere des unzulässigen Verhaltens. Der mutmassliche Gewinn, den das Unternehmen dadurch erzielt hat, ist angemessen zu berücksichtigen.

[2] Bei der Festsetzung der Sanktion ist das Prinzip der Verhältnismässigkeit zu beachten.

Art. 3 *Basisbetrag*

Der Basisbetrag der Sanktion bildet je nach Schwere und Art des Verstosses bis zu 10 Prozent des Umsatzes, den das betreffende Unternehmen in den letzten drei Geschäftsjahren auf den relevanten Märkten in der Schweiz erzielt hat.

AS **2004** 1397

[1] SR **251**

Art. 4 *Dauer*

Dauerte der Wettbewerbsverstoss zwischen ein und fünf Jahren, so wird der Basisbetrag um bis zu 50 Prozent erhöht. Dauerte der Wettbewerbsverstoss mehr als fünf Jahre, so wird der Basisbetrag für jedes zusätzliche Jahr mit einem Zuschlag von je bis zu 10 Prozent erhöht.

Art. 5 *Erschwerende Umstände*

[1] Bei erschwerenden Umständen wird der Betrag nach den Artikeln 3 und 4 erhöht, insbesondere wenn das Unternehmen:

a. wiederholt gegen das Kartellgesetz verstossen hat;

b. mit einem Verstoss einen Gewinn erzielt hat, der nach objektiver Ermittlung besonders hoch ausgefallen ist;

c. die Zusammenarbeit mit den Behörden verweigert oder versucht hat, die Untersuchungen sonstwie zu behindern.

[2] Bei Wettbewerbsbeschränkungen nach Artikel 5 Absätze 3 und 4 KG wird der Betrag nach den Artikeln 3 und 4 zusätzlich erhöht, wenn das Unternehmen:

a. zur Wettbewerbsbeschränkung angestiftet oder dabei eine führende Rolle gespielt hat;

b. zur Durchsetzung der Wettbewerbsabrede gegenüber anderen an der Wettbewerbsbeschränkung Beteiligten Vergeltungsmassnahmen angeordnet oder durchgeführt hat.

Art. 6 *Mildernde Umstände*

[1] Bei mildernden Umständen, insbesondere wenn das Unternehmen die Wettbewerbsbeschränkung nach dem ersten Eingreifen des Sekretariats der Wettbewerbskommission, spätestens aber vor der Eröffnung eines Verfahrens nach den Artikeln 26–30 KG beendet, wird der Betrag nach den Artikeln 3 und 4 vermindert.

[2] Bei Wettbewerbsbeschränkungen gemäss Artikel 5 Absätze 3 und 4 KG wird der Betrag nach den Artikeln 3 und 4 vermindert, wenn das Unternehmen:

a. dabei ausschliesslich eine passive Rolle gespielt hat;

b. Vergeltungsmassnahmen, die zur Durchsetzung der Wettbewerbsabrede vereinbart waren, nicht durchgeführt hat.

Art. 7 *Maximale Sanktion*

[1] Die Sanktion beträgt in keinem Fall mehr als 10 Prozent des in den letzten drei Geschäftsjahren in der Schweiz erzielten Umsatzes des Unternehmens (Art. 49a Abs. 1 KG).

3. Abschnitt: Vollständiger Erlass der Sanktion

Art. 8 *Voraussetzungen*

[1] Die Wettbewerbskommission erlässt einem Unternehmen die Sanktion vollständig, wenn es seine Beteiligung an einer Wettbewerbsbeschränkung im Sinne von Artikel 5 Absätze 3 und 4 KG anzeigt und als Erstes:

a. Informationen liefert, die es der Wettbewerbsbehörde ermöglichen, ein kartellrechtliches Verfahren gemäss Artikel 27 KG zu eröffnen; oder

b. Beweismittel vorlegt, welche der Wettbewerbsbehörde ermöglichen, einen Wettbewerbsverstoss gemäss Artikel 5 Absätze 3 oder 4 KG festzustellen.

[2] Sie erlässt die Sanktion nur, wenn das Unternehmen:

a. kein anderes Unternehmen zur Teilnahme an dem Wettbewerbsverstoss gezwungen hat und nicht die anstiftende oder führende Rolle im betreffenden Wettbewerbsverstoss eingenommen hat;

b. der Wettbewerbsbehörde unaufgefordert sämtliche in seinem Einflussbereich liegenden Informationen und Beweismittel betreffend den Wettbewerbsverstoss vorlegt;

c. während der gesamten Dauer des Verfahrens ununterbrochen, uneingeschränkt und ohne Verzug mit der Wettbewerbsbehörde zusammenarbeitet;

d. seine Beteiligung am Wettbewerbsverstoss spätestens zum Zeitpunkt der Selbstanzeige oder auf erste Anordnung der Wettbewerbsbehörde einstellt.

[3] Der Erlass der Sanktion gemäss Absatz 1 Buchstabe a wird nur gewährt, sofern die Wettbewerbsbehörde nicht bereits über ausreichende Informationen verfügt, um ein Verfahren nach den Artikeln 26 und 27 KG betreffend die angezeigte Wettbewerbsbeschränkung zu eröffnen.

[4] Der Erlass der Sanktion gemäss Absatz 1 Buchstabe b wird nur gewährt, sofern:

a. nicht bereits ein anderes Unternehmen die Voraussetzungen für einen Erlass gemäss Absatz 1 Buchstabe a erfüllt; und

b. die Wettbewerbsbehörde nicht bereits über ausreichende Beweismittel verfügt, um den Wettbewerbsverstoss zu beweisen.[2]

Art. 9 *Form und Inhalt der Selbstanzeige*

[1] Die Selbstanzeige enthält die nötigen Informationen zum anzeigenden Unternehmen, zur Art des angezeigten Wettbewerbsverstosses, zu den an diesem

---

[2] Die Berichtigung vom 18. Febr. 2021 betrifft nur den italienischen Text (AS **2021** 100).

Verstoss beteiligten Unternehmen und zu den betroffenen bzw. relevanten Märkten. Die Selbstanzeige kann auch mündlich zu Protokoll gegeben werden.

[2] Das Unternehmen kann die Selbstanzeige unter Einreichung der Informationen in anonymisierter Form stellen. Das Sekretariat regelt die Modalitäten im Einzelfall im Einvernehmen mit einem Mitglied des Präsidiums der Wettbewerbskommission

[3] Das Sekretariat bestätigt den Eingang der Selbstanzeige unter Angabe der Eingangszeit. Es teilt dem anzeigenden Unternehmen im Einvernehmen mit einem Mitglied des Präsidiums mit:

a. inwieweit es die Voraussetzungen für einen vollständigen Erlass der Sanktion nach Artikel 8 Absatz 1 als gegeben erachtet;

b. welche Informationen das anzeigende Unternehmen zusätzlich einzureichen hat, insbesondere um die Voraussetzungen von Artikel 8 Absatz 1 zu erfüllen; und

c. im Falle einer anonymen Selbstanzeige, binnen welcher Frist das Unternehmen seine Identität offen legen muss.

Art. 10 *Verfahren bei mehreren Selbstanzeigen*

Die Wettbewerbsbehörde prüft später eingegangene Selbstanzeigen erst, wenn sie über früher eingegangene Selbstanzeigen nach Massgabe von Artikel 9 Absatz 3 befunden hat.

Art. 11 *Entscheid über den vollständigen Erlass der Sanktion*

[1] Die Wettbewerbskommission entscheidet über die Gewährung des vollständigen Erlasses der Sanktion.

[2] Die Wettbewerbskommission kann von einer Mitteilung des Sekretariats gemäss Artikel 9 Absatz 3 Buchstabe a nur abweichen, wenn ihr nachträglich Tatsachen bekannt werden, die dem Erlass der Sanktion entgegenstehen.

4. Abschnitt: Reduktion der Sanktion

Art. 12 *Voraussetzungen*

[1] Die Wettbewerbskommission reduziert die Sanktion, wenn ein Unternehmen an einem Verfahren unaufgefordert mitgewirkt und im Zeitpunkt der Vorlage der Beweismittel die Teilnahme am betreffenden Wettbewerbsverstoss eingestellt hat.

[2] Die Reduktion beträgt bis zu 50 Prozent des nach den Artikeln 3–7 berechneten Sanktionsbetrags. Massgebend ist die Wichtigkeit des Beitrags des Unternehmens zum Verfahrenserfolg.

[3] Die Reduktion beträgt bis zu 80 Prozent des nach den Artikeln 3–7 berechneten Sanktionsbetrags, wenn ein Unternehmen unaufgefordert Informationen liefert oder Beweismittel vorlegt über weitere Wettbewerbsverstösse gemäss Artikel 5 Absatz 3 oder 4 KG.

Art. 13 *Form und Inhalt der Kooperation*

[1] Das Unternehmen legt der Wettbewerbsbehörde die nötigen Informationen zum anzeigenden Unternehmen, zur Art des angezeigten Wettbewerbsverstosses, zu den an diesem Verstoss beteiligten Unternehmen und zu den betroffenen bzw. relevanten Märkten vor.

[2] Das Sekretariat bestätigt den Eingang der Beweismittel unter Angabe der Eingangszeit.

Art. 14 *Entscheid über die Reduktion*

[1] Die Wettbewerbskommission entscheidet darüber, um wie viel die Sanktion gegen das kooperierende Unternehmen reduziert wird.

[2] Legt das kooperierende Unternehmen der Wettbewerbskommission Beweismittel über die Dauer des Wettbewerbsverstosses vor, von welchen diese keine Kenntnis hatte, so berechnet sie die Sanktion ohne Berücksichtigung dieses Zeitraumes.

5. Abschnitt: Meldung und Widerspruchsverfahren

Art. 15 *Meldung einer möglicherweise unzulässigen Wettbewerbsbeschränkung*

Die Meldung gemäss Artikel 49*a* Absatz 3 Buchstabe a KG ist in einer der Amtssprachen in dreifacher Ausfertigung beim Sekretariat einzureichen.

Art. 16 *Meldeformulare und Erläuterungen*

[1] Die Wettbewerbskommission umschreibt die für die Meldung erforderlichen Angaben in einem Meldeformular. Sie gibt bekannt, inwieweit eine bei einer ausländischen Behörde eingereichte Meldung für die Meldung in der Schweiz verwendet werden kann.

[2] Sie veranlasst die Veröffentlichung der Meldeformulare und der Erläuterungen im Bundesblatt.

Art. 17 *Erleichterte Meldung*

Das Sekretariat und das meldende Unternehmen können vor der Meldung einer Wettbewerbsbeschränkung Einzelheiten des Inhalts der Meldung einvernehmlich festlegen. Das Sekretariat kann dabei das Unternehmen von der Vorlage von einzelnen Angaben oder Unterlagen befreien, wenn es der Ansicht ist, dass diese für die Beurteilung des Falles nicht notwendig sind.

Art. 18 *Bestätigung des Eingangs der Meldung*

Das Sekretariat bestätigt dem meldenden Unternehmen den Eingang der Meldung. Sind die Angaben oder Beilagen in einem wesentlichen Punkt unvollständig, so fordert das Sekretariat das meldende Unternehmen auf, die Meldung zu ergänzen.

Art. 19 *Widerspruchsverfahren*

Wird dem Unternehmen innerhalb von fünf Monaten nach Eingang der Meldung keine Eröffnung eines Verfahrens nach den Artikeln 26–30 KG mitgeteilt, so entfällt für den gemeldeten Sachverhalt eine Sanktion nach Artikel 49*a* Absatz 1 KG.

6. Abschnitt: Inkrafttreten

Art. 20

Diese Verordnung tritt am 1. April 2004 in Kraft.

Verordnung über die Gebühren zum Kartellgesetz (Gebührenverordnung KG, GebV-KG)[1]

vom 25. Februar 1998 (Stand am 1. Januar 2013)

Der Schweizerische Bundesrat,

gestützt auf Artikel 53*a* des Kartellgesetzes vom 6. Oktober 1995[2] (KG)

sowie auf Artikel 4 des Bundesgesetzes vom 4. Oktober 1974[3] über Massnahmen zur Verbesserung des Bundeshaushalts,[4]

verordnet:

Art. 1 *Geltungsbereich*

[1] Diese Verordnung regelt die Erhebung von Gebühren durch die Wettbewerbskommission und ihr Sekretariat für:

a. Verfügungen über die Untersuchung von Wettbewerbsbeschränkungen nach den Artikeln 26–30 des Kartellgesetzes (KG);

b. die Behandlung einer Meldung im Widerspruchsverfahren nach Artikel 49*a* Absatz 3 Buchstabe a KG;

c. die Prüfung von Unternehmenszusammenschlüssen nach den Artikeln 32–38 KG;

d. Gutachten und sonstige Dienstleistungen.[5]

[2] Die Gebühren für Strafverfahren gemäss den Artikeln 54 und 55 KG richten sich nach den Bestimmungen der Verordnung vom 25. November 1974[6] über Kosten und Entschädigungen im Verwaltungsstrafverfahren.

AS **1998** 919

[1] Fassung gemäss Ziff. I der V vom 16. Juni 2006, in Kraft seit 1. Aug. 2006 (AS **2006** 2637).

[2] SR **251**

[3] SR **611.010**

[4] Fassung gemäss Ziff. I der V vom 12. März 2004, in Kraft seit 1. April 2004 (AS **2004** 1391).

[5] Fassung gemäss Ziff. I der V vom 12. März 2004, in Kraft seit 1. April 2004 (AS **2004** 1391).

[6] SR **313.32**

Art. 1*a*[7] *Anwendbarkeit der Allgemeinen Gebührenverordnung*

Soweit diese Verordnung keine besondere Regelung enthält, gelten die Bestimmungen der Allgemeinen Gebührenverordnung vom 8. September 2004[8] (AllgGebV).

Art. 2 *Gebührenpflicht*

[1] Gebührenpflichtig ist, wer Verwaltungsverfahren verursacht oder Gutachten und sonstige Dienstleistungen nach Artikel 1 veranlasst.

[2] …[9]

Art. 3 *Gebührenfreiheit*

[1] Behörden des Bundes und, soweit sie Gegenrecht gewähren, Kantone, Gemeinden und interkantonale Organe bezahlen keine Gebühren.[10] Vorbehalten bleiben Gebühren für Gutachten.

[2] Keine Gebühren bezahlen ferner:

a. Dritte, auf deren Anzeige hin ein Verfahren nach den Artikeln 26–30 KG durchgeführt wird;

b. Beteiligte, die eine Vorabklärung verursacht haben, sofern diese keine Anhaltspunkte für eine unzulässige Wettbewerbsbeschränkung ergibt;

c. Beteiligte, die eine Untersuchung verursacht haben, sofern sich die zu Beginn vorliegenden Anhaltspunkte nicht erhärten und das Verfahren aus diesem Grund eingestellt wird.[11]

Art. 4 *Gebührenbemessung*

[1] Die Gebühr bemisst sich nach dem Zeitaufwand.

[2] Es gilt ein Stundenansatz von 100–400 Franken. Dieser richtet sich namentlich nach der Dringlichkeit des Geschäfts und der Funktionsstufe des ausführenden Personals.[12]

---

[7] Eingefügt durch Ziff. I der V vom 16. Juni 2006, in Kraft seit 1. Aug. 2006 (AS **2006** 2637).

[8] SR **172.041.1**

[9] Eingefügt durch Ziff. I der V vom 12. März 2004 (AS **2004** 1391). Aufgehoben durch Ziff. I der V vom 16. Juni 2006, mit Wirkung seit 1. Aug. 2006 (AS **2006** 2637).

[10] Fassung gemäss Ziff. I der V vom 16. Juni 2006, in Kraft seit 1. Aug. 2006 (AS **2006** 2637).

[11] Fassung gemäss Ziff. I der V vom 12. März 2004, in Kraft seit 1. April 2004 (AS **2004** 1391).

[12] Fassung gemäss Ziff. I der V vom 12. März 2004, in Kraft seit 1. April 2004 (AS **2004** 1391).

[3] Für die vorläufige Prüfung gemäss Artikel 32 KG erhebt das Sekretariat statt der Gebühr nach Zeitaufwand eine Pauschalgebühr von 5000 Franken.[13]

[4] Auslagen für Porti sowie Telefon- und Kopierkosten sind sowohl in den Gebühren nach Aufwand als auch in den Pauschalgebühren eingeschlossen.[14]

Art. 5[15] *Auslagen*

Neben dem Aufwand nach Artikel 4 hat der Gebührenpflichtige die Auslagen gemäss Artikel 6 AllgGebV[16] zu erstatten sowie die Kosten, die durch Beweiserhebung oder besondere Untersuchungsmassnahmen verursacht werden.

Art. 6 und 7[17]

Art. 8 *Aufhebung bisherigen Rechts*

Die Verordnung vom 17. Juni 1996[18] über Gebühren für Gutachten der Wettbewerbskommission wird aufgehoben.

Art. 9[19]

Art. 10 *Inkrafttreten*

Diese Verordnung tritt am 1. April 1998 in Kraft.

Schlussbestimmung zur Änderung vom 12. März 2004[20]

Bei Verwaltungsverfahren und Dienstleistungen, die beim Inkrafttreten dieser Änderungen noch nicht abgeschlossen sind, gilt für die Bemessung der Gebühren und Auslagen für denjenigen Teil der Aufwendungen, der vor dem Inkrafttreten der Änderung erfolgt ist, das bisherige Recht.

---

13 Fassung gemäss Ziff. I der V vom 12. März 2004, in Kraft seit 1. April 2004 (AS **2004** 1391).
14 Fassung gemäss Ziff. I der V vom 12. März 2004, in Kraft seit 1. April 2004 (AS **2004** 1391).
15 Fassung gemäss Ziff. I der V vom 16. Juni 2006, in Kraft seit 1. Aug. 2006 (AS **2006** 2637).
16 SR **172.041.1**
17 Aufgehoben durch Ziff. I der V vom 16. Juni 2006, mit Wirkung seit 1. Aug. 2006 (AS **2006** 2637).
18 [AS **1996** 1806]
19 Aufgehoben durch Ziff. I der V vom 12. März 2004, mit Wirkung seit 1. April 2004 (AS **2004** 1391).
20 AS **2004** 1391

Bekanntmachung über die wettbewerbsrechtliche Behandlung vertikaler Abreden[1] (Vertikalbekanntmachung, VertBek)

Beschluss der Wettbewerbskommission vom 12. Dezember 2022

Die Wettbewerbskommission erlässt die folgende allgemeine Bekanntmachung in Erwägung nachstehender Gründe:

I. Gemäss Artikel 6 des Bundesgesetzes vom 6. Oktober 1995 über Kartelle und andere Wettbewerbsbeschränkungen (KG; SR 251) kann die Wettbewerbskommission in allgemeinen Bekanntmachungen die Voraussetzungen umschreiben, unter denen einzelne Arten von Wettbewerbsabreden aus Gründen der wirtschaftlichen Effizienz im Sinne von Artikel 5 Absatz 2 KG in der Regel als gerechtfertigt gelten. Wenn ein Bedürfnis nach mehr Rechtssicherheit es erfordert, kann sie in analoger Anwendung von Artikel 6 KG auch andere Grundsätze der Rechtsanwendung in allgemeinen Bekanntmachungen veröffentlichen.

II. Bestimmte Arten von vertikalen Wettbewerbsabreden können die wirtschaftliche Effizienz innerhalb einer Produktions- oder Vertriebskette erhöhen, weil sie eine bessere Koordinierung zwischen den beteiligten Unternehmen ermöglichen. Insbesondere können sie dazu beitragen, die Transaktions- und Vertriebskosten der beteiligten Unternehmen zu verringern und deren Verkäufe und Investitionen zu optimieren.

III. Die Wahrscheinlichkeit, dass derartige effizienzsteigernde Auswirkungen stärker ins Gewicht fallen als wettbewerbsschädliche Wirkungen, die durch Beschränkungen in vertikalen Wettbewerbsabreden verursacht werden, hängt von der Marktmacht der an der Wettbewerbsabrede beteiligten Unternehmen ab und insbesondere vom Mass, in dem diese Unternehmen dem Wettbewerb anderer Anbieterinnen von Waren oder Dienstleistungen ausgesetzt sind, die ihre Kundinnen und Kunden aufgrund der Eigenschaften, der Preise und des Verwendungszwecks der Produkte als austauschbar oder substituierbar ansehen (Interbrand-Wettbewerb). Die Wettbewerbskommission geht davon aus, dass eine vertikale Wettbewerbsabrede im Allgemeinen zu einer Verbesserung der Produktion oder des Vertriebs führt, sofern keines der daran beteiligten Unternehmen einen Anteil von mehr als 30 % am relevanten Markt hält und es sich nicht um eine grundsätzlich erhebliche oder qualitativ schwerwiegende Wettbewerbsabrede handelt.

[1] Massgebend ist der im Bundesblatt veröffentlichte Text.

IV. Im Rahmen der KG-Revision 2003 wurden mit dem Artikel 5 Absatz 4 KG neue Tatbestände eingeführt mit dem Ziel, Preisbindungen und Abschottungen des schweizerischen Marktes zu verhindern und den markeninternen Wettbewerb (Intrabrand-Wettbewerb) zu fördern. Gemäss Artikel 5 Absatz 4 KG wird die Beseitigung des wirksamen Wettbewerbs vermutet bei der Festsetzung von Mindest- oder Festpreisen (vertikale Preisabreden; Preisbindungen der zweiten Hand) sowie bei gebietsabschottenden Klauseln, die ein Verbot des Passivverkaufs an Händlerinnen oder Endkundinnen und Endkunden statuieren.

V. Der Gesetzgeber hat in der KG-Revision 2003 zum Ausdruck gebracht, dass er die Festsetzung von Mindest- und Festpreisen sowie gebietsabschottende Klauseln in vertikalen Wettbewerbsabreden als potenziell besonders schädlich erachtet. Die Wettbewerbskommission hat diese Einschätzung in ihren bisherigen Entscheiden konkretisiert und bereits in der Bekanntmachung über die wettbewerbsrechtliche Behandlung vertikaler Abreden vom 2. Juli 2007 (Vertikalbekanntmachung 2007) entsprechende Kriterien zur Beurteilung vertikaler Abreden erlassen, insbesondere hinsichtlich der Widerlegung der Vermutung der Beseitigung wirksamen Wettbewerbs (Art. 5 Abs. 4 KG), der Erheblichkeit (Art. 5 Abs. 1 KG) sowie der Rechtfertigungsgründe (Art. 5 Abs. 2 KG). Diese Kriterien hat die Wettbewerbskommission in der Bekanntmachung über die wettbewerbsrechtliche Behandlung vertikaler Abreden vom 28. Juni 2010 (Vertikalbekanntmachung 2010) präzisiert. Die Vertikalbekanntmachung 2010 wurde am 22. Mai 2017 gestützt auf das Urteil des Bundesgerichts i.S. Gaba angepasst.[2]

VI. Vorliegende Bekanntmachung basiert auf der Vertikalbekanntmachung 2010 (Stand am 22. Mai 2017), welche sich an die Verordnung (EU) Nr. 330/2010 der Kommission vom 20. April 2010 über die Anwendung von Artikel 101 Absatz 3 des Vertrags über die Arbeitsweise der Europäischen Union auf Gruppen von vertikalen Vereinbarungen und abgestimmten Verhaltensweisen (ABl 2010 L 102/1) sowie an die Mitteilung der Kommission betreffend Leitlinien für vertikale Beschränkungen (ABl 2010 C 130/1) anlehnte. Die europäischen Rechtsgrundlagen wurden ersetzt durch die am 1. Juni 2022 in Kraft getretene Verordnung (EU) Nr. 2022/720 der Kommission vom 10. Mai 2022 über die Anwendung des Artikels 101 Absatz 3 des Vertrags über die Arbeitsweise der Europäischen Union auf Gruppen von vertikalen Vereinbarungen und abgestimmten Verhaltensweisen (ABl 2022 L 134/4) und die entsprechende Mitteilung der Kommission betreffend Leitlinien für vertikale Beschränkungen (ABl 2022 C 248/1).

[2] BGE 143 II 297, Gaba.

VII. Vorliegende Bekanntmachung trägt der Fallpraxis der Gerichte und der Wettbewerbskommission sowie den Anpassungen im europäischen Recht – unter Berücksichtigung der in der Schweiz herrschenden rechtlichen und wirtschaftlichen Bedingungen – Rechnung. Damit wird sichergestellt, dass in der Schweiz im Bereich der vertikalen Abreden weiterhin möglichst die gleichen Regeln zur Anwendung kommen wie in der Europäischen Union, eine Isolierung der schweizerischen Märkte vermieden und Rechtssicherheit geschaffen wird. In diesem Sinne gelten die europäischen Regeln (vgl. Erw. VI.) analog auch für die Schweiz.

VIII. Artikel 12 VertBek konkretisiert die Wettbewerbsabreden, bei welchen gemäss Artikel 5 Absatz 4 KG vermutet wird, dass sie zu einer Beseitigung des wirksamen Wettbewerbs führen. Artikel 13 VertBek macht deutlich, dass für eine Widerlegung der Vermutung auf eine Gesamtbetrachtung des Marktes (Intrabrand- und Interbrand-Wettbewerb auf dem relevanten Markt) abgestellt wird.

IX. Artikel 14 Buchstabe a VertBek stellt klar, dass Wettbewerbsabreden nach Artikel 5 Absatz 4 KG grundsätzlich das Kriterium der Erheblichkeit nach Artikel 5 Absatz 1 KG erfüllen, falls die Vermutung widerlegt werden kann. Bei allen anderen vertikalen Wettbewerbsabreden sind nach Artikel 14 Buchstabe b VertBek sowohl qualitative wie auch quantitative Kriterien zu berücksichtigen, wobei die Abwägung dieser beiden Kriterien einzelfallweise in einer Gesamtbeurteilung erfolgt. Artikel 15 VertBek zeigt auf, welche vertikalen Wettbewerbsabreden aufgrund des Gegenstands als qualitativ schwerwiegend betrachtet werden. Bei solchen Wettbewerbsabreden genügen in quantitativer Hinsicht tiefere Anforderungen als bei qualitativ nicht schwerwiegenden Wettbewerbsabreden, um sie als erhebliche Wettbewerbsbeeinträchtigung zu qualifizieren.

X. Artikel 16 VertBek macht deutlich, dass vertikale Wettbewerbsabreden, die nicht unter Artikel 12 VertBek oder Artikel 15 Buchstabe b bis f VertBek fallen, in der Regel nicht zu einer erheblichen Wettbewerbsbeeinträchtigung führen, falls die Marktanteilsschwelle von 15 % nicht überschritten wird und sich die Wettbewerbsabrede nicht kumulativ mit anderen Wettbewerbsabreden auf den Markt auswirkt (Bagatellfälle). Wird die Marktanteilsschwelle von 15 % überschritten, oder wirkt sich die Wettbewerbsabrede kumulativ mit anderen Wettbewerbsabreden auf den Markt aus und wird dabei die Marktanteilsschwelle von 5 % überschritten, wird die Wettbewerbsbeeinträchtigung im Einzelfall geprüft.

XI. Kann die Vermutung der Beseitigung des wirksamen Wettbewerbs widerlegt werden und liegt eine den Wettbewerb erheblich beeinträchtigende Wettbewerbsabrede vor, ist zu prüfen, ob die vertikale Wettbewerbsabrede durch Gründe der wirtschaftlichen Effizienz gerechtfertigt werden kann. In Artikel 18 VertBek werden die Voraussetzungen umschrieben, unter denen vertikale Wettbewerbsabreden aus Gründen der wirtschaftlichen Effizienz im Sinne von Artikel 5 Absatz 2 KG in der Regel als gerechtfertigt gelten. Liegen keine Effizienzgründe vor, ist die Wettbewerbsabrede unzulässig. Unzulässige Wettbewerbsabreden nach Artikel 5 Absatz 4 KG sind nach Artikel 49a KG sanktionsbedroht, selbst wenn die Vermutung der Beseitigung wirksamen Wettbewerbs widerlegt werden kann.

XII. Diese Bekanntmachung bindet die Zivilgerichte, das Bundesverwaltungsgericht und das Bundesgericht nicht bei der Auslegung der kartellrechtlichen Bestimmungen.

A. Begriffe

Artikel 1 *Vertikale Wettbewerbsabreden*

Vertikale Wettbewerbsabreden sind erzwingbare oder nicht erzwingbare Vereinbarungen sowie aufeinander abgestimmte Verhaltensweisen (vgl. Art. 4 Abs. 1 KG) von Unternehmen verschiedener Marktstufen, die eine Wettbewerbsbeschränkung bezwecken oder bewirken und Bedingungen betreffen, zu denen die beteiligten Unternehmen bestimmte Waren oder Dienstleistungen beziehen, verkaufen oder weiterverkaufen können.

Artikel 2 *Aktiver Verkauf*

Aktiver Verkauf ist die gezielte Ansprache von Kundinnen und Kunden durch Besuche, Schreiben, E-Mails, Anrufe oder sonstige Formen der direkten Kommunikation oder durch gezielte Werbung und Absatzförderung, offline oder online, beispielsweise durch Printmedien oder digitale Medien, einschliesslich Online-Medien, Preisvergleichsdiensten oder Suchmaschinenwerbung, die auf Kundinnen und Kunden in bestimmten Gebieten oder aus bestimmten Kundengruppen ausgerichtet sind, durch den Betrieb einer Website mit einer Top-Level-Domain, die bestimmten Gebieten entspricht, oder durch das Angebot von in bestimmten Gebieten üblichen Sprachoptionen auf einer Website, sofern diese Sprachen sich von denen unterscheiden, die in dem Gebiet, in dem die Abnehmerin oder der Abnehmer niedergelassen ist, üblicherweise verwendet werden.

Artikel 3 *Passiver Verkauf*

Passiver Verkauf ist ein auf unaufgeforderte Anfragen einzelner Kundinnen und Kunden zurückgehender Verkauf, einschliesslich der Lieferung von Waren an oder der Erbringung von Dienstleistungen für solche Kundinnen und Kunden, der nicht durch gezielte Ansprache der betreffenden Kundinnen und Kunden, Kundengruppen oder Kundinnen und Kunden in den betreffenden Gebieten ausgelöst wurde und den Verkauf infolge der Teilnahme an öffentlichen Vergabeverfahren oder privaten Aufforderungen zur Interessensbekundung einschliesst.

Artikel 4 *Alleinvertriebssysteme*

Alleinvertriebssysteme sind Vertriebssysteme, in denen die Anbieterin ein Gebiet oder eine Kundengruppe sich selbst oder höchstens fünf Abnehmerinnen exklusiv zuweist und allen anderen Abnehmerinnen Beschränkungen in Bezug auf den aktiven Verkauf in das exklusiv zugewiesene Gebiet oder an die exklusiv zugewiesene Kundengruppe auferlegt.

Artikel 5 *Selektive Vertriebssysteme*

[1] Selektive Vertriebssysteme sind Vertriebssysteme, in denen sich die Anbieterin verpflichtet, die Vertragswaren oder -dienstleistungen unmittelbar oder mittelbar nur an Händlerinnen zu verkaufen, die anhand festgelegter Merkmale ausgewählt werden, und in denen sich diese Händlerinnen verpflichten, die betreffenden Waren oder Dienstleistungen nicht an Händlerinnen zu verkaufen, die innerhalb des von der Anbieterin für den Betrieb dieses Systems festgelegten Gebiets nicht zum Vertrieb zugelassen sind.

[2] Rein qualitativer Selektivvertrieb ist ein Vertriebssystem, bei dem die Auswahl der Händlerinnen ausschliesslich nach objektiven qualitativen Kriterien erfolgt, die sich nach den Anforderungen des betreffenden Produkts richten.

Artikel 6 *Querlieferungen*

Eine Querlieferung ist die gegenseitige Belieferung von Händlerinnen gleicher oder verschiedener Marktstufen innerhalb eines selektiven Vertriebssystems.

Artikel 7 *Wettbewerbsverbote Ein Wettbewerbsverbot ist*

(i) eine unmittelbare oder mittelbare Verpflichtung, die die Abnehmerin veranlasst, keine Waren oder Dienstleistungen herzustellen, zu beziehen, zu verkaufen oder weiterzuverkaufen, die mit den Vertragswaren oder -dienstleistungen im Wettbewerb stehen, oder

(ii) eine unmittelbare oder mittelbare Verpflichtung der Abnehmerin, auf dem relevanten Markt mehr als 80 % ihres Gesamtbezugs an Vertragswaren oder -dienstleistungen und ihren Substituten, der anhand des Werts des Bezugs oder, falls in der Branche üblich, am bezogenen Volumen im vorangehenden Kalenderjahr berechnet wird, von der Anbieterin oder von einem anderen von der Anbieterin benannten Unternehmen zu beziehen.

Artikel 8 *Know-how*

Know-how ist eine Gesamtheit nicht patentgeschützter praktischer Kenntnisse, die die Anbieterin durch Erfahrung und Erprobung gewonnen hat und

(i) geheim, d. h. nicht allgemein bekannt oder nicht leicht zugänglich sind,

(ii) wesentlich, d. h. für die Abnehmerin bei der Verwendung, dem Verkauf oder dem Weiterverkauf der Vertragswaren oder -dienstleistungen bedeutsam und nützlich sind, und

(iii) identifiziert sind, d. h. so umfassend beschrieben sind, dass überprüft werden kann, ob die Merkmale «geheim» und «wesentlich» erfüllt sind.

Artikel 9 *Online-Vermittlungsdienste*

Online-Vermittlungsdienste ermöglichen es Unternehmen, Waren oder Dienstleistungen anzubieten,

(i) indem sie die Einleitung direkter Transaktionen mit anderen Unternehmen vermitteln oder

(ii) indem sie die Einleitung direkter Transaktionen zwischen diesen Unternehmen und Endverbraucherinnen und Endverbrauchern vermitteln,

unabhängig davon, ob und wo die Transaktionen letztlich abgeschlossen werden.

B. Regeln

Artikel 10 *Geltungsbereich*

[1] Diese Bekanntmachung gilt für vertikale Wettbewerbsabreden.

[2] Bekanntmachung gilt nicht für vertikale Wettbewerbsabreden zwischen Wettbewerberinnen. Sie gilt jedoch, wenn Wettbewerberinnen nicht gegenseitige vertikale Wettbewerbsabreden treffen und

a) die Anbieterin auf der vorgelagerten Stufe als Herstellerin, Importeurin oder Grosshändlerin und zugleich auf der nachgelagerten Stufe als Importeurin, Grosshändlerin oder Einzelhändlerin von Waren tätig ist, während die Abnehmerin eine auf der nachgelagerten Stufe tätige Importeurin, Grosshändlerin oder Einzelhändlerin, jedoch keine Wettbewerberin auf der vorgelagerten Stufe ist, auf der sie die Vertragswaren bezieht, oder

b) die Anbieterin eine auf mehreren Handelsstufen tätige Dienstleisterin ist, die Abnehmerin demgegenüber Dienstleistungen auf der Einzelhandelsstufe anbietet und auf der Handelsstufe, auf der sie die Vertragsdienstleistungen bezieht, keine Wettbewerberin ist.

[3] Die Ausnahmen nach Absatz 2 Buchstabe a und b gelten nicht für den Informationsaustausch zwischen Anbieterinnen und Abnehmerinnen, der entweder nicht direkt die Umsetzung der vertikalen Wettbewerbsabrede betrifft oder nicht zur Verbesserung der Produktion oder des Vertriebs der Vertragswaren

oder -dienstleistungen erforderlich ist oder keine dieser beiden Voraussetzungen erfüllt.

[4] Die Ausnahmen nach Absatz 2 Buchstabe a und b gelten nicht für vertikale Wettbewerbsabreden in Bezug auf die Bereitstellung von Online-Vermittlungsdiensten, wenn die Anbieterin der Online-Vermittlungsdienste eine Wettbewerberin auf dem relevanten Markt für den Verkauf der vermittelten Waren oder Dienstleistungen ist.

[5] Die Anwendung der vorliegenden Bekanntmachung schliesst nicht aus, dass ein Sachverhalt ganz oder teilweise als horizontale Wettbewerbsabrede gemäss Artikel 5 Absatz 3 KG qualifiziert oder von Artikel 7 KG erfasst wird. Diesfalls ist der Sachverhalt unabhängig von der vorliegenden Bekanntmachung gemäss den einschlägigen Vorschriften des Kartellgesetzes zu beurteilen.

[6] Diese Bekanntmachung gilt nicht für vertikale Wettbewerbsabreden, die Bestimmungen enthalten, welche die Übertragung von Rechten des geistigen Eigentums auf die Abnehmerin oder die Nutzung solcher Rechte durch die Abnehmerin betreffen, sofern diese Bestimmungen Hauptgegenstand der Wettbewerbsabrede sind und sofern sie sich nicht unmittelbar auf die Nutzung, den Verkauf oder den Weiterverkauf von Waren oder Dienstleistungen durch die Abnehmerin oder ihre Kundinnen beziehen.

Artikel 11 *Verhältnis zur KMU-Bekanntmachung*

Diese Bekanntmachung geht der Bekanntmachung betreffend Abreden mit beschränkter Marktwirkung (KMU-Bekanntmachung)[3] vor.

Artikel 12 *Vermutungstatbestände*

[1] Bei vertikalen Wettbewerbsabreden wird die Beseitigung wirksamen Wettbewerbs nach Artikel 5 Absatz 4 KG vermutet, wenn sie Folgendes zum Gegenstand haben:

a) Festsetzung von Mindest- oder Festpreisen, d. h. die Beschränkung der Möglichkeit der Abnehmerin, ihren Verkaufspreis selbst festzusetzen;

b) Zuweisung von Gebieten, soweit Verkäufe in diese durch gebietsfremde Vertriebspartnerinnen ausgeschlossen werden (absoluter Gebietsschutz). Dazu gehört namentlich die Beschränkung des Gebiets, in das die Abnehmerin die Vertragswaren oder -dienstleistungen passiv verkaufen darf, ausser es liegt eine Ausnahme gemäss Artikel 15 Buchstabe b bis d vor.

[3] Beschluss der Wettbewerbskommission vom 19.12.2005 (BBl 2006 883), abrufbar unter www.weko.admin.ch.

[2] Artikel 5 Absatz 4 KG umfasst auch vertikale Wettbewerbsabreden, welche indirekt zu Mindest- oder Festpreisen oder einem absoluten Gebietsschutz führen.

[3] Artikel 5 Absatz 4 KG umfasst auch in Empfehlungsform gekleidete vertikale Wettbewerbsabreden, die auf einer Vereinbarung oder einer aufeinander abgestimmten Verhaltensweise beruhen und eine Festsetzung von Mindest- oder Festpreisen oder einen absoluten Gebietsschutz bezwecken oder bewirken.

Artikel 13 *Widerlegung der Vermutung*

Für die Widerlegung der Vermutung der Beseitigung des wirksamen Wettbewerbs ist eine Gesamtbetrachtung des Marktes unter Berücksichtigung des Intrabrand- und Interbrand-Wettbewerbs massgebend. Ausschlaggebend ist, ob genügend Intrabrand- oder Interbrand-Wettbewerb auf dem relevanten Markt besteht oder die Kombination der beiden zu genügend wirksamem Wettbewerb führt.

Artikel 14 *Erhebliche Wettbewerbsbeeinträchtigung*

Bei der Prüfung der Frage, ob eine erhebliche Wettbewerbsbeeinträchtigung im Sinne von Artikel 5 Absatz 1 KG vorliegt, ist Folgendes zu beachten:

a) Vertikale Wettbewerbsabreden nach Artikel 5 Absatz 4 KG (vgl. Art. 12 VertBek) erfüllen grundsätzlich das Kriterium der Erheblichkeit nach Artikel 5 Absatz 1 KG, falls die Vermutung widerlegt werden kann.

b) Bei allen anderen vertikalen Wettbewerbsabreden sind sowohl qualitative wie auch quantitative Kriterien zu berücksichtigen. Die Abwägung dieser beiden Kriterien erfolgt einzelfallweise in einer Gesamtbeurteilung. Dabei kann eine qualitativ schwerwiegende Wettbewerbsabrede (vgl. Art. 15 VertBek) trotz quantitativ geringfügiger Auswirkungen erheblich sein. Ebenso kann eine Wettbewerbsabrede mit quantitativ beträchtlichen Auswirkungen den Wettbewerb erheblich beeinträchtigen, auch wenn sie qualitativ nicht schwerwiegend ist.

Artikel 15 *Qualitativ schwerwiegende Wettbewerbsabreden*

Vertikale Wettbewerbsabreden, die nicht von Artikel 5 Absatz 4 KG erfasst werden, werden als qualitativ schwerwiegend betrachtet, wenn sie Folgendes zum Gegenstand haben:

a) […][4]

b) wenn die Anbieterin ein Alleinvertriebssystem betreibt, die Beschränkung des Gebiets oder der Kundinnen und Kunden, in das bzw. an die die Al-

[4] Angepasst am 22.5.2017 (vgl. Erw. V.).

leinvertriebshändlerin die Vertragswaren oder -dienstleistungen aktiv oder passiv verkaufen darf, mit Ausnahme

(i) der Beschränkung des aktiven Verkaufs durch die Alleinvertriebshändlerin und durch ihre Direktkundinnen in ein Gebiet oder an eine Kundengruppe, das bzw. die der Anbieterin vorbehalten ist oder von der Anbieterin höchstens fünf weiteren Alleinvertriebshändlerinnen exklusiv zugewiesen wurde;

(ii) der Beschränkung des aktiven oder passiven Verkaufs durch die Alleinvertriebshändlerin und durch ihre Kundinnen an nicht zugelassene Händlerinnen in einem Gebiet, in dem die Anbieterin ein selektives Vertriebssystem für die Vertragswaren oder -dienstleistungen betreibt;

(iii) der Beschränkung des Niederlassungsorts der Alleinvertriebshändlerin;

(iv) der Beschränkung des aktiven oder passiven Verkaufs an Endverbraucherinnen und Endverbraucher durch eine Alleinvertriebshändlerin, die auf der Grosshandelsstufe tätig ist;

(v) der Beschränkung der Möglichkeit der Alleinvertriebshändlerin, Teile, die zur Weiterverwendung geliefert werden, aktiv oder passiv an Kundinnen zu verkaufen, die diese Teile für die Herstellung derselben Art von Waren verwenden würden, wie sie die Anbieterin herstellt;

c) wenn die Anbieterin ein selektives Vertriebssystem betreibt:

(i) die Beschränkung der Gebiete oder der Kundinnen und Kunden, in bzw. an die die Mitglieder des selektiven Vertriebssystems die Vertragswaren oder -dienstleistungen aktiv oder passiv verkaufen dürfen, mit Ausnahme

1. der Beschränkung des aktiven Verkaufs durch Mitglieder des selektiven Vertriebssystems und durch ihre Direktkundinnen in ein Gebiet oder an eine Kundengruppe, das bzw. die der Anbieterin vorbehalten ist oder von der Anbieterin höchstens fünf Alleinvertriebshändlerinnen exklusiv zugewiesen wurde;
2. der Beschränkung des aktiven oder passiven Verkaufs durch Mitglieder des selektiven Vertriebssystems und durch ihre Kundinnen an nicht zugelassene Händlerinnen in dem Gebiet, in dem das selektive Vertriebssystem betrieben wird;
3. der Beschränkung des Niederlassungsorts der Mitglieder des selektiven Vertriebssystems;

4. der Beschränkung des aktiven oder passiven Verkaufs an Endverbraucherinnen und Endverbraucher durch auf der Grosshandelsstufe tätige Mitglieder des selektiven Vertriebssystems;
5. der Beschränkung der Möglichkeit, Teile, die zur Weiterverwendung geliefert werden, aktiv oder passiv an Kundinnen zu verkaufen, die diese Teile für die Herstellung derselben Art von Waren verwenden würden, wie sie die Anbieterin herstellt;

(ii) die Beschränkung von Querlieferungen zwischen Mitgliedern des selektiven Vertriebssystems, die auf derselben Handelsstufe oder unterschiedlichen Handelsstufen tätig sind;

(iii) die Beschränkung des aktiven oder passiven Verkaufs an Endverbraucherinnen und Endverbraucher durch auf der Einzelhandelsstufe tätige Mitglieder des selektiven Vertriebssystems, unbeschadet Buchstabe c (i) 1. und 3.;

d) wenn die Anbieterin weder ein Alleinvertriebssystem noch ein selektives Vertriebssystem betreibt, die Beschränkung der Gebiete oder Kundinnen und Kunden, in bzw. an die die Abnehmerin die Vertragswaren oder -dienstleistungen aktiv oder passiv verkaufen darf, mit Ausnahme

(i) der Beschränkung des aktiven Verkaufs durch die Abnehmerin und durch ihre Direktkundinnen in ein Gebiet oder an eine Kundengruppe, das bzw. die der Anbieterin vorbehalten ist oder von der Anbieterin höchstens fünf Alleinvertriebshändlerinnen exklusiv zugewiesen wurde;

(ii) der Beschränkung des aktiven oder passiven Verkaufs durch die Abnehmerin und durch ihre Kundinnen an nicht zugelassene Händlerinnen in einem Gebiet, in dem die Anbieterin ein selektives Vertriebssystem für die Vertragswaren oder -dienstleistungen betreibt;

(iii) der Beschränkung des Niederlassungsorts der Abnehmerin;

(iv) der Beschränkung des aktiven oder passiven Verkaufs an Endverbraucherinnen und Endverbraucher durch eine Abnehmerin, die auf der Grosshandelsstufe tätig ist;

(v) der Beschränkung der Möglichkeit der Abnehmerin, Teile, die zur Weiterverwendung geliefert werden, aktiv oder passiv an Kundinnen zu verkaufen, die diese Teile für die Herstellung derselben Art von Waren verwenden würden, wie sie die Anbieterin herstellt;

e) die Verhinderung der wirksamen Nutzung des Internets zum Verkauf der Vertragswaren oder -dienstleistungen durch die Abnehmerin oder ihre Kundinnen, da dies eine Beschränkung des Gebiets oder der Kundinnen und Kunden, in das bzw. an die die Vertragswaren oder -dienstleistungen verkauft werden dürfen, im Sinne der Buchstaben b, c oder d darstellt, unbeschadet der Möglichkeit, der Abnehmerin Folgendes aufzuerlegen:

(i) andere Beschränkungen des Online-Verkaufs oder

(ii) Beschränkungen der Online-Werbung, die nicht darauf abzielen, die Nutzung eines ganzen Online-Werbekanals zu verhindern;

f) die zwischen einer Anbieterin von Teilen und einer Abnehmerin, die diese Teile weiterverwendet, vereinbarte Beschränkung der Möglichkeit der Anbieterin, die Teile als Ersatzteile an Endverbraucherinnen und Endverbraucher, Reparaturbetriebe, Grosshändlerinnen oder andere Dienstleisterinnen zu verkaufen, die die Abnehmerin nicht mit der Reparatur oder Wartung ihrer Waren betraut hat;

g) unmittelbare oder mittelbare Wettbewerbsverbote, die für eine unbestimmte Dauer oder für eine Dauer von mehr als fünf Jahren gelten; die Begrenzung auf fünf Jahre gilt nicht, wenn

(i) die Vertragswaren oder -dienstleistungen von der Abnehmerin in Räumlichkeiten und auf Grundstücken verkauft werden, die im Eigentum der Anbieterin stehen oder die die Anbieterin von nicht mit der Abnehmerin verbundenen Dritten gemietet oder gepachtet hat, und

(ii) das Wettbewerbsverbot nicht über den Zeitraum hinausreicht, in dem die Abnehmerin diese Räumlichkeiten und Grundstücke nutzt;

h) unmittelbare oder mittelbare Verpflichtungen, die die Abnehmerin veranlassen, Waren oder Dienstleistungen nach Beendigung der Wettbewerbsabrede nicht herzustellen, zu beziehen, zu verkaufen oder weiterzuverkaufen; dies gilt nicht, sofern sämtliche folgenden Voraussetzungen erfüllt sind:

(i) Die Verpflichtungen beziehen sich auf Waren oder Dienstleistungen, die mit den Vertragswaren oder -dienstleistungen im Wettbewerb stehen;

(ii) die Verpflichtungen beschränken sich auf Räumlichkeiten und Grundstücke, von denen aus die Abnehmerin während der Vertragslaufzeit ihre Geschäfte betrieben hat;

(iii) das Wettbewerbsverbot ist unerlässlich, um Know-how, das der Abnehmerin von der Anbieterin übertragen wurde, zu schützen;

(iv) die Dauer der Verpflichtungen ist auf höchstens ein Jahr nach Beendigung der Wettbewerbsabrede begrenzt;

i) unmittelbare oder mittelbare Verpflichtungen, die die Mitglieder eines selektiven Vertriebssystems veranlassen, Marken bestimmter konkurrierender Anbieterinnen nicht zu verkaufen;

j) unmittelbare oder mittelbare Verpflichtungen, die eine Abnehmerin von Online-Vermittlungsdiensten veranlassen, Waren oder Dienstleistungen Endverbraucherinnen und Endverbrauchern nicht unter Inanspruchnahme konkurrierender Online-Vermittlungsdienste zu günstigeren Bedingungen anzubieten, zu verkaufen oder weiterzuverkaufen.

Artikel 16 *Unerheblichkeit aufgrund der Marktanteile*

[1] Vertikale Wettbewerbsabreden, welche nicht unter Artikel 12 VertBek oder Artikel 15 Buchstabe b bis f VertBek fallen, führen in der Regel nicht zu einer erheblichen Beeinträchtigung des Wettbewerbs, wenn kein an der Abrede beteiligtes Unternehmen auf einem von der Abrede betroffenen relevanten Markt einen Marktanteil von 15 % überschreitet.

[2] Wird in einem relevanten Markt der Wettbewerb durch die kumulative Wirkung von vertikalen Wettbewerbsabreden beschränkt, die verschiedene Lieferantinnen oder Händlerinnen für den Verkauf von Waren oder Dienstleistungen geschlossen haben (kumulativer Abschottungseffekt durch nebeneinander bestehende Netze von vertikalen Wettbewerbsabreden, die ähnliche Wirkungen auf dem Markt haben), so wird die in Absatz 1 genannte Marktanteilsschwelle auf 5 % herabgesetzt. Bei einzelnen Lieferantinnen oder Händlerinnen mit einem Marktanteil, der 5 % nicht überschreitet, ist in der Regel nicht davon auszugehen, dass sie wesentlich zu dem kumulativen Abschottungseffekt beitragen. Es ist unwahrscheinlich, dass ein kumulativer Abschottungseffekt vorliegt, wenn weniger als 30 % des relevanten Marktes von nebeneinander bestehenden (Netzen von) vertikalen Wettbewerbsabreden, die ähnliche Wirkungen auf dem Markt haben, abgedeckt werden.

Artikel 17 *Unerheblichkeit von rein qualitativem Selektivvertrieb*

Vertikale Wettbewerbsabreden, die einen rein qualitativen Selektivvertrieb zum Gegenstand haben, führen nicht zu einer erheblichen Wettbewerbsbeeinträchtigung, sofern kumulativ drei Voraussetzungen erfüllt sind:

(i) die Beschaffenheit des fraglichen Produkts muss einen selektiven Vertrieb erfordern, d. h., ein solches Vertriebssystem muss ein Erfordernis zur Wahrung der Qualität und zur Gewährleistung des richtigen Gebrauchs des betreffenden Produkts sein;

(ii) die Wiederverkäuferinnen müssen aufgrund objektiver Kriterien qualitativer Art ausgewählt werden. Diese sind einheitlich festzulegen, allen potenziellen Wiederverkäuferinnen zur Verfügung zu stellen und unterschiedslos anzuwenden;

(iii) die aufgestellten Kriterien dürfen nicht über das hinausgehen, was erforderlich ist.

Artikel 18 *Rechtfertigung*

[1] Liegt eine den Wettbewerb erheblich beeinträchtigende vertikale Wettbewerbsabrede vor, ist zu prüfen, ob diese gemäss Artikel 5 Absatz 2 KG gerechtfertigt ist. Sind keine Effizienzgründe ersichtlich, ist die Abrede unzulässig.

[2] Vertikale Wettbewerbsabreden gelten in der Regel ohne Einzelfallprüfung als gerechtfertigt, wenn der Anteil der Anbieterin an dem relevanten Markt, auf dem sie die Vertragswaren oder -dienstleistungen anbietet, und der Anteil der Abnehmerin an dem relevanten Markt, auf dem sie die Vertragswaren und -dienstleistungen bezieht, jeweils nicht mehr als 30 % beträgt. Davon ausgenommen sind Abreden nach Artikel 12 VertBek und Artikel 15 VertBek sowie Abreden, die sich mit anderen kumulativ auf den Markt auswirken.

[3] Den Wettbewerb erheblich beeinträchtigende vertikale Wettbewerbsabreden, die von Absatz 2 nicht erfasst werden, unterliegen einer Einzelfallprüfung. Ein Rechtfertigungsgrund liegt vor, wenn eine vertikale Wettbewerbsabrede die wirtschaftliche Effizienz im Sinne von Artikel 5 Absatz 2 KG erhöht – beispielsweise durch eine effizientere Vertriebsgestaltung im Sinne einer Verbesserung der Produkte oder Produktionsverfahren oder einer Senkung der Vertriebskosten – und die Wettbewerbsbeeinträchtigung dazu notwendig ist.

[4] Unternehmen können im Rahmen der in Artikel 5 Absatz 2 KG genannten Rechtfertigungsgründe namentlich Folgendes geltend machen:

a) Zeitlich begrenzter Schutz von Investitionen für die Erschliessung neuer räumlicher Märkte oder neuer Produktmärkte;

b) Sicherung der Einheitlichkeit und Qualität der Vertragsprodukte;

c) Schutz vertragsspezifischer Investitionen, die ausserhalb der Geschäftsbeziehung nicht oder nur mit hohem Verlust verwendet werden können (Hold-up Problem);

d) Vermeidung von ineffizient tiefen Verkaufsförderungsmassnahmen (z. B. Beratungsdienstleistungen), die resultieren können, wenn eine Herstellerin oder eine Händlerin von den Verkaufsförderungsbemühungen einer anderen Herstellerin oder Händlerin profitieren kann (Trittbrettfahrerproblem);

e) Vermeidung eines doppelten Preisaufschlags, der sich ergeben kann, wenn sowohl die Herstellerin als auch die Händlerin über Marktmacht verfügen (Problem der doppelten Marginalisierung);

f) Erzielung von Grössenvorteilen beim Vertrieb;

g) Förderung der Übertragung von wesentlichem Know-how;

h) Sicherung von finanziellen Engagements (z. B. Darlehen), die durch den Kapitalmarkt nicht zur Verfügung gestellt werden.

Artikel 19 *Publikation*

Diese Bekanntmachung wird im Bundesblatt veröffentlicht (Art. 6 Abs. 3 KG).

Artikel 20 *Aufhebung der bisherigen Bekanntmachung*

Mit dem Inkrafttreten dieser Bekanntmachung wird die Bekanntmachung über die wettbewerbsrechtliche Behandlung vertikaler Abreden vom 28. Juni 2010[5] aufgehoben.

Artikel 21 *Übergangsregelung*

Diese Bekanntmachung soll während der Periode zwischen dem 1. Januar 2023 und dem 31. Dezember 2023 auf diejenigen Wettbewerbsabreden nicht zur Anwendung kommen, welche vor dem 1. Januar 2023 in Kraft traten und den Kriterien der aufgehobenen Bekanntmachung, nicht hingegen den Kriterien der vorliegenden Bekanntmachung, genügen.

Artikel 22 *Inkrafttreten*

Diese Bekanntmachung tritt am 1. Januar 2023 in Kraft.

12. Dezember 2022

Wettbewerbskommission
Der Präsident: Andreas Heinemann

[5] Beschluss der Wettbewerbskommission vom 28. Juni 2010 (BBl 2017 4543).

Anhang 1: Prüfschema für die Beruteilung von vertikalen Abreden

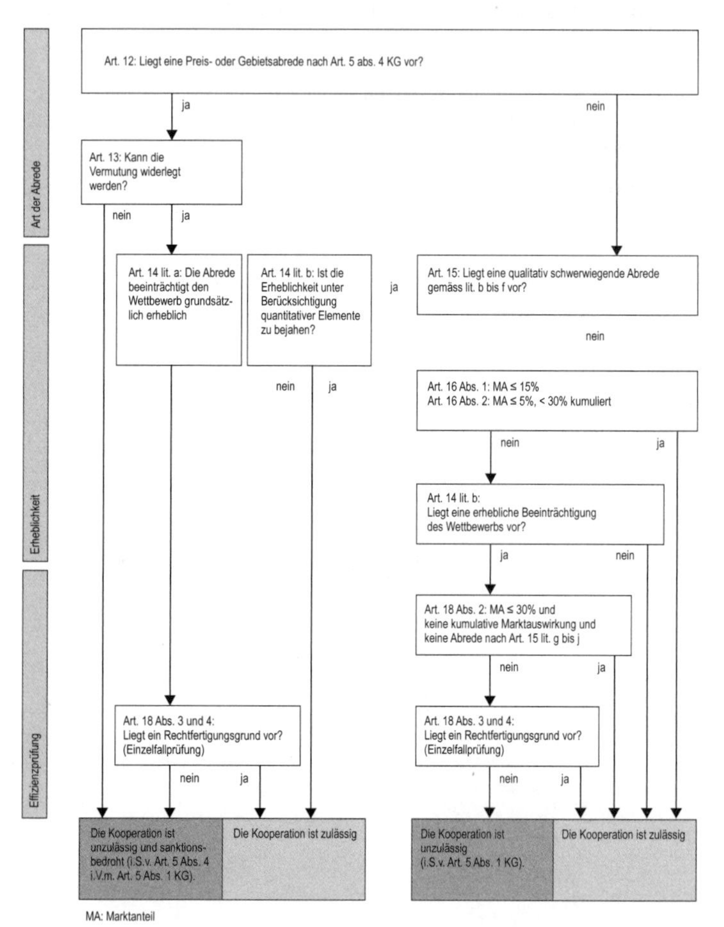

Verordnung über die wettbewerbsrechtliche Behandlung von vertikalen Abreden im Kraftfahrzeugsektor (KFZ-Verordnung, KFZV)

vom 29. November 2023

Der Schweizerische Bundesrat,
gestützt auf Artikel 60 des Kartellgesetzes vom 6. Oktober 1995[1] (KG),
verordnet:

1. Abschnitt: Begriffe

Art. 1

In dieser Verordnung bedeuten:

a. *Kraftfahrzeuge:* Fahrzeuge mit Selbstantrieb und mindestens drei Rädern, die für den Verkehr auf öffentlichen Strassen bestimmt sind, namentlich:
   1. Personenkraftwagen, die der Beförderung von Personen dienen und zusätzlich zum Fahrersitz nicht mehr als acht Sitze aufweisen,
   2. leichte Nutzfahrzeuge, die der Beförderung von Waren oder Personen dienen und deren zulässige Gesamtmasse 3,5 Tonnen nicht überschreitet,
   3. Lastkraftwagen, die der Beförderung von Waren dienen und deren zulässige Gesamtmasse 3,5 Tonnen überschreitet,
   4. Busse, die der Beförderung von Personen dienen;

b. *Kraftfahrzeuganbieter:* Hersteller von Kraftfahrzeugen oder deren zugelassene Importeure in der Schweiz;

c. *zugelassener Händler:* Händler von neuen Kraftfahrzeugen oder Ersatzteilen für Kraftfahrzeuge, der Mitglied des von einem Kraftfahrzeuganbieter eingerichteten Vertriebssystems ist;

d. *zugelassene Werkstatt:* Erbringer von Instandsetzungs- und Wartungsdienst- leistungen für Kraftfahrzeuge, der Mitglied des von einem Kraftfahrzeugan- bieter eingerichteten Vertriebssystems ist;

e. *unabhängiger Händler:* Händler von neuen Kraftfahrzeugen oder Ersatzteilen für Kraftfahrzeuge, der nicht Mitglied des von einem Kraftfahrzeuganbieter eingerichteten Vertriebssystems ist, oder ein zugelassener Händler

[1] SR **251**

im Vertriebssystem eines Kraftfahrzeuganbieters, soweit er neue Kraftfahrzeuge oder Ersatzteile für Kraftfahrzeuge vertreibt, für die er nicht Teil des Vertriebssystems des entsprechenden Kraftfahrzeuganbieters ist;

f. *unabhängige Werkstatt:* Erbringer von Instandsetzungs- und Wartungsdienstleistungen für Kraftfahrzeuge, der nicht dem von einem Kraftfahrzeuganbieter, dessen Kraftfahrzeuge er instand setzt oder wartet, eingerichteten Vertriebssystem angehört sowie zugelassene Werkstätten im Vertriebssystem eines Kraftfahrzeuganbieters, soweit sie Instandsetzungs- und Wartungsdienstleistungen für Kraftfahrzeuge erbringen, für die sie nicht Mitglied des Vertriebssystems des entsprechenden Kraftfahrzeuganbieters sind;

g. *unabhängige Marktteilnehmer:* unabhängige Händler, unabhängige Werkstätten, Ersatzteilhersteller und -händler, Hersteller von Werkstattausrüstungen oder Werkzeugen, Herausgeber von technischen Informationen und fahrzeug- generierten Daten, Automobilclubs, Pannenhilfsdienste, Anbieter von Inspektions- und Prüfdienstleistungen sowie Einrichtungen der Aus- und Weiterbildung für Werkstattmitarbeiterinnen und -mitarbeiter;

h. *Mitglieder eines Vertriebssystems:* zugelassene Händler und zugelassene Werkstätten von einem Vertriebssystem eines Kraftfahrzeuganbieters;

i. *Ersatzteile:* Waren, die in ein Kraftfahrzeug eingebaut oder an ihm angebracht werden und ein Bauteil dieses Fahrzeugs ersetzen; dazu zählen auch Waren wie Schmieröle, die für die Nutzung des Kraftfahrzeugs erforderlich sind, mit Ausnahme von Treibstoffen;

j. *Originalersatzteile oder -ausrüstungen:* Teile oder Ausrüstungen, die nach den Spezifikationen und Produktionsnormen gefertigt werden, die der Kraftfahrzeughersteller für die Fertigung von Teilen oder Ausrüstungen für den Zusammenbau des betreffenden Kraftfahrzeugs vorschreibt;

k. *qualitativ gleichwertige Ersatzteile:* Ersatzteile, die so beschaffen sind, dass ihre Verwendung das Ansehen des betreffenden Netzes zugelassener Werkstätten nicht gefährdet.

2. Abschnitt: Geltungsbereich

Art. 2

[1] Diese Verordnung gilt für vertikale Wettbewerbsabreden beim Vertrieb von neuen Kraftfahrzeugen und Ersatzteilen sowie bei der Erbringung von Instandsetzungs- und Wartungsdienstleistungen.

[2] Die Anwendung dieser Verordnung schliesst nicht aus, dass ein Sachverhalt ganz oder teilweise als horizontale Wettbewerbsabrede qualifiziert oder von

Artikel 7 KG erfasst wird. Diesfalls ist der Sachverhalt unabhängig von dieser Verordnung gemäss den einschlägigen Vorschriften des KG zu beurteilen.

[3] Soweit sich diese Verordnung nicht äussert, sind die Vorschriften der Vertikalbekanntmachung vom 12. Dezember 2022[2] anwendbar.

3. Abschnitt: Qualitativ schwerwiegende Beeinträchtigungen des Wettbewerbs

Art. 3 *Grundsatz*

[1] Vertikale Abreden, die nicht von Artikel 5 Absatz 4 KG erfasst werden, gelten als qualitativ schwerwiegende Beeinträchtigungen des Wettbewerbs, wenn sie eine der in den Artikeln 4–8 aufgeführten Beschränkungen zum Gegenstand haben.

[2] Bei diesen qualitativ schwerwiegenden Beeinträchtigungen sind die Erheblichkeit der Wettbewerbsbeschränkung und die Möglichkeit einer Rechtfertigung aus Grün- den der wirtschaftlichen Effizienz im Einzelfall zu prüfen.

Art. 4 *Beschränkungen betreffend den Bestimmungsort des Kraftfahrzeugs und die Garantie*

Die folgenden Beschränkungen betreffend den Bestimmungsort des Kraftfahrzeugs und die Garantie gelten als qualitativ schwerwiegende Beeinträchtigungen des Wettbewerbs:

a. Abreden zwischen Kraftfahrzeuganbietern und zugelassenen Händlern, die den Verkauf von Kraftfahrzeugen durch zugelassene Händler an Endverbraucher einschränken, indem beispielsweise:
   1. die Vergütung des zugelassenen Händlers oder der Verkaufspreis vom Bestimmungsort des Kraftfahrzeugs oder vom Wohnort des Endverbrauchers abhängig gemacht wird,
   2. eine auf den Bestimmungsort des Kraftfahrzeugs bezogene Prämienregelung oder jede Form einer diskriminierenden Produktlieferung an zu- gelassene Händler vereinbart wird;

b. Abreden zwischen Kraftfahrzeuganbietern und zugelassenen Werkstätten, die diese verpflichten, der Herstellergarantie sowie der kostenlosen Wartung und sämtlichen Arbeiten im Rahmen von Rückrufaktionen in Bezug auf jedes in der Schweiz oder im Europäischen Wirtschaftsraum verkaufte Kraftfahrzeug der betroffenen Marke nicht nachzukommen;

---

[2] BBl **2022** 3231

c. Abreden zwischen Kraftfahrzeuganbietern und zugelassenen Händlern oder zugelassenen Werkstätten, die die gesetzliche Gewährleistung oder (erweiterte) Herstellergarantie davon abhängig machen, dass die Endverbraucherin oder der Endverbraucher nicht unter die Garantie fallende Instandsetzungs- und Wartungsdienste nur innerhalb des Netzes zugelassener Werkstätten aus- führen lässt oder dass bei nicht unter die Garantie fallenden Austauschmassnahmen nur Ersatzteile mit Markenzeichen des Kraftfahrzeuganbieters verwendet werden.

Art. 5 *Beschränkungen betreffend den Vertrieb von Ersatzteilen, Instandsetzungs- und Wartungsdienstleistungen*

Die folgenden Beschränkungen betreffend den Vertrieb von Ersatzteilen, Instandsetzungs- und Wartungsdienstleistungen gelten als qualitativ schwerwiegende Beeinträchtigungen des Wettbewerbs:

a. die Verpflichtung eines zugelassenen Händlers, den Vertrieb von neuen Kraftfahrzeugen mit der Erbringung von Instandsetzungs- und Wartungsdienstleistungen oder mit dem Vertrieb von Ersatzteilen zu verknüpfen;

b. die Verpflichtung einer zugelassenen Werkstatt, die Erbringung von Instand- setzungs- und Wartungsdienstleistungen mit dem Vertrieb von neuen Kraftfahrzeugen oder mit dem Vertrieb von Ersatzteilen zu verknüpfen;

c. die Verpflichtung eines für den Vertrieb von Ersatzteilen zugelassenen Händlers, den Vertrieb von Ersatzteilen mit dem Vertrieb von neuen Kraftfahrzeugen oder mit der Erbringung von Instandsetzungs- und Wartungsdienstleistungen zu verknüpfen;

d. die Beschränkung der Möglichkeit eines zugelassenen Händlers, die Erbringung von Instandsetzungs- und Wartungsdienstleistungen an zugelassene Werkstätten untervertraglich weiter zu vergeben; der Kraftfahrzeuganbieter kann jedoch verlangen, dass der zugelassene Händler der Endverbraucherin oder dem Endverbraucher vor Abschluss des Kaufvertrags den Namen und die Anschrift der zugelassenen Werkstätten mitteilt und, sollte sich eine der zugelassenen Werkstätten nicht in der Nähe der Verkaufsstelle befinden, die Endverbraucherin oder den Endverbraucher über die Entfernung der fraglichen Werkstätten von der Verkaufsstelle unterrichtet;

e. die Beschränkung der Möglichkeit eines zugelassenen Händlers, Instandsetzungs- und Wartungsdienstleistungen als unabhängige Werkstatt für Kraftfahrzeuge konkurrierender Kraftfahrzeuganbietern zu erbringen;

f. die Beschränkung des Verkaufs von Ersatzteilen durch Mitglieder eines se-lektiven Vertriebssystems an unabhängige Werkstätten, welche diese Teile für die Instandsetzung und Wartung eines Kraftfahrzeugs verwenden;

g. die Beschränkung der Möglichkeit eines Herstellers von Ersatzteilen, Instandsetzungsgeräten, Diagnose- oder Ausrüstungsgegenständen, diese Waren an Mitglieder eines Vertriebssystems, unabhängige Marktteilnehmer oder an Endverbraucherinnen oder Endverbraucher zu verkaufen;

h. die Beschränkung der Möglichkeit eines Mitglieds eines Vertriebssystems, Originalersatzteile und -ausrüstungen oder qualitativ gleichwertige Ersatzteile von einem Hersteller oder einem Händler dieser Waren ihrer Wahl zu erwerben und diese Teile für die Instandsetzung oder Wartung von Kraftfahrzeugen zu verwenden; davon unberührt bleibt das Recht der Kraftfahrzeuganbieter für Arbeiten im Rahmen der Gewährleistung, des unentgeltlichen Kundendienstes oder von Rückrufaktionen die Verwendung von Originalersatzteilen, die vom Kraftfahrzeughersteller bezogen wurden, vorzuschreiben.

Art. 6 *Beschränkungen betreffend den Zugang zu technischen Informationen, Werkzeugen und fachliche Unterweisungen*

[1] Abreden zwischen Kraftfahrzeuganbietern und Mitgliedern eines Vertriebssystems, die den Zugang von unabhängigen Marktteilnehmern zu den für die Instandsetzung und Wartung von Kraftfahrzeugen oder für Umweltschutzmassnahmen erforderlichen technischen Informationen, Diagnosegeräten sowie anderen Geräten und Werkzeugen nebst einschlägiger Software oder die fachlichen Unterweisungen verweigern, gelten als qualitativ schwerwiegende Beeinträchtigungen des Wettbewerbs.

[2] Absatz 1 umfasst insbesondere folgende Informationen und Werkzeuge:

a. elektronische Kontroll- und Diagnosesysteme eines Kraftfahrzeugs und deren Programmierung gemäss den Standardverfahren des Kraftfahrzeuganbieters;

b. Servicehandbücher und elektronische Servicehefte;

c. Instandsetzungs- und Wartungsanleitungen;

d. Informationen über Bauteile, Diagnose- und Wartungsgeräte (z. B. untere und obere Grenzwerte für Messungen) sowie über sonstige Ausrüstungen;

e. Schaltpläne;

f. Fehlercodes des Diagnosesystems (einschliesslich herstellerspezifischer Codes);

g. die für den Fahrzeugtyp geltende Kennnummer der Softwarekalibrierung;

h. Informationen über Datenspeicherung und bidirektionale Kontroll- und Prüf- daten;

i. moderne Fahrerassistenzsysteme und Batteriemanagementsysteme von Elektrofahrzeugen;

j. Ersatzteilnummern und deren Aktivierungscodes.

Art. 7 *Beschränkungen betreffend den Mehrmarkenvertrieb*

Die Verpflichtung eines Mitglieds eines Vertriebssystems, Kraftfahrzeuge oder Ersatzteile konkurrierender Kraftfahrzeuganbietern nicht zu verkaufen oder Instandsetzungs- und Wartungsdienstleistungen für Kraftfahrzeuge konkurrierender Kraftfahrzeuganbieter nicht zu erbringen, gilt als qualitativ schwerwiegende Beeinträchtigung des Wettbewerbs.

Art. 8 *Beschränkungen betreffend die Vertragsauflösung*

Bestimmungen über Vertragsauflösungen gelten als qualitativ schwerwiegende Beeinträchtigungen des Wettbewerbs, wenn sie den folgenden Kündigungsmodalitäten nicht entsprechen:

a. Bei befristeten Verträgen von mindestens fünf Jahren ist die Nichtverlängerung mindestens sechs Monate im Voraus anzukündigen.

b. Bei unbefristeten Verträgen ist eine Kündigungsfrist von mindestens zwei Jahren einzuhalten.

c. Bei unbefristeten Verträgen ist eine verkürzte Kündigungsfrist von mindestens einem Jahr einzuhalten, sofern die Kündigung schriftlich begründet ist und:

1. der Kraftfahrzeuganbieter aufgrund gesetzlicher Bestimmungen oder aufgrund besonderer Absprachen bei Vertragsbeendigung eine angemessene Entschädigung zu zahlen hat, oder
2. sich für den Kraftfahrzeuganbieter die Vertragsbeendigung durch die Notwendigkeit ergibt, das Vertriebsnetz insgesamt oder zu einem wesentlichen Teil umzustrukturieren.

4. Abschnitt: Inkrafttreten

Art. 9

Diese Verordnung tritt am 1. Januar 2024 in Kraft.

… Im Namen des Schweizerischen Bundesrates

Der Bundespräsident: Alain Berset
Der Bundeskanzler: Walter Thurnherr

Bekanntmachung betreffend die Voraussetzungen für die kartellgesetzliche Zulässigkeit von Abreden über die Verwendung von Kalkulationshilfen

Die Schweizerische Wettbewerbskommission hat in Erwägung nachstehender Gründe:

Gemäss Art. 6 KG kann die Wettbewerbskommission in allgemeinen Bekanntmachungen die Voraussetzungen umschreiben, unter denen einzelne Arten von Wettbewerbsabreden aus Gründen der wirtschaftlichen Effizienz im Sinne von Art. 5 Abs. 2 lit. a KG in der Regel als gerechtfertigt gelten. Dabei werden auch ausdrücklich Abreden über die Spezialisierung und Rationalisierung, einschliesslich diesbezügliche Abreden über den Gebrauch von Kalkulationshilfen, in Betracht gezogen (Art. 6 Abs. 1 lit. b KG).

Die Wettbewerbskommission ist bereits mehrfach mit der Frage der kartellgesetzlichen Zulässigkeit des Gebrauchs von Kalkulationshilfen konfrontiert worden, welche von Wirtschaftsverbänden, anderen Branchenorganisationen und Dritten zur Verfügung gestellt werden.

Im Wettbewerb stehende Unternehmen können ihre Preisbildung durch den Gebrauch von Kalkulationshilfen bewusst oder unbewusst aufeinander abstimmen.

Des weiteren können Wirtschaftsverbände und Branchenorganisationen durch die Zurverfügungstellung von Kalkulationshilfen eine direkte oder indirekte Preisabrede zwischen ihren Mitgliedern vermitteln, fördern oder diesen eine solche gar aufzwingen.

Die Verwendung von Kalkulationshilfen, sei es mit oder ohne die Vermittlung von Wirtschaftsverbänden und Branchenorganisationen, kann somit einer Abrede im Sinne von Art. 4 Abs. 1 KG entsprechen. Unbedeutend ist, ob die Abrede über die Verwendung von Kalkulationshilfen verbindlichen oder unverbindlichen Charakter hat, weil sowohl rechtlich erzwingbare als auch nicht erzwingbare Vereinbarungen sowie das aufeinander abgestimmte Verhalten als Abreden gemäss Art. 4 Abs. 1 KG gelten.

In den Verbands- und Branchenkreisen besteht offensichtlich ein Bedürfnis nach klärenden Aussagen der Wettbewerbskommission zur kartellgesetzlichen Zulässigkeit von Abreden über die Verwendung von Kalkulationshilfen.

Die Wettbewerbskommission kann in einer Bekanntmachung Aussagen über Regelfälle machen, d.h. über Fälle, die in Untersuchungen nach Artikel 27 KG regelmässig zum selben Resultat führen würden. Die vorliegende Bekanntmachung hat branchenübergreifenden Charakter und kommt in sämtlichen Wirtschaftssektoren zur Anwendung. Sie bezieht sich auf Abreden über die Verwendung von Kalkulationshilfen und nicht auf die Kalkulationshilfen als solche. Ein konkreter Entscheid bezüglich eines Einzelfalles bleibt stets vorbehalten.

Die vorliegende Bekanntmachung repräsentiert den Stand der heutigen Praxis im Bereich der Kalkulationshilfen. Mit fortschreitender Praxis kann die Bekanntmachung gegebenenfalls angepasst werden.

Gestützt auf Artikel 6 des Bundesgesetzes über Kartelle und andere Wettbewerbsbeschränkungen (KG) die folgende allgemeine Bekanntmachung erlassen:

A. Geltungsbereich

Art. 1

Diese Bekanntmachung erfasst Abreden im Sinne von Art. 4 Abs. 1 KG von Unternehmen gleicher Marktstufe über die Verwendung von Kalkulationshilfen einschliesslich entsprechende Vermittlungstätigkeiten von Branchenverbänden oder Dritten, sofern diese Abreden den Wettbewerb erheblich beeinträchtigen (Art. 5 Abs. 1 KG).

B. Begriff

Art. 2

Kalkulationshilfen sind standardisierte, in allgemeiner Form abgefasste Hinweise und rechnerische Grundlagen, welche den Anwendern erlauben, die Kosten von Produkten oder der Erbringung von Dienstleistungen im Hinblick auf die Preisbestimmung zu berechnen oder zu schätzen.

C. Regeln

Art. 3

Abreden (im Sinne von Art. 1) zwischen Unternehmen gleicher Marktstufe über den Gebrauch von Kalkulationshilfen sowie entsprechende Vermittlungstätigkeiten von Branchenverbänden oder Dritten lassen sich aus Gründen der wirtschaftlichen Effizienz in der Regel dann rechtfertigen, wenn

a) die Kalkulationshilfen inhaltlich auf Angaben und Formeln zur Kalkulation der Kosten oder Bestimmung der Preise beschränkt sind,

b) die betreffenden Abreden den Austausch von Wissen und Fähigkeiten der Beteiligten im Bereich der Kostenrechnung und der Kalkulation bewirken,

c) sie den Beteiligten die Freiheit zur Bestimmung von Leistungs- oder Lieferkonditionen und Abnehmerpreisen sowie zur Gewährung von Rabatten und anderen Preisabschlägen belassen und

d) sie keinen Austausch von Informationen beinhalten, die Aufschluss über das effektive Verhalten von einzelnen Beteiligten in der Offertstellung beziehungsweise bezüglich der Bestimmung von Endpreisen und Konditionen geben können.

Art. 4

Abreden (im Sinne von Art. 1) über den Gebrauch von Kalkulationshilfen lassen sich aus Gründen der wirtschaftlichen Effizienz in der Regel dann nicht rechtfertigen, wenn

a) sie den Beteiligten pauschale Beträge oder pauschale Prozentsätze für Gemeinkostenzuschläge oder andere Kostenzuschläge zur Bestimmung der Selbstkosten vorgeben oder vorschlagen oder

b) sie den Beteiligten Margen, Rabatte, andere Preisbestandteile oder Endpreise vorgeben oder vorschlagen oder

c) sie den Beteiligten in anderer Form Aufschluss über das effektive Verhalten von einzelnen Beteiligten in der Offertstellung beziehungsweise bezüglich der Bestimmung von Endpreisen und Konditionen geben können.

D. Publikation dieser Bekanntmachung

Art. 5

Diese allgemeine Bekanntmachung wird im Bundesblatt veröffentlicht (Art. 6 Abs. 3 KG).

II. Lauterkeitsrecht

Bundesgesetz gegen den unlauteren Wettbewerb (UWG)

vom 19. Dezember 1986 (Stand am 1. September 2023)

Die Bundesversammlung der Schweizerischen Eidgenossenschaft,

gestützt auf die Artikel 95 Absatz 1, 96, 97 Absätze 1 und 2 und 122 Absatz 1 der Bundesverfassung[1],[2]

nach Einsicht in eine Botschaft des Bundesrates vom 18. Mai 1983[3],

beschliesst:

1. Kapitel: Zweck

Art. 1

Dieses Gesetz bezweckt, den lauteren und unverfälschten Wettbewerb im Interesse aller Beteiligten zu gewährleisten.

AS **1988** 223

[1] SR **101**

[2] Fassung gemäss Ziff. I des BG vom 17. Juni 2011, in Kraft seit 1. April 2012 (AS **2011** 4909; BBl **2009** 6151).

[3] BBl **1983** II 1009

2. Kapitel: Zivil- und prozessrechtliche Bestimmungen

1. Abschnitt: Widerrechtlichkeit des unlauteren Wettbewerbs

Art. 2 *Grundsatz*

Unlauter und widerrechtlich ist jedes täuschende oder in anderer Weise gegen den Grundsatz von Treu und Glauben verstossende Verhalten oder Geschäftsgebaren, welches das Verhältnis zwischen Mitbewerbern oder zwischen Anbietern und Abnehmern beeinflusst.

Art. 3 *Unlautere Werbe- und Verkaufsmethoden und anderes widerrechtliches Verhalten*

[1] Unlauter handelt insbesondere, wer:

a. andere, ihre Waren, Werke, Leistungen, deren Preise oder ihre Geschäftsverhältnisse durch unrichtige, irreführende oder unnötig verletzende Äusserungen herabsetzt;

b.[4] über sich, seine Firma, seine Geschäftsbezeichnung, seine Waren, Werke oder Leistungen, deren Preise, die vorrätige Menge, die Art der Verkaufsveranstaltung oder über seine Geschäftsverhältnisse unrichtige oder irreführende Angaben macht oder in entsprechender Weise Dritte im Wettbewerb begünstigt;

c. unzutreffende Titel oder Berufsbezeichnungen verwendet, die geeignet sind, den Anschein besonderer Auszeichnungen oder Fähigkeiten zu erwecken;

d. Massnahmen trifft, die geeignet sind, Verwechslungen mit den Waren, Werken, Leistungen oder dem Geschäftsbetrieb eines anderen herbeizuführen;

e. sich, seine Waren, Werke, Leistungen oder deren Preise in unrichtiger, irreführender, unnötig herabsetzender oder anlehnender Weise mit anderen, ihren Waren, Werken, Leistungen oder deren Preisen vergleicht oder in entsprechender Weise Dritte im Wettbewerb begünstigt;

f. ausgewählte Waren, Werke oder Leistungen wiederholt unter Einstandspreisen anbietet, diese Angebote in der Werbung besonders hervorhebt und damit den Kunden über die eigene oder die Leistungsfähigkeit von Mitbewerbern täuscht; Täuschung wird vermutet, wenn der Verkaufspreis unter dem Einstandspreis vergleichbarer Bezüge gleichartiger Waren, Werke

---

[4] Fassung gemäss Ziff. I des BG vom 24. März 1995, in Kraft seit 1. Nov. 1995 (AS **1995** 4086; BBl **1994** III 442).

oder Leistungen liegt; weist der Beklagte den tatsächlichen Einstandspreis nach, so ist dieser für die Beurteilung massgebend;

g. den Kunden durch Zugaben über den tatsächlichen Wert des Angebots täuscht;

h. den Kunden durch besonders aggressive Verkaufsmethoden in seiner Entscheidungsfreiheit beeinträchtigt;

i. die Beschaffenheit, die Menge, den Verwendungszweck, den Nutzen oder die Gefährlichkeit von Waren, Werken oder Leistungen verschleiert und dadurch den Kunden täuscht;

k.[5] es bei öffentlichen Auskündigungen über einen Konsumkredit unterlässt, seine Firma eindeutig zu bezeichnen oder den Nettobetrag des Kredits, die Gesamtkosten des Kredits und den effektiven Jahreszins deutlich anzugeben;

l.[6] es bei öffentlichen Auskündigungen über einen Konsumkredit zur Finanzierung von Waren oder Dienstleistungen unterlässt, seine Firma eindeutig zu bezeichnen oder den Barzahlungspreis, den Preis, der im Rahmen des Kreditvertrags zu bezahlen ist, und den effektiven Jahreszins deutlich anzugeben;

m.[7] im Rahmen einer geschäftlichen Tätigkeit einen Konsumkreditvertrag anbietet oder abschliesst und dabei Vertragsformulare verwendet, die unvollständige oder unrichtige Angaben über den Gegenstand des Vertrags, den Preis, die Zahlungsbedingungen, die Vertragsdauer, das Widerrufs- oder Kündigungsrecht des Kunden oder über sein Recht zu vorzeitiger Bezahlung der Restschuld enthalten;

n.[8] es bei öffentlichen Auskündigungen über einen Konsumkredit (Bst. k) oder über einen Konsumkredit zur Finanzierung von Waren oder Dienstleistungen (Bst. l) unterlässt, darauf hinzuweisen, dass die Kreditvergabe verboten ist, falls sie zur Überschuldung der Konsumentin oder des Konsumenten führt;

---

[5] Fassung gemäss Anhang 2 Ziff. II 2 des BG vom 23. März 2001 über den Konsumkredit, in Kraft seit 1. Jan. 2003 (AS **2002** 3846; BBl **1999** 3155).

[6] Fassung gemäss Anhang 2 Ziff. II 2 des BG vom 23. März 2001 über den Konsumkredit, in Kraft seit 1. Jan. 2003 (AS **2002** 3846; BBl **1999** 3155).

[7] Fassung gemäss Ziff. II des BG vom 13. Dez. 2013 (Aufhebung der Bestimmungen zum Vorauszahlungsvertrag), in Kraft seit 1. Juli 2014 (AS **2014** 869; BBl **2013** 4631 5793).

[8] Eingefügt durch Anhang 2 Ziff. II 2 des BG vom 23. März 2001 über den Konsumkredit, in Kraft seit 1. Jan. 2003 (AS **2002** 3846; BBl **1999** 3155).

o.[9] Massenwerbung ohne direkten Zusammenhang mit einem angeforderten Inhalt fernmeldetechnisch sendet oder solche Sendungen veranlasst und es dabei unterlässt, vorher die Einwilligung der Kunden einzuholen, den korrekten Absender anzugeben oder auf eine problemlose und kostenlose Ablehnungsmöglichkeit hinzuweisen; wer beim Verkauf von Waren, Werken oder Leistungen Kontaktinformationen von Kunden erhält und dabei auf die Ablehnungsmöglichkeit hinweist, handelt nicht unlauter, wenn er diesen Kunden ohne deren Einwilligung Massenwerbung für eigene ähnliche Waren, Werke oder Leistungen sendet;

p.[10] mittels Offertformularen, Korrekturangeboten oder Ähnlichem für Eintragungen in Verzeichnisse jeglicher Art oder für Anzeigenaufträge wirbt oder solche Eintragungen oder Anzeigenaufträge unmittelbar anbietet, ohne in grosser Schrift, an gut sichtbarer Stelle und in verständlicher Sprache auf Folgendes hinzuweisen:
1. die Entgeltlichkeit und den privaten Charakter des Angebots,
2. die Laufzeit des Vertrags,
3. den Gesamtpreis entsprechend der Laufzeit, und
4. die geografische Verbreitung, die Form, die Mindestauflage und den spätesten Zeitpunkt der Publikation;

q.[11] für Eintragungen in Verzeichnisse jeglicher Art oder für Anzeigenaufträge Rechnungen verschickt, ohne vorgängig einen entsprechenden Auftrag erhalten zu haben;

r.[12] jemandem die Lieferung von Waren, die Ausrichtung von Prämien oder andere Leistungen zu Bedingungen in Aussicht stellt, die für diesen hauptsächlich durch die Anwerbung weiterer Personen einen Vorteil bedeuten und weniger durch den Verkauf oder Verbrauch von Waren oder Leistungen (Schneeball-, Lawinen- oder Pyramidensystem);

s.[13] Waren, Werke oder Leistungen im elektronischen Geschäftsverkehr anbietet und es dabei unterlässt:
1. klare und vollständige Angaben über seine Identität und seine Kontaktadresse einschliesslich derjenigen der elektronischen Post zu machen,

---

[9] Eingefügt durch Anhang Ziff. 1 des BG vom 24. März 2006, in Kraft seit 1. April 2007 (AS **2007** 921; BBl **2003** 7951).

[10] Eingefügt durch Ziff. I des BG vom 17. Juni 2011, in Kraft seit 1. April 2012 (AS **2011** 4909; BBl **2009** 6151).

[11] Eingefügt durch Ziff. I des BG vom 17. Juni 2011, in Kraft seit 1. April 2012 (AS **2011** 4909; BBl **2009** 6151).

[12] Eingefügt durch Ziff. I des BG vom 17. Juni 2011, in Kraft seit 1. April 2012 (AS **2011** 4909; BBl **2009** 6151).

[13] Eingefügt durch Ziff. I des BG vom 17. Juni 2011, in Kraft seit 1. April 2012 (AS **2011** 4909; BBl **2009** 6151).

2. auf die einzelnen technischen Schritte, die zu einem Vertragsabschluss führen, hinzuweisen,
3. angemessene technische Mittel zur Verfügung zu stellen, mit denen Eingabefehler vor Abgabe der Bestellung erkannt und korrigiert werden können,
4. die Bestellung des Kunden unverzüglich auf elektronischem Wege zu bestätigen;

t.[14] im Rahmen eines Wettbewerbs oder einer Verlosung einen Gewinn verspricht, dessen Einlösung an die Inanspruchnahme einer kostenpflichtigen Mehrwertdienstnummer, die Leistung einer Aufwandsentschädigung, den Kauf einer Ware oder Dienstleistung oder an die Teilnahme an einer Verkaufsveranstaltung, Werbefahrt oder einer weiteren Verlosung gebunden ist;

u.[15] den Vermerk im Telefonverzeichnis nicht beachtet, dass ein Kunde keine Werbemitteilungen von Personen erhalten möchte, mit denen er in keiner Geschäftsbeziehung steht, und dass seine Daten zu Zwecken der Direktwerbung nicht weitergegeben werden dürfen; Kunden ohne Verzeichniseintrag sind den Kunden mit Verzeichniseintrag und Vermerk gleichgestellt;

v.[16] Werbeanrufe tätigt, ohne dass eine Rufnummer angezeigt wird, die im Telefonverzeichnis eingetragen ist und zu deren Nutzung er berechtigt ist;

w.[17] sich auf Informationen stützt, von denen sie oder er aufgrund eines Verstosses gegen die Buchstaben u oder v Kenntnis erhalten hat.

[2] Absatz 1 Buchstabe s findet keine Anwendung auf die Sprachtelefonie und auf Verträge, die ausschliesslich durch den Austausch von elektronischer Post oder durch vergleichbare individuelle Kommunikation geschlossen werden.[18]

---

[14] Eingefügt durch Ziff. I des BG vom 17. Juni 2011, in Kraft seit 1. April 2012 (AS **2011** 4909; BBl **2009** 6151).

[15] Eingefügt durch Ziff. I des BG vom 17. Juni 2011 (AS **2011** 4909; BBl **2009** 6151). Fassung gemäss Anhang Ziff. 2 des BG vom 22. März 2019, in Kraft seit 1. Jan. 2021 (AS **2020** 6159; BBl **2017** 6559).

[16] Eingefügt durch Anhang Ziff. 2 des BG vom 22. März 2019, in Kraft seit 1. Jan. 2021 (AS **2020** 6159; BBl **2017** 6559).

[17] Eingefügt durch Anhang Ziff. 2 des BG vom 22. März 2019, in Kraft seit 1. Jan. 2021 (AS **2020** 6159; BBl **2017** 6559)

[18] Eingefügt durch Ziff. I des BG vom 17. Juni 2011, in Kraft seit 1. April 2012 (AS **2011** 4909; BBl **2009** 6151).

Art. 3a[19] *Diskriminierung im Fernhandel*

[1] Unlauter handelt insbesondere, wer im Fernhandel ohne sachliche Rechtfertigung einen Kunden in der Schweiz aufgrund seiner Nationalität, seines Wohnsitzes, des Ortes seiner Niederlassung, des Sitzes seines Zahlungsdienstleisters oder des Ausgabeorts seines Zahlungsmittels:

a. beim Preis oder bei den Zahlungsbedingungen diskriminiert;

b. ihm den Zugang zu einem Online-Portal blockiert beziehungsweise beschränkt; oder

c. ihn ohne sein Einverständnis zu einer anderen als der ursprünglich aufgesuchten Version des Online-Portals weiterleitet.

[2] Diese Bestimmung findet keine Anwendung auf nichtwirtschaftliche Dienstleistungen von allgemeinem Interesse; Dienstleistungen im Finanzbereich; Dienstleistungen der elektronischen Kommunikation; Dienstleistungen des öffentlichen Verkehrs; Dienstleistungen von Leiharbeitsagenturen; Gesundheitsdienstleistungen; Glücksspiele, die einen geldwerten Einsatz verlangen, einschliesslich Lotterien, Glücksspiele in Spielbanken und Wetten; private Sicherheitsdienste; soziale Dienstleistungen aller Art; Dienstleistungen, die mit der Ausübung hoheitlicher Gewalt verbunden sind; Tätigkeiten von Notaren sowie von Gerichtsvollziehern, die durch staatliche Stellen bestellt werden; audiovisuelle Dienste.

Art. 4 *Verleitung zu Vertragsverletzung oder -auflösung*

Unlauter handelt insbesondere, wer:

a. Abnehmer zum Vertragsbruch verleitet, um selber mit ihnen einen Vertrag abschliessen zu können;

b.[20] …

c. Arbeitnehmer, Beauftragte oder andere Hilfspersonen zum Verrat oder zur Auskundschaftung von Fabrikations- oder Geschäftsgeheimnissen ihres Arbeitgebers oder Auftraggebers verleitet;

---

[19] Eingefügt durch Ziff. II des BG vom 19. März 2021, in Kraft seit 1. Jan. 2022 (AS **2021** 576; BBl **2019** 4877).

[20] Aufgehoben durch Art. 2 Ziff. 1 des BB vom 7. Okt. 2005 über die Genehmigung und dieUmsetzung des Strafrechtsübereink. und des Zusatzprot. des Europarates über Korruption, mit Wirkung seit 1. Juli 2006 (AS **2006** 2371; BBl **2004** 6983).

d.[21] einen Konsumenten, der einen Konsumkreditvertrag abgeschlossen hat, veranlasst, den Vertrag zu widerrufen, um selber mit ihm einen solchen Vertrag abzuschliessen.

Art. 4a[22] *Bestechen und sich bestechen lassen*

[1] Unlauter handelt, wer:

a. einem Arbeitnehmer, einem Gesellschafter, einem Beauftragten oder einer anderen Hilfsperson eines Dritten im privaten Sektor im Zusammenhang mit dessen dienstlicher oder geschäftlicher Tätigkeit für eine pflichtwidrige oder eine im Ermessen stehende Handlung oder Unterlassung zu dessen Gunsten oder zu Gunsten eines Dritten einen nicht gebührenden Vorteil anbietet, verspricht oder gewährt;

b.[23] als Arbeitnehmer, als Gesellschafter, als Beauftragter oder als andere Hilfsperson eines Dritten im privaten Sektor im Zusammenhang mit seiner dienstlichen oder geschäftlichen Tätigkeit für eine pflichtwidrige oder eine im Ermessen stehende Handlung oder Unterlassung für sich oder einen Dritten einen nicht gebührenden Vorteil fordert, sich versprechen lässt oder annimmt.

[2] Keine nicht gebührenden Vorteile sind vertraglich vom Dritten genehmigte sowie geringfügige, sozial übliche Vorteile.

Art. 5 *Verwertung fremder Leistung*

Unlauter handelt insbesondere, wer:

a. ein ihm anvertrautes Arbeitsergebnis wie Offerten, Berechnungen oder Pläne unbefugt verwertet;

b. ein Arbeitsergebnis eines Dritten wie Offerten, Berechnungen oder Pläne verwertet, obwohl er wissen muss, dass es ihm unbefugterweise überlassen oder zugänglich gemacht worden ist;

c. das marktreife Arbeitsergebnis eines andern ohne angemessenen eigenen Aufwand durch technische Reproduktionsverfahren als solches übernimmt und verwertet.

---

[21] Fassung gemäss Ziff. II des BG vom 13. Dez. 2013 (Aufhebung der Bestimmungen zum Vorauszahlungsvertrag), in Kraft seit 1. Juli 2014 (AS **2014** 869; BBl **2013** 4631 5793).

[22] Eingefügt durch Art. 2 Ziff. 1 des BB vom 7. Okt. 2005 über die Genehmigung und die Umsetzung des Strafrechtsübereink. und des Zusatzprot. des Europarates über Korruption, in Kraft seit 1. Juli 2006 (AS **2006** 2371; BBl **2004** 6983).

[23] Die Berichtigung der RedK der BVers vom 10. Dez. 2015, veröffentlicht am 31. Dez. 2015, betrifft nur den italienischen Text (AS **2015** 5999).

Art. 6 *Verletzung von Fabrikations- und Geschäftsgeheimnissen*

Unlauter handelt insbesondere, wer Fabrikations- oder Geschäftsgeheimnisse, die er ausgekundschaftet oder sonst wie unrechtmässig erfahren hat, verwertet oder andern mitteilt.

Art. 7 *Nichteinhaltung von Arbeitsbedingungen*

Unlauter handelt insbesondere, wer Arbeitsbedingungen nicht einhält, die durch Rechtssatz oder Vertrag auch dem Mitbewerber auferlegt, oder berufs- oder ortsüblich sind.

Art. 8[24] *Verwendung missbräuchlicher Geschäftsbedingungen*

Unlauter handelt insbesondere, wer allgemeine Geschäftsbedingungen verwendet, die in Treu und Glauben verletzender Weise zum Nachteil der Konsumentinnen und Konsumenten ein erhebliches und ungerechtfertigtes Missverhältnis zwischen den vertraglichen Rechten und den vertraglichen Pflichten vorsehen.

Art. 8*a*[25] *Verwendung von Paritätsklauseln gegenüber Beherbergungsbetrieben*

Unlauter handelt insbesondere, wer als Betreiber einer Online-Plattform zur Buchung von Beherbergungsdienstleistungen allgemeine Geschäftsbedingungen verwendet, welche die Preis- und Angebotssetzung von Beherbergungsbetrieben durch Paritätsklauseln, namentlich bezüglich Preis, Verfügbarkeit oder Konditionen, direkt oder indirekt einschränken.

2. Abschnitt: Prozessrechtliche Bestimmungen[26]

Art. 9 *Klageberechtigung*[27]

[1] Wer durch unlauteren Wettbewerb in seiner Kundschaft, seinem Kredit oder beruflichen Ansehen, in seinem Geschäftsbetrieb oder sonst in seinen wirtschaftlichen Interessen bedroht oder verletzt wird, kann dem Richter beantragen:

---

[24] Fassung gemäss Ziff. I des BG vom 17. Juni 2011, in Kraft seit 1. Juli 2012 (AS **2011** 4909; BBl **2009** 6151).

[25] Eingefügt durch Ziff. I des BG vom 17. Juni 2022, in Kraft seit 1. Dez. 2022 (AS **2022** 690; BBl **2021** 2858).

[26] Fassung gemäss Anhang 1 Ziff. II 15 der Zivilprozessordnung vom 19. Dez. 2008, in Kraft seit 1. Jan. 2011 (AS **2010** 1739; BBl **2006** 7221).

[27] Fassung gemäss Anhang 1 Ziff. II 15 der Zivilprozessordnung vom 19. Dez. 2008, in Kraft seit 1. Jan. 2011 (AS **2010** 1739; BBl **2006** 7221).

a. eine drohende Verletzung zu verbieten;

b. eine bestehende Verletzung zu beseitigen;

c. die Widerrechtlichkeit einer Verletzung festzustellen, wenn sich diese weiterhin störend auswirkt.

² Er kann insbesondere verlangen, dass eine Berichtigung oder das Urteil Dritten mitgeteilt oder veröffentlicht wird.

³ Er kann ausserdem nach Massgabe des Obligationenrechts[28] auf Schadenersatz und Genugtuung sowie auf Herausgabe eines Gewinnes entsprechend den Bestimmungen über die Geschäftsführung ohne Auftrag klagen.

Art. 10 *Klageberechtigung von Kunden und Organisationen sowie des Bundes*[29]

¹ Die Klagen gemäss Artikel 9 stehen ebenso den Kunden zu, die durch unlauteren Wettbewerb in ihren wirtschaftlichen Interessen bedroht oder verletzt sind.

² Ferner können nach Artikel 9 Absätze 1 und 2 klagen:

a. Berufs- und Wirtschaftsverbände, die nach den Statuten zur Wahrung der wirtschaftlichen Interessen ihrer Mitglieder befugt sind;

b. Organisationen von gesamtschweizerischer oder regionaler Bedeutung, die sich statutengemäss dem Konsumentenschutz widmen;

c.[30] …

³ Nach Artikel 9 Absätze 1 und 2 kann auch der Bund klagen, wenn er es zum Schutz des öffentlichen Interesses als nötig erachtet, namentlich wenn:

a. das Ansehen der Schweiz im Ausland bedroht oder verletzt ist und die in ihren wirtschaftlichen Interessen betroffenen Personen im Ausland ansässig sind; oder

b. die Interessen mehrerer Personen oder einer Gruppe von Angehörigen einer Branche oder andere Kollektivinteressen bedroht oder verletzt sind.[31]

---

[28] SR **220**

[29] Fassung gemäss Anhang 1 Ziff. II 15 der Zivilprozessordnung vom 19. Dez. 2008, in Kraft seit 1. Jan. 2011 (AS **2010** 1739; BBl **2006** 7221).

[30] Eingefügt durch Ziff. I des BG vom 20. März 1992 (AS **1992** 1514; BBl **1992** I 355). Aufgehoben durch Ziff. I des BG vom 17. Juni 2011, mit Wirkung seit 1. April 2012 (AS **2011** 4909; BBl **2009** 6151).

[31] Eingefügt durch Ziff. I des BG vom 17. Juni 2011, in Kraft seit 1. April 2012 (AS **2011** 4909; BBl **2009** 6151).

[4] Sofern der Schutz des öffentlichen Interesses es erfordert, kann der Bundesrat unter Nennung der entsprechenden Firmen die Öffentlichkeit über unlautere Verhaltensweisen informieren. Bei Wegfall des öffentlichen Interesses werden entsprechende Publikationen gelöscht.[32]

[5] Bei Klagen des Bundes ist dieses Gesetz im Sinne von Artikel 18 des Bundesgesetzes vom 18. Dezember 1987[33] über das internationale Privatrecht zwingend anzuwenden.[34]

Art. 11 *Klagen gegen den Geschäftsherrn*

Ist der unlautere Wettbewerb von Arbeitnehmern oder anderen Hilfspersonen bei dienstlichen oder geschäftlichen Verrichtungen begangen worden, so kann auch gegen den Geschäftsherrn nach Artikel 9 Absätze 1 und 2 geklagt werden.

Art. 12 und **13**[35]

Art. 13*a*[36] *Beweislastumkehr*

[1] Der Richter kann vom Werbenden den Beweis für die Richtigkeit von in der Werbung enthaltenen Tatsachenbehauptungen verlangen, wenn dies unter Berücksichtigung der berechtigten Interessen des Werbenden und anderer am Verfahren beteiligter Personen im Einzelfall angemessen erscheint.

[2] ...[37]

Art. 14 und **15**[38]

---

[32] Eingefügt durch Ziff. I des BG vom 17. Juni 2011, in Kraft seit 1. April 2012 (AS **2011** 4909; BBl **2009** 6151).

[33] SR **291**

[34] Eingefügt durch Ziff. I des BG vom 17. Juni 2011, in Kraft seit 1. April 2012 (AS **2011** 4909; BBl **2009** 6151).

[35] Aufgehoben durch Anhang 1 Ziff. II 15 der Zivilprozessordnung vom 19. Dez. 2008, mit Wirkung seit 1. Jan. 2011 (AS **2010** 1739; BBl **2006** 7221).

[36] Eingefügt durch Ziff. I des BG vom 18. Juni 1993, in Kraft seit 1. April 1994 (AS **1994** 375; BBl **1993** I 805).

[37] Aufgehoben durch Anhang 1 Ziff. II 15 der Zivilprozessordnung vom 19. Dez. 2008, mit Wirkung seit 1. Jan. 2011 (AS **2010** 1739; BBl **2006** 7221).

[38] Aufgehoben durch Anhang 1 Ziff. II 15 der Zivilprozessordnung vom 19. Dez. 2008, mit Wirkung seit 1. Jan. 2011 (AS **2010** 1739; BBl **2006** 7221).

3. Kapitel: Verwaltungsrechtliche Bestimmungen[39]

Art. 16 *Pflicht zur Preisbekanntgabe*

1 Für Waren, die dem Konsumenten zum Kaufe angeboten werden, ist der tatsächlich zu bezahlende Preis bekannt zu geben, soweit der Bundesrat keine Ausnahmen vorsieht. Ausnahmen sind insbesondere aus technischen oder Sicherheitsgründen zulässig. Dieselbe Pflicht besteht für die vom Bundesrat bezeichneten Dienstleistungen.

2 Der Bundesrat regelt die Bekanntgabe von Preisen und Trinkgeldern.

3 …[40]

Art. 16*a*[41] *Grundpreisbekanntgabe für messbare Waren und Dienstleistungen*

1 Für messbare Waren und Dienstleistungen, die dem Konsumenten zum Kauf angeboten werden, sind Menge und Preis anzugeben und deren Vergleichbarkeit durch Grundpreisbekanntgabe zu gewährleisten.

2 Der Bundesrat kann Vorschriften erlassen, deren Einhaltung von der Pflicht zur Grundpreisbekanntgabe befreit.

Art. 17 *Preisbekanntgabe in der Werbung*

Werden Preise oder Preisreduktionen in der Werbung angezeigt, so richtet sich deren Bekanntgabe nach den vom Bundesrat zu erlassenden Bestimmungen.

Art. 18 *Irreführende Preisbekanntgabe*

Es ist unzulässig, in irreführender Weise:

a. Preise bekannt zu geben;

b. auf Preisreduktionen hinzuweisen oder

c. neben dem tatsächlich zu bezahlenden Preis weitere Preise aufzuführen.

Art. 19 *Auskunftspflicht*

1 Die zuständigen Organe der Kantone können Auskünfte einholen und Unterlagen verlangen, soweit es die Abklärung des Sachverhalts erfordert.

---

[39] Fassung gemäss Ziff. I des BG vom 17. Juni 2011, in Kraft seit 1. April 2012 (AS **2011** 4909; BBl **2009** 6151).

[40] Aufgehoben durch Art. 26 des Messgesetzes vom 17. Juni 2011, mit Wirkung seit 1. Jan. 2013 (AS **2012** 6235; BBl **2010** 8013).

[41] Eingefügt durch Art. 26 des Messgesetzes vom 17. Juni 2011, in Kraft seit 1. Jan. 2013 (AS **2012** 6235; BBl **2010** 8013).

[2] Der Auskunftspflicht unterstehen:

a. Personen und Firmen, die Konsumenten Waren zum Kauf anbieten oder solche Waren herstellen, kaufen oder damit Handel treiben;

b. Personen und Firmen, die Dienstleistungen anbieten, erbringen, vermitteln oder in Anspruch nehmen;

c. Organisationen der Wirtschaft;

d. Organisationen von gesamtschweizerischer oder regionaler Bedeutung, die sich statutengemäss dem Konsumentenschutz widmen.

[3] Die Auskunftspflicht entfällt, wenn nach Artikel 42 des Bundesgesetzes über den Bundeszivilprozess[42] die Aussage verweigert werden kann.

[4] Die Bestimmungen der Strafprozessordnung vom 5. Oktober 2007[43] sowie die Bestimmungen der Kantone über das Verwaltungsverfahren bleiben vorbehalten.[44]

Art. 20 *Vollzug*

[1] Der Vollzug obliegt den Kantonen, die Oberaufsicht dem Bund.

[2] Der Bundesrat erlässt die Ausführungsbestimmungen.

3*a*. Kapitel:[45] Zusammenarbeit mit ausländischen Aufsichtsbehörden

Art. 21 *Zusammenarbeit*

[1] Die für den Vollzug dieses Gesetzes zuständigen Bundesbehörden können mit den zuständigen ausländischen Behörden sowie mit internationalen Organisationen oder Gremien zusammenarbeiten und insbesondere Erhebungen koordinieren, sofern:

a. dies zur Bekämpfung unlauteren Geschäftsgebarens erforderlich ist; und

b. die ausländischen Behörden, internationalen Organisationen oder Gremien an das Amtsgeheimnis gebunden sind oder einer entsprechenden Verschwiegenheitspflicht unterliegen.

---

[42] SR **273**

[43] SR **312.0**

[44] Fassung gemäss Anhang 1 Ziff. II 7 der Strafprozessordnung vom 5. Okt. 2007, in Kraft seit 1. Jan. 2011 (AS **2010** 1881; BBl **2006** 1085).

[45] Fassung gemäss Ziff. I des BG vom 17. Juni 2011, in Kraft seit 1. April 2012 (AS **2011** 4909; BBl **2009** 6151).

[2] Der Bundesrat kann Staatsverträge über die Zusammenarbeit mit ausländischen Aufsichtsbehörden zur Bekämpfung unlauteren Geschäftsgebarens abschliessen.

Art. 22 *Datenbekanntgabe*

[1] Die für den Vollzug dieses Gesetzes zuständigen Bundesbehörden können im Rahmen der Zusammenarbeit gemäss Artikel 21 ausländischen Behörden und internationalen Organisationen oder Gremien Daten über Personen und Handlungen bekannt geben, namentlich über:

a. Personen, die an einem unlauteren Geschäftsgebaren beteiligt sind;

b. den Versand von Werbeschreiben sowie sonstige Unterlagen, die ein unlauteres Geschäftsgebaren dokumentieren;

c. die finanzielle Abwicklung des Geschäfts;

d. die Sperrung von Postfächern.

[2] Sie können die Daten bekannt geben, wenn die Datenempfänger zusichern, dass sie Gegenrecht halten und die Daten nur zur Bekämpfung unlauteren Geschäftsgebarens bearbeiten. Im Übrigen sind die Artikel 16 und 17 des Datenschutzgesetzes vom 25. September 2020[46] anwendbar.[47]

[3] Handelt es sich beim Datenempfänger um eine internationale Organisation oder ein internationales Gremium, so können sie die Daten auch ohne Gegenrecht bekannt geben.

4. Kapitel: Strafbestimmungen

Art. 23[48] *Unlauterer Wettbewerb*

[1] Wer vorsätzlich unlauteren Wettbewerb nach Artikel 3, 4, 5 oder 6 begeht, wird auf Antrag mit Freiheitsstrafe bis zu drei Jahren oder Geldstrafe bestraft.[49]

[2] Strafantrag stellen kann, wer nach den Artikeln 9 und 10 zur Zivilklage berechtigt ist.

---

[46] SR **235.1**

[47] Fassung des zweiten Satzes gemäss Anhang 1 Ziff. II 23 des Datenschutzgesetzes vom 25. Sept. 2020, in Kraft seit 1. Sept. 2023 (AS **2022** 491; BBl **2017** 6941).

[48] Fassung gemäss Art. 2 Ziff. 1 des BB vom 7. Okt. 2005 über die Genehmigung und die Umsetzung des Strafrechtsübereink. und des Zusatzprot. des Europarates über Korruption, in Kraft seit 1. Juli 2006 (AS **2006** 2371; BBl **2004** 6983).

[49] Fassung gemäss Ziff. II 1 des BG vom 25. Sept. 2015 (Korruptionsstrafrecht), in Kraft seit 1. Juli 2016 (AS **2016** 1287; BBl **2014** 3591).

[3] Der Bund hat im Verfahren die Rechte eines Privatklägers.[50]

Art. 24 *Verletzung der Pflicht zur Preisbekanntgabe an Konsumenten*

[1] Wer vorsätzlich:

a.[51] die Pflicht zur Preisbekanntgabe (Art. 16) oder zur Grundpreisbekanntgabe (Art. 16*a*) verletzt;

b. den Vorschriften über die Preisbekanntgabe in der Werbung (Art. 17) zuwiderhandelt;

c. in irreführender Weise Preise bekannt gibt (Art. 18);

d. die Auskunftspflicht im Zusammenhang mit der Preisbekanntgabe (Art. 19) verletzt;

e.[52] den Ausführungsvorschriften des Bundesrates über die Preisbekanntgabe oder die Grundpreisbekanntgabe (Art. 16, 16*a* und 20) zuwiderhandelt,

wird mit Busse bis zu 20'000 Franken bestraft.[53]

[2] Handelt der Täter fahrlässig, so ist die Strafe Busse.

Art. 25[54]

Art. 26 *Widerhandlungen in Geschäftsbetrieben*

Für Widerhandlungen in Geschäftsbetrieben, durch Beauftragte und dergleichen sind die Artikel 6 und 7 des Verwaltungsstrafrechtsgesetzes vom 22. März 1974[55] anwendbar.

Art. 26*a*[56] *Widerruf und Sperrung von Domain-Namen und Telefonnummern*

[1] Wenn für eine strafbare Handlung nach Artikel 23 in Verbindung mit Artikel 3 oder nach Artikel 24 Domain-Namen oder Telefonnummern benutzt wurden

[50] Eingefügt durch Ziff. I des BG vom 17. Juni 2011, in Kraft seit 1. April 2012 (AS **2011** 4909; BBl **2009** 6151).

[51] Fassung gemäss Art. 26 des Messgesetzes vom 17. Juni 2011, in Kraft seit 1. Jan. 2013 (AS **2012** 6235; BBl **2010** 8013).

[52] Fassung gemäss Art. 26 des Messgesetzes vom 17. Juni 2011, in Kraft seit 1. Jan. 2013 (AS **2012** 6235; BBl **2010** 8013).

[53] Fassung gemäss Art. 333 des Strafgesetzbuches in der Fassung des BG vom 13. Dez. 2002, in Kraft seit 1. Jan. 2007 (AS **2006** 3459; BBl **1999** 1979).

[54] Aufgehoben durch Ziff. I des BG vom 24. März 1995, mit Wirkung seit 1. Nov. 1995 (AS **1995** 4086; BBl **1994** III 442).

[55] SR **313.0**

[56] Eingefügt durch Anhang Ziff. 2 des BG vom 22. März 2019, in Kraft seit 1. Jan. 2021 (AS **2020** 6159; BBl **2017** 6559).

und es zur Verhinderung neuer Widerhandlungen erforderlich ist, kann die Staatsanwaltschaft oder das Gericht ohne Rücksicht auf die Strafbarkeit einer bestimmten Person die folgenden Massnahmen anordnen:

a. den Widerruf des Domain-Namens zweiter Ebene, der einer Internet-Domain untergeordnet ist, für deren Verwaltung die Schweiz zuständig ist;

b. den Widerruf oder die Sperrung der Telefonnummer für Festnetzdienste oder für mobile Fernmeldedienste.

[2] Die verfahrensleitende Behörde kann bis zum Abschluss des Strafverfahrens die vorläufige Sperrung des Domain-Namens oder der Telefonnummer anordnen.

Art. 27 *Strafverfolgung*

[1] Die Strafverfolgung ist Sache der Kantone.

[2] Die kantonalen Behörden teilen sämtliche Urteile, Strafbescheide und Einstellungsbeschlüsse unverzüglich und unentgeltlich in vollständiger Ausführung der Bundesanwaltschaft und dem Eidgenössischen Departement für Wirtschaft, Bildung und Forschung[57] mit.[58]

5. Kapitel: Schlussbestimmungen

Art. 28 *Aufhebung bisherigen Rechts*

Das Bundesgesetz vom 30. September 1943[59] über den unlauteren Wettbewerb wird aufgehoben.

Art. 29 *Referendum und Inkrafttreten*

[1] Dieses Gesetz untersteht dem fakultativen Referendum.

[2] Der Bundesrat bestimmt das Inkrafttreten.

Datum des Inkrafttretens: 1. März 1988[60]

[57] Ausdruck gemäss Ziff. I 5 der V vom 15. Juni 2012 (Neugliederung der Departemente), in Kraft seit 1. Jan. 2013 (AS **2012** 3655).

[58] Fassung gemäss Ziff. I des BG vom 17. Juni 2011, in Kraft seit 1. April 2012 (AS **2011** 4909; BBl **2009** 6151).

[59] [BS **2** 951; AS **1962** 1047 Art. 2, **1978** 2057]

[60] BRB vom 14. Dez. 1987

Verordnung über die Bekanntmachung von Preisen (Preisbekanntgabeverordnung, PBV[1])

vom 11. Dezember 1978 (Stand am 1. Juli 2022)

Der Schweizerische Bundesrat,
gestützt auf die Artikel 16, 16*a*, 17 und 20 des Bundesgesetzes vom 19. Dezember 1986[2] gegen den unlauteren Wettbewerb und auf Kapitel IV der Verordnung (EG) Nr. 1008/2008[3] in der für die Schweiz gemäss Ziffer 1 des Anhangs zum Abkommen vom 21. Juni 1999[4] zwischen der Schweizerischen Eidgenossenschaft und der Europäischen Gemeinschaft über den Luftverkehr (Luftverkehrsabkommen) jeweils verbindlichen Fassung,[5]

verordnet:

1. Kapitel: Zweck und Geltungsbereich

Art. 1 *Zweck*

Zweck dieser Verordnung ist, dass Preise klar und miteinander vergleichbar sind und irreführende Preisangaben verhindert werden.

Art. 2 *Geltungsbereich*

[1] Die Verordnung gilt für:

a. das Angebot von Waren zum Kauf an Konsumentinnen und Konsumenten[6]

b. Rechtsgeschäfte mit Konsumentinnen und Konsumenten mit wirtschaftlich gleichen oder ähnlichen Wirkungen wie der Kauf, beispielsweise Abzahlungsverträge, Mietkaufverträge, Leasingverträge und mit Kaufgeschäften verbundene Eintauschaktionen (kaufähnliche Rechtsgeschäfte);

AS **1978** 2081

1 Abkürzung gemäss Ziff. I der V vom 14. Dez. 1987, in Kraft seit 1. März 1988 (AS **1988** 241).

2 SR **241**

3 Verordnung (EG) Nr. 1008/2008 des Europäischen Parlaments und des Europäischen Rates vom 24. Sept. 2008 über gemeinsame Vorschriften für die Durchführung von Luftverkehrsdiensten (Neufassung).

4 SR **0.748.127.192.68**

5 Fassung gemäss Anhang Ziff. 2 der V vom 18. Nov. 2020, in Kraft seit 1. Jan. 2021 (AS **2020** 6183).

6 Ausdruck gemäss Ziff. I der V vom 12. Okt. 2011, in Kraft seit 1. April 2012 (AS **2011** 4959). Diese Änderung wurde im ganzen Erlass berücksichtigt.

c. das Angebot der in Artikel 10 genannten Dienstleistungen;

d. die an Konsumentinnen und Konsumenten gerichtete Werbung für sämtliche Waren und Dienstleistungen.

[2] Konsumentinnen und Konsumenten sind Personen, die Waren oder Dienstleistungen für Zwecke kaufen, die nicht im Zusammenhang mit ihrer gewerblichen oder beruflichen Tätigkeit stehen.[7]

2. Kapitel: Waren

1. Abschnitt: Bekanntgabe des Detailpreises

Art. 3 *Bekanntgabepflicht*

[1] Werden den Konsumentinnen und Konsumenten Waren zum Kauf angeboten, so muss mit dem Angebot stets der tatsächlich zu bezahlende Preis in Schweizerfranken (Detailpreis) bekanntgegeben werden.[8]

[2] Die Bekanntgabepflicht gilt auch für kaufähnliche Rechtsgeschäfte.

[3] Sie gilt nicht für Waren, die an Versteigerungen, Auktionen und ähnlichen Veranstaltungen verkauft werden.

Art. 4 *Öffentliche Abgaben, Urheberrechtsvergütungen, vorgezogene Entsorgungsbeiträge, Vergünstigungen*[9]

[1] Überwälzte öffentliche Abgaben, Urheberrechtsvergütungen, vorgezogene Entsorgungsbeiträge sowie weitere nicht frei wählbare Zuschläge jeglicher Art, namentlich für Reservation, Service oder Bearbeitung, müssen im Detailpreis inbegriffen sein. Versandkosten dürfen separat bekanntgegeben werden.[10]

[1bis] Bei Änderung des Mehrwertsteuersatzes muss innert drei Monaten nach deren Inkrafttreten die Preisanschrift angepasst werden. Die Konsumentinnen und Konsumenten sind während dieser Frist mit einem gut sichtbaren Hinweis darüber in Kenntnis zu setzen, dass in der Preisanschrift die Steuersatzänderung noch nicht berücksichtigt ist.[11]

---

[7] Fassung gemäss Ziff. I der V vom 28. April 1999, in Kraft seit 1. Nov. 1999 (AS **1999** 1637).

[8] Fassung gemäss Ziff. I der V vom 25. Mai 2022, in Kraft seit 1. Juli 2022 (AS **2022** 343, 388).

[9] Fassung gemäss Ziff. I der V vom 12. Okt. 2011, in Kraft seit 1. April 2012 (AS **2011** 4959).

[10] Fassung gemäss Ziff. I der V vom 25. Mai 2022, in Kraft seit 1. Juli 2022 (AS **2022** 343).

[11] Eingefügt durch Ziff. I der V vom 28. April 1999, in Kraft seit 1. Nov. 1999 (AS **1999** 1637).

[2] Vergünstigungen wie Rabatte, Rabattmarken oder Rückvergütungen, die erst nach dem Kauf realisiert werden können, sind gesondert bekanntzugeben und zu beziffern.

2. Abschnitt: Bekanntgabe des Grundpreises

Art. 5 *Bekanntgabepflicht*

[1] Werden den Konsumentinnen und Konsumenten messbare Waren zum Kauf angeboten, so muss mit dem Angebot stets der Grundpreis bekanntgegeben werden.[12]

[2] Für vorverpackte Ware sind Detail- und Grundpreis bekanntzugeben.

[3] Der Grundpreis muss nicht angegeben werden bei:

a. Verkauf per Stück oder nach Stückzahl;

b. Verkauf von 1, 2 oder 5 Liter, Kilogramm, Meter, Quadratmeter oder Kubikmeter und ihrer dezimalen Vielfachen und Teile;

c.[13] Spirituosen in Behältern mit einem Nenninhalt von 35 und 70 cl;

d. Fertigpackungen mit einem Nettogewicht oder einem Abtropfgewicht von 25, 125, 250 und 2500 g;

e. Kombinationspackungen, Mehrteilpackungen und Geschenkpackungen;

f. Lebensmittelkonserven, die aus einer Mischung von festen Produkten bestehen, sofern die Gewichte der Bestandteile angegeben werden;

g.[14] Waren in Fertigpackungen, deren Detailpreis nicht mehr als 2 Franken beträgt;

h. Waren in Fertigpackungen, deren Grundpreis je Kilogramm oder Liter bei Lebensmitteln 150 Franken und bei den übrigen Waren 750 Franken übersteigt;

i. gastgewerblichen Betrieben;

---

[12] Fassung gemäss Ziff. I der V vom 25. Mai 2022, in Kraft seit 1. Juli 2022 (AS **2022** 343, 388).

[13] Fassung gemäss Art. 39 Ziff. 2 der Mengenangabeverordnung vom 5. Sept. 2012, in Kraft seit 1. Jan. 2013 (AS **2012** 5275).

[14] Fassung gemäss Ziff. I der V vom 14. Dez. 1987, in Kraft seit 1. März 1988 (AS **1988** 241).

j.[15] Fertigpackungen von Arzneimitteln der Abgabekategorien A und B nach den Artikeln 41 und 42 der Arzneimittelverordnung vom 21. September 2018[16] sowie der Abgabekateogrie C nach Artikel 25 der Arzneimittelverordnung vom 17. Oktober 2001.[17]

Art. 6 *Messbare Waren und Grundpreis*

[1] Messbare Waren sind solche, deren Detailpreis üblicherweise nach Volumen, Gewicht, Masse, Länge oder Fläche bestimmt wird.

[2] Als Grundpreis gilt der dem Detailpreis zugrundeliegende Preis je Liter, Kilogramm, Meter, Quadratmeter, Kubikmeter oder eines dezimalen Vielfachen oder eines dezimalen Teiles davon.

[3] Wird bei Lebensmittelkonserven in Anwendung von Artikel 16 der Mengenangabeverordnung vom 5. September 2012[18] das Abtropfgewicht angegeben, so bezieht sich der Grundpreis auf das Abtropfgewicht.[19]

3. Abschnitt: Art und Weise der Bekanntgabe

Art. 7 *Anschrift*

[1] Detail- und Grundpreise müssen durch Anschrift an der Ware selbst oder unmittelbar daneben (Anschrift, Aufdruck, Etikette, Preisschild usw.) bekanntgegeben werden.

[2] Sie können in anderer leicht zugänglicher und gut lesbarer Form bekanntgegeben werden (Regalanschrift, Anschlag von Preislisten, Auflage von Katalogen usw.), wenn die Anschrift an der Ware selbst wegen der Vielzahl preisgleicher Waren oder aus technischen Gründen nicht zweckmässig ist.

[3] Die Bekanntgabe nach Absatz 2 ist auch zulässig für Antiquitäten, Kunstgegenstände, Orientteppiche, Pelzwaren, Uhren, Schmuck und andere Gegenstände aus Edelmetallen, wenn der Preis 5000 Franken übersteigt.[20]

---

[15] Eingefügt durch Art. 39 Ziff. 2 der Mengenangabeverordnung vom 5. Sept. 2012 (AS **2012** 5275). Fassung gemäss Anhang 8 Ziff. II 6 der Arzneimittel-Bewilligungsverordnung vom 14. Nov. 2018, in Kraft seit 1. Jan. 2019 (AS **2018** 5029).

[16] SR 812.212.21

[17] AS **2001** 3420

[18] SR **941.204**

[19] Fassung gemäss Art. 39 Ziff. 2 der Mengenangabeverordnung vom 5. Sept. 2012, in Kraft seit 1. Jan. 2013 (AS **2012** 5275).

[20] Eingefügt durch Ziff. I der V vom 14. Dez. 1987, in Kraft seit 1. März 1988 (AS **1988** 241).

Art. 8 *Sichtbarkeit und Lesbarkeit*

[1] Detail- und Grundpreise müssen leicht sichtbar und gut lesbar sein. Sie sind in Zahlen bekanntzugeben.

[2] Insbesondere müssen in Schaufenstern die Detailpreise, bei Waren, die offen verkauft werden, die Grundpreise von aussen gut lesbar sein.

Art. 9 *Spezifizierung*

[1] Aus der Bekanntgabe muss hervorgehen, auf welches Produkt und welche Verkaufseinheit sich der Detailpreis bezieht.

[2] Die Menge ist nach dem Messgesetz vom 17. Juni 2011[21] anzugeben.[22]

[3] Weitergehende Bestimmungen über die Spezifizierung in anderen Erlassen bleiben vorbehalten.

3. Kapitel: Dienstleistungen

Art. 10 *Bekanntgabepflicht*

[1] Werden den Konsumentinnen und Konsumenten in den folgenden Bereichen Dienstleistungen angeboten, so muss mit dem Angebot stets der tatsächlich zu bezahlende Preis in Schweizerfranken bekanntgegeben werden:[23]

a. Coiffeurgewerbe;

b. Garagegewerbe für Serviceleistungen;

c. Gastgewerbe und Hotellerie;

d.[24] Kosmetische Institute und Körperpflege;

e.[25] Fitnessinstitute, Schwimmbäder, Eisbahnen und andere Sportanlagen;

f. Taxigewerbe;

g. Unterhaltungsgewerbe (Theater, Konzerte, Kinos, Dancings und dgl.), Museen, Ausstellungen, Messen sowie Sportveranstaltungen;

h. Vermietung von Fahrzeugen, Apparaten und Geräten;

---

[21] SR **941.20**

[22] Fassung gemäss Ziff. I 6 der V vom 7. Dez. 2012 (Neue gesetzliche Grundlagen im Messwesen), in Kraft seit 1. Jan. 2013 (AS **2012** 7065).

[23] Fassung gemäss Ziff. I der V vom 25. Mai 2022, in Kraft seit 1. Juli 2022 (AS **2022** 343, 388).

[24] Fassung gemäss Ziff. I der V vom 12. Okt. 2011, in Kraft seit 1. April 2012 (AS **2011** 4959).

[25] Fassung gemäss Ziff. I der V vom 28. April 1999, in Kraft seit 1. Nov. 1999 (AS **1999** 1637).

i.[26] Wäschereien und Textilreinigungen (Hauptverfahren und Standardartikel);

k. Parkieren und Einstellen von Autos;

l. Fotobranche (standardisierte Leistungen in den Bereichen Entwickeln, Kopieren, Vergrössern);

m.[27] Kurswesen;

n.[28] Flug- und Pauschalreisen;

o.[29] die mit der Buchung einer Reise zusammenhängenden und gesondert in Rechnung gestellten Leistungen (Buchung, Reservation, Vermittlung);

p.[30] Fernmeldedienste nach dem Fernmeldegesetz vom 30. April 1997;

q.[31] Dienstleistungen wie Informations-, Beratungs-, Vermarktungs- und Gebührenteilungsdienste, die über Fernmeldedienste erbracht oder angeboten werden, unabhängig davon, ob sie von einer Anbieterin von Fernmeldediensten verrechnet werden;

r.[32] die Kontoeröffnung, -führung und -schliessung, den Zahlungsverkehr im Inland und grenzüberschreitend, Zahlungsmittel (Kreditkarten) sowie den Kauf und Verkauf ausländischer Währungen (Geldwechsel);

s.[33] Teilzeitnutzungsrechte an Immobilien;

t.[34] Dienstleistungen im Zusammenhang mit der Abgabe von Arzneimitteln und Medizinprodukten sowie Dienstleistungen von Tier- und Zahnärzten;

u.[35] Bestattungsinstitute;

---

[26] Fassung gemäss Ziff. I der V vom 12. Okt. 2011, in Kraft seit 1. April 2012 (AS **2011** 4959).

[27] Eingefügt durch Ziff. I der V vom 28. April 1999, in Kraft seit 1. Nov. 1999 (AS **1999** 1637).

[28] Eingefügt durch Ziff. I der V vom 28. April 1999 (AS **1999** 1637). Fassung gemäss Ziff. I der V vom 12. Okt. 2011, in Kraft seit 1. April 2012 (AS **2011** 4959).

[29] Eingefügt durch Ziff. I der V vom 28. April 1999, in Kraft seit 1. Nov. 1999 (AS **1999** 1637).

[30] Eingefügt durch Ziff. I der V vom 28. April 1999 (AS **1999** 1637). Fassung gemäss Ziff. II der V vom 4. Nov. 2009, in Kraft seit 1. Jan. 2010 (AS **2009** 5821).

[31] Eingefügt durch Ziff. I der V vom 28. April 1999 (AS **1999** 1637). Fassung gemäss Ziff. II der V vom 4. Nov. 2009, in Kraft seit 1. Jan. 2010 (AS **2009** 5821).

[32] Eingefügt durch Ziff. I der V vom 28. April 1999, in Kraft seit 1. Nov. 1999 (AS **1999** 1637).

[33] Eingefügt durch Ziff. I der V vom 28. April 1999, in Kraft seit 1. Nov. 1999 (AS **1999** 1637).

[34] Eingefügt durch Ziff. I der V vom 21. Jan. 2004 (AS **2004** 827). Fassung gemäss Ziff. I der V vom 12. Okt. 2011, in Kraft seit 1. April 2012 (AS **2011** 4959).

[35] Eingefügt durch Ziff. I der V vom 12. Okt. 2011, in Kraft seit 1. April 2012 (AS **2011** 4959).

v.[36] Notariatsdienstleistungen.

[2] Überwälzte öffentliche Abgaben, Urheberrechtsvergütungen sowie weitere nicht frei wählbare Zuschläge jeglicher Art namentlich für Reservation, Service oder Bearbeitung, müssen im Preis enthalten sein. Kurtaxen dürfen separat bekanntgegeben werden.[37]

[3] Bei Änderung des Mehrwertsteuersatzes muss innert drei Monaten nach deren Inkrafttreten die Preisanschrift angepasst werden. Die Konsumentinnen und Konsumenten sind während dieser Frist mit einem gut sichtbaren Hinweis darüber in Kenntnis zu setzen, dass die Steuersatzänderung in der Preisanschrift noch nicht berücksichtigt ist.[38]

Art. 11 *Art und Weise der Bekanntgabe*

[1] Preisanschläge, Preislisten, Kataloge usw. müssen leicht zugänglich und gut lesbar sein.

[1bis] ...[39]

[2] Aus der Bekanntgabe muss hervorgehen, auf welche Art und Einheit der Dienstleistung oder auf welche Verrechnungssätze sich der Preis bezieht.

[3] In gastgewerblichen Betrieben muss aus der Bekanntgabe des Preises für Getränke hervorgehen, auf welche Menge sich der Preis bezieht. Die Mengenangabe ist nicht erforderlich bei Heissgetränken, Cocktails und mit Wasser angesetzten oder mit Eis vermischten Getränken.[40]

[4] In Betrieben, die gewerbsmässig Personen beherbergen, ist der Preis für Übernachtung mit oder ohne Frühstück, für Halb- oder Vollpension dem Gast mündlich oder schriftlich bekanntzugeben.[41]

---

[36] Eingefügt durch Ziff. I der V vom 12. Okt. 2011, in Kraft seit 1. April 2012 (AS **2011** 4959).

[37] Fassung gemäss Ziff. I der V vom 25. Mai 2022, in Kraft seit 1. Juli 2022 (AS **2022** 343, 388).

[38] Eingefügt durch Ziff. I der V vom 28. April 1999, in Kraft seit 1. Nov. 1999 (AS **1999** 1637).

[39] Eingefügt durch Ziff. I der V vom 28. April 1999 (AS **1999** 1637). Aufgehoben durch Ziff. I der V vom 21. Jan. 2004, mit Wirkung seit 1. Juni 2004 (AS **2004** 827).

[40] Fassung gemäss Art. 39 Ziff. 2 der Mengenangabeverordnung vom 5. Sept. 2012, in Kraft seit 1. Jan. 2013 (AS **2012** 5275).

[41] Fassung gemäss Ziff. I der V vom 12. Okt. 2011, in Kraft seit 1. April 2012 (AS **2011** 4959).

Art. 11*a*[42] *Art und Weise der mündlichen Preisbekanntgabe bei Mehrwertdiensten*

[1] Beträgt bei Dienstleistungen nach Artikel 10 Absatz 1 Buchstabe q die Grundgebühr oder der Preis pro Minute mehr als zwei Franken, so sind die Konsumentinnen oder Konsumenten mündlich, vorgängig, klar und kostenlos über den Preis zu informieren. Die Information hat zumindest in der Sprache des Dienstangebots zu erfolgen.

[2] Es dürfen nur die Dienstleistungen in Rechnung gestellt werden, für welche diese Vorgaben eingehalten wurden.

[3] Bei Anrufen auf Nummern des Festnetz- oder Mobiltelefoniedienstes dürfen bereits für die Dauer der Preisansage die Verbindungsgebühren belastet werden.

[4] Fallen während der Verbindung fixe Gebühren an oder erfolgen Preisänderungen, so sind die Konsumentinnen und Konsumenten unmittelbar, bevor diese Gebühr oder Änderung zum Tragen kommt, und unabhängig von deren Höhe darüber zu informieren.

[5] Die Gebühr beziehungsweise der Preis darf erst fünf Sekunden, nachdem die Information erfolgt ist, erhoben werden.

[6] Übersteigen die fixen Gebühren zehn Franken oder der Preis pro Minute fünf Franken, so darf die Dienstleistung nur in Rechnung gestellt werden, wenn die Konsumentinnen und Konsumenten die Annahme des Angebots ausdrücklich bestätigt haben.

[7] Nehmen die Konsumentinnen und Konsumenten einen Auskunftsdienst über die Verzeichnisse nach Artikel 31*a* der Verordnung vom 6. Oktober 1997[43] über die Adressierungselemente im Fernmeldebereich in Anspruch, so müssen sie unmittelbar vor dem Bezug eines verbundenen Dienstes und unabhängig von der Höhe des Preises über diesen informiert werden.

Art. 11*a*bis[44] *Art und Weise der schriftlichen Preisbekanntgabe bei Mehrwertdiensten*

[1] Die schriftliche Bekanntgabe der Preise für Dienstleistungen nach Artikel 10 Absatz 1 Buchstabe q richtet sich nach Artikel 13*a*.

---

[42] Eingefügt durch Ziff. I der V vom 21. Jan. 2004 (AS 2004 827). Fassung gemäss Ziff. II der V vom 5. Nov. 2014, in Kraft seit 1. Juli 2015 (AS **2014** 4161).

[43] SR **784.104**

[44] Eingefügt durch Ziff. II der V vom 5. Nov. 2014, in Kraft seit 1. Juli 2015 (AS **2014** 4161).

[2] Wird die Dienstleistung über eine Internet- oder Datenverbindung angeboten, so darf den Konsumentinnen oder Konsumenten die Leistung nur in Rechnung gestellt werden, wenn:

a. ihnen der Preis gut sichtbar und deutlich lesbar auf der Schaltfläche zur Annahme des Angebots bekannt gegeben wird; oder
b. in unmittelbarer Nähe der Schaltfläche zur Annahme des Angebots der Preis gut sichtbar und deutlich lesbar angegeben wird und auf dieser Schaltfläche entweder der Hinweis «zahlungspflichtig bestellen» oder eine entsprechende eindeutige Formulierung gut sichtbar und deutlich lesbar angebracht ist.

[3] Wird die Dienstleistung über eine Internet- oder Datenverbindung angeboten und über die Rechnung einer Anbieterin von Fernmeldediensten oder über einen Anschluss mit Vorbezahlung abgerechnet, so darf den Konsumentinnen und Konsumenten die Leistung nur in Rechnung gestellt werden, wenn sie die Annahme des Angebots gegenüber ihrer Anbieterin von Fernmeldediensten ausdrücklich bestätigt haben.

Art. 11*b*[45] *Art und Weise der Preisbekanntgabe bei Mehrwertdiensten, die pro Einzelinformation abgerechnet werden*

[1] Bei Dienstleistungen nach Artikel 10 Absatz 1 Buchstabe q, die auf einer Anmeldung der Konsumentin oder des Konsumenten beruhen und eine Mehrzahl von Einzelinformationen (wie Text- und Bildmitteilungen, Audio- und Videosequenzen) auslösen können (sog. Push-Dienste), müssen der Konsumentin oder dem Konsumenten vor der Aktivierung des Dienstes kostenlos und unmissverständlich sowohl am Ort der Bekanntgabe als auch auf dem mobilen Endgerät bekanntgegeben werden:[46]

a. eine allfällige Grundgebühr;
b. der Preis pro Einzelinformation;
c. das Vorgehen zur Deaktivierung des Dienstes;
d.[47] die maximale Anzahl der Einzelinformationen pro Minute.

---

[45] Eingefügt durch Ziff. I der V vom 21. Jan. 2004, in Kraft seit 1. Juni 2004 (AS **2004** 827).

[46] Fassung gemäss Ziff. I der V vom 12. Okt. 2011, in Kraft seit 1. April 2012 (AS **2011** 4959).

[47] Eingefügt durch Art. 107 der V vom 9. März 2007 über Fernmeldedienste, in Kraft seit 1. April 2007 (AS **2007** 945).

[2] Gebühren dürfen erst erhoben werden, nachdem die Konsumentin oder der Konsument die Angaben nach Absatz 1 erhalten und die Annahme des Angebots ausdrücklich auf ihrem oder seinem mobilen Endgerät bestätigt hat.[48]

[3] Nach Annahme des Angebots nach Absatz 2 muss der Konsumentin oder dem Konsumenten bei jeder Einzelinformation das Vorgehen zur Deaktivierung des Dienstes kostenlos bekanntgegeben werden. Der Konsumentin oder dem Konsumenten kann die Möglichkeit geboten werden, kostenlos auf diese Benachrichtigung zu verzichten.[49]

Art. 11*c*[50] *Art und Weise der Preisbekanntgabe von Flugreisen*

[1] Wer den Konsumentinnen und Konsumenten in der Schweiz Flugpreise in irgendeiner Form – auch im Internet – für Flugdienste ab einem Flughafen in der Schweiz oder der Europäischen Union anbietet, hat die anwendbaren Tarifbedingungen zu nennen.

[2] Der tatsächlich zu bezahlende Preis ist stets auszuweisen. Er muss den eigentlichen Flugpreis sowie alle Steuern, Gebühren, Zuschläge und Entgelte, die unvermeidbar und zum Zeitpunkt der Veröffentlichung vorhersehbar sind, einschliessen.

[3] Neben dem tatsächlich zu bezahlenden Preis ist mindestens der eigentliche Flugpreis auszuweisen sowie, falls diese dazu gerechnet werden:

a. die Steuern;
b. die Flughafengebühren; und
c. die sonstigen Gebühren, Zuschläge und Entgelte, wie etwa diejenigen, die mit der Sicherheit oder dem Treibstoff in Zusammenhang stehen.

[4] Fakultative Zusatzkosten sind auf klare, transparente und eindeutige Art und Weise zu Beginn jedes Buchungsvorgangs mitzuteilen; die Annahme der fakultativen Zusatzkosten muss durch die Konsumentin oder den Konsumenten ausdrücklich bestätigt werden («Opt-in»).

Art. 12 *Trinkgeld*

[1] Das Trinkgeld muss im Preis inbegriffen oder deutlich als Trinkgeld bezeichnet und beziffert sein.

---

[48] Eingefügt durch Art. 107 der V vom 9. März 2007 über Fernmeldedienste, in Kraft seit 1. April 2007 (AS **2007** 945). Fassung gemäss Ziff. II der V vom 4. Nov. 2009, in Kraft seit 1. Jan. 2010 (AS **2009** 5821).

[49] Eingefügt durch Ziff. II der V vom 4. Nov. 2009 (AS **2009** 5821). Fassung gemäss Ziff. I der V vom 12. Okt. 2011, in Kraft seit 1. April 2012 (AS **2011** 4959).

[50] Eingefügt durch Ziff. I der V vom 12. Okt. 2011, in Kraft seit 1. April 2012 (AS **2011** 4959).

[2] Hinweise wie «Trinkgeld inbegriffen» oder entsprechende Formulierungen sind zulässig. Hinweise wie «Trinkgeld nicht inbegriffen» oder entsprechende Formulierungen ohne ziffernmässige Bezeichnung sind unzulässig.

[3] Es ist unzulässig, Trinkgelder über den bekanntgegebenen Preis oder das ziffernmässig bekanntgegebene Mass hinaus zu verlangen.

4. Kapitel: Werbung

Art. 13 *Preisbekanntgabe in der Werbung im Allgemeinen*[51]

[1] Werden in der Werbung Preise aufgeführt oder bezifferte Hinweise auf Preisrahmen oder Preisgrenzen gemacht, so sind die tatsächlich zu bezahlenden Preise bekanntzugeben.

[1bis] ...[52]

[2] Hersteller, Importeure und Grossisten können Richtpreise bekanntgeben.[53]

Art. 13*a*[54] *Preisbekanntgabe in der Werbung für Mehrwertdienste im Fernmeldebereich*

[1] Werden in der Werbung die Telefonnummer oder sonstige Zeichen- oder Buchstabenfolgen einer entgeltlichen Dienstleistung nach Artikel 10 Absatz 1 Buchstabe q publiziert, so sind der Konsumentin oder dem Konsumenten die Grundgebühr und der Preis pro Minute bekanntzugeben.

[2] Kommt ein anderer Tarifablauf zur Anwendung, so muss die Taxierung unmissverständlich bekannt gegeben werden.

[3] Die Preisinformationen müssen mindestens in der Schriftgrösse der beworbenen Nummer, gut sichtbar und deutlich lesbar in unmittelbarer Nähe der beworbenen Nummer angegeben werden.[55]

[4] ...[56]

---

[51] Fassung gemäss Ziff. II der V vom 4. Nov. 2009, in Kraft seit 1. Juli 2010 (AS **2009** 5821).

[52] Eingefügt durch Ziff. I der V vom 28. April 1999 (AS **1999** 1637). Aufgehoben durch Ziff. II der V vom 4. Nov. 2009, mit Wirkung seit 1. Juli 2010 (AS **2009** 5821).

[53] Fassung gemäss Ziff. I der V vom 28. April 1999, in Kraft seit 1. Nov. 1999 (AS **1999** 1637).

[54] Fassung gemäss Ziff. I der V vom 28. April 1999, in Kraft seit 1. Nov. 1999 (AS **1999** 1637).

[55] Fassung gemäss Ziff. II der V vom 5. Nov. 2014, in Kraft seit 1. Juli 2015 (AS **2014** 4161).

[56] Aufgehoben durch Ziff. II der V vom 5. Nov. 2014, mit Wirkung seit 1. Juli 2015 (AS **2014** 4161).

Art. 14 *Spezifizierung*

[1] Aus der Preisbekanntgabe muss deutlich hervorgehen, auf welche Ware und Verkaufseinheit oder auf welche Art, Einheit und Verrechnungssätze von Dienstleistungen sich der Preis bezieht.

[2] Die Waren und Dienstleistungen sind nach wesentlichen Kriterien wie Marke, Typ, Sorte, Qualität und Eigenschaften gut lesbar oder gut hörbar zu umschreiben.[57]

[2bis] Die wesentlichen Kriterien sind im Werbemittel bekanntzugeben. Sie können auch mittels Referenz auf eine digitale Quelle bekanntgegeben werden, wenn:

a. die Referenz im Werbemittel gut lesbar oder gut hörbar ist; und

b. die wesentlichen Kriterien in der digitalen Quelle unmittelbar zugänglich, leicht sichtbar und gut lesbar sind.[58]

[3] Die Preisangabe muss sich auf die allenfalls abgebildete oder mit Worten bezeichnete Ware beziehen.

[4] Weitergehende Bestimmungen über die Spezifizierung in anderen Erlassen bleiben vorbehalten.

Art. 15[59] *Irreführende Preisbekanntgabe*

Die Bestimmungen über die irreführende Preisbekanntgabe (Art. 16–18) gelten auch für die Werbung.

5. Kapitel: Irreführende Preisbekanntgabe

Art. 16[60] *Bekanntgabe weiterer Preise*

[1] Neben dem tatsächlich zu bezahlenden Preis darf der Anbieter einen Vergleichspreis bekanntgeben, wenn:

a. er die Ware oder die Dienstleistung unmittelbar vorher tatsächlich zu diesem Preis angeboten hat (Selbstvergleich);

---

[57] Fassung gemäss Ziff. I der V vom 19. Mai 2021, in Kraft seit 1. Juli 2021 (AS **2021** 340).

[58] Eingefügt durch Ziff. I der V vom 19. Mai 2021, in Kraft seit 1. Juli 2021 (AS 2021 340).

[59] Fassung gemäss Ziff. I der V vom 14. Dez. 1987, in Kraft seit 1. März 1988 (AS **1988** 241).

[60] Fassung gemäss Ziff. I der V vom 28. April 1999, in Kraft seit 1. Nov. 1999 (AS **1999** 1637).

b. er die Ware oder die Dienstleistung unmittelbar danach tatsächlich zu diesem Preis anbieten wird (Einführungspreis); oder
c. andere Anbieter im zu berücksichtigenden Marktgebiet die überwiegende Menge gleicher Waren oder Dienstleistungen tatsächlich zu diesem Preis anbieten (Konkurrenzvergleich).

[2] Aus der Ankündigung muss beim Einführungspreis und Konkurrenzvergleich die Art des Preisvergleichs hervorgehen. Die Voraussetzungen für die Verwendung von Vergleichspreisen gemäss Absatz 1 sind vom Anbieter auf Verlangen glaubhaft zu machen.[61]

[3] Der Vergleichspreis nach Absatz 1 Buchstaben a und b darf während der Hälfte der Zeit bekanntgegeben werden, während der er gehandhabt wurde beziehungsweise gehandhabt werden wird, längstens jedoch während zwei Monaten.

[4] Preise für schnell verderbliche Waren dürfen, wenn sie während eines halben Tages gehandhabt wurden, noch während des folgenden Tages als Vergleichspreis bekanntgegeben werden.

[5] Katalog-, Richtpreise und dergleichen sind nur dann als Vergleichspreise zulässig, wenn die Voraussetzungen nach Absatz 1 Buchstabe c erfüllt sind.

Art. 17 *Hinweise auf Preisreduktionen*

[1] Bezifferte Hinweise auf Preisreduktionen, Zugaben, Eintausch- und Rücknahmeangebote sowie auf Geschenke und dergleichen werden wie die Bekanntgabe weiterer Preise neben dem tatsächlich zu bezahlenden Preis beurteilt.[62]

[2] Für solche Hinweise gilt die Pflicht zur Preisbekanntgabe sowie zur Spezifizierung im Sinne dieser Verordnung. Ausgenommen sind Hinweise auf mehrere Produkte, verschiedene Produkte, Produktegruppen oder Sortimente, soweit für sie der gleiche Reduktionssatz oder -betrag gilt.[63]

[3] Absatz 2 gilt für Dienstleistungen sinngemäss.[64]

---

[61] Fassung gemäss Ziff. I der V vom 12. Okt. 2011, in Kraft seit 1. April 2012 (AS 2011 4959). Die Berichtigung vom 27. April 2021 betrifft nur den italienischen Text (AS 2021 245).

[62] Fassung gemäss Ziff. I der V vom 14. Dez. 1987, in Kraft seit 1. März 1988 (AS **1988** 241).

[63] Fassung gemäss Ziff. I der V vom 12. Okt. 2011, in Kraft seit 1. April 2012 (AS **2011** 4959).

[64] Eingefügt durch Ziff. I der V vom 14. Dez. 1987, in Kraft seit 1. März 1988 (AS **1988** 241).

Art. 18[65] *Hersteller, Importeure und Grossisten*

[1] Die Bestimmungen über die irreführende Preisbekanntgabe gelten auch für Hersteller, Importeure und Grossisten.

[2] Hersteller, Importeure und Grossisten dürfen Konsumentinnen und Konsumenten Preise oder Richtpreise bekanntgeben oder für Konsumentinnen und Konsumenten bestimmte Preislisten, Preiskataloge und dergleichen zur Verfügung stellen. Sofern es sich um unverbindlich empfohlene Preise handelt, muss darauf deutlich hingewiesen werden. Vorbehalten bleibt die Gesetzgebung des Bundes über Kartelle und andere Wettbewerbsbeschränkungen.[66]

Art. 19[67]

6. Kapitel: Bekanntgabepflichtige

Art. 20

Die Pflicht zur vorschriftsgemässen Bekanntgabe von Preisen und zur vorschriftsgemässen Werbung im Sinne dieser Verordnung obliegt dem Leiter von Geschäften aller Art.

7. Kapitel: Strafbestimmungen

Art. 21[68]

Widerhandlungen gegen diese Verordnung werden nach den Bestimmungen des Bundesgesetzes vom 19. Dezember 1986 gegen den unlauteren Wettbewerb bestraft.

---

65 Fassung gemäss Ziff. I der V vom 28. April 1999, in Kraft seit 1. Nov. 1999 (AS **1999** 1637).

66 Fassung gemäss Ziff. I der V vom 12. Okt. 2011, in Kraft seit 1. April 2012 (AS **2011** 4959).

67 Aufgehoben durch Ziff. I der V vom 23. Aug. 1995, mit Wirkung seit 1. Nov. 1995 (AS **1995** 4186).

68 Fassung gemäss Ziff. II der V vom 5. Nov. 2014, in Kraft seit 1. Jan. 2015 (AS **2014** 4161).

8. Kapitel: Schlussbestimmungen

Art. 22 *Vollzug*

1 Die zuständigen kantonalen Stellen überwachen die vorschriftsgemässe Durchführung dieser Verordnung und verzeigen Verstösse den zuständigen Instanzen.

2 Das Verfahren richtet sich nach kantonalem Recht.

Art. 23[69] *Oberaufsicht durch den Bund*

1 Der Bund führt die Oberaufsicht. Sie wird im Eidgenössische Departement für Wirtschaft, Bildung und Forschung[70] durch das Staatssekretariat für Wirtschaft (SECO) ausgeübt.

2 Das SECO kann Weisungen und Kreisschreiben gegenüber den Kantonen erlassen, von den Kantonen Informationen und Unterlagen einverlangen und Verstösse bei den zuständigen kantonalen Instanzen anzeigen.

3 Das SECO kann mit den betroffenen Branchen und interessierten Organisationen Gespräche über die Preisbekanntgabe führen.

Art. 24 *Änderung bisherigen Rechts*

…[71]

Art. 25 *Inkrafttreten*

Diese Verordnung tritt am 1. Januar 1979 in Kraft.

Schlussbestimmung zur Änderung vom 21. Januar 2004[72]

Bis zum Inkrafttreten von Artikel 4 Absatz 1 sind vorgezogene Entsorgungsbeiträge, die nicht im Detailpreis inbegriffen sind, im Laden, im Schaufenster und in der Werbung gesondert und gut lesbar bekannt zu geben.

---

[69] Fassung gemäss Ziff. I der V vom 12. Okt. 2011, in Kraft seit 1. April 2012 (AS **2011** 4959).

[70] Die Bezeichnung der Verwaltungseinheit wurde in Anwendung von Art. 16 Abs. 3 der Publikationsverordnung vom 17. Nov. 2004 (SR **170.512.1**) auf den 1. Jan. 2013 angepasst.

[71] Die Änderungen können unter AS **1978** 2081 konsultiert werden.

[72] AS **2004** 827

III. Wirtschaftsrecht

Preisüberwachungsgesetz (PüG)

vom 20. Dezember 1985 (Stand am 1. Januar 2013)

Die Bundesversammlung der Schweizerischen Eidgenossenschaft,

gestützt auf die Artikel 31^{septies} und 64bis der Bundesverfassung[1],

nach Einsicht in eine Botschaft des Bundesrates vom 30. Mai 1984[2],

beschliesst:

1. Abschnitt: Geltungsbereich

Art. 1[3] *Sachlicher Geltungsbereich*

Das Gesetz gilt für Preise von Waren und Dienstleistungen einschliesslich der Kredite. Ausgenommen sind Löhne und andere Leistungen aus dem Arbeitsverhältnis sowie die Kredittätigkeit der Schweizerischen Nationalbank.

Art. 2[4] *Persönlicher Geltungsbereich*

Das Gesetz gilt für Wettbewerbsabreden im Sinne des Kartellgesetzes vom 6. Oktober 1995[5] und für marktmächtige Unternehmen des privaten und des öffentlichen Rechts.

2. Abschnitt: Beauftragter für die Überwachung der Preise

Art. 3 *Wahl*

[1] Der Bundesrat wählt einen Beauftragten für die Überwachung der Preise (Preisüberwacher).

AS **1986** 895

[1] [BS **1** 3; AS **1983** 240]

[2] BBl **1984** II 755

[3] Fassung gemäss Ziff. I des BG vom 22. März 1991, in Kraft seit 1. Okt. 1991 (AS **1991** 2092; BBl **1990** I 97).

[4] Fassung gemäss Anhang Ziff. 3 des Kartellgesetzes vom 6. Okt. 1995, in Kraft seit 1. Juli 1996 (AS **1996** 546 1805; BBl **1995** I 468).

[5] SR **251**

[2] Der Preisüberwacher ist dem Eidgenössisches Departement für Wirtschaft, Bildung und Forschung[6] unterstellt. Es steht ihm ein Mitarbeiterstab zur Verfügung.

Art. 4 *Aufgaben*

[1] Der Preisüberwacher beobachtet die Preisentwicklung.

[2] Er verhindert oder beseitigt die missbräuchliche Erhöhung und Beibehaltung von Preisen. Vorbehalten bleibt die Überwachung bestimmter Preise durch andere Behörden (Art. 15).

[3] Er orientiert die Öffentlichkeit über seine Tätigkeit.

Art. 5 *Zusammenarbeit*

[1] Die Preisüberwachung erfolgt in Zusammenarbeit mit den interessierten Kreisen. Bei Kreditzinsen handelt der Preisüberwacher insbesondere nach eingehender Konsultation mit der Nationalbank und der Eidgenössischen Finanzmarktaufsicht[7].[8]

[2] Der Preisüberwacher arbeitet mit der Wettbewerbskommission[9] zusammen. Er nimmt mit beratender Stimme an deren Sitzungen teil.

[3] Preisüberwacher und Wettbewerbskommission orientieren sich gegenseitig über wichtige Entscheidungen.

[4] Sind Fragen des persönlichen Geltungsbereichs (Art. 2) und des wirksamen Wettbewerbes (Art. 12) zu beurteilen, so haben der Preisüberwacher oder die zuständige Behörde (Art. 15) die Wettbewerbskommission zu konsultieren, bevor sie eine Verfügung treffen. Die Wettbewerbskommission kann die Stellungnahmen veröffentlichen.[10]

---

[6] Ausdruck gemäss Ziff. I 33 der V vom 15. Juni 2012 (Neugliederung der Departemente), in Kraft seit 1. Jan. 2013 (AS **2012** 3655). Diese Änd. wurde im ganzen Erlass berücksichtigt.

[7] Die Bezeichnung der Verwaltungseinheit wurde in Anwendung von Art. 16 Abs. 3 der Publikationsverordnung vom 17. Nov. 2004 (SR **170.512.1**) angepasst.

[8] Fassung gemäss Ziff. I des BG vom 22. März 1991, in Kraft seit 1. Okt. 1991 (AS **1991** 2092; BBl **1990** I 97).

[9] Ausdruck gemäss Anhang Ziff. 3 des Kartellgesetzes vom 6. Okt. 1995, in Kraft seit 1. Juli 1996 (AS **1996** 546 1805; BBl **1995** I 468). Diese Änd. ist im ganzen Erlass berücksichtigt.

[10] Fassung gemäss Ziff. I des BG vom 22. März 1991, in Kraft seit 1. Okt. 1991 (AS **1991** 2092; BBl **1990** I 97).

3. Abschnitt: Massnahmen zur Verhinderung oder Beseitigung der missbräuchlichen Erhöhung und Beibehaltung von Preisen

Art. 6 *Voranmeldung*

Beabsichtigen Beteiligte an Wettbewerbsabreden oder marktmächtige Unternehmen eine Preiserhöhung, können sie diese dem Preisüberwacher unterbreiten.[11] Dieser erklärt innert 30 Tagen, ob er die Preiserhöhung für unbedenklich hält.

Art. 7 *Meldungen*

Wer vermutet, die Erhöhung oder Beibehaltung eines Preises sei missbräuchlich, kann dies dem Preisüberwacher schriftlich melden.

Art. 8 *Abklärung*

Aufgrund der Meldungen oder eigener Beobachtungen klärt der Preisüberwacher ab, ob Anhaltspunkte für eine missbräuchliche Preiserhöhung oder -beibehaltung bestehen.

Art. 9 *Einvernehmliche Regelung*

Stellt der Preisüberwacher einen Missbrauch fest, strebt er mit den Betroffenen eine einvernehmliche Regelung an; diese bedarf keiner besonderen Form.

Art. 10 *Entscheid*

Kommt keine einvernehmliche Regelung zustande, untersagt der Preisüberwacher die Erhöhung ganz oder teilweise oder verfügt eine Preissenkung.

Art. 11 *Veränderte Verhältnisse*

[1] Die einvernehmliche Regelung oder der Entscheid sind in ihrer Gültigkeit zu befristen.

[2] Der Preisüberwacher erklärt sie auf Antrag des Betroffenen vor Fristablauf als hinfällig, sofern sich die tatsächlichen Verhältnisse inzwischen wesentlich geändert haben.

---

[11] Fassung gemäss Anhang Ziff. 3 des Kartellgesetzes vom 6. Okt. 1995, in Kraft seit 1. Juli 1996 (AS **1996** 546 1805; BBl **1995** I 468).

4. Abschnitt: Preismissbrauch

Art. 12 *Wettbewerbspolitischer Grundsatz*

[1] Preismissbrauch im Sinne dieses Gesetzes kann nur vorliegen, wenn die Preise auf dem betreffenden Markt nicht das Ergebnis wirksamen Wettbewerbs sind.

[2] Wirksamer Wettbewerb besteht insbesondere, wenn die Abnehmer die Möglichkeit haben, ohne erheblichen Aufwand auf vergleichbare Angebote auszuweichen.

Art. 13 *Beurteilungselemente*

[1] Bei der Prüfung, ob eine missbräuchliche Erhöhung oder Beibehaltung eines Preises vorliegt, hat der Preisüberwacher insbesondere zu berücksichtigen:

a. die Preisentwicklung auf Vergleichsmärkten;

b. die Notwendigkeit der Erzielung angemessener Gewinne;

c. die Kostenentwicklung;

d. besondere Unternehmerleistungen;

e. besondere Marktverhältnisse.

[2] Bei der Überprüfung der Kosten kann der Preisüberwacher auch den Ausgangspreis (Preissockel) berücksichtigen.

5. Abschnitt: Massnahmen bei behördlich festgesetzten oder genehmigten Preisen

Art. 14

[1] Ist die Legislative oder die Exekutive des Bundes, eines Kantons oder einer Gemeinde zuständig für die Festsetzung oder Genehmigung einer Preiserhöhung, die von den Beteiligten an einer Wettbewerbsabrede oder einem marktmächtigen Unternehmen beantragt wird, so hört sie zuvor den Preisüberwacher an.[12] Er kann beantragen, auf die Preiserhöhung ganz oder teilweise zu verzichten oder einen missbräuchlich beibehaltenen Preis zu senken.

[2] Die Behörde führt die Stellungnahme in ihrem Entscheid an. Folgt sie ihr nicht, so begründet sie dies.

[3] Bei der Prüfung der Frage, ob ein Preismissbrauch vorliegt, berücksichtigt der Preisüberwacher allfällige übergeordnete öffentliche Interessen.

---

[12] Fassung gemäss Anhang Ziff. 3 des Kartellgesetzes vom 6. Okt. 1995, in Kraft seit 1. Juli 1996 (AS **1996** 546 1805; BBl **1995** I 468).

6. Abschnitt: Massnahmen bei anderen bundesrechtlichen Preisüberwachungen

Art. 15

1 Werden verabredete Preise oder Preise eines marktmächtigen Unternehmens bereits aufgrund anderer bundesrechtlicher Vorschriften überwacht, so beurteilt sie die zuständige Behörde anstelle des Preisüberwachers.[13]

2 Die Behörde richtet sich dabei nach dem vorliegenden Gesetz, soweit dies mit den Zielen ihrer Überwachung vereinbar ist.

2bis Die Behörde orientiert den Preisüberwacher über die von ihr vorzunehmenden Preisbeurteilungen. Der Preisüberwacher kann beantragen, auf eine Preiserhöhung ganz oder teilweise zu verzichten oder einen missbräuchlich beibehaltenen Preis zu senken.[14]

2ter Die Behörde führt die Stellungnahme des Preisüberwachers in ihrem Entscheid an. Folgt sie ihr nicht, so begründet sie dies.[15]

3 Verfahren, Rechtsschutz und Straffolgen richten sich nach den entsprechenden bundesrechtlichen Erlassen.

7. Abschnitt: Verhältnis von Untersuchungen der Wettbewerbskommission und Entscheidungen des Preisüberwachers

Art. 16[16]

1 Die Wettbewerbskommission kann Untersuchungen gegen Wettbewerbsabreden oder marktmächtige Unternehmen einleiten, auch wenn der Preisüberwacher den Preis herabgesetzt oder das Verfahren eingestellt hat.

2 Dem Preisüberwacher bleibt die Überprüfung der Missbräuchlichkeit von verabredeten Preisen oder Preisen von marktmächtigen Unternehmen vorbehalten.

---

13 Fassung gemäss Anhang Ziff. 3 des Kartellgesetzes vom 6. Okt. 1995, in Kraft seit 1. Juli 1996 (AS **1996** 546 1805; BBl **1995** I 468).

14 Eingefügt durch Ziff. I des BG vom 22. März 1991, in Kraft seit 1. Okt. 1991 (AS **1991** 2092; BBl **1990** I 97).

15 Eingefügt durch Ziff. I des BG vom 22. März 1991, in Kraft seit 1. Okt. 1991 (AS **1991** 2092; BBl **1990** I 97).

16 Fassung gemäss Anhang Ziff. 3 des Kartellgesetzes vom 6. Okt. 1995, in Kraft seit 1. Juli 1996 (AS **1996** 546 1805; BBl **1995** I 468).

8. Abschnitt: Auskunftspflicht, Mitwirkung und Geheimhaltung

Art. 17 *Auskunftspflicht*

Beteiligte an Wettbewerbsabreden, marktmächtige Unternehmen sowie am Markt beteiligte Dritte müssen dem Preisüberwacher alle erforderlichen Auskünfte erteilen und die notwendigen Unterlagen zur Verfügung stellen.[17] Dritte sind zur Offenbarung von Fabrikations- oder Geschäftsgeheimnissen nicht verpflichtet.

Art. 18 *Mitwirkung*

Der Preisüberwacher kann von Amtsstellen und Aufsichtsbehörden des Bundes, der Kantone und Gemeinden sowie von Organisationen der Wirtschaft verlangen, bei seinen Abklärungen mitzuwirken und die notwendigen Unterlagen zur Verfügung zu stellen.

Art. 19 *Amts- und Geschäftsgeheimnis*

[1] Der Preisüberwacher wahrt das Amtsgeheimnis.

[2] Er darf keine Geschäftsgeheimnisse preisgeben.

9. Abschnitt: Rechtsschutz

Art. 20[18] *Grundsatz*

Der Rechtsschutz richtet sich nach den allgemeinen Bestimmungen über die Bundesrechtspflege.

Art. 21 *Beschwerdelegitimation von Konsumentenorganisationen*

Den Organisationen von nationaler oder regionaler Bedeutung, die sich statutengemäss dem Konsumentenschutz widmen, steht das Beschwerderecht zu.

Art. 22[19]

---

[17] Fassung gemäss Anhang Ziff. 3 des Kartellgesetzes vom 6. Okt. 1995, in Kraft seit 1. Juli 1996 (AS **1996** 546 1805; BBl **1995** I 468).

[18] Fassung gemäss Anhang Ziff. 137 des Verwaltungsgerichtsgesetzes vom 17. Juni 2005, in Kraft seit 1. Jan. 2007 (AS **2006** 2197 1069; BBl **2001** 4202).

[19] Aufgehoben durch Anhang Ziff. 137 des Verwaltungsgerichtsgesetzes vom 17. Juni 2005, mit Wirkung seit 1. Jan. 2007 (AS **2006** 2197 1069; BBl **2001** 4202).

10. Abschnitt: Strafbestimmungen

Art. 23 *Anwendung missbräuchlicher Preise*

[1] Wer vorsätzlich:

a. eine verfügte Preissenkung nicht vornimmt,

b. trotz Untersagung einen Preis erhöht oder

c. einvernehmlich geregelte Preise überschreitet, wird mit Busse bis zu 100'000 Franken bestraft.

[2] Der Versuch ist strafbar.

Art. 24 *Verletzung der Auskunftspflicht Wer vorsätzlich:*

a. der Auskunftspflicht (Art. 17) nicht nachkommt oder

b. unrichtige oder unvollständige Angaben macht,

wird mit Busse bis zu 20'000 Franken bestraft.

Art. 25 *Anwendbarkeit des Verwaltungsstrafrechts*

[1] Für die Verfolgung und Beurteilung der strafbaren Handlungen gilt das Verwaltungsstrafrechtsgesetz vom 22. März 1974[20].

[2] Verfolgende und urteilende Verwaltungsbehörde ist das Eidgenössisches Departement für Wirtschaft, Bildung und Forschung.

11. Abschnitt: Schlussbestimmungen

Art. 26 *Vollzug*

[1] Der Preisüberwacher und die zuständigen Behörden (Art. 15) vollziehen dieses Gesetz.

[2] Der Bundesrat erlässt die Ausführungsbestimmungen. Insbesondere kann er Bestimmungen über die Koordination der Tätigkeiten des Preisüberwachers und der zuständigen Behörden (Art. 15) erlassen.[21]

Art. 27 *Referendum und Inkrafttreten*

[1] Dieses Gesetz untersteht dem fakultativen Referendum.

[2] Der Bundesrat bestimmt das Inkrafttreten.

Datum des Inkrafttretens: 1. Juli 1986[22]

---

[20] SR **313.0**

[21] Fassung gemäss Ziff. I des BG vom 22. März 1991, in Kraft seit 1. Okt. 1991 (AS **1991** 2092; BBl **1990** I 97).

[22] BRB vom 16. April 1986.

Bundesgesetz über den Binnenmarkt (Binnenmarktgesetz, BGBM)

vom 6. Oktober 1995 (Stand am 1. Januar 2021)

Die Bundesversammlung der Schweizerischen Eidgenossenschaft,

gestützt auf die Artikel 94 und 95[1] der Bundesverfassung[2],[3]
nach Einsicht in die Botschaft des Bundesrates vom 23. November 1994[4],

beschliesst:

1. Abschnitt: Zweck und Gegenstand

Art. 1

[1] Dieses Gesetz gewährleistet, dass Personen mit Niederlassung oder Sitz in der Schweiz für die Ausübung ihrer Erwerbstätigkeit auf dem gesamten Gebiet der Schweiz freien und gleichberechtigten Zugang zum Markt haben.

[2] Es soll insbesondere:

a. die berufliche Mobilität und den Wirtschaftsverkehr innerhalb der Schweiz erleichtern;

b. die Bestrebungen der Kantone zur Harmonisierung der Marktzulassungsbedingungen unterstützen;

c. die Wettbewerbsfähigkeit der schweizerischen Volkswirtschaft stärken;

d. den wirtschaftlichen Zusammenhalt der Schweiz festigen.

[3] Als Erwerbstätigkeit im Sinne dieses Gesetzes gilt jede nicht hoheitliche, auf Erwerb gerichtete Tätigkeit.[5]

AS **1996** 1738

[1] Abs. 1 und Abs. 2 Satz 2 dieser Bestimmung entsprechen den Art. 31bis Abs. 2 und 33 Abs. 2 aBV vom 29. Mai 1874 [BS **1** 3].

[2] SR **101**

[3] Fassung gemäss Ziff. I des BG vom 16. Dez. 2005, in Kraft seit 1. Juli 2006 (AS **2006** 2363 2366; BBl **2005** 465).

[4] BBl **1995** I 1213

[5] Fassung gemäss Ziff. I des BG vom 16. Dez. 2005, in Kraft seit 1. Juli 2006 (AS **2006** 2363 2366; BBl **2005** 465).

2. Abschnitt: Grundsätze für den freien Zugang zum Markt

Art. 2 *Freier Zugang zum Markt*

[1] Jede Person hat das Recht, Waren, Dienstleistungen und Arbeitsleistungen auf dem gesamten Gebiet der Schweiz anzubieten, soweit die Ausübung der betreffenden Erwerbstätigkeit im Kanton oder der Gemeinde ihrer Niederlassung oder ihres Sitzes zulässig ist.

[2] Bund, Kantone und Gemeinden sowie andere Träger öffentlicher Aufgaben stellen sicher, dass ihre Vorschriften und Verfügungen über die Ausübung der Erwerbstätigkeit die Rechte nach Absatz 1 wahren.

[3] Das Anbieten von Waren, Dienstleistungen und Arbeitsleistungen richtet sich nach den Vorschriften des Kantons oder der Gemeinde der Niederlassung oder des Sitzes der Anbieterin oder des Anbieters. Sind das Inverkehrbringen und Verwenden einer Ware im Kanton der Anbieterin oder des Anbieters zulässig, so darf diese Ware auf dem gesamten Gebiet der Schweiz in Verkehr gebracht und verwendet werden.

[4] Jede Person, die eine Erwerbstätigkeit rechtmässig ausübt, hat das Recht, sich zwecks Ausübung dieser Tätigkeit auf dem gesamten Gebiet der Schweiz niederzulassen und diese Tätigkeit unter Vorbehalt von Artikel 3 nach den Vorschriften des Ortes der Erstniederlassung auszuüben. Dies gilt auch wenn die Tätigkeit am Ort der Erstniederlassung aufgegeben wird. Die Aufsicht über die Einhaltung der Vorschriften der Erstniederlassung obliegt den Behörden des Bestimmungsortes.[6]

[5] Bei der Anwendung der vorstehenden Grundsätze gelten die kantonalen beziehungsweise kommunalen Marktzugangsordnungen als gleichwertig.[7]

[6] Hat eine zuständige kantonale Vollzugsbehörde festgestellt, dass der Marktzugang für eine Ware, Dienstleistung oder Arbeitsleistung mit dem Bundesrecht übereinstimmt, oder hat sie den Marktzugang bewilligt, so gilt dieser Entscheid für die ganze Schweiz. Der für den einheitlichen Gesetzesvollzug zuständigen Bundesbehörde steht das Beschwerderecht zu. Sie kann von der kantonalen Behörde die Eröffnung der Verfügung verlangen.[8]

---

6 Eingefügt durch Ziff. I des BG vom 16. Dez. 2005, in Kraft seit 1. Juli 2006 (AS **2006** 2363 2366; BBl **2005** 465).

7 Eingefügt durch Ziff. I des BG vom 16. Dez. 2005, in Kraft seit 1. Juli 2006 (AS **2006** 2363 2366; BBl **2005** 465).

8 Eingefügt durch Ziff. I des BG vom 16. Dez. 2005, in Kraft seit 1. Juli 2006 (AS **2006** 2363 2366; BBl **2005** 465).

[7] Die Übertragung der Nutzung kantonaler und kommunaler Monopole auf Private hat auf dem Weg der Ausschreibung zu erfolgen und darf Personen mit Niederlassung oder Sitz in der Schweiz nicht diskriminieren.[9]

Art. 3[10] *Beschränkung des freien Zugangs zum Markt*

[1] Ortsfremden Anbieterinnen und Anbietern darf der freie Zugang zum Markt nicht verweigert werden. Beschränkungen sind in Form von Auflagen oder Bedingungen auszugestalten und nur zulässig, wenn sie:

a. gleichermassen auch für ortsansässige Personen gelten;
b. zur Wahrung überwiegender öffentlicher Interessen unerlässlich sind; und
c. verhältnismässig sind.

[2] Nicht verhältnismässig sind Beschränkungen insbesondere, wenn:

a. der hinreichende Schutz überwiegender öffentlicher Interessen bereits durch die Vorschriften des Herkunftsortes erreicht wird;
b. die Nachweise und Sicherheiten, welche die Anbieterin oder der Anbieter bereits am Herkunftsort erbracht hat, genügen;
c. zur Ausübung einer Erwerbstätigkeit vorgängig die Niederlassung oder der Sitz am Bestimmungsort verlangt wird;
d. der hinreichende Schutz überwiegender öffentlicher Interessen durch die praktische Tätigkeit gewährleistet werden kann, welche die Anbieterin oder der Anbieter am Herkunftsort ausgeübt hat.

[3] Beschränkungen, die nach Absatz 1 zulässig sind, dürfen in keinem Fall eine verdeckte Marktzutrittsschranke zu Gunsten einheimischer Wirtschaftsinteressen enthalten.

[4] Über Beschränkungen ist in einem einfachen, raschen und kostenlosen Verfahren zu entscheiden.

Art. 4 *Anerkennung von Fähigkeitsausweisen*

[1] Kantonale oder kantonal anerkannte Fähigkeitsausweise zur Ausübung einer Erwerbstätigkeit gelten auf dem gesamten Gebiet der Schweiz, sofern sie nicht Beschränkungen nach Artikel 3 unterliegen.

---

[9] Eingefügt durch Ziff. I des BG vom 16. Dez. 2005, in Kraft seit 1. Juli 2006 (AS **2006** 2363 2366; BBl **2005** 465).

[10] Fassung gemäss Ziff. I des BG vom 16. Dez. 2005, in Kraft seit 1. Juli 2006 (AS **2006** 2363 2366; BBl **2005** 465).

2 …[11]

3 Erfüllt der Fähigkeitsausweis die Anforderungen des Bestimmungsortes nur teilweise, so kann die betroffene Person den Nachweis erbringen, dass sie die erforderlichen Kenntnisse im Rahmen einer Ausbildung oder einer praktischen Tätigkeit anderweitig erworben hat.

3bis Die Anerkennung von Fähigkeitsausweisen für Erwerbstätigkeiten, die unter das Abkommen vom 21. Juni 1999[12] zwischen der Schweizerischen Eidgenossenschaft einerseits und der Europäischen Gemeinschaft und ihren Mitgliedstaaten andererseits über die Freizügigkeit fallen, erfolgt nach Massgabe dieses Abkommens.[13]

4 Soweit die Kantone in einer interkantonalen Vereinbarung die gegenseitige Anerkennung von Fähigkeitsausweisen vorsehen, gehen deren Vorschriften diesem Gesetz vor.

Art. 5 *Öffentliche Beschaffungen*

1 Die öffentlichen Beschaffungen durch Kantone, Gemeinden und andere Träger kantonaler oder kommunaler Aufgaben richten sich nach kantonalem oder interkantonalem Recht. Diese Vorschriften und darauf gestützte Verfügungen dürfen Personen mit Niederlassung oder Sitz in der Schweiz nicht in einer Weise benachteiligen, welche Artikel 3 widerspricht. Stützt sich eine Beschaffung oder die Übertragung einer Monopolnutzung auf die Interkantonale Vereinbarung, welche die Kantone aufgrund des Protokolls vom 30. März 2012[14] zur Änderung des Übereinkommens über das öffentliche Beschaffungswesen[15] abschliessen, so wird vermutet, dass die Anforderungen dieses Gesetzes eingehalten werden.[16]

2 Kantone und Gemeinden sowie andere Träger kantonaler und kommunaler Aufgaben sorgen dafür, dass die Vorhaben für umfangreiche öffentliche Einkäufe, Dienstleistungen und Bauten sowie die Kriterien für Teilnahme und Zuschlag amtlich publiziert werden. Sie berücksichtigen dabei die vom Bund eingegangenen staatsvertraglichen Verpflichtungen.

---

11 Aufgehoben durch Ziff. I des BG vom 16. Dez. 2005, mit Wirkung seit 1. Juli 2006 (AS **2006** 2363 2366; BBl **2005** 465).

12 SR **0.142.112.681**

13 Eingefügt durch Ziff. I des BG vom 16. Dez. 2005, in Kraft seit 1. Juli 2006 (AS **2006** 2363 2366; BBl **2005** 465).

14 BBl **2017** 2175

15 SR **0.632.231.422**

16 Dritter Satz eingefügt durch Anhang 7 Ziff. II 7 des BG vom 21. Juni 2019 über das öffentliche Beschaffungswesen, in Kraft seit 1. Jan. 2021 (AS **2020** 641; BBl **2017** 1851).

Art. 6 *Völkerrechtliche und interkantonale Vereinbarungen*

[1] Jede Person mit Niederlassung oder Sitz in der Schweiz hat in Bezug auf den Zugang zum Markt mindestens die gleichen Rechte, die der Bund in völkerrechtlichen Vereinbarungen ausländischen Personen gewährt.

[2] Soweit ausländische Personen aufgrund von völkerrechtlichen Vereinbarungen eines oder mehrerer Kantone mit dem benachbarten Ausland gegenüber Anbieterinnen und Anbietern mit Niederlassung oder Sitz in einem der übrigen Kantone in Bezug auf den Zugang zum Markt besser gestellt werden, haben diese Anbieterinnen und Anbieter Anspruch auf Gleichbehandlung, soweit der Kanton ihrer Niederlassung oder ihres Sitzes Gegenrecht gewährt.

[3] Im Binnenverhältnis gilt Absatz 2 sinngemäss auch für interkantonale Vereinbarungen.

3. Abschnitt:[17] ...

Art. 7

4. Abschnitt: Empfehlungen und Rechtsschutz

Art. 8 *Empfehlungen der Wettbewerbskommission*

[1] Die Wettbewerbskommission überwacht die Einhaltung dieses Gesetzes durch Bund, Kantone und Gemeinden sowie andere Träger öffentlicher Aufgaben.

[2] Sie kann Bund, Kantonen und Gemeinden Empfehlungen zu vorgesehenen und bestehenden Erlassen abgeben.

[3] Sie kann Untersuchungen durchführen und den betreffenden Behörden Empfehlungen abgeben.

[4] Sie stellt in Zusammenarbeit mit den Kantonen und den betroffenen Bundesstellen den Vollzug von Artikel 4 Absatz 3bis sicher und kann zu diesem Zweck Empfehlungen erlassen.[18]

---

[17] Aufgehoben durch Ziff. I des BG vom 16. Dez. 2005, mit Wirkung seit 1. Juli 2006 (AS **2006** 2363 2366; BBl **2005** 465).

[18] Eingefügt durch Ziff. I des BG vom 16. Dez. 2005, in Kraft seit 1. Juli 2006 (AS **2006** 2363 2366; BBl **2005** 465).

Art. 8a[19] *Amtshilfe*

Amtsstellen des Bundes, der Kantone und der Gemeinden wirken an den Abklärungen der Wettbewerbskommission auf Anfrage hin mit und stellen die notwendigen Unterlagen zur Verfügung.

Art. 8b[20] *Auskunftspflicht*

Betroffene Personen sind verpflichtet, der Wettbewerbskommission alle für deren Abklärungen erforderlichen Auskünfte zu erteilen und die notwendigen Unterlagen zur Verfügung zu stellen.

Art. 8c[21] *Verletzung der Auskunftspflicht*

[1] Wer die Auskunftspflicht nach Artikel 8*b* nicht oder nicht richtig erfüllt, wird mit Busse bestraft.[22]

[2] Die Wettbewerbskommission verfolgt und beurteilt die Verletzung der Auskunftspflicht nach den Verfahrensvorschriften des Bundesgesetzes vom 22. März 1974[23] über das Verwaltungsstrafrecht.

Art. 9 *Rechtsschutz*

[1] Beschränkungen des freien Zugangs zum Markt sind in Form einer anfechtbaren Verfügung zu erlassen.[24]

[2] Das kantonale Recht sieht wenigstens ein Rechtsmittel an eine verwaltungsunabhängige Behörde vor. Bei öffentlichen Beschaffungen gilt dies:

a. wenn der Wert eines Auftrags den Schwellenwert für das Einladungsverfahren gemäss kantonalem oder interkantonalem Recht über das öffentliche Beschaffungswesen erreicht oder überschreitet;

b. bei Aufnahme und Streichung einer Anbieterin oder eines Anbieters aus einem Verzeichnis und bei der Verhängung einer Sanktion;

---

[19] Eingefügt durch Ziff. I des BG vom 16. Dez. 2005, in Kraft seit 1. Juli 2006 (AS **2006** 2363 2366; BBl **2005** 465).

[20] Eingefügt durch Ziff. I des BG vom 16. Dez. 2005, in Kraft seit 1. Juli 2006 (AS **2006** 2363 2366; BBl **2005** 465).

[21] Eingefügt durch Ziff. I des BG vom 16. Dez. 2005, in Kraft seit 1. Juli 2006 (AS **2006** 2363 2366; BBl **2005** 465).

[22] Fassung gemäss Art. 333 des Strafgesetzbuches (SR **311.0**) in der Fassung des BG vom 13. Dez. 2002, in Kraft seit 1. Jan. 2007 (AS **2006** 3459).

[23] SR **313.0**

[24] Fassung gemäss Anhang 7 Ziff. II 7 des BG vom 21. Juni 2019 über das öffentliche Beschaffungswesen, in Kraft seit 1. Jan. 2021 (AS **2020** 641; BBl **2017** 1851).

c. wenn geltend gemacht wird, der Auftrag sei nach den massgebenden Vorschriften öffentlich auszuschreiben.[25]

2bis Die Wettbewerbskommission kann Beschwerde erheben, um feststellen zu lassen, ob ein Entscheid den Zugang zum Markt in unzulässiger Weise beschränkt.[26]

3 Erweist sich ein Rechtsmittel im Bereich des öffentlichen Beschaffungswesens als begründet und ist mit der Anbieterin oder dem Anbieter bereits ein Vertrag abgeschlossen worden, so stellt die Rechtsmittelinstanz lediglich fest, inwiefern die angefochtene Verfügung das massgebende Recht verletzt.[27]

4 Für Verfügungen von Organen des Bundes gelten die allgemeinen Bestimmungen über die Bundesverwaltungsrechtspflege.

Art. 10 *Gutachten und Anhörung der Wettbewerbskommission*

1 Die Wettbewerbskommission kann eidgenössischen, kantonalen und kommunalen Verwaltungsbehörden sowie Rechtsprechungsorganen Gutachten über die Anwendung dieses Gesetzes erstatten.

2 Sie kann im Verfahren vor Bundesgericht angehört werden.

Art. 10*a*[28] *Veröffentlichung von Empfehlungen, Gutachten, Verfügungen und Urteilen*

1 Die Wettbewerbskommission kann ihre Empfehlungen und Gutachten veröffentlichen.

2 Die Behörden und Gerichte stellen der Wettbewerbskommission die Verfügungen und Urteile, die in Anwendung dieses Gesetzes ergehen, unaufgefordert und in vollständiger Abschrift zu. Die Wettbewerbskommission sammelt diese Verfügungen und Urteile und kann sie periodisch veröffentlichen.

---

[25] Fassung gemäss Anhang 7 Ziff. II 7 des BG vom 21. Juni 2019 über das öffentliche Beschaffungswesen, in Kraft seit 1. Jan. 2021 (AS **2020** 641; BBl **2017** 1851).

[26] Eingefügt durch Ziff. I des BG vom 16. Dez. 2005, in Kraft seit 1. Juli 2006 (AS **2006** 2363 2366; BBl **2005** 465).

[27] Fassung gemäss Anhang Ziff. 138 des Verwaltungsgerichtsgesetzes vom 17. Juni 2005, in Kraft seit 1. Jan. 2007 (SR **173.32**).

[28] Eingefügt durch Ziff. I des BG vom 16. Dez. 2005, in Kraft seit 1. Juli 2006 (AS **2006** 2363 2366; BBl **2005** 465).

5. Abschnitt: Schlussbestimmungen

Art. 11 *Anpassung von Rechtsvorschriften*

[1] Kantone und Gemeinden sowie andere Träger öffentlicher Aufgaben bringen ihre Vorschriften innert zwei Jahren seit dem Inkrafttreten dieses Gesetzes mit diesem in Einklang und erlassen die erforderlichen organisatorischen Bestimmungen.

[2] Sie können dazu Empfehlungen der Wettbewerbskommission sowie weiterer Bundesstellen einholen.

Art. 12 *Referendum und Inkrafttreten*

[1] Dieses Gesetz untersteht dem fakultativen Referendum.

[2] Der Bundesrat bestimmt das Inkrafttreten.

Datum des Inkrafttretens:[29]

Artikel 9 Absatz 1: 1. Juli 1998

alle übrigen Bestimmungen: 1. Juli 1996

[29] BRB vom 17. Juni 1996 (AS **1996** 1742)

Bundesgesetz über die technischen Handelshemmnisse (THG)

vom 6. Oktober 1995 (Stand am 1. September 2023)

Die Bundesversammlung der Schweizerischen Eidgenossenschaft,

gestützt auf die Zuständigkeit des Bundes in auswärtigen Angelegenheiten sowie auf die Artikel 31bis Absätze 1 und 2 und 64bis der Bundesverfassung[1],

in Anwendung des Abkommens vom 21. Juni 2001[2] zur Änderung des Übereinkommens vom 4. Januar 1960 zur Errichtung der Europäischen Freihandelsassoziation (EFTA) und seines Anhanges H,

in Anwendung des Abkommens vom 22. Juli 1972[3] zwischen der Schweizerischen Eidgenossenschaft und der Europäischen Wirtschaftsgemeinschaft,

in Anwendung des WTO-Übereinkommens vom 15. April 1994[4] über technische Handelshemmnisse,

nach Einsicht in die Botschaft des Bundesrates vom 15. Februar 1995[5],[6]

beschliesst:

1. Kapitel: Zweck, Geltungsbereich und Begriffe

Art. 1 *Zweck und Gegenstand*

[1] Dieses Gesetz schafft einheitliche Grundlagen, damit im Regelungsbereich des Bundes technische Handelshemmnisse vermieden, beseitigt oder abgebaut werden.

[2] Es enthält insbesondere:

a. Grundsätze für die Vorbereitung, den Erlass und die Änderung von technischen Vorschriften;

AS **1996** 1725

1 [BS **1** 3]. Den genannten Bestimmungen entsprechen heute die Art. 54, 95 und 101 der BV vom 18. April 1999 (SR **101**).

2 SR **0.632.31**

3 SR **0.632.401**

4 SR **0.632.20** Anhang 1A.6

5 BBl **1995** II 521

6 Fassung gemäss Ziff. I des BG vom 14. Dez. 2001, in Kraft seit 1. Juni 2002 (AS **2002** 883; BBl **2001** 4963).

b. Kompetenzen und Aufgaben des Bundesrates;

b^bis[7] Vorschriften für das Inverkehrbringen von Produkten, die nach ausländischen technischen Vorschriften hergestellt worden sind;

c. allgemeine Rechte und Pflichten der Betroffenen sowie allgemein anwendbare Strafbestimmungen.

Art. 2 *Geltungsbereich*

[1] Dieses Gesetz gilt für alle Bereiche, in denen der Bund technische Vorschriften aufstellt.

[2] Es ist anwendbar, soweit nicht andere Bundesgesetze oder internationale Abkommen abweichende oder weitergehende Bestimmungen enthalten. Das Inverkehrbringen von Produkten, die nach ausländischen technischen Vorschriften hergestellt worden sind, richtet sich nach diesem Gesetz.[8]

[3] Die Artikel 3 und 19 gelten, soweit nicht andere Bundesvorschriften etwas Abweichendes regeln.

Art. 3 *Begriffe*

Im Sinne dieses Gesetzes gelten als:

a. *technische Handelshemmnisse:* Behinderungen des grenzüberschreitenden Verkehrs von Produkten aufgrund:
   1. unterschiedlicher technischer Vorschriften oder Normen,
   2. der unterschiedlichen Anwendung solcher Vorschriften oder Normen oder
   3. der Nichtanerkennung insbesondere von Prüfungen, Konformitätsbewertungen, Anmeldungen oder Zulassungen;

b. *technische Vorschriften:* rechtsverbindliche Regeln, deren Einhaltung die Voraussetzung bildet, damit Produkte angeboten, in Verkehr gebracht, in Betrieb genommen, verwendet oder entsorgt werden dürfen, insbesondere Regeln hinsichtlich:
   1. der Beschaffenheit, der Eigenschaften, der Verpackung, der Beschriftung oder des Konformitätszeichens von Produkten,
   2. der Herstellung, des Transportes oder der Lagerung von Produkten,
   3. der Prüfung, der Konformitätsbewertung, der Anmeldung, der Zulassung oder des Verfahrens zur Erlangung des Konformitätszeichens;

---

[7] Eingefügt durch Ziff. I des BG vom 12. Juni 2009, in Kraft seit 1. Juli 2010 (AS **2010** 2617; BBl **2008** 7275).

[8] Fassung gemäss Ziff. I des BG vom 12. Juni 2009, in Kraft seit 1. Juli 2010 (AS **2010** 2617; BBl **2008** 7275).

c. *technische Normen:* nicht rechtsverbindliche, durch normenschaffende Organisationen aufgestellte Regeln, Leitlinien oder Merkmale, welche insbesondere die Herstellung, die Beschaffenheit, die Eigenschaften, die Verpackung oder die Beschriftung von Produkten oder die Prüfung oder die Konformitätsbewertung betreffen;

d.[9] *Inverkehrbringen:* das entgeltliche oder unentgeltliche Überlassen eines Produkts, unabhängig davon, ob dieses neu, gebraucht, wiederaufbereitet oder wesentlich verändert worden ist; dem Inverkehrbringen gleichgestellt sind:
1. der gewerbliche oder berufliche Eigengebrauch eines Produkts,
2. die Verwendung oder Anwendung eines Produkts im Rahmen des Erbringens einer Dienstleistung,
3. das Bereithalten eines Produkts zur Benützung durch Dritte,
4. das Anbieten eines Produkts;

e.[10] *Inbetriebnahme:* die erstmalige Verwendung eines Produkts durch Endbenutzerinnen und Endbenutzer;

f. *Prüfung:* der Vorgang zur Bestimmung bestimmter Merkmale eines Produkts nach einem festgelegten Verfahren;

g. *Konformität:* die Erfüllung technischer Vorschriften oder Normen durch das einzelne Produkt;

h. *Konformitätsbewertung:* die systematische Untersuchung des Ausmasses, in dem Produkte oder die Bedingungen, unter denen sie hergestellt, transportiert oder gelagert werden, technische Vorschriften oder Normen erfüllen;

i. *Konformitätsbescheinigung:* das von einer Konformitätsbewertungsstelle ausgestellte Dokument, mit dem die Konformität bestätigt wird;

k. *Konformitätserklärung:* das durch die für die Konformität verantwortliche Person ausgestellte Dokument, mit dem die Konformität erklärt wird;

l. *Konformitätszeichen:* das staatlich festgelegte oder anerkannte Zeichen oder die staatlich festgelegte oder anerkannte Bezeichnung, womit die Konformität angezeigt wird;

m. *Anmeldung:* die Hinterlegung der für das Anbieten, das Inverkehrbringen, die Inbetriebnahme oder die Verwendung von Produkten erforderlichen Unterlagen bei der zuständigen Behörde;

---

[9] Fassung gemäss Ziff. I des BG vom 12. Juni 2009, in Kraft seit 1. Juli 2010 (AS **2010** 2617; BBl **2008** 7275).

[10] Fassung gemäss Ziff. I des BG vom 12. Juni 2009, in Kraft seit 1. Juli 2010 (AS **2010** 2617; BBl **2008** 7275).

n. *Zulassung:* die Bewilligung, Produkte zum angegebenen Zweck oder unter den angegebenen Bedingungen anzubieten, in Verkehr zu bringen, in Betrieb zu nehmen oder zu verwenden;

o. *Akkreditierung:* die formelle Anerkennung der Kompetenz einer Stelle, bestimmte Prüfungen oder Konformitätsbewertungen durchzuführen;

p.[11] *Marktüberwachung:* die hoheitliche Tätigkeit von Vollzugsorganen, mit der durchgesetzt werden soll, dass angebotene, in Verkehr gebrachte oder in Betrieb genommene Produkte den technischen Vorschriften entsprechen;

q.[12] *Produktinformation:* rechtsverbindlich vorgeschriebene Angaben und Kennzeichnungen, die sich auf ein Produkt beziehen, namentlich Etikettierung, Packungsaufschriften, Beipackzettel, Gebrauchsanweisungen, Benutzerhandbücher und Sicherheitsdatenblätter.

2. Kapitel: Rechtsetzung im Bereich der technischen Vorschriften

Art. 4 *Ausgestaltung der technischen Vorschriften im Allgemeinen*

[1] Technische Vorschriften werden so ausgestaltet, dass sie sich nicht als technische Handelshemmnisse auswirken.

[2] Sie werden zu diesem Zweck auf die technischen Vorschriften der wichtigsten Handelspartner der Schweiz abgestimmt. Dabei wird darauf geachtet, dass die technischen Vorschriften:

a. möglichst einfach und transparent sind;

b. zu einem möglichst geringen Verwaltungs- und Vollzugsaufwand führen.

[3] Abweichungen vom Grundsatz von Absatz 1 sind nur zulässig, soweit:

a. überwiegende öffentliche Interessen sie erfordern;

b. sie weder ein Mittel zur willkürlichen Diskriminierung noch eine verschleierte Beschränkung des Handels darstellen;

c.[13] sie verhältnismässig sind.

[4] Interessen nach Absatz 3 Buchstabe a sind der Schutz:

a. der öffentlichen Sittlichkeit, Ordnung und Sicherheit;

b. des Lebens und der Gesundheit von Menschen, Tieren und Pflanzen;

---

[11] Fassung gemäss Ziff. I des BG vom 12. Juni 2009, in Kraft seit 1. Juli 2010 (AS **2010** 2617; BBl **2008** 7275).

[12] Eingefügt durch Ziff. I des BG vom 12. Juni 2009, in Kraft seit 1. Juli 2010 (AS **2010** 2617; BBl **2008** 7275).

[13] Eingefügt durch Ziff. I des BG vom 12. Juni 2009, in Kraft seit 1. Juli 2010 (AS **2010** 2617; BBl **2008** 7275).

c. der natürlichen Umwelt;

d. der Sicherheit am Arbeitsplatz;

e.[14] der Konsumentinnen und Konsumenten sowie der Lauterkeit des Handelsverkehrs;

f. des nationalen Kulturgutes;

g. des Eigentums.

[5] Technische Vorschriften über Produkteanforderungen sind nach folgenden Grundsätzen auszugestalten:

a. Die technischen Vorschriften legen nur die grundlegenden Anforderungen fest; sie bestimmen insbesondere die zu erreichenden Ziele.

b. Das zuständige Bundesamt bezeichnet im Einvernehmen mit dem Staatssekretariat für Wirtschaft (SECO) die technischen Normen, die geeignet sind, die grundlegenden Anforderungen zu konkretisieren; soweit möglich bezeichnet es international harmonisierte Normen; es veröffentlicht die bezeichneten technischen Normen mit Titel sowie Fundstelle oder Bezugsquelle im Bundesblatt.

c. Wird das Produkt nach bezeichneten Normen hergestellt, so wird vermutet, dass es den grundlegenden Anforderungen entspricht.[15]

[6] Eine Zulassungspflicht für ein Produkt darf nur vorgesehen werden, wenn dies für die Wahrung überwiegender öffentlicher Interessen nach Absatz 4 unerlässlich ist.[16]

Art. 4a[17] *Ausgestaltung der technischen Vorschriften über die Produktinformation*

[1] Technische Vorschriften über die Produktinformation sind nach folgenden Grundsätzen auszugestalten:

a. Die Produktinformation muss in mindestens einer schweizerischen Amtssprache abgefasst sein; Symbole dürfen verwendet werden, wenn damit eine genügende Information sichergestellt ist.

[14] Fassung gemäss Ziff. I des BG vom 12. Juni 2009, in Kraft seit 1. Juli 2010 (AS **2010** 2617; BBl **2008** 7275).

[15] Eingefügt durch Ziff. I des BG vom 12. Juni 2009, in Kraft seit 1. Juli 2010 (AS **2010** 2617; BBl **2008** 7275).

[16] Eingefügt durch Ziff. I des BG vom 12. Juni 2009, in Kraft seit 1. Juli 2010 (AS **2010** 2617; BBl **2008** 7275).

[17] Eingefügt durch Ziff. I des BG vom 12. Juni 2009, in Kraft seit 1. Juli 2010 (AS **2010** 2617; BBl **2008** 7275).

b. Für Warn- und Sicherheitshinweise in Textform einschliesslich der für die Sicherheit von Personen relevanten Anleitungen kann vorgesehen werden, dass sie in mehr als einer schweizerischen Amtssprache oder mindestens in der Amtssprache oder den Amtssprachen des Ortes, an dem das Produkt in Verkehr gebracht wird, abgefasst sein müssen.

[2] Für bestimmte Produkte kann ausnahmsweise vorgesehen werden, dass die Produktinformation in einer anderen Sprache abgefasst sein darf, wenn damit genügend und unmissverständlich über das Produkt informiert wird.

[3] Für folgende importierte Produkte kann vorgesehen werden, dass eine verantwortliche Person mit Sitz oder Wohnsitz in der Schweiz angegeben wird:

a. Produkte, die einer Zulassungspflicht unterliegen;

b. anmeldepflichtige Stoffe oder meldepflichtige Stoffe und Zubereitungen nach der Chemikaliengesetzgebung;

c. Produkte, die einer besonderen Verbrauchssteuer unterliegen.

Art. 5 *Ausgestaltung der technischen Vorschriften über die Verfahren zum Inverkehrbringen von Produkten*[18]

[1] Soweit Artikel 4 nicht etwas Abweichendes erfordert, werden in der Regel:

a. zur Konformitätsbewertung mehrere Verfahrenstypen zur Wahl gestellt, wobei mindestens bei einem dieser Verfahren die Person, welche das Produkt herstellt oder in Verkehr bringt, die Möglichkeit haben soll, die Konformitätsbewertung selbst vorzunehmen;

b. Prüfungen und Konformitätsbewertungen durch Dritte, soweit sie eine Voraussetzung für das Anbieten, das Inverkehrbringen, die Inbetriebnahme, die Verwendung oder die Entsorgung von Produkten bilden, als privatrechtliche Tätigkeiten vorgesehen.

[2] Sind für bestimmte Produkte verschiedene Prüfungen, Konformitätsbewertungen, Anmeldungen oder Zulassungen vorgeschrieben oder mehrere Behörden zuständig, so ist sicherzustellen, dass die Verfahren und Zuständigkeiten koordiniert werden.

[3] Für Produkte, die einer Zulassungspflicht unterliegen und im Ausland nach gleichwertigen Vorschriften zugelassen sind, sind Vereinfachungen, namentlich in Bezug auf die Begutachtung, und ermässigte Gebühren vorzusehen.[19]

---

[18] Fassung gemäss Ziff. I des BG vom 12. Juni 2009, in Kraft seit 1. Juli 2010 (AS **2010** 2617; BBl **2008** 7275).

[19] Eingefügt durch Ziff. I des BG vom 12. Juni 2009, in Kraft seit 1. Juli 2010 (AS **2010** 2617; BBl **2008** 7275).

Art. 5a[20] *Ausgestaltung der technischen Vorschriften über Einbau, Inbetriebnahme und Verwendung*

Technische Vorschriften über Einbau, Inbetriebnahme und Verwendung eines Produkts dürfen keine Anforderungen enthalten, die im Widerspruch zu den Anforderungen für das Inverkehrbringen des Produkts stehen oder dessen bauliche Änderung erfordern.

Art. 6[21] *Internationale Information und Konsultation*

Im Rahmen von internationalen Abkommen werden:

a. Entwürfe von technischen Vorschriften und von Vorschriften betreffend Dienstleistungen zur Information und Konsultation unterbreitet;

b. Texte angenommener Vorschriften gemäss Buchstabe a mitgeteilt.

3. Kapitel: Kompetenzen und Aufgaben des Bundesrates

1. Abschnitt: Prüfung, Konformitätsbewertung, Anmeldung, Zulassung, Konformitätszeichen

Art. 7 *Verfahren*

Der Bundesrat kann Prüf-, Konformitätsbewertungs-, Anmelde- und Zulassungsverfahren festlegen.

Art. 8 *Stellen*

Der Bundesrat kann die Anforderungen festlegen, welche Stellen erfüllen müssen, die Prüf-, Konformitätsbewertungs-, Anmelde- oder Zulassungsverfahren durchführen.

Art. 9 *Konformitätszeichen*

[1] Der Bundesrat kann Zeichen festlegen, welche die Konformität anzeigen; er kann die betreffenden Verfahren regeln.

[2] Er kann Vorschriften erlassen, um solche Zeichen vor Verwechslung und Missbrauch zu schützen.

---

[20] Eingefügt durch Ziff. I des BG vom 12. Juni 2009, in Kraft seit 1. Juli 2010 (AS **2010** 2617; BBl **2008** 7275).

[21] Fassung gemäss Ziff. I des BG vom 14. Dez. 2001, in Kraft seit 1. Juni 2002 (AS **2002** 883; BBl **2001** 4963).

2. Abschnitt: Akkreditierung

Art. 10

[1] Der Bundesrat schafft unter Berücksichtigung international festgelegter Anforderungen ein schweizerisches System zur Akkreditierung von Stellen, welche Produkte prüfen oder deren Konformität bewerten oder gleichartige Tätigkeiten hinsichtlich Personen, Dienstleistungen oder Verfahren wahrnehmen.

[2] Er bestimmt insbesondere:

a. die Behörde, welche für die Erteilung von Akkreditierungen zuständig ist;

b. die Anforderungen und das Verfahren der Akkreditierung;

c. die Rechtsstellung akkreditierter Stellen und die Rechtswirkungen ihrer Tätigkeit.

[3] Im Hinblick auf die Erarbeitung von Richtlinien und Empfehlungen zur Gewährleistung eines international koordinierten Vollzugs im Bereich der Akkreditierung und Konformitätsbewertung kann der Bundesrat oder eine von ihm bezeichnete Behörde:

a. beschliessen, dass sich die Schweiz finanziell oder auf andere Weise an Aufträgen beteiligt, die internationalen Akkreditierungsgremien oder mit ihnen zusammenarbeitenden Gremien erteilt werden;

b. die für die Erteilung von Akkreditierungen zuständige Stelle beauftragen, die schweizerischen Interessen in den internationalen Akkreditierungsgremien wahrzunehmen. [22]

3. Abschnitt: Normung

Art. 11

Der Bundesrat oder eine von ihm bezeichnete Behörde kann im Hinblick auf die Erarbeitung technischer Normen, auf die in Vorschriften verwiesen wird oder verwiesen werden soll: [23]

a.[24] beschliessen, dass sich die Schweiz finanziell oder auf andere Weise an Normungsaufträgen beteiligt, die internationalen Normungsorganisationen oder anderen am Normungsprozess beteiligten Gremien erteilt werden;

---

[22] Eingefügt durch Ziff. I des BG vom 12. Juni 2009, in Kraft seit 1. Juli 2010 (AS **2010** 2617; BBl **2008** 7275).

[23] Fassung gemäss Ziff. I des BG vom 12. Juni 2009, in Kraft seit 1. Juli 2010 (AS **2010** 2617; BBl **2008** 7275).

[24] Fassung gemäss Ziff. I des BG vom 12. Juni 2009, in Kraft seit 1. Juli 2010 (AS **2010** 2617; BBl **2008** 7275).

b. nationale Normungsorganisationen beauftragen, die schweizerischen Interessen in den Lenkungsgremien internationaler Normungsorganisationen wahrzunehmen, und dafür eine Abgeltung vorsehen.

4. Abschnitt: Technische Vorschriften anderer Staaten

Art. 12

Verlangt ein anderer Staat für einzuführende Produkte eine Bestätigung des Ausfuhrstaates dafür, dass die technischen Vorschriften des Einfuhrstaates erfüllt sind, so kann der Bundesrat Vorschriften über die Erteilung solcher Bestätigungen erlassen.

5. Abschnitt: Auskunftsstelle

Art. 13

[1] Der Bundesrat sorgt für die Schaffung und den Betrieb einer nationalen Auskunftsstelle für technische Vorschriften und Normen.

[2] Er kann die Schaffung und den Betrieb der Auskunftsstelle Privaten übertragen und dafür eine Abgeltung vorsehen.

6. Abschnitt: Internationale Abkommen

Art. 14 *Abschluss*

[1] Zur Vermeidung, zur Beseitigung oder zum Abbau von technischen Handelshemmnissen kann der Bundesrat internationale Abkommen schliessen, namentlich über:

a. die Anerkennung von Prüf-, Konformitätsbewertungs-, Anmelde- und Zulassungsstellen;

b. die Anerkennung von Prüfungen, Konformitätsbewertungen, Anmeldungen und Zulassungen;

c. die Anerkennung von Konformitätszeichen;

d. die Anerkennung von Akkreditierungssystemen und akkreditierten Stellen;

e.[25] die Erteilung von Aufträgen an internationale Normungsorganisationen und Akkreditierungsgremien nach den Artikeln 10 Absatz 3 Buchstabe a und 11 Buchstabe a;

[25] Fassung gemäss Ziff. I des BG vom 12. Juni 2009, in Kraft seit 1. Juli 2010 (AS **2010** 2617; BBl **2008** 7275).

f. die Information und Konsultation bezüglich Vorbereitung, Erlass, Änderung und Anwendung von technischen Vorschriften oder Normen.

[2] Der Bundesrat kann auch internationale Abkommen über die Information und Konsultation bezüglich Vorbereitung, Erlass, Änderung und Anwendung von Vorschriften oder Normen betreffend Dienstleistungen schliessen. [26]

[3] Die Absätze 1 Buchstabe f und 2 sind auch auf Vorschriften der Kantone anwendbar. [27]

Art. 15 *Durchführung*

[1] Zur Durchführung von internationalen Abkommen über Gegenstände nach Artikel 14 erlässt der Bundesrat die erforderlichen Vorschriften.

[2] Er kann Aufgaben im Zusammenhang mit der Information und der Konsultation bezüglich Vorbereitung, Erlass und Änderung von technischen Vorschriften oder Normen sowie von Vorschriften oder Normen betreffend Dienstleistungen Privaten übertragen und dafür eine Abgeltung vorsehen.[28]

7. Abschnitt: Gebühren

Art. 16

[1] Stellen, welche Vollzugsaufgaben aufgrund dieses Gesetzes oder anderer Erlasse im Bereich der technischen Vorschriften wahrnehmen, können Gebühren erheben.

[2] Der Bundesrat erlässt die Gebührenvorschriften. …[29]

[26] Fassung gemäss Ziff. I des BG vom 14. Dez. 2001, in Kraft seit 1. Juni 2002 (AS **2002** 883; BBl **2001** 4963).

[27] Fassung gemäss Ziff. I des BG vom 14. Dez. 2001, in Kraft seit 1. Juni 2002 (AS **2002** 883; BBl **2001** 4963).

[28] Fassung gemäss Ziff. I des BG vom 14. Dez. 2001, in Kraft seit 1. Juni 2002 (AS **2002** 883; BBl **2001** 4963).

[29] Zweiter Satz aufgehoben durch Ziff. I des BG vom 12. Juni 2009, mit Wirkung seit 1. Juli 2010 (AS **2010** 2617; BBl **2008** 7275).

3*a*. Kapitel:[30] Inverkehrbringen von nach ausländischen technischen Vorschriften hergestellten Produkten

1. Abschnitt: Allgemeine Bestimmungen

Art. 16*a* *Grundsatz*

[1] Produkte dürfen in Verkehr gebracht werden, wenn sie:

a. den technischen Vorschriften der Europäischen Gemeinschaft (EG) und, bei unvollständiger oder fehlender Harmonisierung in der EG, den technischen Vorschriften eines Mitgliedstaats der EG oder des Europäischen Wirtschaftsraums (EWR) entsprechen; und

b. im EG- oder EWR-Mitgliedstaat nach Buchstabe a rechtmässig in Verkehr sind.

[2] Absatz 1 gilt nicht für:

a. Produkte, die einer Zulassungspflicht unterliegen;

b. anmeldepflichtige Stoffe nach der Chemikaliengesetzgebung;

c. Produkte, die einer vorgängigen Einfuhrbewilligung bedürfen;

d. Produkte, die einem Einfuhrverbot unterliegen;

e. Produkte, für die der Bundesrat nach Artikel 4 Absätze 3 und 4 eine Ausnahme beschliesst.

[3] Behindert die EG oder ein EG- oder EWR-Mitgliedstaat das Inverkehrbringen schweizerischer Produkte, die den technischen Vorschriften des Bestimmungslandes entsprechen, so kann der Bundesrat verordnen, dass Absatz 1 auf alle oder bestimmte Produkte dieses Handelspartners nicht anwendbar ist.

Art. 16*b* *Massnahmen zur Verhinderung einer Diskriminierung inländischer Hersteller*

Hersteller in der Schweiz, die nur für den inländischen Markt produzieren, können ihre Produkte nach den technischen Vorschriften gemäss Artikel 16*a* Absatz 1 Buchstabe a in Verkehr bringen.

2. Abschnitt: Lebensmittel

Art. 16*c* *Bewilligungspflicht*

Das Inverkehrbringen von Lebensmitteln, für die Artikel 16*a* Absatz 1 gilt und die den schweizerischen technischen Vorschriften nicht entsprechen, bedarf

[30] Eingefügt durch Ziff. I des BG vom 12. Juni 2009, in Kraft seit 1. Juli 2010 (AS **2010** 2617; BBl **2008** 7275).

einer Bewilligung des Bundesamtes für Lebensmittelsicherheit und Veterinärwesen (BLV)[31].

Art. 16*d* *Voraussetzungen und Form der Bewilligung*

[1] Das BLV erteilt die Bewilligung, wenn:

a. der Gesuchsteller:
   1. nachweist, dass das Lebensmittel den technischen Vorschriften nach Artikel 16*a* Absatz 1 Buchstabe a entspricht, und
   2. glaubhaft macht, dass das Lebensmittel in einem EG- oder EWR-Mitgliedstaat rechtmässig in Verkehr ist; und

b. keine überwiegenden öffentlichen Interessen nach Artikel 4 Absatz 4 Buchstaben a–e gefährdet sind.

[2] Die Bewilligung wird als Allgemeinverfügung erteilt und gilt für gleichartige Lebensmittel.

[3] Der Gesuchsteller hat eine schweizerische Zustelladresse zu bezeichnen.

[4] Das BLV entscheidet innert zweier Monate nach Gesuchseingang über die Bewilligung.

3. Abschnitt: Produktinformation

Art. 16*e*[32]

[1] Für ein Produkt, das nach diesem Kapitel in Verkehr gebracht wird, richtet sich die Produktinformation:

a. nach den technischen Vorschriften, nach denen das Produkt hergestellt worden ist;

b.[33] nach der Verpflichtung zur Angabe des Produktionslandes für Lebensmittel und Rohstoffe nach dem Lebensmittelgesetz vom 20. Juni 2014[34];

c. nach Artikel 4*a*.

[2] Abweichend von Artikel 4*a* Absatz 1 Buchstabe b ist es zulässig, die Warn- und Sicherheitshinweise einschliesslich der für die Sicherheit von Personen

---

[31] Die Bezeichnung der Verwaltungseinheit wurde in Anwendung von Art. 16 Abs. 3 der Publikationsverordnung vom 17. Nov. 2004 (AS 2004 4937) auf den 1. Jan. 2014 angepasst. Die Anpassung wurde im ganzen Text vorgenommen.

[32] Berichtigt von der Redaktionskommission der BVers (Art. 58 Abs. 1 ParlG; SR **171.10**).

[33] Fassung gemäss Anhang Ziff. II 10 des Lebensmittelgesetzes vom 20. Juni 2014, in Kraft seit 1. Mai 2017 (AS **2017** 249; BBl **2011** 5571).

[34] SR **817.0**

relevanten Anleitungen nur in der Amtssprache oder den Amtssprachen des Ortes abzufassen, an dem das Produkt in Verkehr gebracht wird.

3 Die Produktinformation sowie die Aufmachung des Produkts dürfen nicht den Eindruck erwecken, dass das Produkt schweizerischen technischen Vorschriften entspricht.

4. Kapitel: Rechte und Pflichten der Betroffenen

1. Abschnitt: Nachweis der Konformität

Art. 17 *Grundsatz*

1 Ist der Nachweis der Konformität vorgeschrieben, so muss dieser durch diejenige Person erbracht werden können, welche das Produkt anbietet, in Verkehr bringt oder in Betrieb nimmt.

2 Diejenige Person, welche das Produkt anbietet, in Verkehr bringt oder in Betrieb nimmt, ist aber vom Nachweis der Konformität entlastet, soweit:

a. der Nachweis bei Produkten, die ohne Veränderung mehrmals in Verkehr gebracht werden, von einem vorangehenden Inverkehrbringer erbracht werden kann;

b. sie bei serienmässig hergestellten Produkten die Serienidentität nachweisen kann und davon ausgehen darf, dass Produkte aus derselben Serie bereits rechtmässig in Verkehr gebracht worden sind;

c.[35] ein Importeur glaubhaft machen kann, dass er gleiche Produkte vom selben Hersteller in Verkehr bringt, die in der Schweiz bereits rechtmässig auf dem Markt sind.

3 Der Nachweis ist in einer schweizerischen Amtssprache oder in englischer Sprache abzufassen.[36]

Art. 18 *Nachweis von Prüfungen und Konformitätsbewertungen*

1 Ist eine Prüfung oder eine Konformitätsbewertung durch Dritte vorgeschrieben, so gilt als Nachweis hierfür der Prüfbericht oder die Konformitätsbescheinigung einer Stelle, welche für den betreffenden Fachbereich:

a. in der Schweiz akkreditiert ist;

---

35 Eingefügt durch Ziff. I des BG vom 12. Juni 2009, in Kraft seit 1. Juli 2010 (AS **2010** 2617; BBl **2008** 7275).

36 Eingefügt durch Ziff. I des BG vom 12. Juni 2009, in Kraft seit 1. Juli 2010 (AS **2010** 2617; BBl **2008** 7275).

b. durch die Schweiz im Rahmen eines internationalen Abkommens anerkannt ist; oder

c. nach schweizerischem Recht auf andere Weise ermächtigt oder anerkannt ist.

2 Der Prüfbericht oder die Konformitätsbescheinigung einer ausländischen Stelle, die nicht nach Absatz 1 anerkannt ist, gilt als Nachweis, wenn glaubhaft dargelegt werden kann, dass:

a. die angewandten Prüf- oder Konformitätsbewertungsverfahren den schweizerischen Anforderungen genügen; und

b. die ausländische Stelle über eine gleichwertige Qualifikation wie die in der Schweiz geforderte verfügt.

3 Das Bundesamt für Aussenwirtschaft[37] kann, im Einvernehmen mit dem im betreffenden Bereich zuständigen Bundesamt, verordnen, dass Prüfberichte oder Konformitätsbescheinigungen nicht als Nachweise im Sinne von Absatz 2 gelten, wenn geeignete schweizerische Stellen oder von diesen ausgestellte Prüfberichte oder Konformitätsbescheinigungen im Staat der ausländischen Stelle nicht anerkannt werden. Dabei sind die gesamtwirtschaftlichen Interessen der Schweiz, insbesondere die aussenwirtschaftlichen, zu berücksichtigen.

2. Abschnitt:[38] Marktüberwachung

Art. 19 *Befugnisse der Vollzugsorgane*

1 Die aufgrund der jeweiligen gesetzlichen Bestimmungen für die Marktüberwachung zuständigen Vollzugsorgane können die erforderlichen Nachweise und Informationen verlangen, Muster erheben oder anfordern, Prüfungen veranlassen und während der üblichen Arbeitszeit die Betriebs- und Geschäftsräume auskunftspflichtiger Personen betreten und besichtigen sowie die einschlägigen Unterlagen einsehen.

2 Besteht begründeter Verdacht, dass überwiegende öffentliche Interessen nach Artikel 4 Absatz 4 Buchstaben a–e unmittelbar und ernsthaft gefährdet sind, so können die Vollzugsorgane vorsorgliche Massnahmen treffen.

---

[37] Heute: «Staatssekretariat für Wirtschaft (SECO)» (Art. 5 der Organisationsverordnung für das Eidgenössische Volkswirtschaftsdepartement vom 14. Juni 1999 – SR **172.216.1**; AS **2000** 187 Art. 16).

[38] Fassung gemäss Ziff. I des BG vom 12. Juni 2009, in Kraft seit 1. Juli 2010 (AS **2010** 2617; BBl **2008** 7275).

[3] Ist es zum Schutz überwiegender öffentlicher Interessen nach Artikel 4 Absatz 4 Buchstaben a–e erforderlich, so können sie die geeigneten Massnahmen treffen, wenn:

a. die verlangten Nachweise, Informationen oder Muster nicht innert angemessener Frist zur Verfügung gestellt werden; oder
b. ein Produkt den technischen Vorschriften nicht entspricht.

[4] Sie können insbesondere:

a. das weitere Inverkehrbringen eines Produkts verbieten;
b. die Warnung vor den Gefahren eines Produkts, seine Rücknahme oder seinen Rückruf anordnen und nötigenfalls selbst vollziehen;
c. die Ausfuhr eines Produkts, dessen weiteres Inverkehrbringen nach Buchstabe a verboten worden ist, verbieten;
d. ein Produkt, von dem eine unmittelbare und ernste Gefahr ausgeht, einziehen und vernichten oder unbrauchbar machen.

[5] Sie dürfen keine Massnahmen anordnen, die eine nachträgliche bauliche Änderung rechtmässig in Verkehr gebrachter Produkte erfordern würden.

[6] Sie warnen die Bevölkerung vor gefährlichen Produkten, wenn der Inverkehrbringer nicht oder nicht rechtzeitig wirksame Massnahmen trifft. Sie machen ihre Informationen über die Gefährlichkeit bestimmter Produkte und über die getroffenen Massnahmen öffentlich zugänglich.

[7] Massnahmen nach Absatz 4 werden, sofern dies zum Schutz überwiegender öffentlicher Interessen nach Artikel 4 Absatz 4 Buchstaben a–e erforderlich ist, als Allgemeinverfügung erlassen. Sie werden nach Eintritt der Rechtskraft veröffentlicht.

[8] Das Bundesgesetz vom 20. Dezember 1968[39] über das Verwaltungsverfahren ist anwendbar.

Art. 19*a* *Mitwirkungs- und Auskunftspflicht*

Die Inverkehrbringer und allfällige weitere betroffene Personen sind beim Vollzug, soweit notwendig, zur Mitwirkung verpflichtet. Sie haben insbesondere unentgeltlich den Vollzugsorganen alle erforderlichen Auskünfte zu erteilen sowie die erforderlichen Nachweise und Unterlagen herauszugeben.

[39] SR **172.021**

Art. 20 *Marktüberwachung von nach ausländischen technischen Vorschriften hergestellten Produkten*

[1] Für die Marktüberwachung eines Produkts, das nach Artikel 16*a* Absatz 1 in Verkehr gebracht wurde, ist:

a. nachzuweisen, dass es den technischen Vorschriften nach Artikel 16*a* Absatz 1 Buchstabe a entspricht; und
b. glaubhaft zu machen, dass es im betreffenden EG- oder EWR-Mitgliedstaat rechtmässig in Verkehr ist.

[2] Für die Marktüberwachung eines Produktes, das nach Artikel 16*b* in Verkehr gebracht wurde, ist der Nachweis gemäss Absatz 1 Buchstabe a zu erbringen.

[3] Das zuständige Vollzugsorgan hat die Befugnisse nach Artikel 19 Absätze 1 und 2. Es kann verlangen, dass die benannten ausländischen Vorschriften und eine allfällige Konformitätserklärung oder -bescheinigung in einer schweizerischen Amtssprache oder in englischer Sprache vorgelegt werden.

[4] Ergibt die Kontrolle, dass die Nachweispflichten nach Absatz 1 oder 2 nicht erfüllt sind oder das Produkt ein Risiko für überwiegende öffentliche Interessen im Sinne von Artikel 4 Absatz 4[40] Buchstaben a–e darstellt, so trifft das Vollzugsorgan die geeigneten Massnahmen nach Artikel 19.

[5] Hat ein kantonales Vollzugsorgan das Produkt überprüft, so kann es dem zuständigen Vollzugsorgan des Bundes Antrag auf Erlass einer Allgemeinverfügung nach Artikel 19 Absatz 7 stellen.

[6] Betrifft die Kontrolle nach Absatz 3 ein Lebensmittel und ist es zum Schutz der Bevölkerung erforderlich, eine Bewilligung zu widerrufen, so stellt das kantonale Vollzugsorgan dem BLV entsprechend Antrag.

Art. 20*a* *Rechtspflege*

[1] Der Rechtsschutz richtet sich nach den allgemeinen Bestimmungen über die Bundesrechtspflege.

[2] Gegen Verfügungen der Vollzugsorgane kann beim Bundesverwaltungsgericht Beschwerde geführt werden.

[3] Der Wettbewerbskommission steht das Beschwerderecht gegen Allgemeinverfügungen nach den Artikeln 19 Absatz 7 und 20 zu.

---

[40] Berichtigt von der Redaktionskommission der BVers (Art. 58 Abs. 1 ParlG; SR **171.10**).

Art. 20*b* *Datenschutz*

[1] Die Vollzugsorgane sind berechtigt, Personendaten einschliesslich Daten über administrative und strafrechtliche Verfolgungen und Sanktionen zu bearbeiten.[41]

[2] Die Vollzugsorgane können die Daten elektronisch aufbewahren und, soweit für den einheitlichen Vollzug dieses Gesetzes erforderlich, untereinander austauschen.

3. Abschnitt: Amtshilfe

Art. 21[42] *Amtshilfe in der Schweiz*

Die zuständigen Behörden des Bundes und der Kantone übermitteln einander Auskünfte und Unterlagen, soweit dies für den Vollzug dieses Gesetzes oder technischer Vorschriften notwendig ist.

Art. 22 *Internationale Amtshilfe*

[1] Die für den Vollzug oder die Aufsicht über den Vollzug technischer Vorschriften zuständige Behörde kann ausländische Behörden sowie ausländische oder internationale Institutionen, die für den Vollzug technischer Vorschriften zuständig sind, um Auskünfte und Unterlagen ersuchen.[43]

[2] Sie darf ausländischen Behörden oder ausländischen oder internationalen Institutionen, die für den Vollzug technischer Vorschriften zuständig sind, Auskünfte und Unterlagen, welche nicht öffentlich zugänglich sind, übermitteln, sofern sichergestellt ist, dass:[44]

a. die ersuchenden ausländischen Behörden an das Amtsgeheimnis gebunden sind;

b. die ersuchenden ausländischen Behörden die erhaltenen Informationen ausschliesslich in einem Verwaltungsverfahren im Zusammenhang mit dem Vollzug von technischen Vorschriften verwenden und nicht an Dritte weiterleiten;

[41] Fassung gemäss Anhang 1 Ziff. II 93 des Datenschutzgesetzes vom 25. Sept. 2020, in Kraft seit 1. Sept. 2023 (AS **2022** 491; BBl **2017** 6941).

[42] Fassung gemäss Ziff. I des BG vom 12. Juni 2009, in Kraft seit 1. Juli 2010 (AS **2010** 2617; BBl **2008** 7275).

[43] Fassung gemäss Ziff. I des BG vom 12. Juni 2009, in Kraft seit 1. Juli 2010 (AS **2010** 2617; BBl **2008** 7275).

[44] Fassung gemäss Ziff. I des BG vom 12. Juni 2009, in Kraft seit 1. Juli 2010 (AS **2010** 2617; BBl **2008** 7275).

c. ausschliesslich solche Informationen mitgeteilt werden, die für den Vollzug von technischen Vorschriften notwendig sind;

d. keine Fabrikations- oder Geschäftsgeheimnisse offengelegt werden, es sei denn, die Übermittlung der Informationen sei erforderlich, um eine unmittelbare und ernste Gefährdung des Lebens oder der Gesundheit von Menschen, Tieren oder Pflanzen abzuwenden.

[3] Die Bestimmungen über die Rechtshilfe in Strafsachen bleiben vorbehalten.

5. Kapitel: Strafbestimmungen

Art. 23 *Fälschungen*

Mit Freiheitsstrafe bis zu drei Jahren oder Geldstrafe wird bestraft, wer zur Täuschung im Rechtsverkehr:[45]

a. Akkreditierungs-, Prüf-, Konformitäts- oder Zulassungsbescheinigungen fälscht oder verfälscht, oder wer die Unterschrift oder das Zeichen der ausstellenden Stelle zur Herstellung solcher unechter Urkunden benutzt;

b. den Befund oder das Gutachten einer Person oder Stelle fälscht oder verfälscht, die das Vorliegen der Voraussetzungen für die Akkreditierung von Stellen abzuklären hat, welche Aufgaben im Bereich der Prüfung, Konformitätsbewertung oder Zulassung wahrnehmen;

c. die Unterschrift oder das Zeichen einer solchen Person oder Stelle zur Herstellung eines unrichtigen Befundes oder Gutachtens gebraucht;

d. den Befund oder das Gutachten einer Person oder Stelle fälscht oder verfälscht, die Tatsachen abzuklären hat, welche als Voraussetzungen für das Anbieten, Inverkehrbringen oder Inbetriebnehmen von Produkten wesentlich sind;

e. die Unterschrift oder das Zeichen einer solchen Person oder Stelle zur Herstellung eines unrichtigen Befundes oder Gutachtens gebraucht.

Art. 24 *Falschbeurkundungen*

Mit Freiheitsstrafe bis zu drei Jahren oder Geldstrafe wird bestraft, wer zur Täuschung im Rechtsverkehr: [46]

a. als Organ einer Akkreditierungsstelle einen unrichtigen Befund über das Vorliegen der Akkreditierungsvoraussetzungen bescheinigt;

---

[45] Fassung gemäss Art. 333 des Strafgesetzbuches in der Fassung des BG vom 13. Dez. 2002, in Kraft seit 1. Jan. 2007 (AS **2006** 3459; BBl **1999** 1979).

[46] Fassung gemäss Art. 333 des Strafgesetzbuches in der Fassung des BG vom 13. Dez. 2002, in Kraft seit 1. Jan. 2007 (AS **2006** 3459; BBl **1999** 1979).

b. als Organ einer Prüf-, Konformitätsbewertungs- oder Zulassungsstelle einen unrichtigen Befund über das Vorliegen der Voraussetzungen für das Anbieten, das Inverkehrbringen oder die Inbetriebnahme von Produkten bescheinigt;

c. als beauftragte Person Tatsachen abklärt, die als Voraussetzungen einer Akkreditierung, Konformitätsbescheinigung oder Zulassung erheblich sind, und dabei einen unrichtigen Befund abgibt.

Art. 25 *Erschleichen falscher Beurkundungen*

Mit Freiheitsstrafe bis zu drei Jahren oder Geldstrafe wird bestraft, wer durch Täuschung bewirkt: [47]

a. dass das Organ einer Akkreditierungsstelle eine unrichtige Akkreditierungsbescheinigung ausstellt oder dass eine Person oder Stelle, die mit der Abklärung von Tatsachen beauftragt ist, welche als Voraussetzungen einer Akkreditierung wesentlich sind, einen unrichtigen Befund oder ein unrichtiges Gutachten abgibt;

b. dass das Organ einer Prüf-, Konformitätsbewertungs- oder Zulassungsstelle unrichtige Berichte, Zertifikate oder andere Bescheinigungen zum Nachweis der Konformität ausstellt oder dass eine Person oder Stelle, die mit der Abklärung von Tatsachen beauftragt ist, welche als Voraussetzungen einer solchen Bescheinigung wesentlich sind, einen unrichtigen Befund oder ein unrichtiges Gutachten abgibt.

Art. 26 *Gebrauch von unechten oder unwahren Bescheinigungen*

Mit Freiheitsstrafe bis zu drei Jahren oder Geldstrafe wird bestraft, wer zur Täuschung im Rechtsverkehr: [48]

a. von einem Dritten hergestellte unechte oder unwahre Akkreditierungs-, Prüf-, Konformitäts- oder Zulassungsbescheinigungen gebraucht oder gebrauchen lässt;

b. auf andere Weise als nach den in Buchstabe a und in den Artikeln 23–25 aufgeführten Tatbeständen das Vorhandensein einer Akkreditierungs-, Prüf-, Konformitäts- oder Zulassungsbescheinigung vorgibt.

---

[47] Fassung gemäss Art. 333 des Strafgesetzbuches in der Fassung des BG vom 13. Dez. 2002, in Kraft seit 1. Jan. 2007 (AS **2006** 3459; BBl **1999** 1979).

[48] Fassung gemäss Art. 333 des Strafgesetzbuches in der Fassung des BG vom 13. Dez. 2002, in Kraft seit 1. Jan. 2007 (AS **2006** 3459; BBl **1999** 1979).

Art. 27[49] *Ausländische Urkunden*

Die Artikel 23–26 und 28 gelten auch für ausländische Urkunden.

Art. 28 *Unberechtigtes Ausstellen von Konformitätserklärungen, unberechtigtes Anbringen und Verwenden von Konformitätszeichen*

Mit Freiheitsstrafe bis zu drei Jahren oder Geldstrafe wird bestraft, wer zur Täuschung im Rechtsverkehr:[50]

a. Konformitätserklärungen ausstellt oder mit einer Konformitätserklärung versehene Produkte in Verkehr bringt, ohne dass diese Produkte den technischen Vorschriften entsprechen;

b. Konformitätszeichen an Produkten anbringt oder Produkte mit einem Konformitätszeichen in Verkehr bringt, ohne dass diese Produkte den technischen Vorschriften entsprechen;

c.[51] Erklärungen über die Konformität von Produkten mit ausländischen technischen Vorschriften ausstellt, ohne dass diese Produkte den technischen Vorschriften des betreffenden Staates entsprechen.

Art. 28*a*[52] *Nichteinholen einer Bewilligung nach Artikel 16c*

Mit Freiheitsstrafe bis zu einem Jahr oder Geldstrafe wird bestraft, wer vorsätzlich:

a. ohne eine Bewilligung nach Artikel 16*c* Lebensmittel, die den schweizerischen technischen Vorschriften nicht entsprechen, in der Schweiz in Verkehr bringt;

b. an eine Bewilligung nach Artikel 16*c* geknüpfte Bedingungen und Auflagen nicht einhält;

c. eine Bewilligung nach Artikel 16*c* durch falsche Angaben erschleicht, welche für die zuständige Behörde schwierig zu überprüfen sind.

---

[49] Fassung gemäss Ziff. I des BG vom 12. Juni 2009, in Kraft seit 1. Juli 2010 (AS **2010** 2617; BBl **2008** 7275).

[50] Fassung gemäss Art. 333 des Strafgesetzbuches in der Fassung des BG vom 13. Dez. 2002, in Kraft seit 1. Jan. 2007 (AS **2006** 3459; BBl **1999** 1979).

[51] Eingefügt durch Ziff. I des BG vom 12. Juni 2009, in Kraft seit 1. Juli 2010 (AS **2010** 2617; BBl **2008** 7275).

[52] Eingefügt durch Ziff. I des BG vom 12. Juni 2009, in Kraft seit 1. Juli 2010 (AS **2010** 2617; BBl **2008** 7275).

Art. 29 *Unrechtmässige Vermögensvorteile*

Vermögensvorteile, die durch strafbare Handlungen nach den Artikeln 23–28 unrechtmässig erlangt worden sind, können nach den Artikeln 69 ff. des Strafgesetzbuches[53] eingezogen werden.[54]

Art. 30 *Strafverfolgung*

Die Strafverfolgung obliegt den Kantonen.

6. Kapitel: Schlussbestimmungen

Art. 31[55] *Ausführungsvorschriften*

[1] Der Bundesrat erlässt die Ausführungsvorschriften.

[2] Die zuständigen Behörden des Bundes führen Listen:

a. der Produktegruppen und Produkte, die keinen Zugang zum schweizerischen Markt im Sinne der Artikel 16*a* Absatz 2 und 20 haben;
b. der rechtskräftigen Allgemeinverfügungen nach Artikel 16*d* Absatz 2.

Art. 32 *Referendum und Inkrafttreten*

[1] Dieses Gesetz untersteht dem fakultativen Referendum.

[2] Der Bundesrat bestimmt das Inkrafttreten.

Datum des Inkrafttretens: 1. Juli 1996[56]

Anhang

Änderungen bisherigen Rechts

...[57]

---

[53] SR **311.0**

[54] Fassung gemäss Art. 334 des Strafgesetzbuches in der Fassung des BG vom 13. Dez. 2002, in Kraft seit 1. Jan. 2007 (AS **2006** 3459; BBl **1999** 1979).

[55] Fassung gemäss Ziff. I des BG vom 12. Juni 2009, in Kraft seit 1. Juli 2010 (AS **2010** 2617; BBl **2008** 7275).

[56] BRB vom 17. Juni 1996

[57] Die Änd. können unter AS **1996** 1725 konsultiert werden.

IV. Verwaltungsverfahrensrecht

Bundesgesetz über das Verwaltungsverfahren (Verwaltungsverfahrensgesetz, VwVG)[1]

vom 20. Dezember 1968 (Stand am 1. Juli 2022)

Die Bundesversammlung der Schweizerischen Eidgenossenschaft,

gestützt auf Artikel 103 der Bundesverfassung[2],[3]

nach Einsicht in eine Botschaft des Bundesrates vom 24. September 1965[4],

beschliesst:

Erster Abschnitt: Geltungsbereich und Begriffe

A. Geltungsbereich
I. Grundsatz

Art. 1

[1] Dieses Gesetz findet Anwendung auf das Verfahren in Verwaltungssachen, die durch Verfügungen von Bundesverwaltungsbehörden in erster Instanz oder auf Beschwerde zu erledigen sind.

[2] Als Behörden im Sinne von Absatz 1 gelten:

a.[5] der Bundesrat, seine Departemente, die Bundeskanzlei und die ihnen unterstellten Dienstabteilungen, Betriebe, Anstalten und anderen Amtsstellen der Bundesverwaltung;

AS **1969** 737

1 Abkürzung eingefügt durch Anhang Ziff. II 3 des Strafbehördenorganisationsgesetzes vom 19. März 2010, in Kraft seit 1. Jan. 2011 (AS **2010** 3267; BBl **2008** 8125).

2 [BS **1** 3]. Dieser Bestimmung entsprechen die Art. 177 Abs. 3 und 187 Abs. 1 Bst. d der BV vom 18. April 1999 (SR **101**).

3 Fassung gemäss Anhang Ziff. 2 des BG vom 6. Okt. 2000 über den Allgemeinen Teil des Sozialversicherungsrechts, in Kraft seit 1. Jan. 2003 (AS **2002** 3371; BBl **1991** II 185 910, **1994** V 921, **1999** 4523).

4 BBl **1965** II 1348

5 Dienstverhältnis der Bundesbeamten, in Kraft seit 1. Jan. 1973 (AS **1972** 2435; BBl **1971** II 1914).

b.[6] Organe der Bundesversammlung und der eidgenössischen Gerichte für erstinstanzliche Verfügungen und Beschwerdeentscheide nach Beamtengesetz vom 30. Juni 1927[7];

c. die autonomen eidgenössischen Anstalten oder Betriebe;

c^{bis}.[8] das Bundesverwaltungsgericht;

d. die eidgenössischen Kommissionen;

e. andere Instanzen oder Organisationen ausserhalb der Bundesverwaltung, soweit sie in Erfüllung ihnen übertragener öffentlich-rechtlicher Aufgaben des Bundes verfügen.

[3] Auf das Verfahren letzter kantonaler Instanzen, die gestützt auf öffentliches Recht des Bundes nicht endgültig verfügen, finden lediglich Anwendung die Artikel 3438 und 61 Absätze 2 und 3 über die Eröffnung von Verfügungen und Artikel 55 Absätze 2 und 4 über den Entzug der aufschiebenden Wirkung. Vorbehalten bleibt Artikel 97 des Bundesgesetzes vom 20. Dezember 1946[9] über die Alters- und Hinterlassenenversicherung betreffend den Entzug der aufschiebenden Wirkung von Beschwerden gegen Verfügungen der Ausgleichskassen.[10] [11]

II. Ausnahmen
1. Teilweise Anwendbarkeit

Art. 2

[1] Auf das Steuerverfahren finden die Artikel 12–19 und 30–33 keine Anwendung.

[2] Auf das Verfahren der Abnahme von Berufs-, Fach- und anderen Fähigkeitsprüfungen finden die Artikel 4–6, 10, 34, 35, 37 und 38 Anwendung.

---

[6] Fassung gemäss Anhang Ziff. 4 des BG vom 8. Okt. 1999, in Kraft seit 1. Jan. 2000 (AS **2000** 273; BBl **1999** 4809 5979).

[7] [BS **1** 489; AS **1958** 1413 Art. 27 Bst. c, **1997** 2465 Anhang Ziff. 4, **2000** 411 Ziff. II 1853, **2001** 894 Art. 39 Abs. 1 2197 Art. 2 3292 Art. 2. AS **2008** 3437 Ziff. I 1]. Heute: das Bundespersonalgesetz vom 24. März 2000 (SR **172.220.1**).

[8] Eingefügt durch Anhang Ziff. 10 des Verwaltungsgerichtsgesetzes vom 17. Juni 2005, in Kraft seit 1. Jan. 2007 (AS **2006** 2197 1069; BBl **2001** 4202).

[9] SR **831.10**

[10] Fassung des Satzes gemäss Anhang Ziff. 2 des BG vom 6. Okt. 2000 über den Allgemeinen Teil des Sozialversicherungsrechts, in Kraft seit 1. Jan. 2003 (AS **2002** 3371; BBl **1991** II 185 910, **1994** V 921, **1999** 4523).

[11] Fassung gemäss Ziff. II 7 des BG vom 24. Juni 1977 (9. AHV-Revision), in Kraft seit 1. Jan. 1979 (AS **1978** 391; BBl **1976** III 1).

3 Das Verfahren bei Enteignungen richtet sich nach diesem Gesetz, soweit das Bundesgesetz vom 20. Juni 1930[12] über die Enteignung nicht davon abweicht.[13]

4 Das Verfahren vor dem Bundesverwaltungsgericht richtet sich nach diesem Gesetz, soweit das Verwaltungsgerichtsgesetz vom 17. Juni 2005[14] nicht davon abweicht.[15]

2. Unanwendbarkeit

Art. 3

Dieses Gesetz findet keine Anwendung auf:

a. das Verfahren von Behörden im Sinne von Artikel 1 Absatz 2 Buchstabe *e*, soweit gegen ihre Verfügungen die Beschwerde unmittelbar an eine Bundesbehörde unzulässig ist;

b. das erstinstanzliche Verfahren der erstmaligen Begründung des Dienstverhältnisses von Bundespersonal, der Beförderung von Bundespersonal, der dienstlichen Anordnungen an das Bundespersonal[16] und das Verfahren der Ermächtigung zur Strafverfolgung gegen Bundespersonal;

c. das erstinstanzliche Verwaltungsstrafverfahren und das gerichtspolizeiliche Ermittlungsverfahren;

d.[17] das Verfahren der Militärstrafrechtspflege einschliesslich der Militärdisziplinarrechtspflege, das Verfahren in militärischen Kommandosachen nach Artikel 37 sowie Verfahren nach den Artikeln 38 und 39 des Militärgesetzes vom 3. Februar 1995[18],[19] …[20];

12 SR **711**

13 Fassung gemäss Anhang Ziff. 2 des BG vom 19. Juni 2020, in Kraft seit 1. Jan. 2021 (AS **2020** 4085; BBl **2018** 4713).

14 SR **173.32**

15 Eingefügt durch Anhang Ziff. 10 des Verwaltungsgerichtsgesetzes vom 17. Juni 2005, in Kraft seit 1. Jan. 2007 (AS **2006** 2197 1069; BBl **2001** 4202).

16 Satzteil gemäss Ziff. 2 des Anhangs zum BG vom 19. Dez. 1986, in Kraft seit 1. Juli 1987 (AS **1987** 932; BBl **1986** II 313).

17 Fassung gemäss Ziff. 1 des Anhangs zum BG vom 22. Juni 1990, in Kraft seit 1. Jan. 1991 (AS **1990** 1882; BBl **1989** II 1194).

18 SR **510.10**

19 Fassung gemäss Anhang Ziff. 1 des Militärgesetzes vom 3. Febr. 1995, in Kraft seit 1. Januar 1996 (AS **1995** 4093; BBl **1993** IV 1).

20 Drittes Lemma aufgehoben durch Anhang Ziff. 1 des BG vom 4. Okt. 2002, mit Wirkung seit 1. Jan. 2004 (AS **2003** 3957; BBl **2002** 858).

d^bis.[21] das Verfahren in Sozialversicherungssachen, soweit das Bundesgesetz vom 6. Oktober 2000[22] über den Allgemeinen Teil des Sozialversicherungsrechts anwendbar ist;

e.[23] das Verfahren der Zollveranlagung;

e^bis.[24] …

f. das erstinstanzliche Verfahren in anderen Verwaltungssachen, wenn deren Natur die Erledigung auf der Stelle durch sofort vollstreckbare Verfügung erfordert.

III. Ergänzende Bestimmungen

Art. 4

Bestimmungen des Bundesrechts, die ein Verfahren eingehender regeln, finden Anwendung, soweit sie den Bestimmungen dieses Gesetzes nicht widersprechen.

B. Begriffe
I. Verfügungen

Art. 5

[1] Als Verfügungen gelten Anordnungen der Behörden im Einzelfall, die sich auf öffentliches Recht des Bundes stützen und zum Gegenstand haben:

a. Begründung, Änderung oder Aufhebung von Rechten oder Pflichten;

b. Feststellung des Bestehens, Nichtbestehens oder Umfanges von Rechten oder Pflichten;

c. Abweisung von Begehren auf Begründung, Änderung, Aufhebung oder Feststellung von Rechten oder Pflichten, oder Nichteintreten auf solche Begehren.

[2] Als Verfügungen gelten auch Vollstreckungsverfügungen (Art. 41 Abs. 1 Bst. a und b), Zwischenverfügungen (Art. 45 und 46), Einspracheentscheide

---

[21] Eingefügt durch Anhang Ziff. 2 des BG vom 6. Okt. 2000 über den Allgemeinen Teil des Sozialversicherungsrechts, in Kraft seit 1. Jan. 2003 (AS **2002** 3371; BBl **1991** II 185 910, **1994** V 921, **1999** 4523).

[22] SR **830.1**

[23] Fassung gemäss Anhang Ziff. 1 des Zollgesetzes vom 18. März 2005, in Kraft seit 1. Mai 2007 (AS **2007** 1411; BBl **2004** 567).

[24] Eingefügt durch Art. 26 des BB vom 7. Okt. 1983 über die unabhängige Beschwerdeinstanz für Radio und Fernsehen (AS **1984** 153; BBl **1981** III 105). Aufgehoben durch Anhang Ziff. II 1 des BG vom 24. März 2006 über Radio und Fernsehen, mit Wirkung seit 1. April 2007 (AS **2007** 737; BBl **2003** 1569).

(Art. 30 Abs. 2 Bst. b und 74), Beschwerdeentscheide (Art. 61), Entscheide im Rahmen einer Revision (Art. 68) und die Erläuterung (Art. 69).[25]

[3] Erklärungen von Behörden über Ablehnung oder Erhebung von Ansprüchen, die auf dem Klageweg zu verfolgen sind, gelten nicht als Verfügungen.

II. Parteien

Art. 6

Als Parteien gelten Personen, deren Rechte oder Pflichten die Verfügung berühren soll, und andere Personen, Organisationen oder Behörden, denen ein Rechtsmittel gegen die Verfügung zusteht.

Zweiter Abschnitt: Allgemeine Verfahrensgrundsätze

A. Zuständigkeit
I. Prüfung

Art. 7

[1] Die Behörde prüft ihre Zuständigkeit von Amtes wegen.

[2] Die Begründung einer Zuständigkeit durch Einverständnis zwischen Behörde und Partei ist ausgeschlossen.

II. Überweisung und Meinungsaustausch

Art. 8

[1] Die Behörde, die sich als unzuständig erachtet, überweist die Sache ohne Verzug der zuständigen Behörde.

[2] Erachtet die Behörde ihre Zuständigkeit als zweifelhaft, so pflegt sie darüber ohne Verzug einen Meinungsaustausch mit der Behörde, deren Zuständigkeit in Frage kommt.

III. Streitigkeiten

Art. 9

[1] Die Behörde, die sich als zuständig erachtet, stellt dies durch Verfügung fest, wenn eine Partei die Zuständigkeit bestreitet.

[2] Die Behörde, die sich als unzuständig erachtet, tritt durch Verfügung auf die Sache nicht ein, wenn eine Partei die Zuständigkeit behauptet.

---

[25] Fassung gemäss Anhang Ziff. 10 des Verwaltungsgerichtsgesetzes vom 17. Juni 2005, in Kraft seit 1. Jan. 2007 (AS **2006** 2197 1069; BBl **2001** 4202).

[3] Kompetenzkonflikte zwischen Behörden, ausgenommen Kompetenzkonflikte mit dem Bundesgericht, dem Bundesverwaltungsgericht oder mit kantonalen Behörden, beurteilt die gemeinsame Aufsichtsbehörde oder, wenn eine solche fehlt, der Bundesrat.[26]

B. Ausstand

Art. 10

[1] Personen, die eine Verfügung zu treffen oder diese vorzubereiten haben, treten in Ausstand, wenn sie:

a. in der Sache ein persönliches Interesse haben;

b.[27] mit einer Partei durch Ehe oder eingetragene Partnerschaft verbunden sind oder mit ihr eine faktische Lebensgemeinschaft führen;

b^bis.[28] mit einer Partei in gerader Linie oder bis zum dritten Grade in der Seitenlinie verwandt oder verschwägert sind;

c. Vertreter einer Partei sind oder für eine Partei in der gleichen Sache tätig waren;

d. aus anderen Gründen in der Sache befangen sein könnten.

[2] Ist der Ausstand streitig, so entscheidet darüber die Aufsichtsbehörde oder, wenn es sich um den Ausstand eines Mitgliedes einer Kollegialbehörde handelt, diese Behörde unter Ausschluss des betreffenden Mitgliedes.

C. Vertretung und Verbeiständung
I. Im Allgemeinen[29]

Art. 11

[1] Auf jeder Stufe des Verfahrens kann die Partei sich, wenn sie nicht persönlich zu handeln hat, vertreten oder, soweit die Dringlichkeit einer amtlichen Untersuchung es nicht ausschliesst, verbeiständen lassen.[30]

---

[26] Fassung gemäss Anhang Ziff. 10 des Verwaltungsgerichtsgesetzes vom 17. Juni 2005, in Kraft seit 1. Jan. 2007 (AS **2006** 2197 1069; BBl **2001** 4202).

[27] Fassung gemäss Anhang Ziff. 5 des Partnerschaftsgesetzes vom 18. Juni 2004, in Kraft seit 1. Jan. 2007 (AS **2005** 5685; BBl **2003** 1288).

[28] Eingefügt durch Anhang Ziff. 5 des Partnerschaftsgesetzes vom 18. Juni 2004, in Kraft seit 1. Jan. 2007 (AS **2005** 5685; BBl **2003** 1288).

[29] Fassung gemäss Anhang Ziff. 3 des BG vom 4. Okt. 1991, in Kraft seit 15. Febr. 1992 (AS **1992** 288 337 Art. 2 Abs. 1 Bst. b; BBl **1991** II 465).

[30] Fassung gemäss Anhang Ziff. 10 des Verwaltungsgerichtsgesetzes vom 17. Juni 2005, in Kraft seit 1. Jan. 2007 (AS **2006** 2197 1069; BBl **2001** 4202).

[2] Die Behörde kann den Vertreter auffordern, sich durch schriftliche Vollmacht auszuweisen.

[3] Solange die Partei die Vollmacht nicht widerruft, macht die Behörde ihre Mitteilungen an den Vertreter.

II. Obligatorische Vertretung

Art. 11*a*[31]

[1] Treten in einer Sache mehr als 20 Parteien mit kollektiven oder individuellen Eingaben auf, um gleiche Interessen wahrzunehmen, so kann die Behörde verlangen, dass sie für das Verfahren einen oder mehrere Vertreter bestellen.

[2] Kommen sie dieser Aufforderung nicht innert angemessener Frist nach, so bezeichnet die Behörde einen oder mehrere Vertreter.

[3] Die Bestimmungen über die Parteientschädigung im Beschwerdeverfahren sind auf die Kosten der Vertretung sinngemäss anwendbar. Die Partei, gegen deren Vorhaben sich die Eingaben richten, hat auf Anordnung der Behörde die Kosten der amtlichen Vertretung vorzuschiessen.

III. Zustellungsdomizil

Art. 11*b*[32]

[1] Parteien, die in einem Verfahren Begehren stellen, haben der Behörde ihren Wohnsitz oder Sitz anzugeben. Wenn sie im Ausland wohnen, haben sie in der Schweiz ein Zustellungsdomizil zu bezeichnen, es sei denn, das Völkerrecht gestatte der Behörde, Schriftstücke im betreffenden Staat direkt zuzustellen.[33]

[2] Die Parteien können überdies eine elektronische Zustelladresse angeben und ihr Einverständnis erklären, dass Zustellungen auf dem elektronischen Weg erfolgen. Der Bundesrat kann vorsehen, dass für elektronische Zustellungen weitere Angaben der Parteien notwendig sind.

---

[31] Eingefügt durch Anhang Ziff. 3 des BG vom 4. Okt. 1991, in Kraft seit 15. Febr. 1992 (AS **1992** 288 337 Art. 2 Abs. 1 Bst. b; BBl **1991** II 465).

[32] Eingefügt durch Anhang Ziff. 10 des Verwaltungsgerichtsgesetzes vom 17. Juni 2005, in Kraft seit 1. Jan. 2007 (AS **2006** 2197 1069; BBl **2001** 4202).

[33] Fassung des zweiten Satzes gemäss Anhang Ziff. 1 des BB vom 28. Sept. 2018 über die Genehmigung und die Umsetzung des Übereinkommens Nr. 94 des Europarates über die Zustellung von Schriftstücken in Verwaltungssachen im Ausland, in Kraft seit 1. April 2019 (AS **2019** 975; BBl **2017** 5947).

D. Feststellung des Sachverhaltes
I. Grundsatz

Art. 12

Die Behörde stellt den Sachverhalt von Amtes wegen fest und bedient sich nötigenfalls folgender Beweismittel:

a. Urkunden;
b. Auskünfte der Parteien;
c. Auskünfte oder Zeugnis von Drittpersonen;
d. Augenschein;
e. Gutachten von Sachverständigen.

II. Mitwirkung der Parteien

Art. 13

[1] Die Parteien sind verpflichtet, an der Feststellung des Sachverhaltes mitzuwirken:

a. in einem Verfahren, das sie durch ihr Begehren einleiten;
b. in einem anderen Verfahren, soweit sie darin selbständige Begehren stellen;
c. soweit ihnen nach einem anderen Bundesgesetz eine weitergehende Auskunfts- oder Offenbarungspflicht obliegt.

[1bis] Die Mitwirkungspflicht erstreckt sich nicht auf die Herausgabe von Gegenständen und Unterlagen aus dem Verkehr einer Partei mit ihrem Anwalt, wenn dieser nach dem Anwaltsgesetz vom 23. Juni 2000[34] zur Vertretung vor schweizerischen Gerichten berechtigt ist.[35]

[2] Die Behörde braucht auf Begehren im Sinne von Absatz 1 Buchstabe *a* oder *b* nicht einzutreten, wenn die Parteien die notwendige und zumutbare Mitwirkung verweigern.

[34] SR **935.61**
[35] Eingefügt durch Ziff. I 2 des BG vom 28. Sept. 2012 über die Anpassung von verfahrensrechtlichen Bestimmungen zum anwaltlichen Berufsgeheimnis, in Kraft seit 1. Mai 2013 (AS **2013** 847; BBl **2011** 8181).

III. Zeugeneinvernahme
1. Zuständigkeit

Art. 14

[1] Lässt sich ein Sachverhalt auf andere Weise nicht hinreichend abklären, so können folgende Behörden die Einvernahme von Zeugen anordnen:

a. der Bundesrat und seine Departemente;

b. das Bundesamt für Justiz[36] des Eidgenössischen Justiz- und Polizeidepartements;

c.[37] das Bundesverwaltungsgericht;

d.[38] die Wettbewerbsbehörden im Sinne des Kartellgesetzes vom 6. Oktober 1995[39];

e.[40] die Eidgenössische Finanzmarktaufsicht;

f.[41] die Eidgenössische Revisionsaufsichtsbehörde.

g.[42] die Eidgenössische Steuerverwaltung;

h.[43] die Eidgenössische Schiedskommission für die Verwertung von Urheberrechten und verwandten Schutzrechten.

[2] Die Behörden im Sinne von Absatz 1 Buchstaben a, b, d–f und h beauftragen mit der Zeugeneinvernahme einen dafür geeigneten Angestellten.[44]

[3] Die Behörden im Sinne von Absatz 1 Buchstabe *a* können Personen ausserhalb einer Behörde, die mit einer amtlichen Untersuchung beauftragt sind, zur Zeugeneinvernahme ermächtigen.

---

[36] Bezeichnung gemäss nicht veröffentlichtem BRB vom 19. Dez. 1997.

[37] Fassung gemäss Anhang Ziff. 10 des Verwaltungsgerichtsgesetzes vom 17. Juni 2005, in Kraft seit 1. Jan. 2007 (AS **2006** 2197 1069; BBl **2001** 4202).

[38] Eingefügt durch Anhang Ziff. 2 des Kartellgesetzes vom 6. Okt. 1995, in Kraft seit 1. Juli 1996 (AS **1996** 546; BBl **1995** I 468).

[39] SR **251**

[40] Eingefügt durch Anhang Ziff. 2 des Finanzmarktaufsichtsgesetzes vom 22. Juni 2007, in Kraft seit 1. Jan. 2009 (AS **2008** 5207; BBl **2006** 2829).

[41] Eingefügt durch Anhang Ziff. 1 des BG vom 20. Juni 2014 (Bündelung der Aufsicht über Revisionsunternehmen und Prüfgesellschaften), in Kraft seit 1. Jan. 2015 (AS **2014** 4073; BBl **2013** 6857).

[42] Eingefügt durch Anhang Ziff. 1 des BG vom 30. Sept. 2016, in Kraft seit 1. Jan. 2018 (AS **2017** 3575; BBl **2015** 2615).

[43] Eingefügt durch Anhang Ziff. 1 des BG vom 26. Sept. 2019, in Kraft seit 1. April 2020 (AS **2020** 1003; BBl **2018** 591).

[44] Fassung gemäss Anhang Ziff. 1 des BG vom 27. Sept. 2019, in Kraft seit 1. April 2020 (AS **2020** 1003; BBl **2018** 591).

2. Zeugnispflicht

Art. 15

Jedermann ist zur Ablegung des Zeugnisses verpflichtet.

3. Zeugnisverweigerungsrecht

Art. 16

1 Das Recht der Zeugnisverweigerung bestimmt sich nach Artikel 42 Absätze 1 und 3 des Bundesgesetzes vom 4. Dezember 1947[45] über den Bundeszivilprozess (BZP).

1bis Der Mediator ist berechtigt, über Tatsachen, die er bei seiner Tätigkeit nach Artikel 33*b* wahrgenommen hat, das Zeugnis zu verweigern.[46]

2 Der Träger eines Berufs- oder Geschäftsgeheimnisses im Sinne von Artikel 42 Absatz 2 BZP kann das Zeugnis verweigern, soweit ihn nicht ein anderes Bundesgesetz zum Zeugnis verpflichtet.

3 …[47]

4. Andere Verpflichtungen von Zeugen

Art. 17

Wer als Zeuge einvernommen werden kann, hat auch an der Erhebung anderer Beweise mitzuwirken; er hat insbesondere die in seinen Händen befindlichen Urkunden vorzulegen. Vorbehalten bleibt Artikel 51a BZP[48].[49]

5. Rechte der Parteien

Art. 18

1 Die Parteien haben Anspruch darauf, den Zeugeneinvernahmen beizuwohnen und Ergänzungsfragen zu stellen.

---

45 SR **273**

46 Eingefügt durch Anhang Ziff. 10 des Verwaltungsgerichtsgesetzes vom 17. Juni 2005, in Kraft seit 1. Jan. 2007 (AS **2006** 2197 1069; BBl **2001** 4202).

47 Aufgehoben durch Ziff. I 1 des BG vom 23. Juni 2000 über die Anpassung der Bundesgesetzgebung an die Gewährleistung des Redaktionsgeheimnisses (AS **2001** 118; BBl **1999** 7966).

48 SR **273**

49 Zweiter Satz eingefügt durch Ziff. I 2 des BG vom 28. Sept. 2012 über die Anpassung von verfahrensrechtlichen Bestimmungen zum anwaltlichen Berufsgeheimnis, in Kraft seit 1. Mai 2013 (AS **2013** 847; BBl **2011** 8181).

[2] Zur Wahrung wesentlicher öffentlicher oder privater Interessen kann die Zeugeneinvernahme in Abwesenheit der Parteien erfolgen und diesen die Einsicht in die Einvernahmeprotokolle verweigert werden.

[3] Wird ihnen die Einsicht in die Einvernahmeprotokolle verweigert, so findet Artikel 28 Anwendung.

IV. Ergänzende Bestimmungen

Art. 19

Auf das Beweisverfahren finden ergänzend die Artikel 37, 39–41 und 43–61 BZP[50] sinngemäss Anwendung; an die Stelle der Straffolgen, die die BZP gegen säumige Parteien oder Dritte vorsieht, tritt die Straffolge nach Artikel 60 dieses Gesetzes.

E. Fristen
I. Berechnung

Art. 20

[1] Berechnet sich eine Frist nach Tagen und bedarf sie der Mitteilung an die Parteien, so beginnt sie an dem auf ihre Mitteilung folgenden Tage zu laufen.

[2] Bedarf sie nicht der Mitteilung an die Parteien, so beginnt sie an dem auf ihre Auslösung folgenden Tage zu laufen.

[2bis] Eine Mitteilung, die nur gegen Unterschrift des Adressaten oder einer anderen berechtigten Person überbracht wird, gilt spätestens am siebenten Tag nach dem ersten erfolglosen Zustellungsversuch als erfolgt.[51]

[3] Ist der letzte Tag der Frist ein Samstag, ein Sonntag oder ein vom Bundesrecht oder vom kantonalen Recht anerkannter Feiertag, so endet sie am nächstfolgenden Werktag. Massgebend ist das Recht des Kantons, in dem die Partei oder ihr Vertreter Wohnsitz oder Sitz hat.[52]

---

[50] SR **273**

[51] Eingefügt durch Anhang Ziff. 10 des Verwaltungsgerichtsgesetzes vom 17. Juni 2005, in Kraft seit 1. Jan. 2007 (AS **2006** 2197 1069; BBl **2001** 4202).

[52] Eingefügt durch Anhang Ziff. 10 des Verwaltungsgerichtsgesetzes vom 17. Juni 2005, in Kraft seit 1. Jan. 2007 (AS **2006** 2197 1069; BBl **2001** 4202).

II. Einhaltung
1. Im Allgemeinen[53]

Art. 21

[1] Schriftliche Eingaben müssen spätestens am letzten Tage der Frist der Behörde eingereicht oder zu deren Handen der schweizerischen Post[54] oder einer schweizerischen diplomatischen oder konsularischen Vertretung übergeben werden.

[1bis] Schriftliche Eingaben an das Eidgenössische Institut für geistiges Eigentum[55] können nicht gültig bei einer schweizerischen diplomatischen oder konsularischen Vertretung vorgenommen werden.[56]

[2] Gelangt die Partei rechtzeitig an eine unzuständige Behörde, so gilt die Frist als gewahrt.

[3] Die Frist für die Zahlung eines Vorschusses ist gewahrt, wenn der Betrag rechtzeitig zu Gunsten der Behörde der Schweizerischen Post übergeben oder einem Post- oder Bankkonto in der Schweiz belastet worden ist.[57]

2. Bei elektronischer Zustellung

Art. 21*a*[58]

[1] Eingaben können bei der Behörde elektronisch eingereicht werden.

[2] Die Eingabe ist von der Partei oder ihrem Vertreter mit einer qualifizierten elektronischen Signatur gemäss Bundesgesetz vom 18. März 2016[59] über die elektronische Signatur zu versehen.

[3] Für die Wahrung einer Frist ist der Zeitpunkt massgebend, in dem die Quittung ausgestellt wird, die bestätigt, dass alle Schritte abgeschlossen sind, die auf der Seite der Partei oder ihres Vertreters für die Übermittlung notwendig sind.

---

[53] Eingefügt durch Anhang Ziff. 10 des Verwaltungsgerichtsgesetzes vom 17. Juni 2005, in Kraft seit 1. Jan. 2007 (AS **2006** 2197 1069; BBl **2001** 4202).

[54] Heute: der Schweizerischen Post (Post).

[55] Bezeichnung gemäss nicht veröffentlichtem BRB vom 19. Dez. 1997. Diese Änd. ist im ganzen Erlass berücksichtigt.

[56] Eingefügt durch Ziff. II des BG vom 17. Dez. 1976 über die Änderung des BG betreffend die Erfindungspatente, in Kraft seit 1. Jan. 1978 (AS **1977** 1997; BBl **1976** II 1).

[57] Eingefügt durch Anhang Ziff. 10 des Verwaltungsgerichtsgesetzes vom 17. Juni 2005, in Kraft seit 1. Jan. 2007 (AS **2006** 2197 1069; BBl **2001** 4202).

[58] Eingefügt durch Anhang Ziff. 10 des Verwaltungsgerichtsgesetzes vom 17. Juni 2005 (AS **2006** 2197; BBl **2001** 4202). Fassung gemäss Anhang Ziff. II 1 des BG vom 18. März 2016 über die elektronische Signatur, in Kraft seit 1. Jan. 2017 (AS **2016** 4651; BBl **2014** 1001).

[59] SR **943.03**

[4] Der Bundesrat regelt:

a. das Format der Eingabe und ihrer Beilagen;

b. die Art und Weise der Übermittlung;

c. die Voraussetzungen, unter denen bei technischen Problemen die Nachreichung von Dokumenten auf Papier verlangt werden kann.

III. Erstreckung

Art. 22

[1] Eine gesetzliche Frist kann nicht erstreckt werden.

[2] Eine behördlich angesetzte Frist kann aus zureichenden Gründen erstreckt werden, wenn die Partei vor Ablauf der Frist darum nachsucht.

IIIa. Stillstand der Fristen

Art. 22*a*[60]

[1] Gesetzliche oder behördliche Fristen, die nach Tagen bestimmt sind, stehen still:

a. vom siebten Tag vor Ostern bis und mit dem siebten Tag nach Ostern;

b. vom 15. Juli bis und mit 15. August;

c.[61] vom 18. Dezember bis und mit dem 2. Januar.

[2] Absatz 1 gilt nicht in Verfahren betreffend:

a. die aufschiebende Wirkung und andere vorsorgliche Massnahmen;

b. die öffentlichen Beschaffungen.[62]

IV. Säumnisfolgen

Art. 23

Die Behörde, die eine Frist ansetzt, droht gleichzeitig die Folgen der Versäumnis an; im Versäumnisfalle treten nur die angedrohten Folgen ein.

---

[60] Eingefügt durch Anhang Ziff. 3 des BG vom 4. Okt. 1991, in Kraft seit 15. Febr. 1992 (AS **1992** 288 337 Art. 2 Abs. 1 Bst. b; BBl **1991** II 465).

[61] Fassung gemäss Anhang Ziff. 10 des Verwaltungsgerichtsgesetzes vom 17. Juni 2005, in Kraft seit 1. Jan. 2007 (AS **2006** 2197 1069; BBl **2001** 4202).

[62] Eingefügt durch Anhang Ziff. 10 des Verwaltungsgerichtsgesetzes vom 17. Juni 2005, (AS **2006** 2197 1069; BBl **2001** 4202). Fassung gemäss Anhang 7 Ziff. II 1 des BG vom 21. Juni 2019 über das öffentliche Beschaffungswesen, in Kraft seit 1. Jan. 2021 (AS **2020** 641; BBl **2017** 1851).

V. Wiederherstellung

Art. 24

[1] Ist der Gesuchsteller oder sein Vertreter unverschuldeterweise abgehalten worden, binnen Frist zu handeln, so wird diese wieder hergestellt, sofern er unter Angabe des Grundes innert 30 Tagen nach Wegfall des Hindernisses darum ersucht und die versäumte Rechtshandlung nachholt; vorbehalten bleibt Artikel 32 Absatz 2.[63]

[2] Absatz 1 ist nicht anwendbar auf Fristen, die in Patentsachen gegenüber dem Eidgenössischen Institut für geistiges Eigentum zu wahren sind.[64]

F. Feststellungsverfahren

Art. 25

[1] Die in der Sache zuständige Behörde kann über den Bestand, den Nichtbestand oder den Umfang öffentlich-rechtlicher Rechte oder Pflichten von Amtes wegen oder auf Begehren eine Feststellungsverfügung treffen.

[2] Dem Begehren um eine Feststellungsverfügung ist zu entsprechen, wenn der Gesuchsteller ein schutzwürdiges Interesse nachweist.

[3] Keiner Partei dürfen daraus Nachteile erwachsen, dass sie im berechtigten Vertrauen auf eine Feststellungsverfügung gehandelt hat.

F^{bis}. Verfügung über Realakte

Art. 25*a*[65]

[1] Wer ein schutzwürdiges Interesse hat, kann von der Behörde, die für Handlungen zuständig ist, welche sich auf öffentliches Recht des Bundes stützen und Rechte oder Pflichten berühren, verlangen, dass sie:

a. widerrechtliche Handlungen unterlässt, einstellt oder widerruft;

b. die Folgen widerrechtlicher Handlungen beseitigt;

c. die Widerrechtlichkeit von Handlungen feststellt.

[2] Die Behörde entscheidet durch Verfügung.

---

[63] Fassung gemäss Anhang Ziff. 10 des Verwaltungsgerichtsgesetzes vom 17. Juni 2005, in Kraft seit 1. Jan. 2007 (AS **2006** 2197 1069; BBl **2001** 4202).

[64] Eingefügt durch Ziff. II des BG vom 17. Dez. 1976 über die Änderung des BG betreffend die Erfindungspatente, in Kraft seit 1. Jan. 1978 (AS **1977** 1997; BBl **1976** II 1).

[65] Eingefügt durch Anhang Ziff. 10 des Verwaltungsgerichtsgesetzes vom 17. Juni 2005, in Kraft seit 1. Jan. 2007 (AS **2006** 2197 1069; BBl **2001** 4202).

G. Akteneinsicht
I. Grundsatz

Art. 26

[1] Die Partei oder ihr Vertreter hat Anspruch darauf, in ihrer Sache folgende Akten am Sitze der verfügenden oder einer durch diese zu bezeichnenden kantonalen Behörde einzusehen:

a. Eingaben von Parteien und Vernehmlassungen von Behörden;
b. alle als Beweismittel dienenden Aktenstücke;
c. Niederschriften eröffneter Verfügungen.

[1bis] Die Behörde kann die Aktenstücke auf elektronischem Weg zur Einsichtnahme zustellen, wenn die Partei oder ihr Vertreter damit einverstanden ist.[66]

[2] Die verfügende Behörde kann eine Gebühr für die Einsichtnahme in die Akten einer erledigten Sache beziehen; der Bundesrat regelt die Bemessung der Gebühr.

II. Ausnahmen

Art. 27

[1] Die Behörde darf die Einsichtnahme in die Akten nur verweigern, wenn:

a. wesentliche öffentliche Interessen des Bundes oder der Kantone, insbesondere die innere oder äussere Sicherheit der Eidgenossenschaft, die Geheimhaltung erfordern;
b. wesentliche private Interessen, insbesondere von Gegenparteien, die Geheimhaltung erfordern;
c. das Interesse einer noch nicht abgeschlossenen amtlichen Untersuchung es erfordert.

[2] Die Verweigerung der Einsichtnahme darf sich nur auf die Aktenstücke erstrecken, für die Geheimhaltungsgründe bestehen.

[3] Die Einsichtnahme in eigene Eingaben der Partei, ihre als Beweismittel eingereichten Urkunden und ihr eröffnete Verfügungen darf nicht, die Einsichtnahme in Protokolle über eigene Aussagen der Partei nur bis zum Abschluss der Untersuchung verweigert werden.

---

[66] Eingefügt durch Anhang Ziff. 10 des Verwaltungsgerichtsgesetzes vom 17. Juni 2005, in Kraft seit 1. Jan. 2007 (AS **2006** 2197 1069; BBl **2001** 4202).

III. Massgeblichkeit geheimer Akten

Art. 28

Wird einer Partei die Einsichtnahme in ein Aktenstück verweigert, so darf auf dieses zum Nachteil der Partei nur abgestellt werden, wenn ihr die Behörde von seinem für die Sache wesentlichen Inhalt mündlich oder schriftlich Kenntnis und ihr ausserdem Gelegenheit gegeben hat, sich zu äussern und Gegenbeweismittel zu bezeichnen.

H. Rechtliches Gehör
I. Grundsatz

Art. 29

Die Parteien haben Anspruch auf rechtliches Gehör.

II. Vorgängige Anhörung
1. Im Allgemeinen[67]

Art. 30

[1] Die Behörde hört die Parteien an, bevor sie verfügt.

[2] Sie braucht die Parteien nicht anzuhören vor:

a. Zwischenverfügungen, die nicht selbständig durch Beschwerde anfechtbar sind;

b. Verfügungen, die durch Einsprache anfechtbar sind;

c. Verfügungen, in denen die Behörde den Begehren der Parteien voll entspricht;

d. Vollstreckungsverfügungen;

e. anderen Verfügungen in einem erstinstanzlichen Verfahren, wenn Gefahr im Verzuge ist, den Parteien die Beschwerde gegen die Verfügung zusteht und ihnen keine andere Bestimmung des Bundesrechts einen Anspruch auf vorgängige Anhörung gewährleistet.

2. Besondere Einwendungsverfahren

Art. 30*a*[68]

[1] Sind von einer Verfügung wahrscheinlich zahlreiche Personen berührt oder lassen sich die Parteien ohne unverhältnismässigen Aufwand nicht vollzählig

[67] Fassung gemäss Anhang Ziff. 3 des BG vom 4. Okt. 1991, in Kraft seit 15. Febr. 1992 (AS **1992** 288 337 Art. 2 Abs. 1 Bst. b; BBl **1991** II 465).

[68] Eingefügt durch Anhang Ziff. 3 des BG vom 4. Okt. 1991, in Kraft seit 15. Febr. 1992 (AS **1992** 288 337 Art. 2 Abs. 1 Bst. b; BBl **1991** II 465).

bestimmen, so kann die Behörde vor ihrer Verfügung das Gesuch oder die beabsichtigte Verfügung ohne Begründung in einem amtlichen Blatt veröffentlichen, gleichzeitig das Gesuch oder die beabsichtigte Verfügung mit Begründung öffentlich auflegen und den Ort der Auflage bekanntmachen.

[2] Sie hört die Parteien an, indem sie ihnen eine angemessene Frist für Einwendungen setzt.

[3] Die Behörde macht in ihrer Veröffentlichung auf die Verpflichtung der Parteien aufmerksam, gegebenenfalls eine Vertretung zu bestellen und Verfahrenskosten sowie Parteientschädigung zu zahlen.

III. Anhören der Gegenpartei

Art. 31

In einer Sache mit widerstreitenden Interessen mehrerer Parteien hört die Behörde jede Partei zu Vorbringen einer Gegenpartei an, die erheblich erscheinen und nicht ausschliesslich zugunsten der anderen lauten.

IV. Prüfung der Parteivorbringen

Art. 32

[1] Die Behörde würdigt, bevor sie verfügt, alle erheblichen und rechtzeitigen Vorbringen der Parteien.

[2] Verspätete Parteivorbringen, die ausschlaggebend erscheinen, kann sie trotz der Verspätung berücksichtigen.

V. Beweisanerbieten

Art. 33

[1] Die Behörde nimmt die ihr angebotenen Beweise ab, wenn diese zur Abklärung des Sachverhaltes tauglich erscheinen.

[2] Ist ihre Abnahme mit verhältnismässig hohen Kosten verbunden, und ist die Partei für den Fall einer ihr ungünstigen Verfügung kostenpflichtig, so kann die Behörde die Abnahme der Beweise davon abhängig machen, dass die Partei innert Frist die ihr zumutbaren Kosten vorschiesst; eine bedürftige Partei ist von der Vorschusspflicht befreit.

H^bis. Verfahrenssprache

Art. 33*a*[69]

[1] Das Verfahren wird in einer der vier Amtssprachen geführt, in der Regel in der Sprache, in der die Parteien ihre Begehren gestellt haben oder stellen würden.

[2] Im Beschwerdeverfahren ist die Sprache des angefochtenen Entscheids massgebend. Verwenden die Parteien eine andere Amtssprache, so kann das Verfahren in dieser Sprache geführt werden.

[3] Reicht eine Partei Urkunden ein, die nicht in einer Amtssprache verfasst sind, so kann die Behörde mit dem Einverständnis der anderen Parteien darauf verzichten, eine Übersetzung zu verlangen.

[4] Im Übrigen ordnet die Behörde eine Übersetzung an, wo dies nötig ist.

H^ter. Gütliche Einigung und Mediation

Art. 33*b*[70]

[1] Die Behörde kann das Verfahren im Einverständnis mit den Parteien sistieren, damit sich diese über den Inhalt der Verfügung einigen können. Die Einigung soll einschliessen, dass die Parteien auf Rechtsmittel verzichten und wie sie die Kosten verteilen.

[2] Zur Förderung der Einigung kann die Behörde eine neutrale und fachkundige natürliche Person als Mediator einsetzen.

[3] Der Mediator ist nur an das Gesetz und den Auftrag der Behörde gebunden. Er kann Beweise abnehmen; für Augenscheine, Gutachten von Sachverständigen und Zeugeneinvernahmen braucht er eine vorgängige Ermächtigung der Behörde.

[4] Die Behörde macht die Einigung zum Inhalt ihrer Verfügung, es sei denn, die Einigung leide an einem Mangel im Sinne von Artikel 49.

[5] Soweit die Einigung zustande kommt, erhebt die Behörde keine Verfahrenskosten. Misslingt die Einigung, so kann die Behörde davon absehen, die Auslagen für die Mediation den Parteien aufzuerlegen, sofern die Interessenlage dies rechtfertigt.

[6] Eine Partei kann jederzeit verlangen, dass die Sistierung des Verfahrens aufgehoben wird.

---

[69] Eingefügt durch Anhang Ziff. 10 des Verwaltungsgerichtsgesetzes vom 17. Juni 2005, in Kraft seit 1. Jan. 2007 (AS **2006** 2197 1069; BBl **2001** 4202).

[70] Eingefügt durch Anhang Ziff. 10 des Verwaltungsgerichtsgesetzes vom 17. Juni 2005, in Kraft seit 1. Jan. 2007 (AS **2006** 2197 1069; BBl **2001** 4202).

J. Eröffnung
I. Schriftlichkeit
1. Grundsatz

Art. 34

[1] Die Behörde eröffnet Verfügungen den Parteien schriftlich.

[1bis] Mit dem Einverständnis der Partei können Verfügungen elektronisch eröffnet werden. Sie sind mit einer elektronischen Signatur gemäss Bundesgesetz vom 18. März 2016[71] über die elektronische Signatur zu versehen. Der Bundesrat regelt:

a. die zu verwendende Signatur;

b. das Format der Verfügung und ihrer Beilagen;

c. die Art und Weise der Übermittlung;

d. den Zeitpunkt, zu dem die Verfügung als eröffnet gilt.[72]

[2] Zwischenverfügungen kann die Behörde anwesenden Parteien mündlich eröffnen, muss sie aber schriftlich bestätigen, wenn eine Partei dies auf der Stelle verlangt; eine Rechtsmittelfrist beginnt in diesem Fall erst von der schriftlichen Bestätigung an zu laufen.[73]

2. Begründung und Rechtsmittelbelehrung

Art. 35

[1] Schriftliche Verfügungen sind, auch wenn die Behörde sie in Briefform eröffnet, als solche zu bezeichnen, zu begründen und mit einer Rechtsmittelbelehrung zu versehen.

[2] Die Rechtsmittelbelehrung muss das zulässige ordentliche Rechtsmittel, die Rechtsmittelinstanz und die Rechtsmittelfrist nennen.

[3] Die Behörde kann auf Begründung und Rechtsmittelbelehrung verzichten, wenn sie den Begehren der Parteien voll entspricht und keine Partei eine Begründung verlangt.

---

[71] SR **943.03**

[72] Eingefügt durch Anhang Ziff. 10 des Verwaltungsgerichtsgesetzes vom 17. Juni 2005, (AS **2006** 2197; BBl **2001** 4202). Fassung gemäss Anhang Ziff. II 1 des BG vom 18. März 2016 über die elektronische Signatur, in Kraft seit 1. Jan. 2017 (AS **2016** 4651; BBl **2014** 1001).

[73] Fassung gemäss Anhang Ziff. 10 des Verwaltungsgerichtsgesetzes vom 17. Juni 2005, in Kraft seit 1. Jan. 2007 (AS **2006** 2197 1069; BBl **2001** 4202).

II. Amtliche Publikation

Art. 36

Die Behörde kann ihre Verfügungen durch Veröffentlichung in einem amtlichen Blatt eröffnen:[74]

a. gegenüber einer Partei, die unbekannten Aufenthaltes ist und keinen erreichbaren Vertreter hat;

b.[75] gegenüber einer Partei, die sich im Ausland aufhält und keinen erreichbaren Vertreter hat, wenn die Zustellung an ihren Aufenthaltsort unmöglich ist oder wenn die Partei entgegen Artikel 11*b* Absatz 1 kein Zustellungsdomizil in der Schweiz bezeichnet hat;

c.[76] in einer Sache mit zahlreichen Parteien;

d.[77] in einer Sache, in der sich die Parteien ohne unverhältnismässigen Aufwand nicht vollzählig bestimmen lassen.

III. ...

Art. 37[78]

IV. Mangelhafte Eröffnung

Art. 38

Aus mangelhafter Eröffnung darf den Parteien kein Nachteil erwachsen.

K. Vollstreckung
I. Voraussetzungen

Art. 39

Die Behörde kann ihre Verfügungen vollstrecken, wenn:

a. die Verfügung nicht mehr durch Rechtsmittel angefochten werden kann;

b. die Verfügung zwar noch angefochten werden kann, das zulässige Rechtsmittel aber keine aufschiebende Wirkung hat;

---

[74] Fassung gemäss Anhang Ziff. 3 des BG vom 4. Okt. 1991, in Kraft seit 15. Febr. 1992 (AS **1992** 288 337 Art. 2 Abs. 1 Bst. b; BBl **1991** II 465).

[75] Fassung gemäss Anhang Ziff. 10 des Verwaltungsgerichtsgesetzes vom 17. Juni 2005, in Kraft seit 1. Jan. 2007 (AS **2006** 2197 1069; BBl **2001** 4202).

[76] Fassung gemäss Anhang Ziff. 3 des BG vom 4. Okt. 1991, in Kraft seit 15. Febr. 1992 (AS **1992** 288 337 Art. 2 Abs. 1 Bst. b; BBl **1991** II 465).

[77] Eingefügt durch Anhang Ziff. 3 des BG vom 4. Okt. 1991, in Kraft seit 15. Febr. 1992 (AS **1992** 288 337 Art. 2 Abs. 1 Bst. b; BBl **1991** II 465).

[78] Aufgehoben durch Anhang Ziff. 10 des Verwaltungsgerichtsgesetzes vom 17. Juni 2005, mit Wirkung seit 1. Jan. 2007 (AS **2006** 2197 1069; BBl **2001** 4202).

c. die einem Rechtsmittel zukommende aufschiebende Wirkung entzogen wird.

II. Zwangsmittel
1. Schuldbetreibung

Art. 40[79]

Verfügungen auf Geldzahlung oder Sicherheitsleistung sind auf dem Wege der Schuldbetreibung nach dem Bundesgesetz vom 11. April 1889[80] über Schuldbetreibung und Konkurs zu vollstrecken.

2. Andere Zwangsmittel

Art. 41

[1] Um andere Verfügungen zu vollstrecken, ergreift die Behörde folgende Massnahmen:

a. Ersatzvornahme durch die verfügende Behörde selbst oder durch einen beauftragten Dritten auf Kosten des Verpflichteten; die Kosten sind durch besondere Verfügung festzusetzen;
b. unmittelbaren Zwang gegen die Person des Verpflichteten oder an seinen Sachen;
c. Strafverfolgung, soweit ein anderes Bundesgesetz die Strafe vorsieht;
d. Strafverfolgung wegen Ungehorsams nach Artikel 292 des Strafgesetzbuches[81], soweit keine andere Strafbestimmung zutrifft.

[2] Bevor die Behörde zu einem Zwangsmittel greift, droht sie es dem Verpflichteten an und räumt ihm eine angemessene Erfüllungsfrist ein, im Falle von Absatz 1 Buchstaben c und d unter Hinweis auf die gesetzliche Strafdrohung.

[3] Im Falle von Absatz 1 Buchstaben a und b kann sie auf die Androhung des Zwangsmittels und die Einräumung einer Erfüllungsfrist verzichten, wenn Gefahr im Verzuge ist.

3. Verhältnismässigkeit

Art. 42

Die Behörde darf sich keines schärferen Zwangsmittels bedienen, als es die Verhältnisse erfordern.

---

[79] Fassung gemäss Anhang Ziff. 1 des BG vom 16. Dez. 1994, in Kraft seit 1. Jan. 1997 (AS **1995** 1227; BBl **1991** III 1).

[80] SR **281.1**

[81] SR **311.0**

III. Rechtshilfe

Art. 43

Die Kantone leisten den Bundesbehörden in der Vollstreckung Rechtshilfe.

Dritter Abschnitt: Das Beschwerdeverfahren im Allgemeinen

A. Grundsatz[82]

Art. 44

Die Verfügung unterliegt der Beschwerde.

B. Beschwerde gegen Zwischenverfügungen
I. Zwischenverfügungen über die Zuständigkeit und den Ausstand

Art. 45[83]

1 Gegen selbständig eröffnete Zwischenverfügungen über die Zuständigkeit und über Ausstandsbegehren ist die Beschwerde zulässig.

2 Diese Verfügungen können später nicht mehr angefochten werden.

II. Andere Zwischenverfügungen

Art. 46[84]

1 Gegen andere selbständig eröffnete Zwischenverfügungen ist die Beschwerde zulässig:

a. wenn sie einen nicht wieder gutzumachenden Nachteil bewirken können; oder
b. wenn die Gutheissung der Beschwerde sofort einen Endentscheid herbeiführen und damit einen bedeutenden Aufwand an Zeit oder Kosten für ein weitläufiges Beweisverfahren ersparen würde.

2 Ist die Beschwerde nach Absatz 1 nicht zulässig oder wurde von ihr kein Gebrauch gemacht, so sind die betreffenden Zwischenverfügungen durch Beschwerde gegen die Endverfügung anfechtbar, soweit sie sich auf den Inhalt der Endverfügung auswirken.

[82] Fassung gemäss Anhang Ziff. 10 des Verwaltungsgerichtsgesetzes vom 17. Juni 2005, in Kraft seit 1. Jan. 2007 (AS **2006** 2197 1069; BBl **2001** 4202).
[83] Fassung gemäss Anhang Ziff. 10 des Verwaltungsgerichtsgesetzes vom 17. Juni 2005, in Kraft seit 1. Jan. 2007 (AS **2006** 2197 1069; BBl **2001** 4202).
[84] Fassung gemäss Anhang Ziff. 10 des Verwaltungsgerichtsgesetzes vom 17. Juni 2005, in Kraft seit 1. Jan. 2007 (AS **2006** 2197 1069; BBl **2001** 4202).

B[bis]. Rechtsverweigerung und Rechtsverzögerung

Art. 46*a*[85]

Gegen das unrechtmässige Verweigern oder Verzögern einer anfechtbaren Verfügung kann Beschwerde geführt werden.

C. Beschwerdeinstanz

Art. 47

[1] Beschwerdeinstanzen sind:

a. der Bundesrat nach den Artikeln 72 ff.;

b.[86] das Bundesverwaltungsgericht nach den Artikeln 31–34 des Verwaltungsgerichtsgesetzes vom 17. Juni 2005[87];

c.[88] andere Instanzen, die ein Bundesgesetz als Beschwerdeinstanzen bezeichnet;

d.[89] die Aufsichtsbehörde, wenn die Beschwerde an das Bundesverwaltungsgericht unzulässig ist und das Bundesrecht keine andere Beschwerdeinstanz bezeichnet.

[2] Hat eine nicht endgültig entscheidende Beschwerdeinstanz im Einzelfalle eine Weisung erteilt, dass oder wie eine Vorinstanz verfügen soll, so ist die Verfügung unmittelbar an die nächsthöhere Beschwerdeinstanz weiterzuziehen; in der Rechtsmittelbelehrung ist darauf aufmerksam zu machen.[90]

[3] …[91]

[4] Weisungen, die eine Beschwerdeinstanz erteilt, wenn sie in der Sache entscheidet und diese an die Vorinstanz zurückweist, gelten nicht als Weisungen im Sinne von Absatz 2.

---

[85] Fassung gemäss Anhang Ziff. 10 des Verwaltungsgerichtsgesetzes vom 17. Juni 2005, in Kraft seit 1. Jan. 2007 (AS **2006** 2197 1069; BBl **2001** 4202).

[86] Fassung gemäss Anhang Ziff. 10 des Verwaltungsgerichtsgesetzes vom 17. Juni 2005, in Kraft seit 1. Jan. 2007 (AS **2006** 2197 1069; BBl **2001** 4202).

[87] SR **173.32**

[88] Fassung gemäss Anhang Ziff. 10 des Verwaltungsgerichtsgesetzes vom 17. Juni 2005, in Kraft seit 1. Jan. 2007 (AS **2006** 2197 1069; BBl **2001** 4202).

[89] Fassung gemäss Anhang Ziff. 10 des Verwaltungsgerichtsgesetzes vom 17. Juni 2005, in Kraft seit 1. Jan. 2007 (AS **2006** 2197 1069; BBl **2001** 4202).

[90] Fassung gemäss Art. 67 des Verwaltungsorganisationsgesetzes vom 19. Sept. 1978, in Kraft seit 1. Juni 1979 (AS **1979** 114; BBl **1975** I 1453).

[91] Aufgehoben durch Anhang Ziff. 10 des Verwaltungsgerichtsgesetzes vom 17. Juni 2005, mit Wirkung seit 1. Jan. 2007 (AS **2006** 2197 1069; BBl **2001** 4202).

Art. 47*a*[92]

D. Beschwerdelegitimation

Art. 48[93]

[1] Zur Beschwerde ist berechtigt, wer:

a. vor der Vorinstanz am Verfahren teilgenommen hat oder keine Möglichkeit zur Teilnahme erhalten hat;

b. durch die angefochtene Verfügung besonders berührt ist; und

c. ein schutzwürdiges Interesse an deren Aufhebung oder Änderung hat.

[2] Zur Beschwerde berechtigt sind ferner Personen, Organisationen und Behörden, denen ein anderes Bundesgesetz dieses Recht einräumt.

E. Beschwerdegründe

Art. 49

Der Beschwerdeführer kann mit der Beschwerde rügen:

a. Verletzung von Bundesrecht einschliesslich Überschreitung oder Missbrauch des Ermessens;

b. unrichtige oder unvollständige Feststellung des rechtserheblichen Sachverhaltes;

c. Unangemessenheit; die Rüge der Unangemessenheit ist unzulässig, wenn eine kantonale Behörde als Beschwerdeinstanz verfügt hat.

F. Beschwerdefrist

Art. 50[94]

[1] Die Beschwerde ist innerhalb von 30 Tagen nach Eröffnung der Verfügung einzureichen.

[2] Gegen das unrechtmässige Verweigern oder Verzögern einer Verfügung kann jederzeit Beschwerde geführt werden.

---

[92] Eingefügt durch Anhang Ziff. 1 des Regierungs- und Verwaltungsorganisationsgesetzes vom 21. März 1997 (AS **1997** 2022; BBl **1996** V 1). Aufgehoben durch Anhang Ziff. 10 des Verwaltungsgerichtsgesetzes vom 17. Juni 2005, mit Wirkung seit 1. Jan. 2007 (AS **2006** 2197 1069; BBl **2001** 4202).

[93] Fassung gemäss Anhang Ziff. 10 des Verwaltungsgerichtsgesetzes vom 17. Juni 2005, in Kraft seit 1. Jan. 2007 (AS **2006** 2197 1069; BBl **2001** 4202).

[94] Fassung gemäss Anhang Ziff. 10 des Verwaltungsgerichtsgesetzes vom 17. Juni 2005, in Kraft seit 1. Jan. 2007 (AS **2006** 2197 1069; BBl **2001** 4202).

G. Beschwerdeschrift
I. ...

Art. 51[95]

II. Inhalt und Form

Art. 52

[1] Die Beschwerdeschrift hat die Begehren, deren Begründung mit Angabe der Beweismittel und die Unterschrift des Beschwerdeführers oder seines Vertreters zu enthalten; die Ausfertigung der angefochtenen Verfügung und die als Beweismittel angerufenen Urkunden sind beizulegen, soweit der Beschwerdeführer sie in Händen hat.

[2] Genügt die Beschwerde diesen Anforderungen nicht, oder lassen die Begehren des Beschwerdeführers oder deren Begründung die nötige Klarheit vermissen und stellt sich die Beschwerde nicht als offensichtlich unzulässig heraus, so räumt die Beschwerdeinstanz dem Beschwerdeführer eine kurze Nachfrist zur Verbesserung ein.

[3] Sie verbindet diese Nachfrist mit der Androhung, nach unbenutztem Fristablauf auf Grund der Akten zu entscheiden oder, wenn Begehren, Begründung oder Unterschrift fehlen, auf die Beschwerde nicht einzutreten.

III. Ergänzende Beschwerdeschrift

Art. 53

Erfordert es der aussergewöhnliche Umfang oder die besondere Schwierigkeit einer Beschwerdesache, so gestattet die Beschwerdeinstanz dem Beschwerdeführer, der darum in seiner sonst ordnungsgemäss eingereichten Beschwerde nachsucht, deren Begründung innert einer angemessenen Nachfrist zu ergänzen; in diesem Falle findet Artikel 32 Absatz 2 keine Anwendung.

H. Übriges Verfahren bis zum Beschwerdeentscheid
I. Grundsatz

Art. 54

Die Behandlung der Sache, die Gegenstand der mit Beschwerde angefochtenen Verfügung bildet, geht mit Einreichung der Beschwerde auf die Beschwerdeinstanz über.

---

[95] Fassung gemäss Anhang Ziff. 10 des Verwaltungsgerichtsgesetzes vom 17. Juni 2005, in Kraft seit 1. Jan. 2007 (AS **2006** 2197 1069; BBl **2001** 4202).

II. Vorsorgliche Massnahmen
1. Aufschiebende Wirkung

Art. 55

[1] Die Beschwerde hat aufschiebende Wirkung.

[2] Hat die Verfügung nicht eine Geldleistung zum Gegenstand, so kann die Vorinstanz darin einer allfälligen Beschwerde die aufschiebende Wirkung entziehen; dieselbe Befugnis steht der Beschwerdeinstanz, ihrem Vorsitzenden oder dem Instruktionsrichter nach Einreichung der Beschwerde zu.[96]

[3] Die Beschwerdeinstanz, ihr Vorsitzender oder der Instruktionsrichter kann die von der Vorinstanz entzogene aufschiebende Wirkung wiederherstellen; über ein Begehren um Wiederherstellung der aufschiebenden Wirkung ist ohne Verzug zu entscheiden.[97]

[4] Wird die aufschiebende Wirkung willkürlich entzogen oder einem Begehren um Wiederherstellung der aufschiebenden Wirkung willkürlich nicht oder verspätet entsprochen, so haftet für den daraus erwachsenden Schaden die Körperschaft oder autonome Anstalt, in deren Namen die Behörde verfügt hat.

[5] Vorbehalten bleiben die Bestimmungen anderer Bundesgesetze, nach denen eine Beschwerde keine aufschiebende Wirkung hat.[98]

2. Andere Massnahmen

Art. 56[99]

Nach Einreichung der Beschwerde kann die Beschwerdeinstanz, ihr Vorsitzender oder der Instruktionsrichter von Amtes wegen oder auf Begehren einer Partei andere vorsorgliche Massnahmen treffen, um den bestehenden Zustand zu erhalten oder bedrohte Interessen einstweilen sicherzustellen.

III. Schriftenwechsel

Art. 57

[1] Die Beschwerdeinstanz bringt eine nicht zum vornherein unzulässige oder unbegründete Beschwerde ohne Verzug der Vorinstanz und allfälligen Gegen-

---

[96] Fassung gemäss Anhang Ziff. 10 des Verwaltungsgerichtsgesetzes vom 17. Juni 2005, in Kraft seit 1. Jan. 2007 (AS **2006** 2197 1069; BBl **2001** 4202).

[97] Fassung gemäss Anhang Ziff. 10 des Verwaltungsgerichtsgesetzes vom 17. Juni 2005, in Kraft seit 1. Jan. 2007 (AS **2006** 2197 1069; BBl **2001** 4202).

[98] Eingefügt durch Ziff. 5 des Anhangs zum Versicherungsaufsichtsgesetz vom 23. Juni 1978, in Kraft seit 1. Jan. 1979 (AS **1978** 1836; BBl **1976** II 873).

[99] Fassung gemäss Anhang Ziff. 10 des Verwaltungsgerichtsgesetzes vom 17. Juni 2005, in Kraft seit 1. Jan. 2007 (AS **2006** 2197 1069; BBl **2001** 4202).

parteien des Beschwerdeführers oder anderen Beteiligten zur Kenntnis, setzt ihnen Frist zur Vernehmlassung an und fordert gleichzeitig die Vorinstanz zur Vorlage ihrer Akten auf.[100]

[2] Sie kann die Parteien auf jeder Stufe des Verfahrens zu einem weiteren Schriftenwechsel einladen oder eine mündliche Verhandlung mit ihnen anberaumen.

IV. Neue Verfügung

Art. 58

[1] Die Vorinstanz kann bis zu ihrer Vernehmlassung die angefochtene Verfügung in Wiedererwägung ziehen.

[2] Sie eröffnet eine neue Verfügung ohne Verzug den Parteien und bringt sie der Beschwerdeinstanz zur Kenntnis.

[3] Die Beschwerdeinstanz setzt die Behandlung der Beschwerde fort, soweit diese durch die neue Verfügung der Vorinstanz nicht gegenstandslos geworden ist; Artikel 57 findet Anwendung, wenn die neue Verfügung auf einem erheblich veränderten Sachverhalt beruht oder eine erheblich veränderte Rechtslage schafft.

V. Ausstand

Art. 59

Die Beschwerdeinstanz darf mit der Behandlung der Beschwerdesache weder Personen im Dienste der Vorinstanz noch andere Personen betrauen, die sich an der Vorbereitung der angefochtenen Verfügung beteiligt haben; beruht die angefochtene Verfügung auf einer Weisung der Beschwerdeinstanz, so findet ausserdem Artikel 47 Absätze 2–4 Anwendung.

VI. Verfahrensdisziplin

Art. 60[101]

[1] Die Beschwerdeinstanz kann Parteien oder deren Vertreter, die den Anstand verletzen oder den Geschäftsgang stören, mit Verweis oder mit Ordnungsbusse bis zu 500 Franken bestrafen.

[2] Im Falle böswilliger oder mutwilliger Prozessführung können die Partei und ihr Vertreter mit einer Ordnungsbusse bis zu 1000 Franken und bei Rückfall bis zu 3000 Franken bestraft werden.

---

[100] Fassung gemäss Anhang Ziff. 10 des Verwaltungsgerichtsgesetzes vom 17. Juni 2005, in Kraft seit 1. Jan. 2007 (AS **2006** 2197 1069; BBl **2001** 4202).

[101] Fassung gemäss Anhang Ziff. 10 des Verwaltungsgerichtsgesetzes vom 17. Juni 2005, in Kraft seit 1. Jan. 2007 (AS **2006** 2197 1069; BBl **2001** 4202).

[3] Der Vorsitzende einer Verhandlung kann Personen, die sich seinen Anweisungen nicht unterziehen, aus dem Sitzungssaal wegweisen und mit einer Ordnungsbusse bis zu 500 Franken bestrafen.

J. Beschwerdeentscheid
I. Inhalt und Form

Art. 61

[1] Die Beschwerdeinstanz entscheidet in der Sache selbst oder weist diese ausnahmsweise mit verbindlichen Weisungen an die Vorinstanz zurück.

[2] Der Beschwerdeentscheid enthält die Zusammenfassung des erheblichen Sachverhalts, die Begründung (Erwägungen) und die Entscheidungsformel (Dispositiv).

[3] Er ist den Parteien und der Vorinstanz zu eröffnen.

II. Änderung der angefochtenen Verfügung

Art. 62

[1] Die Beschwerdeinstanz kann die angefochtene Verfügung zugunsten einer Partei ändern.

[2] Zuungunsten einer Partei kann sie die angefochtene Verfügung ändern, soweit diese Bundesrecht verletzt oder auf einer unrichtigen oder unvollständigen Feststellung des Sachverhaltes beruht; wegen Unangemessenheit darf die angefochtene Verfügung nicht zuungunsten einer Partei geändert werden, ausser im Falle der Änderung zugunsten einer Gegenpartei.

[3] Beabsichtigt die Beschwerdeinstanz, die angefochtene Verfügung zuungunsten einer Partei zu ändern, so bringt sie der Partei diese Absicht zur Kenntnis und räumt ihr Gelegenheit zur Gegenäusserung ein.

[4] Die Begründung der Begehren bindet die Beschwerdeinstanz in keinem Falle.

III. Verfahrenskosten

Art. 63

[1] Die Beschwerdeinstanz auferlegt in der Entscheidungsformel die Verfahrenskosten, bestehend aus Spruchgebühr, Schreibgebühren und Barauslagen, in der Regel der unterliegenden Partei. Unterliegt diese nur teilweise, so werden die Verfahrenskosten ermässigt. Ausnahmsweise können sie ihr erlassen werden.

[2] Keine Verfahrenskosten werden Vorinstanzen oder beschwerdeführenden und unterliegenden Bundesbehörden auferlegt; anderen als Bundesbehörden, die Beschwerde führen und unterliegen, werden Verfahrenskosten auferlegt, soweit

sich der Streit um vermögensrechtliche Interessen von Körperschaften oder autonomen Anstalten dreht.

3 Einer obsiegenden Partei dürfen nur Verfahrenskosten auferlegt werden, die sie durch Verletzung von Verfahrenspflichten verursacht hat.

4 Die Beschwerdeinstanz, ihr Vorsitzender oder der Instruktionsrichter erhebt vom Beschwerdeführer einen Kostenvorschuss in der Höhe der mutmasslichen Verfahrenskosten. Zu dessen Leistung ist dem Beschwerdeführer eine angemessene Frist anzusetzen unter Androhung des Nichteintretens. Wenn besondere Gründe vorliegen, kann auf die Erhebung des Kostenvorschusses ganz oder teilweise verzichtet werden.[102]

4bis Die Spruchgebühr richtet sich nach Umfang und Schwierigkeit der Streitsache, Art der Prozessführung und finanzieller Lage der Parteien. Sie beträgt:

a. in Streitigkeiten ohne Vermögensinteresse 100–5000 Franken;

b. in den übrigen Streitigkeiten 100–50'000 Franken.[103]

5 Der Bundesrat regelt die Bemessung der Gebühren im Einzelnen.[104] Vorbehalten bleiben Artikel 16 Absatz 1 Buchstabe a des Verwaltungsgerichtsgesetzes vom 17. Juni 2005[105] und Artikel 73 des Strafbehördenorganisationsgesetzes vom 19. März 2010[106].[107]

IV. Parteientschädigung

Art. 64

1 Die Beschwerdeinstanz kann der ganz oder teilweise obsiegenden Partei von Amtes wegen oder auf Begehren eine Entschädigung für ihr erwachsene notwendige und verhältnismässig hohe Kosten zusprechen.

2 Die Entschädigung wird in der Entscheidungsformel beziffert und der Körperschaft oder autonomen Anstalt auferlegt, in deren Namen die Vorinstanz verfügt hat, soweit sie nicht einer unterliegenden Gegenpartei auferlegt werden kann.

---

102 Fassung gemäss Anhang Ziff. 10 des Verwaltungsgerichtsgesetzes vom 17. Juni 2005, in Kraft seit 1. Jan. 2007 (AS **2006** 2197 1069; BBl **2001** 4202).

103 Eingefügt durch Anhang Ziff. 10 des Verwaltungsgerichtsgesetzes vom 17. Juni 2005, in Kraft seit 1. Jan. 2007 (AS **2006** 2197 1069; BBl **2001** 4202).

104 Fassung gemäss Anhang Ziff. 10 des Verwaltungsgerichtsgesetzes vom 17. Juni 2005, in Kraft seit 1. Jan. 2007 (AS **2006** 2197 1069; BBl **2001** 4202).

105 SR **173.32**

106 SR **173.71**

107 Fassung des zweiten Satzes gemäss Anhang Ziff. II 3 des Strafbehördenorganisationsgesetzes vom 19. März 2010, in Kraft seit 1. Jan. 2011 (AS **2010** 3267; BBl **2008** 8125).

[3] Einer unterliegenden Gegenpartei kann sie je nach deren Leistungsfähigkeit auferlegt werden, wenn sich die Partei mit selbständigen Begehren am Verfahren beteiligt hat.

[4] Die Körperschaft oder autonome Anstalt, in deren Namen die Vorinstanz verfügt hat, haftet für die einer unterliegenden Gegenpartei auferlegte Entschädigung, soweit sich diese als uneinbringlich herausstellt.

[5] Der Bundesrat regelt die Bemessung der Entschädigung.[108] Vorbehalten bleiben Artikel 16 Absatz 1 Buchstabe a des Verwaltungsgerichtsgesetzes vom 17. Juni 2005[109] und Artikel 73 des Strafbehördenorganisationsgesetzes vom 19. März 2010[110].[111]

V. Unentgeltliche Rechtspflege

Art. 65

[1] Die Beschwerdeinstanz, ihr Vorsitzender oder der Instruktionsrichter befreit nach Einreichung der Beschwerde eine Partei, die nicht über die erforderlichen Mittel verfügt, auf Antrag von der Bezahlung der Verfahrenskosten, sofern ihr Begehren nicht aussichtslos erscheint.[112]

[2] Wenn es zur Wahrung ihrer Rechte notwendig ist, bestellt die Beschwerdeinstanz, ihr Vorsitzender oder der Instruktionsrichter der Partei einen Anwalt.[113]

[3] Die Haftung für Kosten und Honorar des Anwalts bestimmt sich nach Artikel 64 Absätze 2–4.

[4] Gelangt die bedürftige Partei später zu hinreichenden Mitteln, so ist sie verpflichtet, Honorar und Kosten des Anwalts an die Körperschaft oder autonome Anstalt zu vergüten, die sie bezahlt hat.

[5] Der Bundesrat regelt die Bemessung von Honorar und Kosten.[114] Vorbehalten bleiben Artikel 16 Absatz 1 Buchstabe a des Verwaltungsgerichtsgesetzes vom

---

[108] Fassung gemäss Anhang Ziff. 10 des Verwaltungsgerichtsgesetzes vom 17. Juni 2005, in Kraft seit 1. Jan. 2007 (AS **2006** 2197 1069; BBl **2001** 4202).

[109] SR **173.32**

[110] SR **173.71**

[111] Fassung des zweiten Satzes gemäss Anhang Ziff. II 3 des Strafbehördenorganisationsgesetzes vom 19. März 2010, in Kraft seit 1. Jan. 2011 (AS **2010** 3267; BBl **2008** 8125).

[112] Fassung gemäss Anhang Ziff. 10 des Verwaltungsgerichtsgesetzes vom 17. Juni 2005, in Kraft seit 1. Jan. 2007 (AS **2006** 2197 1069; BBl **2001** 4202).

[113] Fassung gemäss Anhang Ziff. 10 des Verwaltungsgerichtsgesetzes vom 17. Juni 2005, in Kraft seit 1. Jan. 2007 (AS **2006** 2197 1069; BBl **2001** 4202).

[114] Fassung gemäss Anhang Ziff. 10 des Verwaltungsgerichtsgesetzes vom 17. Juni 2005, in Kraft seit 1. Jan. 2007 (AS **2006** 2197 1069; BBl **2001** 4202).

17. Juni 2005[115] und Artikel 73 des Strafbehördenorganisationsgesetzes vom 19. März 2010[116].[117]

K. Revision
I. Gründe

Art. 66[118]

[1] Die Beschwerdeinstanz zieht ihren Entscheid von Amtes wegen oder auf Begehren einer Partei in Revision, wenn ihn ein Verbrechen oder Vergehen beeinflusst hat.

[2] Ausserdem zieht sie ihn auf Begehren einer Partei in Revision, wenn:

a. die Partei neue erhebliche Tatsachen oder Beweismittel vorbringt;

b. die Partei nachweist, dass die Beschwerdeinstanz aktenkundige erhebliche Tatsachen oder bestimmte Begehren übersehen hat;

c. die Partei nachweist, dass die Beschwerdeinstanz die Bestimmungen der Artikel 10, 59 oder 76 über den Ausstand, der Artikel 26–28 über die Akteneinsicht oder der Artikel 29–33 über das rechtliche Gehör verletzt hat; oder

d. der Europäische Gerichtshof für Menschenrechte in einem endgültigen Urteil festgestellt hat, dass die Konvention vom 4. November 1950[119] zum Schutze der Menschenrechte und Grundfreiheiten (EMRK) oder die Protokolle dazu verletzt worden sind, oder den Fall durch eine gütliche Einigung (Art. 39 EMRK) abgeschlossen hat, sofern eine Entschädigung nicht geeignet ist, die Folgen der Verletzung auszugleichen, und die Revision notwendig ist, um die Verletzung zu beseitigen.

[3] Gründe im Sinne von Absatz 2 Buchstaben a–c gelten nicht als Revisionsgründe, wenn die Partei sie im Rahmen des Verfahrens, das dem Beschwerdeentscheid voranging, oder auf dem Wege einer Beschwerde, die ihr gegen den Beschwerdeentscheid zustand, geltend machen konnte.

---

[115] SR **173.32**

[116] SR **173.71**

[117] Fassung gemäss Anhang Ziff. 10 des Verwaltungsgerichtsgesetzes vom 17. Juni 2005, in Kraft seit 1. Jan. 2007 (AS **2006** 2197 1069; BBl **2001** 4202).

[118] Fassung gemäss Anhang Ziff. 10 des Verwaltungsgerichtsgesetzes vom 17. Juni 2005, in Kraft seit 1. Jan. 2007 (AS **2006** 2197 1069; BBl **2001** 4202).

[119] Fassung gemäss Anhang Ziff. 1 des BG vom 1. Okt. 2021, in Kraft seit 1. Juli 2022 (AS **2022** 289; BBl **2021** 300, 889).

II. Begehren

Art. 67

[1] Das Revisionsbegehren ist der Beschwerdeinstanz innert 90 Tagen nach Entdeckung des Revisionsgrundes, spätestens aber innert 10 Jahren nach Eröffnung des Beschwerdeentscheides schriftlich einzureichen.[120]

[1bis] Im Fall von Artikel 66 Absatz 2 Buchstabe d ist das Revisionsbegehren innert 90 Tagen einzureichen, nachdem das Urteil des Europäischen Gerichtshofs für Menschenrechte nach Artikel 44 der Europäischen Menschenrechtskonvention vom 4. November 1950[121] endgültig geworden ist.[122]

[2] Nach Ablauf von 10 Jahren seit Eröffnung des Beschwerdeentscheides ist ein Revisionsbegehren nur aus dem Grunde von Artikel 66 Absatz 1 zulässig.

[3] Auf Inhalt, Form, Verbesserung und Ergänzung des Revisionsbegehrens finden die Artikel 52 und 53 Anwendung; die Begründung hat insbesondere den Revisionsgrund und die Rechtzeitigkeit des Revisionsbegehrens darzutun. Dieses hat auch die Begehren für den Fall eines neuen Beschwerdeentscheides zu enthalten.

III. Entscheid

Art. 68

[1] Tritt die Beschwerdeinstanz auf das Revisionsbegehren ein und erachtet sie es als begründet, so hebt sie den Beschwerdeentscheid auf und entscheidet neu.

[2] Im Übrigen finden auf die Behandlung des Revisionsbegehrens die Artikel 56, 57 und 59–65 Anwendung.

L. Erläuterung

Art. 69

[1] Die Beschwerdeinstanz erläutert auf Begehren einer Partei den Beschwerdeentscheid, der unter Unklarheiten oder Widersprüchen in seiner Entscheidungsformel oder zwischen dieser und der Begründung leidet.

[2] Eine Rechtsmittelfrist beginnt mit der Erläuterung neu zu laufen.

---

[120] Fassung gemäss Anhang Ziff. 10 des Verwaltungsgerichtsgesetzes vom 17. Juni 2005, in Kraft seit 1. Jan. 2007 (AS **2006** 2197 1069; BBl **2001** 4202).
[121] SR **0.101**
[122] Eingefügt durch Anhang Ziff. 10 des Verwaltungsgerichtsgesetzes vom 17. Juni 2005, in Kraft seit 1. Jan. 2007 (AS **2006** 2197 1069; BBl **2001** 4202).

[3] Redaktions- oder Rechnungsfehler oder Kanzleiversehen, die keinen Einfluss auf die Entscheidungsformel oder auf den erheblichen Inhalt der Begründung ausüben, kann die Beschwerdeinstanz jederzeit berichtigen.

M. Besondere Beschwerdearten
I. ...

Art. 70[123]

II. Aufsichtsbeschwerde

Art. 71

[1] Jedermann kann jederzeit Tatsachen, die im öffentlichen Interesse ein Einschreiten gegen eine Behörde von Amtes wegen erfordern, der Aufsichtsbehörde anzeigen.

[2] Der Anzeiger hat nicht die Rechte einer Partei.

Vierter Abschnitt: Besondere Behörden[124]

A. ...

Art. 71*a*–71*d*[125]

B. Bundesrat
I. Als Beschwerdeinstanz
1. Zulässigkeit der Beschwerde
a. Sachgebiete

Art. 72[126]

Die Beschwerde an den Bundesrat ist zulässig gegen:

a. Verfügungen auf dem Gebiet der inneren und äusseren Sicherheit des Landes, der Neutralität, des diplomatischen Schutzes und der übrigen

[123] Aufgehoben durch Anhang Ziff. 10 des Verwaltungsgerichtsgesetzes vom 17. Juni 2005, mit Wirkung seit 1. Jan. 2007 (AS **2006** 2197 1069; BBl **2001** 4202).

[124] Fassung gemäss Anhang Ziff. 3 des BG vom 4. Okt. 1991, in Kraft seit 1. Jan. 1994 (AS **1992** 288, **1993** 877 Art. 2 Abs. 1; BBl **1991** II 465).

[125] Eingefügt durch Anhang Ziff. 3 des BG vom 4. Okt. 1991 (AS **1992** 288, **1993** 877 Art. 2 Abs. 1; BBl **1991** II 465). Aufgehoben durch Anhang Ziff. 10 des Verwaltungsgerichtsgesetzes vom 17. Juni 2005, mit Wirkung seit 1. Jan. 2007 (AS **2006** 2197 1069; BBl **2001** 4202).

[126] Fassung gemäss Anhang Ziff. 10 des Verwaltungsgerichtsgesetzes vom 17. Juni 2005, in Kraft seit 1. Jan. 2007 (AS **2006** 2197 1069; BBl **2001** 4202).

auswärtigen Angelegenheiten, soweit das Völkerrecht nicht einen Anspruch auf gerichtliche Beurteilung einräumt;

b. erstinstanzliche Verfügungen über leistungsabhängige Lohnanteile des Bundespersonals.

b. Vorinstanzen

Art. 73[127]

Die Beschwerde an den Bundesrat ist zulässig gegen Verfügungen:

a. der Departemente und der Bundeskanzlei;

b. letzter Instanzen autonomer Anstalten und Betriebe des Bundes;

c. letzter kantonaler Instanzen.

c. Subsidiarität

Art. 74[128]

Die Beschwerde an den Bundesrat ist unzulässig gegen Verfügungen, die durch Beschwerde an eine andere Bundesbehörde oder durch Einsprache anfechtbar sind.

2. Instruktion der Beschwerde[129]

Art. 75

[1] Das Eidgenössische Justiz- und Polizeidepartement besorgt die Instruktion der Beschwerde.

[2] Der Bundesrat betraut mit der Instruktion von Beschwerden, die sich gegen das Eidgenössische Justiz- und Polizeidepartement richten, ein anderes Departement.

[3] Das instruierende Departement stellt dem Bundesrat Antrag und übt bis zum Entscheid die dem Bundesrat als Beschwerdeinstanz zustehenden Befugnisse aus.

[127] Aufgehoben durch Ziff. I 1 des BG vom 8. Okt. 1999 über prozessuale Anpassungen an die neue BV (AS **2000** 416; BBl **1999** 7922). Fassung gemäss Anhang Ziff. 10 des Verwaltungsgerichtsgesetzes vom 17. Juni 2005, in Kraft seit 1. Jan. 2007 (AS **2006** 2197 1069; BBl **2001** 4202).

[128] Fassung gemäss Anhang Ziff. 10 des Verwaltungsgerichtsgesetzes vom 17. Juni 2005, in Kraft seit 1. Jan. 2007 (AS **2006** 2197 1069; BBl **2001** 4202).

[129] Fassung gemäss Anhang Ziff. 10 des Verwaltungsgerichtsgesetzes vom 17. Juni 2005, in Kraft seit 1. Jan. 2007 (AS **2006** 2197 1069; BBl **2001** 4202).

3. Ausstand[130]

Art. 76[131]

[1] Das Mitglied des Bundesrates, gegen dessen Departement sich die Beschwerde richtet, tritt für den Entscheid des Bundesrates in den Ausstand.

[2] Sein Departement kann sich am Verfahren des Bundesrates wie ein Beschwerdeführer und ausserdem im Rahmen des Mitberichtsverfahrens nach Artikel 54 des Verwaltungsorganisationsgesetzes vom 19. September 1978[132] beteiligen.

[3] Führt es im Mitberichtsverfahren neue tatsächliche oder rechtliche Vorbringen an, so sind der Beschwerdeführer, allfällige Gegenparteien oder andere Beteiligte zu diesen Vorbringen anzuhören.

4. Ergänzende Verfahrensbestimmungen[133]

Art. 77

Im Übrigen finden die Artikel 45–70 Anwendung.

II. Als einzige oder erste Instanz[134]

Art. 78

[1] Verfügt der Bundesrat als einzige oder als erste Instanz, so stellt ihm das in der Sache zuständige Departement Antrag.

[2] Es übt die Befugnisse aus, die dem Bundesrat bis zur Verfügung zustehen.

[3] Im Übrigen finden die Artikel 7–43 Anwendung.

---

[130] Fassung gemäss Anhang Ziff. 10 des Verwaltungsgerichtsgesetzes vom 17. Juni 2005, in Kraft seit 1. Jan. 2007 (AS **2006** 2197 1069; BBl **2001** 4202).

[131] Fassung gemäss Anhang Ziff. 3 des BG vom 4. Okt. 1991, in Kraft seit 15. Febr. 1992 (AS **1992** 288 337 Art. 2 Abs. 1 Bst. b; BBl **1991** II 465).

[132] [AS **1979** 114, **1983** 170 931 Art. 59 Ziff. 2, **1985** 699, **1987** 226 Ziff. II 2 808, **1989** 2116, **1990** 3 Art. 1 1530 Ziff. II 1 1587 Art. 1, **1991** 362 Ziff. I, **1992** 2 Art. 1 288 Anhang Ziff. 2 510 581 Anhang Ziff. 2, **1993** 1770, **1995** 978 4093 Anhang Ziff. 2 4362 Art. 1 5050 Anhang Ziff. 1, **1996** 546 Anhang Ziff. 1 1486 1498 Anhang Ziff. 1. AS **1997** 2022 Art. 63]. Siehe heute das Regierungs- und Verwaltungsorganisationsgesetz vom 21. März 1997 (SR **172.010**).

[133] Fassung gemäss Anhang Ziff. 10 des Verwaltungsgerichtsgesetzes vom 17. Juni 2005, in Kraft seit 1. Jan. 2007 (AS **2006** 2197 1069; BBl **2001** 4202).

[134] Fassung gemäss Anhang Ziff. 3 des BG vom 4. Okt. 1991, in Kraft seit 1. Jan. 1994 (AS **1992** 288, **1993** 877 Art. 2 Abs. 1; BBl **1991** II 465).

C. Bundesversammlung[135]

Art. 79

[1] Gegen Beschwerdeentscheide und Verfügungen ist die Beschwerde an die Bundesversammlung zulässig, wenn ein Bundesgesetz dies vorsieht.[136]

[2] Die Beschwerde ist der Bundesversammlung innert 30 Tagen seit Eröffnung des Beschwerdeentscheides oder der Verfügung einzureichen.

[3] Die Beschwerde hat ohne entsprechende vorsorgliche Verfügung des Bundesrates keine aufschiebende Wirkung.

Fünfter Abschnitt: Schluss- und Übergangsbestimmungen

A. Aufhebung und Anpassung von Bestimmungen

Art. 80

Mit dem Inkrafttreten dieses Gesetzes sind aufgehoben:

a. Artikel 23bis des Bundesgesetzes vom 26. März 1914[137] über die Organisation der Bundesverwaltung;

b. die Artikel 124–134, 158 und 164 des OG[138];

c. widersprechende Bestimmungen des Bundesrechts; vorbehalten bleiben ergänzende Bestimmungen im Sinne von Artikel 4.

---

[135] Fassung gemäss Anhang Ziff. 3 des BG vom 4. Okt. 1991, in Kraft seit 1. Jan. 1994 (AS **1992** 288, **1993** 877 Art. 2 Abs. 1; BBl **1991** II 465).

[136] Fassung gemäss Ziff. I 1 des BG vom 8. Okt. 1999 über prozessuale Anpassungen an die neue BV, in Kraft seit 1. März 2000 (AS **2000** 416; BBl **1999** 7922).

[137] [BS **1** 261. AS **1979** 114 Art. 72 Bst. *a*].

[138] [BS **3** 531; AS **1948** 485 Art. 86, **1955** 871 Art. 118, **1959** 902, **1969** 767, **1977** 237 Ziff. II 3 862 Art. 52 Ziff. 2 1323 Ziff. III, **1978** 688 Art. 88 Ziff. 3 1450, **1979** 42, **1980** 31 Ziff. IV 1718 Art. 52 Ziff. 2 1819 Art. 12 Abs. 1, **1982** 1676 Anhang Ziff. 13, **1983** 1886 Art. 36 Ziff. 1, **1986** 926 Art. 59 Ziff. 1, **1987** 226 Ziff. II 1 1665 Ziff. II, **1988** 1776 Anhang Ziff. II 1, **1989** 504 Art. 33 Bst. *a*, **1990** 938 Ziff. III Abs. 5, **1992** 288, **1993** 274 Art. 75 Ziff. 1 1945 Anhang Ziff. 1, **1995** 1227 Anhang Ziff. 3 4093 Anhang Ziff. 4, **1996** 508 Art. 36 750 Art. 17 1445 Anhang Ziff. 2 1498 Anhang Ziff. 2, **1997** 1155 Anhang Ziff. 6 2465 Anhang Ziff. 5, **1998** 2847 Anhang Ziff. 3 3033 Anhang Ziff. 2, **1999** 1118 Anhang Ziff. 1 3071 Ziff. I 2, **2000** 273 Anhang Ziff. 6 416 Ziff. I 2 505 Ziff. I 1 2355 Anhang Ziff. 1 2719, **2001** 114 Ziff. I 4 894 Art. 40 Ziff. 3 1029 Art. 11 Abs. 2, **2002** 863 Art. 35 1904 Art. 36 Ziff. 1 2767 Ziff. II 3988 Anhang Ziff. 1, **2003** 2133 Anhang Ziff. 7 3543 Anhang Ziff. II 4 Bst. *a* 4557 Anhang Ziff. II 1, **2004** 1985 Anhang Ziff. II 1 4719 Anhang Ziff. II 1, **2005** 5685 Anhang Ziff. 7. AS **2006** 1205 Art. 131 Abs. 1].

B. Übergangsbestimmung

Art. 81

Dieses Gesetz findet keine Anwendung auf die im Zeitpunkt seines Inkrafttretens vor Behörden der Verwaltungsrechtspflege hängigen Streitigkeiten und auf Beschwerden oder Einsprachen gegen vor diesem Zeitpunkt getroffene Verfügungen; in diesem Falle bleiben die früheren Verfahrens- und Zuständigkeitsbestimmungen anwendbar.

C. Inkrafttreten

Art. 82

Der Bundesrat bestimmt den Zeitpunkt, in dem dieses Gesetz in Kraft tritt.

Datum des Inkrafttretens: 1. Oktober 1969[139]

Schlussbestimmung der Änderung vom 18. März 1994[140]

Das neue Recht findet auf alle Beschwerden Anwendung, die nach dem Inkrafttreten der Änderung vom 18. März 1994 der Beschwerdeinstanz eingereicht werden.

Schlussbestimmung zur Änderung vom 17. Juni 2005[141]

Der Bundesrat kann während zehn Jahren nach dem Inkrafttreten der Änderung vom 17. Juni 2005 die Möglichkeit, Eingaben den Behörden elektronisch zuzustellen, auf Verfahren vor bestimmten Behörden beschränken.

[139] BRB vom 10. Sept. 1969
[140] AS **1994** 1634 Ziff. I 8.2; BBl **1993** IV 293
[141] AS **2006** 2197 Anhang Ziff. 10; BBl **2001** 4202

Bundesgesetz über das Verwaltungsstrafrecht (VStrR)

vom 22. März 1974 (Stand am 1. September 2023)

Die Bundesversammlung der Schweizerischen Eidgenossenschaft,

gestützt auf die Artikel 64bis, 106 und 114 der Bundesverfassung[1],[2]

nach Einsicht in eine Botschaft des Bundesrates vom 21. April 1971[3],

beschliesst:

Erster Titel: Geltungsbereich des Gesetzes

Geltungsbereich

Art. 1

Ist die Verfolgung und Beurteilung von Widerhandlungen einer Verwaltungsbehörde des Bundes übertragen, so findet dieses Gesetz Anwendung.

Zweiter Titel: Verwaltungsstrafrecht

Erster Abschnitt: Allgemeine Bestimmungen

A. Anwendung des Schweizerischen Strafgesetzbuches

Art. 2

Die allgemeinen Bestimmungen des Strafgesetzbuches[4] gelten für Taten, die in der Verwaltungsgesetzgebung des Bundes mit Strafe bedroht sind, soweit dieses Gesetz oder das einzelne Verwaltungsgesetz nichts anderes bestimmt.

AS **1974** 1857

[1] [BS **1** 3]. Den genannten Bestimmungen entsprechen heute die Art. 123, 188 und 190 (nach Inkrafttreten des BB vom 8. Okt. 1999 über die Reform der Justiz – BBl **1999** 8633 – Art. 123, 188 und 189) der BV vom 18. April 1999 (SR **101**).

[2] Fassung gemäss Ziff. I 13 des BG vom 17. Dez. 2021 über die Harmonisierung der Strafrahmen, in Kraft seit 1. Juli 2023 (AS **2023** 259; BBl **2018** 2827).

[3] BBl **1971** I 993

[4] SR **311.0**

B. Ordnungswidrigkeit

Art. 3

Ordnungswidrigkeit im Sinne dieses Gesetzes ist die vom einzelnen Verwaltungsgesetz als solche bezeichnete oder die mit Ordnungsbusse bedrohte Übertretung

C. Abweichungen vom Strafgesetzbuch
I. Jugendliche

Art. 4[5]

Begeht ein Jugendlicher vor Vollendung des 15. Altersjahres eine mit Strafe bedrohte Tat, so wird er nicht strafrechtlich verfolgt.

II. Teilnahme

Art. 5

Anstiftung und Gehilfenschaft zu einer Übertretung, ausgenommen zu einer Ordnungswidrigkeit, sind strafbar.

III. Widerhandlungen in Geschäftsbetrieben, durch Beauftragte u.dgl.
1. Regel

Art. 6

[1] Wird eine Widerhandlung beim Besorgen der Angelegenheiten einer juristischen Person, Kollektiv- oder Kommanditgesellschaft, Einzelfirma oder Personengesamtheit ohne Rechtspersönlichkeit oder sonst in Ausübung geschäftlicher oder dienstlicher Verrichtungen für einen andern begangen, so sind die Strafbestimmungen auf diejenigen natürlichen Personen anwendbar, welche die Tat verübt haben.

[2] Der Geschäftsherr, Arbeitgeber, Auftraggeber oder Vertretene, der es vorsätzlich oder fahrlässig in Verletzung einer Rechtspflicht unterlässt, eine Widerhandlung des Untergebenen, Beauftragten oder Vertreters abzuwenden oder in ihren Wirkungen aufzuheben, untersteht den Strafbestimmungen, die für den entsprechend handelnden Täter gelten.

[3] Ist der Geschäftsherr, Arbeitgeber, Auftraggeber oder Vertretene eine juristische Person, Kollektiv- oder Kommanditgesellschaft, Einzelfirma oder Personengesamtheit ohne Rechtspersönlichkeit, so wird Absatz 2 auf die schuldigen Organe, Organmitglieder, geschäftsführenden Gesellschafter, tatsächlich leitenden Personen oder Liquidatoren angewendet.

---

[5] Fassung gemäss Art. 44 Ziff. 2 des Jugendstrafgesetzes vom 20. Juni 2003, in Kraft seit 1. Jan. 2007 (AS **2006** 3545; BBl **1999** 1979).

2. Sonderordnung bei Bussen bis zu 5000 Franken

Art. 7

[1] Fällt eine Busse von höchstens 5000 Franken in Betracht und würde die Ermittlung der nach Artikel 6 strafbaren Personen Untersuchungsmassnahmen bedingen, die im Hinblick auf die verwirkte Strafe unverhältnismässig wären, so kann von einer Verfolgung dieser Personen Umgang genommen und an ihrer Stelle die juristische Person, die Kollektiv- oder Kommanditgesellschaft oder die Einzelfirma zur Bezahlung der Busse verurteilt werden.

[2] Für Personengesamtheiten ohne Rechtspersönlichkeit gilt Absatz 1 sinngemäss.

IV. Strafzumessung
1. Bussen

Art. 8

Bussen bis zu 5000 Franken sind nach der Schwere der Widerhandlung und des Verschuldens zu bemessen; andere Strafzumessungsgründe müssen nicht berücksichtigt werden.

2. Zusammentreffen von strafbaren Handlungen oder von Strafbestimmungen

Art. 9

Die Vorschriften von Artikel 68 des Strafgesetzbuches[6] über das Zusammentreffen von strafbaren Handlungen oder Strafbestimmungen gelten nicht für Bussen und Umwandlungsstrafen.

V. Umwandlung der Busse

Art. 10

[1] Soweit eine Busse nicht eingebracht werden kann, wird sie vom Richter in Haft, bei Jugendlichen in Einschliessung umgewandelt. Die Busse wegen einer Ordnungswidrigkeit unterliegt der Umwandlung nicht.

[2] Der Richter kann fdie Umwandlung ausschliessen, sofern der Verurteilte nachweist, dass er schuldlos ausserstande ist, die Busse zu bezahlen. Der Ausschluss der Umwandlung ist jedoch nicht zulässig, wenn der Verurteilte die Widerhandlung vorsätzlich begangen hat und wenn zur Zeit der Tat noch nicht fünf Jahre vergangen sind, seit er wegen einer Widerhandlung gegen das gleiche Verwaltungsgesetz, die nicht eine blosse Ordnungswidrigkeit war, verurteilt worden ist.[7]

---

[6] SR **311.0**. Heute: von Art. 49.

[7] Fassung gemäss Anhang Ziff. II 6 des Finanzinstitutsgesetzes vom 15. Juni 2018, in Kraft seit 1. Jan. 2020 (AS **2018** 5247, **2019** 4631; BBl **2015** 8901).

[3] Im Falle der Umwandlung werden 30 Franken einem Tag Haft oder Einschliessung gleichgesetzt, jedoch darf die Umwandlungsstrafe die Dauer von drei Monaten nicht übersteigen. Sind Teilzahlungen entrichtet worden, so setzt der Richter die Umwandlungsstrafe im Verhältnis dieser Teilzahlungen zum ganzen Bussenbetrag herab.

[4] Wird die Busse, nachdem sie umgewandelt worden ist, bezahlt, so fällt die Umwandlungsstrafe, soweit sie noch nicht vollzogen ist, dahin.

VI. Verjährung

Art. 11

[1] Eine Übertretung verjährt in vier Jahren.[8]

[2] Besteht die Übertretung jedoch in einer Hinterziehung oder Gefährdung von Abgaben oder im unrechtmässigen Erlangen einer Rückerstattung, einer Ermässigung oder eines Erlasses von Abgaben, so beträgt die Verjährungsfrist sieben Jahre.[9]

[3] Bei Verbrechen, Vergehen und Übertretungen ruht die Verjährung:

a. während der Dauer eines Einsprache-, Beschwerde- oder gerichtlichen Verfahrens über die Leistungs- oder Rückleistungspflicht oder über eine andere nach dem einzelnen Verwaltungsgesetz zu beurteilende Vorfrage; oder

b. solange der Täter im Ausland eine Freiheitsstrafe verbüsst.[10]

[4] Die Strafe einer Übertretung verjährt in fünf Jahren.

D. Hinterziehung; Erschleichen eines Beitrages u.dgl.
I. Leistungs- und Rückleistungspflicht

Art. 12

[1] Ist infolge einer Widerhandlung gegen die Verwaltungsgesetzgebung des Bundes zu Unrecht

a. eine Abgabe nicht erhoben, zurückerstattet, ermässigt oder erlassen worden, oder

---

[8] Fassung gemäss Ziff. I 13 des BG vom 17. Dez. 2021 über die Harmonisierung der Strafrahmen, in Kraft seit 1. Juli 2023 (AS **2023** 259; BBl **2018** 2827).

[9] Fassung gemäss Ziff. I 13 des BG vom 17. Dez. 2021 über die Harmonisierung der Strafrahmen, in Kraft seit 1. Juli 2023 (AS **2023** 259; BBl **2018** 2827).

[10] Fassung gemäss Ziff. I 13 des BG vom 17. Dez. 2021 über die Harmonisierung der Strafrahmen, in Kraft seit 1. Juli 2023 (AS **2023** 259; BBl **2018** 2827).

b. vom Bund, von einem Kanton, einer Gemeinde, einer Anstalt oder Körperschaft des öffentlichen Rechts oder von einer mit öffentlich-rechtlichen Aufgaben betrauten Organisation eine Vergütung oder ein Beitrag gewährt oder eine Forderung nicht geltend gemacht worden,

so sind die Abgabe, die Vergütung, der Beitrag oder der nicht eingeforderte Betrag und der Zins, ohne Rücksicht auf die Strafbarkeit einer bestimmten Person, nachzuentrichten oder zurückzuerstatten.

[2] Leistungs- oder rückleistungspflichtig ist, wer in den Genuss des unrechtmässigen Vorteils gelangt ist, insbesondere der zur Zahlung der Abgabe Verpflichtete oder der Empfänger der Vergütung oder des Beitrages.

[3] Wer vorsätzlich die Widerhandlung begangen oder an ihr teilgenommen hat, haftet für den nachzuentrichtenden oder zurückzuerstattenden Betrag solidarisch mit den nach Absatz 2 Zahlungspflichtigen.

[4] Leistungs- und Rückleistungspflicht verjähren nicht, solange die Strafverfolgung und Strafvollstreckung nicht verjährt sind.

II. Selbstanzeige

Art. 13

Hat der Täter die Widerhandlung, die eine Leistungs- oder Rückleistungspflicht begründet, aus eigenem Antrieb angezeigt, hat er überdies, soweit es ihm zumutbar war, über die Grundlagen der Leistungs- oder Rückleistungspflicht vollständige und genaue Angaben gemacht, zur Abklärung des Sachverhalts beigetragen und die Pflicht, wenn sie ihm obliegt, erfüllt, und hat er bisher noch nie wegen einer vorsätzlichen Widerhandlung der gleichen Art Selbstanzeige geübt, so bleibt er straflos.

Zweiter Abschnitt: Besondere Bestimmungen

A. Strafbare Handlungen
I. Leistungs- und Abgabebetrug

Art. 14[11]

[1] Wer die Verwaltung, eine andere Behörde oder einen Dritten durch Vorspiegelung oder Unterdrückung von Tatsachen arglistig irreführt oder sie in einem Irrtum arglistig bestärkt und so für sich oder einen andern unrechtmässig eine Konzession, eine Bewilligung oder ein Kontingent, einen Beitrag, die Rückerstattung von Abgaben oder eine andere Leistung des Gemeinwesens erschleicht

[11] Fassung gemäss Ziff. I 13 des BG vom 17. Dez. 2021 über die Harmonisierung der Strafrahmen, in Kraft seit 1. Juli 2023 (AS **2023** 259; BBl **2018** 2827).

oder so bewirkt, dass der Entzug einer Konzession, einer Bewilligung oder eines Kontingents unterbleibt, wird mit Freiheitsstrafe bis zu drei Jahren oder Geldstrafe bestraft.

[2] Bewirkt der Täter durch sein arglistiges Verhalten, dass dem Gemeinwesen unrechtmässig und in einem erheblichen Betrag eine Abgabe, ein Beitrag oder eine andere Leistung vorenthalten oder dass es sonst am Vermögen geschädigt wird, so ist die Strafe Freiheitsstrafe bis zu drei Jahren oder Geldstrafe.

[3] Wer gewerbsmässig oder im Zusammenwirken mit Dritten Widerhandlungen nach Absatz 1 oder 2 in Abgaben- oder Zollangelegenheiten begeht und sich oder einem andern dadurch in besonders erheblichem Umfang einen unrechtmässigen Vorteil verschafft oder das Gemeinwesen am Vermögen oder an andern Rechten besonders erheblich schädigt, wird mit Freiheitsstrafe bis zu fünf Jahren oder Geldstrafe bestraft.

[4] Sieht ein Verwaltungsgesetz für eine dem Absatz 1, 2 oder 3 entsprechende nicht arglistig begangene Widerhandlung eine Busse vor, so ist in den Fällen nach den Absätzen 1–3 zusätzlich eine Busse auszufällen. Deren Bemessung richtet sich nach dem entsprechenden Verwaltungsgesetz.

II. Urkundenfälschung; Erschleichen einer falschen Beurkundung

Art. 15

1. Wer in der Absicht, sich oder einem andern einen nach der Verwaltungsgesetzgebung des Bundes unrechtmässigen Vorteil zu verschaffen oder das Gemeinwesen am Vermögen oder an andern Rechten zu schädigen, eine Urkunde fälscht oder verfälscht oder die echte Unterschrift oder das echte Handzeichen eines andern zur Herstellung einer unwahren Urkunde benützt oder eine Urkunde dieser Art zur Täuschung gebraucht, wer durch Täuschung bewirkt, dass die Verwaltung oder eine andere Behörde oder eine Person öffentlichen Glaubens eine für die Durchführung der Verwaltungsgesetzgebung des Bundes erhebliche Tatsache unrichtig beurkundet, und wer eine so erschlichene Urkunde zur Täuschung der Verwaltung oder einer anderen Behörde gebraucht, wird mit Freiheitsstrafe bis zu drei Jahren oder Geldstrafe bestraft.[12]

2. Ziffer 1 gilt auch für Urkunden des Auslandes.

[12] Fassung gemäss Ziff. I 13 des BG vom 17. Dez. 2021 über die Harmonisierung der Strafrahmen, in Kraft seit 1. Juli 2023 (AS **2023** 259; BBl **2018** 2827).

III. Unterdrückung von Urkunden

Art. 16

[1] Wer in der Absicht, sich oder einem andern einen nach der Verwaltungsgesetzgebung des Bundes unrechtmässigen Vorteil zu verschaffen oder das Gemeinwesen am Vermögen oder an andern Rechten zu schädigen, Urkunden, die er nach dieser Gesetzgebung aufzubewahren verpflichtet ist, beschädigt, vernichtet oder beiseite schafft, wird mit Freiheitsstrafe bis zu drei Jahren oder Geldstrafe bestraft.[13]

[2] Offenbart der Täter die beiseite geschafften Urkunden aus eigenem Antrieb und bevor die Verwaltung die Untersuchung abgeschlossen hat, so kann von einer Bestrafung Umgang genommen werden.

[3] Die Absätze 1 und 2 gelten auch für Urkunden des Auslandes.

IV. Begünstigung

Art. 17[14]

1. Wer in einem Verwaltungsstrafverfahren jemanden der Strafverfolgung oder dem Strafvollzug, soweit dieser der beteiligten Verwaltung obliegt, entzieht, wer dazu beiträgt, einem Täter oder Teilnehmer die Vorteile einer Widerhandlung gegen die Verwaltungsgesetzgebung des Bundes zu sichern, wird mit Freiheitsstrafe bis zu drei Jahren oder Geldstrafe bestraft.

2. Ist die Vortat eine Übertretung, so wird der Täter mit Busse bestraft.

3. Wer dazu beiträgt, den Vollzug einer verwaltungsstrafrechtlichen Massnahme widerrechtlich zu verunmöglichen, wird mit Freiheitsstrafe bis zu einem Jahr oder Geldstrafe bestraft.

4. Begünstigt der Täter seine Angehörigen oder jemand anderen, zu dem er in so nahen persönlichen Beziehungen steht, dass sein Verhalten entschuldbar ist, so bleibt er straflos.

B. Gleichstellung der mit öffentlich-rechtlichen Aufgaben betrauten Organisationen

Art. 18

Soweit mit öffentlich-rechtlichen Aufgaben betraute Organisationen und ihre Organe oder Beauftragten die Verwaltungsgesetzgebung des Bundes anzuwen-

---

[13] Fassung gemäss Ziff. I 13 des BG vom 17. Dez. 2021 über die Harmonisierung der Strafrahmen, in Kraft seit 1. Juli 2023 (AS **2023** 259; BBl **2018** 2827).

[14] Fassung gemäss Ziff. I 13 des BG vom 17. Dez. 2021 über die Harmonisierung der Strafrahmen, in Kraft seit 1. Juli 2023 (AS **2023** 259; BBl **2018** 2827).

den haben, stehen sie in den Artikeln 14–17 dem Gemeinwesen und seiner Verwaltung gleich.

Dritter Abschnitt:[15] Schutz von Personendaten

A. Beschaffung von Personendaten

Art. 18*a*

[1] Personendaten sind bei der betroffenen Person oder für diese erkennbar zu beschaffen, wenn dadurch das Verfahren nicht gefährdet oder unverhältnismässig aufwendig wird.

[2] Erfolgte die Beschaffung von Personendaten ohne Wissen der betroffenen Person, so ist diese umgehend darüber zu informieren. Die Information kann zum Schutz überwiegender öffentlicher oder privater Interessen unterlassen oder aufgeschoben werden.

B. Bearbeitung von Personendaten

Art. 18*b*

Bei der Bearbeitung von Personendaten sorgt die Verwaltungsbehörde des Bundes dafür, dass sie so weit wie möglich unterscheidet:

a. zwischen den verschiedenen Kategorien betroffener Personen;

b. zwischen auf Tatsachen und auf persönlichen Einschätzungen beruhenden Personendaten.

C. Bekanntgabe und Verwendung von Personendaten bei hängigem Verfahren

Art. 18*c*

Die Verwaltungsbehörde des Bundes darf Personendaten aus einem hängigen Verwaltungsstrafverfahren zur Verwendung in einem anderen hängigen Verfahren bekannt geben, wenn anzunehmen ist, dass die Personendaten wesentliche Aufschlüsse geben können.

D. Auskunftsrecht bei hängigem Verfahren

Art. 18*d*

Solange ein Verfahren hängig ist, haben die Parteien und die anderen Verfahrensbeteiligten nach Massgabe des ihnen zustehenden Akteneinsichtsrechts das Recht auf Auskunft über die sie betreffenden Personendaten.

---

[15] Eingefügt durch Anhang 1 Ziff. II 27 des Datenschutzgesetzes vom 25. Sept. 2020, in Kraft seit 1. Sept. 2023 (AS **2022** 491; BBl **2017** 6941).

E. Richtigkeit der Personendaten

Art. 18*e*

[1] Die Verwaltungsbehörde des Bundes berichtigt unrichtige Personendaten unverzüglich.

[2] Sie benachrichtigt die Behörde, die ihr die Personendaten übermittelt oder bereitgestellt oder der sie diese bekannt gegeben hat, unverzüglich über die Berichtigung.

Dritter Titel: Verwaltungsstrafverfahren

Erster Abschnitt: Behörden; allgemeine Verfahrensvorschriften

A. Behörden
I. Anzeige und dringliche Massnahmen

Art. 19

[1] Strafanzeigen wegen Widerhandlungen gegen ein Verwaltungsgesetz des Bundes sind einem Beamten der beteiligten Bundesverwaltung oder einer Polizeistelle zu erstatten.

[2] Die Bundesverwaltung und die Polizei der Kantone und Gemeinden, deren Organe in ihrer dienstlichen Tätigkeit eine Widerhandlung wahrnehmen oder von einer solchen Kenntnis erhalten, sind verpflichtet, sie der beteiligten Verwaltung anzuzeigen.

[3] Die Organe der Bundesverwaltung und der Polizei, die Zeugen der Widerhandlung sind oder unmittelbar nach der Tat dazukommen, sind bei Gefahr im Verzuge berechtigt, den Täter vorläufig festzunehmen, die mit der Widerhandlung in Zusammenhang stehenden Gegenstände vorläufig zu beschlagnahmen und zu diesem Zweck den Täter oder den Inhaber des Gegenstandes in Wohnungen und andere Räume sowie in unmittelbar zu einem Hause gehörende umfriedete Liegenschaften hinein zu verfolgen.

[4] Ein vorläufig Festgenommener ist sofort dem untersuchenden Beamten der beteiligten Verwaltung zuzuführen; beschlagnahmte Gegenstände sind unverzüglich abzuliefern.

II. Untersuchung

Art. 20

[1] Für die Untersuchung ist die beteiligte Verwaltung zuständig. Mit der Durchführung von Einvernahmen, Augenscheinen und Zwangsmassnahmen sind besonders ausgebildete Beamte zu betrauen.

[2] Die Polizei der Kantone und Gemeinden unterstützt die Verwaltung in ihrer Untersuchung; insbesondere darf der untersuchende Beamte polizeiliche Hilfe in Anspruch nehmen, wenn ihm bei einer Untersuchungshandlung, die innerhalb seiner Amtsbefugnisse liegt, Widerstand geleistet wird

[3] Sind in einer Strafsache sowohl die Zuständigkeit der beteiligten Verwaltung als auch Bundesgerichtsbarkeit oder kantonale Gerichtsbarkeit gegeben, so kann das Departement, dem die beteiligte Verwaltung angehört, die Vereinigung der Strafverfolgung in der Hand der bereits mit der Sache befassten Strafverfolgungsbehörde anordnen, sofern ein enger Sachzusammenhang besteht und die Strafverfolgungsbehörde der Vereinigung vorgängig zugestimmt hat.[16]

III. Beurteilung
1. Sachliche Zuständigkeit

Art. 21

[1] Für die Beurteilung ist die beteiligte Verwaltung zuständig; hält jedoch das übergeordnete Departement die Voraussetzungen einer Freiheitsstrafe, einer freiheitsentziehenden Massnahme oder einer Landesverweisung nach Artikel 66*a* oder 66*a*^{bis} des Strafgesetzbuchs[17] für gegeben, so ist das Gericht zuständig.[18]

[2] Der von der Strafverfügung der Verwaltung Betroffene kann die Beurteilung durch das Gericht verlangen.

[3] Dem Bundesrat steht in allen Fällen die Überweisung der Strafsache an das Bundesstrafgericht frei.

[4] Die zur Ausfällung der Hauptstrafe zuständige Behörde erkennt auch über Nebenstrafen, Massnahmen und Kosten.

2. Örtliche Zuständigkeit

Art. 22

[1] Der Gerichtsstand ist bei dem Gericht begründet, das nach den Artikeln 31–37 der Strafprozessordnung vom 5. Oktober 2007[19] (StPO) zuständig ist oder in

---

[16] Eingefügt durch Ziff. I des BG vom 22. Dezember 1999, in Kraft seit 1. Okt. 2000 (AS **2000** 2141; BBl **1998** 1529).

[17] SR **311.0**

[18] Fassung gemäss Anhang Ziff. 6 des BG vom 20. März 2015 (Umsetzung von Art. 121 Abs. 3–6 BV über die Ausschaffung krimineller Ausländerinnen und Ausländer), in Kraft seit 1. Okt. 2016 (AS **2016** 2329; BBl **2013** 5975).

[19] SR **312.0**

dessen Bezirk der Beschuldigte wohnt.[20] Die Verwaltung wählt zwischen den beiden Gerichtsständen.

2 Artikel 40 Absatz 2 StPO gilt sinngemäss.[21] Das Bundesstrafgericht[22] ist in seinem Entscheid nicht an die von der Verwaltung getroffene Wahl gebunden.

IV. Verfahren gegen Jugendliche

Art. 23

1 Begeht ein Jugendlicher nach Vollendung des 15., aber vor Vollendung des 18. Altersjahres eine mit Strafe bedrohte Tat, so sind für die Untersuchung und Beurteilung die Vorschriften dieses Gesetzes massgebend. Erscheinen jedoch besondere Erhebungen für die Beurteilung des Jugendlichen oder die Anordnung jugendrechtlicher Massnahmen als geboten oder stellt die zuständige kantonale Behörde der Jugendrechtspflege ein dahinlautendes Begehren oder hat der von der Strafverfügung der Verwaltung betroffene Jugendliche die gerichtliche Beurteilung verlangt, so hat die Verwaltung die Weiterführung des Verfahrens der zuständigen kantonalen Behörde der Jugendrechtspflege zu übertragen, gegebenenfalls unter Trennung des Verfahrens von demjenigen gegen andere Beschuldigte; die Artikel 73–83 dieses Gesetzes gelten sinngemäss.[23]

2 In Abweichung von Artikel 22 bestimmt sich der Gerichtsstand nach Artikel 10 der Jugendstrafprozessordnung vom 20. März 2009[24].[25]

3 Der urteilsfähige Minderjährige kann neben dem Inhaber der elterlichen Sorge, dem Vormund oder dem Beistand selbständig die Rechtsmittel ergreifen.[26]

---

20 Fassung gemäss Anhang 1 Ziff. II 11 der Strafprozessordnung vom 5. Okt. 2007, in Kraft seit 1. Jan. 2011 (AS **2010** 1881; BBl **2006** 1085).

21 Fassung gemäss Anhang 1 Ziff. II 11 der Strafprozessordnung vom 5. Okt. 2007, in Kraft seit 1. Jan. 2011 (AS **2010** 1881; BBl **2006** 1085).

22 Ausdruck gemäss Anhang Ziff. 10 des Strafgerichtsgesetzes vom 4. Okt. 2002, in Kraft seit 1. April 2004 (AS **2003** 2133 2131; BBl **2001** 4202).

23 Fassung gemäss Art. 44 Ziff. 2 des Jugendstrafgesetzes vom 20. Juni 2003, in Kraft seit 1. Jan. 2007 (AS **2006** 3545; BBl **1999** 1979).

24 SR **312.1**

25 Fassung gemäss Anhang Ziff. 2 der Jugendstrafprozessordnung vom 20. März 2009, in Kraft seit 1. Jan. 2011 (AS **2010** 1573; BBl **2006** 1085, **2008** 3121).

26 Fassung gemäss Anhang Ziff. 15 des BG vom 19. Dez. 2008 (Erwachsenenschutz, Personenrecht und Kindesrecht), in Kraft seit 1. Jan. 2013 (AS **2011** 725; BBl **2006** 7001).

V. Staatsanwaltschaft des Bundes

Art. 24[27]

Die Staatsanwaltschaft des Bundes kann in jedem gerichtlichen Verfahren auftreten.

VI. Beschwerdekammer[28]

Art. 25

[1] Die Beschwerdekammer des Bundesstrafgerichts[29] entscheidet über die ihr nach diesem Gesetz zugewiesenen Beschwerden und Anstände.

[2] Wenn es für ihren Entscheid erforderlich ist, ordnet die Beschwerdekammer eine Beweisaufnahme an; sie kann dabei die Dienste der beteiligten Verwaltung und des für das betreffende Sprachgebiet gewählten eidgenössischen Untersuchungsrichters in Anspruch nehmen.

[3] Wo es zur Wahrung wesentlicher öffentlicher oder privater Interessen nötig ist, hat die Beschwerdekammer von einem Beweismittel unter Ausschluss des Beschwerdeführers oder Antragstellers Kenntnis zu nehmen.

[4] Die Kostenpflicht im Beschwerdeverfahren vor der Beschwerdekammer bestimmt sich nach Artikel 73 des Strafbehördenorganisationsgesetzes vom 19. März 2010[30].[31]

B. Beschwerde gegen Untersuchungshandlungen
I. Bei Zwangsmassnahmen

Art. 26

[1] Gegen Zwangsmassnahmen (Art. 45 ff.) und damit zusammenhängende Amtshandlungen und Säumnis kann bei der Beschwerdekammer des Bundesstrafgerichts Beschwerde geführt werden.

[2] Die Beschwerde ist einzureichen:

---

[27] Fassung gemäss Anhang 1 Ziff. II 11 der Strafprozessordnung vom 5. Okt. 2007, in Kraft seit 1. Jan. 2011 (AS **2010** 1881; BBl **2006** 1085).

[28] Ausdruck gemäss Anhang Ziff. 10 des Strafgerichtsgesetzes vom 4. Okt. 2002, in Kraft seit 1. April 2004 (AS **2003** 2133 2131; BBl **2001** 4202). Diese Änd. ist im ganzen Erlass berücksichtigt.

[29] Ausdruck gemäss Anhang Ziff. 10 des Strafgerichtsgesetzes vom 4. Okt. 2002, in Kraft seit 1. April 2004 (AS **2003** 2133 2131; BBl **2001** 4202). Diese Änd. ist im ganzen Erlass berücksichtigt.

[30] SR **173.71**

[31] Fassung gemäss Anhang Ziff. II 9 des Strafbehördenorganisationsgesetzes vom 19. März 2010, in Kraft seit 1. Jan. 2011 (AS **2010** 3267; BBl **2008** 8125).

a. wenn sie gegen eine kantonale Gerichtsbehörde oder gegen den Direktor oder Chef der beteiligten Verwaltung gerichtet ist: bei der Beschwerdekammer;
b. in den übrigen Fällen: beim Direktor oder Chef der beteiligten Verwaltung.

[3] Berichtigt der Direktor oder Chef der beteiligten Verwaltung in den Fällen von Absatz 2 Buchstabe *b* die Amtshandlung oder Säumnis im Sinne der gestellten Anträge, so fällt die Beschwerde dahin; andernfalls hat er sie mit seiner Äusserung spätestens am dritten Werktag nach ihrem Eingang an die Beschwerdekammer weiterzuleiten.

II. Bei sonstigen Untersuchungshandlungen

Art. 27

[1] Soweit nicht die Beschwerde nach Artikel 26 gegeben ist, kann gegen Amtshandlungen sowie gegen Säumnis des untersuchenden Beamten beim Direktor oder Chef der beteiligten Verwaltung Beschwerde geführt werden.

[2] Der Beschwerdeentscheid ist dem Beschwerdeführer schriftlich mitzuteilen und hat eine Rechtsmittelbelehrung zu enthalten.

[3] Gegen den Beschwerdeentscheid kann bei der Beschwerdekammer des Bundesstrafgerichts Beschwerde geführt werden, jedoch nur wegen Verletzung von Bundesrecht, einschliesslich Überschreitung oder Missbrauch des Ermessens.

[4] Für Beschwerden wegen Untersuchungshandlungen und Säumnis von Organen der mit öffentlich-rechtlichen Aufgaben des Bundes betrauten Organisationen gelten die Absätze 1–3 sinngemäss; erste Beschwerdeinstanz ist jedoch das übergeordnete Departement.

III. Gemeinsame Bestimmungen

Art. 28

[1] Zur Beschwerde ist berechtigt, wer durch die angefochtene Amtshandlung, die gerügte Säumnis oder den Beschwerdeentscheid (Art. 27 Abs. 2) berührt ist und ein schutzwürdiges Interesse an der Aufhebung oder Änderung hat; zur Beschwerde gegen die Freilassung eines vorläufig Festgenommenen oder Verhafteten durch die kantonale Gerichtsbehörde (Art. 51 Abs. 5, 59 Abs. 3) ist auch der Direktor oder Chef der beteiligten Verwaltung befugt.

[2] Mit der Beschwerde kann die Verletzung von Bundesrecht, die unrichtige oder unvollständige Feststellung des rechtserheblichen Sachverhalts oder die Unangemessenheit gerügt werden; vorbehalten bleibt Artikel 27 Absatz 3.

[3] Die Beschwerde gegen eine Amtshandlung oder gegen einen Beschwerdeentscheid ist innert drei Tagen, nachdem der Beschwerdeführer von der Amtshandlung Kenntnis erhalten hat oder ihm der Beschwerdeentscheid eröffnet worden

ist, bei der zuständigen Behörde schriftlich mit Antrag und kurzer Begründung einzureichen; befindet sich der Beschwerdeführer in Haft, so genügt die Aushändigung der Beschwerde an die Gefängnisleitung, die zur sofortigen Weiterleitung verpflichtet ist.

[4] Die bei der unzuständigen Behörde eingereichte Beschwerde ist unverzüglich der zuständigen Behörde zu überweisen; rechtzeitige Einreichung der Beschwerde bei der unzuständigen Behörde wahrt die Beschwerdefrist.

[5] Die Beschwerde hat, wenn es das Gesetz nicht anders bestimmt, keine aufschiebende Wirkung, soweit sie ihr nicht durch vorsorgliche Verfügung der Beschwerdeinstanz oder ihres Präsidenten verliehen wird.

C. Allgemeine Verfahrensbestimmungen
I. Ausstand

Art. 29

[1] Beamte, die eine Untersuchung zu führen, einen Entscheid zu treffen oder diesen vorzubereiten haben, sowie Sachverständige, Übersetzer und Dolmetscher treten in Ausstand, wenn sie

a. in der Sache ein persönliches Interesse haben;

b.[32] mit dem Beschuldigten durch Ehe oder eingetragene Partnerschaft verbunden sind oder mit ihm eine faktische Lebensgemeinschaft führen;

b^{bis}.[33] mit dem Beschuldigten in gerader Linie oder bis zum dritten Grade in der Seitenlinie verwandt oder verschwägert sind;

c. aus anderen Gründen in der Sache befangen sein könnten.

[2] Ist der Ausstand streitig, so entscheidet darüber, unter Vorbehalt der Beschwerde an die Beschwerdekammer des Bundesstrafgerichts (Art. 27 Abs. 3), der Vorgesetzte des betreffenden Beamten oder desjenigen, der den Sachverständigen, Übersetzer oder Dolmetscher beigezogen hat.

[3] Der Ausstand im gerichtlichen Verfahren sowie von kantonalen Beamten und Angestellten richtet sich nach dem einschlägigen eidgenössischen oder kantonalen Recht

---

[32] Fassung gemäss Anhang Ziff. 21 des Partnerschaftsgesetzes vom 18. Juni 2004, in Kraft seit 1. Jan. 2007 (AS **2005** 5685; BBl **2003** 1288).

[33] Eingefügt durch Anhang Ziff. 21 des Partnerschaftsgesetzes vom 18. Juni 2004, in Kraft seit 1. Jan. 2007 (AS **2005** 5685; BBl **2003** 1288).

II. Rechtshilfe

Art. 30

[1] Die Verwaltungsbehörden des Bundes, der Kantone und der Gemeinden haben den mit der Verfolgung und Beurteilung von Verwaltungsstrafsachen betrauten Behörden in der Erfüllung ihrer Aufgabe Rechtshilfe zu leisten; sie haben ihnen insbesondere die benötigten Auskünfte zu erteilen und Einsicht zu gewähren in amtliche Akten, die für die Strafverfolgung von Bedeutung sein können.

[2] Die Rechtshilfe darf nur verweigert werden, soweit ihr wesentliche öffentliche Interessen, insbesondere die innere oder äussere Sicherheit des Bundes oder der Kantone, entgegenstehen oder wenn die Rechtshilfe die angegangene Behörde in der Durchführung ihrer Aufgabe wesentlich beeinträchtigen würde. Berufsgeheimnisse im Sinne der Artikel 171–173 StPO[34] sind zu wahren.[35]

[3] Im Übrigen sind für die Rechtshilfe die Artikel 43–48 StPO anwendbar.[36]

[4] Die mit öffentlich-rechtlichen Aufgaben betrauten Organisationen sind im Rahmen dieser Aufgaben gleich den Behörden zur Rechtshilfe verpflichtet.

[5] Anstände unter Bundesbehörden entscheidet der Bundesrat, Anstände zwischen Bund und Kantonen oder zwischen Kantonen die Beschwerdekammer des Bundesstrafgerichts. Bis der Entscheid erfolgt, sind angeordnete Sicherheitsmassregeln aufrechtzuerhalten.

III. Fristen

Art. 31

[1] Für die Berechnung der Fristen, die Fristverlängerung und die Wiederherstellung gegen die Folgen der Fristversäumnis gelten die Artikel 20–24 des Verwaltungsverfahrensgesetzes vom 20. Dezember 1968[37] sinngemäss.

[2] Die Fristen im gerichtlichen Verfahren richten sich nach der StPO[38].[39]

---

[34] SR **312.0**

[35] Fassung zweiter Satz gemäss Anhang 1 Ziff. II 11 der Strafprozessordnung vom 5. Okt. 2007, in Kraft seit 1. Jan. 2011 (AS **2010** 1881; BBl **2006** 1085).

[36] Fassung gemäss Anhang 1 Ziff. II 11 der Strafprozessordnung vom 5. Okt. 2007, in Kraft seit 1. Jan. 2011 (AS **2010** 1881; BBl **2006** 1085).

[37] SR **172.021**

[38] SR **312.0**

[39] Fassung gemäss Anhang 1 Ziff. II 11 der Strafprozessordnung vom 5. Okt. 2007, in Kraft seit 1. Jan. 2011 (AS **2010** 1881; BBl **2006** 1085).

IV. Form der Mitteilungen und der Zustellung

Art. 31*a*[40]

[1] Mitteilungen erfolgen in Schriftform, soweit dieses Gesetz nichts Abweichendes bestimmt.

[2] Die Zustellung erfolgt durch eingeschriebene Postsendung oder auf andere Weise gegen Empfangsbestätigung.

[3] Sie gilt als erfolgt, wenn die Sendung vom Adressaten oder von einer angestellten oder einer im gleichen Haushalt lebenden, mindestens 16 Jahre alten Person entgegengenommen wurde. Vorbehalten bleiben Anweisungen, eine Mitteilung dem Adressaten persönlich zuzustellen.

[4] Sie gilt zudem als erfolgt:

a. bei einer eingeschriebenen Postsendung, die nicht abgeholt worden ist: am siebten Tag nach dem erfolglosen Zustellungsversuch, sofern der Adressat mit einer Zustellung rechnen musste;

b. bei persönlicher Zustellung, wenn der Adressat die Annahme verweigert und dies vom Überbringer festgehalten wird: am Tag der Weigerung.

Zweiter Abschnitt: Untersuchung und Strafverfügung der Verwaltung

Erster Unterabschnitt: Allgemeine Bestimmungen

A. Verteidiger
I. Bestellung

Art. 32

[1] Der Beschuldigte kann in jeder Lage des Verfahrens einen Verteidiger bestellen.

[2] Als berufsmässige Verteidiger im Verfahren der Verwaltung werden zugelassen:

a. die ihren Beruf in einem Kanton ausübenden patentierten Rechtsanwälte;

b. Angehörige von Berufen, die der Bundesrat unter bestimmten Bedingungen zur Verteidigung in Verwaltungsstrafsachen ermächtigt hat.

[3] Ausnahmsweise und unter Vorbehalt des Gegenrechts kann die beteiligte Verwaltung auch einen ausländischen Verteidiger zulassen.

[40] Eingefügt durch Anhang Ziff. 2 des Finanzdienstleistungsgesetzes vom 15. Juni 2018, in Kraft seit 1. Jan. 2020 (AS **2019** 4417; BBl **2015** 8901).

[4] Die Behörde kann den Verteidiger auffordern, sich durch schriftliche Vollmacht auszuweisen.

II. Amtlicher Verteidiger

Art. 33

[1] Sofern der Beschuldigte nicht anderweitig verbeiständet ist, bestellt ihm die beteiligte Verwaltung von Amtes wegen aus dem Kreis der in Artikel 32 Absatz 2 Buchstabe *a* genannten Personen unter tunlicher Berücksichtigung seiner Wünsche einen amtlichen Verteidiger:

a. wenn der Beschuldigte offensichtlich nicht imstande ist, sich zu verteidigen;

b. für die Dauer der Untersuchungshaft, wenn diese nach Ablauf von drei Tagen aufrechterhalten wird.

[2] Kann der Beschuldigte wegen Bedürftigkeit keinen Verteidiger beiziehen, so wird auf sein Verlangen ebenfalls ein amtlicher Verteidiger bestellt. Ausgenommen sind Fälle, bei denen nur eine Busse unter 2000 Franken in Betracht fällt.

[3] Die Entschädigung des amtlichen Verteidigers wird auf Grund eines vom Bundesrat aufzustellenden Tarifs, unter Vorbehalt der Beschwerde an die Beschwerdekammer des Bundesstrafgerichts (Art. 25 Abs. 1), durch die beteiligte Verwaltung festgesetzt und gehört zu den Verfahrenskosten; der Beschuldigte, dem Kosten auferlegt werden, hat dem Bund diese Entschädigung in den Fällen von Absatz 1 zurückzuerstatten, wenn ihm nach seinem Einkommen oder Vermögen der Beizug eines Verteidigers zumutbar gewesen wäre.

B. Zustellung
I. Zustellungsdomizil

Art. 34[41]

[1] Mitteilungen sind den Adressaten an ihren Wohnsitz, ihren gewöhnlichen Aufenthaltsort oder an ihren Sitz zuzustellen.

[2] Beschuldigte mit Wohnsitz, gewöhnlichem Aufenthaltsort oder Sitz im Ausland haben in der Schweiz ein Zustellungsdomizil zu bezeichnen. Vorbehalten bleiben staatsvertragliche Vereinbarungen, wonach Mitteilungen direkt zugestellt werden können.

[3] Mitteilungen an Parteien, die einen Rechtsbeistand bestellt haben, werden rechtsgültig an diesen zugestellt.

[41] Fassung gemäss Anhang Ziff. 2 des Finanzdienstleistungsgesetzes vom 15. Juni 2018, in Kraft seit 1. Jan. 2020 (AS **2019** 4417; BBl **2015** 8901).

[4] Für den von der Einziehung Betroffenen gelten diese Vorschriften sinngemäss.

II. Zustellung durch Veröffentlichung

Art. 34*a*[42]

[1] Die Zustellung erfolgt durch Veröffentlichung im Bundesblatt, wenn:

a. der Aufenthaltsort des Empfängers unbekannt ist und trotz zumutbarer Nachforschungen nicht ermittelt werden kann;

b. eine Zustellung unmöglich ist oder mit ausserordentlichen Umtrieben verbunden wäre;

c. eine Partei oder ihr Rechtsbeistand mit Wohnsitz, gewöhnlichem Aufenthaltsort oder Sitz im Ausland kein Zustellungsdomizil in der Schweiz bezeichnet hat.

[2] Die Zustellung gilt am Tag der Veröffentlichung als erfolgt.

[3] Von Endentscheiden wird nur das Dispositiv veröffentlicht.

[4] Schlussprotokolle gelten auch ohne Veröffentlichung als zugestellt.

C. Teilnahme an Beweisaufnahmen

Art. 35

[1] Der untersuchende Beamte gestattet dem Beschuldigten und seinem Verteidiger, an Beweisaufnahmen teilzunehmen, wenn das Gesetz die Teilnahme nicht ausschliesst und keine wesentlichen öffentlichen oder privaten Interessen entgegenstehen.

[2] Der untersuchende Beamte darf die Teilnahme des Beschuldigten und des Verteidigers an einer Beweisaufnahme ausschliessen, wenn ihre Anwesenheit die Untersuchung beeinträchtigt.

D. Akteneinsicht

Art. 36

Die Artikel 26–28 des Verwaltungsverfahrensgesetzes vom 20. Dezember 1968[43] gelten sinngemäss.

Zweiter Unterabschnitt: Untersuchung

---

[42] Eingefügt durch Anhang Ziff. 2 des Finanzdienstleistungsgesetzes vom 15. Juni 2018, in Kraft seit 1. Jan. 2020 (AS **2019** 4417; BBl **2015** 8901).

[43] SR **172.021**

A. Umfang

Art. 37

[1] Der untersuchende Beamte der beteiligten Verwaltung erforscht den Sachverhalt und sichert den Beweis.

[2] Der Beschuldigte kann jederzeit die Vornahme bestimmter Untersuchungshandlungen beantragen.

[3] Sind besondere Untersuchungshandlungen nicht nötig, so wird sogleich nach Artikel 61 das Schlussprotokoll aufgenommen.

[4] Vorbehalten bleiben die Vorschriften von Artikel 65 über den Strafbescheid im abgekürzten Verfahren.

B. Protokollierung

Art. 38

[1] Die Eröffnung der Untersuchung, ihr Verlauf und die dabei gewonnenen wesentlichen Feststellungen sollen aus den amtlichen Akten ersichtlich sein.

[2] Das Protokoll über eine Einvernahme wird während der Verhandlung niedergeschrieben und ist unmittelbar nach Schluss der Einvernahme vom Einvernommenen, nachdem es ihm zur Kenntnis gebracht worden ist, und vom untersuchenden Beamten durch Unterschrift als richtig zu bestätigen; fehlt die Unterschrift des Einvernommenen, so ist der Grund anzugeben.

[3] Das Protokoll über eine andere Untersuchungshandlung ist sobald als möglich, spätestens am folgenden Werktag aufzunehmen; seine Richtigkeit ist vom untersuchenden Beamten durch Unterschrift zu bestätigen.

[4] In jedem Protokoll sind Ort und Zeit der Untersuchungshandlung und die Namen der Beteiligten anzugeben. Ferner ist kenntlich zu machen, was auf eigener Wahrnehmung des untersuchenden Beamten und was auf Mitteilung Dritter beruht.

C. Einvernahmen, Auskünfte
I. Beschuldigter

Art. 39

[1] Der Beschuldigte wird vorerst über Name, Alter, Beruf, Heimat und Wohnort befragt.

[2] Der untersuchende Beamte teilt dem Beschuldigten mit, welcher Tat er beschuldigt wird. Er fordert ihn auf, sich über die Beschuldigung auszusprechen und Tatsachen und Beweismittel zu seiner Verteidigung anzuführen.

[3] Der Beschuldigte kann, sofern es sich nicht um seine erste Vernehmung handelt, verlangen, dass der Verteidiger zugegen sei; dieser hat das Recht, über den untersuchenden Beamten Ergänzungsfragen zu stellen.

[4] Weigert sich der Beschuldigte auszusagen, so ist das aktenkundig zu machen.

[5] Zwang, Drohung, Versprechungen, unwahre Angaben und verfängliche Fragen oder ähnliche Mittel sind dem untersuchenden Beamten untersagt.

II. Auskünfte

Art. 40

Der untersuchende Beamte kann mündliche oder schriftliche Auskünfte einholen oder Auskunftspersonen einvernehmen; wer auf Grund des Zeugnisverweigerungsrechts die Aussage verweigern kann, ist vorher darauf aufmerksam zu machen.

III. Zeugen

Art. 41

[1] Lässt sich der Sachverhalt auf andere Weise nicht hinreichend abklären, so können Zeugen einvernommen werden.

[2] Auf die Vernehmung und die Entschädigung der Zeugen sind die Artikel 163–166 und 168–176 StPO[44] und Artikel 48 des Bundesgesetzes vom 4. Dezember 1947[45] über den Bundeszivilprozess sinngemäss anwendbar; verweigert ein Zeuge ohne gesetzlichen Grund die Aussage, zu der er unter Hinweis auf Artikel 292 des Strafgesetzbuches[46] und dessen Strafdrohung aufgefordert worden ist, so ist er wegen Ungehorsams gegen diese Verfügung an den Strafrichter zu überweisen.[47]

[3] Der Beschuldigte und sein Verteidiger haben Anspruch darauf, den Zeugeneinvernahmen beizuwohnen und über den untersuchenden Beamten Ergänzungsfragen zu stellen.

IV. Vorladung und Vorführung

Art. 42

[1] Beschuldigte und Zeugen werden in der Regel schriftlich vorgeladen. Sie sind auf die gesetzlichen Folgen des Ausbleibens hinzuweisen.

---

[44] SR **312.0**

[45] SR **273**

[46] SR **311.0**

[47] Fassung gemäss Anhang 1 Ziff. II 11 der Strafprozessordnung vom 5. Okt. 2007, in Kraft seit 1. Jan. 2011 (AS **2010** 1881; BBl **2006** 1085).

[2] Bleibt der gehörig Vorgeladene ohne genügende Entschuldigung aus, so kann er polizeilich vorgeführt werden. Der Vorführungsbefehl wird vom untersuchenden Beamten schriftlich erteilt.

[3] Dem unentschuldigt Ausgebliebenen können die Kosten auferlegt werden, die durch sein Ausbleiben entstanden sind.

D. Sachverständige

Art. 43

[1] Setzt die Feststellung oder Beurteilung von Tatsachen besondere Fachkenntnisse voraus, so können Sachverständige beigezogen werden.

[2] Dem Beschuldigten ist Gelegenheit zu geben, sich zur Wahl und zu den vorzulegenden Fragen zu äussern.[48] Im Übrigen gelten für die Ernennung der Sachverständigen sowie für ihre Rechte und Pflichten die Artikel 183–185, 187, 189 sowie 191 StPO[49] und Artikel 61 des Bundesgesetzes vom 4. Dezember 1947[50] über den Bundeszivilprozess sinngemäss.[51]

E. Augenschein

Art. 44

[1] Der untersuchende Beamte ordnet einen Augenschein an, wenn dies zur Aufklärung des Sachverhaltes beitragen kann. Der Beschuldigte und sein Verteidiger haben Anspruch darauf, dem Augenschein beizuwohnen.

[2] Werden Geschäfts- und Betriebseinrichtungen einem Augenschein unterzogen, so ist auf die berechtigten Interessen des Inhabers Rücksicht zu nehmen.

F. Zwangsmassnahmen
I. Allgemeine Bestimmungen

Art. 45

[1] Bei einer Beschlagnahme, Durchsuchung, vorläufigen Festnahme oder Verhaftung ist mit der dem Betroffenen und seinem Eigentum gebührenden Schonung zu verfahren.

[2] Im Falle einer Ordnungswidrigkeit sind Zwangsmassnahmen nicht zulässig.

---

[48] Fassung gemäss Anhang Ziff. 10 des Strafgerichtsgesetzes vom 4. Okt. 2002, in Kraft seit 1. April 2004 (AS **2003** 2133 2131; BBl **2001** 4202).

[49] SR **312.0**

[50] SR **273**

[51] Fassung zweiter Satz gemäss Anhang 1 Ziff. II 11 der Strafprozessordnung vom 5. Okt. 2007, in Kraft seit 1. Jan. 2011 (AS **2010** 1881; BBl **2006** 1085).

II. Beschlagnahme
1. Gegenstand

Art. 46

[1] Vom untersuchenden Beamten sind mit Beschlag zu belegen:

a. Gegenstände, die als Beweismittel von Bedeutung sein können;
b. Gegenstände und andere Vermögenswerte, die voraussichtlich der Einziehung unterliegen;
c. die dem Staate verfallenden Geschenke und anderen Zuwendungen.

[2] Andere Gegenstände und Vermögenswerte, die zur Begehung der Widerhandlung gedient haben oder durch die Widerhandlung hervorgebracht worden sind, können beschlagnahmt werden, wenn es zur Verhinderung neuer Widerhandlungen oder zur Sicherung eines gesetzlichen Pfandrechtes als erforderlich erscheint.

[3] Gegenstände und Unterlagen aus dem Verkehr einer Person mit ihrem Anwalt dürfen nicht beschlagnahmt werden, sofern dieser nach dem Anwaltsgesetz vom 23. Juni 2000[52] zur Vertretung vor schweizerischen Gerichten berechtigt ist und im gleichen Sachzusammenhang nicht selber beschuldigt ist.[53]

2. Verfahren

Art. 47

[1] Der Inhaber eines beschlagnahmten Gegenstandes oder Vermögenswertes ist verpflichtet, ihn dem untersuchenden Beamten gegen Empfangsbescheinigung oder ein Doppel des Beschlagnahmeprotokolls herauszugeben.

[2] Die beschlagnahmten Gegenstände und Vermögenswerte werden im Beschlagnahmeprotokoll verzeichnet und sind zu verwahren.

[3] Gegenstände, die schneller Wertverminderung ausgesetzt sind oder einen kostspieligen Unterhalt erfordern, kann die Verwaltung öffentlich versteigern lassen und in dringenden Fällen freihändig verkaufen.

---

[52] SR **935.61**

[53] Eingefügt durch Ziff. I 7 des BG vom 28. Sept. 2012 über die Anpassung von verfahrensrechtlichen Bestimmungen zum anwaltlichen Berufsgeheimnis, in Kraft seit 1. Mai 2013 (AS **2013** 847; BBl **2011** 8181).

III. Durchsuchung von Wohnungen und Personen
1. Gründe, Zuständigkeit

Art. 48

[1] Wohnungen und andere Räume sowie unmittelbar zu einem Hause gehörende umfriedete Liegenschaften dürfen nur durchsucht werden, wenn es wahrscheinlich ist, dass sich der Beschuldigte darin verborgen hält oder dass sich Gegenstände oder Vermögenswerte, die der Beschlagnahme unterliegen, oder Spuren der Widerhandlung darin befinden.

[2] Der Beschuldigte darf nötigenfalls durchsucht werden. Die Durchsuchung ist von einer Person des gleichen Geschlechts oder von einem Arzt vorzunehmen.

[3] Die Durchsuchung erfolgt aufgrund eines schriftlichen Befehls des Direktors oder Chefs der beteiligten Verwaltung.[54]

[4] Ist Gefahr im Verzuge und kann ein Durchsuchungsbefehl nicht rechtzeitig eingeholt werden, so darf der untersuchende Beamte von sich aus eine Durchsuchung anordnen oder vornehmen. Die Massnahme ist in den Akten zu begründen.

2. Durchführung

Art. 49

[1] Vor Beginn der Durchsuchung hat sich der untersuchende Beamte auszuweisen.

[2] Der anwesende Inhaber der Räume ist über den Grund ihrer Durchsuchung zu unterrichten und zu dieser beizuziehen; anstelle des abwesenden Inhabers ist ein Verwandter oder Hausgenosse beizuziehen. Im Weitern ist die von der zuständigen kantonalen Behörde bezeichnete Amtsperson oder, falls der untersuchende Beamte von sich aus durchsucht, ein Mitglied der Gemeindebehörde oder ein Kantons-, Bezirks- oder Gemeindebeamter beizuziehen, der darüber wacht, dass sich die Massnahme nicht von ihrem Zweck entfernt. Ist Gefahr im Verzuge oder stimmt der Inhaber der Räume zu, so kann der Beizug von Amtspersonen, Hausgenossen oder Verwandten unterbleiben.

[3] An Sonn- und allgemeinen Feiertagen und zur Nachtzeit darf im Allgemeinen nur in wichtigen Fällen und bei dringender Gefahr eine Durchsuchung stattfinden.

---

[54] Fassung gemäss Ziff. I der V vom 21. Nov. 2018, in Kraft seit 1. Jan. 2019 (AS **2018** 4587).

[4] Das Protokoll über die Durchsuchung wird im Beisein der Beteiligten sofort aufgenommen; auf Verlangen ist den Beteiligten ein Doppel des Durchsuchungsbefehls und des Protokolls auszuhändigen.

IV. Durchsuchung von Papieren

Art. 50

[1] Papiere sind mit grösster Schonung der Privatgeheimnisse zu durchsuchen; insbesondere sollen Papiere nur dann durchsucht werden, wenn anzunehmen ist, dass sich Schriften darunter befinden, die für die Untersuchung von Bedeutung sind.

[2] Bei der Durchsuchung sind das Amtsgeheimnis sowie Geheimnisse, die Geistlichen, Rechtsanwälten, Notaren, Ärzten, Apothekern, Hebammen und ihren beruflichen Gehilfen in ihrem Amte oder Beruf anvertraut wurden, zu wahren.

[3] Dem Inhaber der Papiere ist wenn immer möglich Gelegenheit zu geben, sich vor der Durchsuchung über ihren Inhalt auszusprechen. Erhebt er gegen die Durchsuchung Einsprache, so werden die Papiere versiegelt und verwahrt, und es entscheidet die Beschwerdekammer des Bundesstrafgerichts über die Zulässigkeit der Durchsuchung (Art. 25 Abs. 1).

V. Vorläufige Festnahme und Vorführung vor den Richter

Art. 51

[1] Der untersuchende Beamte kann den einer Widerhandlung dringend Verdächtigen vorläufig festnehmen, wenn ein Haftgrund nach Artikel 52 angenommen werden muss und Gefahr im Verzuge ist.

[2] Der Festgenommene oder der nach Artikel 19 Absatz 4 Zugeführte ist unverzüglich einzuvernehmen; dabei ist ihm Gelegenheit zu geben, den bestehenden Verdacht und die Gründe der Festnahme zu entkräften.

[3] Muss nach wie vor ein Haftgrund angenommen werden, so ist der Festgenommene unverzüglich der zur Ausstellung von Haftbefehlen ermächtigten kantonalen Gerichtsbehörde zuzuführen. Ist die Festnahme in abgelegenem oder unwegsamem Gebiet erfolgt oder ist die zuständige kantonale Gerichtsbehörde nicht sogleich erreichbar, so hat die Zuführung innert 48 Stunden zu erfolgen.

[4] Die Gerichtsbehörde prüft, ob ein Haftgrund bestehe; der untersuchende Beamte und der Festgenommene sind dazu anzuhören.

[5] Hierauf verfügt die Gerichtsbehörde die Verhaftung oder die Freilassung, gegebenenfalls gegen Sicherheitsleistung. Der Entscheid kann mit Beschwerde angefochten werden (Art. 26).

[6] Meldet der untersuchende Beamte gegen eine Freilassung sogleich die Beschwerde an, so wird die Festnahme vorläufig aufrechterhalten. Der Direktor

oder Chef der beteiligten Verwaltung hat der Gerichtbehörde innert 24 Stunden mitzuteilen, ob er die Beschwerde aufrechterhalte. Hält er sie aufrecht, so bleibt die Festnahme bis zum Entscheid der Beschwerdekammer bestehen; vorbehalten bleibt die gegenteilige Anordnung der Beschwerdekammer oder ihres Präsidenten.

VI. Verhaftung
1. Zulässigkeit

Art. 52

[1] Ist der Beschuldigte einer Widerhandlung dringend verdächtigt, so darf gegen ihn ein Haftbefehl erlassen werden, wenn bestimmte Umstände den Verdacht begründen, dass

a. er sich der Strafverfolgung oder dem Strafvollzug entziehen werde oder dass

b. er Spuren der Tat verwischen, Beweisgegenstände beseitigen, Zeugen oder Mitbeschuldigte zu falschen Aussagen verleiten oder auf ähnliche Weise den Zweck der Untersuchung gefährden werde.

[2] Ein Haftbefehl darf nicht erlassen werden, wenn dies zu der Bedeutung der Sache in einem Missverhältnis stehen würde.

2. Haftbefehl
a. Zuständigkeit, Form

Art. 53

[1] Der untersuchende Beamte kann einen Haftbefehl beantragen.

[2] Zum Erlass des Haftbefehls sind zuständig:

a. wenn der Beschuldigte vorläufig festgenommen ist: die am Orte der Festnahme zuständige kantonale Gerichtsbehörde;

b. in allen andern Fällen: die nach Artikel 22 zuständige kantonale Gerichtsbehörde.

[3] Der Haftbefehl ist schriftlich zu erlassen und hat anzugeben: die Personalien des Beschuldigten und die Tat, deren er beschuldigt wird; die Strafbestimmungen; den Haftgrund; das Untersuchungsgefängnis, in das der Verhaftete einzuliefern ist; eine Belehrung über die Rechtsmittel, die Parteirechte, die Freilassung gegen Sicherheitsleistung und über das Recht zur Benachrichtigung der Angehörigen.

b. Vollzug, Fahndung

Art. 54

[1] Dem Beschuldigten ist bei der Verhaftung ein Doppel des Haftbefehls auszuhändigen.

[2] Der Verhaftete ist der zuständigen kantonalen Behörde unter gleichzeitiger Aushändigung eines Doppels des Haftbefehls zu übergeben.

[3] Kann der Haftbefehl nicht vollzogen werden, so ist die Fahndung anzuordnen. Der Haftbefehl kann öffentlich bekannt gemacht werden.

c. Einvernahme des Verhafteten

Art. 55

[1] Die Behörde, die den Haftbefehl erliess, hat den Beschuldigten, sofern dieser nicht bereits einvernommen wurde (Art. 51 Abs. 4), spätestens am ersten Werktag nach der Verhaftung einzuvernehmen, um abzuklären, ob ein Haftgrund weiter bestehe; der untersuchende Beamte ist dazu anzuhören.

[2] Wird die Haft aufrechterhalten, so sind dem Beschuldigten die Gründe zu eröffnen; wird der Beschuldigte freigelassen, so gilt Artikel 51 Absatz 6 sinngemäss.

3. Mitteilung an die Angehörigen

Art. 56

Der Verhaftete hat das Recht, wenn es der Zweck der Untersuchung nicht verbietet, seinen nächsten Angehörigen die Verhaftung durch den untersuchenden Beamten sogleich mitteilen zu lassen.

4. Dauer der Haft

Art. 57

[1] Wird die Haft aufrechterhalten, so ist die Untersuchung möglichst zu beschleunigen. Die Haft darf in jedem Falle die voraussichtliche Dauer einer Freiheits- oder Umwandlungsstrafe nicht übersteigen.

[2] Eine nach Artikel 52 Absatz 1 Buchstabe *b* verfügte Untersuchungshaft darf nur mit besonderer Bewilligung der Behörde, die den Haftbefehl ausstellte, länger als 14 Tage aufrecht erhalten werden.

5. Durchführung der Haft

Art. 58

[1] Die kantonale Behörde hat für den richtigen Vollzug der Haft zu sorgen. Der Verhaftete darf in seiner Freiheit nicht weiter beschränkt werden, als es der Zweck der Haft und die Ordnung im Untersuchungsgefängnis erfordern.

[2] Der mündliche oder schriftliche Verkehr des Verhafteten mit seinem Verteidiger bedarf der Bewilligung des untersuchenden Beamten, der ihn nur beschränken oder ausschliessen kann, wenn es der Zweck der Untersuchung erfordert. Eine Beschränkung oder ein Ausschluss dieses Verkehrs für mehr als drei Tage bedarf der Zustimmung der Behörde, die den Haftbefehl ausstellte; diese Zustimmung darf jeweils höchstens für zehn Tage erteilt werden.

[3] Der Vollzug der Haft richtet sich im Übrigen nach den Artikeln 234–236 StPO[55].[56]

6. Haftentlassung

Art. 59

[1] Der untersuchende Beamte hat den Verhafteten freizulassen, sobald kein Haftgrund mehr besteht.

[2] Der Verhaftete kann jederzeit ein Haftentlassungsgesuch einreichen.

[3] Solange die Akten nicht zur gerichtlichen Beurteilung überwiesen sind, entscheidet über das Gesuch die Behörde, die den Haftbefehl erliess. Sie hat den untersuchenden Beamten oder die Amtsstelle, bei der die Sache hängig ist, zum Gesuch anzuhören; die Vorschriften von Artikel 51 Absätze 5 und 6 gelten sinngemäss.

7. Freilassung gegen Sicherheitsleistung

Art. 60

[1] Der Beschuldigte, der auf Grund von Artikel 52 Absatz 1 Buchstabe *a* zu verhaften wäre oder verhaftet ist, kann auf sein Verlangen gegen Sicherheitsleistung in Freiheit gelassen werden.

---

[55] SR **312.0**

[56] Eingefügt durch Anhang 1 Ziff. II 11 der Strafprozessordnung vom 5. Okt. 2007, in Kraft seit 1. Jan. 2011 (AS **2010** 1881; BBl **2006** 1085).

[2] Für die Freilassung gegen Sicherheitsleistung gelten die Artikel 238–240 StPO[57] sinngemäss.[58] Die Sicherheit ist jedoch beim Eidgenössischen Finanzdepartement[59] zu leisten; sie verfällt auch, wenn sich der Beschuldigte der Vollstreckung der ausgesprochenen Busse entzieht, wobei der Überschuss bei Verwendung der verfallenen Sicherheit dem Bunde zufällt.

G. Schlussprotokoll

Art. 61

[1] Erachtet der untersuchende Beamte die Untersuchung als vollständig und liegt nach seiner Ansicht eine Widerhandlung vor, so nimmt er ein Schlussprotokoll auf; dieses enthält die Personalien des Beschuldigten und umschreibt den Tatbestand der Widerhandlung.

[2] Der untersuchende Beamte eröffnet das Schlussprotokoll dem Beschuldigten und gibt ihm Gelegenheit, sich sogleich dazu auszusprechen, die Akten einzusehen und eine Ergänzung der Untersuchung zu beantragen.

[3] Ist der Beschuldigte bei Aufnahme des Schlussprotokolls nicht zugegen oder stellt der anwesende Beschuldigte ein entsprechendes Begehren oder lassen es die Umstände, insbesondere die Schwere des Falles, sonst als geboten erscheinen, so sind das Schlussprotokoll und die nach Absatz 2 erforderlichen Mitteilungen schriftlich zu eröffnen unter Bekanntgabe des Ortes, wo die Akten eingesehen werden können. Die Frist, sich zu äussern und Anträge zu stellen, endigt in diesem Falle zehn Tage nach Zustellung des Schlussprotokolls; sie kann erstreckt werden, wenn zureichende Gründe vorliegen und das Erstreckungsgesuch innert der Frist gestellt wird.

[4] Gegen die Eröffnung des Schlussprotokolls und seinen Inhalt ist keine Beschwerde zulässig. Die Ablehnung eines Antrages auf Ergänzung der Untersuchung kann nur in Verbindung mit dem Strafbescheid angefochten werden.

[5] ...[60]

---

[57] SR **312.0**

[58] Fassung gemäss Anhang 1 Ziff. II 11 der Strafprozessordnung vom 5. Okt. 2007, in Kraft seit 1. Jan. 2011 (AS **2010** 1881; BBl **2006** 1085).

[59] Bezeichnung gemäss nicht veröffentlichtem BRB vom 19. Dez. 1997.

[60] Aufgehoben durch Anhang Ziff. 2. des Finanzdienstleistungsgesetzes vom 15. Juni 2018, mit Wirkung seit 1. Jan. 2020 (AS **2019** 4417; BBl **2015** 8901).

Dritter Unterabschnitt: Entscheid der Verwaltung

A. Art des Entscheids
I. Im Strafverfahren

Art. 62

[1] Die Verwaltung erlässt einen Strafbescheid oder stellt das Verfahren ein; vorbehalten bleibt die Überweisung zur gerichtlichen Beurteilung (Art. 21 Abs. 1 und 3).

[2] Die Einstellung des Verfahrens ist allen Personen mitzuteilen, die als Beschuldigte am bisherigen Verfahren teilgenommen haben. Eine mündlich mitgeteilte Einstellung ist auf Verlangen schriftlich zu bestätigen.

II. Über die Leistungs- oder Rückleistungspflicht

Art. 63

[1] Die nachzuentrichtenden oder zurückzuerstattenden Abgaben, Vergütungen, Beiträge, Forderungsbeträge und Zinsen werden gemäss den Zuständigkeits- und Verfahrensvorschriften des betreffenden Verwaltungsgesetzes geltend gemacht.

[2] Ist die Verwaltung befugt, über die Leistungs- und Rückleistungspflicht zu entscheiden, so kann sie ihren Entscheid mit dem Strafbescheid verbinden; der Entscheid unterliegt aber in jedem Falle der Überprüfung nur in dem Verfahren, welches das betreffende Verwaltungsgesetz für seine Anfechtung vorsieht, und hat die entsprechende Rechtsmittelbelehrung zu enthalten.

[3] Fusst ein Strafbescheid auf einem Entscheid über die Leistungs- oder Rückleistungspflicht und wird lediglich dieser nach Absatz 2 angefochten und in der Folge geändert oder aufgehoben, so entscheidet die Verwaltung neu gemäss Artikel 62.

B. Strafbescheid
I. Im ordentlichen Verfahren

Art. 64

[1] Der Strafbescheid ist schriftlich zu erlassen und stellt fest:

- den Beschuldigten;
- die Tat;
- die gesetzlichen Bestimmungen, die angewendet werden;
- die Strafe, die Mithaftung nach Artikel 12 Absatz 3 und die besonderen Massnahmen;
- die Kosten;

– die Verfügung über beschlagnahmte Gegenstände;
– das Rechtsmittel.

2 Weicht der Strafbescheid zum Nachteil des Beschuldigten wesentlich vom Schlussprotokoll ab, so sind diese Abweichungen anzugeben und kurz zu begründen.

3 …[61]

II. Im abgekürzten Verfahren

Art. 65

1 Ist die Widerhandlung offenkundig, beträgt die Busse nicht mehr als 2000 Franken und verzichtet der Beschuldigte nach Bekanntgabe der Höhe der Busse und der Leistungs- oder Rückleistungspflicht ausdrücklich auf jedes Rechtsmittel, so kann der Strafbescheid ohne vorherige Aufnahme eines Schlussprotokolls erlassen werden.[62]

2 Der vom Beschuldigten und dem untersuchenden Beamten unterzeichnete Strafbescheid im abgekürzten Verfahren steht einem rechtskräftigen Urteil gleich; verweigert der Beschuldigte die Unterzeichnung, so fällt der gemäss Absatz 1 erlassene Strafbescheid dahin.

III. Selbständige Einziehung

Art. 66

1 Führt das Strafverfahren nicht zu einem Strafbescheid oder zur Überweisung des Beschuldigten an das Strafgericht, sind aber nach Gesetz Gegenstände oder Vermögenswerte einzuziehen, Geschenke oder andere Zuwendungen verfallen zu erklären oder ist an Stelle einer solchen Massnahme auf eine Ersatzforderung zu erkennen, so wird ein selbständiger Einziehungsbescheid erlassen.

2 Ein solcher Bescheid wird auch dann erlassen, wenn die Massnahme andere Personen als den Beschuldigten beschwert.

3 Artikel 64 gilt sinngemäss. Der Einziehungsbescheid ist den unmittelbar Betroffenen zu eröffnen.

---

61 Aufgehoben durch Anhang Ziff. 2 des Finanzdienstleistungsgesetzes vom 15. Juni 2018, mit Wirkung seit 1. Jan. 2020 (AS **2019** 4417; BBl **2015** 8901).

62 Fassung gemäss Anhang Ziff. 3 des Zollgesetzes vom 18. März 2005, in Kraft seit 1. Mai 2007 (AS **2007** 1411; BBl **2004** 567).

C. Einsprache
I. Einreichung

Art. 67

[1] Gegen den Straf- oder Einziehungsbescheid kann der Betroffene innert 30 Tagen seit der Eröffnung Einsprache erheben.

[2] Wird innert der gesetzlichen Frist nicht Einsprache erhoben, so steht der Straf- oder Einziehungsbescheid einem rechtskräftigen Urteil gleich.

II. Einreichestelle und Form

Art. 68

[1] Die Einsprache ist schriftlich bei der Verwaltung einzureichen, die den angefochtenen Bescheid erlassen hat.

[2] Die Einsprache hat einen bestimmten Antrag zu enthalten und die zur Begründung dienenden Tatsachen anzugeben; die Beweismittel sollen bezeichnet und, soweit möglich, beigelegt werden.

[3] Genügt die Einsprache den in Absatz 2 umschriebenen Anforderungen nicht, oder lassen die Begehren des Einsprechers oder deren Begründung die nötige Klarheit vermissen und stellt sich die Einsprache nicht als offensichtlich unzulässig heraus, so wird dem Einsprecher eine kurze Nachfrist zur Verbesserung eingeräumt.

[4] Die Verwaltung verbindet diese Nachfrist mit der Androhung, nach unbenutztem Fristablauf auf Grund der Akten zu entscheiden oder, wenn Begehren, Begründung oder Unterschrift fehlen, auf die Einsprache nicht einzutreten.

III. Verfahren

Art. 69

[1] Ist Einsprache erhoben, so hat die Verwaltung den angefochtenen Bescheid mit Wirkung für alle durch ihn Betroffenen zu überprüfen; sie kann eine mündliche Verhandlung anordnen und die Untersuchung ergänzen.

[2] Fusst der angefochtene Bescheid auf einem Entscheid über die Leistungs- oder Rückleistungspflicht und ist dieser angefochten worden, so wird, bis darüber rechtskräftig entschieden ist, das Einspracheverfahren ausgesetzt.

IV. Strafverfügung

Art. 70

[1] Auf Grund der Ergebnisse ihrer neuen Prüfung trifft die Verwaltung eine Einstellungs-, Straf- oder Einziehungsverfügung. Sie ist dabei nicht an die gestellten Anträge gebunden, darf jedoch die Strafe gegenüber dem Strafbe-

scheid nur dann verschärfen, wenn im Verfahren nach Artikel 63 Absatz 2 auf eine höhere Leistungs- oder Rückleistungspflicht erkannt worden ist. In diesem Fall ist ein Rückzug der Einsprache unbeachtlich.

[2] Die Verfügung ist zu begründen; im Übrigen gelten die Vorschriften von Artikel 64 über Inhalt und Eröffnung des Strafbescheides sinngemäss.

V. Überspringen des Einspracheverfahrens

Art. 71

Auf Antrag oder mit Zustimmung des Einsprechers kann die Verwaltung eine Einsprache als Begehren um Beurteilung durch das Strafgericht behandeln.

D. Begehren um gerichtliche Beurteilung

Art. 72

[1] Der von der Straf- oder Einziehungsverfügung Betroffene kann innert zehn Tagen seit der Eröffnung die Beurteilung durch das Strafgericht verlangen.

[2] Das Begehren um gerichtliche Beurteilung ist schriftlich bei der Verwaltung einzureichen, welche die Straf- oder Einziehungsverfügung getroffen hat.

[3] Wird innert der gesetzlichen Frist die Beurteilung durch das Strafgericht nicht verlangt, so steht die Straf- oder Einziehungsverfügung einem rechtskräftigen Urteil gleich.

Dritter Abschnitt: Gerichtliches Verfahren

A. Verfahren vor den kantonalen Gerichten
I. Einleitung

Art. 73

[1] Ist die gerichtliche Beurteilung verlangt worden oder hält das übergeordnete Departement die Voraussetzungen einer Freiheitsstrafe, einer freiheitsentziehenden Massnahme oder einer Landesverweisung nach Artikel 66*a* oder 66*a*bis des Strafgesetzbuchs[63] für gegeben, so überweist die beteiligte Verwaltung die Akten der kantonalen Staatsanwaltschaft zuhanden des zuständigen Strafgerichts.[64] Solange über die Leistungs- oder Rückleistungspflicht, die dem Strafverfahren zugrunde liegt, nicht rechtskräftig entschieden oder sie nicht durch vorbehaltlose Zahlung anerkannt ist, unterbleibt die Überweisung.

---

[63] SR **311.0**

[64] Fassung gemäss Anhang Ziff. 6 des BG vom 20. März 2015 (Umsetzung von Art. 121 Abs. 3–6 BV über die Ausschaffung krimineller Ausländerinnen und Ausländer), in Kraft seit 1. Okt. 2016 (AS **2016** 2329; BBl **2013** 5975).

[2] Die Überweisung gilt als Anklage. Sie hat den Sachverhalt und die anwendbaren Strafbestimmungen zu enthalten oder auf die Strafverfügung zu verweisen.

[3] Eine Untersuchung gemäss StPO[65] findet nicht statt; vorbehalten bleibt die Ergänzung der Akten gemäss Artikel 75 Absatz 2.[66]

II. Parteien

Art. 74

[1] Parteien im gerichtlichen Verfahren sind der Beschuldigte, die Staatsanwaltschaft des betreffenden Kantons oder des Bundes und die beteiligte Verwaltung.[67]

[2] Dem von der Einziehung Betroffenen stehen die gleichen Parteirechte und Rechtsmittel zu wie einem Beschuldigten.

III. Vorbereitung der Hauptverhandlung

Art. 75

[1] Das Gericht gibt den Parteien vom Eingang der Akten Kenntnis. Es prüft, ob ein rechtzeitig eingereichtes Begehren um gerichtliche Beurteilung vorliegt.

[2] Das Gericht kann von sich aus oder auf Antrag einer Partei die Akten vor der Hauptverhandlung ergänzen oder ergänzen lassen.

[3] Die Parteien sind rechtzeitig von der Hauptverhandlung zu benachrichtigen.

[4] Die Vertreter der Staatsanwaltschaft des Bundes und der Verwaltung müssen nicht persönlich erscheinen.[68]

[5] Der Beschuldigte kann auf sein Ersuchen vom Erscheinen befreit werden.

IV. Säumnisurteil

Art. 76

[1] Die Hauptverhandlung kann auch stattfinden, wenn der Beschuldigte trotz ordnungsgemässer Vorladung ohne genügende Entschuldigung nicht erschienen ist. Ein Verteidiger ist zuzulassen.

---

[65] SR **312.0**

[66] Fassung gemäss Anhang 1 Ziff. II 11 der Strafprozessordnung vom 5. Okt. 2007, in Kraft seit 1. Jan. 2011 (AS **2010** 1881; BBl **2006** 1085).

[67] Fassung gemäss Anhang 1 Ziff. II 11 der Strafprozessordnung vom 5. Okt. 2007, in Kraft seit 1. Jan. 2011 (AS **2010** 1881; BBl **2006** 1085).

[68] Fassung gemäss Anhang 1 Ziff. II 11 der Strafprozessordnung vom 5. Okt. 2007, in Kraft seit 1. Jan. 2011 (AS **2010** 1881; BBl **2006** 1085).

[2] Der in Abwesenheit Verurteilte kann innert zehn Tagen, seitdem ihm das Urteil zur Kenntnis gelangt ist, die Wiedereinsetzung anbegehren, wenn er durch ein unverschuldetes Hindernis abgehalten worden ist, zur Hauptverhandlung zu erscheinen. Wird das Gesuch bewilligt, so findet eine neue Hauptverhandlung statt.

[3] Das Gesuch um Wiedereinsetzung hemmt den Vollzug des Urteils nur, wenn das Gericht oder sein Präsident es verfügt.

[4] Für den von der Einziehung Betroffenen gelten diese Vorschriften sinngemäss.

V. Hauptverhandlung

Art. 77

[1] Die Akten der Verwaltung über die von ihr erhobenen Beweise dienen auch dem Gericht als Beweismittel; dieses kann von sich aus oder auf Antrag einer Partei weitere zur Aufklärung des Sachverhalts erforderliche Beweise aufnehmen oder Beweisaufnahmen der Verwaltung wiederholen.

[2] Wo es zur Wahrung wesentlicher öffentlicher oder privater Interessen, insbesondere von Amts-, Berufs- oder Geschäftsgeheimnissen einer Partei oder eines Dritten nötig ist, hat das Gericht die Öffentlichkeit der Verhandlungen und Beratungen ganz oder teilweise auszuschliessen.

[3] Das Gericht würdigt die Beweise frei.

[4] Der rechtskräftige Entscheid über die Leistungs- oder Rückleistungspflicht ist für das Gericht verbindlich; handelt es sich um einen Entscheid der Verwaltung und findet das Gericht, er beruhe auf offensichtlicher Gesetzesverletzung oder auf einem Ermessensmissbrauch, so setzt es die Hauptverhandlung aus und weist die Akten zum neuen Entscheid an die beteiligte Verwaltung zurück. Artikel 63 Absatz 3 gilt sinngemäss.

VI. Rückzug der Strafverfügung oder des Begehrens um gerichtliche Beurteilung

Art. 78

[1] Die Verwaltung kann die Straf- oder Einziehungsverfügung mit Zustimmung der Staatsanwaltschaft des Bundes zurückziehen, solange das Urteil erster Instanz nicht eröffnet ist.[69]

[2] Bis zu diesem Zeitpunkte kann auch der Beschuldigte das Begehren um gerichtliche Beurteilung zurückziehen.

---

[69] Fassung gemäss Anhang 1 Ziff. II 11 der Strafprozessordnung vom 5. Okt. 2007, in Kraft seit 1. Jan. 2011 (AS **2010** 1881; BBl **2006** 1085).

[3] In diesen Fällen wird das gerichtliche Verfahren eingestellt.

[4] Die Kosten des gerichtlichen Verfahrens trägt die Partei, die den Rückzug erklärt.

VII. Inhalt des Urteils

Art. 79

[1] Das Urteil stellt fest:

– den Beschuldigten;
– die Tat;
– die gesetzlichen Bestimmungen, die angewendet werden;
– die Strafe, die Mithaftung nach Artikel 12 Absatz 3 und die besonderen Massnahmen;
– die Kosten des gerichtlichen und des Verwaltungsverfahrens;
– den Entschädigungsanspruch (Art. 99 und 101);
– die Verfügung über beschlagnahmte Gegenstände.

[2] Das Urteil ist mit den wesentlichen Entscheidungsgründen den Parteien schriftlich zu eröffnen, unter Angabe der Fristen für die Rechtsmittel und der Behörden, an die es weitergezogen werden kann.

VIII. Rechtsmittel

Art. 80[70]

[1] Gegen Entscheide der kantonalen Gerichte können die Rechtsmittel der StPO[71] ergriffen werden.

[2] Auch die Staatsanwaltschaft des Bundes und die beteiligte Verwaltung können diese Rechtsmittel je selbstständig ergreifen.

B. Verfahren vor dem Bundesstrafgericht

Art. 81

Die Bestimmungen über das gerichtliche Verfahren gelten sinngemäss auch für das Verfahren vor dem Bundesstrafgericht.

[70] Fassung gemäss Anhang 1 Ziff. II 11 der Strafprozessordnung vom 5. Okt. 2007, in Kraft seit 1. Jan. 2011 (AS **2010** 1881; BBl **2006** 1085).

[71] SR **312.0**

C. Ergänzende Vorschriften

Art. 82[72]

Soweit die Artikel 73–81 nichts anderes bestimmen, gelten für das Verfahren vor den kantonalen Gerichten und das Verfahren vor dem Bundesstrafgericht die entsprechenden Vorschriften der StPO[73].

Art. 83[74]

Vierter Abschnitt: Revision

A. Entscheide der Verwaltung
I. Revisionsgründe

Art. 84

[1] Ein durch Strafbescheid, Strafverfügung oder Einstellungsverfügung der Verwaltung rechtskräftig abgeschlossenes Strafverfahren kann auf Antrag oder von Amtes wegen wieder aufgenommen werden:

a. auf Grund erheblicher Tatsachen oder Beweismittel, die der Verwaltung zur Zeit des früheren Verfahrens nicht bekannt waren;
b. wenn nachträglich gegen einen Teilnehmer ein Strafurteil ausgefällt wurde, das mit dem Strafbescheid oder der Strafverfügung in unvereinbarem Widerspruch steht;
c. wenn durch eine strafbare Handlung auf den Entscheid der Verwaltung eingewirkt worden ist.

[2] Die Revision zugunsten des Beschuldigten ist jederzeit zulässig. Einer neuen Verurteilung steht die nach der Rechtskraft des beanstandeten Entscheids eingetretene Verfolgungsverjährung nicht entgegen.

[3] Die Revision zu Ungunsten des Beschuldigten ist nur zulässig auf Grund von Absatz 1 Buchstaben *a* und *c* und solange die Verfolgung der Widerhandlung nicht verjährt ist. Die Verjährung beginnt mit der Widerhandlung zu laufen; der frühere Entscheid ist kein Unterbrechungsgrund.

[4] Für den Einziehungsbescheid und die Einziehungsverfügung gelten die Vorschriften der Artikel 84–88 sinngemäss.

---

[72] Fassung gemäss Anhang 1 Ziff. II 11 der Strafprozessordnung vom 5. Okt. 2007, in Kraft seit 1. Jan. 2011 (AS **2010** 1881; BBl **2006** 1085).

[73] SR **312.0**

[74] Aufgehoben durch Anhang 1 Ziff. II 11 der Strafprozessordnung vom 5. Okt. 2007, mit Wirkung seit 1. Jan. 2011 (AS **2010** 1881; BBl **2006** 1085).

II. Einleitung des Verfahrens
1. Auf Antrag

Art. 85

[1] Die Revision können nachsuchen der Beschuldigte und, wenn er verstorben ist, sein Ehegatte, seine eingetragene Partnerin oder sein eingetragener Partner, seine Verwandten in gerader Linie und seine Geschwister.[75]

[2] Das Revisionsgesuch ist schriftlich und unter Angabe der Gründe und Beweismittel bei der Verwaltung einzureichen, die den beanstandeten Entscheid getroffen hat.

[3] Das Gesuch hemmt den Vollzug des beanstandeten Entscheides nur, wenn die Verwaltung es verfügt; sie kann den Vollzug gegen Sicherheitsleistung aufschieben oder andere vorsorgliche Verfügungen treffen.

[4] Die Verwaltung kann die Untersuchung ergänzen und eine mündliche Verhandlung anordnen.

2. Von Amtes wegen

Art. 86

Leitet die Verwaltung die Revision von Amtes wegen ein, so kann sie die Untersuchung wieder eröffnen; den Betroffenen ist Gelegenheit zu geben, sich zum Revisionsgrund und zu der in Aussicht genommenen Änderung des Entscheides zu äussern.

III. Entscheid
1. Aufhebung des früheren Entscheides

Art. 87

[1] Liegt ein Revisionsgrund vor, so hebt die Verwaltung den früheren Entscheid auf und trifft eine Einstellungs-, Straf- oder Einziehungsverfügung; sie entscheidet gleichzeitig über die Rückleistung von Bussen, Kosten und eingezogenen Vermögenswerten. Vorbehalten bleibt die Überweisung zur gerichtlichen Beurteilung (Art. 21 Abs. 1 und 3).

[2] Die Verfügung ist zu begründen; im Übrigen gilt Artikel 64 über Inhalt und Eröffnung des Strafbescheides sinngemäss.

[3] Gegen die Straf- oder Einziehungsverfügung kann gemäss Artikel 72 die gerichtliche Beurteilung verlangt werden.

---

[75] Fassung gemäss Anhang Ziff. 21 des Partnerschaftsgesetzes vom 18. Juni 2004, in Kraft seit 1. Jan. 2007 (AS **2005** 5685; BBl **2003** 1288).

[4] Der richterlichen Überprüfung unterliegt auch das Vorliegen eines Revisionsgrundes im Sinne von Artikel 84.

2. Verneinung des Revisionsgrundes

Art. 88

[1] Liegt kein Revisionsgrund vor, so trifft die Verwaltung einen entsprechenden Entscheid.

[2] Bei Abweisung eines Revisionsgesuches können die Verfahrenskosten dem Gesuchsteller auferlegt werden.

[3] Der Entscheid ist zu begründen und den am Revisionsverfahren Beteiligten durch eingeschriebenen Brief zu eröffnen.

[4] Der Gesuchsteller kann gegen den abweisenden Entscheid innert 30 Tagen seit der Eröffnung bei der Beschwerdekammer des Bundesstrafgerichts Beschwerde führen (Art. 25 Abs. 1); die Verfahrensvorschriften von Artikel 28 Absätze 2–5 gelten sinngemäss.

B. Urteile der Strafgerichte

Art. 89[76]

Für die Revision rechtskräftiger Urteile kantonaler Gerichte oder des Bundesstrafgerichts gelten die Artikel 379–392 sowie die Artikel 410– 415 StPO[77].

Fünfter Abschnitt: Vollzug

A. Zuständigkeit

Art. 90

[1] Die Bescheide und Verfügungen der Verwaltung und die Urteile der Strafgerichte, soweit diese nicht auf Freiheitsstrafen oder freiheitsentziehende Massnahmen lauten, werden von der beteiligten Verwaltung vollstreckt.

[2] Die Kantone vollziehen die Freiheitsstrafen und die freiheitsentziehenden Massnahmen. Der Bund hat die Oberaufsicht über den Vollzug.

[76] Fassung gemäss Anhang 1 Ziff. II 11 der Strafprozessordnung vom 5. Okt. 2007, in Kraft seit 1. Jan. 2011 (AS **2010** 1881; BBl **2006** 1085).

[77] SR **312.0**

B. Vollstreckung von Bussen

Art. 91

[1] Soweit die Busse nicht eingebracht werden kann, wird sie auf Antrag der Verwaltung nach Artikel 10 in Haft oder Einschliessung umgewandelt.

[2] Zuständig zur Umwandlung ist der Richter, der die Widerhandlung beurteilt hat oder zur Beurteilung zuständig gewesen wäre (Art. 22 und 23 Abs. 2).

C. Rückgabe beschlagnahmter Gegenstände; Verwertung

Art. 92

[1] Mit Beschlag belegte Gegenstände und Vermögenswerte, die weder eingezogen noch dem Staate verfallen sind und an denen nicht ein gesetzliches Pfandrecht besteht, sind dem Berechtigten zurückzugeben. Wenn dieser nicht bekannt ist und der Wert der Gegenstände es rechtfertigt, erfolgt eine öffentliche Ausschreibung.

[2] Meldet sich innert 30 Tagen kein Berechtigter, so kann die Verwaltung die Gegenstände öffentlich versteigern lassen. Meldet sich der Berechtigte nach der Verwertung, so wird ihm der Verwertungserlös unter Abzug der Verwertungskosten ausgehändigt.

[3] Der Anspruch auf Rückgabe der Gegenstände oder Aushändigung des Erlöses erlischt fünf Jahre nach der öffentlichen Ausschreibung.

[4] Ist streitig, welchem von mehreren Ansprechern die Sache zurückzugeben oder der Erlös auszuhändigen sei, so kann sich die Verwaltung durch gerichtliche Hinterlegung befreien.

D. Verwendung der Bussen, eingezogenen Vermögenswerte usw.

Art. 93

[1] Wenn die Gesetzgebung nichts anderes bestimmt, fallen Bussen, eingezogene Gegenstände, Vermögenswerte, Geschenke und andere Zuwendungen, als Massnahme auferlegte Geldzahlungen sowie der Erlös aus den eingezogenen oder nach Artikel 92 verwerteten Gegenständen dem Bunde zu.

[2] Lehnt die beteiligte Verwaltung einen nach Artikel 59 Ziffer 1 Absatz 2 des Strafgesetzbuches[78] beanspruchten Anteil am Verwertungserlös eines eingezogenen Gegenstandes oder Vermögenswertes ab, so erlässt sie eine Verfügung

[78] SR **311.0.** Heute: nach Art. 70 Abs. 1.

nach dem Bundesgesetz vom 20. Dezember 1968[79] über das Verwaltungsverfahren.[80]

Sechster Abschnitt: Kosten, Entschädigung und Rückgriff

A. Kosten
I. Im Verfahren der Verwaltung
1. Arten

Art. 94

1 Die Kosten des Verfahrens der Verwaltung bestehen in den Barauslagen, mit Einschluss der Kosten der Untersuchungshaft und der amtlichen Verteidigung, in einer Spruchgebühr und in den Schreibgebühren.

2 Die Höhe der Spruch- und der Schreibgebühr bestimmt sich nach einem vom Bundesrat aufzustellenden Tarif.

2. Auferlegung

Art. 95

1 Im Entscheid der Verwaltung werden die Kosten in der Regel dem Verurteilten auferlegt; aus Gründen der Billigkeit kann er von ihnen ganz oder teilweise befreit werden.

2 Wird das Verfahren eingestellt, so können dem Beschuldigten Kosten ganz oder teilweise auferlegt werden, wenn er die Untersuchung schuldhaft verursacht oder das Verfahren mutwillig wesentlich erschwert oder verlängert hat.

3 Mehrere Beschuldigte haften solidarisch für die Kosten, wenn der Strafbescheid oder die Strafverfügung nichts anderes bestimmt.

3. Beschwerde gegen Kostenerkenntnis

Art. 96

1 Der mit Kosten beschwerte Beschuldigte kann, wenn das Verfahren eingestellt wurde oder wenn er die gerichtliche Beurteilung nicht verlangt, gegen das Kostenerkenntnis innert 30 Tagen seit Eröffnung des Entscheides bei der Beschwerdekammer des Bundesstrafgerichts Beschwerde führen (Art. 25 Abs. 1); die Verfahrensvorschriften von Artikel 28 Absätze 2–5 gelten sinngemäss.

---

79 SR **172.021**

80 Fassung gemäss Anhang Ziff. 10 des Strafgerichtsgesetzes vom 4. Okt. 2002, in Kraft seit 1. April 2004 (AS **2003** 2133 2131; BBl **2001** 4202).

[2] Wird innert der gesetzlichen Frist keine Beschwerde eingereicht oder eine Beschwerde abgewiesen, so steht das Kostenerkenntnis einem gerichtlichen Urteil gleich.

II. Im gerichtlichen Verfahren

Art. 97

[1] Die Kosten des gerichtlichen Verfahrens und deren Verlegung bestimmen sich, vorbehältlich Artikel 78 Absatz 4, nach den Artikeln 417–428 StPO[81].[82]

[2] Im Urteil können die Kosten des Verfahrens der Verwaltung gleich wie die Kosten des gerichtlichen Verfahrens verlegt werden.

III. Kostenvergütung an den Kanton

Art. 98

[1] Der Kanton kann vom Bund die Erstattung der Prozess- und Vollzugskosten fordern, zu denen der Beschuldigte nicht verurteilt worden ist oder die der Verurteilte nicht bezahlen kann. Besoldungen und Taggelder von Beamten sowie Gebühren und Stempel sind ausgenommen.

[1bis] Sind durch die Übertragung von Verfahren nach Artikel 20 Absatz 3 ausserordentliche Kosten entstanden, so kann der Bund sie den Kantonen auf Gesuch hin ganz oder teilweise vergüten.[83]

[2] Anstände zwischen dem Bund und einem Kanton über die Vergütung der Kosten entscheidet die Beschwerdekammer des Bundesstrafgerichts (Art. 25 Abs. 1).

B. Entschädigung
I. Im Verfahren der Verwaltung
1. Anspruch

Art. 99

[1] Dem Beschuldigten, gegen den das Verfahren eingestellt oder der nur wegen Ordnungswidrigkeit bestraft wird, ist auf Begehren eine Entschädigung für die Untersuchungshaft und für andere Nachteile, die er erlitten hat, auszurichten; sie kann jedoch ganz oder teilweise verweigert werden, wenn er die Unter-

---

[81] SR **312.0**

[82] Fassung gemäss Anhang 1 Ziff. II 11 der Strafprozessordnung vom 5. Okt. 2007, in Kraft seit 1. Jan. 2011 (AS **2010** 1881; BBl **2006** 1085).

[83] Eingefügt durch Ziff. I des BG vom 22. Dez. 1999, in Kraft seit 1. Okt. 2000 (AS **2000** 2141; BBl **1998** 1529).

suchung schuldhaft verursacht oder das Verfahren mutwillig erschwert oder verlängert hat.

[2] Dem Inhaber eines beschlagnahmten Gegenstandes oder einer durchsuchten Wohnung, der nicht als Beschuldigter ins Verfahren einbezogen worden ist, steht ein Anspruch auf Entschädigung zu, insoweit er unverschuldet einen Nachteil erlitten hat.

[3] Die Entschädigung geht zu Lasten des Bundes.

2. Geltendmachung

Art. 100

[1] Der Entschädigungsanspruch des Beschuldigten erlischt, wenn er nicht innert eines Jahres nach Eröffnung der Einstellung oder nach Eintritt der Rechtskraft des Entscheides geltend gemacht wird.

[2] Der Entschädigungsanspruch nach Artikel 99 Absatz 2 erlischt, wenn er nicht innert eines Jahres seit der Durchsuchung oder, im Falle einer Beschlagnahme, seit der Rückgabe des beschlagnahmten Gegenstandes oder der Aushändigung des Verwertungserlöses geltend gemacht wird.

[3] Das Entschädigungsbegehren ist der beteiligten Verwaltung schriftlich einzureichen und hat einen bestimmten Antrag sowie dessen Begründung zu enthalten.

[4] Über das Begehren trifft die Verwaltung spätestens innert drei Monaten einen Entscheid. Gegen den Entscheid kann innert 30 Tagen seit der Eröffnung bei der Beschwerdekammer des Bundesstrafgerichts Beschwerde geführt werden (Art. 25 Abs. 1); die Verfahrensvorschriften von Artikel 28 Absätze 2–5 gelten sinngemäss.

II. Im gerichtlichen Verfahren

Art. 101

[1] Im gerichtlichen Verfahren gilt Artikel 99 sinngemäss. Das Gericht entscheidet auch über die Entschädigung für Nachteile im Verfahren vor der Verwaltung.

[2] Bevor das Gericht eine Entschädigung festsetzt, hat es der beteiligten Verwaltung Gelegenheit zu geben, sich zum Anspruch und seiner Höhe zu äussern und Anträge zu stellen.

III. Rückgriffsanspruch

Art. 102

[1] Wer das Verfahren durch Arglist veranlasst hat, kann verpflichtet werden, dem Bunde die nach Artikel 99 oder 101 auszurichtenden Entschädigungen ganz oder teilweise zu ersetzen.

[2] Über den Rückgriffsanspruch entscheidet die beteiligte Verwaltung.

[3] Gegen den Entscheid kann innert 30 Tagen seit der Eröffnung bei der Beschwerdekammer des Bundesstrafgerichts Beschwerde geführt werden (Art. 25 Abs. 1); die Verfahrensvorschriften von Artikel 28 Absätze 2–5 gelten sinngemäss. Wird innert der gesetzlichen Frist nicht Beschwerde erhoben, so steht der Entscheid einem rechtskräftigen Urteil gleich.

[4] Der Rückgriffsanspruch erlischt, wenn er nicht innert drei Monaten seit Rechtskraft des Entscheids oder Urteils über den Entschädigungsanspruch geltend gemacht wird.

Siebenter Abschnitt: Abwesenheitsverfahren

Art. 103

[1] Ist der Beschuldigte, ohne in der Schweiz ein Zustellungsdomizil zu haben, unbekannten Aufenthaltes, so kann das Verfahren von der Verwaltung und den Gerichten in seiner Abwesenheit durchgeführt werden. Artikel 34 Absatz 2 ist anwendbar.

[2] Wenn der Beschuldigte sich stellt oder ergriffen wird, so kann er innert 30 Tagen, seitdem er vom Strafbescheid, von der Strafverfügung oder vom Urteil Kenntnis erhalten hat, bei der Behörde, die zuletzt gesprochen hat, die Wiedereinsetzung verlangen.

[3] Wird das Gesuch rechtzeitig gestellt, so ist das ordentliche Verfahren durchzuführen.

[4] Bei Einziehung und Umwandlung der Busse in Freiheitsstrafe gelten die Absätze 1–3 sinngemäss.

Vierter Titel: Schlussbestimmungen

A. Änderung von Bundeserlassen

Art. 104

[1] Änderungen des geltenden Bundesrechts finden sich im Anhang, der Bestandteil dieses Gesetzes ist.

[2] Der Bundesrat wird ermächtigt, die Vollziehungsverordnung vom 27. November 1934[84] zum Bundesratsbeschluss vom 4. August 1934 über die eidgenössische Getränkesteuer diesem Gesetz anzupassen.

B. Neue Zuständigkeiten

Art. 105

Wo nach bisherigem Recht Strafverfügungen vom Bundesrat auszugehen hatten, wird diese Zuständigkeit den Departementen zugewiesen; der Bundesrat kann sie auf die den Departementen unmittelbar nachgeordneten Amtsstellen übertragen.

C. Übergangsbestimmungen

Art. 106

[1] Strafverfahren, in denen die Strafverfügung der Verwaltung nach Artikel 293 oder 324 des Bundesstrafrechtspflegegesetzes vom 15. Juni 1934[85] vor dem Inkrafttreten der neuen Vorschriften getroffen worden ist, werden nach bisherigem Recht fortgesetzt.

[2] Strafbarkeit und Mithaftung des Vertretenen, Auftraggebers oder Geschäftsherrn wegen Widerhandlungen, die vor Inkrafttreten dieses Gesetzes begangen worden sind, richten sich ausschliesslich nach dem alten Recht.

D. Ausführung, Inkrafttreten

Art. 107

[1] Der Bundesrat erlässt die erforderlichen Ausführungsbestimmungen.

[2] Er bestimmt das Inkrafttreten dieses Gesetzes.

Datum des Inkrafttretens: 1. Januar 1975[86]

---

[84] [BS **6** 283; AS **1974** 1955, **2007** 1469 Anhang 4 Ziff. 27. AS **2007** 2909 Art. 23 Ziff. 1]. Siehe heute: die Biersteuerverordnung vom 15. Juni 2007 (SR **641.411.1**).

[85] [BS **3** 303; AS **1971** 777 Ziff. III 4, **1974** 1857 Anhang Ziff. 2, **1978** 688 Art. 88 Ziff. 4, **1979** 1170, **1992** 288 Anhang Ziff. 15 2465 Anhang Ziff. 2, **1993** 1993, **1997** 2465 Anhang Ziff. 7, **2000** 505 Ziff. I 3 2719 Ziff. II 3 2725 Ziff. II, **2001** 118 Ziff. I 3 3071 Ziff. II 1 3096 Anhang Ziff. 2 3308, **2003** 2133 Anhang Ziff. 9, **2004** 1633 Ziff. I 4, **2005** 5685 Anhang Ziff. 19, **2006** 1205 Anhang Ziff. 10, **2007** 6087, **2008** 1607 Anhang Ziff. 1 4989 Anhang 1 Ziff. 6 5463 Anhang Ziff. 3, **2009** 6605 Anhang Ziff. II 3. AS **2010** 1881 Anhang 1 Ziff. I 1].

[86] BRB vom 25. Nov. 1974

Änderung von Bundeserlassen

…[87]

[87] Die Änderungen können unter AS **1974** 1857 konsultiert werden.

V. Internationales Privatrecht

Bundesgesetz über das Internationale Privatrecht (IPRG)

vom 18. Dezember 1987 (Stand 1. September 2023)

Die Bundesversammlung der Schweizerischen Eidgenossenschaft,

gestützt auf die Zuständigkeit des Bundes in auswärtigen Angelegenheiten[1]

und auf Artikel 64 der Bundesverfassung[2],

nach Einsicht in eine Botschaft des Bundesrates vom 10. November 1982[3, 4]

beschliesst:

[…]

8. Kapitel: Immaterialgüterrecht

I. Zuständigkeit

Art. 109[66]

[1] Für Klagen betreffend die Gültigkeit oder die Eintragung von Immaterialgüterrechten in der Schweiz sind die schweizerischen Gerichte am Wohnsitz des Beklagten zuständig. Hat der Beklagte keinen Wohnsitz in der Schweiz, so sind die schweizerischen Gerichte am Geschäftssitz des im Register eingetragenen Vertreters oder, wenn ein solcher fehlt, diejenigen am Sitz der schweizerischen Registerbehörde zuständig.

[2] Für Klagen betreffend Verletzung von Immaterialgüterrechten sind die schweizerischen Gerichte am Wohnsitz des Beklagten oder, wenn ein solcher fehlt, diejenigen an seinem gewöhnlichen Aufenthaltsort zuständig. Überdies sind die schweizerischen Gerichte am Handlungs- und Erfolgsort sowie für Klagen aufgrund der Tätigkeit einer Niederlassung in der Schweiz die Gerichte am Ort der Niederlassung zuständig.

AS **1988** 1776

[1] Dieser Zuständigkeitsumschreibung entspricht Art. 54 Abs. 1 der neuen Bundesverfassung vom 18. April 1999 (SR **101**).

[2] [BS 1 3]. Dieser Bestimmung entspricht Art. 122 der neuen Bundesverfassung vom 18. April 1999 (SR **101**).

[3] BBl **1983** I 263

[66] Fassung gemäss Anhang Ziff. 5 des BG vom 22. Juni 2007, in Kraft seit 1. Juli 2008 (AS **2008** 2551; BBl **2006** 1).

2bis Für Klagen betreffend gesetzliche Vergütungsansprüche für die rechtmässige Nutzung eines Immaterialguts gilt Absatz 2 sinngemäss.[67]

3 …[68]

II. Anwendbares Recht

Art. 110

1 Immaterialgüterrechte unterstehen dem Recht des Staates, für den der Schutz der Immaterialgüter beansprucht wird.

2 Für Ansprüche aus Verletzung von Immaterialgüterrechten können die Parteien nach Eintritt des schädigenden Ereignisses stets vereinbaren, dass das Recht am Gerichtsort anzuwenden ist.

3 Verträge über Immaterialgüterrechte unterstehen den Bestimmungen dieses Gesetzes über das auf obligationenrechtliche Verträge anzuwendende Recht (Art. 122).

III. Ausländische Entscheidungen

Art. 111

1 Ausländische Entscheidungen betreffend Immaterialgüterrechte werden in der Schweiz anerkannt, wenn sie:

a. im Staat ergangen sind, in dem der Beklagte seinen Wohnsitz hatte; oder

b. am Handlungs- oder Erfolgsort ergangen sind und der Beklagte keinen Wohnsitz in der Schweiz hatte.[69]

2 Ausländische Entscheidungen betreffend Gültigkeit oder Eintragung von Immaterialgüterrechten werden nur anerkannt, wenn sie im Staat ergangen sind, für den der Schutz beansprucht wird, oder wenn sie dort anerkannt werden.

---

67 Eingefügt durch Anhang Ziff. 2 des BG vom 27. Sept. 2019, in Kraft seit 1. April 2020 (AS **2020** 1003; BBl **2018** 591).

68 Aufgehoben durch Art. 3 Ziff. 3 des BB vom 11. Dez. 2009 (Genehmigung und Umsetzung des Lugano-Übereink.), mit Wirkung seit 1. Jan. 2011 (AS **2010** 5601; BBl **2009** 1777).

69 Fassung gemäss Anhang Ziff. 5 des BG vom 22. Juni 2007, in Kraft seit 1. Juli 2008 (AS **2008** 2551; BBl **2006** 1).

9. Kapitel: Obligationenrecht

3. Abschnitt: Unerlaubte Handlungen

[…]

c. Unlauterer Wettbewerb

Art. 136

[1] Ansprüche aus unlauterem Wettbewerb unterstehen dem Recht des Staates, auf dessen Markt die unlautere Handlung ihre Wirkung entfaltet.

[2] Richtet sich die Rechtsverletzung ausschliesslich gegen betriebliche Interessen des Geschädigten, so ist das Recht des Staates anzuwenden, in dem sich die betroffene Niederlassung befindet.

[3] Artikel 133 Absatz 3 ist vorbehalten.

d. Wettbewerbsbehinderung

Art. 137

[1] Ansprüche aus Wettbewerbsbehinderung unterstehen dem Recht des Staates, auf dessen Markt der Geschädigte von der Behinderung unmittelbar betroffen ist.

[2] Unterstehen Ansprüche aus Wettbewerbsbehinderung ausländischem Recht, so können in der Schweiz keine weitergehenden Leistungen zugesprochen werden als nach schweizerischem Recht für eine unzulässige Wettbewerbsbehinderung zuzusprechen wären.

VI. Bilaterale Abkommen

Abkommen zwischen der Schweizerischen Eidgenossenschaft und der Europäischen Wirtschaftsgemeinschaft

Abgeschlossen in Brüssel am 22. Juli 1972

Von der Bundesversammlung genehmigt am 3. Oktober 1972[1]

Schweizerische Ratifikationsurkunde hinterlegt am 21. Dezember 1972

In Kraft getreten für die Schweiz am 1. Januar 1973

(Stand am 29. März 2005)

Die Schweizerische Eidgenossenschaft einerseits,

Die Europäische Wirtschaftsgemeinschaft andererseits,

in dem Wunsch, anlässlich der Erweiterung der Europäischen Wirtschaftsgemeinschaft die Wirtschaftsbeziehungen zwischen der Gemeinschaft und der Schweiz zu festigen und auszuweiten und unter Wahrung gerechter Wettbewerbsbedingungen die harmonische Entwicklung ihres Handels mit dem Ziel sicherzustellen, zum Aufbau Europas beizutragen,

entschlossen, zu diesem Zweck in Übereinstimmung mit den Bestimmungen des Allgemeinen Zoll- und Handelsabkommens[2] über die Errichtung von Freihandelszonen die Hemmnisse annähernd für ihren gesamten Handel schrittweise zu beseitigen,

erklären sich bereit, unter Berücksichtigung aller Beurteilungselemente, insbesondere der Entwicklung der Gemeinschaft, die Möglichkeit eines Ausbaus und einer Vertiefung ihrer Beziehungen zu prüfen, wenn deren Ausdehnung auf Bereiche, die nicht unter dieses Abkommen fallen, im Interesse ihrer Volkswirtschaften nützlich erscheinen sollte,

haben beschlossen, zur Erreichung dieser Ziele und in der Erwägung, dass keine Bestimmung dieses Abkommens dahin ausgelegt werden kann, dass sie die Vertragsparteien von ihren Verpflichtungen aus anderen internationalen Verträgen entbindet, dieses Abkommen zu schliessen:

AS **1972** 3115; BBl 1972 II 653

[1] Art. 1 Abs. 1 des BB vom 3. Okt. 1972 (AS **1972** 3111)

[2] SR **0.632.21**

Art. 1

Zweck dieses Abkommen ist es,

a) durch die Ausweitung des Warenverkehrs zwischen der Europäischen Wirtschaftsgemeinschaft und der Schweizerischen Eidgenossenschaft die harmonische Entwicklung ihrer Wirtschaftsbeziehungen zu fördern und damit in der Gemeinschaft und in der Schweiz den Aufschwung des Wirtschaftslebens, die Verbesserung der Lebens- und Beschäftigungsbedingungen, die Steigerung der Produktivität und die finanzielle Stabilität zu begünstigen,

b) im Warenverkehr zwischen den Vertragsparteien gerechte Wettbewerbsbedingungen zu gewährleisten,

c) auf diese Weise durch die Beseitigung von Handelshemmnissen zur harmonischen Entwicklung und zur Ausweitung des Welthandels beizutragen.

Art. 2[3]

Dieses Abkommen gilt für Ursprungserzeugnisse der Gemeinschaft und der Schweiz:

i) die unter die Kapitel 25–97 des Harmonisierten Systems zur Bezeichnung und Kodierung der Waren fallen, mit Ausnahme der in Anhang I aufgeführten Waren;

ii) die im Anhang II genannt werden;

iii) die im Protokoll Nr. 2[4] genannt werden, unter Berücksichtigung der dort getroffenen Sonderregelungen.

Art. 3[5]

(1) Im Warenverkehr zwischen der Gemeinschaft und der Schweiz werden keine neuen Einfuhrzölle eingeführt.

(2) Die Einfuhrzölle werden schrittweise wie folgt beseitigt:

- Am 1. April 1973 wird jeder Zollsatz auf 80 % des Ausgangszollsatzes gesenkt;
- die vier weiteren Senkungen um je 20 % erfolgen am
  1. Januar 1974
  1. Januar 1975
  1. Januar 1976
  1. Juli 1977.

---

[3] Fassung gemäss Art. 1 Ziff. 1 des Beschlusses Nr. 1/2000 des Gemischten Ausschusses EG-Schweiz vom 25. Okt. 2000 (AS **2001** 853).

[4] SR **0.632.401.2**

[5] Siehe auch Art. 1 Ziff. 3, Art. 3 Bst. f und Art. 5 Ziff. 3 des Prot. Nr. 1 (SR **0.632.401.1**).

Art. 4

(1) Die Bestimmungen über die schrittweise Beseitigung der Einfuhrzölle gelten auch für die Fiskalzölle.

Die Vertragsparteien können einen Fiskalzoll oder den Fiskalanteil eines Zolles durch eine interne Abgabe ersetzen.

(2) Dänemark, Irland und das Vereinigte Königreich können im Falle einer Anwendung von Artikel 38 der «Akte über die Beitrittsbedingungen und die Anpassungen der Verträge» einen Fiskalzoll oder den Fiskalanteil eines Zolles bis zum 1. Januar 1976 beibehalten.[6]

(3) Die Schweiz kann bei Waren in Anhang III – unter Einhaltung von Artikel 18 – vorübergehend Zölle beibehalten, die dem Fiskalanteil der auf diese Waren erhobenen Einfuhrzölle entsprechen.[7]

Der Gemischte Ausschuss nach Artikel 29 überprüft die Anwendungsbedingungen von Absatz 3 Unterabsatz 1, insbesondere im Falle einer Änderung der Höhe des Fiskalanteils.

Er prüft die Lage im Hinblick auf die Möglichkeit, diese Zölle vor dem 1. Januar 1980 oder vor jedem anderen Zeitpunkt, zu dessen Wahl er sich unter Berücksichtigung der Umstände veranlasst sehen könnte, in inländische Abgaben umzuwandeln.

Art. 5[8]

(1) Für jede Ware gilt als Ausgangszollsatz, von dem die in Artikel 3 und im Protokoll Nr. 1[9] vorgesehenen, aufeinanderfolgenden Zollsenkungen vorgenommen werden, der am 1. Januar 1972 tatsächlich angewandte Zollsatz.

(2) Werden nach dem 1. Januar 1972 Zollsenkungen durchgeführt, die sich aus den zum Abschluss der Genfer Handelskonferenz (1964–1967) geschlossenen Zollabkommen ergeben, so treten die derart gesenkten Zollsätze an die Stelle der in Absatz 1 genannten Ausgangszollsätze.

---

6 Fassung gemäss Art. 1 Ziff. 1 und 2 des Ergänzungsprot. vom 29. Mai 1975 (AS **1975** 1437).

7 Fassung gemäss Art. 1 Ziff. 2 des Beschlusses Nr. 1/2000 des Gemischten Ausschusses EG-Schweiz vom 25. Okt. 2000 (AS **2001** 853).

8 Siehe auch Art. 4 Ziff. 2 des Prot. Nr. 1 (SR **0.632.401.1**) und Art. 2 Ziff. 3 des Prot. Nr. 2 (SR **0.632.401.2**).

9 SR **0.632.401.1**

(3) Die gemäss Artikel 3 und den Protokollen Nr. 1 und 2[10] errechneten gesenkten Zollsätze werden unter Abrundung bzw. Aufrundung auf die erste Dezimalstelle angewendet.

Soweit nicht die Gemeinschaft Artikel 39 Absatz 5 der «Akte über die Beitrittsbedingungen und die Anpassungen der Verträge» anwendet, werden Artikel 3 und die Protokolle Nr. 1 und 2 hinsichtlich der spezifischen Zölle oder des spezifischen Anteils der gemischten Zölle des irischen Zolltarifs unter Abrundung bzw. Aufrundung auf die vierte Dezimalstelle angewendet.[11]

Art. 6

(1) Im Warenverkehr zwischen der Gemeinschaft und der Schweiz werden keine neuen Abgaben mit gleicher Wirkung wie Einfuhrzölle eingeführt.

(2) Die ab 1. Januar 1972 im Warenverkehr zwischen der Gemeinschaft und der Schweiz eingeführten Abgaben mit gleicher Wirkung wie Einfuhrzölle werden mit Inkrafttreten dieses Abkommens beseitigt.

Jede Abgabe mit gleicher Wirkung wie ein Einfuhrzoll, deren Satz am 31. Dezember 1972 höher ist als der am 1. Januar 1972 tatsächlich angewandte Satz, wird mit Inkrafttreten dieses Abkommens auf die Höhe dieses Satzes gesenkt.

(3) Die Abgaben mit gleicher Wirkung wie Einfuhrzölle werden schrittweise wie folgt beseitigt:

- Spätestens am 1. Januar 1974 wird jede Abgabe auf 60 % des am 1. Januar 1972 angewandten Satzes gesenkt;
- die drei weiteren Senkungen um je 20 % erfolgen am:
  1. Januar 1975
  1. Januar 1976
  1. Juli 1977.

Art. 7

(1) Im Warenverkehr zwischen der Gemeinschaft und der Schweiz werden keine Ausfuhrzölle oder Abgaben gleicher Wirkung eingeführt.

Die Ausfuhrzölle und die Abgaben gleicher Wirkung werden spätestens am 1. Januar 1974 beseitigt.

---

[10] SR **0.632.401.1/.2**

[11] Fassung gemäss Art. 1 Ziff. 2 und 3 des Ergänzungsprot. vom 29. Mai 1975 (AS **1975** 1437).

(2) Bei den in Anhang IV aufgeführten Waren werden Ausfuhrzölle und Abgaben gleicher Wirkung nach den Bestimmungen des genannten Anhangs beseitigt.[12]

Art. 8

Das Protokoll Nr. 1[13] legt für bestimmte Waren die Zollregelung und die Modalitäten fest.

Art. 9

Das Protokoll Nr. 2[14] legt für bestimmte landwirtschaftliche Verarbeitungserzeugnisse die Zollregelung und die Modalitäten fest.

Art. 10

(1) Führt eine Vertragspartei eine besondere Regelung als Folge der Durchführung ihrer Agrarpolitik ein oder ändert sie die bestehende Regelung, so kann sie für die in Betracht kommenden Erzeugnisse die sich aus diesem Abkommen ergebende Regelung anpassen.

(2) In diesen Fällen berücksichtigt die betreffende Vertragspartei in angemessener Weise die Interessen der anderen Vertragspartei. Die Vertragsparteien können hierzu in dem Gemischten Ausschuss Konsultationen durchführen.

Art. 11

Das Protokoll Nr. 3[15] legt die Ursprungsregeln fest.

Art. 12

Die Vertragspartei, die ihre tatsächlich angewandten Zölle oder Abgaben gleicher Wirkung gegenüber Drittländern, für die die Meistbegünstigungsklausel gilt, zu senken oder ihre Anwendung auszusetzen beabsichtigt, notifiziert diese Senkung oder Aussetzung dem Gemischten Ausschuss spätestens dreissig Tage vor Inkrafttreten, sofern dies möglich ist. Sie nimmt Kenntnis von Bemerkungen der anderen Vertragspartei über Verzerrungen, die aus der Senkung oder Aussetzung entstehen könnten.

---

[12] Fassung gemäss Art. 1 Ziff. 3 des Beschlusses Nr. 1/2000 des Gemischten Ausschusses EG-Schweiz vom 25. Okt. 2000 (AS **2001** 853).

[13] SR **0.632.401.1**

[14] SR **0.632.401.2**

[15] SR **0.632.401.3**

Art. 12bis[16]

Wird das Zolltarifschema einer oder beider Vertragsparteien bei den in dem Abkommen erwähnten Waren geändert, so kann der Gemischte Ausschuss nach dem Grundsatz der Wahrung der sich aus dem Abkommen ergebenden Vorteile die zolltariflichen Bezeichnungen des Abkommens für diese Waren anpassen.

Art. 13[17]

(1) Im Warenverkehr zwischen der Gemeinschaft und der Schweiz werden keine neuen mengenmässigen Einfuhrbeschränkungen oder Massnahmen gleicher Wirkung eingeführt.

(2) Die mengenmässigen Einfuhrbeschränkungen werden am 1. Januar 1973 und die Massnahmen gleicher Wirkung spätestens bis zum 1. Januar 1975 beseitigt.

Art. 13A[18]

(1) Im Handel zwischen der Gemeinschaft und der Schweiz werden keine neuen mengenmässigen Ausfuhrbeschränkungen bzw. Massnahmen gleicher Wirkung verfügt.

(2) Alle geltenden mengenmässigen Ausfuhrbeschränkungen und Massnahmen gleicher Wirkung werden zum 1. Januar 1990 aufgehoben; ausgenommen Davon sind die Massnahmen, die für die im Protokoll Nr. 6[19] aufgeführten Waren am 1. Januar 1989 gelten und die nach Massgabe des genannten Protokolls beseitigt werden.

Art. 13B[20]

Die Vertragspartei, die eine Änderung ihrer Regelung der Ausfuhren in Drittländer erwägt, hat dies dem Gemischten Ausschuss nach Möglichkeit mindestens dreissig Tage vor Inkrafttreten der in Aussicht genommenen Änderung zu notifizieren. Sie muss von allen Einwänden der anderen Vertragspartei hinsichtlich sich möglicherweise ergebender Verzerrungen Kenntnis nehmen.

[16] Eingefügt durch Ziff. I der Anlage zum Briefwechsel vom 27. Sept. 1978, in Kraft für die Schweiz seit 1. Jan. 1978 (AS **1979** 511).

[17] Siehe jedoch Prot. Nr. 4 (SR **0.632.401.4**).

[18] Eingefügt durch Art. 1 des Zusatzprot. vom 12. Juli 1989, vorläufig angewendet ab 1. Jan. 1990 und in Kraft seit 4. Juli 1990 (SR **0.632.401.01**). Siehe auch die Gemeinsame Erklärung am Ende des genannten Zusatzprot.

[19] SR **0.632.401.01** Art. 4

[20] Eingefügt durch Art. 1 des Zusatzprot. vom 12. Juli 1989, vorläufig angewendet ab 1. Jan. 1990 und in Kraft seit 4. Juli 1990 (SR **0.632.401.01**). Siehe auch die Gemeinsame Erklärung am Ende des genannten Zusatzprot.

Art. 14

(1) Die Gemeinschaft behält sich vor, die Regelung für Erdölerzeugnisse der Positionen 27.10, 27.11, ex 27.12 (ausgenommen Ozokerit, Montanwachs und Torfwachs) und 27.13 des Harmonisierten Systems zur Bezeichnung und Kodierung der Waren bei Entscheidungen im Rahmen der gemeinsamen Handelspolitik für die betreffenden Erzeugnisse oder bei Einführung einer gemeinsamen Energiepolitik zu ändern.[21]

In diesem Fall trägt die Gemeinschaft den Interessen der Schweiz in angemessener Weise Rechnung; hierzu unterrichtet sie den Gemischten Ausschuss, der nach Artikel 31 zusammentritt.

(2) Die Schweiz behält sich vor, entsprechend vorzugehen, wenn für die Schweiz vergleichbare Situationen auftreten.

(3) Vorbehaltlich der Absätze 1 und 2 werden die bei der Einfuhr von Erdölerzeugnissen angewandten nicht tariflichen Regelungen von diesem Abkommen nicht berührt.

Art. 15

(1) Die Vertragsparteien erklären sich bereit, unter Beachtung ihrer Agrarpolitiken die harmonische Entwicklung des Handels mit landwirtschaftlichen Erzeugnissen, auf die dieses Abkommen keine Anwendung findet, zu fördern.

(2) Auf dem Gebiet des Veterinärwesens und des Gesundheits- und des Pflanzenschutzes wenden die Vertragsparteien ihre Regelungen in nichtdiskriminierender Weise an und treffen keine neuen Massnahmen, die eine unangemessene Behinderung des Warenverkehrs zur Folge haben.

(3) Die Vertragsparteien prüfen nach Artikel 31 die Schwierigkeiten, die in ihrem Handel mit landwirtschaftlichen Erzeugnissen auftreten könnten, und bemühen sich, Lösungen zu suchen, mit denen diesen Schwierigkeiten begegnet werden könnte.

Art. 16

Ab 1. Juli 1977 erfahren Ursprungserzeugnisse der Schweiz bei der Einfuhr in die Gemeinschaft keine günstigere Behandlung, als sich die Mitgliedstaaten der Gemeinschaft untereinander gewähren.

---

[21] Fassung gemäss Art. 1 Ziff. 4 des Beschlusses Nr. 1/2000 des Gemischten Ausschusses EG-Schweiz vom 25. Okt. 2000 (AS **2001** 853).

Art. 17

Dieses Abkommen steht der Beibehaltung oder Schaffung von Zollunionen, Freihandelszonen oder Grenzverkehrsregelungen nicht entgegen, soweit diese keine Änderung der in diesem Abkommen vorgesehenen Regelung des Warenverkehrs, insbesondere der Bestimmungen über die Ursprungsregeln, bewirken.

Art. 18

Die Vertragsparteien wenden keine Massnahmen oder Praktiken interner steuerlicher Art an, die unmittelbar oder mittelbar eine diskriminierende Behandlung der Erzeugnisse einer Vertragspartei und gleichartiger Ursprungserzeugnisse der anderen Vertragspartei bewirken.

Für Waren, die in das Gebiet einer Vertragspartei ausgeführt werden, darf keine Erstattung für inländische Abgaben gewährt werden, die höher ist als die auf diese Waren unmittelbar erhobenen Abgaben.

Art. 19

Die mit dem Warenverkehr verbundenen Zahlungen und die Überweisung dieser Beträge in den Mitgliedstaat der Gemeinschaft, in dem der Gläubiger seinen Wohnsitz hat, oder nach der Schweiz sind keinen Beschränkungen unterworfen.

Die Vertragsparteien wenden keine Devisenbeschränkungen oder verwaltungsmässigen Beschränkungen betreffend die Gewährung, Rückzahlung und Annahme von kurz- und mittelfristigen Krediten in Verbindung mit Handelsgeschäften an, an denen ein Gebietsansässiger beteiligt ist.

Art. 20

Dieses Abkommen steht Einfuhr-, Ausfuhr- und Durchfuhrverboten oder -beschränkungen nicht entgegen, die aus Gründen der öffentlichen Sittlichkeit, Ordnung und Sicherheit, zum Schutz der Gesundheit und des Lebens von Menschen und Tieren oder von Pflanzen, des nationalen Kulturguts von künstlerischem, geschichtlichem oder archäologischem Wert oder des gewerblichen und kommerziellen Eigentums gerechtfertigt sind; ebensowenig steht es Regelungen betreffend Gold und Silber entgegen. Diese Verbote oder Beschränkungen dürfen jedoch weder ein Mittel zur willkürlichen Diskriminierung noch eine verschleierte Beschränkung des Handels zwischen den Vertragsparteien darstellen.

Art. 21

Dieses Abkommen hindert eine Vertragspartei in keiner Weise daran, Massnahmen zu treffen,

a) die sie für erforderlich erachtet, um die Preisgabe von Auskünften zu verhindern, die ihren wesentlichen Sicherheitsinteressen widerspricht;

b) die den Handel mit Waffen, Munition und Kriegsmaterial oder die zu Verteidigungszwecken unerlässliche Forschung, Entwicklung oder Produktion betreffen, sofern diese Massnahmen die Wettbewerbsbedingungen hinsichtlich der nicht eigens für militärische Zwecke bestimmten Waren nicht beeinträchtigen;

c) die sie in Kriegszeiten oder im Falle schwerwiegender internationaler Spannungen als wesentlich für ihre eigene Sicherheit erachtet.

Art. 22

(1) Die Vertragsparteien enthalten sich aller Massnahmen, die geeignet sind, die Verwirklichung der Ziele dieses Abkommens zu gefährden.

(2) Sie treffen alle geeigneten Massnahmen allgemeiner oder besonderer Art zur Erfüllung der Verpflichtungen aus diesem Abkommen.

Ist eine Vertragspartei der Auffassung, dass die andere Vertragspartei eine Verpflichtung aus diesem Abkommen nicht erfüllt hat, so kann sie gemäss den in Artikel 27 festgelegten Voraussetzungen und Verfahren geeignete Massnahmen treffen.

Art. 23[22]

(1) Mit dem guten Funktionieren dieses Abkommens sind unvereinbar, soweit sie geeignet sind, den Warenverkehr zwischen der Gemeinschaft und der Schweiz zu beeinträchtigen,

i) alle Vereinbarungen zwischen Unternehmen, Beschlüsse von Unternehmensvereinigungen und aufeinander abgestimmte Verhaltensweisen zwischen Unternehmen, welche eine Verhinderung, Einschränkung oder Verfälschung des Wettbewerbs bezüglich der Produktion und des Warenverkehrs bezwecken oder bewirken;

ii) die missbräuchliche Ausnutzung einer beherrschenden Stellung auf dem gesamten Gebiet der Vertragsparteien oder auf einem wesentlichen Teil desselben durch ein oder mehrere Unternehmen;

iii) jede staatliche Beihilfe, die den Wettbewerb durch Begünstigung bestimmter Unternehmen oder Produktionszweige verfälscht oder zu verfälschen droht.

[22] Siehe auch die der Schlussakte beigefügte Erklärung (SR **0.632.401.7**).

(2) Ist eine Vertragspartei der Auffassung, dass eine Praktik mit diesem Artikel unvereinbar ist, so kann sie gemäss den in Artikel 27 festgelegten Voraussetzungen und Verfahren geeignete Massnahmen treffen.

Art. 24[23]

Wenn die Erhöhung der Einfuhren einer bestimmten Ware einen Produktionszweig im Gebiet einer Vertragspartei schwerwiegend schädigt oder zu schädigen droht und wenn diese Erhöhung zurückzuführen ist

- auf die in diesem Abkommen vorgesehene Senkung oder Beseitigung der Zölle und Abgaben gleicher Wirkung für diese Waren im Gebiet der einfü renden Vertragspartei
- und auf die Tatsache, dass die von der ausführenden Vertragspartei erhobenen Zölle und Abgaben gleicher Wirkung auf die Einfuhren von zur Herstellung der betreffenden Ware verwendeten Rohstoffen oder Zwischenerzeugnissen erheblich niedriger sind als die entsprechenden Zölle und Abgaben, die von der einführenden Vertragspartei erhoben werden, kann die betroffene Vertragspartei gemäss den in Artikel 27 festgelegten Voraussetzungen und Verfahren geeignete Massnahmen treffen.

Art. 24A[24]

Wenn aufgrund der Artikel 7 und 13A

1) es zu einer Wiederausfuhr in ein Drittland kommt, dem gegenüber die ausführende Vertragspartei für das jeweilige Erzeugnis mengenmässige Ausfuhrbeschränkungen, Ausfuhrzölle oder Massnahmen und Abgaben gleicher Wirkung aufrechterhält, oder
2) im Zusammenhang mit einem für die ausführende Vertragspartei wichtigen Erzeugnis ein ernster Versorgungsengpass entsteht oder droht,

und wenn der ausführenden Vertragspartei in den vorgenannten Situationen ernste Schwierigkeiten entstehen oder zu entstehen drohen, kann diese Vertragspartei nach den Voraussetzungen und Verfahren des Artikels 27 geeignete Massnahmen treffen.

Art. 25[25]

Stellt eine Vertragspartei in ihren Beziehungen zu der anderen Vertragspartei Dumping-Praktiken fest, so kann sie gemäss den in Artikel 27 festgelegten

[23] Siehe auch die der Schlussakte beigefügte Erklärung (SR **0.632.401.7**).

[24] Eingefügt durch Art. 1 des Zusatzprot. vom 12. Juli 1989, vorläufig angewendet ab 1. Jan. 1990 und in Kraft seit 4. Juli 1990 (SR **0.632.401.01**).

[25] Siehe auch die der Schlussakte beigefügte Erklärung (SR **0.632.401.7**).

Voraussetzungen und Verfahren im Einklang mit den Bestimmungen des Übereinkommens zur Durchführung von Artikel VI des Allgemeinen Zoll- und Handelsabkommens[26] geeignete Massnahmen gegen diese Praktiken treffen.

Art. 26[27]

Bei ernsten Störungen in einem Wirtschaftszweig oder bei Schwierigkeiten, die regional zu einer schwerwiegenden Verschlechterung der wirtschaftlichen Lage führen können, kann die betroffene Vertragspartei gemäss den in Artikel 27 festgelegten Voraussetzungen und Verfahren geeignete Massnahmen treffen.

Art. 27[28 29]

(1) Legt eine Vertragspartei für die Einfuhr oder Ausfuhr von Waren, die die in den Artikeln 24, 24A und 26 genannten Schwierigkeiten hervorrufen können, ein Verwaltungsverfahren fest, um schnell Informationen über die Entwicklung der Handelsströme zu erhalten, so teilt sie dies der anderen Vertragspartei mit.

(2) Die betroffene Vertragspartei stellt in den Fällen der Artikel 22 bis 26 vor Ergreifen der darin vorgesehenen Massnahmen und in den Fällen des Absatzes 3 Buchstabe e umgehend dem Gemischten Ausschuss alle zweckdienlichen Angaben zur Verfügung, um eine gründliche Prüfung der Lage im Hinblick auf eine für die Vertragsparteien annehmbare Lösung zu ermöglichen. Mit Vorrang sind die Massnahmen zu treffen, die das Funktionieren dieses Abkommens am wenigsten beeinträchtigen.

Die Schutzmassnahmen werden dem Gemischten Ausschuss unverzüglich notifiziert und sind dort, insbesondere im Hinblick auf eine möglichst rasche Beseitigung, Gegenstand regelmässiger Konsultationen.

(3) Für die Durchführung des Absatzes 2 gilt folgendes:

a) Bezüglich des Artikels 23 können beide Vertragsparteien den Gemischten Ausschuss befassen, wenn ihrer Ansicht nach eine bestimmte Praktik mit dem guten Funktionieren dieses Abkommens im Sinne des Artikels 23 Absatz 1 unvereinbar ist.

   Zur Prüfung des Falles und gegebenenfalls zur Beseitigung der beanstandeten Praktik erteilen die Vertragsparteien dem Gemischten Ausschuss alle zweckdienlichen Auskünfte und leisten die erforderliche Hilfe.

---

[26] SR **0.632.21**

[27] Siehe auch die der Schlussakte beigefügte Erklärung (SR **0.632.401.7**).

[28] Siehe auch die der Schlussakte beigefügte Erklärung (SR **0.632.401.7**).

[29] Fassung gemäss Art. 3 des Zusatzprot. vom 12. Juli 1989, vorläufig angewendet ab 1. Jan. 1990 und in Kraft seit 4. Juli 1990 (SR **0.632.401.01**).

Hat die betreffende Vertragspartei innerhalb der im Gemischten Ausschuss festgesetzten Frist die beanstandete Praktik nicht eingestellt, oder kommt innerhalb von drei Monaten nach Befassung des Gemischten Ausschusses in diesem keine Einigung zustande, so kann die betroffene Vertragspartei die von ihr für erforderlich erachteten Schutzmassnahmen treffen, um die aus den genannten Praktiken entstehenden ernsten Schwierigkeiten zu beheben; sie kann insbesondere Zollzugeständnisse zurücknehmen.

b) Bezüglich des Artikels 24 werden die Schwierigkeiten, die sich aus der dort beschriebenen Lage ergeben, dem Gemischten Ausschuss zur Prüfung vorgelegt; dieser kann alle zweckdienlichen Beschlüsse zu ihrer Behebung fassen.

Hat der Gemischte Ausschuss oder die ausführende Vertragspartei innerhalb von dreissig Tagen nach der Notifizierung keinen Beschluss zur Behebung der Schwierigkeiten gefasst, so ist die einführende Vertragspartei berechtigt, auf die eingeführte Ware eine Ausgleichsabgabe zu erheben.

Bei der Berechnung dieser Ausgleichsabgabe wird die Inzidenz der für die verarbeiteten Rohstoffe oder Zwischenprodukte festgestellten Zolldisparitäten auf den Wert der betreffenden Ware zugrunde gelegt.

c) Bezüglich des Artikels 24A werden die Schwierigkeiten, die sich aus der dort beschriebenen Lage ergeben, dem Gemischten Ausschuss zur Prüfung vorgelegt. Bezüglich des Artikels 24A Unterabsatz 2 ist der ausreichende Nachweis für einen drohenden Versorgungsengpass mit entsprechenden Mengen- und Preisindikatoren zu liefern.

Der Gemischte Ausschuss kann alle zweckdienlichen Beschlüsse zur Behebung der Schwierigkeiten fassen. Hat der Gemischte Ausschuss innerhalb von dreissig Tagen nach seiner Befassung keinen Beschluss gefasst, so ist die ausführende Vertragspartei ermächtigt, für das jeweilige Erzeugnis vorübergehend geeignete Ausfuhrmassnahmen zu verfügen.

d) Bezüglich des Artikels 25 findet im Gemischten Ausschuss eine Konsultation statt, bevor die betroffene Vertragspartei geeignete Massnahmen trifft.

e) Schliessen aussergewöhnliche Umstände, die ein sofortiges Eingreifen erforderlich machen, eine vorherige Prüfung aus, so kann die betroffene Vertragspartei in den Fällen der Artikel 24, 24A, 25 und 26 sowie im Falle von Ausfuhrbeihilfen, die sich unmittelbar und sofort auf den Handel auswirken, unverzüglich die zur Abhilfe unbedingt erforderlichen Sicherungsmassnahmen treffen.

Art. 28[30]

Bei bereits eingetretenen oder bei ernstlich drohenden Zahlungsbilanzschwierigkeiten eines oder mehrerer Mitgliedstaaten der Gemeinschaft oder der Schweiz kann die betroffene Vertragspartei die erforderlichen Schutzmassnahmen treffen. Sie unterrichtet hiervon unverzüglich die andere Vertragspartei.

Art. 29

(1) Es wird ein Gemischter Ausschuss eingesetzt, der mit der Durchführung dieses Abkommens beauftragt ist und für dessen ordnungsgemässe Erfüllung sorgt. Zu diesem Zweck spricht er Empfehlungen aus. Er fasst Beschlüsse in den in diesem Abkommen vorgesehenen Fällen. Die Vertragsparteien führen diese Beschlüsse nach ihren eigenen Bestimmungen durch.

(2) Zur guten Durchführung dieses Abkommens tauschen die Vertragsparteien Informationen aus und führen auf Antrag einer Vertragspartei im Gemischten Ausschuss Konsultationen durch.

(3) Der Gemischte Ausschuss gibt sich eine Geschäftsordnung.

Art. 30

(1) Der Gemischte Ausschuss besteht aus Vertretern der Gemeinschaft einerseits und aus Vertretern der Schweiz andererseits.

(2) Der Gemischte Ausschuss äussert sich im gegenseitigen Einvernehmen.

Art. 31

(1) Der Vorsitz im Gemischten Ausschuss wird von den Vertragsparteien abwechselnd nach Massgabe der Geschäftsordnung des Ausschusses wahrgenommen.

(2) Der Gemischte Ausschuss tritt mindestens einmal jährlich auf Veranlassung seines Präsidenten zu einer Prüfung des allgemeinen Funktionierens dieses Abkommens zusammen.

Er tritt ferner auf Antrag einer Vertragspartei nach Massgabe seiner Geschäftsordnung zusammen, so oft dies erforderlich ist.

(3) Der Gemischte Ausschuss kann die Einsetzung von Arbeitsgruppen beschliessen, die ihn bei der Erfüllung seiner Aufgaben unterstützen.

---

[30] Siehe auch die der Schlussakte beigefügte Erklärung (SR **0.632.401.7**).

Art. 32

(1) Ist eine Vertragspartei der Auffassung, dass der Ausbau der durch dieses Abkommen geschaffenen Beziehungen durch ihre Ausdehnung auf Bereiche, die nicht unter dieses Abkommen fallen, mit Interesse der Volkswirtschaften beider Vertragsparteien nützlich wäre, so unterbreitet sie der anderen Vertragspartei einen Antrag mit Begründung.

Die Vertragsparteien können dem Gemischten Ausschuss die Prüfung dieses Antrags und gegebenenfalls die Ausarbeitung von Empfehlungen, insbesondere zur Einleitung von Verhandlungen, übertragen.

(2) Die Übereinkünfte, die aus den in Absatz 1 genannten Verhandlungen hervorgehen, bedürfen der Ratifizierung oder Genehmigung durch die Vertragsparteien nach ihren eigenen Verfahren.

Art. 33

Die Anhänge und die Protokolle[31], die diesem Abkommen beigefügt sind, sind Bestandteil des Abkommens.

Art. 34

Jede Vertragspartei kann dieses Abkommen durch Notifizierung an die andere Vertragspartei kündigen. Dieses Abkommen tritt zwölf Monate nach dem Zeitpunkt dieser Notifizierung ausser Kraft.

Art. 35

Dieses Abkommen gilt für die Gebiete, in denen der Vertrag zur Gründung der Europäischen Wirtschaftsgemeinschaft nach Massgabe dieses Vertrages anwendbar ist, einerseits und für das Gebiet der Schweizerischen Eidgenossenschaft andererseits.

Art. 36

Dieses Abkommen ist in zwei Urschriften abgefasst, jede in dänischer, deutscher, englischer, französischer, italienischer und niederländischer Sprache, wobei jeder Wortlaut gleichermassen verbindlich ist.[32]

Dieses Abkommen bedarf der Zustimmung durch die Vertragsparteien gemäss ihren eigenen Verfahren.

[31] SR **0.632.401.1/5**. Für das Prot. Nr. 6 siehe Art. 4 von SR **0.632.401.01**.
[32] Fassung gemäss Art. 1 Ziff. 4 des Ergänzungsprot. vom 29. Mai 1975 (AS **1975** 1437).

Es tritt am 1. Januar 1973 in Kraft, sofern die Vertragsparteien einander vor diesem Zeitpunkt den Abschluss der dafür erforderlichen Verfahren notifiziert haben.

Erfolgt diese Notifizierung nach diesem Zeitpunkt, so tritt dieses Abkommen am ersten Tag des zweiten Monats in Kraft, der auf die Notifizierung folgt. Spätester Termin für die Notifizierung ist der 30. November 1973.

Die ab 1. April 1973 anwendbaren Bestimmungen treten gleichzeitig mit diesem Abkommen in Kraft, wenn das Abkommen nach diesem Zeitpunkt in Kraft tritt.

Geschehen zu Brüssel am zweiundzwanzigsten Juli neunzehnhundertzweiundsiebzig.

Abkommen zwischen der Schweizerischen Eidgenossenschaft und der Europäischen Gemeinschaft über den Luftverkehr

Abgeschlossen am 21. Juni 1999

Von der Bundesversammlung genehmigt am 8. Oktober 1999[1]
Schweizerische Ratifikationsurkunde hinterlegt am 16. Oktober 2000
In Kraft getreten am 1. Juni 2002

(Stand am 15. Juli 2023)

Die Schweizerische Eidgenossenschaft, nachstehend «Schweiz» genannt,

die Europäische Gemeinschaft[2], nachstehend «Gemeinschaft» genannt,

nachstehend «Vertragsparteien» genannt,

in Anbetracht der engen Verknüpfungen in der internationalen Zivilluftfahrt und vom Wunsche geleitet, die Vorschriften für den Luftverkehr innerhalb Europas einander anzugleichen,

vom Wunsche geleitet, Regeln für die Zivilluftfahrt innerhalb des Gebietes der Gemeinschaft und der Schweiz aufzustellen, die unbeschadet der im Vertrag zur Gründung der Europäischen Gemeinschaft (nachstehend «EG-Vertrag» genannt) enthaltenen Regeln und insbesondere unbeschadet der bestehenden Befugnisse der Gemeinschaft nach den Artikeln 81 und 82 EG-Vertrag und der daraus abgeleiteten Wettbewerbsregeln gelten,

in Anbetracht ihrer Übereinstimmung, dass diesen Regeln die in der Gemeinschaft zum Zeitpunkt der Unterzeichnung dieses Abkommens geltenden Rechtsvorschriften zu Grunde gelegt werden sollen,

vom Wunsche geleitet, unter Respektierung der Unabhängigkeit der Gerichte unterschiedliche Auslegungen zu vermeiden und eine möglichst einheitliche Auslegung der Bestimmungen dieses Abkommens und der entsprechenden Bestimmungen des Gemeinschaftsrechts, die inhaltlich in dieses Abkommen aufgenommen wurden, zu erzielen,

sind wie folgt übereingekommen:

AS **2002** 1705

[1] BBl **1999** 6128. Art. 1 Ab. 1 Bst. e des BB vom 8. Okt. 1999 (AS **2002** 1527)

[2] Heute: Europäische Union

Kapitel 1: Ziele

Art. 1

(1) Dieses Abkommen legt für die Vertragsparteien Regeln im Bereich der Zivilluftfahrt fest. Diese Bestimmungen lassen die im EG-Vertrag enthaltenen Regeln und insbesondere die bestehenden Befugnisse der Gemeinschaft nach den Wettbewerbsregeln und den Durchführungsvorschriften zu diesen Regeln sowie die Befugnisse auf Grund aller einschlägigen Rechtsvorschriften der Gemeinschaft, die im Anhang zu diesem Abkommen aufgeführt sind, unberührt.

(2) Zu diesem Zweck gelten die Bestimmungen, die in diesem Abkommen sowie in den im Anhang aufgeführten Verordnungen und Richtlinien enthalten sind, unter den im Folgenden genannten Bedingungen. Soweit diese Bestimmungen im Wesentlichen mit den entsprechenden Regeln des EG-Vertrags und den in Anwendung des EG-Vertrags erlassenen Rechtsvorschriften übereinstimmen, sind sie hinsichtlich ihrer Umsetzung und Anwendung in Übereinstimmung mit den vor der Unterzeichnung dieses Abkommens erlassenen Urteilen, Beschlüssen und Entscheidungen des Gerichtshofs und der Kommission der Europäischen Gemeinschaften auszulegen. Die nach Unterzeichnung dieses Abkommens erlassenen Urteile, Beschlüsse und Entscheidungen werden der Schweiz übermittelt. Auf Verlangen einer Vertragspartei werden die Folgen der letztgenannten Urteile, Beschlüsse und Entscheidungen im Hinblick auf ein ordnungsgemässes Funktionieren dieses Abkommens vom Gemeinsamen Ausschuss festgestellt.

Art. 2

Die Bestimmungen dieses Abkommens und des Anhangs gelten in dem Umfang, in dem sie den Luftverkehr oder unmittelbar damit zusammenhängende Angelegenheiten wie im Anhang aufgeführt betreffen.

Kapitel 2: Allgemeine Bestimmungen

Art. 3

Im Anwendungsbereich dieses Abkommens ist unbeschadet besonderer Bestimmungen des Abkommens jegliche Diskriminierung auf Grund der Staatsangehörigkeit verboten.

Art. 4

Im Anwendungsbereich dieses Abkommens unterliegt die freie Niederlassung von Staatsangehörigen eines EG-Mitgliedstaats oder der Schweiz im Hoheitsgebiet eines dieser Staaten vorbehaltlich der Verordnung (EWG) Nr. 2407/92 des Rates, wie sie im Anhang zu diesem Abkommen angeführt ist, keinen Beschränkungen. Das gilt gleichermassen für die Gründung von Agenturen, Zweigniederlassungen oder Tochtergesellschaften durch Angehörige eines EG-Mitgliedstaats oder der Schweiz, die im Hoheitsgebiet eines dieser Staaten ansässig sind. Die Niederlassungsfreiheit umfasst das Recht zur Aufnahme und Ausübung selbstständiger Erwerbstätigkeiten sowie zur Gründung und Leitung von Unternehmungen, insbesondere von Gesellschaften im Sinne des Artikels 5 Absatz 2, nach den Bestimmungen des Aufnahmestaats für seine eigenen Angehörigen.

Art. 5

(1) Im Anwendungsbereich dieses Abkommens stehen nach dem Recht eines EG-Mitgliedstaats oder der Schweiz gegründete Gesellschaften, die ihren satzungsmässigen Sitz, ihre Hauptverwaltung oder ihre Hauptniederlassung in der Gemeinschaft oder in der Schweiz haben, natürlichen Personen gleich, die Staatsangehörige eines EG-Mitgliedstaats oder der Schweiz sind.

(2) Als Gesellschaften gelten die Gesellschaften des bürgerlichen Rechts und des Handelsrechts einschliesslich der Genossenschaften und die sonstigen juristischen Personen des öffentlichen und privaten Rechts mit Ausnahme derjenigen, die keinen Erwerbszweck verfolgen.

Art. 6

Auf Tätigkeiten, die im Hoheitsgebiet einer Vertragspartei dauernd oder zeitweise mit der Ausübung öffentlicher Gewalt verbunden sind, finden die Artikel 4 und 5 im Hoheitsgebiet der betreffenden Vertragspartei keine Anwendung.

Art. 7

Die Artikel 4 und 5 und die auf Grund derselben getroffenen Massnahmen beeinträchtigen nicht die Anwendbarkeit der Rechts- und Verwaltungsvorschriften, die eine besondere Regelung für Ausländer vorsehen und aus Gründen der öffentlichen Ordnung, Sicherheit oder Gesundheit gerechtfertigt sind.

Art. 8

(1) Mit diesem Abkommen unvereinbar und verboten sind alle Vereinbarungen zwischen Unternehmen, Beschlüsse von Unternehmensvereinigungen und aufeinander abgestimmte Verhaltensweisen, welche den Handel zwischen den Vertragsparteien zu beeinträchtigen geeignet sind und eine Verhinderung, Einschränkung oder Verfälschung des Wettbewerbs im räumlichen Geltungsbereich dieses Abkommens bezwecken oder bewirken, insbesondere

a) die unmittelbare oder mittelbare Festsetzung der An- oder Verkaufspreise oder sonstiger Geschäftsbedingungen;

b) die Einschränkung oder Kontrolle der Erzeugung, des Absatzes, der technischen Entwicklung oder der Investitionen;

c) die Aufteilung der Märkte oder Versorgungsquellen;

d) die Anwendung unterschiedlicher Bedingungen bei gleichwertigen Leistungen gegenüber Handelspartnern, wodurch diese im Wettbewerb benachteiligt werden;

e) die an den Abschluss von Verträgen geknüpfte Bedingung, dass die Vertragspartner zusätzliche Leistungen annehmen, die weder sachlich noch nach Handelsbrauch in Beziehung zum Vertragsgegenstand stehen.

(2) Die nach diesem Artikel verbotenen Vereinbarungen oder Beschlüsse sind nichtig.

(3) Die Bestimmungen des Absatzes 1 können für nicht anwendbar erklärt werden auf

- Vereinbarungen oder Gruppen von Vereinbarungen zwischen Unternehmen,
- Beschlüsse oder Gruppen von Beschlüssen von Unternehmensvereinigungen,
- aufeinander abgestimmte Verhaltensweisen oder Gruppen von solchen,

die unter angemessener Beteiligung der Verbraucher an dem entstehenden Gewinn zur Verbesserung der Warenerzeugung oder -verteilung oder zur Förderung des technischen oder wirtschaftlichen Fortschritts beitragen, ohne dass den beteiligten Unternehmen

a) Beschränkungen auferlegt werden, die für die Verwirklichung dieser Ziele nicht unerlässlich sind, oder

b) Möglichkeiten eröffnet werden, für einen wesentlichen Teil der betreffenden Waren den Wettbewerb auszuschalten.

Art. 9

Mit diesem Abkommen unvereinbar und verboten ist die missbräuchliche Ausnutzung einer beherrschenden Stellung im räumlichen Geltungsbereich dieses Abkommens oder in einem wesentlichen Teil desselben durch ein oder mehrere Unternehmen, soweit dies dazu führen kann, den Handel zwischen den Vertragsparteien zu beeinträchtigen.

Dieser Missbrauch kann insbesondere in Folgendem bestehen:

a) der unmittelbaren oder mittelbaren Erzwingung von unangemessenen Einkaufs- oder Verkaufspreisen oder sonstigen Geschäftsbedingungen;

b) der Einschränkung der Erzeugung, des Absatzes oder der technischen Entwicklung zum Schaden der Verbraucher;

c) der Anwendung unterschiedlicher Bedingungen bei gleichwertigen Leistungen gegenüber Handelspartnern, wodurch diese im Wettbewerb benachteiligt werden;

d) der an den Abschluss von Verträgen geknüpften Bedingung, dass die Vertragspartner zusätzliche Leistungen annehmen, die weder sachlich noch nach Handelsbrauch in Beziehung zum Vertragsgegenstand stehen.

Art. 10

Vereinbarungen, Beschlüsse und aufeinander abgestimmte Verhaltensweisen, die eine Verhinderung, Einschränkung oder Verfälschung des Wettbewerbs bezwecken oder bewirken, sowie die missbräuchliche Ausnutzung einer beherrschenden Stellung, die sich nur auf den Handel innerhalb der Schweiz auswirken können, unterliegen schweizerischem Recht und der Zuständigkeit der schweizerischen Behörden.

Art. 11

(1) Die Organe der Gemeinschaft wenden die Artikel 8 und 9 an und kontrollieren Zusammenschlüsse zwischen Unternehmen gemäss den im Anhang aufgeführten Rechtsvorschriften der Gemeinschaft, wobei dem Erfordernis einer engen Zusammenarbeit zwischen den Organen der Gemeinschaft und den schweizerischen Behörden Rechnung getragen wird.

(2) Die schweizerischen Behörden entscheiden gemäss den Artikeln 8 und 9 über die Zulässigkeit von Vereinbarungen, Beschlüssen und aufeinander abgestimmten Verhaltensweisen sowie über die missbräuchliche Ausnutzung einer beherrschenden Stellung in Bezug auf Strecken zwischen der Schweiz und Drittländern.

Art. 12

(1) Die Vertragsparteien sorgen dafür, dass in Bezug auf öffentliche Unternehmen und auf Unternehmen, denen EG-Mitgliedstaaten oder die Schweiz besondere oder ausschliessliche Rechte gewähren, keine Massnahmen getroffen oder beibehalten werden, die diesem Abkommen widersprechen.

(2) Für Unternehmen, die mit Dienstleistungen von allgemeinem wirtschaftlichem Interesse betraut sind oder den Charakter eines Finanzmonopols haben, gelten die Vorschriften dieses Abkommens, insbesondere die Wettbewerbsregeln, soweit die Anwendung dieser Vorschriften nicht die Erfüllung der ihnen übertragenen besonderen Aufgabe rechtlich oder tatsächlich verhindert. Die Entwicklung des Handelsverkehrs darf nicht in einem Ausmass beeinträchtigt werden, das den Interessen der Vertragsparteien zuwiderläuft.

Art. 13

(1) Soweit in diesem Abkommen nicht etwas anderes bestimmt ist, sind staatliche oder aus staatlichen Mitteln der Schweiz oder eines EG-Mitgliedstaats gewährte Beihilfen gleich welcher Art, die durch die Begünstigung bestimmter Unternehmen oder Produktionszweige den Wettbewerb verfälschen oder zu verfälschen drohen, mit diesem Abkommen unvereinbar, soweit sie den Handel zwischen den Vertragsparteien beeinträchtigen.

(2) Mit diesem Abkommen vereinbar sind:

a) Beihilfen sozialer Art an einzelne Verbraucher, wenn sie ohne Diskriminierung nach der Herkunft der Waren gewährt werden;

b) Beihilfen zur Beseitigung von Schäden, die durch Naturkatastrophen oder sonstige aussergewöhnliche Ereignisse entstanden sind.

(3) Als mit diesem Abkommen vereinbar können angesehen werden:

a) Beihilfen zur Förderung der wirtschaftlichen Entwicklung von Gebieten, in denen die Lebenshaltung aussergewöhnlich niedrig ist oder eine erhebliche Unterbeschäftigung herrscht;

b) Beihilfen zur Förderung wichtiger Vorhaben von gemeinsamem europäischem Interesse oder zur Behebung einer beträchtlichen Störung im Wirtschaftsleben einer Vertragspartei;

c) Beihilfen zur Förderung der Entwicklung gewisser Wirtschaftszweige oder Wirtschaftsgebiete, soweit sie die Handelsbedingungen nicht in einer Weise verändern, die dem gemeinsamen Interesse zuwiderläuft.

Art. 14

Die Kommission und die schweizerischen Behörden werden die in Artikel 12 genannten Angelegenheiten und alle in den EG-Mitgliedstaaten beziehungsweise der Schweiz bestehenden Beihilferegelungen fortlaufend prüfen. Jede Vertragspartei trägt Sorge, dass die andere Vertragspartei über Verfahren in Kenntnis gesetzt wird, mit denen die Einhaltung der Regeln von Artikel 12 und 13 sichergestellt werden soll, und sich gegebenenfalls vor einer endgültigen Entscheidung äussern kann. Auf Verlangen einer Vertragspartei erörtert der Gemischte Ausschuss alle geeigneten Massnahmen, die im Hinblick auf den Zweck und das Funktionieren dieses Abkommens erforderlich sind.

Kapitel 3: Verkehrsrechte

Art. 15

(1) Vorbehaltlich der Bestimmungen der Verordnung (EWG) Nr. 2408/92 des Rates, wie sie im Anhang zu diesem Abkommen angeführt ist, gilt:

- Luftfahrtunternehmen der Gemeinschaft und der Schweiz erhalten Verkehrsrechte zwischen jedem Punkt in der Schweiz und jedem Punkt in der Gemeinschaft;
- zwei Jahre nach Inkrafttreten dieses Abkommens erhalten schweizerische Luftfahrtunternehmen Verkehrsrechte zwischen Punkten in verschiedenen EG-Mitgliedstaaten.

(2) Im Sinne von Absatz 1 gilt:

- Luftfahrtunternehmen der Gemeinschaft ist ein Luftfahrtunternehmen, das seine Hauptniederlassung und, sofern vorhanden, seinen eingetragenen Sitz in der Gemeinschaft hat und über eine Genehmigung nach den Bestimmungen der Verordnung (EWG) Nr. 2407/92 des Rates, wie sie im Anhang zu diesem Abkommen angeführt ist, verfügt;
- Luftfahrtunternehmen der Schweiz ist ein Luftfahrtunternehmen, das seine Hauptniederlassung und, sofern vorhanden, seinen eingetragenen Sitz in der Schweiz hat und über eine Genehmigung nach den Bestimmungen der Verordnung (EWG) Nr. 2407/92 des Rates, wie sie im Anhang zu diesem Abkommen angeführt ist, verfügt.

(3) Die Vertragsparteien nehmen fünf Jahre nach Inkrafttreten dieses Abkommens Verhandlungen über die mögliche Erweiterung des Anwendungsbereichs dieses Artikels auf Verkehrsrechte zwischen Punkten innerhalb der Schweiz und zwischen Punkten innerhalb von EG-Mitgliedstaaten auf.

Art. 16

Die Bestimmungen dieses Kapitels gehen den einschlägigen Bestimmungen der geltenden zweiseitigen Vereinbarungen zwischen der Schweiz und den EG-Mitgliedstaaten vor. Bestehende Verkehrsrechte aus diesen zweiseitigen Vereinbarungen, die nicht unter Artikel 15 fallen, dürfen weiterhin ausgeübt werden, sofern keine Diskriminierung auf Grund der Staatsangehörigkeit erfolgt und der Wettbewerb nicht verfälscht wird.

Kapitel 4: Anwendung dieses Abkommens

Art. 17

Die Vertragsparteien treffen alle geeigneten Massnahmen allgemeiner oder besonderer Art, um die Erfüllung der sich aus diesem Abkommen ergebenden Verpflichtungen zu gewährleisten, und enthalten sich aller Massnahmen, die die Erreichung der mit diesem Abkommen verfolgten Ziele gefährden.

Art. 18

(1) Unbeschadet des Absatzes 2 und des Kapitels 2 ist jede Vertragspartei in ihrem eigenen Gebiet für die ordnungsgemässe Anwendung dieses Abkommens, insbesondere der im Anhang aufgeführten Verordnungen und Richtlinien, zuständig.

(2) In Fällen, die sich auf nach Kapitel 3 zu genehmigende Flugdienste auswirken können, verfügen die Organe der Gemeinschaft über die Befugnisse, die ihnen nach den Bestimmungen der im Anhang ausdrücklich als anwendbar bestätigten Verordnungen und Richtlinien übertragen sind. In Fällen, in denen die Schweiz Massnahmen zum Umweltschutz gemäss Artikel 8 Absatz 2 oder Artikel 9 der Verordnung (EWG) Nr. 2408/92 des Rates getroffen hat oder zu treffen beabsichtigt, entscheidet der Gemischte Ausschuss auf Verlangen einer der Vertragsparteien über die Vereinbarkeit der betreffenden Massnahmen mit diesem Abkommen.

(3) Alle Vollzugsmassnahmen nach den Absätzen 1 und 2 werden gemäss Artikel 19 durchgeführt.

Art. 19

(1) Jede Vertragspartei übermittelt der anderen Vertragspartei alle erforderlichen Informationen und unterstützt sie bei der Untersuchung möglicher Verstösse, die die andere Vertragspartei im Rahmen ihrer Zuständigkeit nach diesem Abkommen durchführt.

(2) Wenn die Organe der Gemeinschaft im Rahmen der Befugnisse, die ihnen durch dieses Abkommen übertragen sind, in Angelegenheiten tätig werden, die für die Schweiz von Interesse sind und die die schweizerischen Behörden oder schweizerische Unternehmen betreffen, werden die schweizerischen Behörden umfassend informiert, und es wird ihnen vor einer endgültigen Entscheidung Gelegenheit zur Stellungnahme gegeben.

Art. 20

Für alle Fragen betreffend die Gültigkeit von Entscheidungen und Beschlüssen der Organe der Gemeinschaft, die diese auf Grund ihrer Zuständigkeiten nach diesem Abkommen treffen, ist ausschliesslich der Gerichtshof der Europäischen Gemeinschaften[3] zuständig.

[3] EuGH

Kapitel 5: Gemischter Ausschuss

Art. 21

(1) Es wird ein als «Luftverkehrsausschuss Gemeinschaft/Schweiz» bezeichneter Ausschuss (nachstehend «Gemischter Ausschuss» genannt) aus Vertretern der Vertragsparteien eingesetzt, der für die Verwaltung und ordnungsgemässe Anwendung dieses Abkommens zuständig ist. Zu diesem Zweck spricht er Empfehlungen aus und beschliesst in den in diesem Abkommen vorgesehenen Fällen. Die Vertragsparteien führen die Beschlüsse des Gemischten Ausschusses nach ihren eigenen Bestimmungen durch. Der Gemischte Ausschuss handelt im gegenseitigen Einvernehmen.

(2) Die Vertragsparteien tauschen zur ordnungsgemässen Anwendung dieses Abkommens Informationen aus und führen auf Verlangen einer der Vertragsparteien Konsultationen im Gemischten Ausschuss durch.

(3) Der Gemischte Ausschuss gibt sich durch Beschluss eine Geschäftsordnung, die unter anderem die Modalitäten der Einberufung von Sitzungen, der Bestimmung des Vorsitzenden und der Festlegung des Mandats des Vorsitzenden regelt.

(4) Der Gemischte Ausschuss tritt bei Bedarf, mindestens jedoch einmal jährlich, zusammen. Jede Vertragspartei kann die Einberufung einer Sitzung verlangen.

(5) Der Gemischte Ausschuss kann die Einsetzung von Arbeitsgruppen beschliessen, die ihn bei der Erfüllung seiner Aufgaben unterstützen.

Art. 22

(1) Die Beschlüsse des Gemischten Ausschusses sind für die Vertragsparteien bindend.

(2) Ist eine Vertragspartei der Ansicht, dass ein Beschluss des Gemischten Ausschusses von der anderen Vertragspartei nicht ordnungsgemäss angewendet wird, kann sie verlangen, dass die Angelegenheit vom Gemischten Ausschuss behandelt wird. Kann der Gemischte Ausschuss die Angelegenheit nicht innerhalb von zwei Monaten, nachdem er damit befasst wurde, klären, kann die betreffende Vertragspartei für einen Zeitraum von längstens sechs Monaten geeignete zeitweilige Schutzmassnahmen nach Artikel 31 treffen.

(3) Die Beschlüsse des Gemischten Ausschusses werden im Amtsblatt der Europäischen Gemeinschaften und in der Amtlichen Sammlung des Bundesrechts der Schweiz veröffentlicht. Zu jedem Beschluss werden der Zeitpunkt der Anwendung in den Vertragsparteien und alle weiteren Informationen, die die beteiligten Wirtschaftskreise betreffen können, angegeben. Die Beschlüsse

werden gegebenenfalls zur Ratifikation oder Genehmigung durch die Vertragsparteien nach deren jeweiligen Verfahren vorgelegt.

(4) Die Vertragsparteien teilen einander den Abschluss dieser Formalitäten mit. Falls nach Ablauf von 12 Monaten ab der Beschlussfassung durch den Gemischten Ausschuss eine solche Mitteilung nicht erfolgt ist, gilt Absatz 5 entsprechend.

(5) Beschliesst der Gemischte Ausschuss in einer Angelegenheit, mit der er befasst wurde, nicht binnen sechs Monaten nach dem Zeitpunkt seiner Befassung, können die Vertragsparteien unbeschadet des Absatzes 2 für einen Zeitraum von längstens sechs Monaten geeignete zeitweilige Schutzmassnahmen nach Artikel 31 treffen.

(6) Bezüglich Rechtsvorschriften, die unter Artikel 23 fallen und zwischen der Unterzeichnung dieses Abkommens und dessen Inkrafttreten verabschiedet wurden und von denen die andere Vertragspartei in Kenntnis gesetzt wurde, gilt als der in Absatz 5 genannte Zeitpunkt der Befassung der Zeitpunkt der Inkenntnissetzung. Der Gemischte Ausschuss beschliesst frühestens zwei Monate nach Inkrafttreten dieses Abkommens.

Kapitel 6: Neue Rechtsvorschriften

Art. 23

(1) Dieses Abkommen lässt das Recht jeder Vertragspartei unberührt, unter Beachtung des Grundsatzes der Nichtdiskriminierung und der Bestimmungen dieses Abkommens ihre Rechtsvorschriften zu einem von diesem Abkommen geregelten Sachverhalt einseitig zu ändern.

(2) Bei der Ausarbeitung neuer Rechtsvorschriften holt die betreffende Vertragspartei auf informellem Weg den Rat von Sachverständigen der anderen Vertragspartei ein. In der Zeit vor der förmlichen Verabschiedung der neuen Rechtsvorschriften informieren und konsultieren die Vertragsparteien einander so umfassend wie möglich. Auf Verlangen einer der Vertragsparteien kann ein erster Meinungsaustausch im Gemischten Ausschuss erfolgen.

(3) Hat eine Vertragspartei eine Änderung ihrer Rechtsvorschriften verabschiedet, informiert sie die andere Vertragspartei spätestens acht Tage nach der entsprechenden Veröffentlichung im Amtsblatt der Europäischen Gemeinschaften oder in der Amtlichen Sammlung des Bundesrechts der Schweiz. Auf Verlangen einer Vertragspartei erfolgt im Gemischten Ausschuss binnen sechs Wochen nach einem solchen Verlangen ein Meinungsaustausch über die Auswirkungen dieser Änderung auf das ordnungsgemässe Funktionieren dieses Abkommens.

(4) Der Gemischte Ausschuss

- beschliesst eine Änderung des Anhangs oder schlägt gegebenenfalls eine Änderung der Bestimmungen dieses Abkommens vor, um darin - falls erforderlich, auf der Grundlage der Gegenseitigkeit - die Änderungen der betreffenden Rechtsvorschriften aufzunehmen, oder
- beschliesst, dass die Änderungen der betreffenden Rechtsvorschriften als mit dem ordnungsgemässen Funktionieren dieses Abkommens vereinbar anzusehen sind, oder
- beschliesst eine andere Massnahme, um das ordnungsgemässe Funktionieren dieses Abkommens zu gewährleisten.

Kapitel 7: Drittländer und internationale Organisationen

Art. 24

Auf Verlangen einer Vertragspartei konsultieren die Vertragsparteien einander rechtzeitig gemäss den Verfahren der Artikel 25-27

a) zu Angelegenheiten des Luftverkehrs, die in internationalen Organisationen behandelt werden, und

b) zu den verschiedenen Aspekten möglicher Entwicklungen in den Beziehungen zwischen Vertragsparteien und Drittländern im Bereich des Luftverkehrs sowie zum Funktionieren wesentlicher Elemente zwei- oder mehrseitiger Übereinkünfte auf diesem Gebiet.

Die Konsultationen erfolgen innerhalb eines Monats nach dem Verlangen oder bei Dringlichkeit so bald wie möglich.

Art. 25

(1) Hauptzweck der Konsultationen nach Artikel 24 Buchstabe a ist,

a) gemeinsam zu ermitteln, ob die Angelegenheiten Probleme von gemeinsamem Interesse aufwerfen, und

b) je nach Art der Probleme
   - gemeinsam in Betracht zu ziehen, ob das Vorgehen der Vertragsparteien in den betreffenden internationalen Organisationen koordiniert werden sollte, oder
   - gemeinsam ein anderes geeignetes Vorgehen in Betracht zu ziehen.

(2) Die Vertragsparteien tauschen so bald wie möglich alle Informationen aus, die für die Ziele des Absatzes 1 von Bedeutung sind.

Art. 26

(1) Hauptzweck der Konsultationen nach Artikel 24 Buchstabe b ist es, relevante Angelegenheiten zu prüfen und geeignete Vorgehensweisen zu erwägen.

(2) Zum Zweck der Konsultationen nach Absatz 1 setzt jede Vertragspartei die andere Vertragspartei von möglichen Entwicklungen im Bereich des Luftverkehrs und von der Handhabung zwei- oder mehrseitiger Übereinkünfte in diesem Bereich in Kenntnis.

Art. 27

(1) Die Konsultationen nach den Artikeln 24, 25 und 26 erfolgen im Rahmen des Gemischten Ausschusses.

(2) Falls eine Vereinbarung zwischen einer Vertragspartei und einem Drittland oder einer internationalen Organisation die Interessen der anderen Vertragspartei beeinträchtigt, kann letztere ungeachtet der Bestimmungen der Verordnung (EWG) Nr. 2408/92, wie sie im Anhang dieses Abkommens angeführt ist, geeignete zeitweilige Schutzmassnahmen im Bereich des Marktzugangs treffen, um das Gleichgewicht dieses Abkommens aufrechtzuerhalten. Derartige Massnahmen dürfen jedoch nur getroffen werden, nachdem Konsultationen in der betreffenden Angelegenheit im Gemischten Ausschuss stattgefunden haben.

Kapitel 8: Schlussbestimmungen

Art. 28

Die Vertreter, Sachverständigen und sonstigen Bevollmächtigten der Vertragsparteien sind auch nach Beendigung ihrer Amtstätigkeit verpflichtet, im Rahmen dieses Abkommens erlangte Informationen, die unter das Berufsgeheimnis fallen, nicht preiszugeben.

Art. 29

Jede Vertragspartei kann den Gemischten Ausschuss mit einer Streitigkeit befassen, die die Auslegung oder Anwendung dieses Abkommens betrifft. Der Gemischte Ausschuss bemüht sich, die Streitigkeit beizulegen. Dem Gemischten Ausschuss werden alle Informationen zur Verfügung gestellt, die für eine eingehende Prüfung der Angelegenheit im Hinblick auf eine annehmbare Lösung von Nutzen sein können. Zu diesem Zweck untersucht der Gemischte Ausschuss alle Möglichkeiten, das ordnungsgemässe Funktionieren dieses Abkommens aufrechtzuerhalten. Dieser Artikel findet keine Anwendung auf Angelegenheiten, für die nach Artikel 20 ausschliesslich der Gerichtshof der Europäischen Gemeinschaften zuständig ist.

Art. 30

(1) Wünscht eine Vertragspartei eine Änderung dieses Abkommens, setzt sie den Gemischten Ausschuss davon in Kenntnis. Die Änderung dieses Abkommens tritt nach Abschluss der jeweiligen internen Verfahren der Vertragsparteien in Kraft.

(2) Der Gemischte Ausschuss kann nach Artikel 23 auf Vorschlag einer Vertragspartei beschliessen, den Anhang zu ändern.

Art. 31

Lehnt eine Vertragspartei es ab, eine sich aus diesem Abkommen ergebende Verpflichtung zu erfüllen, kann die andere Vertragspartei unbeschadet des Artikels 22 und nachdem alle anderen nach diesem Abkommen anwendbaren Verfahren erschöpft sind, geeignete zeitweilige Schutzmassnahmen treffen, um das Gleichgewicht dieses Abkommens aufrechtzuerhalten.

Art. 32

Der Anhang ist Bestandteil dieses Abkommens.

Art. 33

Unbeschadet des Artikels 16 geht dieses Abkommen den einschlägigen Bestimmungen geltender zweiseitiger Vereinbarungen zwischen der Schweiz und EG-Mitgliedstaaten über Angelegenheiten vor, die Gegenstand dieses Abkommens und des Anhangs sind.

Art. 34

Dieses Abkommen gilt für die Gebiete, in denen der Vertrag zur Gründung der Europäischen Gemeinschaft angewendet wird, und nach Massgabe jenes Vertrags einerseits und für das Hoheitsgebiet der Schweiz andererseits.

Art. 35

(1) Bei Ausserkrafttreten dieses Abkommens gemäss Artikel 36 Absatz 4 dürfen Flugdienste, die zum Zeitpunkt dieses Ausserkrafttretens gemäss Artikel 15 durchgeführt werden, bis zum Ende der Flugplanperiode, in die der Zeitpunkt des Ausserkrafttretens fällt, durchgeführt werden.

(2) Rechte und Pflichten, die von Unternehmen gemäss den Artikeln 4 und 5 dieses Abkommens und den Bestimmungen der Verordnung (EWG) Nr. 2407/92 des Rates, wie sie im Anhang zu diesem Abkommen angeführt ist, erworben wurden, bleiben vom Ausserkrafttreten dieses Abkommens nach Artikel 36 Absatz 4 unberührt.

Art. 36

(1) Dieses Abkommen bedarf der Ratifikation oder Genehmigung durch die Vertragsparteien gemäss ihren eigenen Verfahren. Es tritt am ersten Tag des zweiten Monats in Kraft, der auf die letzte Notifikation der Hinterlegung der Ratifikations- oder Genehmigungsurkunden aller nachstehenden sieben Abkommen folgt:

- Abkommen über den Luftverkehr
- Abkommen über die Freizügigkeit[4]
- Abkommen über den Güter- und Personenverkehr auf Schiene und Strasse[5]
- Abkommen über den Handel mit landwirtschaftlichen Erzeugnissen[6]
- Abkommen über die gegenseitige Anerkennung von Konformitätsbewertungen[7]
- Abkommen über bestimmte Aspekte des öffentlichen Beschaffungswesens[8]
- Abkommen über die wissenschaftliche und technologische Zusammenarbeit[9].

(2) Dieses Abkommen wird für eine anfängliche Dauer von sieben Jahren geschlossen. Es verlängert sich für unbestimmte Zeit, sofern die Gemeinschaft oder die Schweiz der anderen Vertragspartei vor Ablauf der anfänglichen Geltungsdauer nichts Gegenteiliges notifiziert. Im Falle einer solchen Notifikation findet Absatz 4 Anwendung.

(3) Die Gemeinschaft oder die Schweiz kann dieses Abkommen durch Notifikation gegenüber der anderen Vertragspartei kündigen. Im Falle einer solchen Notifikation findet Absatz 4 Anwendung.

(4) Die in Absatz 1 aufgeführten sieben Abkommen treten sechs Monate nach Erhalt der Notifikation über die Nichtverlängerung gemäss Absatz 2 oder über die Kündigung gemäss Absatz 3 ausser Kraft.

Geschehen zu Luxemburg am einundzwanzigsten Juni neunzehnhundertneunundneunzig in zwei Urschriften in dänischer, deutscher, englischer, finnischer, französischer, griechischer, italienischer, niederländischer, portugiesischer,

---

4 SR **0.142.112.681**

5 SR **0.740.72**

6 SR **0.916.026.81**

7 SR **0.946.526.81**

8 SR **0.172.052.68**

9 [AS **2002** 1998]

schwedischer und spanischer Sprache, wobei jeder Wortlaut gleichermassen verbindlich ist.

Für die
Schweizerische Eidgenossenschaft:

Pascal Couchepin
Joseph Deiss

Für die
Europäische Gemeinschaft:

Joschka Fischer
Hans van den Broek

Abkommen zwischen der Schweizerischen Eidgenossenschaft und der Europäischen Union über die Zusammenarbeit bei der Anwendung ihres Wettbewerbsrechts

Abgeschlossen am 17. Mai 2013

Von der Bundesversammlung genehmigt am 20. Juni 2014[1]

In Kraft getreten durch Notenaustausch am 1. Dezember 2014

(Stand am 1. Dezember 2014)

Die Schweizerische Eidgenossenschaft,

im Folgenden «Schweiz»,

einerseits

und

die Europäische Union,

im Folgenden «Union»,

andererseits,

im Folgenden «Vertragsparteien»,

in Anbetracht der engen Beziehungen zwischen der Schweiz und der Union und in der Erkenntnis, dass die Zusammenarbeit bei der Bekämpfung wettbewerbswidriger Verhaltensweisen zur Verbesserung und zum Ausbau ihrer Beziehungen beitragen wird,

in dem Bewusstsein, dass die richtige und wirksame Durchsetzung des Wettbewerbsrechts für die Leistungsfähigkeit ihrer Märkte sowie für den wirtschaftlichen Wohlstand ihrer Verbraucher und den Handel miteinander von Bedeutung ist,

unter Berücksichtigung der Tatsache, dass die Systeme der Schweiz und der Union für die Durchsetzung des Wettbewerbsrechts auf denselben Grundsätzen beruhen und vergleichbare Vorschriften enthalten,

in Anbetracht der am 27. und 28. Juli 1995 angenommenen überarbeiteten Empfehlung des Rates der Organisation für Wirtschaftliche Zusammenarbeit und Entwicklung über die Zusammenarbeit zwischen den Mitgliedstaaten auf

AS **2014** 3715 BBl **2013** 3959.

[1] Art. 1 Abs. 1 des BB vom 20. Juni 2014 (AS **2014** 3711)

dem Gebiet der den internationalen Handel beeinträchtigenden wettbewerbsbeschränkenden Praktiken,

in der Erkenntnis, dass Zusammenarbeit und Koordinierung, einschliesslich des Informationsaustauschs und insbesondere der Übermittlung von Informationen, die die Vertragsparteien in ihren Untersuchungsverfahren erlangt haben, zur wirksameren Durchsetzung des Wettbewerbsrechts beider Vertragsparteien beitragen werden,

sind wie folgt übereingekommen:

Art. 1 *Zweck*

Der Zweck dieses Abkommens besteht darin, durch Zusammenarbeit und Koordinierung einschliesslich des Informationsaustauschs zwischen den Wettbewerbsbehörden der Vertragsparteien zur wirksamen Durchsetzung des Wettbewerbsrechts der Vertragsparteien beizutragen und die Möglichkeit von Konflikten zwischen den Vertragsparteien in allen Angelegenheiten, die die Anwendung ihres Wettbewerbsrechts betreffen, auszuschliessen oder zu verringern.

Art. 2 *Begriffsbestimmungen*

Im Sinne dieses Abkommens bezeichnet der Ausdruck:

1. «Wettbewerbsbehörde» und «Wettbewerbsbehörden» der Vertragsparteien:
   a) im Falle der Union die Europäische Kommission hinsichtlich ihrer Befugnisse nach dem Wettbewerbsrecht der Union, und
   b) im Falle der Schweiz die Wettbewerbskommission einschliesslich ihres Sekretariats;
2. «zuständige Behörde eines Mitgliedstaats» die für die Anwendung des Wettbewerbsrechts zuständige Behörde jedes Mitgliedstaats der Union. Bei Unterzeichnung dieses Abkommens wird die Union der Schweiz eine Liste dieser Behörden notifizieren. Bei jeder Änderung wird die Europäische Kommission der Wettbewerbsbehörde der Schweiz eine aktualisierte Liste notifizieren;
3. «Wettbewerbsrecht»:

   a) im Falle der Union die Artikel 101, 102 und 105 des Vertrags über die Arbeitsweise der Europäischen Union, die Verordnung (EG) Nr. 139/2004 des Rates vom 20. Januar 2004 über die Kontrolle von Unternehmenszusammenschlüssen (im Folgenden «Verordnung (EG) Nr. 139/2004»), die Artikel 53 und 54 des Abkommens über den Europäischen Wirtschaftsraum[2] (im Folgenden «EWR-Abkommen»), soweit sie in Verbindung mit den Artikeln 101 und 102 des Vertrags über die Arbeitsweise der Europäischen Union angewandt werden, und die dazu erlassenen Durchführungsverordnungen und sämtlichen Änderungen, und

b) im Falle der Schweiz das Kartellgesetz vom 6. Oktober 1995[3] über Kartelle und andere Wettbewerbsbeschränkungen (im Folgenden «KG») und die dazu erlassenen Durchführungsverordnungen und sämtlichen Änderungen;

4. «wettbewerbswidrige Verhaltensweisen» Verhaltensweisen, gegen die die Wettbewerbsbehörden nach dem Wettbewerbsrecht einer der Vertragsparteien oder beider Vertragsparteien ein Verbot, Sanktionen oder sonstige Abhilfemassnahmen verhängen können;
5. «Durchsetzungsmassnahmen» jede Anwendung des Wettbewerbsrechts im Rahmen von Untersuchungen oder Verfahren, die von der Wettbewerbsbehörde einer Vertragspartei durchgeführt werden;
6. «im Untersuchungsverfahren erlangte Informationen» Informationen, die von einer Vertragspartei in Ausübung ihrer Untersuchungsbefugnisse erlangt oder einer Vertragspartei aufgrund einer rechtlichen Verpflichtung übermittelt wurden:
   a) im Falle der Union sind dies Informationen, die durch Auskunftsverlangen nach Artikel 18 der Verordnung (EG) Nr. 1/2003 des Rates vom 16. Dezember 2002 zur Durchführung der in den Artikeln 81 und 82 des Vertrags niedergelegten Wettbewerbsregeln[4] (im Folgenden «Verordnung (EG) Nr. 1/2003»), Befragungen nach Artikel 19 der Verordnung (EG) Nr. 1/2003 und Nachprüfungen durch die Europäische Kommission oder im Namen der Europäischen Kommission nach Artikeln 20, 21 oder 22 der Verordnung (EG) Nr. 1/2003 erlangt wurden, oder Informationen, die in Anwendung der Verordnung (EG) Nr. 139/2004 gewonnen wurden,
   b) im Falle der Schweiz sind dies Informationen, die durch Auskunftsverlangen nach Artikel 40 KG, Beweisaussagen nach Artikel 42 Absatz 1 KG und Durchsuchungen durch die Wettbewerbsbehörden nach Artikel 42 Absatz 2 KG erlangt wurden, oder Informationen, die in Anwen-

---

[2] BBl **1992** IV 1

[3] SR **251**

[4] Gemäss Artikel 5 des Vertrags von Lissabon wurden die Artikel 81 und 82 des Vertrags zur Gründung der Europäischen Gemeinschaft zu Artikeln 101 und 102 des Vertrags über die Arbeitsweise der Europäischen Union umnummeriert.

dung der Verordnung über die Kontrolle von Unternehmenszusammenschlüssen vom 17. Juni 1996 gewonnen wurden;

7. «im Kronzeugenverfahren erlangte Informationen»:
   a) im Falle der Union Informationen, die nach der Mitteilung der Kommission über den Erlass und die Ermässigung von Geldbussen in Kartellsachen erlangt wurden, und
   b) im Falle der Schweiz Informationen, die nach Artikel 49*a* Absatz 2 KG und den Artikeln 8–14 der Verordnung vom 12. März 2004[5] über die Sanktionen bei unzulässigen Wettbewerbsbeschränkungen erlangt wurden;
8. «im Vergleichsverfahren erlangte Informationen»:
   a) im Falle der Union Informationen, die nach Artikel 10*a* der Verordnung (EG) Nr. 773/2004 der Kommission vom 7. April 2004 über die Durchführung von Verfahren auf der Grundlage der Artikel 81 und 82 EG-Vertrag durch die Kommission[6] (im Folgenden «Verordnung (EG) Nr. 773/2004») erlangt wurden, und
   b) im Falle der Schweiz Informationen, die nach Artikel 29 KG erlangt wurden.

Art. 3 *Notifikationen*

(1) Die Wettbewerbsbehörde einer Vertragspartei notifiziert der Wettbewerbsbehörde der anderen Vertragspartei schriftlich Durchsetzungsmassnahmen, die ihres Erachtens wichtige Interessen der anderen Vertragspartei berühren könnten. Die Notifikationen nach diesem Artikel können auf elektronischem Wege vorgenommen werden.

(2) Zu den Durchsetzungsmassnahmen, die wichtige Interessen der anderen Vertragspartei berühren könnten, gehören insbesondere:

a) Durchsetzungsmassnahmen, die wettbewerbswidrige Verhaltensweisen betreffen, bei denen es sich nicht um Zusammenschlüsse handelt und die sich gegen ein Unternehmen richten, das nach den im Hoheitsgebiet dieser Vertragspartei geltenden Gesetzen und sonstigen Rechtsvorschriften eingetragen ist oder geführt wird;

b) Durchsetzungsmassnahmen, die Verhaltensweisen betreffen, von denen angenommen wird, dass sie von dieser Vertragspartei gefördert, verlangt oder gebilligt wurden;

---

[5] SR **251.5**

[6] Gemäss Artikel 5 des Vertrags von Lissabon wurden die Artikel 81 und 82 des Vertrags zur Gründung der Europäischen Gemeinschaft zu Artikeln 101 und 102 des Vertrags über die Arbeitsweise der Europäischen Union umnummeriert.

c) Durchsetzungsmassnahmen, die einen Zusammenschluss betreffen, bei dem eines oder mehrere der an dem Rechtsgeschäft beteiligten Unternehmen nach den im Hoheitsgebiet dieser Vertragspartei geltenden Gesetzen und sonstigen Rechtsvorschriften eingetragen ist oder geführt wird;

d) Durchsetzungsmassnahmen, die einen Zusammenschluss betreffen, bei dem ein Unternehmen, das eine oder mehrere der an dem Rechtsgeschäft beteiligten Parteien kontrolliert, nach den im Hoheitsgebiet dieser Vertragspartei geltenden Gesetzen und sonstigen Rechtsvorschriften eingetragen ist oder geführt wird;

e) Durchsetzungsmassnahmen, die sich gegen wettbewerbswidrige Verhaltensweisen mit Ausnahme von Zusammenschlüssen richten und die zu einem wesentlichen Teil auch im Hoheitsgebiet dieser Vertragspartei stattfinden beziehungsweise stattgefunden haben; und

f) Durchsetzungsmassnahmen, die Abhilfemassnahmen umfassen, durch die ein Verhalten im Hoheitsgebiet dieser Vertragspartei ausdrücklich vorgeschrieben oder verboten wird oder die bindende Verpflichtungen für die Unternehmen in diesem Hoheitsgebiet enthalten.

(3) In Bezug auf Zusammenschlüsse ist eine Notifikation nach Absatz 1 vorzunehmen:

a) im Falle der Union, wenn ein Verfahren nach Artikel 6 Absatz 1 Buchstabe c der Verordnung (EG) Nr. 139/2004 eingeleitet wird; und

b) im Falle der Schweiz, wenn ein Verfahren nach Artikel 33 KG[7] eingeleitet wird.

(4) In Bezug auf andere Fälle als Zusammenschlüsse sind Notifikationen nach Absatz 1 vorzunehmen:

a) im Falle der Union, wenn ein in Artikel 2 der Verordnung (EG) Nr. 773/2004 genanntes Verfahren eingeleitet wird; und

b) im Falle der Schweiz, wenn ein Verfahren nach Artikel 27 KG eingeleitet wird.

(5) In den Notifikationen sind insbesondere die Namen der von der Untersuchung betroffenen Unternehmen, die untersuchten Verhaltensweisen und die Märkte, auf die sie sich beziehen, die einschlägigen Rechtsvorschriften und das Datum der Durchsetzungsmassnahmen anzugeben.

---

[7] SR **251**

Art. 4 *Koordinierung von Durchsetzungsmassnahmen*

(1) Führen die Wettbewerbsbehörden beider Vertragsparteien Durchsetzungsmassnahmen in Bezug auf miteinander verbundene Vorgänge durch, so können sie ihre Durchsetzungsmassnahmen koordinieren. Insbesondere können sie ihre Nachprüfungen beziehungsweise Durchsuchungen zeitlich aufeinander abstimmen.

(2) Bei der Prüfung, ob bestimmte Durchsetzungsmassnahmen koordiniert werden können, berücksichtigen die Wettbewerbsbehörden der Vertragsparteien insbesondere die folgenden Gesichtspunkte:

a) die Auswirkungen einer solchen Koordinierung auf die Fähigkeit der Wettbewerbsbehörden der Vertragsparteien, die mit ihren Durchsetzungsmassnahmen verfolgten Ziele zu erreichen;

b) die relativen Fähigkeiten der Wettbewerbsbehörden der Vertragsparteien, die zur Durchführung der Durchsetzungsmassnahmen erforderlichen Informationen zu erlangen;

c) die Möglichkeit, widerstreitende Verpflichtungen und unnötige Belastungen für die Unternehmen, gegen die sich die Durchsetzungsmassnahmen richten, zu vermeiden; und

d) die Möglichkeit einer effizienteren Nutzung ihrer Ressourcen.

(3) Vorbehaltlich der ordnungsgemässen Unterrichtung der Wettbewerbsbehörde der anderen Vertragspartei kann die Wettbewerbsbehörde einer Vertragspartei die Koordinierung der Durchsetzungsmassnahmen jederzeit einschränken und bestimmte Durchsetzungsmassnahmen alleine durchführen.

Art. 5 *Vermeidung von Konflikten (Negative Comity)*

(1) Die Wettbewerbsbehörde einer Vertragspartei trägt den wichtigen Interessen der anderen Vertragspartei in allen Phasen ihrer Durchsetzungmassnahmen sorgfältig Rechnung, einschliesslich der Beschlüsse über die Einleitung von Durchsetzungmassnahmen, den Umfang von Durchsetzungsmassnahmen und die Art der im Einzelfall angestrebten Sanktionen oder sonstigen Abhilfemassnahmen.

(2) Plant die Wettbewerbsbehörde einer Vertragspartei eine bestimmte Durchsetzungsmassnahme, die wichtige Interessen der anderen Vertragspartei berühren könnte, so bemüht sie sich unbeschadet ihres uneingeschränkten Ermessens nach besten Kräften:

a) die Wettbewerbsbehörde der anderen Vertragspartei rechtzeitig über wichtige Entwicklungen, die die Interessen dieser Vertragspartei betreffen, zu unterrichten;

b) der Wettbewerbsbehörde der anderen Vertragspartei Gelegenheit zur Stellungnahme zu geben; und

c) die Stellungnahme der Wettbewerbsbehörde der anderen Vertragspartei zu berücksichtigen, wobei die Entscheidungsfreiheit der Wettbewerbsbehörden der Vertragsparteien ohne Einschränkungen gewahrt wird.

Die Anwendung dieses Absatzes lässt die Verpflichtungen der Wettbewerbsbehörden der Vertragsparteien nach Artikel 3 Absätze 3 und 4 unberührt.

(3) Ist die Wettbewerbsbehörde einer Vertragspartei der Auffassung, dass ihre Durchsetzungsmassnahmen wichtige Interessen der anderen Vertragspartei beeinträchtigen könnten, so bemüht sie sich nach besten Kräften, diesen Interessen in angemessener Weise Rechnung zu tragen. Bei dem Bemühen um ein solches Entgegenkommen sollte die Wettbewerbsbehörde der betreffenden Vertragspartei zusätzlich zu allen anderen Faktoren, die unter den gegebenen Umständen von Belang sein könnten, die folgenden Gesichtspunkte berücksichtigen:

a) die relative Bedeutung der tatsächlichen oder potenziellen Auswirkungen der wettbewerbswidrigen Verhaltensweisen auf wichtige Interessen der Vertragspartei, die die Durchsetzungsmassnahmen trifft, im Vergleich zu den Auswirkungen auf wichtige Interessen der anderen Vertragspartei;

b) die relative Bedeutung der Verhaltensweisen oder Rechtsgeschäfte im Hoheitsgebiet einer Vertragspartei im Vergleich zu den Verhaltensweisen oder Rechtsgeschäften im Hoheitsgebiet der anderen Vertragspartei für die wettbewerbswidrigen Verhaltensweisen;

c) das Ausmass, in dem Durchsetzungsmassnahmen der anderen Vertragspartei gegen dieselben Unternehmen betroffen wären; und

d) das Ausmass, in dem die Unternehmen widersprüchlichen Anforderungen der beiden Vertragsparteien unterliegen würden.

Art. 6 *Positive Comity*

(1) Ist die Wettbewerbsbehörde einer Vertragspartei der Auffassung, dass wettbewerbswidrige Verhaltensweisen im Hoheitsgebiet der anderen Vertragspartei wichtige Interessen ihrer Vertragspartei beeinträchtigen könnten, so kann sie unter Berücksichtigung der Bedeutung der Vermeidung von Zuständigkeitskonflikten und dessen, dass die Wettbewerbsbehörde der anderen Vertragspartei möglicherweise wirksamer gegen die betreffenden wettbewerbswidrigen Verhaltensweisen vorgehen könnte, die Wettbewerbsbehörde der anderen Vertragspartei ersuchen, geeignete Durchsetzungsmassnahmen einzuleiten oder auszuweiten.

(2) In dem Ersuchen sind die Art der wettbewerbswidrigen Verhaltensweisen und ihre tatsächlichen oder potenziellen Auswirkungen auf die wichtigen Inte-

ressen der Vertragspartei der ersuchenden Wettbewerbsbehörde so genau wie möglich zu beschreiben und zusätzliche Informationen und sonstige Formen der Zusammenarbeit anzubieten, die die ersuchende Wettbewerbsbehörde anbieten kann.

(3) Die ersuchte Wettbewerbsbehörde prüft sorgfältig, ob in Bezug auf die in dem Ersuchen angegebenen wettbewerbswidrigen Verhaltensweisen Durchsetzungsmassnahmen eingeleitet oder laufende Durchsetzungsmassnahmen ausgeweitet werden sollen. Die ersuchte Wettbewerbsbehörde unterrichtet die ersuchende Wettbewerbsbehörde so bald wie praktisch möglich über ihre Entscheidung. Werden Durchsetzungsmassnahmen eingeleitet oder ausgeweitet, so unterrichtet die ersuchte Wettbewerbsbehörde die ersuchende Wettbewerbsbehörde über das Ergebnis der Massnahmen und, soweit möglich, über in der Zwischenzeit eingetretene wichtige Entwicklungen.

(4) Dieser Artikel schränkt weder das Ermessen der ersuchten Wettbewerbsbehörde ein, nach ihrem Wettbewerbsrecht und ihrer Durchsetzungspraxis Durchsetzungsmassnahmen in Bezug auf die in dem Ersuchen angegebenen wettbewerbswidrigen Verhaltensweisen zu treffen, noch steht er der Rücknahme des Ersuchens durch die ersuchende Wettbewerbsbehörde entgegen.

Art. 7 *Informationsaustausch*

(1) Zur Erreichung des in Artikel 1 festgelegten Zwecks dieses Abkommens können die Wettbewerbsbehörden der Vertragsparteien nach Massgabe dieses Artikels und der Artikel 8, 9 und 10 Auffassungen und Informationen über die Anwendung des jeweiligen Wettbewerbsrechts austauschen.

(2) Die Wettbewerbsbehörden der Vertragsparteien können Informationen, einschliesslich im Untersuchungsverfahren erlangter Informationen, erörtern, soweit dies für die nach diesem Abkommen vorgesehene Zusammenarbeit und Koordinierung erforderlich ist.

(3) Die Wettbewerbsbehörden der Vertragsparteien können einander ihnen vorliegende Informationen übermitteln, nachdem das Unternehmen, das die Informationen zur Verfügung gestellt hat, ausdrücklich schriftlich zugestimmt hat. Enthalten diese Informationen personenbezogene Daten, so dürfen diese personenbezogenen Daten nur übermittelt werden, wenn die Wettbewerbsbehörden der Vertragsparteien dieselben oder miteinander verbundene Verhaltensweisen oder Rechtsgeschäfte untersuchen. Im Übrigen gilt Artikel 9 Absatz 3.

(4) Fehlt die in Absatz 3 genannte Zustimmung, so kann die Wettbewerbsbehörde einer Vertragspartei im Untersuchungsverfahren erlangte Informationen, die ihr bereits vorliegen, der Wettbewerbsbehörde der anderen Vertragspartei

auf Ersuchen unter den folgenden Voraussetzungen zur Verwendung als Beweismittel übermitteln:

a) die im Untersuchungsverfahren erlangten Informationen dürfen nur übermittelt werden, wenn beide Wettbewerbsbehörden dieselben oder miteinander verbundene Verhaltensweisen oder Rechtsgeschäfte untersuchen;

b) das Ersuchen um Übermittlung dieser Informationen ist schriftlich zu stellen und muss eine allgemeine Beschreibung des Gegenstands und der Art der Untersuchungen oder Verfahren, auf die sich das Ersuchen bezieht, und die einschlägigen Rechtsvorschriften enthalten; ferner sind darin die zum Zeitpunkt des Ersuchens bekannten Unternehmen anzugeben, gegen die sich die Untersuchung oder das Verfahren richtet; und

c) die ersuchte Wettbewerbsbehörde bestimmt nach Rücksprache mit der ersuchenden Wettbewerbsbehörde, welche in ihrem Besitz befindlichen Informationen von Belang sind und übermittelt werden können.

(5) Eine Wettbewerbsbehörde ist nicht verpflichtet, im Untersuchungsverfahren erlangte Informationen zu erörtern oder der anderen Wettbewerbsbehörde zu übermitteln, insbesondere wenn dies mit ihren wichtigen Interessen unvereinbar wäre oder eine unangemessene Belastung darstellen würde.

(6) Die Wettbewerbsbehörden der Vertragsparteien erörtern und übermitteln einander keine Informationen, die sie im Rahmen ihrer jeweiligen Kronzeugen- oder Vergleichsverfahren erlangt haben, es sei denn, das Unternehmen, das die Informationen zur Verfügung gestellt hat, hat ausdrücklich schriftlich zugestimmt.

(7) Die Wettbewerbsbehörden der Vertragsparteien erörtern, erbitten und übermitteln einander keine im Untersuchungsverfahren erlangten Informationen, wenn die Verwendung dieser Informationen die in den jeweiligen Rechtsvorschriften der Vertragsparteien garantierten und auf ihre Durchsetzungsmassnahmen anwendbaren Verfahrensrechte und -privilegien einschliesslich des Rechts, sich nicht selbst belasten zu müssen und des Schutzes des Anwaltsgeheimnisses verletzen würde.

(8) Stellt die Wettbewerbsbehörde einer Vertragspartei fest, dass nach diesem Artikel übermittelte Unterlagen unrichtige Informationen enthalten, so unterrichtet sie unverzüglich die Wettbewerbsbehörde der anderen Vertragspartei, die diese Informationen berichtigt oder entfernt.

Art. 8 *Verwendung von Informationen*

(1) Informationen, die die Wettbewerbsbehörde der einen Vertragspartei nach diesem Abkommen mit der Wettbewerbsbehörde der anderen Vertragspartei erörtert oder ihr übermittelt, dürfen nur für den Zweck der Durchsetzung des

Wettbewerbsrechts dieser Vertragspartei durch deren Wettbewerbsbehörde verwendet werden.

(2) Im Untersuchungsverfahren erlangte Informationen, die nach diesem Abkommen mit der Wettbewerbsbehörde der anderen Vertragspartei erörtert oder ihr übermittelt werden, dürfen von der empfangenden Wettbewerbsbehörde nur für die Durchsetzung ihres Wettbewerbsrechts hinsichtlich derselben oder miteinander verbundener Verhaltensweisen oder Rechtsgeschäfte verwendet werden.

(3) Nach Artikel 7 Absatz 4 übermittelte Informationen dürfen von der empfangenden Wettbewerbsbehörde nur für den in dem Ersuchen festgelegten Zweck verwendet werden.

(4) Nach diesem Abkommen erörterte oder übermittelte Informationen dürfen nicht für die Verhängung von Sanktionen gegen natürliche Personen verwendet werden.

(5) Die Wettbewerbsbehörde einer Vertragspartei kann verlangen, dass nach diesem Abkommen übermittelte Informationen zu den von ihr festgelegten Bedingungen verwendet werden. Ohne vorherige Zustimmung dieser Wettbewerbsbehörde darf die empfangende Wettbewerbsbehörde diese Informationen nicht in einer den Bedingungen zuwiderlaufenden Weise verwenden.

Art. 9 *Schutz und Vertraulichkeit der Informationen*

(1) Die Wettbewerbsbehörden der Vertragsparteien behandeln die Tatsache, dass ein Ersuchen gestellt worden oder eingegangen ist, vertraulich. Die nach diesem Abkommen erlangten Informationen werden von der empfangenden Wettbewerbsbehörde nach ihren jeweiligen Rechtsvorschriften vertraulich behandelt. Insbesondere geben beide Wettbewerbsbehörden Ersuchen Dritter oder anderer öffentlicher Stellen um Offenlegung der erhaltenen Informationen nicht statt. Dies steht einer Offenlegung dieser Informationen für die folgenden Zwecke nicht entgegen:

a) Erwirkung einer gerichtlichen Entscheidung im Zusammenhang mit der behördlichen Durchsetzung des Wettbewerbsrechts einer Vertragspartei;

b) Offenlegung gegenüber Unternehmen, gegen die sich eine Untersuchung oder ein Verfahren nach dem Wettbewerbsrecht der Vertragsparteien richtet und gegen die die Informationen verwendet werden könnten, sofern diese Offenlegung nach dem Recht der Vertragspartei, die die Informationen erhält, vorgeschrieben ist;

c) Offenlegung vor Gericht in Rechtsbehelfsverfahren;

d) Offenlegung, sofern und soweit dies für die Ausübung des Rechts auf Zugang zu Dokumenten nach den Rechtsvorschriften einer Vertragspartei unerlässlich ist.

In diesen Fällen gewährleistet die empfangende Wettbewerbsbehörde, dass der Schutz von Geschäftsgeheimnissen in vollem Umfang gewahrt bleibt.

(2) Die Wettbewerbsbehörde einer Vertragspartei unterrichtet unverzüglich die Wettbewerbsbehörde der anderen Vertragspartei, wenn sie feststellt, dass trotz aller Bemühungen Informationen versehentlich in einer diesem Artikel zuwiderlaufenden Weise verwendet oder offengelegt wurden. Die Vertragsparteien beraten dann umgehend über Schritte, um den sich aus dieser Verwendung oder Offenlegung ergebenden Schaden so gering wie möglich zu halten und die Wiederholung einer solchen Situation auszuschliessen.

(3) Die Vertragsparteien gewährleisten den Schutz personenbezogener Daten nach ihren jeweiligen Rechtsvorschriften.

Art. 10 *Unterrichtung der Wettbewerbsbehörden der Mitgliedstaaten und der EFTA-Überwachungsbehörde*

(1) Auf der Grundlage des Wettbewerbsrechts der Union oder anderer internationaler Bestimmungen über Wettbewerb:

a) kann die Europäische Kommission die zuständigen Behörden eines Mitgliedstaats unterrichten, dessen wichtige Interessen durch die ihr von der Wettbewerbsbehörde der Schweiz nach Artikel 3 übersandten Notifikationen berührt werden;

b) kann die Europäische Kommission die zuständigen Behörden eines Mitgliedstaats über das Bestehen einer Zusammenarbeit bei Durchsetzungsmassnahmen oder eine Koordinierung von Durchsetzungsmassnahmen unterrichten;

c) kann die Europäische Kommission den zuständigen Behörden der Mitgliedstaaten Informationen, die von der Wettbewerbsbehörde der Schweiz nach Artikel 7 dieses Abkommens übermittelt wurden, nur zur Erfüllung ihrer Informationspflichten nach den Artikeln 11 und 14 der Verordnung (EG) Nr. 1/2003 und Artikel 19 der Verordnung (EG) Nr. 139/2004 offenlegen; und

d) kann die Europäische Kommission der EFTA-Überwachungsbehörde Informationen, die von der Wettbewerbsbehörde der Schweiz nach Artikel 7 dieses Abkommens übermittelt wurden, nur zur Erfüllung ihrer Informationspflichten nach den Artikeln 6 und 7 des Protokolls 23 (Zusammenarbeit zwischen den Überwachungsorganen) zum EWR-Abkommen offenlegen.

(2) Informationen, ausgenommen öffentlich zugängliche Informationen, die nach Absatz 1 den zuständigen Behörden eines Mitgliedstaats und der EFTA-Überwachungsbehörde übermittelt werden, dürfen für keine anderen Zwecke

als die Durchsetzung des Wettbewerbsrechts der Union durch die Europäische Kommission verwendet und nicht offengelegt werden.

Art. 11 *Konsultationen*

(1) Die Vertragsparteien konsultieren einander auf Ersuchen einer Vertragspartei in allen Fragen, die sich aus der Durchführung dieses Abkommens ergeben können. Auf Ersuchen einer Vertragspartei erwägen die Vertragsparteien eine Überprüfung des Funktionierens dieses Abkommens und prüfen die Möglichkeit einer Weiterentwicklung ihrer Zusammenarbeit.

(2) Die Vertragsparteien unterrichten einander so bald wie möglich über jede Änderung ihres Wettbewerbsrechts sowie über jede Änderung anderer Gesetze und sonstiger Rechtsvorschriften und über jede Änderung der Durchsetzungspraxis ihrer Wettbewerbsbehörden, die das Funktionieren dieses Abkommens berühren könnten. Auf Ersuchen einer Vertragspartei halten die Vertragsparteien Konsultationen ab, um die spezifischen Auswirkungen einer solchen Änderung auf dieses Abkommen zu bewerten und insbesondere zu prüfen, ob dieses Abkommen nach Artikel 14 Absatz 2 geändert werden sollte.

(3) Die Wettbewerbsbehörden der Vertragsparteien treten auf Ersuchen einer der Wettbewerbsbehörden auf geeigneter Ebene zusammen. Bei diesen Zusammenkünften können sie:

a) einander über ihre laufenden Durchsetzungsmassnahmen und Prioritäten in Bezug auf das Wettbewerbsrecht der Vertragsparteien unterrichten;
b) Auffassungen über Wirtschaftszweige von gemeinsamem Interesse austauschen;
c) wettbewerbspolitische Fragen von beiderseitigem Interesse erörtern; und
d) sonstige Angelegenheiten von beiderseitigem Interesse erörtern, die mit der Anwendung des Wettbewerbsrechts jeder der Vertragsparteien in Zusammenhang stehen.

Art. 12 *Mitteilungen*

(1) Sofern von den Vertragsparteien oder ihren Wettbewerbsbehörden nichts anderes vereinbart wird, sind Mitteilungen nach diesem Abkommen in englischer Sprache abzufassen.

(2) Die Wettbewerbsbehörde jeder Vertragspartei benennt eine Kontaktstelle, um Mitteilungen zwischen den Vertragsparteien zu Angelegenheiten, die mit der Durchführung dieses Abkommens in Zusammenhang stehen, zu erleichtern.

Art. 13 *Geltendes Recht*

Dieses Abkommen ist nicht so auszulegen, dass es die Formulierung oder Durchsetzung des Wettbewerbsrechts der Vertragsparteien berührt.

Art. 14 *Inkrafttreten, Änderung und Kündigung*

(1) Dieses Abkommen wird von den Vertragsparteien nach ihren eigenen internen Verfahren genehmigt. Die Vertragsparteien notifizieren einander den Abschluss der jeweiligen Verfahren. Dieses Abkommen tritt am ersten Tag des zweiten Monats nach dem Datum der letzten Genehmigungsnotifikation in Kraft.

(2) Die Vertragsparteien können Änderungen dieses Abkommens vereinbaren. Sofern nichts anderes vereinbart wird, tritt eine solche Änderung nach den in Absatz 1 festgelegten Verfahren in Kraft.

(3) Jede Vertragspartei kann dieses Abkommen jederzeit kündigen, indem sie dies der anderen schriftlich auf diplomatischem Wege notifiziert. In diesem Fall tritt dieses Abkommen sechs (6) Monate nach dem Tag des Eingangs einer solchen Notifikation ausser Kraft.

Zu Urkund dessen haben die durch die jeweilige Vertragspartei ordnungsgemäss bevollmächtigten Unterzeichneten ihre Unterschrift unter dieses Abkommen gesetzt.

Geschehen zu Brüssel am 17. Mai 2013 in zwei Urschriften in deutscher, französischer, italienischer, bulgarischer, dänischer, englischer, estnischer, finnischer, griechischer, lettischer, litauischer, maltesischer, niederländischer, polnischer, portugiesischer, rumänischer, schwedischer, slowakischer, slowenischer, spanischer, tschechischer und ungarischer Sprache.

Für die Schweizerische Eidgenossenschaft:	Für die Europäische Union:
Johann N. Schneider-Ammann	J. Almunia Tom Hanney

Abkommen zwischen dem Departement für Wirtschaft, Bildung und Forschung der Schweizerischen Eidgenossenschaft und dem Bundesministerium für Wirtschaft und Klimaschutz der Bundesrepublik Deutschland über Zusammenarbeit und Koordinierung der Wettbewerbsbehörden

Abgeschlossen am 1. November 2022

Von der Bundesversammlung genehmigt am 17. März 2023[1]

In Kraft getreten durch Notenaustausch am 1. September 2023

(Stand am 1. September 2023)

Das Departement für Wirtschaft, Bildung und Forschung der Schweizerischen Eidgenossenschaft, im Folgenden «Schweiz», und das Bundesministerium für Wirtschaft und Klimaschutz der Bundesrepublik Deutschland, im Folgenden «Deutschland», im Folgenden «Vertragsparteien»,

in Anbetracht der engen Beziehungen zwischen der Schweiz und Deutschland und von dem Wunsch geleitet, dass die Zusammenarbeit bei der Bekämpfung wettbewerbswidriger Verhaltensweisen zur Verbesserung und zum Ausbau ihrer Beziehungen beitragen wird;

im Bewusstsein, dass die richtige und wirksame Durchsetzung des Wettbewerbsrechts für die Leistungsfähigkeit ihrer Märkte sowie für den wirtschaftlichen Wohlstand ihrer Verbraucher und den Handel miteinander von Bedeutung ist;

unter Berücksichtigung der Tatsache, dass die Rechtssysteme der Schweiz und Deutschlands für die Durchsetzung des Wettbewerbsrechts auf denselben Grundsätzen beruhen und vergleichbare Vorschriften enthalten;

in Anbetracht der am 16. September 2014 angenommenen Empfehlung des Rates der Organisation für Wirtschaftliche Zusammenarbeit und Entwicklung über die internationale Zusammenarbeit bei wettbewerbsrechtlichen Ermittlungen und Verfahren;

in der Erkenntnis, dass Zusammenarbeit und Koordinierung, einschliesslich des Informationsaustauschs und insbesondere der Übermittlung von Informationen, die die Vertragsparteien in ihren Untersuchungen erlangt haben, zur wirksameren Durchsetzung des Wettbewerbsrechts beider Vertragsparteien beitragen werden;

[1] AS **2023** 456

in Anerkennung des Abkommens vom 17. Mai 2013[2] zwischen der Schweizerischen Eidgenossenschaft und der Europäischen Union über die Zusammenarbeit bei der Anwendung ihres Wettbewerbsrechts,

sind wie folgt übereingekommen:

Art. 1 *Zweck und Geltungsbereich*

[1] Der Zweck dieses Abkommens besteht darin, durch Zusammenarbeit und Koordinierung, einschliesslich des Informationsaustauschs, zwischen den Wettbewerbsbehörden beider Vertragsparteien zur wirksamen Durchsetzung des Wettbewerbsrechts der Vertragsparteien beizutragen und die Möglichkeit von Konflikten zwischen den Vertragsparteien in allen Angelegenheiten, die die Anwendung ihres Wettbewerbsrechts betreffen, auszuschliessen oder zu verringern.

[2] Nicht Gegenstand dieses Abkommens ist die Zusammenarbeit von Verwaltungs und Strafverfolgungsbehörden oder Gerichten in strafrechtlichen Belangen.

Art. 2 *Verhältnis zu anderen internationalen Übereinkommen*

[1] Die Vertragsparteien bekräftigen ihre Rechte und Pflichten, die sich aus anderen internationalen Übereinkommen, bei denen sie Vertragspartei sind, ergeben, insbesondere, im Fall der Schweiz, aus dem Abkommen vom 17. Mai 2013 zwischen der Schweizerischen Eidgenossenschaft und der Europäischen Union über die Zusammenarbeit bei der Anwendung ihres Wettbewerbsrechts.

[2] Die Zusammenarbeit der Vertragsparteien zur Umsetzung gemeinstrafrechtlicher oder sonstiger Strafnormen richtet sich nach dem Europäischen Übereinkommen vom 20. April 1959[3] über die Rechtshilfe in Strafsachen und dem Vertrag vom 13. November 1969[4] zwischen der Schweizerischen Eidgenossenschaft und der Bundesrepublik Deutschland über die Ergänzung des Europäischen Übereinkommens über die Rechtshilfe in Strafsachen vom 20. April 1959 und die Erleichterung seiner Anwendung.

Art. 3 *Begriffsbestimmungen*

Im Sinne dieses Abkommens bezeichnet der Ausdruck:

[1] «Wettbewerbsbehörde» und «Wettbewerbsbehörden» der Vertragsparteien:

a. im Falle Deutschlands das Bundeskartellamt; und

---

[2] SR **0.251.268.1**

[3] SR **0.351.1**

[4] SR **0.351.913.61**

b. im Falle der Schweiz die Wettbewerbskommission einschliesslich ihres Sekretariats.

[2] «Wettbewerbsrecht»:

a. im Falle Deutschlands das Gesetz gegen Wettbewerbsbeschränkungen in der Fassung der Bekanntmachung vom 26. Juli 2013 (BGBl. I S. 1750, 3245), das zuletzt durch Artikel 2 des Gesetzes vom 19. Juli 2022 (BGBl. I S. 1214, 1225) geändert worden ist, in der jeweils geltenden Fassung (im Folgenden «GWB») sowie die Artikel 101, 102 und 105 des Vertrags über die Arbeitsweise der Europäischen Union, die Verordnung (EG) Nr. 139/2004 des Rates vom 20. Januar 2004 über die Kontrolle von Unternehmenszusammenschlüssen, die Artikel 53 und 54 des Abkommens über den Europäischen Wirtschaftsraum, soweit sie in Verbindung mit den Artikeln 101 und 102 des Vertrags über die Arbeitsweise der Europäischen Union angewandt werden, und die dazu erlassenen Durchführungsverordnungen und sämtliche Änderungen; und

b. im Falle der Schweiz das Bundesgesetz vom 6. Oktober 1995 über Kartelle und andere Wettbewerbsbeschränkungen (im Folgenden «KG», SR *251)* und die dazu erlassenen Durchführungsverordnungen und sämtliche Änderungen.

[3] «Unternehmen»:

a. im Falle Deutschlands Unternehmen im Sinne von § 1 GWB; und

b. im Falle der Schweiz Unternehmen im Sinne von Art. 2 Abs. 1bis KG.

[4] «wettbewerbswidrige Verhaltensweisen»:

Verhaltensweisen, gegen die die Wettbewerbsbehörden nach ihrem jeweiligen Wettbewerbsrecht ein Verbot, Sanktionen oder sonstige Abhilfemassnahmen verhängen können.

[5] «Untersuchungen»:

a. im Falle Deutschlands jedes Verwaltungsverfahren im Sinne von §§ 54 ff. GWB zur Anwendung des deutschen oder europäischen Wettbewerbsrechts sowie jedes eigene Bussgeldverfahren im Sinne von §§ 81 ff. GWB soweit dieses eigenständig und nicht im Rahmen der Amtshilfe geführt wird; und

b. im Falle der Schweiz Ermittlungen der Wettbewerbsbehörde nach Artikel 26 ff. und 32 ff. KG.

[6] «Durchsetzungsmassnahmen»:

jede Anwendung des Wettbewerbsrechts im Rahmen von Untersuchungen, die von einer Wettbewerbsbehörde einer Vertragspartei durchgeführt werden.

[7] «in einer Untersuchung erlangte Informationen»:

Informationen, die von einer Vertragspartei in Ausübung ihrer Untersuchungsbefugnisse erlangt oder einer Vertragspartei aufgrund einer rechtlichen Verpflichtung von einer anderen Stelle übermittelt wurden:

a. im Falle Deutschlands Informationen, die im Rahmen von Durchsetzungsmassnahmen innerhalb eines Verwaltungsverfahrens nach §§ 54 ff. GWB zur Anwendung des deutschen oder europäischen Wettbewerbsrechts oder in einem eigenen Bussgeldverfahren nach §§ 81 ff. GWB erlangt oder übermittelt wurden; und

b. im Falle der Schweiz Informationen, die durch Auskunftsverlangen nach Artikel 40 KG, Beweisaussagen nach Artikel 42 Absatz 1 KG und Durchsuchungen durch die Wettbewerbsbehörden nach Artikel 42 Absatz 2 KG erlangt wurden, oder Informationen, die in Anwendung der Verordnung über die Kontrolle von Unternehmenszusammenschlüssen vom 17. Juni 1996 gewonnen wurden.

[8] «im Kronzeugenverfahren erlangte Informationen»:

a. im Falle Deutschlands Informationen, die im Rahmen eines Kronzeugenprogramms nach §§ 81h bis 81n GWB erlangt wurden; und

b. im Falle der Schweiz Informationen, die nach Artikel 49a Absatz 2 KG und den Artikeln 8–14 der Verordnung vom 12. März 2004 über die Sanktionen bei unzulässigen Wettbewerbsbeschränkungen (SR *251.5)* erlangt wurden.

[9] «im Vergleichsverfahren erlangte Informationen»:

a. im Falle Deutschlands Informationen, die im Rahmen einer einvernehmlichen Verfahrensbeendigung in einem Bussgeldverfahren nach §§ 81 ff. GWB erlangt wurden; und

b. im Falle der Schweiz Informationen, die nach Artikel 29 KG erlangt wurden.

[10] «hoheitlicher Akt»:

ein Beschluss, welcher die Auferlegung von Sanktionen, das Erfordernis oder das Verbot eines Verhaltens betrifft, oder ein Beschluss, welcher von Seiten des oder der Adressaten die Vorlage von Informationen verlangt:

a. im Falle Deutschlands Beschlüsse in Verwaltungsverfahren nach §§ 54 ff. GWB und Bussgeldverfahren nach §§ 81 ff. GWB, die im Zusammenhang mit der Anwendung des deutschen oder europäischen Wettbewerbsrechts ergehen, insbesondere Abstellungsverfügungen, Bussgeld oder Haftungsbescheide sowie Auskunfts oder Herausgabebeschlüsse; und

b. im Falle der Schweiz Akte im Zusammenhang mit der Anwendung der Artikel 5, 7, 9 und 10 KG.

Art. 4 *Notifikationen*

[1] Die Wettbewerbsbehörde einer Vertragspartei notifiziert der Wettbewerbsbehörde der anderen Vertragspartei schriftlich alle Durchsetzungsmassnahmen, die ihres Erachtens wichtige Interessen der anderen Vertragspartei berühren können. Die Notifikationen nach diesem Artikel können abweichend von Satz 1 auch auf elektronischem Wege vorgenommen werden.

[2] Zu den Durchsetzungsmassnahmen, die wichtige Interessen der jeweils anderen Vertragspartei berühren können, gehören insbesondere:

1. Durchsetzungsmassnahmen, die mutmasslich wettbewerbswidrige Verhaltensweisen betreffen, welche nicht im Zusammenhang mit Zusammenschlüssen stehen und die sich gegen ein Unternehmen richten, das nach den im Hoheitsgebiet der jeweils anderen Vertragspartei geltenden Gesetzen und sonstigen Rechtsvorschriften eingetragen ist oder geführt wird;
2. Durchsetzungsmassnahmen, die Verhaltensweisen betreffen, von denen angenommen wird, dass sie von der jeweils anderen Vertragspartei gefördert, verlangt oder gebilligt wurden;
3. Durchsetzungsmassnahmen, die sich gegen wettbewerbswidrige Verhaltensweisen mit Ausnahme von Zusammenschlüssen richten und die zu einem wesentlichen Teil auch im Hoheitsgebiet der jeweils anderen Vertragspartei stattfinden beziehungsweise stattgefunden haben;
4. Durchsetzungsmassnahmen, die einen Zusammenschluss betreffen, bei dem eines oder mehrere der an dem Rechtsgeschäft beteiligten Unternehmen nach den im Hoheitsgebiet der jeweils anderen Vertragspartei geltenden Gesetzen und sonstigen Rechtsvorschriften eingetragen ist oder geführt wird;
5. Durchsetzungsmassnahmen, die einen Zusammenschluss betreffen, bei dem ein Unternehmen, das eine oder mehrere der an dem Rechtsgeschäft beteiligten Parteien kontrolliert, nach den im Hoheitsgebiet der jeweils anderen Vertragspartei geltenden Gesetzen und sonstigen Rechtsvorschriften eingetragen ist oder geführt wird; und
6. Durchsetzungsmassnahmen, die Abhilfemassnahmen umfassen, durch die ein Verhalten im Hoheitsgebiet der jeweils anderen Vertragspartei ausdrücklich vorgeschrieben oder verboten wird, oder die bindende Verpflichtungen für die Unternehmen in diesem Hoheitsgebiet enthalten.

[3] In Bezug auf Zusammenschlüsse ist eine Notifikation nach Absatz 1 vorzunehmen:

1. im Falle Deutschlands, wenn ein Verfahren nach §§ 35 ff. GWB eingeleitet wird; und
2. im Falle der Schweiz, wenn ein Verfahren nach Artikel 33 KG eingeleitet wird.

[4] In Bezug auf andere Fälle als Zusammenschlüsse sind Notifikationen nach Absatz 1 unverzüglich vorzunehmen:

1. im Falle Deutschlands nach Vornahme der ersten förmlichen Ermittlungsmassnahme; und
2. im Falle der Schweiz, wenn ein Verfahren nach Artikel 27 KG eingeleitet wird.

[5] In den Notifikationen sind insbesondere die Namen der von der Durchsetzungsmassnahme betroffenen Unternehmen, die untersuchten Verhaltensweisen und die Märkte, auf die sie sich beziehen, die einschlägigen Rechtsvorschriften und das Datum der behördlichen Durchsetzungsmassnahmen anzugeben.

Art. 5 *Koordinierung von Durchsetzungsmassnahmen*

[1] Führen die Wettbewerbsbehörden der Vertragsparteien Durchsetzungsmassnahmen in Bezug auf miteinander verbundene Vorgänge durch, so können sie ihre Durchsetzungsmassnahmen koordinieren. Insbesondere können sie ihre Nachprüfungen beziehungsweise Durchsuchungen zeitlich aufeinander abstimmen.

[2] Bei der Prüfung, ob bestimmte Durchsetzungsmassnahmen koordiniert werden können, berücksichtigen die Wettbewerbsbehörden der Vertragsparteien insbesondere die folgenden Gesichtspunkte:

1. die Auswirkungen einer solchen Koordinierung auf die Fähigkeit der Wettbewerbsbehörden der Vertragsparteien, die mit ihren Durchsetzungsmassnahmen verfolgten Ziele zu erreichen;
2. die relativen Fähigkeiten der Wettbewerbsbehörden der Vertragsparteien, die zur Durchführung der Durchsetzungsmassnahmen erforderlichen Informationen zu erlangen;
3. die Möglichkeit, widerstreitende Verpflichtungen und unnötige Belastungen für die Unternehmen, gegen die sich die Durchsetzungsmassnahmen richten, zu vermeiden; und
4. die Möglichkeit einer effizienteren Nutzung ihrer Ressourcen.

[3] Vorbehaltlich der ordnungsgemässen Unterrichtung der Wettbewerbsbehörde der jeweils anderen Vertragspartei kann die Wettbewerbsbehörde einer Vertragspartei die Koordinierung der Durchsetzungsmassnahmen jederzeit einschränken und bestimmte Durchsetzungsmassnahmen alleine durchführen.

Art. 6 *Vermeidung von Konflikten (Negative Comity)*

[1] Die Wettbewerbsbehörde einer Vertragspartei trägt den wichtigen Interessen der jeweils anderen Vertragspartei in allen Phasen ihrer Durchsetzungsmassnahmen sorgfältig Rechnung, einschliesslich der Beschlüsse über die Einleitung von Durchsetzungsmassnahmen, des Umfangs von Durchsetzungsmassnahmen und der Art der im Einzelfall angestrebten Sanktionen oder sonstigen Abhilfemassnahmen.

[2] Plant die Wettbewerbsbehörde einer Vertragspartei eine bestimmte Durchsetzungsmassnahme, die wichtige Interessen der jeweils anderen Vertragspartei berühren kann, so bemüht sie sich unbeschadet ihres uneingeschränkten Ermessens nach besten Kräften:

1. die Wettbewerbsbehörde der jeweils anderen Vertragspartei rechtzeitig über wichtige Entwicklungen, die die Interessen der jeweils anderen Vertragspartei betreffen, zu unterrichten;
2. der Wettbewerbsbehörde der jeweils anderen Vertragspartei Gelegenheit zur Stellungnahme zu geben; und
3. die Stellungnahme der Wettbewerbsbehörde der jeweils anderen Vertragspartei zu berücksichtigen, wobei die Entscheidungsfreiheit der Wettbewerbsbehörden der Vertragsparteien ohne Einschränkungen gewahrt wird.

Die Anwendung dieses Absatzes lässt die Verpflichtungen der Wettbewerbsbehörden der Vertragsparteien nach Artikel 4 Absätze 3 und 4 unberührt.

[3] Ist die Wettbewerbsbehörde einer Vertragspartei der Auffassung, dass ihre Durchsetzungsmassnahmen wichtige Interessen der jeweils anderen Vertragspartei beeinträchtigen können, so bemüht sie sich nach besten Kräften, diesen Interessen in angemessener Weise Rechnung zu tragen. Bei dem Bemühen sollte die Wettbewerbsbehörde der betreffenden Vertragspartei zusätzlich zu allen anderen Faktoren, die unter den gegebenen Umständen von Belang sein können, die folgenden Gesichtspunkte berücksichtigen:

1. die relative Bedeutung der tatsächlichen oder potenziellen Auswirkungen der wettbewerbswidrigen Verhaltensweisen oder Rechtsgeschäfte auf wichtige Interessen der Vertragspartei, die die Durchsetzungsmassnahmen trifft, im Vergleich zu den Auswirkungen auf wichtige Interessen der jeweils anderen Vertragspartei;
2. die relative Bedeutung der wettbewerbswidrigen Verhaltensweisen oder Rechtsgeschäfte im Hoheitsgebiet einer Vertragspartei im Vergleich zu den wettbewerbswidrigen Verhaltensweisen oder Rechtsgeschäften im Hoheitsgebiet der jeweils anderen Vertragspartei;

3. das Ausmass, in dem Durchsetzungsmassnahmen der jeweils anderen Vertragspartei gegen dieselben Unternehmen betroffen wären; und
4. das Ausmass, in dem die Unternehmen widersprüchlichen Anforderungen der beiden Vertragsparteien unterliegen würden.

Art. 7 *Positive Comity*

[1] Ist die Wettbewerbsbehörde einer Vertragspartei der Auffassung, dass wettbewerbswidrige Verhaltensweisen oder Rechtsgeschäfte im Hoheitsgebiet der jeweils anderen Vertragspartei wichtige Interessen dieser Vertragspartei beeinträchtigen können, so kann sie unter Berücksichtigung der Bedeutung der Vermeidung von Zuständigkeitskonflikten und des Umstands, dass die Wettbewerbsbehörde der jeweils anderen Vertragspartei möglicherweise wirksamer gegen die betreffenden wettbewerbswidrigen Verhaltensweisen oder Rechtsgeschäfte vorgehen könnte, die Wettbewerbsbehörde der jeweils anderen Vertragspartei ersuchen, geeignete Durchsetzungsmassnahmen einzuleiten oder bereits getroffene Durchsetzungsmassnahmen auszuweiten.

[2] In dem Ersuchen sind die Art der wettbewerbswidrigen Verhaltensweisen und Rechtsgeschäfte und ihre tatsächlichen oder potenziellen Auswirkungen auf die wichtigen Interessen der Vertragspartei der ersuchenden Wettbewerbsbehörde so genau wie möglich zu beschreiben und zusätzliche Informationen und sonstige Formen der Zusammenarbeit anzubieten, die die ersuchende Wettbewerbsbehörde anbieten kann.

[3] Die ersuchte Wettbewerbsbehörde prüft sorgfältig, ob in Bezug auf die in dem Ersuchen angegebenen wettbewerbswidrigen Verhaltensweisen oder Rechtsgeschäfte Durchsetzungsmassnahmen eingeleitet oder bereits getroffene Durchsetzungsmassnahmen ausgeweitet werden sollen. Die ersuchte Wettbewerbsbehörde unterrichtet die ersuchende Wettbewerbsbehörde so bald wie praktisch möglich über ihre Entscheidung. Werden Durchsetzungsmassnahmen eingeleitet oder ausgeweitet, so unterrichtet die ersuchte Wettbewerbsbehörde die ersuchende Wettbewerbsbehörde über das Ergebnis der Massnahmen und, soweit möglich, über in der Zwischenzeit eingetretene wichtige Entwicklungen.

[4] Dieser Artikel schränkt weder das Ermessen der ersuchten Wettbewerbsbehörde ein, nach ihrem Wettbewerbsrecht und ihrer Durchsetzungspraxis Durchsetzungsmassnahmen in Bezug auf die in dem Ersuchen angegebenen wettbewerbswidrigen Verhaltensweisen zu treffen, noch steht er der Rücknahme des Ersuchens durch die ersuchende Wettbewerbsbehörde entgegen.

Art. 8 *Austausch, Erörterung und Übermittlung von Informationen*

[1] Zur Erreichung des in Artikel 1 festgelegten Zwecks dieses Abkommens können die Wettbewerbsbehörden der Vertragsparteien nach Massgabe der

Artikel 8 bis 10 Auffassungen und Informationen über die Anwendung des jeweiligen Wettbewerbsrechts austauschen.

[2] Die Wettbewerbsbehörden der Vertragsparteien können Informationen, einschliesslich in einer Untersuchung erlangter Informationen, erörtern, soweit dies für die nach diesem Abkommen vorgesehene Zusammenarbeit und Koordinierung erforderlich ist.

[3] Die Wettbewerbsbehörden der Vertragsparteien können einander die ihnen vorliegenden Informationen übermitteln, nachdem Unternehmen oder natürliche Personen, die die Informationen zur Verfügung gestellt haben, ausdrücklich schriftlich zugestimmt haben. Enthalten diese Informationen personenbezogene Daten, so dürfen diese personenbezogenen Daten nur übermittelt werden, wenn die Wettbewerbsbehörden der Vertragsparteien dieselben oder miteinander verbundene Verhaltensweisen oder Rechtsgeschäfte untersuchen. Im Übrigen gilt Artikel 10 Absatz 3.

[4] Fehlt die in Absatz 3 genannte Zustimmung, so kann die Wettbewerbsbehörde einer Vertragspartei Informationen, die ihr bereits vorliegen, der Wettbewerbsbehörde der anderen Vertragspartei auf Ersuchen unter den folgenden Voraussetzungen zur Verwendung als Beweismittel übermitteln:

1. das Ersuchen um Übermittlung dieser Informationen ist schriftlich zu stellen und muss eine allgemeine Beschreibung des Gegenstands und der Art der Ermittlungen oder Verfahren, auf die sich das Ersuchen bezieht, und die einschlägigen Rechtsvorschriften enthalten; ferner sind darin die zum Zeitpunkt des Ersuchens bekannten Unternehmen anzugeben, gegen die sich die Untersuchung oder das Verfahren richtet;
2. die ersuchende Wettbewerbsbehörde bestätigt ferner, dass die erlangten Informationen Verhaltensweisen oder Rechtsgeschäfte betreffen, die beide Wettbewerbsbehörden untersuchen;
3. die ersuchte Wettbewerbsbehörde bestimmt nach Rücksprache mit der ersuchenden Wettbewerbsbehörde, welche in ihrem Besitz befindlichen Informationen von Belang sind und übermittelt werden können.

[5] Eine Wettbewerbsbehörde ist nicht verpflichtet, in einer Untersuchung erlangte Informationen zu erörtern oder der anderen Wettbewerbsbehörde zu übermitteln, insbesondere, wenn dies mit ihren wichtigen Interessen unvereinbar wäre oder eine unangemessene Belastung darstellen würde.

[6] Die Wettbewerbsbehörden der Vertragsparteien erörtern und übermitteln einander keine Informationen, die sie im Rahmen ihrer jeweiligen Kronzeugen oder Vergleichsverfahren erlangt haben, es sei denn, die Unternehmen oder natürlichen Personen, die die Informationen zur Verfügung gestellt haben, haben ausdrücklich und schriftlich zugestimmt.

[7] Die Wettbewerbsbehörden der Vertragsparteien erörtern, erbitten und übermitteln einander keine in einer Untersuchung erlangten Informationen, wenn die Verwendung dieser Informationen die in den jeweiligen Rechtsvorschriften der Vertragsparteien garantierten und auf ihre Durchsetzungsmassnahmen anwendbaren Verfahrensrechte und Privilegien einschliesslich des Rechts, sich nicht selbst belasten zu müssen und des Schutzes des Anwaltsgeheimnisses verletzen würde.

[8] Stellt die Wettbewerbsbehörde einer Vertragspartei fest, dass nach diesem Artikel übermittelte Unterlagen unrichtige Informationen enthalten, so unterrichtet sie unverzüglich die Wettbewerbsbehörde der jeweils anderen Vertragspartei, die diese Informationen ihrerseits unverzüglich berichtigt oder entfernt.

Art. 9 *Verwendung von Informationen*

[1] Informationen, die die Wettbewerbsbehörde der einen Vertragspartei nach diesem Abkommen mit der Wettbewerbsbehörde der anderen Vertragspartei erörtert oder ihr übermittelt, dürfen nur für den Zweck der Durchsetzung des Wettbewerbsrechts durch deren Wettbewerbsbehörde oder in einem sich anschliessenden Rechtsbehelfsverfahren (Deutschland) oder Rechtsmittelverfahren (Schweiz) verwendet werden.

[2] In einer Untersuchung erlangte Informationen, die nach diesem Abkommen mit der Wettbewerbsbehörde der anderen Vertragspartei erörtert oder ihr übermittelt werden, dürfen von der empfangenden Wettbewerbsbehörde nur für die Durchsetzung ihres Wettbewerbsrechts hinsichtlich derselben oder miteinander verbundener Verhaltensweisen oder Rechtsgeschäfte verwendet werden.

[3] Nach Artikel 8 Absatz 4 übermittelte Informationen dürfen von der empfangenden Wettbewerbsbehörde nur für den in dem Ersuchen festgelegten Zweck verwendet werden.

[4] Nach diesem Abkommen erörterte oder übermittelte Informationen dürfen von den Wettbewerbsbehörden nicht für die Verhängung von Sanktionen gegen natürliche Personen verwendet oder für die Verwendung in Straf oder Zivilverfahren offengelegt werden.

[5] Die Wettbewerbsbehörde einer Vertragspartei kann verlangen, dass nach diesem Abkommen übermittelte Informationen nur unter den von ihr festgelegten Bedingungen verwendet werden. Ohne vorherige Zustimmung dieser Wettbewerbsbehörde darf die empfangende Wettbewerbsbehörde der jeweils anderen Vertragspartei diese Informationen nicht in einer den festgelegten Bedingungen zuwiderlaufenden Weise verwenden.

Art. 10 *Schutz und Vertraulichkeit der Informationen*

[1] Die Wettbewerbsbehörden der Vertragsparteien behandeln die Tatsache, dass ein Ersuchen gestellt worden oder eingegangen ist, vertraulich. Die nach diesem Abkommen erlangten Informationen werden von der empfangenden Wettbewerbsbehörde nach ihren jeweiligen Rechtsvorschriften vertraulich behandelt. Insbesondere geben beide Wettbewerbsbehörden Ersuchen Dritter oder anderer öffentlicher Stellen um Offenlegung der erhaltenen Informationen nicht statt. Dies steht einer Offenlegung dieser Informationen für die folgenden Zwecke nicht entgegen:

1. Erwirkung einer gerichtlichen Entscheidung im Zusammenhang mit der behördlichen Durchsetzung des Wettbewerbsrechts einer Vertragspartei;
2. Offenlegung gegenüber Unternehmen, gegen die sich eine Ermittlung oder ein Verfahren nach dem Wettbewerbsrecht der Vertragsparteien richtet und gegen die die Informationen verwendet werden könnten, sofern diese Offenlegung nach dem Recht der Vertragspartei, die die Informationen erhält, vorgeschrieben ist;
3. Offenlegung vor Gericht in Rechtsmittelverfahren (Schweiz) oder Rechtsbehelfsverfahren (Deutschland);
4. Offenlegung, sofern und soweit dies für die Ausübung des Rechts auf Zugang zu Dokumenten nach den Rechtsvorschriften einer Vertragspartei unerlässlich ist.

In diesen Fällen gewährleistet die empfangende Wettbewerbsbehörde, dass der Schutz von Geschäftsgeheimnissen in vollem Umfang im Rahmen des geltenden Rechts gewahrt bleibt.

[2] Die Wettbewerbsbehörde einer Vertragspartei unterrichtet unverzüglich die Wettbewerbsbehörde der jeweils anderen Vertragspartei, wenn sie feststellt, dass Informationen in einer diesem Artikel zuwiderlaufenden Weise verwendet oder offengelegt wurden. Die Vertragsparteien beraten dann umgehend über Schritte, um den sich aus dieser Verwendung oder Offenlegung ergebenden Schaden so gering wie möglich zu halten und die Wiederholung einer solchen Situation auszuschliessen.

[3] Die Vertragsparteien gewährleisten den Schutz personenbezogener Daten nach ihren jeweiligen Rechtsvorschriften.

Art. 11 *Zustellung*

[1] Sind hoheitliche Akte Unternehmen oder natürlichen Personen im Hoheitsgebiet der jeweils anderen Vertragspartei zuzustellen, die im Hoheitsgebiet der Vertragspartei keine Zustelladresse besitzen, so kann die Wettbewerbsbehörde den Akt der Wettbewerbsbehörde der jeweils anderen Vertragspartei übermit-

teln, welche ihn ihrerseits unverzüglich dem Adressaten zustellt. Nach der Zustellung legt die Wettbewerbsbehörde der ausführenden Vertragspartei der Wettbewerbsbehörde der zustellenden Vertragspartei unverzüglich einen datierten und von einer identifizierbaren Person unterzeichneten Beleg über die Zustellung vor. Liegt innerhalb eines angemessenen Zeitraums kein solcher Zustellungsbeleg vor, so unterrichtet die Wettbewerbsbehörde der ausführenden Vertragspartei die Wettbewerbsbehörde der zustellenden Vertragspartei auf Aufforderung unverzüglich, ob und in welcher Art und Weise der Akt zugestellt worden ist.

[2] Die Wettbewerbsbehörden beider Vertragsparteien können Mitteilungen, Auskunftsbegehren oder andere Schreiben, die keine hoheitlichen Akte darstellen, nach Absatz 1 zustellen lassen oder direkt den Adressaten im Hoheitsgebiet der jeweils anderen Vertragspartei übermitteln. Im Fall der direkten Übermittlung informiert die übermittelnde Wettbewerbsbehörde die Wettbewerbsbehörde der anderen Vertragspartei hierüber.

[3] Andere Rechtsgrundlagen für Zustellungen im Rechtsgebiet der jeweils anderen Vertragspartei bleiben unberührt.

Art. 12 *Unterrichtung der Europäischen Kommission*

[1] Stellt das Bundeskartellamt aufgrund einer Anfrage der Wettbewerbskommission oder von sich aus fest, dass die von den Wettbewerbsbehörden beider Vertragsparteien untersuchten Fälle die Interessen der Europäischen Union einschliesslich ihrer Mitgliedsstaaten berühren, unterrichtet es die Wettbewerbskommission, so dass diese einen Informationsaustausch unter dem Abkommen vom 17. Mai 2013 zwischen der Schweizerischen Eidgenossenschaft und der Europäischen Union über die Zusammenarbeit bei der Anwendung ihres Wettbewerbsrechts prüfen kann.

[2] Auf der Grundlage des Wettbewerbsrechts der Europäischen Union kann das Bundeskartellamt der Europäischen Kommission Informationen, die von der Wettbewerbskommission nach Artikel 8 dieses Abkommens übermittelt wurden, nur zur Erfüllung ihrer Informationspflichten offenlegen. Das Bundeskartellamt informiert die Wettbewerbskommission unverzüglich über die Offenlegung. Bei der Übermittlung weist das Bundeskartellamt die Europäische Kommission auf die Verwendungsbeschränkungen und den Schutz der Informationen gemäss diesem Abkommen und dem Abkommen vom 17. Mai 2013 zwischen der Schweizerischen Eidgenossenschaft und der Europäischen Union über die Zusammenarbeit bei der Anwendung ihres Wettbewerbsrechts hin.

[3] Wettbewerbsbehörden anderer Mitgliedsstaaten der Europäischen Union darf das Bundeskartellamt Informationen, die nach Artikel 8 dieses Abkommens von der Wettbewerbskommission übermittelt wurden, nur nach Zustimmung der Wettbewerbskommission offenlegen.

[4] Informationen, ausgenommen öffentlich zugängliche Informationen, die nach Absatz 2 der Europäischen Kommission übermittelt werden, dürfen für keine anderen Zwecke als die Durchsetzung des Wettbewerbsrechts der Europäischen Union durch die Europäische Kommission verwendet und nicht offengelegt werden. Artikel 10 Absatz 1, Sätze 2 und 3, gilt entsprechend. Ohne Zustimmung der Wettbewerbskommission dürfen diese Informationen nicht an Wettbewerbsbehörden der Mitgliedstaaten der Europäischen Union übermittelt werden.

Art. 13 *Konsultationen*

[1] Die Vertragsparteien konsultieren einander auf Ersuchen einer Vertragspartei in allen Fragen, die sich aus der Durchführung dieses Abkommens ergeben können. Auf Ersuchen einer Vertragspartei erwägen die Vertragsparteien eine Überprüfung des Funktionierens dieses Abkommens und prüfen die Möglichkeit einer Weiterentwicklung ihrer Zusammenarbeit im Rahmen ihres jeweiligen Wettbewerbsrechts.

[2] Die Vertragsparteien unterrichten einander so bald wie möglich über jede Änderung ihres Wettbewerbsrechts sowie über jede Änderung anderer Gesetze und sonstiger Rechtsvorschriften und über jede Änderung der Durchsetzungspraxis ihrer Wettbewerbsbehörden, die das Funktionieren dieses Abkommens berühren können. Auf Ersuchen einer Vertragspartei halten die Vertragsparteien Konsultationen ab, um die spezifischen Auswirkungen einer solchen Änderung auf dieses Abkommen zu bewerten und insbesondere zu prüfen, ob dieses Abkommen nach Artikel 16 Absatz 2 geändert werden sollte.

Art. 14 *Mitteilungen*

[1] Sofern zwischen den Vertragsparteien oder ihren Wettbewerbsbehörden nichts anderes vereinbart wird, sind Notifikationen, Ersuchen um Übermittlung von Informationen und andere Mitteilungen zwischen den Vertragsparteien nach diesem Abkommen in deutscher Sprache abzufassen.

[2] Die Wettbewerbsbehörde jeder Vertragspartei benennt eine Kontaktstelle, um Mitteilungen zwischen den Vertragsparteien zu Angelegenheiten, die mit der Durchführung dieses Abkommens in Zusammenhang stehen, zu erleichtern.

Art. 15 *Geltendes Recht*

Dieses Abkommen ist so auszulegen, dass es die Formulierung oder Durchsetzung des Wettbewerbsrechts der Vertragsparteien nicht beeinträchtigt.

Art. 16 *Inkrafttreten, Änderung und Kündigung*

[1] Dieses Abkommen wird von den Vertragsparteien nach ihren innerstaatlichen gesetzlichen Verfahren genehmigt. Die Vertragsparteien notifizieren einander

den Abschluss der jeweiligen Verfahren. Dieses Abkommen tritt am ersten Tag des zweiten Monats nach dem Datum der letzten Notifikation in Kraft.

[2] Die Vertragsparteien können Änderungen dieses Abkommens schriftlich vereinbaren. Sofern nichts anderes vereinbart wird, tritt eine solche Änderung nach den in Absatz 1 festgelegten Verfahren in Kraft. Jede Änderung des Schriftformgebots nach Satz 1 bedarf ihrerseits der Schriftform.

[3] Jede Vertragspartei kann dieses Abkommen jederzeit kündigen, indem sie dies der jeweils anderen Vertragspartei schriftlich auf diplomatischem Wege notifiziert. In diesem Fall tritt dieses Abkommen sechs Monate nach dem Tag des Eingangs einer solchen Notifikation bei der jeweils anderen Vertragspartei ausser Kraft.

[4] Die in den Artikeln 8 bis 10 festgelegten Beschränkungen bezüglich der Verwendung der im Rahmen dieses Abkommens übermittelten Informationen gelten auch nach der Kündigung fort.

Geschehen zu Berlin, am 1. November 2022, in zwei Urschriften, jede in deutscher Sprache.

B. Europäisches Wettbewerbsrecht

I. Kartellrecht

Konsolidierte Fassung des Vertrags über die Arbeitsweise der Europäischen Union

PRÄAMBEL

SEINE MAJESTÄT DER KÖNIG DER BELGIER, DER PRÄSIDENT DER BUNDESREPUBLIK DEUTSCHLAND, DER PRÄSIDENT DER FRANZÖSISCHEN REPUBLIK, DER PRÄSIDENT DER ITALIENISCHEN REPUBLIK, IHRE KÖNIGLICHE HOHEIT DIE GROSSHERZOGIN VON LUXEMBURG, IHRE MAJESTÄT DIE KÖNIGIN DER NIEDERLANDE,[1]

IN DEM FESTEN WILLEN, die Grundlagen für einen immer engeren Zusammenschluss der europäischen Völker zu schaffen,

ENTSCHLOSSEN, durch gemeinsames Handeln den wirtschaftlichen und sozialen Fortschritt ihrer Staaten zu sichern, indem sie die Europa trennenden Schranken beseitigen,

IN DEM VORSATZ, die stetige Besserung der Lebens- und Beschäftigungsbedingungen ihrer Völker als wesentliches Ziel anzustreben,

IN DER ERKENNTNIS, dass zur Beseitigung der bestehenden Hindernisse ein einverständliches Vorgehen erforderlich ist, um eine beständige Wirtschaftsausweitung, einen ausgewogenen Handelsverkehr und einen redlichen Wettbewerb zu gewährleisten,

IN DEM BESTREBEN, ihre Volkswirtschaften zu einigen und deren harmonische Entwicklung zu fördern, indem sie den Abstand zwischen einzelnen Gebieten und den Rückstand weniger begünstigter Gebiete verringern,

IN DEM WUNSCH, durch eine gemeinsame Handelspolitik zur fortschreitenden Beseitigung der Beschränkungen im zwischenstaatlichen Wirtschaftsverkehr beizutragen,

IN DER ABSICHT, die Verbundenheit Europas mit den überseeischen Ländern zu bekräftigen, und in dem Wunsch, entsprechend den Grundsätzen der Sat-

---

[1] Seit dem ursprünglichen Vertragsschluss sind Mitgliedstaaten der Europäischen Union geworden: die Republik Bulgarien, die Tschechische Republik, das Königreich Dänemark, die Republik Estland, die Hellenische Republik, das Königreich Spanien, Irland, die Republik Zypern, die Republik Lettland, die Republik Litauen, die Republik Ungarn, die Republik Malta, die Republik Österreich, die Republik Polen, die Portugiesische Republik, Rumänien, die Republik Slowenien, die Slowakische Republik, die Republik Finnland, das Königreich Schweden und das Vereinigte Königreich Grossbritannien und Nordirland.

zung der Vereinten Nationen den Wohlstand der überseeischen Länder zu fördern,

ENTSCHLOSSEN, durch diesen Zusammenschluss ihrer Wirtschaftskräfte Frieden und Freiheit zu wahren und zu festigen, und mit der Aufforderung an die anderen Völker Europas, die sich zu dem gleichen hohen Ziel bekennen, sich diesen Bestrebungen anzuschliessen,

ENTSCHLOSSEN, durch umfassenden Zugang zur Bildung und durch ständige Weiterbildung auf einen möglichst hohen Wissensstand ihrer Völker hinzuwirken, HABEN zu diesem Zweck zu ihren Bevollmächtigten ERNANNT

(Aufzählung der Bevollmächtigten nicht wiedergegeben)

DIESE SIND nach Austausch ihrer als gut und gehörig befundenen Vollmachten wie folgt übereingekommen:

(Es folgen ausgewählte Auszüge:)

Dritter Teil: Die internen Politiken und Massnahmen der Union

Titel I: Der Binnenmarkt

Artikel 26

(1) Die Union erlässt die erforderlichen Massnahmen, um nach Massgabe der einschlägigen Bestimmungen der Verträge den Binnenmarkt zu verwirklichen beziehungsweise dessen Funktionieren zu gewährleisten.

(2) Der Binnenmarkt umfasst einen Raum ohne Binnengrenzen, in dem der freie Verkehr von Waren, Personen, Dienstleistungen und Kapital gemäss den Bestimmungen der Verträge gewährleistet ist.

(3) Der Rat legt auf Vorschlag der Kommission die Leitlinien und Bedingungen fest, die erforderlich sind, um in allen betroffenen Sektoren einen ausgewogenen Fortschritt zu gewährleisten.

Artikel 27

Bei der Formulierung ihrer Vorschläge zur Verwirklichung der Ziele des Artikels 26 berücksichtigt die Kommission den Umfang der Anstrengungen, die einigen Volkswirtschaften mit unterschiedlichem Entwicklungsstand für die Errichtung des Binnenmarkts abverlangt werden, und kann geeignete Bestimmungen vorschlagen.

Erhalten diese Bestimmungen die Form von Ausnahmeregelungen, so müssen sie vorübergehender Art sein und dürfen das Funktionieren des Binnenmarkts so wenig wie möglich stören.

Titel II: Der freie Warenverkehr

Artikel 28

(1) Die Union umfasst eine Zollunion, die sich auf den gesamten Warenaustausch erstreckt; sie umfasst das Verbot, zwischen den Mitgliedstaaten Ein- und Ausfuhrzölle und Abgaben gleicher Wirkung zu erheben, sowie die Einführung eines Gemeinsamen Zolltarifs gegenüber dritten Ländern.

(2) Artikel 30 und Kapitel 3 dieses Titels gelten für die aus den Mitgliedstaaten stammenden Waren sowie für diejenigen Waren aus dritten Ländern, die sich in den Mitgliedstaaten im freien Verkehr befinden.

Artikel 29

Als im freien Verkehr eines Mitgliedstaats befindlich gelten diejenigen Waren aus dritten Ländern, für die in dem betreffenden Mitgliedstaat die Einfuhrförmlichkeiten erfüllt sowie die vorgeschriebenen Zölle und Abgaben gleicher Wirkung erhoben und nicht ganz oder teilweise rückvergütet worden sind.

Kapitel 1: Die Zollunion

Artikel 30

Ein- und Ausfuhrzölle oder Abgaben gleicher Wirkung sind zwischen den Mitgliedstaaten verboten. Dieses Verbot gilt auch für Finanzzölle.

Artikel 31

Der Rat legt die Sätze des Gemeinsamen Zolltarifs auf Vorschlag der Kommission fest.

Artikel 32

Bei der Ausübung der ihr aufgrund dieses Kapitels übertragenen Aufgaben geht die Kommission von folgenden Gesichtspunkten aus:

a) der Notwendigkeit, den Handelsverkehr zwischen den Mitgliedstaaten und dritten Ländern zu fördern;

b) der Entwicklung der Wettbewerbsbedingungen innerhalb der Union, soweit diese Entwicklung zu einer Zunahme der Wettbewerbsfähigkeit der Unternehmen führt;

c) dem Versorgungsbedarf der Union an Rohstoffen und Halbfertigwaren; hierbei achtet die Kommission darauf, zwischen den Mitgliedstaaten die Wettbewerbsbedingungen für Fertigwaren nicht zu verfälschen;

d) der Notwendigkeit, ernsthafte Störungen im Wirtschaftsleben der Mitgliedstaaten zu vermeiden und eine rationelle Entwicklung der Erzeugung sowie eine Ausweitung des Verbrauchs innerhalb der Union zu gewährleisten.

Kapitel 2: Die Zusammenarbeit im Zollwesen

Artikel 33

Das Europäische Parlament und der Rat treffen im Rahmen des Geltungsbereichs der Verträge gemäss dem ordentlichen Gesetzgebungsverfahren Massnahmen zum Ausbau der Zusammenarbeit im Zollwesen zwischen den Mitgliedstaaten sowie zwischen den Mitgliedstaaten und der Kommission.

Kapitel 3: Verbot von mengenmässigen Beschränkungen zwischen den Mitgliedstaaten

Artikel 34

Mengenmässige Einfuhrbeschränkungen sowie alle Massnahmen gleicher Wirkung sind zwischen den Mitgliedstaaten verboten.

Artikel 35

Mengenmässige Ausfuhrbeschränkungen sowie alle Massnahmen gleicher Wirkung sind zwischen den Mitgliedstaaten verboten.

Artikel 36

Die Bestimmungen der Artikel 34 und 35 stehen Einfuhr-, Ausfuhr- und Durchfuhrverboten oder -beschränkungen nicht entgegen, die aus Gründen der öffentlichen Sittlichkeit, Ordnung und Sicherheit, zum Schutze der Gesundheit und des Lebens von Menschen, Tieren oder Pflanzen, des nationalen Kulturguts von künstlerischem, geschichtlichem oder archäologischem Wert oder des gewerblichen und kommerziellen Eigentums gerechtfertigt sind. Diese Verbote oder Beschränkungen dürfen jedoch weder ein Mittel zur willkürlichen Diskriminierung noch eine verschleierte Beschränkung des Handels zwischen den Mitgliedstaaten darstellen.

Artikel 37

(1) Die Mitgliedstaaten formen ihre staatlichen Handelsmonopole derart um, dass jede Diskriminierung in den Versorgungs- und Absatzbedingungen zwischen den Angehörigen der Mitgliedstaaten ausgeschlossen ist. Dieser Artikel gilt für alle Einrichtungen, durch die ein Mitgliedstaat unmittelbar oder mittelbar die Einfuhr oder die Ausfuhr zwischen den Mitgliedstaaten rechtlich oder tatsächlich kontrolliert, lenkt oder merklich beeinflusst. Er gilt auch für die von einem Staat auf andere Rechtsträger übertragenen Monopole.

(2) Die Mitgliedstaaten unterlassen jede neue Massnahme, die den in Absatz 1 genannten Grundsätzen widerspricht oder die Tragweite der Artikel über das Verbot von Zöllen und mengenmässigen Beschränkungen zwischen den Mitgliedstaaten einengt.

(3) Ist mit einem staatlichen Handelsmonopol eine Regelung zur Erleichterung des Absatzes oder der Verwertung landwirtschaftlicher Erzeugnisse verbunden, so sollen bei der Anwendung dieses Artikels gleichwertige Sicherheiten für die Beschäftigung und Lebenshaltung der betreffenden Erzeuger gewährleistet werden.

[...]

Titel IV: Die Freizügigkeit, der freie Dienstleistungs- und Kapitalverkehr

Kapitel 1: Die Arbeitskräfte

Artikel 45

(1) Innerhalb der Union ist die Freizügigkeit der Arbeitnehmer gewährleistet.

(2) Sie umfasst die Abschaffung jeder auf der Staatsangehörigkeit beruhenden unterschiedlichen Behandlung der Arbeitnehmer der Mitgliedstaaten in Bezug auf Beschäftigung, Entlohnung und sonstige Arbeitsbedingungen.

(3) Sie gibt — vorbehaltlich der aus Gründen der öffentlichen Ordnung, Sicherheit und Gesundheit gerechtfertigten Beschränkungen — den Arbeitnehmern das Recht,

a) sich um tatsächlich angebotene Stellen zu bewerben;

b) sich zu diesem Zweck im Hoheitsgebiet der Mitgliedstaaten frei zu bewegen;

c) sich in einem Mitgliedstaat aufzuhalten, um dort nach den für die Arbeitnehmer dieses Staates geltenden Rechts- und Verwaltungsvorschriften eine Beschäftigung auszuüben;

d) nach Beendigung einer Beschäftigung im Hoheitsgebiet eines Mitgliedstaats unter Bedingungen zu verbleiben, welche die Kommission durch Verordnungen festlegt.

(4) Dieser Artikel findet keine Anwendung auf die Beschäftigung in der öffentlichen Verwaltung.

Artikel 46

Das Europäische Parlament und der Rat treffen gemäss dem ordentlichen Gesetzgebungsverfahren und nach Anhörung des Wirtschafts- und Sozialausschusses durch Richtlinien oder Verordnungen alle erforderlichen Massnahmen, um die Freizügigkeit der Arbeitnehmer im Sinne des Artikels 45 herzustellen, insbesondere

a) durch Sicherstellung einer engen Zusammenarbeit zwischen den einzelstaatlichen Arbeitsverwaltungen;

b) durch die Beseitigung der Verwaltungsverfahren und -praktiken sowie der für den Zugang zu verfügbaren Arbeitsplätzen vorgeschriebenen Fristen, die sich aus innerstaatlichen Rechtsvorschriften oder vorher zwischen den Mitgliedstaaten geschlossenen Übereinkünften ergeben und deren Beibehaltung die Herstellung der Freizügigkeit der Arbeitnehmer hindert;

c) durch die Beseitigung aller Fristen und sonstigen Beschränkungen, die in innerstaatlichen Rechtsvorschriften oder vorher zwischen den Mitgliedstaaten geschlossenen Übereinkünften vorgesehen sind und die den Arbeitnehmern der anderen Mitgliedstaaten für die freie Wahl des Arbeitsplatzes andere Bedingungen als den inländischen Arbeitnehmern auferlegen;

d) durch die Schaffung geeigneter Verfahren für die Zusammenführung und den Ausgleich von Angebot und Nachfrage auf dem Arbeitsmarkt zu Bedingungen, die eine ernstliche Gefährdung der Lebenshaltung und des Beschäftigungsstands in einzelnen Gebieten und Industrien ausschliessen.

Artikel 47

Die Mitgliedstaaten fördern den Austausch junger Arbeitskräfte im Rahmen eines gemeinsamen Programms.

Artikel 48

Das Europäische Parlament und der Rat beschliessen gemäss dem ordentlichen Gesetzgebungsverfahren die auf dem Gebiet der sozialen Sicherheit für die Herstellung der Freizügigkeit der Arbeitnehmer notwendigen Massnahmen; zu diesem Zweck führen sie insbesondere ein System ein, das zu- und abwandernden Arbeitnehmern und Selbstständigen sowie deren anspruchsberechtigten Angehörigen Folgendes sichert:

a) die Zusammenrechnung aller nach den verschiedenen innerstaatlichen Rechtsvorschriften berücksichtigten Zeiten für den Erwerb und die Aufrechterhaltung des Leistungsanspruchs sowie für die Berechnung der Leistungen;

b) die Zahlung der Leistungen an Personen, die in den Hoheitsgebieten der Mitgliedstaaten wohnen.

Erklärt ein Mitglied des Rates, dass ein Entwurf eines Gesetzgebungsakts nach Absatz 1 wichtige Aspekte seines Systems der sozialen Sicherheit, insbesondere dessen Geltungsbereich, Kosten oder Finanzstruktur, verletzen oder dessen finanzielles Gleichgewicht beeinträchtigen würde, so kann es beantragen, dass der Europäische Rat befasst wird. In diesem Fall wird das ordentliche Gesetzgebungsverfahren ausgesetzt. Nach einer Aussprache geht der Europäische Rat binnen vier Monaten nach Aussetzung des Verfahrens wie folgt vor:

a) er verweist den Entwurf an den Rat zurück, wodurch die Aussetzung des ordentlichen Gesetzgebungsverfahrens beendet wird, oder

b) er sieht von einem Tätigwerden ab, oder aber er ersucht die Kommission um Vorlage eines neuen Vorschlags; in diesem Fall gilt der ursprünglich vorgeschlagene Rechtsakt als nicht erlassen.

Kapitel 2: Das Niederlassungsrecht

Artikel 49

Die Beschränkungen der freien Niederlassung von Staatsangehörigen eines Mitgliedstaats im Hoheitsgebiet eines anderen Mitgliedstaats sind nach Massgabe der folgenden Bestimmungen verboten. Das Gleiche gilt für Beschränkungen der Gründung von Agenturen, Zweigniederlassungen oder Tochtergesellschaften durch Angehörige eines Mitgliedstaats, die im Hoheitsgebiet eines Mitgliedstaats ansässig sind.

Vorbehaltlich des Kapitels über den Kapitalverkehr umfasst die Niederlassungsfreiheit die Aufnahme und Ausübung selbstständiger Erwerbstätigkeiten sowie die Gründung und Leitung von Unternehmen, insbesondere von Gesellschaften im Sinne des Artikels 54 Absatz 2, nach den Bestimmungen des Aufnahmestaats für seine eigenen Angehörigen.

Artikel 50

(1) Das Europäische Parlament und der Rat erlassen gemäss dem ordentlichen Gesetzgebungsverfahren und nach Anhörung des Wirtschafts- und Sozialausschusses Richtlinien zur Verwirklichung der Niederlassungsfreiheit für eine bestimmte Tätigkeit.

(2) Das Europäische Parlament, der Rat und die Kommission erfüllen die Aufgaben, die ihnen aufgrund der obigen Bestimmungen übertragen sind, indem sie insbesondere

a) im Allgemeinen diejenigen Tätigkeiten mit Vorrang behandeln, bei denen die Niederlassungsfreiheit die Entwicklung der Produktion und des Handels in besonderer Weise fördert;

b) eine enge Zusammenarbeit zwischen den zuständigen Verwaltungen der Mitgliedstaaten sicherstellen, um sich über die besondere Lage auf den verschiedenen Tätigkeitsgebieten innerhalb der Union zu unterrichten;

c) die aus innerstaatlichen Rechtsvorschriften oder vorher zwischen den Mitgliedstaaten geschlossenen Übereinkünften abgeleiteten Verwaltungsverfahren und -praktiken ausschalten, deren Beibehaltung der Niederlassungsfreiheit entgegensteht;

d) dafür Sorge tragen, dass Arbeitnehmer eines Mitgliedstaats, die im Hoheitsgebiet eines anderen Mitgliedstaats beschäftigt sind, dort verbleiben und eine selbstständige Tätigkeit unter denselben Voraussetzungen ausüben können, die sie erfüllen müssten, wenn sie in diesen Staat erst zu dem Zeitpunkt einreisen würden, in dem sie diese Tätigkeit aufzunehmen beabsichtigen;

e) den Erwerb und die Nutzung von Grundbesitz im Hoheitsgebiet eines Mitgliedstaats durch Angehörige eines anderen Mitgliedstaats ermöglichen, soweit hierdurch die Grundsätze des Artikels 39 Absatz 2 nicht beeinträchtigt werden;

f) veranlassen, dass bei jedem in Betracht kommenden Wirtschaftszweig die Beschränkungen der Niederlassungsfreiheit in Bezug auf die Voraussetzungen für die Errichtung von Agenturen, Zweigniederlassungen und Tochtergesellschaften im Hoheitsgebiet eines Mitgliedstaats sowie für den Eintritt des Personals der Hauptniederlassung in ihre Leitungs- oder Überwachungsorgane schrittweise aufgehoben werden;

g) soweit erforderlich, die Schutzbestimmungen koordinieren, die in den Mitgliedstaaten den Gesellschaften im Sinne des Artikels 54 Absatz 2 im Interesse der Gesellschafter sowie Dritter vorgeschrieben sind, um diese Bestimmungen gleichwertig zu gestalten;

h) sicherstellen, dass die Bedingungen für die Niederlassung nicht durch Beihilfen der Mitgliedstaaten verfälscht werden.

Artikel 51

Auf Tätigkeiten, die in einem Mitgliedstaat dauernd oder zeitweise mit der Ausübung öffentlicher Gewalt verbunden sind, findet dieses Kapitel in dem betreffenden Mitgliedstaat keine Anwendung. Das Europäische Parlament und der Rat können gemäss dem ordentlichen Gesetzgebungsverfahren beschliessen, dass dieses Kapitel auf bestimmte Tätigkeiten keine Anwendung findet.

Artikel 52

(1) Dieses Kapitel und die aufgrund desselben getroffenen Massnahmen beeinträchtigen nicht die Anwendbarkeit der Rechts- und Verwaltungsvorschriften,

die eine Sonderregelung für Ausländer vorsehen und aus Gründen der öffentlichen Ordnung, Sicherheit oder Gesundheit gerechtfertigt sind.

(2) Das Europäische Parlament und der Rat erlassen gemäss dem ordentlichen Gesetzgebungsverfahren Richtlinien für die Koordinierung der genannten Vorschriften.

Artikel 53

(1) Um die Aufnahme und Ausübung selbstständiger Tätigkeiten zu erleichtern, erlassen das Europäische Parlament und der Rat gemäss dem ordentlichen Gesetzgebungsverfahren Richtlinien für die gegenseitige Anerkennung der Diplome, Prüfungszeugnisse und sonstigen Befähigungsnachweise sowie für die Koordinierung der Rechts- und Verwaltungsvorschriften der Mitgliedstaaten über die Aufnahme und Ausübung selbstständiger Tätigkeiten.

(2) Die schrittweise Aufhebung der Beschränkungen für die ärztlichen, arztähnlichen und pharmazeutischen Berufe setzt die Koordinierung der Bedingungen für die Ausübung dieser Berufe in den einzelnen Mitgliedstaaten voraus.

Artikel 54

Für die Anwendung dieses Kapitels stehen die nach den Rechtsvorschriften eines Mitgliedstaats gegründeten Gesellschaften, die ihren satzungsmässigen Sitz, ihre Hauptverwaltung oder ihre Hauptniederlassung innerhalb der Union haben, den natürlichen Personen gleich, die Angehörige der Mitgliedstaaten sind.

Als Gesellschaften gelten die Gesellschaften des bürgerlichen Rechts und des Handelsrechts einschliesslich der Genossenschaften und die sonstigen juristischen Personen des öffentlichen und privaten Rechts mit Ausnahme derjenigen, die keinen Erwerbszweck verfolgen.

Artikel 55

Unbeschadet der sonstigen Bestimmungen der Verträge stellen die Mitgliedstaaten die Staatsangehörigen der anderen Mitgliedstaaten hinsichtlich ihrer Beteiligung am Kapital von Gesellschaften im Sinne des Artikels 54 den eigenen Staatsangehörigen gleich.

Kapitel 3: Dienstleistungen

Artikel 56

Die Beschränkungen des freien Dienstleistungsverkehrs innerhalb der Union für Angehörige der Mitgliedstaaten, die in einem anderen Mitgliedstaat als demjenigen des Leistungsempfängers ansässig sind, sind nach Massgabe der folgenden Bestimmungen verboten.

Das Europäische Parlament und der Rat können gemäss dem ordentlichen Gesetzgebungsverfahren beschliessen, dass dieses Kapitel auch auf Erbringer von Dienstleistungen Anwendung findet, welche die Staatsangehörigkeit eines dritten Landes besitzen und innerhalb der Union ansässig sind.

Artikel 57

Dienstleistungen im Sinne der Verträge sind Leistungen, die in der Regel gegen Entgelt erbracht werden, soweit sie nicht den Vorschriften über den freien Waren- und Kapitalverkehr und über die Freizügigkeit der Personen unterliegen.

Als Dienstleistungen gelten insbesondere:

a) gewerbliche Tätigkeiten,

b) kaufmännische Tätigkeiten,

c) handwerkliche Tätigkeiten,

d) freiberufliche Tätigkeiten.

Unbeschadet des Kapitels über die Niederlassungsfreiheit kann der Leistende zwecks Erbringung seiner Leistungen seine Tätigkeit vorübergehend in dem Mitgliedstaat ausüben, in dem die Leistung erbracht wird, und zwar unter den Voraussetzungen, welche dieser Mitgliedstaat für seine eigenen Angehörigen vorschreibt.

Artikel 58

(1) Für den freien Dienstleistungsverkehr auf dem Gebiet des Verkehrs gelten die Bestimmungen des Titels über den Verkehr.

(2) Die Liberalisierung der mit dem Kapitalverkehr verbundenen Dienstleistungen der Banken und Versicherungen wird im Einklang mit der Liberalisierung des Kapitalverkehrs durchgeführt.

Artikel 59

(1) Das Europäische Parlament und der Rat erlassen gemäss dem ordentlichen Gesetzgebungsverfahren und nach Anhörung des Wirtschafts- und Sozialausschusses Richtlinien zur Liberalisierung einer bestimmten Dienstleistung.

(2) Bei den in Absatz 1 genannten Richtlinien sind im Allgemeinen mit Vorrang diejenigen Dienstleistungen zu berücksichtigen, welche die Produktionskosten unmittelbar beeinflussen oder deren Liberalisierung zur Förderung des Warenverkehrs beiträgt.

Artikel 60

Die Mitgliedstaaten bemühen sich, über das Ausmass der Liberalisierung der Dienstleistungen, zu dem sie aufgrund der Richtlinien gemäss Artikel 59 Absatz 1 verpflichtet sind, hinauszugehen, falls ihre wirtschaftliche Gesamtlage und die Lage des betreffenden Wirtschaftszweigs dies zulassen.

Die Kommission richtet entsprechende Empfehlungen an die betreffenden Staaten.

Artikel 61

Solange die Beschränkungen des freien Dienstleistungsverkehrs nicht aufgehoben sind, wendet sie jeder Mitgliedstaat ohne Unterscheidung nach Staatsangehörigkeit oder Aufenthaltsort auf alle in Artikel 56 Absatz 1 bezeichneten Erbringer von Dienstleistungen an.

Artikel 62

Die Bestimmungen der Artikel 51 bis 54 finden auf das in diesem Kapitel geregelte Sachgebiet Anwendung.

Kapitel 4: Der Kapital- und Zahlungsverkehr

Artikel 63

(1) Im Rahmen der Bestimmungen dieses Kapitels sind alle Beschränkungen des Kapitalverkehrs zwischen den Mitgliedstaaten sowie zwischen den Mitgliedstaaten und dritten Ländern verboten.

(2) Im Rahmen der Bestimmungen dieses Kapitels sind alle Beschränkungen des Zahlungsverkehrs zwischen den Mitgliedstaaten sowie zwischen den Mitgliedstaaten und dritten Ländern verboten.

Artikel 64

(1) Artikel 63 berührt nicht die Anwendung derjenigen Beschränkungen auf dritte Länder, die am 31. Dezember 1993 aufgrund einzelstaatlicher Rechtsvorschriften oder aufgrund von Rechtsvorschriften der Union für den Kapitalverkehr mit dritten Ländern im Zusammenhang mit Direktinvestitionen einschliesslich Anlagen in Immobilien, mit der Niederlassung, der Erbringung von Finanzdienstleistungen oder der Zulassung von Wertpapieren zu den Kapitalmärkten bestehen. Für in Bulgarien, Estland und Ungarn bestehende Beschränkungen nach innerstaatlichem Recht ist der massgebliche Zeitpunkt der 31. Dezember 1999.

(2) Unbeschadet der anderen Kapitel der Verträge sowie ihrer Bemühungen um eine möglichst weit gehende Verwirklichung des Zieles eines freien Kapital-

verkehrs zwischen den Mitgliedstaaten und dritten Ländern beschliessen das Europäische Parlament und der Rat gemäss dem ordentlichen Gesetzgebungsverfahren Massnahmen für den Kapitalverkehr mit dritten Ländern im Zusammenhang mit Direktinvestitionen einschliesslich Anlagen in Immobilien, mit der Niederlassung, der Erbringung von Finanzdienstleistungen oder der Zulassung von Wertpapieren zu den Kapitalmärkten.

(3) Abweichend von Absatz 2 kann nur der Rat gemäss einem besonderen Gesetzgebungsverfahren und nach Anhörung des Europäischen Parlaments Massnahmen einstimmig beschliessen, die im Rahmen des Unionsrechts für die Liberalisierung des Kapitalverkehrs mit Drittländern einen Rückschritt darstellen.

Artikel 65

(1) Artikel 63 berührt nicht das Recht der Mitgliedstaaten,

a) die einschlägigen Vorschriften ihres Steuerrechts anzuwenden, die Steuerpflichtige mit unterschiedlichem Wohnort oder Kapitalanlageort unterschiedlich behandeln,

b) die unerlässlichen Massnahmen zu treffen, um Zuwiderhandlungen gegen innerstaatliche Rechts- und Verwaltungsvorschriften, insbesondere auf dem Gebiet des Steuerrechts und der Aufsicht über Finanzinstitute, zu verhindern, sowie Meldeverfahren für den Kapitalverkehr zwecks administrativer oder statistischer Information vorzusehen oder Massnahmen zu ergreifen, die aus Gründen der öffentlichen Ordnung oder Sicherheit gerechtfertigt sind.

(2) Dieses Kapitel berührt nicht die Anwendbarkeit von Beschränkungen des Niederlassungsrechts, die mit den Verträgen vereinbar sind.

(3) Die in den Absätzen 1 und 2 genannten Massnahmen und Verfahren dürfen weder ein Mittel zur willkürlichen Diskriminierung noch eine verschleierte Beschränkung des freien Kapital- und Zahlungsverkehrs im Sinne des Artikels 63 darstellen.

(4) Sind keine Massnahmen nach Artikel 64 Absatz 3 erlassen worden, so kann die Kommission oder, wenn diese binnen drei Monaten nach der Vorlage eines entsprechenden Antrags des betreffenden Mitgliedstaats keinen Beschluss erlassen hat, der Rat einen Beschluss erlassen, mit dem festgelegt wird, dass die von einem Mitgliedstaat in Bezug auf ein oder mehrere Drittländer getroffenen restriktiven steuerlichen Massnahmen insofern als mit den Verträgen vereinbar anzusehen sind, als sie durch eines der Ziele der Union gerechtfertigt und mit dem ordnungsgemässen Funktionieren des Binnenmarkts vereinbar sind. Der Rat beschliesst einstimmig auf Antrag eines Mitgliedstaats.

Artikel 66

Falls Kapitalbewegungen nach oder aus dritten Ländern unter aussergewöhnlichen Umständen das Funktionieren der Wirtschafts- und Währungsunion schwerwiegend stören oder zu stören drohen, kann der Rat auf Vorschlag der Kommission und nach Anhörung der Europäischen Zentralbank gegenüber dritten Ländern Schutzmassnahmen mit einer Geltungsdauer von höchstens sechs Monaten treffen, wenn diese unbedingt erforderlich sind.

[…]

Titel VII: Gemeinsame Regeln betreffend Wettbewerb, Steuerfragen und Angleichung der Rechtsvorschriften

Kapitel 1: Wettbewerbsregeln

Abschnitt 1: Vorschriften für Unternehmen

Artikel 101

(1) Mit dem Binnenmarkt unvereinbar und verboten sind alle Vereinbarungen zwischen Unternehmen, Beschlüsse von Unternehmensvereinigungen und aufeinander abgestimmte Verhaltensweisen, welche den Handel zwischen Mitgliedstaaten zu beeinträchtigen geeignet sind und eine Verhinderung, Einschränkung oder Verfälschung des Wettbewerbs innerhalb des Binnenmarkts bezwecken oder bewirken, insbesondere

a) die unmittelbare oder mittelbare Festsetzung der An- oder Verkaufspreise oder sonstiger Geschäftsbedingungen;

b) die Einschränkung oder Kontrolle der Erzeugung, des Absatzes, der technischen Entwicklung oder der Investitionen;

c) die Aufteilung der Märkte oder Versorgungsquellen;

d) die Anwendung unterschiedlicher Bedingungen bei gleichwertigen Leistungen gegenüber Handelspartnern, wodurch diese im Wettbewerb benachteiligt werden;

e) die an den Abschluss von Verträgen geknüpfte Bedingung, dass die Vertragspartner zusätzliche Leistungen annehmen, die weder sachlich noch nach Handelsbrauch in Beziehung zum Vertragsgegenstand stehen.

(2) Die nach diesem Artikel verbotenen Vereinbarungen oder Beschlüsse sind nichtig.

(3) Die Bestimmungen des Absatzes 1 können für nicht anwendbar erklärt werden auf

- Vereinbarungen oder Gruppen von Vereinbarungen zwischen Unternehmen,
- Beschlüsse oder Gruppen von Beschlüssen von Unternehmensvereinigungen,
- aufeinander abgestimmte Verhaltensweisen oder Gruppen von solchen,

die unter angemessener Beteiligung der Verbraucher an dem entstehenden Gewinn zur Verbesserung der Warenerzeugung oder -verteilung oder zur Förderung des technischen oder wirtschaftlichen Fortschritts beitragen, ohne dass den beteiligten Unternehmen

a) Beschränkungen auferlegt werden, die für die Verwirklichung dieser Ziele nicht unerlässlich sind, oder
b) Möglichkeiten eröffnet werden, für einen wesentlichen Teil der betreffenden Waren den Wettbewerb auszuschalten.

Artikel 102

Mit dem Binnenmarkt unvereinbar und verboten ist die missbräuchliche Ausnutzung einer beherrschenden Stellung auf dem Binnenmarkt oder auf einem wesentlichen Teil desselben durch ein oder mehrere Unternehmen, soweit dies dazu führen kann, den Handel zwischen Mitgliedstaaten zu beeinträchtigen.

Dieser Missbrauch kann insbesondere in Folgendem bestehen:

a) der unmittelbaren oder mittelbaren Erzwingung von unangemessenen Einkaufs- oder Verkaufspreisen oder sonstigen Geschäftsbedingungen;
b) der Einschränkung der Erzeugung, des Absatzes oder der technischen Entwicklung zum Schaden der Verbraucher;
c) der Anwendung unterschiedlicher Bedingungen bei gleichwertigen Leistungen gegenüber Handelspartnern, wodurch diese im Wettbewerb benachteiligt werden;
d) der an den Abschluss von Verträgen geknüpften Bedingung, dass die Vertragspartner zusätzliche Leistungen annehmen, die weder sachlich noch nach Handelsbrauch in Beziehung zum Vertragsgegenstand stehen.

Artikel 103

(1) Die zweckdienlichen Verordnungen oder Richtlinien zur Verwirklichung der in den Artikeln 101 und 102 niedergelegten Grundsätze werden vom Rat auf Vorschlag der Kommission und nach Anhörung des Europäischen Parlaments beschlossen.

(2) Die in Absatz 1 vorgesehenen Vorschriften bezwecken insbesondere,

a) die Beachtung der in Artikel 101 Absatz 1 und Artikel 102 genannten Verbote durch die Einführung von Geldbussen und Zwangsgeldern zu gewährleisten;

b) die Einzelheiten der Anwendung des Artikels 101 Absatz 3 festzulegen; dabei ist dem Erfordernis einer wirksamen Überwachung bei möglichst einfacher Verwaltungskontrolle Rechnung zu tragen;

c) gegebenenfalls den Anwendungsbereich der Artikel 101 und 102 für die einzelnen Wirtschaftszweige näher zu bestimmen;

d) die Aufgaben der Kommission und des Gerichtshofs der Europäischen Union bei der Anwendung der in diesem Absatz vorgesehenen Vorschriften gegeneinander abzugrenzen;

e) das Verhältnis zwischen den innerstaatlichen Rechtsvorschriften einerseits und den in diesem Abschnitt enthaltenen oder aufgrund dieses Artikels getroffenen Bestimmungen andererseits festzulegen.

Artikel 104

Bis zum Inkrafttreten der gemäss Artikel 103 erlassenen Vorschriften entscheiden die Behörden der Mitgliedstaaten im Einklang mit ihren eigenen Rechtsvorschriften und den Bestimmungen der Artikel 101, insbesondere Absatz 3, und 102 über die Zulässigkeit von Vereinbarungen, Beschlüssen und aufeinander abgestimmten Verhaltensweisen sowie über die missbräuchliche Ausnutzung einer beherrschenden Stellung auf dem Binnenmarkt.

Artikel 105

(1) Unbeschadet des Artikels 104 achtet die Kommission auf die Verwirklichung der in den Artikeln 101 und 102 niedergelegten Grundsätze. Sie untersucht auf Antrag eines Mitgliedstaats oder von Amts wegen in Verbindung mit den zuständigen Behörden der Mitgliedstaaten, die ihr Amtshilfe zu leisten haben, die Fälle, in denen Zuwiderhandlungen gegen diese Grundsätze vermutet werden. Stellt sie eine Zuwiderhandlung fest, so schlägt sie geeignete Mittel vor, um diese abzustellen.

(2) Wird die Zuwiderhandlung nicht abgestellt, so trifft die Kommission in einem mit Gründen versehenen Beschluss die Feststellung, dass eine derartige Zuwiderhandlung vorliegt. Sie kann den Beschluss veröffentlichen und die Mitgliedstaaten ermächtigen, die erforderlichen Abhilfemassnahmen zu treffen, deren Bedingungen und Einzelheiten sie festlegt.

(3) Die Kommission kann Verordnungen zu den Gruppen von Vereinbarungen erlassen, zu denen der Rat nach Artikel 103 Absatz 2 Buchstabe b eine Verordnung oder Richtlinie erlassen hat.

Artikel 106

(1) Die Mitgliedstaaten werden in Bezug auf öffentliche Unternehmen und auf Unternehmen, denen sie besondere oder ausschliessliche Rechte gewähren, keine den Verträgen und insbesondere den Artikeln 18 und 101 bis 109 widersprechende Massnahmen treffen oder beibehalten.

(2) Für Unternehmen, die mit Dienstleistungen von allgemeinem wirtschaftlichem Interesse betraut sind oder den Charakter eines Finanzmonopols haben, gelten die Vorschriften der Verträge, insbesondere die Wettbewerbsregeln, soweit die Anwendung dieser Vorschriften nicht die Erfüllung der ihnen übertragenen besonderen Aufgabe rechtlich oder tatsächlich verhindert. Die Entwicklung des Handelsverkehrs darf nicht in einem Ausmass beeinträchtigt werden, das dem Interesse der Union zuwiderläuft.

(3) Die Kommission achtet auf die Anwendung dieses Artikels und richtet erforderlichenfalls geeignete Richtlinien oder Beschlüsse an die Mitgliedstaaten.

Abschnitt 2: Staatliche Beihilfen

Artikel 107

(1) Soweit in den Verträgen nicht etwas anderes bestimmt ist, sind staatliche oder aus staatlichen Mitteln gewährte Beihilfen gleich welcher Art, die durch die Begünstigung bestimmter Unternehmen oder Produktionszweige den Wettbewerb verfälschen oder zu verfälschen drohen, mit dem Binnenmarkt unvereinbar, soweit sie den Handel zwischen Mitgliedstaaten beeinträchtigen.

(2) Mit dem Binnenmarkt vereinbar sind:

a) Beihilfen sozialer Art an einzelne Verbraucher, wenn sie ohne Diskriminierung nach der Herkunft der Waren gewährt werden;

b) Beihilfen zur Beseitigung von Schäden, die durch Naturkatastrophen oder sonstige aussergewöhnliche Ereignisse entstanden sind;

c) Beihilfen für die Wirtschaft bestimmter, durch die Teilung Deutschlands betroffener Gebiete der Bundesrepublik Deutschland, soweit sie zum Ausgleich der durch die Teilung verursachten wirtschaftlichen Nachteile erforderlich sind. Der Rat kann fünf Jahre nach dem Inkrafttreten des Vertrags von Lissabon auf Vorschlag der Kommission einen Beschluss erlassen, mit dem dieser Buchstabe aufgehoben wird.

(3) Als mit dem Binnenmarkt vereinbar können angesehen werden:

a) Beihilfen zur Förderung der wirtschaftlichen Entwicklung von Gebieten, in denen die Lebenshaltung aussergewöhnlich niedrig ist oder eine erhebliche Unterbeschäftigung herrscht, sowie der in Artikel 349 genannten

Gebiete unter Berücksichtigung ihrer strukturellen, wirtschaftlichen und sozialen Lage;

b) Beihilfen zur Förderung wichtiger Vorhaben von gemeinsamem europäischem Interesse oder zur Behebung einer beträchtlichen Störung im Wirtschaftsleben eines Mitgliedstaats;

c) Beihilfen zur Förderung der Entwicklung gewisser Wirtschaftszweige oder Wirtschaftsgebiete, soweit sie die Handelsbedingungen nicht in einer Weise verändern, die dem gemeinsamen Interesse zuwiderläuft;

d) Beihilfen zur Förderung der Kultur und der Erhaltung des kulturellen Erbes, soweit sie die Handels- und Wettbewerbsbedingungen in der Union nicht in einem Mass beeinträchtigen, das dem gemeinsamen Interesse zuwiderläuft;

e) sonstige Arten von Beihilfen, die der Rat durch einen Beschluss auf Vorschlag der Kommission bestimmt.

Artikel 108

(1) Die Kommission überprüft fortlaufend in Zusammenarbeit mit den Mitgliedstaaten die in diesen bestehenden Beihilferegelungen. Sie schlägt ihnen die zweckdienlichen Massnahmen vor, welche die fortschreitende Entwicklung und das Funktionieren des Binnenmarkts erfordern.

(2) Stellt die Kommission fest, nachdem sie den Beteiligten eine Frist zur Äusserung gesetzt hat, dass eine von einem Staat oder aus staatlichen Mitteln gewährte Beihilfe mit dem Binnenmarkt nach Artikel 107 unvereinbar ist oder dass sie missbräuchlich angewandt wird, so beschliesst sie, dass der betreffende Staat sie binnen einer von ihr bestimmten Frist aufzuheben oder umzugestalten hat.

Kommt der betreffende Staat diesem Beschluss innerhalb der festgesetzten Frist nicht nach, so kann die Kommission oder jeder betroffene Staat in Abweichung von den Artikeln 258 und 259 den Gerichtshof der Europäischen Union unmittelbar anrufen.

Der Rat kann einstimmig auf Antrag eines Mitgliedstaats beschliessen, dass eine von diesem Staat gewährte oder geplante Beihilfe in Abweichung von Artikel 107 oder von den nach Artikel 109 erlassenen Verordnungen als mit dem Binnenmarkt vereinbar gilt, wenn aussergewöhnliche Umstände einen solchen Beschluss rechtfertigen. Hat die Kommission bezüglich dieser Beihilfe das in Unterabsatz 1 dieses Absatzes vorgesehene Verfahren bereits eingeleitet, so bewirkt der Antrag des betreffenden Staates an den Rat die Aussetzung dieses Verfahrens, bis der Rat sich geäussert hat.

Äussert sich der Rat nicht binnen drei Monaten nach Antragstellung, so beschliesst die Kommission.

(3) Die Kommission wird von jeder beabsichtigten Einführung oder Umgestaltung von Beihilfen so rechtzeitig unterrichtet, dass sie sich dazu äussern kann. Ist sie der Auffassung, dass ein derartiges Vorhaben nach Artikel 107 mit dem Binnenmarkt unvereinbar ist, so leitet sie unverzüglich das in Absatz 2 vorgesehene Verfahren ein. Der betreffende Mitgliedstaat darf die beabsichtigte Massnahme nicht durchführen, bevor die Kommission einen abschliessenden Beschluss erlassen hat.

(4) Die Kommission kann Verordnungen zu den Arten von staatlichen Beihilfen erlassen, für die der Rat nach Artikel 109 festgelegt hat, dass sie von dem Verfahren nach Absatz 3 ausgenommen werden können.

Artikel 109

Der Rat kann auf Vorschlag der Kommission und nach Anhörung des Europäischen Parlaments alle zweckdienlichen Durchführungsverordnungen zu den Artikeln 107 und 108 erlassen und insbesondere die Bedingungen für die Anwendung des Artikels 108 Absatz 3 sowie diejenigen Arten von Beihilfen festlegen, die von diesem Verfahren ausgenommen sind.

Verordnung (EG) Nr. 1/2003 des Rates zur Durchführung der in den Artikel 81 und 82 des Vertrages niedergelegten Wettbewerbsregeln

(Text von Bedeutung für den EWR)

DER RAT DER EUROPÄISCHEN UNION

gestützt auf den Vertrag zur Gründung der Europäischen Gemeinschaft, insbesondere auf Artikel 83,

auf Vorschlag der Kommission[1],

nach Stellungnahme des Europäischen Parlaments[2],

nach Stellungnahme des Wirtschafts- und Sozialausschusses[3],

in Erwägung nachstehender Gründe:

(1) Zur Schaffung eines Systems, das gewährleistet, dass der Wettbewerb im Gemeinsamen Markt nicht verfälscht wird, muss für eine wirksame und einheitliche Anwendung der Artikel 81 und 82 des Vertrags in der Gemeinschaft gesorgt werden. Mit der Verordnung Nr. 17 des Rates vom 6. Februar 1962, Erste Durchführungsverordnung zu den Artikeln 81 und 82* des Vertrags[4], wurden die Voraussetzungen für die Entwicklung einer Gemeinschaftspolitik im Bereich des Wettbewerbsrechts geschaffen, die zur Verbreitung einer Wettbewerbskultur in der Gemeinschaft beigetragen hat. Es ist nunmehr jedoch an der Zeit, vor dem Hintergrund der gewonnenen Erfahrung die genannte Verordnung zu ersetzen und Regeln vorzusehen, die den Herausforderungen des Binnenmarkts und einer künftigen Erweiterung der Gemeinschaft gerecht werden.

(2) Zu überdenken ist insbesondere die Art und Weise, wie die in Artikel 81 Absatz 3 des Vertrags enthaltene Ausnahme vom Verbot wettbewerbsbeschränkender Vereinbarungen anzuwenden ist. Dabei ist nach Artikel 83 Absatz 2 Buchstabe b) des Vertrags dem Erfordernis einer wirksamen Überwachung bei möglichst einfacher Verwaltungskontrolle Rechnung zu tragen.

---

[1] ABl. C 365 E vom 19.12.2000, S. 284.

[2] ABl. C 72 E vom 21.03.2002, S. 305.

[3] ABl. C 155 vom 29.5.2001, S. 73.

* Der Titel der Verordnung Nr. 17 wurde angepasst, um der Umnummerierung der Artikel des EG-Vertrags gemäss Artikel 12 des Vertrags von Amsterdam Rechnung zu tragen; ursprünglich wurde auf die Artikel 85 und 86 Bezug genommen.

[4] ABl. 13 vom 21.2.1962, S. 204/62. Zuletzt geändert durch die Verordnung (EG) Nr. 1216/1999 (ABl. L 148 vom 15.6.1999, S. 5).

(3) Das durch die Verordnung Nr. 17 geschaffene zentralisierte System ist nicht mehr imstande, diesen beiden Zielsetzungen in ausgewogener Weise gerecht zu werden. Dieses System schränkt die Gerichte und die Wettbewerbsbehörden der Mitgliedstaaten bei der Anwendung der gemeinschaftlichen Wettbewerbsregeln ein, und das mit ihm verbundene Anmeldeverfahren hindert die Kommission daran, sich auf die Verfolgung der schwerwiegendsten Verstösse zu konzentrieren. Darüber hinaus entstehen den Unternehmen durch dieses System erhebliche Kosten.

(4) Das zentralisierte Anmeldesystem sollte daher durch ein Legalausnahmesystem ersetzt werden, bei dem die Wettbewerbsbehörden und Gerichte der Mitgliedstaaten nicht nur zur Anwendung der nach der Rechtsprechung des Gerichtshofs der Europäischen Gemeinschaften direkt anwendbaren Artikel 81 Absatz 1 und Artikel 82 des Vertrags befugt sind, sondern auch zur Anwendung von Artikel 81 Absatz 3 des Vertrags.

(5) Um für die wirksame Durchsetzung der Wettbewerbsvorschriften der Gemeinschaft zu sorgen und zugleich die Achtung der grundlegenden Verteidigungsrechte zu gewährleisten, muss in dieser Verordnung die Beweislast für die Artikel 81 und 82 des Vertrags geregelt werden. Der Partei oder Behörde, die den Vorwurf einer Zuwiderhandlung gegen Artikel 81 Absatz 1 oder Artikel 82 des Vertrags erhebt, sollte es obliegen, diese Zuwiderhandlung gemäss den einschlägigen rechtlichen Anforderungen nachzuweisen. Den Unternehmen oder Unternehmensverbänden, die sich gegenüber der Feststellung einer Zuwiderhandlung auf eine Rechtfertigung berufen möchten, sollte es obliegen, im Einklang mit den einschlägigen rechtlichen Anforderungen den Nachweis zu erbringen, dass die Voraussetzungen für diese Rechtfertigung erfüllt sind. Diese Verordnung berührt weder die nationalen Rechtsvorschriften über das Beweismass noch die Verpflichtung der Wettbewerbsbehörden und Gerichte der Mitgliedstaaten, zur Aufklärung rechtserheblicher Sachverhalte beizutragen, sofern diese Rechtsvorschriften und Anforderungen im Einklang mit den allgemeinen Grundsätzen des Gemeinschaftsrechts stehen.

(6) Die wirksame Anwendung der Wettbewerbsregeln der Gemeinschaft setzt voraus, dass die Wettbewerbsbehörden der Mitgliedstaaten stärker an der Anwendung beteiligt werden. Dies wiederum bedeutet, dass sie zur Anwendung des Gemeinschaftsrechts befugt sein sollten.

(7) Die einzelstaatlichen Gerichte erfüllen eine wesentliche Aufgabe bei der Anwendung der gemeinschaftlichen Wettbewerbsregeln. In Rechtsstreitigkeiten zwischen Privatpersonen schützen sie die sich aus dem Gemeinschaftsrecht ergebenden subjektiven Rechte, indem sie unter anderem den durch die Zuwiderhandlung Geschädigten Schadenersatz zuerkennen. Sie ergänzen in dieser Hinsicht die Aufgaben der einzelstaatlichen Wettbewerbsbehörden. Ihnen

sollte daher gestattet werden, die Artikel 81 und 82 des Vertrags in vollem Umfang anzuwenden.

(8) Um die wirksame Durchsetzung der Wettbewerbsregeln der Gemeinschaft und das reibungslose Funktionieren der in dieser Verordnung enthaltenen Formen der Zusammenarbeit zu gewährleisten, müssen die Wettbewerbsbehörden und die Gerichte in den Mitgliedstaaten verpflichtet sein, auch die Artikel 81 und 82 des Vertrags anzuwenden, wenn sie innerstaatliches Wettbewerbsrecht auf Vereinbarungen und Verhaltensweisen, die den Handel zwischen den Mitgliedstaaten beeinträchtigen können, anwenden. Um für Vereinbarungen, Beschlüsse von Unternehmensvereinigungen und aufeinander abgestimmte Verhaltensweisen gleiche Bedingungen im Binnenmarkt zu schaffen, ist es ferner erforderlich, auf der Grundlage von Artikel 83 Absatz 2 Buchstabe e) des Vertrags das Verhältnis zwischen dem innerstaatlichen Recht und dem Wettbewerbsrecht der Gemeinschaft zu bestimmen. Dazu muss gewährleistet werden, dass die Anwendung innerstaatlichen Wettbewerbsrechts auf Vereinbarungen, Beschlüsse und abgestimmte Verhaltensweisen im Sinne von Artikel 81 Absatz 1 des Vertrags nur dann zum Verbot solcher Vereinbarungen, Beschlüsse und abgestimmten Verhaltensweisen führen darf, wenn sie auch nach dem Wettbewerbsrecht der Gemeinschaft verboten sind. Die Begriffe Vereinbarungen, Beschlüsse und abgestimmte Verhaltensweisen sind autonome Konzepte des Wettbewerbsrechts der Gemeinschaft für die Erfassung eines koordinierten Verhaltens von Unternehmen am Markt im Sinne der Auslegung dieser Begriffe durch die Gerichte der Gemeinschaft. Nach dieser Verordnung darf den Mitgliedstaaten nicht das Recht verwehrt werden, in ihrem Hoheitsgebiet strengere innerstaatliche Wettbewerbsvorschriften zur Unterbindung oder Ahndung einseitiger Handlungen von Unternehmen zu erlassen oder anzuwenden. Diese strengeren einzelstaatlichen Rechtsvorschriften können Bestimmungen zum Verbot oder zur Ahndung missbräuchlichen Verhaltens gegenüber wirtschaftlich abhängigen Unternehmen umfassen. Ferner gilt die vorliegende Verordnung nicht für innerstaatliche Rechtsvorschriften, mit denen natürlichen Personen strafrechtliche Sanktionen auferlegt werden, ausser wenn solche Sanktionen als Mittel dienen, um die für Unternehmen geltenden Wettbewerbsregeln durchzusetzen.

(9) Ziel der Artikel 81 und 82 des Vertrags ist der Schutz des Wettbewerbs auf dem Markt. Diese Verordnung, die der Durchführung dieser Vertragsbestimmungen dient, verwehrt es den Mitgliedstaaten nicht, in ihrem Hoheitsgebiet innerstaatliche Rechtsvorschriften zu erlassen, die andere legitime Interessen schützen, sofern diese Rechtsvorschriften im Einklang mit den allgemeinen Grundsätzen und übrigen Bestimmungen des Gemeinschaftsrechts stehen. Sofern derartige Rechtsvorschriften überwiegend auf ein Ziel gerichtet sind, das von dem des Schutzes des Wettbewerbs auf dem Markt abweicht, dürfen die Wettbewerbsbehörden und Gerichte in den Mitgliedstaaten solche Rechts-

vorschriften in ihrem Hoheitsgebiet anwenden. Dementsprechend dürfen die Mitgliedstaaten im Rahmen dieser Verordnung in ihrem Hoheitsgebiet innerstaatliche Rechtsvorschriften anwenden, mit denen unlautere Handelspraktiken — unabhängig davon, ob diese einseitig ergriffen oder vertraglich vereinbart wurden — untersagt oder geahndet werden. Solche Rechtsvorschriften verfolgen ein spezielles Ziel, das die tatsächlichen oder vermuteten Wirkungen solcher Handlungen auf den Wettbewerb auf dem Markt unberücksichtigt lässt. Das trifft insbesondere auf Rechtsvorschriften zu, mit denen Unternehmen untersagt wird, bei ihren Handelspartnern ungerechtfertigte, unverhältnismässige oder keine Gegenleistungen umfassende Bedingungen zu erzwingen, zu erhalten oder den Versuch hierzu zu unternehmen.

(10) Aufgrund von Verordnungen des Rates wie 19/65/EWG[5], (EWG) Nr. 2821/71[6], (EWG) Nr. 3976/87[7], (EWG) Nr. 1534//91[8] oder (EWG)

---

[5] Verordnung Nr. 19/65/EWG des Rates vom 2. März 1965 über die Anwendung von Artikel 81 Absatz 3 (Die Titel der Verordnungen wurden geändert, um der Umnummerierung der Artikel des EG-Vertrags gemäss Artikel 12 des Vertrags von Amsterdam Rechnung zu tragen; ursprünglich wurde auf Artikel 85 Absatz 3 Bezug genommen.) des Vertrags auf Gruppen von Vereinbarungen und aufeinander abgestimmten Verhaltensweisen (ABl. 36 vom 6.3.1965, S. 533). Verordnung zuletzt geändert durch die Verordnung (EG) Nr. 1215/1999 (ABl. L 148 vom 15.6.1999, S. 1).

[6] Verordnung (EWG) Nr. 2821/71 des Rates vom 20. Dezember 1971 über die Anwendung von Artikel 81 Absatz 3 (Die Titel der Verordnungen wurden geändert, um der Umnummerierung der Artikel des EG-Vertrags gemäss Artikel 12 des Vertrags von Amsterdam Rechnung zu tragen; ursprünglich wurde auf Artikel 85 Absatz 3 Bezug genommen.) des Vertrags auf Gruppen von Vereinbarungen, Beschlüssen und aufeinander abgestimmten Verhaltensweisen (ABl. L 285 vom 29.12.1971, S. 46). Verordnung zuletzt geändert durch die Beitrittsakte von 1994.

[7] Verordnung (EWG) Nr. 3976/87 des Rates vom 14. Dezember 1987 zur Anwendung von Artikel 81 Absatz 3 (Die Titel der Verordnungen wurden geändert, um der Umnummerierung der Artikel des EG-Vertrags gemäss Artikel 12 des Vertrags von Amsterdam Rechnung zu tragen; ursprünglich wurde auf Artikel 85 Absatz 3 Bezug genommen.) des Vertrags auf bestimmte Gruppen von Vereinbarungen und aufeinander abgestimmten Verhaltensweisen im Luftverkehr (ABl. L 374 vom 31.12.1987, S. 9). Verordnung zuletzt geändert durch die Beitrittsakte von 1994.

[8] Verordnung (EWG) Nr. 1534/91 des Rates vom 31. Mai 1991 über die Anwendung von Artikel 81 Absatz 3 (Die Titel der Verordnungen wurden geändert, um der Umnummerierung der Artikel des EG-Vertrags gemäss Artikel 12 des Vertrags von Amsterdam Rechnung zu tragen; ursprünglich wurde auf Artikel 85 Absatz 3 Bezug genommen.) des Vertrags auf bestimmte Gruppen von Vereinbarungen, Beschlüssen und aufeinander abgestimmten Verhaltensweisen im Bereich der Versicherungswirtschaft (ABl. L 143 vom 7.6.1991, S. 1).

Nr. 479/92[9] ist die Kommission befugt, Artikel 81 Absatz 3 des Vertrags durch Verordnung auf bestimmte Gruppen von Vereinbarungen, Beschlüssen von Unternehmensvereinigungen und aufeinander abgestimmten Verhaltensweisen anzuwenden. In den durch derartige Verordnungen bestimmten Bereichen hat die Kommission so genannte Gruppenfreistellungsverordnungen erlassen, mit denen sie Artikel 81 Absatz 1 des Vertrags auf Gruppen von Vereinbarungen, Beschlüssen oder aufeinander abgestimmten Verhaltensweisen für nicht anwendbar erklärt, und sie kann dies auch weiterhin tun. Soweit Vereinbarungen, Beschlüsse oder aufeinander abgestimmte Verhaltensweisen, auf die derartige Verordnungen Anwendung finden, dennoch Wirkungen haben, die mit Artikel 81 Absatz 3 des Vertrags unvereinbar sind, sollten die Kommission und die Wettbewerbsbehörden der Mitgliedstaaten die Befugnis haben, in einem bestimmten Fall den Rechtsvorteil der Gruppenfreistellungsverordnung zu entziehen.

(11) Zur Erfüllung ihrer Aufgabe, für die Anwendung des Vertrags Sorge zu tragen, sollte die Kommission an Unternehmen oder Unternehmensvereinigungen Entscheidungen mit dem Ziel richten können, Zuwiderhandlungen gegen die Artikel 81 und 82 des Vertrags abzustellen. Sie sollte, sofern ein berechtigtes Interesse besteht, auch dann Entscheidungen zur Feststellung einer Zuwiderhandlung erlassen können, wenn die Zuwiderhandlung beendet ist, selbst wenn sie keine Geldbusse auferlegt. Ausserdem sollte der Kommission in dieser Verordnung ausdrücklich die ihr vom Gerichtshof zuerkannte Befugnis übertragen werden, Entscheidungen zur Anordnung einstweiliger Massnahmen zu erlassen.

(12) Mit dieser Verordnung sollte der Kommission ausdrücklich die Befugnis übertragen werden, unter Beachtung des Grundsatzes der Verhältnismässigkeit alle strukturellen oder auf das Verhalten abzielenden Massnahmen festzulegen, die zur effektiven Abstellung einer Zuwiderhandlung erforderlich sind. Massnahmen struktureller Art sollten nur in Ermangelung einer verhaltensorientierten Massnahme von gleicher Wirksamkeit festgelegt werden, oder wenn letztere im Vergleich zu Massnahmen struktureller Art mit einer grösseren Belastung für das betroffene Unternehmen verbunden wäre. Änderungen an der Unternehmensstruktur, wie sie vor der Zuwiderhandlung bestand, sind nur dann

---

[9] Verordnung (EWG) Nr. 479/92 des Rates vom 25. Februar 1992 über die Anwendung des Artikels 81 Absatz 3 (Die Titel der Verordnungen wurden geändert, um der Umnummerierung der Artikel des EG-Vertrags gemäss Artikel 12 des Vertrags von Amsterdam Rechnung zu tragen; ursprünglich wurde auf Artikel 85 Absatz 3 Bezug genommen.) des Vertrags auf bestimmte Gruppen von Vereinbarungen, Beschlüssen und aufeinander abgestimmten Verhaltensweisen zwischen Seeschifffahrtsunternehmen (Konsortien) (ABl. L 55 vom 29.2.1992, S. 3). Verordnung zuletzt geändert durch die Beitrittsakte von 1994.

verhältnismässig, wenn ein erhebliches, durch die Struktur eines Unternehmens als solcher bedingtes Risiko anhaltender oder wiederholter Zuwiderhandlungen gegeben ist.

(13) Bieten Unternehmen im Rahmen eines Verfahrens, das auf eine Verbotsentscheidung gerichtet ist, der Kommission an, Verpflichtungen einzugehen, die geeignet sind, die Bedenken der Kommission auszuräumen, so sollte die Kommission diese Verpflichtungszusagen durch Entscheidung für die Unternehmen bindend erklären können. Ohne die Frage zu beantworten, ob eine Zuwiderhandlung vorgelegen hat oder noch vorliegt, sollte in solchen Entscheidungen festgestellt werden, dass für ein Tätigwerden der Kommission kein Anlass mehr besteht. Entscheidungen bezüglich Verpflichtungszusagen lassen die Befugnisse der Wettbewerbsbehörden und der Gerichte der Mitgliedstaaten, das Vorliegen einer Zuwiderhandlung festzustellen und über den Fall zu entscheiden, unberührt. Entscheidungen bezüglich Verpflichtungszusagen sind für Fälle ungeeignet, in denen die Kommission eine Geldbusse aufzuerlegen beabsichtigt.

(14) In Ausnahmefällen, wenn es das öffentliche Interesse der Gemeinschaft gebietet, kann es auch zweckmässig sein, dass die Kommission eine Entscheidung deklaratorischer Art erlässt, mit der die Nichtanwendung des in Artikel 81 oder Artikel 82 des Vertrags verankerten Verbots festgestellt wird, um die Rechtslage zu klären und eine einheitliche Rechtsanwendung in der Gemeinschaft sicherzustellen; dies gilt insbesondere in Bezug auf neue Formen von Vereinbarungen oder Verhaltensweisen, deren Beurteilung durch die bisherige Rechtsprechung und Verwaltungspraxis noch nicht geklärt ist.

(15) Die Kommission und die Wettbewerbsbehörden der Mitgliedstaaten sollen gemeinsam ein Netz von Behörden bilden, die die EG-Wettbewerbsregeln in enger Zusammenarbeit anwenden. Zu diesem Zweck müssen Informations- und Konsultationsverfahren eingeführt werden. Nähere Einzelheiten betreffend die Zusammenarbeit innerhalb des Netzes werden von der Kommission in enger Abstimmung mit den Mitgliedstaaten festgelegt und überarbeitet.

(16) Der Austausch von Informationen, auch solchen vertraulicher Art, und die Verwendung solcher Informationen zwischen den Mitgliedern des Netzwerks sollte ungeachtet anders lautender einzelstaatlicher Vorschriften zugelassen werden. Diese Informationen dürfen für die Anwendung der Artikel 81 und 82 des Vertrags sowie für die parallel dazu erfolgende Anwendung des nationalen Wettbewerbsrechts verwendet werden, sofern letztere Anwendung den gleichen Fall betrifft und nicht zu einem anderen Ergebnis führt. Werden die ausgetauschten Informationen von der empfangenden Behörde dazu verwendet, Unternehmen Sanktionen aufzuerlegen, so sollte für die Verwendung der Informationen keine weitere Beschränkung als nur die Verpflichtung gelten, dass sie ausschliesslich für den Zweck eingesetzt werden, für den sie zusammengetra-

gen worden sind, da Sanktionen, mit denen Unternehmen belegt werden können, in allen Systemen von derselben Art sind. Die Verteidigungsrechte, die Unternehmen in den einzelnen Systemen zustehen, können als hinreichend gleichwertig angesehen werden. Bei natürlichen Personen dagegen können Sanktionen in den verschiedenen Systemen erheblich voneinander abweichen. In solchen Fällen ist dafür Sorge zu tragen, dass die Informationen nur dann verwendet werden, wenn sie in einer Weise erhoben wurden, die hinsichtlich der Wahrung der Verteidigungsrechte natürlicher Personen das gleiche Schutzniveau wie nach dem für die empfangende Behörde geltenden innerstaatlichen Recht gewährleistet.

(17) Um eine einheitliche Anwendung der Wettbewerbsregeln und gleichzeitig ein optimales Funktionieren des Netzwerks zu gewährleisten, muss die Regel beibehalten werden, dass die Wettbewerbsbehörden der Mitgliedstaaten automatisch ihre Zuständigkeit verlieren, sobald die Kommission ein Verfahren einleitet. Ist eine Wettbewerbsbehörde eines Mitgliedstaats in einem Fall bereits tätig und beabsichtigt die Kommission, ein Verfahren einzuleiten, sollte sie sich bemühen, dies so bald wie möglich zu tun. Vor der Einleitung eines Verfahrens sollte die Kommission die betreffende nationale Behörde konsultieren.

(18) Um eine optimale Verteilung der Fälle innerhalb des Netzwerks sicherzustellen, sollte eine allgemeine Bestimmung eingeführt werden, wonach eine Wettbewerbsbehörde ein Verfahren mit der Begründung aussetzen oder einstellen kann, dass sich eine andere Behörde mit demselben Fall befasst hat oder noch befasst. Ziel ist es, dass jeder Fall nur von einer Behörde bearbeitet wird. Diese Bestimmung sollte nicht der der Kommission durch die Rechtsprechung des Gerichtshofs zuerkannten Möglichkeit entgegenstehen, eine Beschwerde wegen fehlenden Gemeinschaftsinteresses abzuweisen, selbst wenn keine andere Wettbewerbsbehörde die Absicht bekundet hat, sich des Falls anzunehmen.

(19) Die Arbeitsweise des durch die Verordnung Nr. 17 eingesetzten Beratenden Ausschusses für Kartell- und Monopolfragen hat sich als sehr befriedigend erwiesen. Dieser Ausschuss fügt sich gut in das neue System einer dezentralen Anwendung des Wettbewerbsrechts ein. Es gilt daher, auf der Grundlage der Bestimmungen der Verordnung Nr. 17 aufzubauen und gleichzeitig die Arbeit effizienter zu gestalten. Hierzu ist es zweckmässig, die Möglichkeit eines schriftlichen Verfahrens für die Stellungnahme vorzusehen. Der Beratende Ausschuss sollte darüber hinaus als Diskussionsforum für die von den Wettbewerbsbehörden der Mitgliedstaaten gerade bearbeiteten Fälle dienen können, um auf diese Weise dazu beizutragen, dass die Wettbewerbsregeln der Gemeinschaft einheitlich angewandt werden.

(20) Der Beratende Ausschuss sollte sich aus Vertretern der Wettbewerbsbehörden der Mitgliedstaaten zusammensetzen. In Sitzungen, in denen allgemeine Fragen zur Erörterung stehen, sollten die Mitgliedstaaten einen weiteren Vertreter entsenden dürfen. Unbeschadet hiervon können sich die Mitglieder des Ausschusses durch andere Experten des jeweiligen Mitgliedstaats unterstützen lassen.

(21) Die einheitliche Anwendung der Wettbewerbsregeln erfordert ausserdem, Formen der Zusammenarbeit zwischen den Gerichten der Mitgliedstaaten und der Kommission vorzusehen. Dies gilt für alle Gerichte der Mitgliedstaaten, die die Artikel 81 und 82 des Vertrags zur Anwendung bringen, unabhängig davon, ob sie die betreffenden Regeln in Rechtsstreitigkeiten zwischen Privatparteien anzuwenden haben oder ob sie als Wettbewerbsbehörde oder als Rechtsmittelinstanz tätig werden. Insbesondere sollten die einzelstaatlichen Gerichte die Möglichkeit erhalten, sich an die Kommission zu wenden, um Informationen oder Stellungnahmen zur Anwendung des Wettbewerbsrechts der Gemeinschaft zu erhalten. Der Kommission und den Wettbewerbsbehörden der Mitgliedstaaten wiederum muss die Möglichkeit gegeben werden, sich mündlich oder schriftlich vor einzelstaatlichen Gerichten zu äussern, wenn Artikel 81 oder 82 des Vertrags zur Anwendung kommt. Diese Stellungnahmen sollten im Einklang mit den einzelstaatlichen Verfahrensregeln und Gepflogenheiten, einschliesslich derjenigen, die die Wahrung der Rechte der Parteien betreffen, erfolgen. Hierzu sollte dafür gesorgt werden, dass die Kommission und die Wettbewerbsbehörden der Mitgliedstaaten über ausreichende Informationen über Verfahren vor einzelstaatlichen Gerichten verfügen.

(22) In einem System paralleler Zuständigkeiten müssen im Interesse der Rechtssicherheit und der einheitlichen Anwendung der Wettbewerbsregeln der Gemeinschaft einander widersprechende Entscheidungen vermieden werden. Die Wirkungen von Entscheidungen und Verfahren der Kommission auf Gerichte und Wettbewerbsbehörden der Mitgliedstaaten müssen daher im Einklang mit der Rechtsprechung des Gerichtshofs geklärt werden. Von der Kommission angenommene Entscheidungen bezüglich Verpflichtungszusagen berühren nicht die Befugnis der Gerichte und der Wettbewerbsbehörden der Mitgliedstaaten, die Artikel 81 und 82 des Vertrags anzuwenden.

(23) Die Kommission sollte die Befugnis haben, im gesamten Bereich der Gemeinschaft die Auskünfte zu verlangen, die notwendig sind, um gemäss Artikel 81 des Vertrags verbotene Vereinbarungen, Beschlüsse und aufeinander abgestimmte Verhaltensweisen sowie die nach Artikel 82 des Vertrags untersagte missbräuchliche Ausnutzung einer beherrschenden Stellung aufzudecken. Unternehmen, die einer Entscheidung der Kommission nachkommen, können nicht gezwungen werden, eine Zuwiderhandlung einzugestehen; sie sind auf jeden Fall aber verpflichtet, Fragen nach Tatsachen zu beantworten und Unter-

lagen vorzulegen, auch wenn die betreffenden Auskünfte dazu verwendet werden können, den Beweis einer Zuwiderhandlung durch die betreffenden oder andere Unternehmen zu erbringen.

(24) Die Kommission sollte ausserdem die Befugnis haben, die Nachprüfungen vorzunehmen, die notwendig sind, um gemäss Artikel 81 des Vertrags verbotene Vereinbarungen, Beschlüsse und aufeinander abgestimmte Verhaltensweisen sowie die nach Artikel 82 des Vertrags untersagte missbräuchliche Ausnutzung einer beherrschenden Stellung aufzudecken. Die Wettbewerbsbehörden der Mitgliedstaaten sollten bei der Ausübung dieser Befugnisse aktiv mitwirken.

(25) Da es zunehmend schwieriger wird, Verstösse gegen die Wettbewerbsregeln aufzudecken, ist es für einen wirksamen Schutz des Wettbewerbs notwendig, die Ermittlungsbefugnisse der Kommission zu ergänzen. Die Kommission sollte insbesondere alle Personen, die eventuell über sachdienliche Informationen verfügen, befragen und deren Aussagen zu Protokoll nehmen können. Ferner sollten die von der Kommission beauftragten Bediensteten im Zuge einer Nachprüfung für die hierfür erforderliche Zeit eine Versiegelung vornehmen dürfen. Die Dauer der Versiegelung sollte in der Regel 72 Stunden nicht überschreiten. Die von der Kommission beauftragten Bediensteten sollten ausserdem alle Auskünfte im Zusammenhang mit Gegenstand und Ziel der Nachprüfung einholen dürfen.

(26) Die Erfahrung hat gezeigt, dass in manchen Fällen Geschäftsunterlagen in der Wohnung von Führungskräften und Mitarbeitern der Unternehmen aufbewahrt werden. Im Interesse effizienter Nachprüfungen sollten daher die Bediensteten der Kommission und die anderen von ihr ermächtigten Personen zum Betreten aller Räumlichkeiten befugt sein, in denen sich Geschäftsunterlagen befinden können, einschliesslich Privatwohnungen. Die Ausübung der letztgenannten Befugnis sollte jedoch eine entsprechende gerichtliche Entscheidung voraussetzen.

(27) Unbeschadet der Rechtsprechung des Gerichtshofs ist es sinnvoll, die Tragweite der Kontrolle darzulegen, die das nationale Gericht ausüben kann, wenn es, wie im innerstaatlichen Recht vorgesehen und als vorsorgliche Massnahme, die Unterstützung durch Verfolgungsbehörden genehmigt, um sich über einen etwaigen Widerspruch des betroffenen Unternehmens hinwegzusetzen, oder wenn es die Vollstreckung einer Entscheidung zur Nachprüfung in anderen als Geschäftsräumen gestattet. Aus der Rechtsprechung ergibt sich, dass das nationale Gericht insbesondere von der Kommission weitere Klarstellungen anfordern kann, die es zur Ausübung seiner Kontrolle benötigt und bei deren Fehlen es die Genehmigung verweigern könnte. Ferner bestätigt die Rechtsprechung die Befugnis der nationalen Gerichte, die Einhaltung der für die Durchführung von Zwangsmassnahmen geltenden Vorschriften des innerstaatlichen Rechts zu kontrollieren.

(28) Damit die Wettbewerbsbehörden der Mitgliedstaaten mehr Möglichkeiten zu einer wirksamen Anwendung der Artikel 81 und 82 des Vertrags erhalten, sollten sie einander im Rahmen von Nachprüfungen und anderen Massnahmen zur Sachaufklärung Unterstützung gewähren können.

(29) Die Beachtung der Artikel 81 und 82 des Vertrags und die Erfüllung der den Unternehmen und Unternehmensvereinigungen in Anwendung dieser Verordnung auferlegten Pflichten sollten durch Geldbussen und Zwangsgelder sichergestellt werden können. Hierzu sind auch für Verstösse gegen Verfahrensvorschriften Geldbussen in angemessener Höhe vorzusehen.

(30) Um für eine tatsächliche Einziehung der Geldbussen zu sorgen, die Unternehmensvereinigungen wegen von ihnen begangener Zuwiderhandlungen auferlegt werden, müssen die Bedingungen festgelegt werden, unter denen die Kommission von den Mitgliedern der Vereinigung die Zahlung der Geldbusse verlangen kann, wenn die Vereinigung selbst zahlungsunfähig ist. Dabei sollte die Kommission der relativen Grösse der der Vereinigung angehörenden Unternehmen und insbesondere der Lage der kleinen und mittleren Unternehmen Rechnung tragen. Die Zahlung der Geldbusse durch eines oder mehrere der Mitglieder einer Vereinigung erfolgt unbeschadet der einzelstaatlichen Rechtsvorschriften, die einen Rückgriff auf andere Mitglieder der Vereinigung zur Erstattung des gezahlten Betrags ermöglichen.

(31) Die Regeln über die Verjährung bei der Auferlegung von Geldbussen und Zwangsgeldern sind in der Verordnung (EWG) Nr. 2988/74 des Rates[10] enthalten, die darüber hinaus Sanktionen im Verkehrsbereich zum Gegenstand hat. In einem System paralleler Zuständigkeiten müssen zu den Handlungen, die die Verjährung unterbrechen können, auch eigenständige Verfahrenshandlungen der Wettbewerbsbehörden der Mitgliedstaaten gerechnet werden. Im Interesse einer klareren Gestaltung des Rechtsrahmens empfiehlt es sich daher, die Verordnung (EWG) Nr. 2988/74 so zu ändern, dass sie im Anwendungsbereich der vorliegenden Verordnung keine Anwendung findet, und die Verjährung in der vorliegenden Verordnung zu regeln.

(32) Das Recht der beteiligten Unternehmen, von der Kommission gehört zu werden, sollte bestätigt werden. Dritten, deren Interessen durch eine Entscheidung betroffen sein können, sollte vor Erlass der Entscheidung Gelegenheit zur Äusserung gegeben werden, und die erlassenen Entscheidungen sollten auf breiter Ebene bekannt gemacht werden. Ebenso unerlässlich wie die Wahrung der Verteidigungsrechte der beteiligten Unternehmen, insbesondere des Rechts

[10] Verordnung (EWG) Nr. 2988/74 des Rates vom 26. November 1974 über die Verfolgungs- und Vollstreckungsverjährung im Verkehrs- und Wettbewerbsrecht der Europäischen Wirtschaftsgemeinschaft (ABl. L 319 vom 29.11.1974, S.1).

auf Akteneinsicht, ist der Schutz der Geschäftsgeheimnisse. Es sollte sichergestellt werden, dass die innerhalb des Netzwerks ausgetauschten Informationen vertraulich behandelt werden.

(33) Da alle Entscheidungen, die die Kommission nach Massgabe dieser Verordnung erlässt, unter den im Vertrag festgelegten Voraussetzungen der Überwachung durch den Gerichtshof unterliegen, sollte der Gerichtshof gemäss Artikel 229 des Vertrags die Befugnis zu unbeschränkter Ermessensnachprüfung bei Entscheidungen der Kommission über die Auferlegung von Geldbussen oder Zwangsgeldern erhalten.

(34) Nach den Regeln der Verordnung Nr. 17 zur Durchführung der in den Artikeln 81 und 82 des Vertrags niedergelegten Grundsätze kommt den Organen der Gemeinschaft eine zentrale Stellung zu. Diese gilt es zu bewahren, doch müssen gleichzeitig die Mitgliedstaaten stärker an der Anwendung der Wettbewerbsregeln der Gemeinschaft beteiligt werden. Im Einklang mit dem in Artikel 5 des Vertrags niedergelegten Subsidiaritäts- und Verhältnismässigkeitsprinzip geht die vorliegende Verordnung nicht über das zur Erreichung ihres Ziels einer wirksamen Anwendung der Wettbewerbsregeln der Gemeinschaft Erforderliche hinaus.

(35) Um eine ordnungsgemässe Anwendung des gemeinschaftlichen Wettbewerbsrechts zu erreichen, sollten die Mitgliedstaaten Behörden bestimmen, die sie ermächtigen, Artikel 81 und 82 des Vertrags im öffentlichen Interesse anzuwenden. Sie sollten die Möglichkeit erhalten, sowohl Verwaltungsbehörden als auch Gerichte mit der Erfüllung der den Wettbewerbsbehörden in dieser Verordnung übertragenen Aufgaben zu betrauen. Mit der vorliegenden Verordnung wird anerkannt, dass für die Durchsetzung der Wettbewerbsregeln im öffentlichen Interesse in den Mitgliedstaaten sehr unterschiedliche Systeme bestehen. Die Wirkung von Artikel 11 Absatz 6 dieser Verordnung sollte sich auf alle Wettbewerbsbehörden erstrecken. Als Ausnahme von dieser allgemeinen Regel sollte, wenn eine mit der Verfolgung von Zuwiderhandlungen betraute Verwaltungsbehörde einen Fall vor ein von ihr getrenntes Gericht bringt, Artikel 11 Absatz 6 für die verfolgende Behörde nach Massgabe der Bedingungen in Artikel 35 Absatz 4 dieser Verordnung gelten. Sind diese Bedingungen nicht erfüllt, sollte die allgemeine Regel gelten. Auf jeden Fall sollte Artikel 11 Absatz 6 nicht für Gerichte gelten, soweit diese als Rechtsmittelinstanzen tätig werden.

(36) Nachdem der Gerichtshof in seiner Rechtsprechung klargestellt hat, dass die Wettbewerbsregeln auch für den Verkehr gelten, muss dieser Sektor den Verfahrensvorschriften der vorliegenden Verordnung unterworfen werden. Daher sollte die Verordnung Nr. 141 des Rates vom 26. November 1962 über

die Nichtanwendung der Verordnung Nr. 17 des Rates auf den Verkehr[11] aufgehoben werden und die Verordnungen des Rates (EWG) Nr. 1017/68[12], (EWG) Nr. 4056/86[13] und (EWG) Nr. 3975/87[14] sollten so geändert werden, dass die darin enthaltenen speziellen Verfahrensvorschriften aufgehoben werden.

(37) Diese Verordnung wahrt die Grundrechte und steht im Einklang mit den Prinzipien, die insbesondere in der Charta der Grundrechte der Europäischen Union verankert sind. Demzufolge ist diese Verordnung in Übereinstimmung mit diesen Rechten und Prinzipien auszulegen und anzuwenden.

(38) Rechtssicherheit für die nach den Wettbewerbsregeln der Gemeinschaft tätigen Unternehmen trägt zur Förderung von Innovation und Investition bei. In Fällen, in denen ernsthafte Rechtsunsicherheit entsteht, weil neue oder ungelöste Fragen in Bezug auf die Anwendung dieser Regeln auftauchen, können einzelne Unternehmen den Wunsch haben, mit der Bitte um informelle Beratung an die Kommission heranzutreten. Diese Verordnung lässt das Recht der Kommission, informelle Beratung zu leisten, unberührt

HAT FOLGENDE VERORDNUNG ERLASSEN:

[11] ABl. 124 vom 28.11.1962, S. 2751/62. Geändert durch die Verordnung Nr. 1002/67/EWG (ABl. 306 vom 16.12.1967, S. 1).

[12] Verordnung (EWG) Nr. 1017/68 des Rates vom 19. Juli 1968 über die Anwendung von Wettbewerbsregeln auf dem Gebiet des Eisenbahn-, Strassen- und Binnenschiffsverkehrs (ABl. L 175 vom 23.7.1968, S. 1). Zuletzt geändert durch die Beitrittsakte von 1994.

[13] Verordnung (EWG) Nr. 4056/86 des Rates vom 22. Dezember 1986 über die Einzelheiten der Anwendung der Artikel 81 und 82 (Die Titel der Verordnungen wurden geändert, um der Umnummerierung der Artikel des EG-Vertrags gemäss Artikel 12 des Vertrags von Amsterdam Rechnung zu tragen; ursprünglich wurde auf Artikel 85 Absatz 3 Bezug genommen.) des Vertrags auf den Seeverkehr (ABl. L 378 vom 31.12.1986, S. 4). Verordnung zuletzt geändert durch die Beitrittsakte von 1994.

[14] Verordnung (EWG) Nr. 3975/87 des Rates vom 14. Dezember 1987 über die Einzelheiten der Anwendung der Wettbewerbsregeln auf Luftfahrtunternehmen (ABl. L 374 vom 31.12.1987, S. 1). Verordnung zuletzt geändert durch die Verordnung (EWG) Nr. 2410/92 (ABl. L 240 vom 24.8.1992, S. 18).

Kapitel I: Grundsätze

Artikel 1 *Anwendung der Artikel 81 und 82 des Vertrags*

(1) Vereinbarungen, Beschlüsse und aufeinander abgestimmte Verhaltensweisen im Sinne von Artikel 81 Absatz 1 des Vertrags, die nicht die Voraussetzungen des Artikels 81 Absatz 3 des Vertrags erfüllen, sind verboten, ohne dass dies einer vorherigen Entscheidung bedarf.

(2) Vereinbarungen, Beschlüsse und aufeinander abgestimmte Verhaltensweisen im Sinne von Artikel 81 Absatz 1 des Vertrags, die die Voraussetzungen des Artikels 81 Absatz 3 des Vertrags erfüllen, sind nicht verboten, ohne dass dies einer vorherigen Entscheidung bedarf.

(3) Die missbräuchliche Ausnutzung einer marktbeherrschenden Stellung im Sinne von Artikel 82 des Vertrags ist verboten, ohne dass dies einer vorherigen Entscheidung bedarf.

Artikel 2 *Beweislast*

In allen einzelstaatlichen und gemeinschaftlichen Verfahren zur Anwendung der Artikel 81 und 82 des Vertrags obliegt die Beweislast für eine Zuwiderhandlung gegen Artikel 81 Absatz 1 oder Artikel 82 des Vertrags der Partei oder der Behörde, die diesen Vorwurf erhebt. Die Beweislast dafür, dass die Voraussetzungen des Artikels 81 Absatz 3 des Vertrags vorliegen, obliegt den Unternehmen oder Unternehmensvereinigungen, die sich auf diese Bestimmung berufen.

Artikel 3 *Verhältnis zwischen den Artikeln 81 und 82 des Vertrags und dem einzelstaatlichen Wettbewerbsrecht*

(1) Wenden die Wettbewerbsbehörden der Mitgliedstaaten oder einzelstaatliche Gerichte das einzelstaatliche Wettbewerbsrecht auf Vereinbarungen zwischen Unternehmen, Beschlüsse von Unternehmensvereinigungen und aufeinander abgestimmte Verhaltensweisen im Sinne des Artikels 81 Absatz 1 des Vertrags an, welche den Handel zwischen Mitgliedstaaten im Sinne dieser Bestimmung beeinträchtigen können, so wenden sie auch Artikel 81 des Vertrags auf diese Vereinbarungen, Beschlüsse und aufeinander abgestimmten Verhaltensweisen an. Wenden die Wettbewerbsbehörden der Mitgliedstaaten oder einzelstaatliche Gerichte das einzelstaatliche Wettbewerbsrecht auf nach Artikel 82 des Vertrags verbotene Missbräuche an, so wenden sie auch Artikel 82 des Vertrags an.

(2) Die Anwendung des einzelstaatlichen Wettbewerbsrechts darf nicht zum Verbot von Vereinbarungen zwischen Unternehmen, Beschlüssen von Unternehmensvereinigungen und aufeinander abgestimmten Verhaltensweisen führen, welche den Handel zwischen Mitgliedstaaten zu beeinträchtigen geeignet

sind, aber den Wettbewerb im Sinne des Artikels 81 Absatz 1 des Vertrags nicht einschränken oder die Bedingungen des Artikels 81 Absatz 3 des Vertrags erfüllen oder durch eine Verordnung zur Anwendung von Artikel 81 Absatz 3 des Vertrags erfasst sind. Den Mitgliedstaaten wird durch diese Verordnung nicht verwehrt, in ihrem Hoheitsgebiet strengere innerstaatliche Vorschriften zur Unterbindung oder Ahndung einseitiger Handlungen von Unternehmen zu erlassen oder anzuwenden.

(3) Die Absätze 1 und 2 gelten unbeschadet der allgemeinen Grundsätze und sonstigen Vorschriften des Gemeinschaftsrechts nicht, wenn die Wettbewerbsbehörden und Gerichte der Mitgliedstaaten einzelstaatliche Gesetze über die Kontrolle von Unternehmenszusammenschlüssen anwenden, und stehen auch nicht der Anwendung von Bestimmungen des einzelstaatlichen Rechts entgegen, die überwiegend ein von den Artikeln 81 und 82 des Vertrags abweichendes Ziel verfolgen.

Kapitel II: Zuständigkeit

Artikel 4 *Zuständigkeit der Kommission*

Zur Anwendung der Artikel 81 und 82 des Vertrags verfügt die Kommission über die in dieser Verordnung vorgesehenen Befugnisse.

Artikel 5 *Zuständigkeit der Wettbewerbsbehörden der Mitgliedstaaten*

Die Wettbewerbsbehörden der Mitgliedstaaten sind für die Anwendung der Artikel 81 und 82 des Vertrags in Einzelfällen zuständig. Sie können hierzu von Amts wegen oder aufgrund einer Beschwerde Entscheidungen erlassen, mit denen

- die Abstellung von Zuwiderhandlungen angeordnet wird,
- einstweilige Massnahmen angeordnet werden,
- Verpflichtungszusagen angenommen werden oder
- Geldbussen, Zwangsgelder oder sonstige im innerstaatlichen Recht vorgesehene Sanktionen verhängt werden.

Sind die Voraussetzungen für ein Verbot nach den ihnen vorliegenden Informationen nicht gegeben, so können sie auch entscheiden, dass für sie kein Anlass besteht, tätig zu werden.

Artikel 6 *Zuständigkeit der Gerichte der Mitgliedstaaten*

Die einzelstaatlichen Gerichte sind für die Anwendung der Artikel 81 und 82 des Vertrags zuständig.

Kapitel III: Entscheidungen der Kommission

Artikel 7 *Feststellung und Abstellung von Zuwiderhandlungen*

(1) Stellt die Kommission auf eine Beschwerde hin oder von Amts wegen eine Zuwiderhandlung gegen Artikel 81 oder Artikel 82 des Vertrags fest, so kann sie die beteiligten Unternehmen und Unternehmensvereinigungen durch Entscheidung verpflichten, die festgestellte Zuwiderhandlung abzustellen. Sie kann ihnen hierzu alle erforderlichen Abhilfemassnahmen verhaltensorientierter oder struktureller Art vorschreiben, die gegenüber der festgestellten Zuwiderhandlung verhältnismässig und für eine wirksame Abstellung der Zuwiderhandlung erforderlich sind. Abhilfemassnahmen struktureller Art können nur in Ermangelung einer verhaltensorientierten Abhilfemassnahme von gleicher Wirksamkeit festgelegt werden, oder wenn letztere im Vergleich zu Abhilfemassnahmen struktureller Art mit einer grösseren Belastung für die beteiligten Unternehmen verbunden wäre. Soweit die Kommission ein berechtigtes Interesse hat, kann sie auch eine Zuwiderhandlung feststellen, nachdem diese beendet ist.

(2) Zur Einreichung einer Beschwerde im Sinne von Absatz 1 befugt sind natürliche und juristische Personen, die ein berechtigtes Interesse darlegen, sowie die Mitgliedstaaten.

Artikel 8 *Einstweilige Massnahmen*

(1) Die Kommission kann in dringenden Fällen, wenn die Gefahr eines ernsten, nicht wieder gutzumachenden Schadens für den Wettbewerb besteht, von Amts wegen auf der Grundlage einer prima facie festgestellten Zuwiderhandlung durch Entscheidung einstweilige Massnahmen anordnen.

(2) Die Entscheidung gemäss Absatz 1 hat eine befristete Geltungsdauer und ist — sofern erforderlich und angemessen — verlängerbar.

Artikel 9 *Verpflichtungszusagen*

(1) Beabsichtigt die Kommission, eine Entscheidung zur Abstellung einer Zuwiderhandlung zu erlassen, und bieten die beteiligten Unternehmen an, Verpflichtungen einzugehen, die geeignet sind, die ihnen von der Kommission nach ihrer vorläufigen Beurteilung mitgeteilten Bedenken auszuräumen, so kann die Kommission diese Verpflichtungszusagen im Wege einer Entscheidung für bindend für die Unternehmen erklären. Die Entscheidung kann befristet sein und muss besagen, dass für ein Tätigwerden der Kommission kein Anlass mehr besteht.

(2) Die Kommission kann auf Antrag oder von Amts wegen das Verfahren wieder aufnehmen,

a) wenn sich die tatsächlichen Verhältnisse in einem für die Entscheidung wesentlichen Punkt geändert haben,

b) wenn die beteiligten Unternehmen ihre Verpflichtungen nicht einhalten oder

c) wenn die Entscheidung auf unvollständigen, unrichtigen oder irreführenden Angaben der Parteien beruht.

Artikel 10 *Feststellung der Nichtanwendbarkeit*

Ist es aus Gründen des öffentlichen Interesses der Gemeinschaft im Bereich der Anwendung der Artikel 81 und 82 des Vertrags erforderlich, so kann die Kommission von Amts wegen durch Entscheidung feststellen, dass Artikel 81 des Vertrags auf eine Vereinbarung, einen Beschluss einer Unternehmensvereinigung oder eine abgestimmte Verhaltensweise keine Anwendung findet, weil die Voraussetzungen des Artikels 81 Absatz 1 des Vertrags nicht vorliegen oder weil die Voraussetzungen des Artikels 81 Absatz 3 des Vertrags erfüllt sind.

Die Kommission kann eine solche Feststellung auch in Bezug auf Artikel 82 des Vertrags treffen.

Kapitel IV: Zusammenarbeit

Artikel 11 *Zusammenarbeit zwischen der Kommission und den Wettbewerbsbehörden der Mitgliedstaaten*

(1) Die Kommission und die Wettbewerbsbehörden der Mitgliedstaaten arbeiten bei der Anwendung der Wettbewerbsregeln der Gemeinschaft eng zusammen.

(2) Die Kommission übermittelt den Wettbewerbsbehörden der Mitgliedstaaten eine Kopie der wichtigsten Schriftstücke, die sie zur Anwendung der Artikel 7, 8, 9, 10 und 29 Absatz 1 zusammengetragen hat. Die Kommission übermittelt der Wettbewerbsbehörde eines Mitgliedstaates auf Ersuchen eine Kopie anderer bestehender Unterlagen, die für die Beurteilung des Falls erforderlich sind.

(3) Werden die Wettbewerbsbehörden der Mitgliedstaaten aufgrund von Artikel 81 oder Artikel 82 des Vertrags tätig, so unterrichten sie hierüber schriftlich die Kommission vor Beginn oder unverzüglich nach Einleitung der ersten förmlichen Ermittlungshandlung. Diese Unterrichtung kann auch den Wettbewerbsbehörden der anderen Mitgliedstaaten zugänglich gemacht werden.

(4) Spätestens 30 Tage vor Erlass einer Entscheidung, mit der die Abstellung einer Zuwiderhandlung angeordnet wird, Verpflichtungszusagen angenommen werden oder der Rechtsvorteil einer Gruppenfreistellungsverordnung entzogen wird, unterrichten die Wettbewerbsbehörden der Mitgliedstaaten die Kommis-

sion. Zu diesem Zweck übermitteln sie der Kommission eine zusammenfassende Darstellung des Falls, die in Aussicht genommene Entscheidung oder, soweit diese Unterlage noch nicht vorliegt, jede sonstige Unterlage, der die geplante Vorgehensweise zu entnehmen ist. Diese Informationen können auch den Wettbewerbsbehörden der anderen Mitgliedstaaten zugänglich gemacht werden. Auf Ersuchen der Kommission stellt die handelnde Wettbewerbsbehörde der Kommission sonstige ihr vorliegende Unterlagen zur Verfügung, die für die Beurteilung des Falls erforderlich sind. Die der Kommission übermittelten Informationen können den Wettbewerbsbehörden der anderen Mitgliedstaaten zugänglich gemacht werden. Die einzelstaatlichen Wettbewerbsbehörden können zudem Informationen untereinander austauschen, die zur Beurteilung eines von ihnen nach Artikel 81 und 82 des Vertrags behandelten Falls erforderlich sind.

(5) Die Wettbewerbsbehörden der Mitgliedstaaten können die Kommission zu jedem Fall, in dem es um die Anwendung des Gemeinschaftsrechts geht, konsultieren.

(6) Leitet die Kommission ein Verfahren zum Erlass einer Entscheidung nach Kapitel III ein, so entfällt damit die Zuständigkeit der Wettbewerbsbehörden der Mitgliedstaaten für die Anwendung der Artikel 81 und 82 des Vertrags. Ist eine Wettbewerbsbehörde eines Mitgliedstaats in einem Fall bereits tätig, so leitet die Kommission ein Verfahren erst ein, nachdem sie diese Wettbewerbsbehörde konsultiert hat.

Artikel 12 *Informationsaustausch*

(1) Für die Zwecke der Anwendung der Artikel 81 und 82 des Vertrags sind die Kommission und die Wettbewerbsbehörden der Mitgliedstaaten befugt, einander tatsächliche oder rechtliche Umstände einschliesslich vertraulicher Angaben mitzuteilen und diese Informationen als Beweismittel zu verwenden.

(2) Die ausgetauschten Informationen werden nur zum Zweck der Anwendung von Artikel 81 oder 82 des Vertrags sowie in Bezug auf den Untersuchungsgegenstand als Beweismittel verwendet, für den sie von der übermittelnden Behörde erhoben wurden. Wird das einzelstaatliche Wettbewerbsrecht jedoch im gleichen Fall und parallel zum gemeinschaftlichen Wettbewerbsrecht angewandt und führt es nicht zu anderen Ergebnissen, so können nach diesem Artikel ausgetauschte Informationen auch für die Anwendung des einzelstaatlichen Wettbewerbsrechts verwendet werden.

(3) Nach Absatz 1 ausgetauschte Informationen können nur als Beweismittel verwendet werden, um Sanktionen gegen natürliche Personen zu verhängen, wenn

- das Recht der übermittelnden Behörde ähnlich geartete Sanktionen in Bezug auf Verstösse gegen Artikel 81 oder 82 des Vertrags vorsieht oder, falls dies nicht der Fall ist, wenn
- die Informationen in einer Weise erhoben worden sind, die hinsichtlich der Wahrung der Verteidigungsrechte natürlicher Personen das gleiche Schutzniveau wie nach dem für die empfangende Behörde geltenden innerstaatlichen Recht gewährleistet. Jedoch dürfen in diesem Falle die ausgetauschten Informationen von der empfangenden Behörde nicht verwendet werden, um Haftstrafen zu verhängen.

Artikel 13 *Aussetzung und Einstellung des Verfahrens*

(1) Sind die Wettbewerbsbehörden mehrerer Mitgliedstaaten aufgrund einer Beschwerde oder von Amts wegen mit einem Verfahren gemäss Artikel 81 oder Artikel 82 des Vertrags gegen dieselbe Vereinbarung, denselben Beschluss oder dieselbe Verhaltensweise befasst, so stellt der Umstand, dass eine Behörde den Fall bereits bearbeitet, für die übrigen Behörden einen hinreichenden Grund dar, ihr Verfahren auszusetzen oder die Beschwerde zurückzuweisen. Auch die Kommission kann eine Beschwerde mit der Begründung zurückweisen, dass sich bereits eine Wettbewerbsbehörde eines Mitgliedstaats mit dieser Beschwerde befasst.

(2) Ist eine einzelstaatliche Wettbewerbsbehörde oder die Kommission mit einer Beschwerde gegen eine Vereinbarung, einen Beschluss oder eine Verhaltensweise befasst, die bereits von einer anderen Wettbewerbsbehörde behandelt worden ist, so kann die Beschwerde abgewiesen werden.

Artikel 14 *Beratender Ausschuss*

(1) Vor jeder Entscheidung, die nach Massgabe der Artikel 7, 8, 9, 10 und 23, Artikel 24 Absatz 2 und Artikel 29 Absatz 1 ergeht, hört die Kommission einen Beratenden Ausschuss für Kartell- und Monopolfragen.

(2) Für die Erörterung von Einzelfällen setzt der Beratende Ausschuss sich aus Vertretern der Wettbewerbsbehörden der Mitgliedstaaten zusammen. Für Sitzungen, in denen andere Fragen als Einzelfälle zur Erörterung stehen, kann ein weiterer für Wettbewerbsfragen zuständiger Vertreter des jeweiligen Mitgliedstaats bestimmt werden. Die Vertreter können im Falle der Verhinderung durch andere Vertreter ersetzt werden.

(3) Die Anhörung kann in einer von der Kommission einberufenen Sitzung, in der die Kommission den Vorsitz führt, frühestens 14 Tage nach Absendung der Einberufung, der eine Darstellung des Sachverhalts unter Angabe der wichtigsten Schriftstücke sowie ein vorläufiger Entscheidungsvorschlag beigefügt wird, erfolgen. Bei Entscheidungen nach Artikel 8 kann die Sitzung sieben Tage nach Absendung des verfügenden Teils eines Entscheidungsentwurfs abgehalten

werden. Enthält eine von der Kommission abgesendete Einberufung zu einer Sitzung eine kürzere Ladungsfrist als die vorerwähnten Fristen, so kann die Sitzung zum vorgeschlagenen Zeitpunkt stattfinden, wenn kein Mitgliedstaat einen Einwand erhebt. Der Beratende Ausschuss nimmt zu dem vorläufigen Entscheidungsvorschlag der Kommission schriftlich Stellung. Er kann seine Stellungnahme auch dann abgeben, wenn einzelne Mitglieder des Ausschusses nicht anwesend und nicht vertreten sind. Auf Antrag eines oder mehrerer Mitglieder werden die in der Stellungnahme aufgeführten Standpunkte mit einer Begründung versehen.

(4) Die Anhörung kann auch im Wege des schriftlichen Verfahrens erfolgen. Die Kommission muss jedoch eine Sitzung einberufen, wenn ein Mitgliedstaat dies beantragt. Im Fall eines schriftlichen Verfahrens setzt die Kommission den Mitgliedstaaten eine Frist von mindestens 14 Tagen für die Übermittlung ihrer Bemerkungen, die an die anderen Mitgliedstaaten weitergeleitet werden. In Bezug auf Entscheidungen nach Artikel 8 gilt eine Frist von sieben anstatt von 14 Tagen. Legt die Kommission für das schriftliche Verfahren eine kürzere Frist als die vorerwähnten Fristen fest, so gilt die vorgeschlagene Frist, sofern kein Einwand seitens der Mitgliedstaaten erhoben wird.

(5) Die Kommission berücksichtigt soweit wie möglich die Stellungnahme des Ausschusses. Sie unterrichtet den Ausschuss darüber, inwieweit sie seine Stellungnahme berücksichtigt hat.

(6) Gibt der Beratende Ausschuss eine schriftliche Stellungnahme ab, so wird diese Stellungnahme dem Entscheidungsentwurf beigefügt. Empfiehlt der Beratende Ausschuss die Veröffentlichung seiner Stellungnahme, so trägt die Kommission bei der Veröffentlichung dem berechtigten Interesse der Unternehmen an der Wahrung ihrer Geschäftsgeheimnisse Rechnung.

(7) Die Kommission setzt auf Antrag der Wettbewerbsbehörde eines Mitgliedstaats Fälle, die nach Artikel 81 und 82 des Vertrags von einer Wettbewerbsbehörde eines Mitgliedstaats behandelt werden, auf die Tagesordnung des Beratenden Ausschusses. Die Kommission kann dies auch aus eigener Initiative tun. In beiden Fällen wird die betreffende Wettbewerbsbehörde von ihr vorab unterrichtet.

Ein entsprechender Antrag kann insbesondere von der Wettbewerbsbehörde eines Mitgliedstaats gestellt werden, wenn es sich um einen Fall handelt, bei dem die Kommission die Einleitung eines Verfahrens mit den Wirkungen des Artikels 11 Absatz 6 beabsichtigt.

Zu den Fällen, die von den Wettbewerbsbehörden der Mitgliedstaaten behandelt werden, gibt der Beratende Ausschuss keine Stellungnahme ab. Der Beratende Ausschuss kann auch allgemeine Fragen des gemeinschaftlichen Wettbewerbsrechts erörtern.

Artikel 15 *Zusammenarbeit mit Gerichten der Mitgliedstaaten*

(1) Im Rahmen von Verfahren, in denen Artikel 81 oder 82 des Vertrags zur Anwendung kommt, können die Gerichte der Mitgliedstaaten die Kommission um die Übermittlung von Informationen, die sich in ihrem Besitz befinden, oder um Stellungnahmen zu Fragen bitten, die die Anwendung der Wettbewerbsregeln der Gemeinschaft betreffen.

(2) Die Mitgliedstaaten übermitteln der Kommission eine Kopie jedes schriftlichen Urteils eines einzelstaatlichen Gerichts über die Anwendung des Artikels 81 oder 82 des Vertrags. Die betreffende Kopie wird unverzüglich übermittelt, nachdem das vollständige schriftliche Urteil den Parteien zugestellt wurde.

(3) Die einzelstaatlichen Wettbewerbsbehörden können von sich aus den Gerichten ihres Mitgliedstaats schriftliche Stellungnahmen zur Anwendung des Artikels 81 oder 82 des Vertrags übermitteln. Mit Erlaubnis des betreffenden Gerichts können sie vor den Gerichten ihres Mitgliedstaats auch mündlich Stellung nehmen. Sofern es die kohärente Anwendung der Artikel 81 oder 82 des Vertrags erfordert, kann die Kommission aus eigener Initiative den Gerichten der Mitgliedstaaten schriftliche Stellungnahmen übermitteln. Sie kann mit Erlaubnis des betreffenden Gerichts auch mündlich Stellung nehmen.

Zum ausschliesslichen Zweck der Ausarbeitung ihrer Stellungnahmen können die Wettbewerbsbehörden der Mitgliedstaaten und die Kommission das betreffende Gericht des Mitgliedstaats ersuchen, ihnen alle zur Beurteilung des Falls notwendigen Schriftstücke zu übermitteln oder für deren Übermittlung zu sorgen.

(4) Umfassendere Befugnisse zur Abgabe von Stellungnahmen vor einem Gericht, die den Wettbewerbsbehörden der Mitgliedstaaten nach ihrem einzelstaatlichen Recht zustehen, werden durch diesen Artikel nicht berührt.

Artikel 16 *Einheitliche Anwendung des gemeinschaftlichen Wettbewerbsrechts*

(1) Wenn Gerichte der Mitgliedstaaten nach Artikel 81 oder 82 des Vertrags über Vereinbarungen, Beschlüsse oder Verhaltensweisen zu befinden haben, die bereits Gegenstand einer Entscheidung der Kommission sind, dürfen sie keine Entscheidungen erlassen, die der Entscheidung der Kommission zuwiderlaufen. Sie müssen es auch vermeiden, Entscheidungen zu erlassen, die einer Entscheidung zuwiderlaufen, die die Kommission in einem von ihr eingeleiteten Verfahren zu erlassen beabsichtigt. Zu diesem Zweck kann das einzelstaatliche Gericht prüfen, ob es notwendig ist, das vor ihm anhängige Verfahren auszusetzen. Diese Verpflichtung gilt unbeschadet der Rechte und Pflichten nach Artikel 234 des Vertrags.

(2) Wenn Wettbewerbsbehörden der Mitgliedstaaten nach Artikel 81 oder 82 des Vertrags über Vereinbarungen, Beschlüsse oder Verhaltensweisen zu befinden haben, die bereits Gegenstand einer Entscheidung der Kommission sind, dürfen sie keine Entscheidungen treffen, die der von der Kommission erlassenen Entscheidung zuwiderlaufen würden.

Kapitel V: Ermittlungsbefugnisse

Artikel 17 *Untersuchung einzelner Wirtschaftszweige und einzelner Arten von Vereinbarungen*

(1) Lassen die Entwicklung des Handels zwischen Mitgliedstaaten, Preisstarrheiten oder andere Umstände vermuten, dass der Wettbewerb im Gemeinsamen Markt möglicherweise eingeschränkt oder verfälscht ist, so kann die Kommission die Untersuchung eines bestimmten Wirtschaftszweigs oder — Sektor übergreifend — einer bestimmten Art von Vereinbarungen durchführen. Im Rahmen dieser Untersuchung kann die Kommission von den betreffenden Unternehmen oder Unternehmensvereinigungen die Auskünfte verlangen, die zur Durchsetzung von Artikel 81 und 82 des Vertrags notwendig sind, und die dazu notwendigen Nachprüfungen vornehmen.

Die Kommission kann insbesondere von den betreffenden Unternehmen und Unternehmensvereinigungen verlangen, sie von sämtlichen Vereinbarungen, Beschlüssen und aufeinander abgestimmten Verhaltensweisen zu unterrichten.

Die Kommission kann einen Bericht über die Ergebnisse ihrer Untersuchung bestimmter Wirtschaftszweige oder — Sektor übergreifend — bestimmter Arten von Vereinbarungen veröffentlichen und interessierte Parteien um Stellungnahme bitten.

(2) Die Artikel 14, 18, 19, 20, 22, 23 und 24 gelten entsprechend.

Artikel 18 *Auskunftsverlangen*

(1) Die Kommission kann zur Erfüllung der ihr durch diese Verordnung übertragenen Aufgaben durch einfaches Auskunftsverlangen oder durch Entscheidung von Unternehmen und Unternehmensvereinigungen verlangen, dass sie alle erforderlichen Auskünfte erteilen.

(2) Bei der Versendung eines einfachen Auskunftsverlangens an ein Unternehmen oder eine Unternehmensvereinigung gibt die Kommission die Rechtsgrundlage, den Zweck des Auskunftsverlangens und die benötigten Auskünfte an, legt die Frist für die Übermittlung der Auskünfte fest und weist auf die in Artikel 23 für den Fall der Erteilung einer unrichtigen oder irreführenden Auskunft vorgesehenen Sanktionen hin.

(3) Wenn die Kommission durch Entscheidung von Unternehmen und Unternehmensvereinigungen zur Erteilung von Auskünften verpflichtet, gibt sie die Rechtsgrundlage, den Zweck des Auskunftsverlangens und die geforderten Auskünfte an und legt die Frist für die Erteilung der Auskünfte fest. Die betreffende Entscheidung enthält ferner einen Hinweis auf die in Artikel 23 vorgesehenen Sanktionen und weist entweder auf die in Artikel 24 vorgesehenen Sanktionen hin oder erlegt diese auf. Ausserdem weist sie auf das Recht hin, vor dem Gerichtshof gegen die Entscheidung Klage zu erheben.

(4) Die Inhaber der Unternehmen oder deren Vertreter oder — im Fall von juristischen Personen, Gesellschaften und Vereinigungen ohne Rechtspersönlichkeit — die nach Gesetz oder Satzung zur Vertretung berufenen Personen erteilen die verlangten Auskünfte im Namen des betreffenden Unternehmens bzw. der Unternehmensvereinigung. Ordnungsgemäss bevollmächtigte Rechtsanwälte können die Auskünfte im Namen ihrer Mandanten erteilen. Letztere bleiben in vollem Umfang dafür verantwortlich, dass die erteilten Auskünfte vollständig, sachlich richtig und nicht irreführend sind.

(5) Die Kommission übermittelt der Wettbewerbsbehörde des Mitgliedstaats, in dessen Hoheitsgebiet sich der Sitz des Unternehmens bzw. der Unternehmensvereinigung befindet, sowie der Wettbewerbsbehörde des Mitgliedstaats, dessen Hoheitsgebiet betroffen ist, unverzüglich eine Kopie des einfachen Auskunftsverlangens oder der Entscheidung.

(5) Die Regierungen und Wettbewerbsbehörden der Mitgliedstaaten erteilen der Kommission auf Verlangen alle Auskünfte, die sie zur Erfüllung der ihr mit dieser Verordnung übertragenen Aufgaben benötigt.

Artikel 19 *Befugnis zur Befragung*

(1) Zur Erfüllung der ihr durch diese Verordnung übertragenen Aufgaben kann die Kommission alle natürlichen und juristischen Personen befragen, die der Befragung zum Zweck der Einholung von Information, die sich auf den Gegenstand einer Untersuchung bezieht, zustimmen.

(2) Findet eine Befragung nach Absatz 1 in den Räumen eines Unternehmens statt, so informiert die Kommission die Wettbewerbsbehörde des Mitgliedstaats, in dessen Hoheitsgebiet die Befragung erfolgt. Auf Verlangen der Wettbewerbsbehörde dieses Mitgliedstaats können deren Bedienstete die Bediensteten der Kommission und die anderen von der Kommission ermächtigten Begleitpersonen bei der Durchführung der Befragung unterstützen.

Artikel 20 *Nachprüfungsbefugnisse der Kommission*

(1) Die Kommission kann zur Erfüllung der ihr durch diese Verordnung übertragenen Aufgaben bei Unternehmen und Unternehmensvereinigungen alle erforderlichen Nachprüfungen vornehmen.

(2) Die mit den Nachprüfungen beauftragten Bediensteten der Kommission und die anderen von ihr ermächtigten Begleitpersonen sind befugt,

a) alle Räumlichkeiten, Grundstücke und Transportmittel von Unternehmen und Unternehmensvereinigungen zu betreten;

b) die Bücher und sonstigen Geschäftsunterlagen, unabhängig davon, in welcher Form sie vorliegen, zu prüfen;

c) Kopien oder Auszüge gleich welcher Art aus diesen Büchern und Unterlagen anzufertigen oder zu erlangen;

d) betriebliche Räumlichkeiten und Bücher oder Unterlagen jeder Art für die Dauer und in dem Ausmass zu versiegeln, wie es für die Nachprüfung erforderlich ist;

e) von allen Vertretern oder Mitgliedern der Belegschaft des Unternehmens oder der Unternehmensvereinigung Erläuterungen zu Tatsachen oder Unterlagen zu verlangen, die mit Gegenstand und Zweck der Nachprüfung in Zusammenhang stehen, und ihre Antworten zu Protokoll zu nehmen.

(3) Die mit Nachprüfungen beauftragten Bediensteten der Kommission und die anderen von ihr ermächtigten Begleitpersonen üben ihre Befugnisse unter Vorlage eines schriftlichen Auftrags aus, in dem der Gegenstand und der Zweck der Nachprüfung bezeichnet sind und auf die in Artikel 23 vorgesehenen Sanktionen für den Fall hingewiesen wird, dass die angeforderten Bücher oder sonstigen Geschäftsunterlagen nicht vollständig vorgelegt werden oder die Antworten auf die nach Massgabe von Absatz 2 des vorliegenden Artikels gestellten Fragen unrichtig oder irreführend sind. Die Kommission unterrichtet die Wettbewerbsbehörde des Mitgliedstaats, in dessen Hoheitsgebiet die Nachprüfung vorgenommen werden soll, über die Nachprüfung rechtzeitig vor deren Beginn.

(4) Die Unternehmen und Unternehmensvereinigungen sind verpflichtet, die Nachprüfungen zu dulden, die die Kommission durch Entscheidung angeordnet hat. Die Entscheidung bezeichnet den Gegenstand und den Zweck der Nachprüfung, bestimmt den Zeitpunkt des Beginns der Nachprüfung und weist auf die in Artikel 23 und Artikel 24 vorgesehenen Sanktionen sowie auf das Recht hin, vor dem Gerichtshof Klage gegen die Entscheidung zu erheben. Die Kommission erlässt diese Entscheidungen nach Anhörung der Wettbewerbsbehörde des Mitgliedstaats, in dessen Hoheitsgebiet die Nachprüfung vorgenommen werden soll.

(5) Die Bediensteten der Wettbewerbsbehörde des Mitgliedstaats, in dessen Hoheitsgebiet die Nachprüfung vorgenommen werden soll, oder von dieser Behörde entsprechend ermächtigte oder benannte Personen unterstützen auf Ersuchen dieser Behörde oder der Kommission die Bediensteten der Kommis-

sion und die anderen von ihr ermächtigten Begleitpersonen aktiv. Sie verfügen hierzu über die in Absatz 2 genannten Befugnisse.

(6) Stellen die beauftragten Bediensteten der Kommission und die anderen von ihr ermächtigten Begleitpersonen fest, dass sich ein Unternehmen einer nach Massgabe dieses Artikels angeordneten Nachprüfung widersetzt, so gewährt der betreffende Mitgliedstaat die erforderliche Unterstützung, gegebenenfalls unter Einsatz von Polizeikräften oder einer entsprechenden vollziehenden Behörde, damit die Bediensteten der Kommission ihren Nachprüfungsauftrag erfüllen können.

(7) Setzt die Unterstützung nach Absatz 6 nach einzelstaatlichem Recht eine Genehmigung eines Gerichts voraus, so ist diese zu beantragen. Die Genehmigung kann auch vorsorglich beantragt werden.

(8) Wird die in Absatz 7 genannte Genehmigung beantragt, so prüft das einzelstaatliche Gericht die Echtheit der Entscheidung der Kommission sowie, ob die beantragten Zwangsmassnahmen nicht willkürlich und, gemessen am Gegenstand der Nachprüfung, nicht unverhältnismässig sind. Bei der Prüfung der Verhältnismässigkeit der Zwangsmassnahmen kann das einzelstaatliche Gericht von der Kommission unmittelbar oder über die Wettbewerbsbehörde des betreffenden Mitgliedstaats ausführliche Erläuterungen anfordern, und zwar insbesondere zu den Gründen, die die Kommission veranlasst haben, das Unternehmen einer Zuwiderhandlung gegen Artikel 81 oder 82 des Vertrags zu verdächtigen, sowie zur Schwere der behaupteten Zuwiderhandlung und zur Art der Beteiligung des betreffenden Unternehmens. Das einzelstaatliche Gericht darf jedoch weder die Notwendigkeit der Nachprüfung in Frage stellen noch die Übermittlung der in den Akten der Kommission enthaltenen Informationen verlangen. Die Prüfung der Rechtmässigkeit der Kommissionsentscheidung ist dem Gerichtshof vorbehalten.

Artikel 21 *Nachprüfungen in anderen Räumlichkeiten*

(1) Besteht ein begründeter Verdacht, dass Bücher oder sonstige Geschäftsunterlagen, die sich auf den Gegenstand der Nachprüfung beziehen und die als Beweismittel für einen schweren Verstoss gegen Artikel 81 oder 82 des Vertrags von Bedeutung sein könnten, in anderen Räumlichkeiten, auf anderen Grundstücken oder in anderen Transportmitteln — darunter auch die Wohnungen von Unternehmensleitern und Mitgliedern der Aufsichts- und Leitungsorgane sowie sonstigen Mitarbeitern der betreffenden Unternehmen und Unternehmensvereinigungen — aufbewahrt werden, so kann die Kommission durch Entscheidung eine Nachprüfung in diesen anderen Räumlichkeiten, auf diesen anderen Grundstücken oder in diesen anderen Transportmitteln anordnen.

(2) Die Entscheidung bezeichnet den Gegenstand und den Zweck der Nachprüfung, bestimmt den Zeitpunkt ihres Beginns und weist auf das Recht hin,

vor dem Gerichtshof gegen die Entscheidung Klage zu erheben. Insbesondere werden die Gründe genannt, die die Kommission zu der Annahme veranlasst haben, dass ein Verdacht im Sinne von Absatz 1 besteht. Die Kommission trifft die Entscheidungen nach Anhörung der Wettbewerbsbehörde des Mitgliedstaats, in dessen Hoheitsgebiet die Nachprüfung durchgeführt werden soll.

(3) Eine gemäss Absatz 1 getroffene Entscheidung kann nur mit der vorherigen Genehmigung des einzelstaatlichen Gerichts des betreffenden Mitgliedstaats vollzogen werden. Das einzelstaatliche Gericht prüft die Echtheit der Entscheidung der Kommission und dass die beabsichtigten Zwangsmassnahmen weder willkürlich noch unverhältnismässig sind — insbesondere gemessen an der Schwere der zur Last gelegten Zuwiderhandlung, der Wichtigkeit des gesuchten Beweismaterials, der Beteiligung des betreffenden Unternehmens und der begründeten Wahrscheinlichkeit, dass Bücher und Geschäftsunterlagen, die sich auf den Gegenstand der Nachprüfung beziehen, in den Räumlichkeiten aufbewahrt werden, für die die Genehmigung beantragt wird. Das einzelstaatliche Gericht kann die Kommission unmittelbar oder über die Wettbewerbsbehörde des betreffenden Mitgliedstaats um ausführliche Erläuterungen zu den Punkten ersuchen, deren Kenntnis zur Prüfung der Verhältnismässigkeit der beabsichtigten Zwangsmassnahmen erforderlich ist.

Das einzelstaatliche Gericht darf jedoch weder die Notwendigkeit der Nachprüfung in Frage stellen noch die Übermittlung der in den Akten der Kommission enthaltenen Informationen verlangen. Die Prüfung der Rechtmässigkeit der Kommissionsentscheidung ist dem Gerichtshof vorbehalten.

(4) Die von der Kommission mit der Durchführung einer gemäss Absatz 1 angeordneten Nachprüfung beauftragten Bediensteten und die anderen von ihr ermächtigten Begleitpersonen haben die in Artikel 20 Absatz 2 Buchstaben a), b) und c) aufgeführten Befugnisse. Artikel 20 Absätze 5 und 6 gilt entsprechend.

Artikel 22 *Ermittlungen durch Wettbewerbsbehörden der Mitgliedstaaten*

(1) Die Wettbewerbsbehörde eines Mitgliedstaats darf im Hoheitsgebiet dieses Mitgliedstaats nach Massgabe des innerstaatlichen Rechts im Namen und für Rechnung der Wettbewerbsbehörde eines anderen Mitgliedstaats alle Nachprüfungen und sonstigen Massnahmen zur Sachverhaltsaufklärung durchführen, um festzustellen, ob eine Zuwiderhandlung gegen Artikel 81 oder 82 des Vertrags vorliegt. Der Austausch und die Verwendung der erhobenen Informationen erfolgen gemäss Artikel 12.

(2) Auf Ersuchen der Kommission nehmen die Wettbewerbsbehörden der Mitgliedstaaten die Nachprüfungen vor, die die Kommission gemäss Artikel 20 Absatz 1 für erforderlich hält oder die sie durch Entscheidung gemäss Artikel 20 Absatz 4 angeordnet hat. Die für die Durchführung dieser Nachprüfun-

gen verantwortlichen Bediensteten der einzelstaatlichen Wettbewerbsbehörden sowie die von ihnen ermächtigten oder benannten Personen üben ihre Befugnisse nach Massgabe ihrer innerstaatlichen Rechtsvorschriften aus.

Die Bediensteten der Kommission und andere von ihr ermächtigte Begleitpersonen können auf Verlangen der Kommission oder der Wettbewerbsbehörde des Mitgliedstaats, in dessen Hoheitsgebiet die Nachprüfung vorgenommen werden soll, die Bediensteten dieser Behörde unterstützen.

Kapitel VI: Sanktionen

Artikel 23 *Geldbussen*

(1) Die Kommission kann gegen Unternehmen und Unternehmensvereinigungen durch Entscheidung Geldbussen bis zu einem Höchstbetrag von 1 % des im vorausgegangenen Geschäftsjahr erzielten Gesamtumsatzes festsetzen, wenn sie vorsätzlich oder fahrlässig

a) bei der Erteilung einer nach Artikel 17 oder Artikel 18 Absatz 2 verlangten Auskunft unrichtige oder irreführende Angaben machen;

b) bei der Erteilung einer durch Entscheidung gemäss Artikel 17 oder Artikel 18 Absatz 3 verlangten Auskunft unrichtige, unvollständige oder irreführende Angaben machen oder die Angaben nicht innerhalb der gesetzten Frist machen;

c) bei Nachprüfungen nach Artikel 20 die angeforderten Bücher oder sonstigen Geschäftsunterlagen nicht vollständig vorlegen oder in einer Entscheidung nach Artikel 20 Absatz 4 angeordnete Nachprüfungen nicht dulden;

d) in Beantwortung einer nach Artikel 20 Absatz 2 Buchstabe e) gestellten Frage

- eine unrichtige oder irreführende Antwort erteilen oder
- eine von einem Mitglied der Belegschaft erteilte unrichtige, unvollständige oder irreführende Antwort nicht innerhalb einer von der Kommission gesetzten Frist berichtigen oder
- in Bezug auf Tatsachen, die mit dem Gegenstand und dem Zweck einer durch Entscheidung nach Artikel 20 Absatz 4 angeordneten Nachprüfung in Zusammenhang stehen, keine vollständige Antwort erteilen oder eine vollständige Antwort verweigern;

e) die von Bediensteten der Kommission oder anderen von ihr ermächtigten Begleitpersonen nach Artikel 20 Absatz 2 Buchstabe d) angebrachten Siegel erbrochen haben.

(2) Die Kommission kann gegen Unternehmen und Unternehmensvereinigungen durch Entscheidung Geldbussen verhängen, wenn sie vorsätzlich oder fahrlässig

a) gegen Artikel 81 oder Artikel 82 des Vertrags verstossen oder

b) einer nach Artikel 8 erlassenen Entscheidung zur Anordnung einstweiliger Massnahmen zuwiderhandeln oder

c) durch Entscheidung gemäss Artikel 9 für bindend erklärte Verpflichtungszusagen nicht einhalten.

Die Geldbusse für jedes an der Zuwiderhandlung beteiligte Unternehmen oder jede beteiligte Unternehmensvereinigung darf 10% seines bzw. ihres jeweiligen im vorausgegangenen Geschäftsjahr erzielten Gesamtumsatzes nicht übersteigen.

Steht die Zuwiderhandlung einer Unternehmensvereinigung mit der Tätigkeit ihrer Mitglieder im Zusammenhang, so darf die Geldbusse 10% der Summe der Gesamtumsätze derjenigen Mitglieder, die auf dem Markt tätig waren, auf dem sich die Zuwiderhandlung der Vereinigung auswirkte, nicht übersteigen.

(3) Bei der Festsetzung der Höhe der Geldbusse ist sowohl die Schwere der Zuwiderhandlung als auch deren Dauer zu berücksichtigen.

(4) Wird gegen eine Unternehmensvereinigung eine Geldbusse unter Berücksichtigung des Umsatzes ihrer Mitglieder verhängt und ist die Unternehmensvereinigung selbst nicht zahlungsfähig, so ist sie verpflichtet, von ihren Mitgliedern Beiträge zur Deckung des Betrags dieser Geldbusse zu fordern.

Werden diese Beiträge innerhalb einer von der Kommission gesetzten Frist nicht geleistet, so kann die Kommission die Zahlung der Geldbusse unmittelbar von jedem Unternehmen verlangen, dessen Vertreter Mitglieder in den betreffenden Entscheidungsgremien der Vereinigung waren.

Nachdem die Kommission die Zahlung gemäss Unterabsatz 2 verlangt hat, kann sie, soweit es zur vollständigen Zahlung der Geldbusse erforderlich ist, die Zahlung des Restbetrags von jedem Mitglied der Vereinigung verlangen, das auf dem Markt tätig war, auf dem die Zuwiderhandlung erfolgte.

Die Kommission darf jedoch Zahlungen gemäss Unterabsatz 2 oder 3 nicht von Unternehmen verlangen, die nachweisen, dass sie den die Zuwiderhandlung begründenden Beschluss der Vereinigung nicht umgesetzt haben und entweder von dessen Existenz keine Kenntnis hatten oder sich aktiv davon distanziert haben, noch ehe die Kommission mit der Untersuchung des Falls begonnen hat.

Die finanzielle Haftung eines Unternehmens für die Zahlung der Geldbusse darf 10% seines im letzten Geschäftsjahr erzielten Gesamtumsatzes nicht übersteigen.

(5) Die nach den Absätzen 1 und 2 getroffenen Entscheidungen haben keinen strafrechtlichen Charakter.

Artikel 24 *Zwangsgelder*

(1) Die Kommission kann gegen Unternehmen und Unternehmensvereinigungen durch Entscheidung Zwangsgelder bis zu einem Höchstbetrag von 5 % des im vorausgegangenen Geschäftsjahr erzielten durchschnittlichen Tagesumsatzes für jeden Tag des Verzugs von dem in ihrer Entscheidung bestimmten Zeitpunkt an festsetzen, um sie zu zwingen,

a) eine Zuwiderhandlung gegen Artikel 81 oder Artikel 82 des Vertrags gemäss einer nach Artikel 7 getroffenen Entscheidung abzustellen;

b) einer gemäss Artikel 8 erlassenen Entscheidung zur Anordnung einstweiliger Massnahmen nachzukommen;

c) durch Entscheidung gemäss Artikel 9 für bindend erklärte Verpflichtungszusagen einzuhalten;

d) eine Auskunft vollständig und genau zu erteilen, die die Kommission durch Entscheidung gemäss Artikel 17 oder Artikel 18 Absatz 3 angefordert hat;

e) eine Nachprüfung zu dulden, die die Kommission in einer Entscheidung nach Artikel 20 Absatz 4 angeordnet hat.

(2) Sind die Unternehmen oder Unternehmensvereinigungen der Verpflichtung nachgekommen, zu deren Erfüllung das Zwangsgeld festgesetzt worden war, so kann die Kommission die endgültige Höhe des Zwangsgelds auf einen Betrag festsetzen, der unter dem Betrag liegt, der sich aus der ursprünglichen Entscheidung ergeben würde. Artikel 23 Absatz 4 gilt entsprechend.

Kapitel VII: Verjährung

Artikel 25 *Verfolgungsverjährung*

(1) Die Befugnis der Kommission nach den Artikeln 23 und 24 verjährt

a) in drei Jahren bei Zuwiderhandlungen gegen Vorschriften über die Einholung von Auskünften oder die Vornahme von Nachprüfungen,

b) in fünf Jahren bei den übrigen Zuwiderhandlungen.

(2) Die Verjährungsfrist beginnt mit dem Tag, an dem die Zuwiderhandlung begangen worden ist. Bei dauernden oder fortgesetzten Zuwiderhandlungen beginnt die Verjährung jedoch erst mit dem Tag, an dem die Zuwiderhandlung beendet ist.

(3) Die Verjährung der Befugnis zur Festsetzung von Geldbussen oder Zwangsgeldern wird durch jede auf Ermittlung oder Verfolgung der Zuwider-

handlung gerichtete Handlung der Kommission oder der Wettbewerbsbehörde eines Mitgliedstaats unterbrochen. Die Unterbrechung tritt mit dem Tag ein, an dem die Handlung mindestens einem an der Zuwiderhandlung beteiligten Unternehmen oder einer beteiligten Unternehmensvereinigung bekannt gegeben wird. Die Verjährung wird unter anderem durch folgende Handlungen unterbrochen:

a) schriftliche Auskunftsverlangen der Kommission oder der Wettbewerbsbehörde eines Mitgliedstaats,

b) schriftliche Nachprüfungsaufträge, die die Kommission oder die Wettbewerbsbehörde eines Mitgliedstaats ihren Bediensteten erteilen,

c) die Einleitung eines Verfahrens durch die Kommission oder durch die Wettbewerbsbehörde eines Mitgliedstaats,

d) die Mitteilung der von der Kommission oder der Wettbewerbsbehörde eines Mitgliedstaats in Betracht gezogenen Beschwerdepunkte.

(4) Die Unterbrechung wirkt gegenüber allen an der Zuwiderhandlung beteiligten Unternehmen und Unternehmensvereinigungen.

(5) Nach jeder Unterbrechung beginnt die Verjährung von neuem. Die Verjährung tritt jedoch spätestens mit dem Tag ein, an dem die doppelte Verjährungsfrist verstrichen ist, ohne dass die Kommission eine Geldbusse oder ein Zwangsgeld festgesetzt hat. Diese Frist verlängert sich um den Zeitraum, in dem die Verjährung gemäss Absatz 6 ruht.

(6) Die Verfolgungsverjährung ruht, solange wegen der Entscheidung der Kommission ein Verfahren vor dem Gerichtshof anhängig ist.

Artikel 26 *Vollstreckungsverjährung*

(1) Die Befugnis der Kommission zur Vollstreckung von in Anwendung der Artikel 23 und 24 erlassenen Entscheidungen verjährt in fünf Jahren.

(2) Die Verjährung beginnt mit dem Tag, an dem die Entscheidung bestandskräftig geworden ist.

(3) Die Vollstreckungsverjährung wird unterbrochen

a) durch die Bekanntgabe einer Entscheidung, durch die der ursprüngliche Betrag der Geldbusse oder des Zwangsgelds geändert oder ein Antrag auf eine solche Änderung abgelehnt wird,

b) durch jede auf zwangsweise Beitreibung der Geldbusse oder des Zwangsgelds gerichtete Handlung der Kommission oder eines Mitgliedstaats auf Antrag der Kommission.

(4) Nach jeder Unterbrechung beginnt die Verjährung von neuem.

(5) Die Vollstreckungsverjährung ruht,

a) solange eine Zahlungserleichterung bewilligt ist,

b) solange die Zwangsvollstreckung durch eine Entscheidung des Gerichtshofs ausgesetzt ist.

Kapitel VIII: Anhörungen und Berufsgeheimnis

Artikel 27 *Anhörung der Parteien, der Beschwerdeführer und sonstiger Dritter*

(1) Vor einer Entscheidung gemäss den Artikeln 7, 8, 23 oder 24 Absatz 2 gibt die Kommission den Unternehmen und Unternehmensvereinigungen, gegen die sich das von ihr betriebene Verfahren richtet, Gelegenheit, sich zu den Beschwerdepunkten zu äussern, die sie in Betracht gezogen hat. Die Kommission stützt ihre Entscheidung nur auf die Beschwerdepunkte, zu denen sich die Parteien äussern konnten. Die Beschwerdeführer werden eng in das Verfahren einbezogen.

(2) Die Verteidigungsrechte der Parteien müssen während des Verfahrens in vollem Umfang gewahrt werden. Die Parteien haben Recht auf Einsicht in die Akten der Kommission, vorbehaltlich des berechtigten Interesses von Unternehmen an der Wahrung ihrer Geschäftsgeheimnisse. Von der Akteneinsicht ausgenommen sind vertrauliche Informationen sowie interne Schriftstücke der Kommission und der Wettbewerbsbehörden der Mitgliedstaaten. Insbesondere ist die Korrespondenz zwischen der Kommission und den Wettbewerbsbehörden der Mitgliedstaaten oder zwischen den Letztgenannten, einschliesslich der gemäss Artikel 11 und Artikel 14 erstellten Schriftstücke, von der Akteneinsicht ausgenommen. Die Regelung dieses Absatzes steht der Offenlegung und Nutzung der für den Nachweis einer Zuwiderhandlung notwendigen Informationen durch die Kommission in keiner Weise entgegen.

(3) Soweit die Kommission es für erforderlich hält, kann sie auch andere natürliche oder juristische Personen anhören. Dem Antrag natürlicher oder juristischer Personen, angehört zu werden, ist stattzugeben, wenn sie ein ausreichendes Interesse nachweisen. Ausserdem können die Wettbewerbsbehörden der Mitgliedstaaten bei der Kommission die Anhörung anderer natürlicher oder juristischer Personen beantragen.

(4) Beabsichtigt die Kommission eine Entscheidung gemäss Artikel 9 oder 10 zu erlassen, so veröffentlicht sie zuvor eine kurze Zusammenfassung des Falls und den wesentlichen Inhalt der betreffenden Verpflichtungszusagen oder der geplanten Vorgehensweise. Interessierte Dritte können ihre Bemerkungen hierzu binnen einer Frist abgeben, die von der Kommission in ihrer Veröffentlichung festgelegt wird und die mindestens einen Monat betragen muss. Bei der

Veröffentlichung ist dem berechtigten Interesse der Unternehmen an der Wahrung ihrer Geschäftsgeheimnisse Rechnung zu tragen.

Artikel 28 *Berufsgeheimnis*

(1) Unbeschadet der Artikel 12 und 15 dürfen die gemäss den Artikeln 17 bis 22 erlangten Informationen nur zu dem Zweck verwertet werden, zu dem sie eingeholt wurden.

(2) Unbeschadet des Austauschs und der Verwendung der Informationen gemäss den Artikeln 11, 12, 14, 15 und 27 sind die Kommission und die Wettbewerbsbehörden der Mitgliedstaaten und ihre Beamten, ihre Bediensteten und andere unter ihrer Aufsicht tätigen Personen sowie die Beamten und sonstigen Bediensteten anderer Behörden der Mitgliedstaaten verpflichtet, keine Informationen preiszugeben, die sie bei der Anwendung dieser Verordnung erlangt oder ausgetauscht haben und die ihrem Wesen nach unter das Berufsgeheimnis fallen. Diese Verpflichtung gilt auch für alle Vertreter und Experten der Mitgliedstaaten, die an Sitzungen des Beratenden Ausschusses nach Artikel 14 teilnehmen.

Kapitel IX: Freistellungsverordnungen

Artikel 29 *Entzug des Rechtsvorteils in Einzelfällen*

(1) Hat die Kommission aufgrund der ihr durch eine Verordnung des Rates wie z.B. den Verordnungen Nr. 19/65/EWG, (EWG) Nr. 2821/71, (EWG) Nr. 3976/87, (EWG) Nr. 1534/91 oder (EWG) Nr. 479/92 eingeräumten Befugnis, Artikel 81 Absatz 3 des Vertrags durch Verordnung anzuwenden, Artikel 81 Absatz 1 des Vertrags für nicht anwendbar auf bestimmte Gruppen von Vereinbarungen, Beschlüssen von Unternehmensvereinigungen oder aufeinander abgestimmten Verhaltensweisen erklärt, so kann sie von Amts wegen oder auf eine Beschwerde hin den Rechtsvorteil einer entsprechenden Gruppenfreistellungsverordnung entziehen, wenn sie in einem bestimmten Fall feststellt, dass eine Vereinbarung, ein Beschluss oder eine abgestimmte Verhaltensweise, für die die Gruppenfreistellungsverordnung gilt, Wirkungen hat, die mit Artikel 81 Absatz 3 des Vertrags unvereinbar sind.

(2) Wenn Vereinbarungen, Beschlüsse von Unternehmensvereinigungen oder aufeinander abgestimmte Verhaltensweisen, die unter eine Verordnung der Kommission im Sinne des Absatzes 1 fallen, in einem bestimmten Fall Wirkungen haben, die mit Artikel 81 Absatz 3 des Vertrags unvereinbar sind und im Gebiet eines Mitgliedstaats oder in einem Teilgebiet dieses Mitgliedstaats, das alle Merkmale eines gesonderten räumlichen Marktes aufweist, auftreten, so kann die Wettbewerbsbehörde dieses Mitgliedstaats den Rechtsvorteil der Gruppenfreistellungsverordnung in diesem Gebiet entziehen.

Kapitel X: Allgemeine Bestimmungen

Artikel 30 *Veröffentlichung von Entscheidungen*

(1) Die Kommission veröffentlicht die Entscheidungen, die sie nach den Artikeln 7 bis 10 sowie den Artikeln 23 und 24 erlässt.

(2) Die Veröffentlichung erfolgt unter Angabe der Beteiligten und des wesentlichen Inhalts der Entscheidung einschliesslich der verhängten Sanktionen. Sie muss dem berechtigten Interesse der Unternehmen an der Wahrung ihrer Geschäftsgeheimnisse Rechnung tragen.

Artikel 31 *Nachprüfung durch den Gerichtshof*

Bei Klagen gegen Entscheidungen, mit denen die Kommission eine Geldbusse oder ein Zwangsgeld festgesetzt hat, hat der Gerichtshof die Befugnis zu unbeschränkter Nachprüfung der Entscheidung. Er kann die festgesetzte Geldbusse oder das festgesetzte Zwangsgeld aufheben, herabsetzen oder erhöhen.

Artikel 32 *Ausnahmen vom Anwendungsbereich*

Die vorliegende Verordnung gilt nicht für

a) internationale Trampdienste nach Artikel 1 Absatz 3 Buchstabe a) der Verordnung (EWG) Nr. 4056/86,

b) Seeverkehrsdienstleistungen, die — wie in Artikel 1 Absatz 2 der Verordnung (EWG) Nr. 4056/86 vorgesehen — ausschliesslich zwischen den Häfen ein und desselben Mitgliedstaats erbracht werden,

c) den Luftverkehr zwischen Flughäfen der Gemeinschaft und Drittländern.

Artikel 33 *Erlass von Durchführungsvorschriften*

(1) Die Kommission ist befugt, alle sachdienlichen Vorschriften zur Durchführung dieser Verordnung zu erlassen. Diese können unter anderem Folgendes zum Gegenstand haben:

a) Form, Inhalt und sonstige Modalitäten der Beschwerden gemäss Artikel 7 sowie das Verfahren zur Abweisung einer Beschwerde,

b) die praktische Durchführung des Informationsaustauschs und der Konsultation nach Artikel 11,

c) die praktische Durchführung der Anhörungen gemäss Artikel 27.

(2) Vor dem Erlass von Massnahmen nach Absatz 1 veröffentlicht die Kommission einen Entwurf dieser Massnahmen und fordert alle Beteiligten auf, innerhalb einer von ihr gesetzten Frist, die einen Monat nicht unterschreiten darf, zu dem Entwurf Stellung zu nehmen. Vor der Veröffentlichung des Ent-

wurfs einer Massnahme und vor ihrem Erlass hört die Kommission den Beratenden Ausschuss für Kartell- und Monopolfragen.

Kapitel XI: Übergangs-, Änderungs- und Schlussbestimmungen

Artikel 34 *Übergangsbestimmungen*

(1) Bei der Kommission nach Artikel 2 der Verordnung Nr. 17 gestellte Anträge, Anmeldungen gemäss den Artikeln 4 und 5 der Verordnung Nr. 17 sowie entsprechende Anträge und Anmeldungen gemäss den Verordnungen (EWG) Nr. 1017/68, (EWG) Nr. 4056/86 und (EWG) Nr. 3975/87 werden mit Anwendbarkeit der vorliegenden Verordnung unwirksam.

(2) Die Wirksamkeit von nach Massgabe der Verordnung Nr. 17 und der Verordnungen (EWG) Nr. 1017/68, (EWG) Nr. 4056/87 und (EWG) Nr. 3975/87 vorgenommenen Verfahrensschritten bleibt für die Anwendung der vorliegenden Verordnung unberührt.

Artikel 35 *Bestimmung der Wettbewerbsbehörden der Mitgliedstaaten*

(1) Die Mitgliedstaaten bestimmen die für die Anwendung der Artikel 81 und 82 des Vertrags zuständige(n) Wettbewerbsbehörde(n) so, dass die Bestimmungen dieser Verordnung wirksam angewandt werden. Sie ergreifen vor dem 1. Mai 2004 die notwendigen Massnahmen, um diesen Behörden die Befugnis zur Anwendung der genannten Artikel zu übertragen. Zu den bestimmten Behörden können auch Gerichte gehören.

(2) Werden einzelstaatliche Verwaltungsbehörden und Gerichte mit der Durchsetzung des Wettbewerbsrechts der Gemeinschaft betraut, so können die Mitgliedstaaten diesen unterschiedliche Befugnisse und Aufgaben zuweisen.

(3) Die Wirkung von Artikel 11 Absatz 6 erstreckt sich auf die von den Mitgliedstaaten bestimmten Wettbewerbsbehörden, einschliesslich der Gerichte, die Aufgaben in Bezug auf die Vorbereitung und den Erlass der in Artikel 5 vorgesehenen Arten von Entscheidungen wahrnehmen. Die Wirkung von Artikel 11 Absatz 6 erstreckt sich nicht auf Gerichte, insoweit diese als Rechtsmittelinstanzen in Bezug auf die in Artikel 5 vorgesehenen Arten von Entscheidungen tätig werden.

(4) Unbeschadet des Absatzes 3 ist in den Mitgliedstaaten, in denen im Hinblick auf den Erlass bestimmter Arten von Entscheidungen nach Artikel 5 eine Behörde Fälle vor ein separates und von der verfolgenden Behörde verschiedenes Gericht bringt, bei Einhaltung der Bestimmungen dieses Absatzes die Wirkung von Artikel 11 Absatz 6 auf die mit der Verfolgung des betreffenden Falls betraute Behörde begrenzt, die ihren Antrag bei dem Gericht zurückzieht,

wenn die Kommission ein Verfahren eröffnet; mit der Zurücknahme des Antrags wird das nationale Verfahren vollständig beendet.

[...]

Artikel 43 *Aufhebung der Verordnungen Nrn. 17 und 141*

(1) Die Verordnung Nr. 17 wird mit Ausnahme von Artikel 8 Absatz 3 aufgehoben, der für Entscheidungen, die nach Artikel 81 Absatz 3 des Vertrags vor dem Beginn der Anwendbarkeit der vorliegenden Verordnung angenommen wurden, bis zum Ende der Gültigkeitsdauer dieser Entscheidungen weiterhin gilt.

(2) Die Verordnung Nr. 141 wird aufgehoben.

(3) Bezugnahmen auf die aufgehobenen Verordnungen gelten als Bezugnahmen auf die vorliegende Verordnung.

Artikel 44 *Berichterstattung über die Anwendung der vorliegenden Verordnung*

Die Kommission erstattet dem Europäischen Parlament und dem Rat fünf Jahre nach Inkrafttreten dieser Verordnung Bericht über das Funktionieren der Verordnung, insbesondere über die Anwendung von Artikel 11 Absatz 6 und Artikel 17.

Auf der Grundlage dieses Berichts schätzt die Kommission ein, ob es zweckmässig ist, dem Rat eine Überarbeitung dieser Verordnung vorzuschlagen.

Artikel 45 *Inkrafttreten*

Diese Verordnung tritt am zwanzigsten Tag nach ihrer Veröffentlichung im *Amtsblatt der Europäischen Gemeinschaften* in Kraft.

Sie gilt ab dem 1. Mai 2004.

Diese Verordnung ist in allen ihren Teilen verbindlich und gilt unmittelbar in jedem Mitgliedstaat.

Geschehen zu Brüssel am 16. Dezember 2002.

Im Namen des Rates
Die Präsidentin

M. Fischer Boel

Verodnung (EG) 139/2004 des Rates über die Kontrolle von Unternehmenszusammenschlüssen («EG-Fusionskontrollverordnung»)

vom 20. Januar 2004

(Text von Bedeutung für den EWR)

DER RAT DER EUROPÄISCHEN UNION –

gestützt auf den Vertrag zur Gründung der Europäischen Gemeinschaft, insbesondere auf die Artikel 83 und 308,

auf Vorschlag der Kommission[1],

nach Stellungnahme des Europäischen Parlaments[2],

nach Stellungnahme des Europäischen Wirtschafts- und Sozialausschusses[3],

in Erwägung nachstehender Gründe:

(1) Die Verordnung (EWG) Nr. 4064/89 des Rates vom 21. Dezember 1989 über die Kontrolle von Unternehmenszusammenschlüssen[4] ist in wesentlichen Punkten geändert worden. Es empfiehlt sich daher aus Gründen der Klarheit, im Rahmen der jetzt anstehenden Änderungen eine Neufassung dieser Verordnung vorzunehmen.

(2) Zur Verwirklichung der allgemeinen Ziele des Vertrags ist der Gemeinschaft in Artikel 3 Absatz 1 Buchstabe g) die Aufgabe übertragen worden, ein System zu errichten, das den Wettbewerb innerhalb des Binnenmarkts vor Verfälschungen schützt. Nach Artikel 4 Absatz 1 des Vertrags ist die Tätigkeit der Mitgliedstaaten und der Gemeinschaft dem Grundsatz einer offenen Marktwirtschaft mit freiem Wettbewerb verpflichtet. Diese Grundsätze sind für die Fortentwicklung des Binnenmarkts wesentlich.

(3) Die Vollendung des Binnenmarkts und der Wirtschafts- und Währungsunion, die Erweiterung der Europäischen Union und die Reduzierung der internationalen Handels- und Investitionshemmnisse werden auch weiterhin erhebliche Strukturveränderungen bei den Unternehmen, insbesondere durch Zusammenschlüsse, bewirken.

[1] ABl. C 20 vom 28.1.2003, S. 4.

[2] Stellungnahme vom 9. Oktober 2003 (noch nicht im Amtsblatt veröffentlicht).

[3] Stellungnahme vom 24. Oktober 2003 (noch nicht im Amtsblatt veröffentlicht).

[4] ABl. L 395 vom 30.12.1989, S. 1. Berichtigte Fassung im ABl. L 257 vom 21.9.1990, S. 13. Verordnung zuletzt geändert durch die Verordnung (EG) Nr. 1310/97 (ABl. L 180 vom 9.7.1997, S. 1), Berichtigung im ABl. L 40 vom 13.2.1998, S. 17.

(4) Diese Strukturveränderungen sind zu begrüssen, soweit sie den Erfordernissen eines dynamischen Wettbewerbs entsprechen und geeignet sind, zu einer Steigerung der Wettbewerbsfähigkeit der europäischen Industrie, zu einer Verbesserung der Wachstumsbedingungen sowie zur Anhebung des Lebensstandards in der Gemeinschaft zu führen.

(5) Allerdings ist zu gewährleisten, dass der Umstrukturierungsprozess nicht eine dauerhafte Schädigung des Wettbewerbs verursacht. Das Gemeinschaftsrecht muss deshalb Vorschriften für solche Zusammenschlüsse enthalten, die geeignet sind, wirksamen Wettbewerb im Gemeinsamen Markt oder in einem wesentlichen Teil desselben erheblich zu beeinträchtigen.

(6) Daher ist ein besonderes Rechtsinstrument erforderlich, das eine wirksame Kontrolle sämtlicher Zusammenschlüsse im Hinblick auf ihre Auswirkungen auf die Wettbewerbsstruktur in der Gemeinschaft ermöglicht und das zugleich das einzige auf derartige Zusammenschlüsse anwendbare Instrument ist. Mit der Verordnung (EWG) Nr. 4064/89 konnte eine Gemeinschaftspolitik in diesem Bereich entwickelt werden. Es ist jedoch nunmehr an der Zeit, vor dem Hintergrund der gewonnenen Erfahrung die genannte Verordnung neu zu fassen, um den Herausforderungen eines stärker integrierten Markts und der künftigen Erweiterung der Europäischen Union besser gerecht werden. Im Einklang mit dem Subsidiaritätsprinzip und dem Grundsatz der Verhältnismässigkeit nach Artikel 5 des Vertrags geht die vorliegende Verordnung nicht über das zur Erreichung ihres Ziels, der Gewährleistung eines unverfälschten Wettbewerbs im Gemeinsamen Markt entsprechend dem Grundsatz einer offenen Marktwirtschaft mit freiem Wettbewerb, erforderliche Mass hinaus.

(7) Die Artikel 81 und 82 des Vertrags sind zwar nach der Rechtsprechung des Gerichtshofs auf bestimmte Zusammenschlüsse anwendbar, reichen jedoch nicht aus, um alle Zusammenschlüsse zu erfassen, die sich als unvereinbar mit dem vom Vertrag geforderten System des unverfälschten Wettbewerbs erweisen könnten. Diese Verordnung ist daher nicht nur auf Artikel 83, sondern vor allem auf Artikel 308 des Vertrags zu stützen, wonach sich die Gemeinschaft für die Verwirklichung ihrer Ziele zusätzliche Befugnisse geben kann; dies gilt auch für Zusammenschlüsse auf den Märkten für landwirtschaftliche Erzeugnisse im Sinne des Anhangs I des Vertrags.

(8) Die Vorschriften dieser Verordnung sollten für bedeutsame Strukturveränderungen gelten, deren Auswirkungen auf den Markt die Grenzen eines Mitgliedstaats überschreiten. Solche Zusammenschlüsse sollten grundsätzlich nach dem Prinzip der einzigen Anlaufstelle und im Einklang mit dem Subsidiaritätsprinzip ausschliesslich auf Gemeinschaftsebene geprüft werden. Unternehmenszusammenschlüsse, die nicht im Anwendungsbereich dieser Verordnung liegen, fallen grundsätzlich in die Zuständigkeit der Mitgliedstaaten.

(9) Der Anwendungsbereich dieser Verordnung sollte anhand des geografischen Tätigkeitsbereichs der beteiligten Unternehmen bestimmt und durch Schwellenwerte eingegrenzt werden, damit Zusammenschlüsse von gemeinschaftsweiter Bedeutung erfasst werden können. Die Kommission sollte dem Rat über die Anwendung der Schwellenwerte und Kriterien Bericht erstatten, damit dieser sie ebenso wie die Vorschriften für Verweisungen vor einer Anmeldung gemäss Artikel 202 des Vertrags regelmässig anhand der gewonnenen Erfahrungen überprüfen kann. Hierzu ist es erforderlich, dass die Mitgliedstaaten der Kommission statistische Angaben übermitteln, auf deren Grundlage die Kommission ihre Berichte erstellen und etwaige Änderungen vorschlagen kann. Die Berichte und Vorschläge der Kommission sollten sich auf die von den Mitgliedstaaten regelmässig übermittelten Angaben stützen.

(10) Ein Zusammenschluss von gemeinschaftsweiter Bedeutung sollte dann als gegeben gelten, wenn der Gesamtumsatz der beteiligten Unternehmen die festgelegten Schwellenwerte überschreitet und sie in erheblichem Umfang in der Gemeinschaft tätig sind, unabhängig davon, ob der Sitz der beteiligten Unternehmen sich in der Gemeinschaft befindet oder diese dort ihr Hauptgeschäft ausüben.

(11) Die Regeln für die Verweisung von Zusammenschlüssen von der Kommission an die Mitgliedstaaten und von den Mitgliedstaaten an die Kommission sollten angesichts des Subsidiaritätsprinzips als wirksames Korrektiv wirken. Diese Regeln wahren in angemessener Weise die Wettbewerbsinteressen der Mitgliedstaaten und tragen dem Bedürfnis nach Rechtssicherheit sowie dem Grundsatz einer einzigen Anlaufstelle Rechnung.

(12) Zusammenschlüsse können in den Zuständigkeitsbereich mehrerer nationaler Fusionskontrollregelungen fallen, wenn sie die in dieser Verordnung genannten Schwellenwerte nicht erreichen. Die mehrfache Anmeldung desselben Vorhabens erhöht die Rechtsunsicherheit, die Arbeitsbelastung und die Kosten der beteiligten Unternehmen und kann zu widersprüchlichen Beurteilungen führen. Das System, nach dem die betreffenden Mitgliedstaaten Zusammenschlüsse an die Kommission verweisen können, sollte daher weiterentwickelt werden.

(13) Die Kommission sollte in enger und stetiger Verbindung mit den zuständigen Behörden der Mitgliedstaaten handeln und deren Bemerkungen und Mitteilungen entgegennehmen.

(14) Die Kommission sollte gemeinsam mit den zuständigen Behörden der Mitgliedstaaten ein Netz von Behörden bilden, die ihre jeweiligen Zuständigkeiten in enger Zusammenarbeit durch effiziente Regelungen für Informationsaustausch und Konsultation wahrnehmen, um sicherzustellen, dass jeder Fall unter Beachtung des Subsidiaritätsprinzips von der für ihn am besten geeigneten Behörde behandelt wird und um Mehrfachanmeldungen weitestgehend

auszuschliessen. Verweisungen von Zusammenschlüssen von der Kommission an die Mitgliedstaaten und von den Mitgliedstaaten an die Kommission sollten in einer effizienten Weise erfolgen, die weitestgehend ausschliesst, dass ein Zusammenschluss sowohl vor als auch nach seiner Anmeldung von einer Stelle an eine andere verwiesen wird.

(15) Die Kommission sollte einen angemeldeten Zusammenschluss mit gemeinschaftsweiter Bedeutung an einen Mitgliedstaat verweisen können, wenn er den Wettbewerb in einem Markt innerhalb dieses Mitgliedstaats, der alle Merkmale eines gesonderten Marktes aufweist, erheblich zu beeinträchtigen droht. Beeinträchtigt der Zusammenschluss den Wettbewerb auf einem solchen Markt und stellt dieser keinen wesentlichen Teil des gemeinsamen Marktes dar, sollte die Kommission verpflichtet sein, den Fall ganz oder teilweise auf Antrag an den betroffenen Mitgliedstaat zu verweisen. Ein Mitgliedstaat sollte einen Zusammenschluss ohne gemeinschaftsweite Bedeutung an die Kommission verweisen können, wenn er den Handel zwischen den Mitgliedstaaten beeinträchtigt und den Wettbewerb in seinem Hoheitsgebiet erheblich zu beeinträchtigen droht. Weitere Mitgliedstaaten, die für die Prüfung des Zusammenschlusses ebenfalls zuständig sind, sollten die Möglichkeit haben, dem Antrag beizutreten. In diesem Fall sollten nationale Fristen ausgesetzt werden, bis eine Entscheidung über die Verweisung des Falles getroffen wurde, um die Effizienz und Berechenbarkeit des Systems sicherzustellen. Die Kommission sollte befugt sein, einen Zusammenschluss für einen antragstellenden Mitgliedstaat oder mehrere antragstellende Mitgliedstaaten zu prüfen und zu behandeln.

(16) Um das System der Fusionskontrolle innerhalb der Gemeinschaft noch effizienter zu gestalten, sollten die beteiligten Unternehmen die Möglichkeit erhalten, vor Anmeldung eines Zusammenschlusses die Verweisung an die Kommission oder an einen Mitgliedstaat zu beantragen. Um die Effizienz des Systems sicherzustellen, sollten die Kommission und die einzelstaatlichen Wettbewerbsbehörden in einem solchen Fall innerhalb einer kurzen, genau festgelegten Frist entscheiden, ob der Fall an die Kommission oder an den betreffenden Mitgliedstaat verwiesen werden sollte. Auf Antrag der beteiligten Unternehmen sollte die Kommission einen Zusammenschluss mit gemeinschaftsweiter Bedeutung an einen Mitgliedstaat verweisen können, wenn der Zusammenschluss den Wettbewerb auf einem Markt innerhalb dieses Mitgliedstaats, der alle Merkmale eines gesonderten Marktes aufweist, erheblich beeinträchtigen könnte, ohne dass dazu von den beteiligten Unternehmen der Nachweis verlangt werden sollte, dass die Auswirkungen des Zusammenschlusses wettbewerbsschädlich sein würden. Die Kommission sollte einen Zusammenschluss nicht an einen Mitgliedstaat verweisen dürfen, wenn dieser eine solche Verweisung abgelehnt hat. Die beteiligten Unternehmen sollten ferner vor der Anmeldung bei einer einzelstaatlichen Behörde beantragen dürfen, dass ein Zusammenschluss ohne gemeinschaftsweite Bedeutung, der nach dem inner-

staatlichen Wettbewerbsrecht mindestens dreier Mitgliedstaaten geprüft werden könnte, an die Kommission verwiesen wird. Solche Anträge auf eine Verweisung vor der Anmeldung an die Kommission wären insbesondere dann angebracht, wenn der betreffende Zusammenschluss den Wettbewerb über das Hoheitsgebiet eines Mitgliedstaats hinaus beeinträchtigen würde. Wird ein Zusammenschluss, der nach dem Wettbewerbsrecht mindestens dreier Mitgliedstaaten geprüft werden könnte, vor seiner Anmeldung bei einer einzelstaatlichen Behörde an die Kommission verwiesen, so sollte die ausschliessliche Zuständigkeit für die Prüfung dieses Zusammenschlusses auf die Kommission übergehen, wenn keiner der für die Prüfung des betreffenden Falls zuständigen Mitgliedstaaten sich dagegen ausspricht; für diesen Zusammenschluss sollte dann die Vermutung der gemeinschaftsweiten Bedeutung gelten. Ein Zusammenschluss sollte jedoch nicht vor seiner Anmeldung von den Mitgliedstaaten an die Kommission verwiesen werden, wenn mindestens einer der für die Prüfung des Falles zuständigen Mitgliedstaaten eine solche Verweisung abgelehnt hat.

(17) Der Kommission ist vorbehaltlich der Nachprüfung ihrer Entscheidungen durch den Gerichtshof die ausschliessliche Zuständigkeit für die Anwendung dieser Verordnung zu übertragen.

(18) Die Mitgliedstaaten dürfen auf Zusammenschlüsse von gemeinschaftsweiter Bedeutung ihr innerstaatliches Wettbewerbsrecht nur anwenden, soweit es in dieser Verordnung vorgesehen ist. Die entsprechenden Befugnisse der einzelstaatlichen Behörden sind auf die Fälle zu beschränken, in denen ohne ein Tätigwerden der Kommission wirksamer Wettbewerb im Gebiet eines Mitgliedstaats erheblich behindert werden könnte und die Wettbewerbsinteressen dieses Mitgliedstaats sonst durch diese Verordnung nicht hinreichend geschützt würden. Die betroffenen Mitgliedstaaten müssen in derartigen Fällen so schnell wie möglich handeln. Diese Verordnung kann jedoch wegen der Unterschiede zwischen den innerstaatlichen Rechtsvorschriften keine einheitliche Frist für den Erlass endgültiger Entscheidungen nach innerstaatlichem Recht vorschreiben

(19) Im Übrigen hindert die ausschliessliche Anwendung dieser Verordnung auf Zusammenschlüsse von gemeinschaftsweiter Bedeutung die Mitgliedstaaten unbeschadet des Artikels 296 des Vertrags nicht daran, geeignete Massnahmen zum Schutz anderer berechtigter Interessen als derjenigen zu ergreifen, die in dieser Verordnung berücksichtigt werden, sofern diese Massnahmen mit den allgemeinen Grundsätzen und den sonstigen Bestimmungen des Gemeinschaftsrechts vereinbar sind.

(20) Der Begriff des Zusammenschlusses ist so zu definieren, dass er Vorgänge erfasst, die zu einer dauerhaften Veränderung der Kontrolle an den beteiligten Unternehmen und damit an der Marktstruktur führen. In den Anwendungs-

bereich dieser Verordnung sollten daher auch alle Gemeinschaftsunternehmen einbezogen werden, die auf Dauer alle Funktionen einer selbstständigen wirtschaftlichen Einheit erfüllen. Ferner sollten Erwerbsvorgänge, die eng miteinander verknüpft sind, weil sie durch eine Bedingung miteinander verbunden sind oder in Form einer Reihe von innerhalb eines gebührend kurzen Zeitraums getätigten Rechtsgeschäften mit Wertpapieren stattfinden, als ein einziger Zusammenschluss behandelt werden.

(21) Diese Verordnung ist auch dann anwendbar, wenn die beteiligten Unternehmen sich Einschränkungen unterwerfen, die mit der Durchführung des Zusammenschlusses unmittelbar verbunden und dafür notwendig sind. Eine Entscheidung der Kommission, mit der ein Zusammenschluss in Anwendung dieser Verordnung für mit dem Gemeinsamen Markt vereinbar erklärt wird, sollte automatisch auch alle derartigen Einschränkungen abdecken, ohne dass die Kommission diese im Einzelfall zu prüfen hätte. Auf Antrag der beteiligten Unternehmen sollte die Kommission allerdings im Fall neuer oder ungelöster Fragen, die zu ernsthafter Rechtsunsicherheit führen können, gesondert prüfen, ob eine Einschränkung mit der Durchführung des Zusammenschlusses unmittelbar verbunden und dafür notwendig ist. Ein Fall wirft dann eine neue oder ungelöste Frage auf, die zu ernsthafter Rechtsunsicherheit führen kann, wenn sie nicht durch die entsprechende Bekanntmachung der Kommission oder eine veröffentlichte Entscheidung der Kommission geregelt ist.

(22) Bei der Regelung der Kontrolle von Unternehmenszusammenschlüssen ist unbeschadet des Artikels 86 Absatz 2 des Vertrags der Grundsatz der Nichtdiskriminierung zwischen dem öffentlichen und dem privaten Sektor zu beachten. Daher sind im öffentlichen Sektor bei der Berechnung des Umsatzes eines am Zusammenschluss beteiligten Unternehmens unabhängig von den Eigentumsverhältnissen oder von den für sie geltenden Regeln der verwaltungsmässigen Zuordnung die Unternehmen zu berücksichtigen, die eine mit einer autonomen Entscheidungsbefugnis ausgestattete wirtschaftliche Einheit bilden.

(23) Es ist festzustellen, ob die Zusammenschlüsse von gemeinschaftsweiter Bedeutung mit dem Gemeinsamen Markt vereinbar sind; dabei ist von dem Erfordernis auszugehen, im Gemeinsamen Markt wirksamen Wettbewerb aufrechtzuerhalten und zu entwickeln. Die Kommission muss sich bei ihrer Beurteilung an dem allgemeinen Rahmen der Verwirklichung der grundlegenden Ziele der Gemeinschaft gemäss Artikel 2 des Vertrags zur Gründung der Europäischen Gemeinschaft und Artikel 2 des Vertrags über die Europäische Union orientieren.

(24) Zur Gewährleistung eines unverfälschten Wettbewerbs im Gemeinsamen Markt im Rahmen der Fortführung einer Politik, die auf dem Grundsatz einer offenen Marktwirtschaft mit freiem Wettbewerb beruht, muss diese Verordnung eine wirksame Kontrolle sämtlicher Zusammenschlüsse entsprechend ihren

Auswirkungen auf den Wettbewerb in der Gemeinschaft ermöglichen. Entsprechend wurde in der Verordnung (EWG) Nr. 4064/89 der Grundsatz aufgestellt, dass Zusammenschlüsse von gemeinschaftsweiter Bedeutung, die eine beherrschende Stellung begründen oder verstärken, durch welche ein wirksamer Wettbewerb im Gemeinsamen Markt oder in einem wesentlichen Teil desselben in erheblichem Ausmass behindert wird, für mit dem Gemeinsamen Markt unvereinbar zu erklären sind.

(25) In Anbetracht der Auswirkungen, die Zusammenschlüsse in oligopolistischen Marktstrukturen haben können, ist die Aufrechterhaltung wirksamen Wettbewerbs in solchen Märkten umso mehr geboten. Viele oligopolistische Märkte lassen ein gesundes Mass an Wettbewerb erkennen. Unter bestimmten Umständen können Zusammenschlüsse, in deren Folge der beträchtliche Wettbewerbsdruck beseitigt wird, den die fusionierenden Unternehmen aufeinander ausgeübt haben, sowie der Wettbewerbsdruck auf die verbleibenden Wettbewerber gemindert wird, zu einer erheblichen Behinderung wirksamen Wettbewerbs führen, auch wenn eine Koordinierung zwischen Oligopolmitgliedern unwahrscheinlich ist. Die Gerichte der Gemeinschaft haben jedoch bisher die Verordnung (EWG) Nr. 4064/89 nicht ausdrücklich dahingehend ausgelegt, dass Zusammenschlüsse, die solche nicht koordinierten Auswirkungen haben, für mit dem Gemeinsamen Markt unvereinbar zu erklären sind. Daher sollte im Interesse der Rechtssicherheit klargestellt werden, dass diese Verordnung eine wirksame Kontrolle solcher Zusammenschlüsse dadurch vorsieht, dass grundsätzlich jeder Zusammenschluss, der einen wirksamen Wettbewerb im Gemeinsamen Markt oder einem wesentlichen Teil desselben erheblich behindern würde, für mit dem Gemeinsamen Markt unvereinbar zu erklären ist. Für die Anwendung der Bestimmungen des Artikels 2 Absätze 2 und 3 wird beabsichtigt, den Begriff «erhebliche Behinderung wirksamen Wettbewerbs» dahin gehend auszulegen, dass er sich über das Konzept der Marktbeherrschung hinaus ausschliesslich auf diejenigen wettbewerbsschädigenden Auswirkungen eines Zusammenschlusses erstreckt, die sich aus nicht koordiniertem Verhalten von Unternehmen ergeben, die auf dem jeweiligen Markt keine beherrschende Stellung haben würden.

(26) Eine erhebliche Behinderung wirksamen Wettbewerbs resultiert im Allgemeinen aus der Begründung oder Stärkung einer beherrschenden Stellung. Im Hinblick darauf, dass frühere Urteile der europäischen Gerichte und die Entscheidungen der Kommission gemäss der Verordnung (EWG) Nr. 4064/89 weiterhin als Orientierung dienen sollten und gleichzeitig die Übereinstimmung mit den Kriterien für einen Wettbewerbsschaden, die die Kommission und die Gerichte der Gemeinschaft bei der Prüfung der Vereinbarkeit eines Zusammenschlusses mit dem Gemeinsamen Markt angewendet haben, gewahrt werden sollte, sollte diese Verordnung dementsprechend den Grundsatz aufstellen, dass Zusammenschlüsse von gemeinschaftsweiter Bedeutung, die wirk-

samen Wettbewerb im Gemeinsamen Markt oder in einem wesentlichen Teil desselben erheblich behindern würden, insbesondere infolge der Begründung oder Stärkung einer beherrschenden Stellung, für mit dem Gemeinsamen Markt unvereinbar zu erklären sind.

(27) Ausserdem sollten die Kriterien in Artikel 81 Absätze 1 und 3 des Vertrags auf Gemeinschaftsunternehmen, die auf Dauer alle Funktionen einer selbstständigen wirtschaftlichen Einheit erfüllen, insoweit angewandt werden, als ihre Gründung eine spürbare Einschränkung des Wettbewerbs zwischen unabhängig bleibenden Unternehmen zur Folge hat.

(28) Um deutlich zu machen und zu erläutern, wie die Kommission Zusammenschlüsse nach dieser Verordnung beurteilt, sollte sie Leitlinien veröffentlichen, die einen soliden wirtschaftlichen Rahmen für die Beurteilung der Vereinbarkeit von Zusammenschlüssen mit dem Gemeinsamen Markt bieten sollten.

(29) Um die Auswirkungen eines Zusammenschlusses auf den Wettbewerb im Gemeinsamen Markt bestimmen zu können, sollte begründeten und wahrscheinlichen Effizienzvorteilen Rechnung getragen werden, die von den beteiligten Unternehmen dargelegt werden. Es ist möglich, dass die durch einen Zusammenschluss bewirkten Effizienzvorteile die Auswirkungen des Zusammenschlusses auf den Wettbewerb, insbesondere den möglichen Schaden für die Verbraucher, ausgleichen, so dass durch den Zusammenschluss wirksamer Wettbewerb im Gemeinsamen Markt oder in einem wesentlichen Teil desselben, insbesondere durch Begründung oder Stärkung einer beherrschenden Stellung, nicht erheblich behindert würde. Die Kommission sollte Leitlinien veröffentlichen, in denen sie die Bedingungen darlegt, unter denen sie Effizienzvorteile bei der Prüfung eines Zusammenschlusses berücksichtigen kann.

(30) Ändern die beteiligten Unternehmen einen angemeldeten Zusammenschluss, indem sie insbesondere anbieten, Verpflichtungen einzugehen, die den Zusammenschluss mit dem Gemeinsamen Markt vereinbar machen, sollte die Kommission den Zusammenschluss in seiner geänderten Form für mit dem Gemeinsamen Markt vereinbar erklären können. Diese Verpflichtungen müssen in angemessenem Verhältnis zu dem Wettbewerbsproblem stehen und dieses vollständig beseitigen. Es ist ebenfalls zweckmässig, Verpflichtungen vor der Einleitung des Verfahrens zu akzeptieren, wenn das Wettbewerbsproblem klar umrissen ist und leicht gelöst werden kann. Es sollte ausdrücklich vorgesehen werden, dass die Kommission ihre Entscheidung an Bedingungen und Auflagen knüpfen kann, um sicherzustellen, dass die beteiligten Unternehmen ihren Verpflichtungen so effektiv und rechtzeitig nachkommen, dass der Zusammenschluss mit dem Gemeinsamen Markt vereinbar wird. Während des gesamten Verfahrens sollte für Transparenz und eine wirksame Konsultation der Mitgliedstaaten und betroffener Dritter gesorgt werden.

(31) Die Kommission sollte über geeignete Instrumente verfügen, damit sie die Durchsetzung der Verpflichtungen sicherstellen und auf Situationen reagieren kann, in denen die Verpflichtungen nicht eingehalten werden. Wird eine Bedingung nicht erfüllt, unter der die Entscheidung über die Vereinbarkeit des Zusammenschlusses mit dem Gemeinsamen Markt ergangen ist, so tritt der Zustand der Vereinbarkeit des Zusammenschlusses mit dem Gemeinsamen Markt nicht ein, so dass der Zusammenschluss damit in der vollzogenen Form von der Kommission nicht genehmigt ist. Wird der Zusammenschluss vollzogen, sollte er folglich ebenso behandelt werden wie ein nicht angemeldeter und ohne Genehmigung vollzogener Zusammenschluss. Ausserdem sollte die Kommission die Auflösung eines Zusammenschlusses direkt anordnen dürfen, um den vor dem Vollzug des Zusammenschlusses bestehenden Zustand wieder herzustellen, wenn sie bereits zu dem Ergebnis gekommen ist, dass der Zusammenschluss ohne die Bedingung mit dem Gemeinsamen Markt unvereinbar wäre. Wird eine Auflage nicht erfüllt, mit der die Entscheidung über die Vereinbarkeit eines Zusammenschlusses mit dem Gemeinsamen Markt ergangen ist, sollte die Kommission ihre Entscheidung widerrufen können. Ferner sollte die Kommission angemessene finanzielle Sanktionen verhängen können, wenn Bedingungen oder Auflagen nicht eingehalten werden.

(32) Bei Zusammenschlüssen, die wegen des begrenzten Marktanteils der beteiligten Unternehmen nicht geeignet sind, wirksamen Wettbewerb zu behindern, kann davon ausgegangen werden, dass sie mit dem Gemeinsamen Markt vereinbar sind. Unbeschadet der Artikel 81 und 82 des Vertrags besteht ein solches Indiz insbesondere dann, wenn der Marktanteil der beteiligten Unternehmen im Gemeinsamen Markt oder in einem wesentlichen Teil desselben 25 % nicht überschreitet.

(33) Der Kommission ist die Aufgabe zu übertragen, alle Entscheidungen über die Vereinbarkeit oder Unvereinbarkeit der Zusammenschlüsse von gemeinschaftsweiter Bedeutung mit dem Gemeinsamen Markt sowie Entscheidungen, die der Wiederherstellung des Zustands vor dem Vollzug eines für mit dem Gemeinsamen Markt unvereinbar erklärten Zusammenschlusses dienen, zu treffen.

(34) Um eine wirksame Überwachung zu gewährleisten, sind die Unternehmen zu verpflichten, Zusammenschlüsse von gemeinschaftsweiter Bedeutung nach Vertragsabschluss, Veröffentlichung des Übernahmeangebots oder des Erwerbs einer die Kontrolle begründenden Beteiligung und vor ihrem Vollzug anzumelden. Eine Anmeldung sollte auch dann möglich sein, wenn die beteiligten Unternehmen der Kommission gegenüber ihre Absicht glaubhaft machen, einen Vertrag über einen beabsichtigten Zusammenschluss zu schliessen und ihr beispielsweise anhand einer von allen beteiligten Unternehmen unterzeichneten Grundsatzvereinbarung, Übereinkunft oder Absichtserklärung dar-

legen, dass der Plan für den beabsichtigten Zusammenschluss ausreichend konkret ist, oder im Fall eines Übernahmeangebots öffentlich ihre Absicht zur Abgabe eines solchen Angebots bekundet haben, sofern der beabsichtigte Vertrag oder das beabsichtigte Angebot zu einem Zusammenschluss von gemeinschaftsweiter Bedeutung führen würde. Der Vollzug eines Zusammenschlusses sollte bis zum Erlass der abschliessenden Entscheidung der Kommission ausgesetzt werden. Auf Antrag der beteiligten Unternehmen sollte es jedoch gegebenenfalls möglich sein, hiervon abzuweichen. Bei der Entscheidung hierüber sollte die Kommission alle relevanten Faktoren, wie die Art und die Schwere des Schadens für die beteiligten Unternehmen oder Dritte sowie die Bedrohung des Wettbewerbs durch den Zusammenschluss, berücksichtigen. Im Interesse der Rechtssicherheit ist die Wirksamkeit von Rechtsgeschäften zu schützen, soweit dies erforderlich ist.

(35) Es ist eine Frist festzulegen, innerhalb derer die Kommission wegen eines angemeldeten Zusammenschlusses das Verfahren einzuleiten hat; ferner sind Fristen vorzusehen, innerhalb derer die Kommission abschliessend zu entscheiden hat, ob ein Zusammenschluss mit dem Gemeinsamen Markt vereinbar oder unvereinbar ist. Wenn die beteiligten Unternehmen anbieten, Verpflichtungen einzugehen, um den Zusammenschluss mit dem Gemeinsamen Markt vereinbar zu machen, sollten diese Fristen verlängert werden, damit ausreichend Zeit für die Prüfung dieser Angebote, den Markttest und für die Konsultation der Mitgliedstaaten und interessierter Dritter bleibt. Darüber hinaus sollte in begrenztem Umfang eine Verlängerung der Frist, innerhalb derer die Kommission abschliessend entscheiden muss, möglich sein, damit ausreichend Zeit für die Untersuchung des Falls und für die Überprüfung der gegenüber der Kommission vorgetragenen Tatsachen und Argumente zur Verfügung steht.

(36) Die Gemeinschaft achtet die Grundrechte und Grundsätze, die insbesondere mit der Charta der Grundrechte der Europäischen Union[5] anerkannt wurden. Diese Verordnung sollte daher im Einklang mit diesen Rechten und Grundsätzen ausgelegt und angewandt werden.

(37) Die beteiligten Unternehmen müssen das Recht erhalten, von der Kommission gehört zu werden, sobald das Verfahren eingeleitet worden ist. Auch den Mitgliedern der geschäftsführenden und aufsichtsführenden Organe sowie den anerkannten Vertretern der Arbeitnehmer der beteiligten Unternehmen und betroffenen Dritten ist Gelegenheit zur Äusserung zu geben.

(38) Um Zusammenschlüsse ordnungsgemäss beurteilen zu können, sollte die Kommission alle erforderlichen Auskünfte einholen und alle erforderlichen Nachprüfungen in der Gemeinschaft vornehmen können. Zu diesem Zweck

[5] ABl. C 364 vom 18.12.2000, S. 1.

und im Interesse eines wirksamen Wettbewerbsschutzes müssen die Untersuchungsbefugnisse der Kommission ausgeweitet werden. Die Kommission sollte insbesondere alle Personen, die eventuell über sachdienliche Informationen verfügen, befragen und deren Aussagen zu Protokoll nehmen können.

(39) Wenn beauftragte Bedienstete der Kommission Nachprüfungen vornehmen, sollten sie alle Auskünfte im Zusammenhang mit Gegenstand und Zweck der Nachprüfung einholen dürfen. Sie sollten ferner bei Nachprüfungen Versiegelungen vornehmen dürfen, insbesondere wenn triftige Gründe für die Annahme vorliegen, dass ein Zusammenschluss ohne vorherige Anmeldung vollzogen wurde, dass der Kommission unrichtige, unvollständige oder irreführende Angaben gemacht wurden oder dass die betreffenden Unternehmen oder Personen Bedingungen oder Auflagen einer Entscheidung der Kommission nicht eingehalten haben. Eine Versiegelung sollte in jedem Fall nur unter aussergewöhnlichen Umständen und nur während der für die Nachprüfung unbedingt erforderlichen Dauer, d. h. normalerweise nicht länger als 48 Stunden, vorgenommen werden.

(40) Unbeschadet der Rechtsprechung des Gerichtshofs ist es auch zweckmässig, den Umfang der Kontrolle zu bestimmen, die ein einzelstaatliches Gericht ausüben kann, wenn es nach Massgabe des einzelstaatlichen Rechts vorsorglich die Unterstützung durch die Vollzugsorgane für den Fall genehmigt, dass ein Unternehmen sich weigern sollte, eine durch Entscheidung der Kommission angeordnete Nachprüfung oder Versiegelung zu dulden. Nach ständiger Rechtsprechung kann das einzelstaatliche Gericht die Kommission insbesondere um weitere Auskünfte bitten, die für die Ausübung seiner Kontrolle erforderlich sind und in Ermangelung dieser Auskünfte die Genehmigung verweigern. Des Weiteren sind die einzelstaatlichen Gerichte nach ständiger Rechtsprechung für die Kontrolle der Anwendung der einzelstaatlichen Vorschriften für die Vollstreckung von Zwangsmassnahmen zuständig. Die zuständigen Behörden der Mitgliedstaaten sollten bei der Ausübung der Untersuchungsbefugnisse der Kommission aktiv mitwirken.

(41) Wenn Unternehmen oder natürliche Personen Entscheidungen der Kommission nachkommen, können sie nicht gezwungen werden, Zuwiderhandlungen einzugestehen; sie sind jedoch in jedem Fall verpflichtet, Sachfragen zu beantworten und Unterlagen beizubringen, auch wenn diese Informationen gegen sie oder gegen andere als Beweis für eine begangene Zuwiderhandlung verwendet werden können.

(42) Im Interesse der Transparenz sollten alle Entscheidungen der Kommission, die nicht rein verfahrensrechtlicher Art sind, auf breiter Ebene bekannt gemacht werden. Ebenso unerlässlich wie die Wahrung der Verteidigungsrechte der beteiligten Unternehmen, insbesondere des Rechts auf Akteneinsicht, ist der Schutz von Geschäftsgeheimnissen. Die Vertraulichkeit der innerhalb des

Netzes sowie mit den zuständigen Behörden von Drittländern ausgetauschten Informationen sollte gleichfalls gewahrt werden.

(43) Die Einhaltung dieser Verordnung sollte, soweit erforderlich, durch Geldbussen und Zwangsgelder sichergestellt werden. Dabei sollte dem Gerichtshof nach Artikel 229 des Vertrags die Befugnis zu unbeschränkter Ermessensnachprüfung übertragen werden.

(44) Die Bedingungen, unter denen Zusammenschlüsse in Drittländern durchgeführt werden, an denen Unternehmen beteiligt sind, die ihren Sitz oder ihr Hauptgeschäft in der Gemeinschaft haben, sollten aufmerksam verfolgt werden; es sollte die Möglichkeit vorgesehen werden, dass die Kommission vom Rat ein Verhandlungsmandat mit dem Ziel erhalten kann, eine nichtdiskriminierende Behandlung für solche Unternehmen zu erreichen.

(45) Diese Verordnung berührt in keiner Weise die in den beteiligten Unternehmen anerkannten kollektiven Rechte der Arbeitnehmer, insbesondere im Hinblick auf die nach Gemeinschaftsrecht oder nach innerstaatlichem Recht bestehende Pflicht, die anerkannten Arbeitnehmervertreter zu unterrichten oder anzuhören.

(46) Die Kommission sollte ausführliche Vorschriften für die Durchführung dieser Verordnung entsprechend den Modalitäten für die Ausübung der der Kommission übertragenen Durchführungsbefugnisse festlegen können. Beim Erlass solcher Durchführungsbestimmungen sollte sie durch einen Beratenden Ausschuss unterstützt werden, der gemäss Artikel 23 aus Vertretern der Mitgliedstaaten besteht

HAT FOLGENDE VERORDNUNG ERLASSEN:

Artikel 1 *Anwendungsbereich*

(1) Unbeschadet des Artikels 4 Absatz 5 und des Artikels 22 gilt diese Verordnung für alle Zusammenschlüsse von gemeinschaftsweiter Bedeutung im Sinne dieses Artikels.

(2) Ein Zusammenschluss hat gemeinschaftsweite Bedeutung, wenn folgende Umsätze erzielt werden:

a) ein weltweiter Gesamtumsatz aller beteiligten Unternehmen zusammen von mehr als 5 Mrd. EUR und

b) ein gemeinschaftsweiter Gesamtumsatz von mindestens zwei beteiligten Unternehmen von jeweils mehr als 250 Mio. EUR;

dies gilt nicht, wenn die beteiligten Unternehmen jeweils mehr als zwei Drittel ihres gemeinschaftsweiten Gesamtumsatzes in ein und demselben Mitgliedstaat erzielen.

(3) Ein Zusammenschluss, der die in Absatz 2 vorgesehenen Schwellen nicht erreicht, hat gemeinschaftsweite Bedeutung, wenn

a) der weltweite Gesamtumsatz aller beteiligten Unternehmen zusammen mehr als 2,5 Mrd. EUR beträgt,

b) der Gesamtumsatz aller beteiligten Unternehmen in mindestens drei Mitgliedstaaten jeweils 100 Mio. EUR übersteigt,

c) in jedem von mindestens drei von Buchstabe b) erfassten Mitgliedstaaten der Gesamtumsatz von mindestens zwei beteiligten Unternehmen jeweils mehr als 25 Mio. EUR beträgt und

d) der gemeinschaftsweite Gesamtumsatz von mindestens zwei beteiligten Unternehmen jeweils 100 Mio. EUR übersteigt;

dies gilt nicht, wenn die beteiligten Unternehmen jeweils mehr als zwei Drittel ihres gemeinschaftsweiten Gesamtumsatzes in ein und demselben Mitgliedstaat erzielen.

(4) Vor dem 1. Juli 2009 erstattet die Kommission dem Rat auf der Grundlage statistischer Angaben, die die Mitgliedstaaten regelmässig übermitteln können, über die Anwendung der in den Absätzen 2 und 3 vorgesehenen Schwellen und Kriterien Bericht, wobei sie Vorschläge gemäss Absatz 5 unterbreiten kann.

(5) Der Rat kann im Anschluss an den in Absatz 4 genannten Bericht auf Vorschlag der Kommission mit qualifizierter Mehrheit die in Absatz 3 aufgeführten Schwellen und Kriterien ändern.

Artikel 2 *Beurteilung von Zusammenschlüssen*

(1) Zusammenschlüsse im Sinne dieser Verordnung sind nach Massgabe der Ziele dieser Verordnung und der folgenden Bestimmungen auf ihre Vereinbarkeit mit dem Gemeinsamen Markt zu prüfen.

Bei dieser Prüfung berücksichtigt die Kommission:

a) die Notwendigkeit, im Gemeinsamen Markt wirksamen Wettbewerb aufrechtzuerhalten und zu entwickeln, insbesondere im Hinblick auf die Struktur aller betroffenen Märkte und den tatsächlichen oder potenziellen Wettbewerb durch innerhalb oder ausserhalb der Gemeinschaft ansässige Unternehmen;

b) die Marktstellung sowie die wirtschaftliche Macht und die Finanzkraft der beteiligten Unternehmen, die Wahlmöglichkeiten der Lieferanten und Abnehmer, ihren Zugang zu den Beschaffungs- und Absatzmärkten, rechtliche oder tatsächliche Marktzutrittsschranken, die Entwicklung des Angebots und der Nachfrage bei den jeweiligen Erzeugnissen und Dienstleistungen, die Interessen der Zwischen- und Endverbraucher sowie die Entwicklung des technischen und wirtschaftlichen Fortschritts, sofern diese dem Verbraucher dient und den Wettbewerb nicht behindert.

(2) Zusammenschlüsse, durch die wirksamer Wettbewerb im Gemeinsamen Markt oder in einem wesentlichen Teil desselben nicht erheblich behindert würde, insbesondere durch Begründung oder Verstärkung einer beherrschenden Stellung, sind für mit dem Gemeinsamen Markt vereinbar zu erklären.

(3) Zusammenschlüsse, durch die wirksamer Wettbewerb im Gemeinsamen Markt oder in einem wesentlichen Teil desselben erheblich behindert würde, insbesondere durch Begründung oder Verstärkung einer beherrschenden Stellung, sind für mit dem Gemeinsamen Markt unvereinbar zu erklären.

(4) Soweit die Gründung eines Gemeinschaftsunternehmens, das einen Zusammenschluss gemäss Artikel 3 darstellt, die Koordinierung des Wettbewerbsverhaltens unabhängig bleibender Unternehmen bezweckt oder bewirkt, wird eine solche Koordinierung nach den Kriterien des Artikels 81 Absätze 1 und 3 des Vertrags beurteilt, um festzustellen, ob das Vorhaben mit dem Gemeinsamen Markt vereinbar ist.

(5) Bei dieser Beurteilung berücksichtigt die Kommission insbesondere, ob

– es auf dem Markt des Gemeinschaftsunternehmens oder auf einem diesem vor- oder nachgelagerten Markt oder auf einem benachbarten oder eng mit ihm verknüpften Markt eine nennenswerte und gleichzeitige Präsenz von zwei oder mehr Gründerunternehmen gibt;

– die unmittelbar aus der Gründung des Gemeinschaftsunternehmens erwachsende Koordinierung den beteiligten Unternehmen die Möglichkeit eröffnet, für einen wesentlichen Teil der betreffenden Waren und Dienstleistungen den Wettbewerb auszuschalten.

Artikel 3 *Definition des Zusammenschlusses*

(1) Ein Zusammenschluss wird dadurch bewirkt, dass eine dauerhafte Veränderung der Kontrolle in der Weise stattfindet, dass

a) zwei oder mehr bisher voneinander unabhängige Unternehmen oder Unternehmensteile fusionieren oder dass

b) eine oder mehrere Personen, die bereits mindestens ein Unternehmen kontrollieren, oder ein oder mehrere Unternehmen durch den Erwerb von Anteilsrechten oder Vermögenswerten, durch Vertrag oder in sonstiger Weise die unmittelbare oder mittelbare Kontrolle über die Gesamtheit oder über Teile eines oder mehrerer anderer Unternehmen erwerben.

(2) Die Kontrolle wird durch Rechte, Verträge oder andere Mittel begründet, die einzeln oder zusammen unter Berücksichtigung aller tatsächlichen oder rechtlichen Umstände die Möglichkeit gewähren, einen bestimmenden Einfluss auf die Tätigkeit eines Unternehmens auszuüben, insbesondere durch:

a) Eigentums – oder Nutzungsrechte an der Gesamtheit oder an Teilen des Vermögens des Unternehmens;

b) Rechte oder Verträge, die einen bestimmenden Einfluss auf die Zusammensetzung, die Beratungen oder Beschlüsse der Organe des Unternehmens gewähren.

(3) Die Kontrolle wird für die Personen oder Unternehmen begründet,

a) die aus diesen Rechten oder Verträgen selbst berechtigt sind, oder

b) die, obwohl sie aus diesen Rechten oder Verträgen nicht selbst berechtigt sind, die Befugnis haben, die sich daraus ergebenden Rechte auszuüben.

(4) Die Gründung eines Gemeinschaftsunternehmens, das auf Dauer alle Funktionen einer selbstständigen wirtschaftlichen Einheit erfüllt, stellt einen Zusammenschluss im Sinne von Absatz 1 Buchstabe b) dar.

(5) Ein Zusammenschluss wird nicht bewirkt,

a) wenn Kreditinstitute, sonstige Finanzinstitute oder Versicherungsgesellschaften, deren normale Tätigkeit Geschäfte und den Handel mit Wertpapieren für eigene oder fremde Rechnung einschliesst, vorübergehend Anteile an einem Unternehmen zum Zweck der Veräusserung erwerben, sofern sie die mit den Anteilen verbundenen Stimmrechte nicht ausüben, um das Wettbewerbsverhalten des Unternehmens zu bestimmen, oder sofern sie die Stimmrechte nur ausüben, um die Veräusserung der Gesamtheit oder von Teilen des Unternehmens oder seiner Vermögenswerte oder die Veräusserung der Anteile vorzubereiten, und sofern die Veräusserung innerhalb eines Jahres nach dem Zeitpunkt des Erwerbs erfolgt; diese Frist kann von der Kommission auf Antrag verlängert werden, wenn die genannten Institute oder Gesellschaften nachweisen, dass die Veräusserung innerhalb der vorgeschriebenen Frist unzumutbar war;

b) wenn der Träger eines öffentlichen Mandats aufgrund der Gesetzgebung eines Mitgliedstaats über die Auflösung von Unternehmen, die Insolvenz, die Zahlungseinstellung, den Vergleich oder ähnliche Verfahren die Kontrolle erwirbt;

c) wenn die in Absatz 1 Buchstabe b) bezeichneten Handlungen von Beteiligungsgesellschaften im Sinne von Artikel 5 Absatz 3 der Vierten Richtlinie 78/660/EWG des Rates vom 25. Juli 1978 aufgrund von Artikel 54 Absatz 3 Buchstabe g) des Vertrages über den Jahresabschluss von Gesellschaften bestimmter Rechtsformen[6] vorgenommen werden, jedoch mit der Einschränkung, dass die mit den erworbenen Anteilen verbundenen Stimmrechte, insbesondere wenn sie zur Ernennung der Mitglieder der geschäftsführenden oder aufsichtsführenden Organe der Unternehmen ausgeübt werden, an denen die Beteiligungsgesellschaften Anteile halten, nur zur Erhaltung des vollen Wertes der Investitionen und nicht dazu benutzt werden, unmittelbar oder mittelbar das Wettbewerbsverhalten dieser Unternehmen zu bestimmen.

Artikel 4 *Vorherige Anmeldung von Zusammenschlüssen und Verweisung vor der Anmeldung auf Antrag der Anmelder*

(1) Zusammenschlüsse von gemeinschaftsweiter Bedeutung im Sinne dieser Verordnung sind nach Vertragsabschluss, Veröffentlichung des Übernahmeangebots oder Erwerb einer die Kontrolle begründenden Beteiligung und vor ihrem Vollzug bei der Kommission anzumelden.

Eine Anmeldung ist auch dann möglich, wenn die beteiligten Unternehmen der Kommission gegenüber glaubhaft machen, dass sie gewillt sind, einen Vertrag zu schliessen, oder im Fall eines Übernahmeangebots öffentlich ihre Absicht zur Abgabe eines solchen Angebots bekundet haben, sofern der beabsichtigte Vertrag oder das beabsichtigte Angebot zu einem Zusammenschluss von gemeinschaftsweiter Bedeutung führen würde.

[6] ABl. L 222 vom 14.8.1978, S. 11. Richtlinie zuletzt geändert durch die Richtlinie 2003/51/EG des Europäischen Parlaments und des Rates (ABl. L 178 vom 17.7.2003, S. 16).

Im Sinne dieser Verordnung bezeichnet der Ausdruck «angemeldeter Zusammenschluss» auch beabsichtigte Zusammenschlüsse, die nach Unterabsatz 2 angemeldet werden. Für die Zwecke der Absätze 4 und 5 bezeichnet der Ausdruck «Zusammenschluss» auch beabsichtigte Zusammenschlüsse im Sinne von Unterabsatz 2.

(2) Zusammenschlüsse in Form einer Fusion im Sinne des Artikels 3 Absatz 1 Buchstabe a) oder in Form der Begründung einer gemeinsamen Kontrolle im Sinne des Artikels 3 Absatz 1 Buchstabe b) sind von den an der Fusion oder der Begründung der gemeinsamen Kontrolle Beteiligten gemeinsam anzumelden. In allen anderen Fällen ist die Anmeldung von der Person oder dem Unternehmen vorzunehmen, die oder das die Kontrolle über die Gesamtheit oder über Teile eines oder mehrerer Unternehmen erwirbt.

(3) Stellt die Kommission fest, dass ein Zusammenschluss unter diese Verordnung fällt, so veröffentlicht sie die Tatsache der Anmeldung unter Angabe der Namen der beteiligten Unternehmen, ihres Herkunftslands, der Art des Zusammenschlusses sowie der betroffenen Wirtschaftszweige. Die Kommission trägt den berechtigten Interessen der Unternehmen an der Wahrung ihrer Geschäftsgeheimnisse Rechnung.

(4) Vor der Anmeldung eines Zusammenschlusses gemäss Absatz 1 können die Personen oder Unternehmen im Sinne des Absatzes 2 der Kommission in einem begründeten Antrag mitteilen, dass der Zusammenschluss den Wettbewerb in einem Markt innerhalb eines Mitgliedstaats, der alle Merkmale eines gesonderten Marktes aufweist, erheblich beeinträchtigen könnte und deshalb ganz oder teilweise von diesem Mitgliedstaat geprüft werden sollte.

Die Kommission leitet diesen Antrag unverzüglich an alle Mitgliedstaaten weiter. Der in dem begründeten Antrag genannte Mitgliedstaat teilt innerhalb von 15 Arbeitstagen nach Erhalt dieses Antrags mit, ob er der Verweisung des Falles zustimmt oder nicht. Trifft der betreffende Mitgliedstaat eine Entscheidung nicht innerhalb dieser Frist, so gilt dies als Zustimmung.

Soweit dieser Mitgliedstaat der Verweisung nicht widerspricht, kann die Kommission, wenn sie der Auffassung ist, dass ein gesonderter Markt besteht und der Wettbewerb in diesem Markt durch den Zusammenschluss erheblich beeinträchtigt werden könnte, den gesamten Fall oder einen Teil des Falles an die zuständigen Behörden des betreffenden Mitgliedstaats verweisen, damit das Wettbewerbsrecht dieses Mitgliedstaats angewandt wird.

Die Entscheidung über die Verweisung oder Nichtverweisung des Falls gemäss Unterabsatz 3 ergeht innerhalb von 25 Arbeitstagen nach Eingang des begründeten Antrags bei der Kommission. Die Kommission teilt ihre Entscheidung den übrigen Mitgliedstaaten und den beteiligten Personen oder Unternehmen mit. Trifft die Kommission innerhalb dieser Frist keine Entscheidung, so gilt der Fall entsprechend dem von den beteiligten Personen oder Unternehmen gestellten Antrag als verwiesen.

Beschliesst die Kommission die Verweisung des gesamten Falles oder gilt der Fall gemäss den Unterabsätzen 3 und 4 als verwiesen, erfolgt keine Anmeldung gemäss Absatz 1, und das Wettbewerbsrecht des betreffenden Mitgliedstaats findet Anwendung. Artikel 9 Absätze 6 bis 9 finden entsprechend Anwendung.

(5) Im Fall eines Zusammenschlusses im Sinne des Artikels 3, der keine gemeinschaftsweite Bedeutung im Sinne von Artikel 1 hat und nach dem Wettbewerbsrecht mindestens dreier Mitgliedstaaten geprüft werden könnte, können die in Absatz 2 genannten Personen oder Unternehmen vor einer Anmeldung bei den zuständigen Behörden der Kommission in einem begründeten Antrag mitteilen, dass der Zusammenschluss von der Kommission geprüft werden sollte.

Die Kommission leitet diesen Antrag unverzüglich an alle Mitgliedstaaten weiter.

Jeder Mitgliedstaat, der nach seinem Wettbewerbsrecht für die Prüfung des Zusammenschlusses zuständig ist, kann innerhalb von 15 Arbeitstagen nach Erhalt dieses Antrags die beantragte Verweisung ablehnen.

Lehnt mindestens ein Mitgliedstaat gemäss Unterabsatz 3 innerhalb der Frist von 15 Arbeitstagen die beantragte Verweisung ab, so wird der Fall nicht verwiesen. Die Kommission unterrichtet unverzüglich alle Mitgliedstaaten und die beteiligten Personen oder Unternehmen von einer solchen Ablehnung.

Hat kein Mitgliedstaat gemäss Unterabsatz 3 innerhalb von 15 Arbeitstagen die beantragte Verweisung abgelehnt, so wird die gemeinschaftsweite Bedeutung des Zusammenschlusses vermutet und er ist bei der Kommission gemäss den Absätzen 1 und 2 anzumelden. In diesem Fall wendet kein Mitgliedstaat sein innerstaatliches Wettbewerbsrecht auf den Zusammenschluss an.

(6) Die Kommission erstattet dem Rat spätestens bis 1. Juli 2009 Bericht über das Funktionieren der Absätze 4 und 5. Der Rat kann im Anschluss an diesen Bericht auf Vorschlag der Kommission die Absätze 4 und 5 mit qualifizierter Mehrheit ändern.

Artikel 5 *Berechnung des Umsatzes*

(1) Für die Berechnung des Gesamtumsatzes im Sinne dieser Verordnung sind die Umsätze zusammenzuzählen, welche die beteiligten Unternehmen im letzten Geschäftsjahr mit Waren und Dienstleistungen erzielt haben und die dem normalen geschäftlichen Tätigkeitsbereich der Unternehmen zuzuordnen sind, unter Abzug von Erlösschmälerungen, der Mehrwertsteuer und anderer unmittelbar auf den Umsatz bezogener Steuern. Bei der Berechnung des Gesamtum-

satzes eines beteiligten Unternehmens werden Umsätze zwischen den in Absatz 4 genannten Unternehmen nicht berücksichtigt.

Der in der Gemeinschaft oder in einem Mitgliedstaat erzielte Umsatz umfasst den Umsatz, der mit Waren und Dienstleistungen für Unternehmen oder Verbraucher in der Gemeinschaft oder in diesem Mitgliedstaat erzielt wird.

(2) Wird der Zusammenschluss durch den Erwerb von Teilen eines oder mehrerer Unternehmen bewirkt, so ist unabhängig davon, ob diese Teile eigene Rechtspersönlichkeit besitzen, abweichend von Absatz 1 aufseiten des Veräusserers nur der Umsatz zu berücksichtigen, der auf die veräusserten Teile entfällt.

Zwei oder mehr Erwerbsvorgänge im Sinne von Unterabsatz 1, die innerhalb von zwei Jahren zwischen denselben Personen oder Unternehmen getätigt werden, werden hingegen als ein einziger Zusammenschluss behandelt, der zum Zeitpunkt des letzten Erwerbsvorgangs stattfindet.

(3) An die Stelle des Umsatzes tritt

a) bei Kredit- und sonstigen Finanzinstituten die Summe der folgenden in der Richtlinie 86/635/EWG des Rates[7] definierten Ertragsposten gegebenenfalls nach Abzug der Mehrwertsteuer und sonstiger direkt auf diese Erträge erhobener Steuern:

   i) Zinserträge und ähnliche Erträge,

   ii) Erträge aus Wertpapieren:

      – Erträge aus Aktien, anderen Anteilsrechten und nicht festverzinslichen Wertpapieren,

      – Erträge aus Beteiligungen,

      – Erträge aus Anteilen an verbundenen Unternehmen,

   iii) Provisionserträge,

   iv) Nettoerträge aus Finanzgeschäften,

   v) sonstige betriebliche Erträge.

Der Umsatz eines Kredit- oder Finanzinstituts in der Gemeinschaft oder in einem Mitgliedstaat besteht aus den vorerwähnten Ertragsposten, die die in der Gemeinschaft oder dem betreffenden Mitgliedstaat errichtete Zweig- oder Geschäftsstelle des Instituts verbucht;

b) bei Versicherungsunternehmen die Summe der Bruttoprämien; diese Summe umfasst alle vereinnahmten sowie alle noch zu vereinnahmen-

[7] ABl. L 372 vom 31.12.1986, S. 1. Richtlinie zuletzt geändert durch die Richtlinie 2003/51/EG des Europäischen Parlaments und des Rates.

den Prämien aufgrund von Versicherungsverträgen, die von diesen Unternehmen oder für ihre Rechnung abgeschlossen worden sind, einschliesslich etwaiger Rückversicherungsprämien und abzüglich der aufgrund des Betrags der Prämie oder des gesamten Prämienvolumens berechneten Steuern und sonstigen Abgaben. Bei der Anwendung von Artikel 1 Absatz 2 Buchstabe b) und Absatz 3 Buchstaben b), c) und d) sowie den letzten Satzteilen der genannten beiden Absätze ist auf die Bruttoprämien abzustellen, die von in der Gemeinschaft bzw. in einem Mitgliedstaat ansässigen Personen gezahlt werden.

(4) Der Umsatz eines beteiligten Unternehmens im Sinne dieser Verordnung setzt sich unbeschadet des Absatzes 2 zusammen aus den Umsätzen

a) des beteiligten Unternehmens;

b) der Unternehmen, in denen das beteiligte Unternehmen unmittelbar oder mittelbar entweder

 i) mehr als die Hälfte des Kapitals oder des Betriebsvermögens besitzt oder

 ii) über mehr als die Hälfte der Stimmrechte verfügt oder

 iii) mehr als die Hälfte der Mitglieder des Aufsichtsrats, des Verwaltungsrats oder der zur gesetzlichen Vertretung berufenen Organe bestellen kann oder

 iv) das Recht hat, die Geschäfte des Unternehmens zu führen;

c) der Unternehmen, die in dem beteiligten Unternehmen die unter Buchstabe b) bezeichneten Rechte oder Einflussmöglichkeiten haben;

d) der Unternehmen, in denen ein unter Buchstabe c) genanntes Unternehmen die unter Buchstabe b) bezeichneten Rechte oder Einflussmöglichkeiten hat;

e) der Unternehmen, in denen mehrere der unter den Buchstaben a) bis d) genannten Unternehmen jeweils gemeinsam die in Buchstabe b) bezeichneten Rechte oder Einflussmöglichkeiten haben.

(5) Haben an dem Zusammenschluss beteiligte Unternehmen gemeinsam die in Absatz 4 Buchstabe b) bezeichneten Rechte oder Einflussmöglichkeiten, so gilt für die Berechnung des Umsatzes der beteiligten Unternehmen im Sinne dieser Verordnung folgende Regelung:

a) Nicht zu berücksichtigen sind die Umsätze mit Waren und Dienstleistungen zwischen dem Gemeinschaftsunternehmen und jedem der beteiligten Unternehmen oder mit einem Unternehmen, das mit diesen im Sinne von Absatz 4 Buchstaben b) bis e) verbunden ist.

b) Zu berücksichtigen sind die Umsätze mit Waren und Dienstleistungen zwischen dem Gemeinschaftsunternehmen und jedem dritten Unternehmen. Diese Umsätze sind den beteiligten Unternehmen zu gleichen Teilen zuzurechnen.

Artikel 6 *Prüfung der Anmeldung und Einleitung des Verfahrens*

(1) Die Kommission beginnt unmittelbar nach dem Eingang der Anmeldung mit deren Prüfung.

a) Gelangt sie zu dem Schluss, dass der angemeldete Zusammenschluss nicht unter diese Verordnung fällt, so stellt sie dies durch Entscheidung fest.

b) Stellt sie fest, dass der angemeldete Zusammenschluss zwar unter diese Verordnung fällt, jedoch keinen Anlass zu ernsthaften Bedenken hinsichtlich seiner Vereinbarkeit mit dem Gemeinsamen Markt gibt, so trifft sie die Entscheidung, keine Einwände zu erheben und erklärt den Zusammenschluss für vereinbar mit dem Gemeinsamen Markt.

Durch eine Entscheidung, mit der ein Zusammenschluss für vereinbar erklärt wird, gelten auch die mit seiner Durchführung unmittelbar verbundenen und für sie notwendigen Einschränkungen als genehmigt.

c) Stellt die Kommission unbeschadet des Absatzes 2 fest, dass der angemeldete Zusammenschluss unter diese Verordnung fällt und Anlass zu ernsthaften Bedenken hinsichtlich seiner Vereinbarkeit mit dem Gemeinsamen Markt gibt, so trifft sie die Entscheidung, das Verfahren einzuleiten. Diese Verfahren werden unbeschadet des Artikels 9 durch eine Entscheidung nach Artikel 8 Absätze 1 bis 4 abgeschlossen, es sei denn, die beteiligten Unternehmen haben der Kommission gegenüber glaubhaft gemacht, dass sie den Zusammenschluss aufgegeben haben.

(2) Stellt die Kommission fest, dass der angemeldete Zusammenschluss nach Änderungen durch die beteiligten Unternehmen keinen Anlass mehr zu ernsthaften Bedenken im Sinne des Absatzes 1 Buchstabe c) gibt, so erklärt sie gemäss Absatz 1 Buchstabe b) den Zusammenschluss für vereinbar mit dem Gemeinsamen Markt.

Die Kommission kann ihre Entscheidung gemäss Absatz 1 Buchstabe b) mit Bedingungen und Auflagen verbinden, um sicherzustellen, dass die beteiligten Unternehmen den Verpflichtungen nachkommen, die sie gegenüber der Kommission hinsichtlich einer mit dem Gemeinsamen Markt zu vereinbarenden Gestaltung des Zusammenschlusses eingegangen sind.

(3) Die Kommission kann eine Entscheidung gemäss Absatz 1 Buchstabe a) oder b) widerrufen, wenn

a) die Entscheidung auf unrichtigen Angaben, die von einem beteiligten Unternehmen zu vertreten sind, beruht oder arglistig herbeigeführt worden ist oder

b) die beteiligten Unternehmen einer in der Entscheidung vorgesehenen Auflage zuwiderhandeln.

(4) In den in Absatz 3 genannten Fällen kann die Kommission eine Entscheidung gemäss Absatz 1 treffen, ohne an die in Artikel 10 Absatz 1 genannten Fristen gebunden zu sein.

(5) Die Kommission teilt ihre Entscheidung den beteiligten Unternehmen und den zuständigen Behörden der Mitgliedstaaten unverzüglich mit.

Artikel 7 *Aufschub des Vollzugs von Zusammenschlüssen*

(1) Ein Zusammenschluss von gemeinschaftsweiter Bedeutung im Sinne des Artikels 1 oder ein Zusammenschluss, der von der Kommission gemäss Artikel 4 Absatz 5 geprüft werden soll, darf weder vor der Anmeldung noch so lange vollzogen werden, bis er aufgrund einer Entscheidung gemäss Artikel 6 Absatz 1 Buchstabe b) oder Artikel 8 Absätze 1 oder 2 oder einer Vermutung gemäss Artikel 10 Absatz 6 für vereinbar mit dem Gemeinsamen Markt erklärt worden ist.

(2) Absatz 1 steht der Verwirklichung von Vorgängen nicht entgegen, bei denen die Kontrolle im Sinne von Artikel 3 von mehreren Veräusserern entweder im Wege eines öffentlichen Übernahmeangebots oder im Wege einer Reihe von Rechtsgeschäften mit Wertpapieren, einschliesslich solchen, die in andere zum Handel an einer Börse oder an einem ähnlichen Markt zugelassene Wertpapiere konvertierbar sind, erworben wird, sofern

a) der Zusammenschluss gemäss Artikel 4 unverzüglich bei der Kommission angemeldet wird und

b) der Erwerber die mit den Anteilen verbundenen Stimmrechte nicht ausübt oder nur zur Erhaltung des vollen Wertes seiner Investition aufgrund einer von der Kommission nach Absatz 3 erteilten Freistellung ausübt.

(3) Die Kommission kann auf Antrag eine Freistellung von den in Absatz 1 oder Absatz 2 bezeichneten Pflichten erteilen. Der Antrag auf Freistellung muss mit Gründen versehen sein. Die Kommission beschliesst über den Antrag unter besonderer Berücksichtigung der möglichen Auswirkungen des Aufschubs des Vollzugs auf ein oder mehrere an dem Zusammenschluss beteiligte Unternehmen oder auf Dritte sowie der möglichen Gefährdung des Wettbewerbs durch den Zusammenschluss. Die Freistellung kann mit Bedingungen und Auflagen verbunden werden, um die Voraussetzungen für einen wirksamen Wettbewerb zu sichern. Sie kann jederzeit, auch vor der Anmeldung oder nach Abschluss des Rechtsgeschäfts, beantragt und erteilt werden.

(4) Die Wirksamkeit eines unter Missachtung des Absatzes 1 abgeschlossenen Rechtsgeschäfts ist von einer nach Artikel 6 Absatz 1 Buchstabe b) oder nach

Artikel 8 Absätze 1, 2 oder 3 erlassenen Entscheidung oder von dem Eintritt der in Artikel 10 Absatz 6 vorgesehenen Vermutung abhängig.

Dieser Artikel berührt jedoch nicht die Wirksamkeit von Rechtsgeschäften mit Wertpapieren, einschliesslich solcher, die in andere Wertpapiere konvertierbar sind, wenn diese Wertpapiere zum Handel an einer Börse oder an einem ähnlichen Markt zugelassen sind, es sei denn, dass die Käufer und die Verkäufer wussten oder hätten wissen müssen, dass das betreffende Rechtsgeschäft unter Missachtung des Absatzes 1 geschlossen wurde.

Artikel 8 *Entscheidungsbefugnisse der Kommission*

(1) Stellt die Kommission fest, dass ein angemeldeter Zusammenschluss dem in Artikel 2 Absatz 2 festgelegten Kriterium und – in den in Artikel 2 Absatz 4 genannten Fällen – den Kriterien des Artikels 81 Absatz 3 des Vertrags entspricht, so erlässt sie eine Entscheidung, mit der der Zusammenschluss für vereinbar mit dem Gemeinsamen Markt erklärt wird.

Durch eine Entscheidung, mit der ein Zusammenschluss für vereinbar erklärt wird, gelten auch die mit seiner Durchführung unmittelbar verbundenen und für sie notwendigen Einschränkungen als genehmigt.

(2) Stellt die Kommission fest, dass ein angemeldeter Zusammenschluss nach entsprechenden Änderungen durch die beteiligten Unternehmen dem in Artikel 2 Absatz 2 festgelegten Kriterium und – in den in Artikel 2 Absatz 4 genannten Fällen – den Kriterien des Artikels 81 Absatz 3 des Vertrags entspricht, so erlässt sie eine Entscheidung, mit der der Zusammenschluss für vereinbar mit dem Gemeinsamen Markt erklärt wird.

Die Kommission kann ihre Entscheidung mit Bedingungen und Auflagen verbinden, um sicherzustellen, dass die beteiligten Unternehmen den Verpflichtungen nachkommen, die sie gegenüber der Kommission hinsichtlich einer mit dem Gemeinsamen Markt zu vereinbarenden Gestaltung des Zusammenschlusses eingegangen sind.

Durch eine Entscheidung, mit der ein Zusammenschluss für vereinbar erklärt wird, gelten auch die mit seiner Durchführung unmittelbar verbundenen und für sie notwendigen Einschränkungen als genehmigt.

(3) Stellt die Kommission fest, dass ein Zusammenschluss dem in Artikel 2 Absatz 3 festgelegten Kriterium entspricht oder – in den in Artikel 2 Absatz 4 genannten Fällen – den Kriterien des Artikels 81 Absatz 3 des Vertrags nicht entspricht, so erlässt sie eine Entscheidung, mit der der Zusammenschluss für unvereinbar mit dem Gemeinsamen Markt erklärt wird.

(4) Stellt die Kommission fest, dass ein Zusammenschluss

a) bereits vollzogen wurde und dieser Zusammenschluss für unvereinbar mit dem Gemeinsamen Markt erklärt worden ist oder

b) unter Verstoss gegen eine Bedingung vollzogen wurde, unter der eine Entscheidung gemäss Absatz 2 ergangen ist, in der festgestellt wird, dass der Zusammenschluss bei Nichteinhaltung der Bedingung das Kriterium des Artikels 2 Absatz 3 erfüllen würde oder – in den in Artikel 2 Absatz 4 genannten Fällen – die Kriterien des Artikels 81 Absatz 3 des Vertrags nicht erfüllen würde, kann sie die folgenden Massnahmen ergreifen:

- Sie kann den beteiligten Unternehmen aufgeben, den Zusammenschluss rückgängig zu machen, insbesondere durch die Auflösung der Fusion oder die Veräusserung aller erworbenen Anteile oder Vermögensgegenstände, um den Zustand vor dem Vollzug des Zusammenschlusses wiederherzustellen. Ist es nicht möglich, den Zustand vor dem Vollzug des Zusammenschlusses dadurch wiederherzustellen, dass der Zusammenschluss rückgängig gemacht wird, so kann die Kommission jede andere geeignete Massnahme treffen, um diesen Zustand soweit wie möglich wiederherzustellen.
- Sie kann jede andere geeignete Massnahme anordnen, um sicherzustellen, dass die beteiligten Unternehmen den Zusammenschluss rückgängig machen oder andere Massnahmen zur Wiederherstellung des früheren Zustands nach Massgabe ihrer Entscheidung ergreifen.

In den in Unterabsatz 1 Buchstabe a) genannten Fällen können die dort genannten Massnahmen entweder durch eine Entscheidung nach Absatz 3 oder durch eine gesonderte Entscheidung auferlegt werden.

(5) Die Kommission kann geeignete einstweilige Massnahmen anordnen, um wirksamen Wettbewerb wiederherzustellen oder aufrecht zu erhalten, wenn ein Zusammenschluss

a) unter Verstoss gegen Artikel 7 vollzogen wurde und noch keine Entscheidung über die Vereinbarkeit des Zusammenschlusses mit dem Gemeinsamen Markt ergangen ist;

b) unter Verstoss gegen eine Bedingung vollzogen wurde, unter der eine Entscheidung gemäss Artikel 6 Absatz 1 Buchstabe oder Absatz 2 des vorliegenden Artikels ergangen ist;

c) bereits vollzogen wurde und für mit dem Gemeinsamen Markt unvereinbar erklärt wird.

(6) Die Kommission kann eine Entscheidung gemäss Absatz 1 oder Absatz 2 widerrufen, wenn

a) die Vereinbarkeitserklärung auf unrichtigen Angaben beruht, die von einem der beteiligten Unternehmen zu vertreten sind, oder arglistig herbeigeführt worden ist oder

b) die beteiligten Unternehmen einer in der Entscheidung vorgesehenen Auflage zuwiderhandeln.

(7) Die Kommission kann eine Entscheidung gemäss den Absätzen 1 bis 3 treffen, ohne an die in Artikel 10 Absatz 3 genannten Fristen gebunden zu sein, wenn

a) sie feststellt, dass ein Zusammenschluss vollzogen wurde

i) unter Verstoss gegen eine Bedingung, unter der eine Entscheidung gemäss Artikel 6 Absatz 1 Buchstabe b) ergangen ist oder

ii) unter Verstoss gegen eine Bedingung, unter der eine Entscheidung gemäss Absatz 2 ergangen ist, mit der in Einklang mit Artikel 10 Absatz 2 festgestellt wird, dass der Zusammenschluss bei Nichterfüllung der Bedingung Anlass zu ernsthaften Bedenken hinsichtlich seiner Vereinbarkeit mit dem Gemeinsamen Markt geben würde oder

b) eine Entscheidung gemäss Absatz 6 widerrufen wurde.

(8) Die Kommission teilt ihre Entscheidung den beteiligten Unternehmen und den zuständigen Behörden der Mitgliedstaaten unverzüglich mit.

Artikel 9 *Verweisung an die zuständigen Behörden der Mitgliedstaaten*

(1) Die Kommission kann einen angemeldeten Zusammenschluss durch Entscheidung unter den folgenden Voraussetzungen an die zuständigen Behörden des betreffenden Mitgliedstaats verweisen; sie unterrichtet die beteiligten Unternehmen und die zuständigen Behörden der übrigen Mitgliedstaaten unverzüglich von dieser Entscheidung.

(2) Ein Mitgliedstaat kann der Kommission, die die beteiligten Unternehmen entsprechend unterrichtet, von Amts wegen oder auf Aufforderung durch die Kommission binnen 15 Arbeitstagen nach Erhalt der Kopie der Anmeldung mitteilen, dass

a) ein Zusammenschluss den Wettbewerb auf einem Markt in diesem Mitgliedstaat, der alle Merkmale eines gesonderten Marktes aufweist, erheblich zu beeinträchtigen droht oder

b) ein Zusammenschluss den Wettbewerb auf einem Markt in diesem Mitgliedstaat beeinträchtigen würde, der alle Merkmale eines gesonderten Marktes aufweist und keinen wesentlichen Teil des Gemeinsamen Marktes darstellt.

(3) Ist die Kommission der Auffassung, dass unter Berücksichtigung des Marktes der betreffenden Waren oder Dienstleistungen und des räumlichen Referenzmarktes im Sinne des Absatzes 7 ein solcher gesonderter Markt und eine solche Gefahr bestehen,

a) so behandelt sie entweder den Fall nach Massgabe dieser Verordnung selbst oder

b) verweist die Gesamtheit oder einen Teil des Falls an die zuständigen Behörden des betreffenden Mitgliedstaats, damit das Wettbewerbsrecht dieses Mitgliedstaats angewandt wird.

Ist die Kommission dagegen der Auffassung, dass ein solcher gesonderter Markt oder eine solche Gefahr nicht besteht, so stellt sie dies durch Entscheidung fest, die sie an den betreffenden Mitgliedstaat richtet, und behandelt den Fall nach Massgabe dieser Verordnung selbst.

In Fällen, in denen ein Mitgliedstaat der Kommission gemäss Absatz 2 Buchstabe b) mitteilt, dass ein Zusammenschluss in seinem Gebiet einen gesonderten Markt beeinträchtigt, der keinen wesentlichen Teil des Gemeinsamen Marktes darstellt, verweist die Kommission den gesamten Fall oder den Teil des Falls, der den gesonderten Markt betrifft, an die zuständigen Behörden des betreffenden Mitgliedstaats, wenn sie der Auffassung ist, dass ein gesonderter Markt betroffen ist.

(4) Die Entscheidung über die Verweisung oder Nichtverweisung nach Absatz 3 ergeht

a) in der Regel innerhalb der in Artikel 10 Absatz 1 Unterabsatz 2 genannten Frist, falls die Kommission das Verfahren nach Artikel 6 Absatz 1 Buchstabe b) nicht eingeleitet hat; oder

b) spätestens 65 Arbeitstage nach der Anmeldung des Zusammenschlusses, wenn die Kommission das Verfahren nach Artikel 6 Absatz 1 Buchstabe c) eingeleitet, aber keine vorbereitenden Schritte zum Erlass der nach Artikel 8 Absätze 2, 3 oder 4 erforderlichen Massnahmen unternommen hat, um wirksamen Wettbewerb auf dem betroffenen Markt aufrechtzuerhalten oder wiederherzustellen.

(5) Hat die Kommission trotz Erinnerung durch den betreffenden Mitgliedstaat innerhalb der in Absatz 4 Buchstabe b) bezeichneten Frist von 65 Arbeitstagen weder eine Entscheidung gemäss Absatz 3 über die Verweisung oder Nichtverweisung erlassen noch die in Absatz 4 Buchstabe b) bezeichneten vorbereitenden Schritte unternommen, so gilt die unwiderlegbare Vermutung, dass sie den Fall nach Absatz 3 Buchstabe b) an den betreffenden Mitgliedstaat verwiesen hat.

(6) Die zuständigen Behörden des betreffenden Mitgliedstaats entscheiden ohne unangemessene Verzögerung über den Fall.

Innerhalb von 45 Arbeitstagen nach der Verweisung von der Kommission teilt die zuständige Behörde des betreffenden Mitgliedstaats den beteiligten Unternehmen das Ergebnis einer vorläufigen wettbewerbsrechtlichen Prüfung sowie die gegebenenfalls von ihr beabsichtigten Massnahmen mit. Der betreffende Mitgliedstaat kann diese Frist ausnahmsweise hemmen, wenn die beteiligten Unternehmen die nach seinem innerstaatlichen Wettbewerbsrecht zu übermittelnden erforderlichen Angaben nicht gemacht haben.

Schreibt das einzelstaatliche Recht eine Anmeldung vor, so beginnt die Frist von 45 Arbeitstagen an dem Arbeitstag, der auf den Eingang der vollständigen Anmeldung bei der zuständigen Behörde des betreffenden Mitgliedstaats folgt.

(7) Der räumliche Referenzmarkt besteht aus einem Gebiet, auf dem die beteiligten Unternehmen als Anbieter oder Nachfrager von Waren oder Dienstleistungen auftreten, in dem die Wettbewerbsbedingungen hinreichend homogen sind und das sich von den benachbarten Gebieten unterscheidet; dies trifft insbesondere dann zu, wenn die in ihm herrschenden Wettbewerbsbedingungen sich von denen in den letztgenannten Gebieten deutlich unterscheiden. Bei dieser Beurteilung ist insbesondere auf die Art und die Eigenschaften der betreffenden Waren oder Dienstleistungen abzustellen, ferner auf das Vorhandensein von Zutrittsschranken, auf Verbrauchergewohnheiten sowie auf das Bestehen erheblicher Unterschiede bei den Marktanteilen der Unternehmen oder auf nennenswerte Preisunterschiede zwischen dem betreffenden Gebiet und den benachbarten Gebieten.

(8) In Anwendung dieses Artikels kann der betreffende Mitgliedstaat nur die Massnahmen ergreifen, die zur Aufrechterhaltung oder Wiederherstellung wirksamen Wettbewerbs auf dem betreffenden Markt unbedingt erforderlich sind.

(9) Zwecks Anwendung seines innerstaatlichen Wettbewerbsrechts kann jeder Mitgliedstaat nach Massgabe der einschlägigen Vorschriften des Vertrags beim Gerichtshof Klage erheben und insbesondere die Anwendung des Artikels 243 des Vertrags beantragen.

Artikel 10 *Fristen für die Einleitung des Verfahrens und für Entscheidungen*

(1) Unbeschadet von Artikel 6 Absatz 4 ergehen die Entscheidungen nach Artikel 6 Absatz 1 innerhalb von höchstens 25 Arbeitstagen. Die Frist beginnt mit dem Arbeitstag, der auf den Tag des Eingangs der Anmeldung folgt, oder, wenn die bei der Anmeldung zu erteilenden Auskünfte unvollständig sind, mit dem Arbeitstag, der auf den Tag des Eingangs der vollständigen Auskünfte folgt.

Diese Frist beträgt 35 Arbeitstage, wenn der Kommission ein Antrag eines Mitgliedstaats gemäss Artikel 9 Absatz 2 zugeht oder wenn die beteiligten Unternehmen gemäss Artikel 6 Absatz 2 anbieten, Verpflichtungen einzugehen, um den Zusammenschluss in einer mit dem Gemeinsamen Markt zu vereinbarenden Weise zu gestalten.

(2) Entscheidungen nach Artikel 8 Absatz 1 oder 2 über angemeldete Zusammenschlüsse sind zu erlassen, sobald offenkundig ist, dass die ernsthaften Bedenken im Sinne des Artikels 6 Absatz 1 Buchstabe c) – insbesondere durch von den beteiligten Unternehmen vorgenommene Änderungen – ausgeräumt sind, spätestens jedoch vor Ablauf der nach Absatz 3 festgesetzten Frist.

(3) Unbeschadet des Artikels 8 Absatz 7 müssen die in Artikel 8 Absätze 1 bis 3 bezeichneten Entscheidungen über angemeldete Zusammenschlüsse innerhalb einer Frist von höchstens 90 Arbeitstagen nach der Einleitung des Verfahrens erlassen werden. Diese Frist erhöht sich auf 105 Arbeitstage, wenn die beteiligten Unternehmen gemäss Artikel 8 Absatz 2 Unterabsatz 2 anbieten, Verpflichtungen einzugehen, um den Zusammenschluss in einer mit dem Gemeinsamen Markt zu vereinbarenden Weise zu gestalten, es sei denn, dieses Angebot wurde weniger als 55 Arbeitstage nach Einleitung des Verfahrens unterbreitet.

Die Fristen gemäss Unterabsatz 1 werden ebenfalls verlängert, wenn die Anmelder dies spätestens 15 Arbeitstage nach Einleitung des Verfahrens gemäss Artikel 6 Absatz 1 Buchstabe c) beantragen. Die Anmelder dürfen eine solche Fristverlängerung nur einmal beantragen. Ebenso kann die Kommission die Fristen gemäss Unterabsatz 1 jederzeit nach Einleitung des Verfahrens mit Zustimmung der Anmelder verlängern. Die Gesamtdauer aller etwaigen Fristverlängerungen nach diesem Unterabsatz darf 20 Arbeitstage nicht übersteigen.

(4) Die in den Absätzen 1 und 3 genannten Fristen werden ausnahmsweise gehemmt, wenn die Kommission durch Umstände, die von einem an dem Zusammenschluss beteiligten Unternehmen zu vertreten sind, eine Auskunft im Wege einer Entscheidung nach Artikel 11 anfordern oder im Wege einer Entscheidung nach Artikel 13 eine Nachprüfung anordnen musste.

Unterabsatz 1 findet auch auf die Frist gemäss Artikel 9 Absatz 4 Buchstabe b) Anwendung.

(5) Wird eine Entscheidung der Kommission, die einer in diesem Artikel festgesetzten Frist unterliegt, durch Urteil des Gerichtshofs ganz oder teilweise für nichtig erklärt, so wird der Zusammenschluss erneut von der Kommission geprüft; die Prüfung wird mit einer Entscheidung nach Artikel 6 Absatz 1 abgeschlossen.

Der Zusammenschluss wird unter Berücksichtigung der aktuellen Marktverhältnisse erneut geprüft.

Ist die ursprüngliche Anmeldung nicht mehr vollständig, weil sich die Marktverhältnisse oder die in der Anmeldung enthaltenen Angaben geändert haben, so legen die Anmelder unverzüglich eine neue Anmeldung vor oder ergänzen ihre ursprüngliche Anmeldung. Sind keine Änderungen eingetreten, so bestätigen die Anmelder dies unverzüglich.

Die in Absatz 1 festgelegten Fristen beginnen mit dem Arbeitstag, der auf den Tag des Eingangs der vollständigen neuen Anmeldung, der Anmeldungsergänzung oder der Bestätigung im Sinne von Unterabsatz 3 folgt.

Die Unterabsätze 2 und 3 finden auch in den in Artikel 6 Absatz 4 und Artikel 8 Absatz 7 bezeichneten Fällen Anwendung.

(6) Hat die Kommission innerhalb der in Absatz 1 beziehungsweise Absatz 3 genannten Fristen keine Entscheidung nach Artikel 6 Absatz 1 Buchstabe b) oder c) oder nach Artikel 8 Absätze 1, 2 oder 3 erlassen, so gilt der Zusammenschluss unbeschadet des Artikels 9 als für mit dem Gemeinsamen Markt vereinbar erklärt.

Artikel 11 *Auskunftsverlangen*

(1) Die Kommission kann zur Erfüllung der ihr durch diese Verordnung übertragenen Aufgaben von den in Artikel 3 Absatz 1 Buchstabe b) bezeichneten Personen sowie von Unternehmen und Unternehmensvereinigungen durch einfaches Auskunftsverlangen oder durch Entscheidung verlangen, dass sie alle erforderlichen Auskünfte erteilen.

(2) Richtet die Kommission ein einfaches Auskunftsverlangen an eine Person, ein Unternehmen oder eine Unternehmensvereinigung, so gibt sie darin die Rechtsgrundlagen und den Zweck des Auskunftsverlangens, die Art der benötigten Auskünfte und die Frist für die Erteilung der Auskünfte an und weist auf die in Artikel 14 für den Fall der Erteilung einer unrichtigen oder irreführenden Auskunft vorgesehenen Sanktionen hin.

(3) Verpflichtet die Kommission eine Person, ein Unternehmen oder eine Unternehmensvereinigung durch Entscheidung zur Erteilung von Auskünften, so gibt sie darin die Rechtsgrundlage, den Zweck des Auskunftsverlangens, die Art der benötigten Auskünfte und die Frist für die Erteilung der Auskünfte an. In der Entscheidung ist ferner auf die in Artikel 14 beziehungsweise Artikel 15 vorgesehenen Sanktionen hinzuweisen; gegebenenfalls kann auch ein Zwangsgeld gemäss Artikel 15 festgesetzt werden. Ausserdem enthält die Entscheidung einen Hinweis auf das Recht, vor dem Gerichtshof gegen die Entscheidung Klage zu erheben.

(4) Zur Erteilung der Auskünfte sind die Inhaber der Unternehmen oder deren Vertreter, bei juristischen Personen, Gesellschaften und nicht rechtsfähigen Vereinen die nach Gesetz oder Satzung zur Vertretung berufenen Personen

verpflichtet. Ordnungsgemäss bevollmächtigte Personen können die Auskünfte im Namen ihrer Mandanten erteilen. Letztere bleiben in vollem Umfang dafür verantwortlich, dass die erteilten Auskünfte vollständig, sachlich richtig und nicht irreführend sind.

(5) Die Kommission übermittelt den zuständigen Behörden des Mitgliedstaats, in dessen Hoheitsgebiet sich der Wohnsitz der Person oder der Sitz des Unternehmens oder der Unternehmensvereinigung befindet, sowie der zuständigen Behörde des Mitgliedstaats, dessen Hoheitsgebiet betroffen ist, unverzüglich eine Kopie der nach Absatz 3 erlassenen Entscheidung. Die Kommission übermittelt der zuständigen Behörde eines Mitgliedstaats auch die Kopien einfacher Auskunftsverlangen in Bezug auf einen angemeldeten Zusammenschluss, wenn die betreffende Behörde diese ausdrücklich anfordert.

(6) Die Regierungen und zuständigen Behörden der Mitgliedstaaten erteilen der Kommission auf Verlangen alle Auskünfte, die sie zur Erfüllung der ihr durch diese Verordnung übertragenen Aufgaben benötigt.

(7) Zur Erfüllung der ihr durch diese Verordnung übertragenen Aufgaben kann die Kommission alle natürlichen und juristischen Personen befragen, die dieser Befragung zum Zweck der Einholung von Informationen über einen Untersuchungsgegenstand zustimmen. Zu Beginn der Befragung, die telefonisch oder mit anderen elektronischen Mitteln erfolgen kann, gibt die Kommission die Rechtsgrundlage und den Zweck der Befragung an.

Findet eine Befragung weder in den Räumen der Kommission noch telefonisch oder mit anderen elektronischen Mitteln statt, so informiert die Kommission zuvor die zuständige Behörde des Mitgliedstaats, in dessen Hoheitsgebiet die Befragung erfolgt. Auf Verlangen der zuständigen Behörde dieses Mitgliedstaats können deren Bedienstete die Bediensteten der Kommission und die anderen von der Kommission zur Durchführung der Befragung ermächtigten Personen unterstützen.

Artikel 12 *Nachprüfungen durch Behörden der Mitgliedstaaten*

(1) Auf Ersuchen der Kommission nehmen die zuständigen Behörden der Mitgliedstaaten diejenigen Nachprüfungen vor, die die Kommission gemäss Artikel 13 Absatz 1 für angezeigt hält oder die sie in einer Entscheidung gemäss Artikel 13 Absatz 4 angeordnet hat. Die mit der Durchführung der Nachprüfungen beauftragten Bediensteten der zuständigen Behörden der Mitgliedstaaten sowie die von ihnen ermächtigten oder benannten Personen üben ihre Befugnisse nach Massgabe ihres innerstaatlichen Rechts aus.

(2) Die Bediensteten der Kommission und andere von ihr ermächtigte Begleitpersonen können auf Anweisung der Kommission oder auf Ersuchen der zuständigen Behörde des Mitgliedstaats, in dessen Hoheitsgebiet die Nach-

prüfung vorgenommen werden soll, die Bediensteten dieser Behörde unterstützen.

Artikel 13 *Nachprüfungsbefugnisse der Kommission*

(1) Die Kommission kann zur Erfüllung der ihr durch diese Verordnung übertragenen Aufgaben bei Unternehmen und Unternehmensvereinigungen alle erforderlichen Nachprüfungen vornehmen.

(2) Die mit den Nachprüfungen beauftragten Bediensteten der Kommission und die anderen von ihr ermächtigten Begleitpersonen sind befugt,

a) alle Räumlichkeiten, Grundstücke und Transportmittel der Unternehmen und Unternehmensvereinigungen zu betreten,

b) die Bücher und sonstigen Geschäftsunterlagen, unabhängig davon, in welcher Form sie vorliegen, zu prüfen,

c) Kopien oder Auszüge gleich in welcher Form aus diesen Büchern und Geschäftsunterlagen anzufertigen oder zu verlangen,

d) alle Geschäftsräume und Bücher oder Unterlagen für die Dauer der Nachprüfung in dem hierfür erforderlichen Ausmass zu versiegeln,

e) von allen Vertretern oder Beschäftigten des Unternehmens oder der Unternehmensvereinigung Erläuterungen zu Sachverhalten oder Unterlagen zu verlangen, die mit Gegenstand und Zweck der Nachprüfung in Zusammenhang stehen, und ihre Antworten aufzuzeichnen.

(3) Die mit der Nachprüfung beauftragten Bediensteten der Kommission und die anderen von ihr ermächtigten Begleitpersonen üben ihre Befugnisse unter Vorlage eines schriftlichen Auftrags aus, in dem der Gegenstand und der Zweck der Nachprüfung bezeichnet sind und in dem auf die in Artikel 14 vorgesehenen Sanktionen für den Fall hingewiesen wird, dass die angeforderten Bücher oder sonstigen Geschäftsunterlagen nicht vollständig vorgelegt werden oder die Antworten auf die nach Absatz 2 gestellten Fragen unrichtig oder irreführend sind. Die Kommission unterrichtet die zuständige Behörde des Mitgliedstaats, in dessen Hoheitsgebiet die Nachprüfung vorgenommen werden soll, rechtzeitig vor deren Beginn über den Prüfungsauftrag.

(4) Unternehmen und Unternehmensvereinigungen sind verpflichtet, die Nachprüfungen zu dulden, die die Kommission durch Entscheidung angeordnet hat. Die Entscheidung bezeichnet den Gegenstand und den Zweck der Nachprüfung, bestimmt den Zeitpunkt des Beginns der Nachprüfung und weist auf die in Artikel 14 und Artikel 15 vorgesehenen Sanktionen sowie auf das Recht hin, vor dem Gerichtshof Klage gegen die Entscheidung zu erheben. Die Kommission erlässt diese Entscheidung nach Anhörung der zuständigen Behörde des Mitgliedstaats, in dessen Hoheitsgebiet die Nachprüfung vorgenommen werden soll.

(5) Die Bediensteten der zuständigen Behörde des Mitgliedstaats, in dessen Hoheitsgebiet die Nachprüfung vorgenommen werden soll, sowie die von dieser Behörde ermächtigten oder benannten Personen unterstützen auf Anweisung dieser Behörde oder auf Ersuchen der Kommission die Bediensteten der Kommission und die anderen von ihr ermächtigten Begleitpersonen aktiv. Sie verfügen hierzu über die in Absatz 2 genannten Befugnisse.

(6) Stellen die Bediensteten der Kommission oder die anderen von ihr ermächtigten Begleitpersonen fest, dass sich ein Unternehmen einer aufgrund dieses Artikels angeordneten Nachprüfung, einschliesslich der Versiegelung der Geschäftsräume, Bücher oder Geschäftsunterlagen, widersetzt, so leistet der betreffende Mitgliedstaat die erforderliche Amtshilfe, gegebenenfalls unter Einsatz der Polizei oder anderer gleichwertiger Vollzugsorgane, damit die Bediensteten der Kommission und die anderen von ihr ermächtigten Begleitpersonen ihren Nachprüfungsauftrag erfüllen können.

(7) Setzt die Amtshilfe nach Absatz 6 nach einzelstaatlichem Recht eine gerichtliche Genehmigung voraus, so ist diese zu beantragen. Die Genehmigung kann auch vorsorglich beantragt werden.

(8) Wurde eine gerichtliche Genehmigung gemäss Absatz 7 beantragt, prüft das einzelstaatliche Gericht die Echtheit der Kommissionsentscheidung und vergewissert sich, dass die beabsichtigten Zwangsmassnahmen weder willkürlich noch – gemessen am Gegenstand der Nachprüfung – unverhältnismässig sind. Bei der Prüfung der Verhältnismässigkeit der Zwangsmassnahmen kann das einzelstaatliche Gericht die Kommission unmittelbar oder über die zuständige Behörde des betreffenden Mitgliedstaats um ausführliche Erläuterungen zum Gegenstand der Nachprüfung ersuchen. Das einzelstaatliche Gericht darf jedoch weder die Notwendigkeit der Nachprüfung in Frage stellen noch Auskünfte aus den Akten der Kommission verlangen. Die Prüfung der Rechtmässigkeit der Kommissionsentscheidung ist dem Gerichtshof vorbehalten.

Artikel 14 *Geldbussen*

(1) Die Kommission kann gegen die in Artikel 3 Absatz 1 Buchstabe b) bezeichneten Personen, gegen Unternehmen und Unternehmensvereinigungen durch Entscheidung Geldbussen bis zu einem Höchstbetrag von 1 % des von dem beteiligten Unternehmen oder der beteiligten Unternehmensvereinigung erzielten Gesamtumsatzes im Sinne von Artikel 5 festsetzen, wenn sie vorsätzlich oder fahrlässig

a) in einem Antrag, einer Bestätigung, einer Anmeldung oder Anmeldungsergänzung nach Artikel 4, Artikel 10 Absatz 5 oder Artikel 22 Absatz 3 unrichtige oder irreführende Angaben machen,

b) bei der Erteilung einer nach Artikel 11 Absatz 2 verlangten Auskunft unrichtige oder irreführende Angaben machen,

c) bei der Erteilung einer durch Entscheidung gemäss Artikel 11 Absatz 3 verlangten Auskunft unrichtige, unvollständige oder irreführende Angaben machen oder die Auskunft nicht innerhalb der gesetzten Frist erteilen,

d) bei Nachprüfungen nach Artikel 13 die angeforderten Bücher oder sonstigen Geschäftsunterlagen nicht vollständig vorlegen oder die in einer Entscheidung nach Artikel 13 Absatz 4 angeordneten Nachprüfungen nicht dulden,

e) in Beantwortung einer nach Artikel 13 Absatz 2 Buchstabe e) gestellten Frage

- eine unrichtige oder irreführende Antwort erteilen,
- eine von einem Beschäftigten erteilte unrichtige, unvollständige oder irreführende Antwort nicht innerhalb einer von der Kommission gesetzten Frist berichtigen oder
- in Bezug auf Fakten im Zusammenhang mit dem Gegenstand und dem Zweck einer durch Entscheidung nach Artikel 13 Absatz 4 angeordneten Nachprüfung keine vollständige Antwort erteilen oder eine vollständige Antwort verweigern,

f) die von den Bediensteten der Kommission oder den anderen von ihr ermächtigten Begleitpersonen nach Artikel 13 Absatz 2 Buchstabe d) angebrachten Siegel gebrochen haben.

(2) Die Kommission kann gegen die in Artikel 3 Absatz 1 Buchstabe b) bezeichneten Personen oder die beteiligten Unternehmen durch Entscheidung Geldbussen in Höhe von bis zu 10% des von den beteiligten Unternehmen erzielten Gesamtumsatzes im Sinne von Artikel 5 festsetzen, wenn sie vorsätzlich oder fahrlässig

a) einen Zusammenschluss vor seinem Vollzug nicht gemäss Artikel 4 oder gemäss Artikel 22 Absatz 3 anmelden, es sei denn, dies ist ausdrücklich gemäss Artikel 7 Absatz 2 oder aufgrund einer Entscheidung gemäss Artikel 7 Absatz 3 zulässig,

b) einen Zusammenschluss unter Verstoss gegen Artikel 7 vollziehen,

c) einen durch Entscheidung nach Artikel 8 Absatz 3 für unvereinbar mit dem Gemeinsamen Markt erklärten Zusammenschluss vollziehen oder den in einer Entscheidung nach Artikel 8 Absatz 4 oder 5 angeordneten Massnahmen nicht nachkommen,

d) einer durch Entscheidung nach Artikel 6 Absatz 1 Buchstabe b), Artikel 7 Absatz 3 oder Artikel 8 Absatz 2 Unterabsatz 2 auferlegten Bedingung oder Auflage zuwiderhandeln.

(3) Bei der Festsetzung der Höhe der Geldbusse ist die Art, die Schwere und die Dauer der Zuwiderhandlung zu berücksichtigen.

(4) Die Entscheidungen aufgrund der Absätze 1, 2 und 3 sind nicht strafrechtlicher Art.

Artikel 15 *Zwangsgelder*

(1) Die Kommission kann gegen die in Artikel 3 Absatz 1 Buchstabe b) bezeichneten Personen, gegen Unternehmen oder Unternehmensvereinigungen durch Entscheidung ein Zwangsgeld bis zu einem Höchstbetrag von 5% des durchschnittlichen täglichen Gesamtumsatzes des beteiligten Unternehmens oder der beteiligten Unternehmensvereinigung im Sinne von Artikel 5 für jeden Arbeitstag des Verzugs von dem in ihrer Entscheidung bestimmten Zeitpunkt an festsetzen, um sie zu zwingen,

a) eine Auskunft, die sie in einer Entscheidung nach Artikel 11 Absatz 3 angefordert hat, vollständig und sachlich richtig zu erteilen,

b) eine Nachprüfung zu dulden, die sie in einer Entscheidung nach Artikel 13 Absatz 4 angeordnet hat,

c) einer durch Entscheidung nach Artikel 6 Absatz 1 Buchstabe b), Artikel 7 Absatz 3 oder Artikel 8 Absatz 2 Unterabsatz 2 auferlegten Auflage nachzukommen oder

d) den in einer Entscheidung nach Artikel 8 Absatz 4 oder 5 angeordneten Massnahmen nachzukommen.

(2) Sind die in Artikel 3 Absatz 1 Buchstabe b) bezeichneten Personen, Unternehmen oder Unternehmensvereinigungen der Verpflichtung nachgekommen, zu deren Erfüllung das Zwangsgeld festgesetzt worden war, so kann die Kommission die endgültige Höhe des Zwangsgeldes auf einen Betrag festsetzen, der unter dem Betrag liegt, der sich aus der ursprünglichen Entscheidung ergeben würde.

Artikel 16 *Kontrolle durch den Gerichtshof*

Bei Klagen gegen Entscheidungen der Kommission, in denen eine Geldbusse oder ein Zwangsgeld festgesetzt ist, hat der Gerichtshof die Befugnis zu unbeschränkter Ermessensnachprüfung der Entscheidung im Sinne von Artikel 229 des Vertrags; er kann die Geldbusse oder das Zwangsgeld aufheben, herabsetzen oder erhöhen.

Artikel 17 *Berufsgeheimnis*

(1) Die bei Anwendung dieser Verordnung erlangten Kenntnisse dürfen nur zu dem mit der Auskunft, Ermittlung oder Anhörung verfolgten Zweck verwertet werden.

(2) Unbeschadet des Artikels 4 Absatz 3 sowie der Artikel 18 und 20 sind die Kommission und die zuständigen Behörden der Mitgliedstaaten sowie ihre Beamten und sonstigen Bediensteten, alle sonstigen, unter Aufsicht dieser Behörden handelnden Personen und die Beamten und Bediensteten anderer Behörden der Mitgliedstaaten verpflichtet, Kenntnisse nicht preiszugeben, die sie bei Anwendung dieser Verordnung erlangt haben und die ihrem Wesen nach unter das Berufsgeheimnis fallen.

(3) Die Absätze 1 und 2 stehen der Veröffentlichung von Übersichten oder Zusammenfassungen, die keine Angaben über einzelne Unternehmen oder Unternehmensvereinigungen enthalten, nicht entgegen.

Artikel 18 *Anhörung Beteiligter und Dritter*

(1) Vor Entscheidungen nach Artikel 6 Absatz 3, Artikel 7 Absatz 3, Artikel 8 Absätze 2 bis 6, Artikel 14 und Artikel 15 gibt die Kommission den betroffenen Personen, Unternehmen und Unternehmensvereinigungen Gelegenheit, sich zu den ihnen gegenüber geltend gemachten Einwänden in allen Abschnitten des Verfahrens bis zur Anhörung des Beratenden Ausschusses zu äussern.

(2) Abweichend von Absatz 1 können Entscheidungen nach Artikel 7 Absatz 3 und Artikel 8 Absatz 5 vorläufig erlassen werden, ohne den betroffenen Personen, Unternehmen oder Unternehmensvereinigungen zuvor Gelegenheit zur Äusserung zu geben, sofern die Kommission dies unverzüglich nach dem Erlass ihrer Entscheidung nachholt.

(3) Die Kommission stützt ihre Entscheidungen nur auf die Einwände, zu denen die Betroffenen Stellung nehmen konnten. Das Recht der Betroffenen auf Verteidigung während des Verfahrens wird in vollem Umfang gewährleistet. Zumindest die unmittelbar Betroffenen haben das Recht der Akteneinsicht, wobei die berechtigten Interessen der Unternehmen an der Wahrung ihrer Geschäftsgeheimnisse zu berücksichtigen sind.

(4) Sofern die Kommission oder die zuständigen Behörden der Mitgliedstaaten es für erforderlich halten, können sie auch andere natürliche oder juristische Personen anhören. Wenn natürliche oder juristische Personen, die ein hinreichendes Interesse darlegen, und insbesondere Mitglieder der Leitungsorgane der beteiligten Unternehmen oder rechtlich anerkannte Vertreter der Arbeitnehmer dieser Unternehmen einen Antrag auf Anhörung stellen, so ist ihrem Antrag stattzugeben.

Artikel 19 *Verbindung mit den Behörden der Mitgliedstaaten*

(1) Die Kommission übermittelt den zuständigen Behörden der Mitgliedstaaten binnen dreier Arbeitstage eine Kopie der Anmeldungen und sobald wie möglich die wichtigsten Schriftstücke, die in Anwendung dieser Verordnung bei ihr eingereicht oder von ihr erstellt werden. Zu diesen Schriftstücken gehö-

ren auch die Verpflichtungszusagen, die die beteiligten Unternehmen der Kommission angeboten haben, um den Zusammenschluss gemäss Artikel 6 Absatz 2 oder Artikel 8 Absatz 2 Unterabsatz 2 in einer mit dem Gemeinsamen Markt zu vereinbarenden Weise zu gestalten.

(2) Die Kommission führt die in dieser Verordnung vorgesehenen Verfahren in enger und stetiger Verbindung mit den zuständigen Behörden der Mitgliedstaaten durch; diese sind berechtigt, zu diesen Verfahren Stellung zu nehmen. Im Hinblick auf die Anwendung des Artikels 9 nimmt sie die in Artikel 9 Absatz 2 bezeichneten Mitteilungen der zuständigen Behörden der Mitgliedstaaten entgegen; sie gibt ihnen Gelegenheit, sich in allen Abschnitten des Verfahrens bis zum Erlass einer Entscheidung nach Artikel 9 Absatz 3 zu äussern und gewährt ihnen zu diesem Zweck Akteneinsicht.

(3) Ein Beratender Ausschuss für die Kontrolle von Unternehmenszusammenschlüssen ist vor jeder Entscheidung nach Artikel 8 Absätze 1 bis 6 und Artikel 14 oder 15, ausgenommen vorläufige Entscheidungen nach Artikel 18 Absatz 2, zu hören.

(4) Der Beratende Ausschuss setzt sich aus Vertretern der zuständigen Behörden der Mitgliedstaaten zusammen. Jeder Mitgliedstaat bestimmt einen oder zwei Vertreter, die im Fall der Verhinderung durch jeweils einen anderen Vertreter ersetzt werden können. Mindestens einer dieser Vertreter muss für Kartell- und Monopolfragen zuständig sein.

(5) Die Anhörung erfolgt in einer gemeinsamen Sitzung, die die Kommission anberaumt und in der sie den Vorsitz führt. Der Einladung zur Sitzung sind eine Darstellung des Sachverhalts unter Angabe der wichtigsten Schriftstücke sowie ein Entscheidungsentwurf für jeden zu behandelnden Fall beizufügen. Die Sitzung findet frühestens zehn Arbeitstage nach Versendung der Einladung statt. Die Kommission kann diese Frist in Ausnahmefällen entsprechend verkürzen, um schweren Schaden von einem oder mehreren an dem Zusammenschluss beteiligten Unternehmen abzuwenden.

(6) Der Beratende Ausschuss gibt seine Stellungnahme zu dem Entscheidungsentwurf der Kommission – erforderlichenfalls durch Abstimmung – ab. Der Beratende Ausschuss kann seine Stellungnahme abgeben, auch wenn Mitglieder des Ausschusses und ihre Vertreter nicht anwesend sind. Diese Stellungnahme ist schriftlich niederzulegen und dem Entscheidungsentwurf beizufügen. Die Kommission berücksichtigt soweit wie möglich die Stellungnahme des Ausschusses. Sie unterrichtet den Ausschuss darüber, inwieweit sie seine Stellungnahme berücksichtigt hat.

(7) Die Kommission übermittelt den Adressaten der Entscheidung die Stellungnahme des Beratenden Ausschusses zusammen mit der Entscheidung. Sie veröffentlicht die Stellungnahme zusammen mit der Entscheidung unter Be-

rücksichtigung der berechtigten Interessen der Unternehmen an der Wahrung ihrer Geschäftsgeheimnisse.

Artikel 20 *Veröffentlichung von Entscheidungen*

(1) Die Kommission veröffentlicht die nach Artikel 8 Absätze 1 bis 6 sowie Artikel 14 und 15 erlassenen Entscheidungen, ausgenommen vorläufige Entscheidungen nach Artikel 18 Absatz 2, zusammen mit der Stellungnahme des Beratenden Ausschusses im *Amtsblatt der Europäischen Union.*

(2) Die Veröffentlichung erfolgt unter Angabe der Beteiligten und des wesentlichen Inhalts der Entscheidung; sie muss den berechtigten Interessen der Unternehmen an der Wahrung ihrer Geschäftsgeheimnisse Rechnung tragen.

Artikel 21 *Anwendung dieser Verordnung und Zuständigkeit*

(1) Diese Verordnung gilt allein für Zusammenschlüsse im Sinne des Artikels 3; die Verordnungen (EG) Nr. 1/2003[8], (EWG) Nr. 1017/68[9], (EWG) Nr. 4056/86[10] und (EWG) Nr. 3975/87[11] des Rates gelten nicht, ausser für Gemeinschaftsunternehmen, die keine gemeinschaftsweite Bedeutung haben und die Koordinierung des Wettbewerbsverhaltens unabhängig bleibender Unternehmen bezwecken oder bewirken.

(2) Vorbehaltlich der Nachprüfung durch den Gerichtshof ist die Kommission ausschliesslich dafür zuständig, die in dieser Verordnung vorgesehenen Entscheidungen zu erlassen.

(3) Die Mitgliedstaaten wenden ihr innerstaatliches Wettbewerbsrecht nicht auf Zusammenschlüsse von gemeinschaftsweiter Bedeutung an.

Unterabsatz 1 berührt nicht die Befugnis der Mitgliedstaaten, die zur Anwendung des Artikels 4 Absatz 4 oder des Artikels 9 Absatz 2 erforderlichen Ermittlungen vorzunehmen und nach einer Verweisung gemäss Artikel 9 Absatz 3 Unterabsatz 1 Buchstabe b) oder Artikel 9 Absatz 5 die in Anwendung des Artikels 9 Absatz 8 unbedingt erforderlichen Massnahmen zu ergreifen.

(4) Unbeschadet der Absätze 2 und 3 können die Mitgliedstaaten geeignete Massnahmen zum Schutz anderer berechtigter Interessen als derjenigen treffen, welche in dieser Verordnung berücksichtigt werden, sofern diese Interessen mit

---

[8] ABl. L 1 vom 4.1.2003, S. 1

[9] ABl. L 175 vom 23.7.1968, S. 1. Verordnung zuletzt geändert durch die Verordnung (EG) Nr. 1/2003 (ABl. L 1 vom 4.1.2003, S. 1).

[10] ABl. L 378 vom 31.12.1986, S. 4. Verordnung zuletzt geändert durch die Verordnung (EG) Nr. 1/2003.

[11] ABl. L 374 vom 31.12.1987, S. 1. Verordnung zuletzt geändert durch die Verordnung (EG) Nr. 1/2003.

den allgemeinen Grundsätzen und den übrigen Bestimmungen des Gemeinschaftsrechts vereinbar sind.

Im Sinne des Unterabsatzes 1 gelten als berechtigte Interessen die öffentliche Sicherheit, die Medienvielfalt und die Aufsichtsregeln.

Jedes andere öffentliche Interesse muss der betreffende Mitgliedstaat der Kommission mitteilen; diese muss es nach Prüfung seiner Vereinbarkeit mit den allgemeinen Grundsätzen und den sonstigen Bestimmungen des Gemeinschaftsrechts vor Anwendung der genannten Massnahmen anerkennen. Die Kommission gibt dem betreffenden Mitgliedstaat ihre Entscheidung binnen 25 Arbeitstagen nach der entsprechenden Mitteilung bekannt.

Artikel 22 *Verweisung an die Kommission*

(1) Auf Antrag eines oder mehrerer Mitgliedstaaten kann die Kommission jeden Zusammenschluss im Sinne von Artikel 3 prüfen, der keine gemeinschaftsweite Bedeutung im Sinne von Artikel 1 hat, aber den Handel zwischen Mitgliedstaaten beeinträchtigt und den Wettbewerb im Hoheitsgebiet des beziehungsweise der antragstellenden Mitgliedstaaten erheblich zu beeinträchtigen droht.

Der Antrag muss innerhalb von 15 Arbeitstagen, nachdem der Zusammenschluss bei dem betreffenden Mitgliedstaat angemeldet oder, falls eine Anmeldung nicht erforderlich ist, ihm anderweitig zur Kenntnis gebracht worden ist, gestellt werden.

(2) Die Kommission unterrichtet die zuständigen Behörden der Mitgliedstaaten und die beteiligten Unternehmen unverzüglich von einem nach Absatz 1 gestellten Antrag.

Jeder andere Mitgliedstaat kann sich dem ersten Antrag innerhalb von 15 Arbeitstagen, nachdem er von der Kommission über diesen informiert wurde, anschliessen.

Alle einzelstaatlichen Fristen, die den Zusammenschluss betreffen, werden gehemmt, bis nach dem Verfahren dieses Artikels entschieden worden ist, durch wen der Zusammenschluss geprüft wird. Die Hemmung der einzelstaatlichen Fristen endet, sobald der betreffende Mitgliedstaat der Kommission und den beteiligten Unternehmen mitteilt, dass er sich dem Antrag nicht anschliesst.

(3) Die Kommission kann spätestens zehn Arbeitstage nach Ablauf der Frist gemäss Absatz 2 beschliessen, den Zusammenschluss zu prüfen, wenn dieser ihrer Ansicht nach den Handel zwischen Mitgliedstaaten beeinträchtigt und den Wettbewerb im Hoheitsgebiet des bzw. der Antrag stellenden Mitgliedstaaten erheblich zu beeinträchtigen droht. Trifft die Kommission innerhalb der genannten Frist keine Entscheidung, so gilt dies als Entscheidung, den Zusammenschluss gemäss dem Antrag zu prüfen.

Die Kommission unterrichtet alle Mitgliedstaaten und die beteiligten Unternehmen von ihrer Entscheidung. Sie kann eine Anmeldung gemäss Artikel 4 verlangen.

Das innerstaatliche Wettbewerbsrecht des bzw. der Mitgliedstaaten, die den Antrag gestellt haben, findet auf den Zusammenschluss nicht mehr Anwendung.

(4) Wenn die Kommission einen Zusammenschluss gemäss Absatz 3 prüft, finden Artikel 2, Artikel 4 Absätze 2 und 3, die Artikel 5 und 6 sowie die Artikel 8 bis 21 Anwendung. Artikel 7 findet Anwendung, soweit der Zusammenschluss zu dem Zeitpunkt, zu dem die Kommission den beteiligten Unternehmen mitteilt, dass ein Antrag eingegangen ist, noch nicht vollzogen worden ist.

Ist eine Anmeldung nach Artikel 4 nicht erforderlich, beginnt die Frist für die Einleitung des Verfahrens nach Artikel 10 Absatz 1 an dem Arbeitstag, der auf den Arbeitstag folgt, an dem die Kommission den beteiligten Unternehmen ihre Entscheidung mitteilt, den Zusammenschluss gemäss Absatz 3 zu prüfen.

(5) Die Kommission kann einem oder mehreren Mitgliedstaaten mitteilen, dass ein Zusammenschluss nach ihrem Dafürhalten die Kriterien des Absatzes 1 erfüllt. In diesem Fall kann die Kommission diesen Mitgliedstaat beziehungsweise diese Mitgliedstaaten auffordern, einen Antrag nach Absatz 1 zu stellen.

Artikel 23 *Durchführungsbestimmungen*

(1) Die Kommission ist ermächtigt, nach dem Verfahren des Absatzes 2 Folgendes festzulegen:

a) Durchführungsbestimmungen über Form, Inhalt und andere Einzelheiten der Anmeldungen und Anträge nach Artikel 4,

b) Durchführungsbestimmungen zu den in Artikel 4 Absätze 4 und 5 und den Artikeln 7, 9, 10 und 22 bezeichneten Fristen,

c) das Verfahren und die Fristen für das Angebot und die Umsetzung von Verpflichtungszusagen gemäss Artikel 6 Absatz 2 und Artikel 8 Absatz 2,

d) Durchführungsbestimmungen für Anhörungen nach Artikel 18.

(2) Die Kommission wird von einem Beratenden Ausschuss unterstützt, der sich aus Vertretern der Mitgliedstaaten zusammensetzt.

a) Die Kommission hört den Beratenden Ausschuss, bevor sie einen Entwurf von Durchführungsvorschriften veröffentlicht oder solche Vorschriften erlässt.

b) Die Anhörung erfolgt in einer Sitzung, die die Kommission anberaumt und in der sie den Vorsitz führt. Der Einladung zur Sitzung ist ein Entwurf der Durchführungsbestimmungen beizufügen. Die Sitzung findet frühestens zehn Arbeitstage nach Versendung der Einladung statt.

c) Der Beratende Ausschuss gibt seine Stellungnahme zu dem Entwurf der Durchführungsbestimmungen – erforderlichenfalls durch Abstimmung – ab. Die Kommission berücksichtigt die Stellungnahme des Ausschusses in grösstmöglichem Umfang.

Artikel 24 *Beziehungen zu Drittländern*

(1) Die Mitgliedstaaten unterrichten die Kommission über die allgemeinen Schwierigkeiten, auf die ihre Unternehmen bei Zusammenschlüssen gemäss Artikel 3 in einem Drittland stossen.

(2) Die Kommission erstellt erstmals spätestens ein Jahr nach Inkrafttreten dieser Verordnung und in der Folge regelmässig einen Bericht, in dem die Behandlung von Unternehmen, die ihren Sitz oder ihr Hauptgeschäft in der Gemeinschaft haben, im Sinne der Absätze 3 und 4 bei Zusammenschlüssen in Drittländern untersucht wird. Die Kommission übermittelt diese Berichte dem Rat und fügt ihnen gegebenenfalls Empfehlungen bei.

(3) Stellt die Kommission anhand der in Absatz 2 genannten Berichte oder aufgrund anderer Informationen fest, dass ein Drittland Unternehmen, die ihren Sitz oder ihr Hauptgeschäft in der Gemeinschaft haben, nicht eine Behandlung zugesteht, die derjenigen vergleichbar ist, die die Gemeinschaft den Unternehmen dieses Drittlands zugesteht, so kann sie dem Rat Vorschläge unterbreiten, um ein geeignetes Mandat für Verhandlungen mit dem Ziel zu erhalten, für Unternehmen, die ihren Sitz oder ihr Hauptgeschäft in der Gemeinschaft haben, eine vergleichbare Behandlung zu erreichen.

(4) Die nach diesem Artikel getroffenen Massnahmen müssen mit den Verpflichtungen der Gemeinschaft oder der Mitgliedstaaten vereinbar sein, die sich – unbeschadet des Artikels 307 des Vertrags – aus internationalen bilateralen oder multilateralen Vereinbarungen ergeben.

Artikel 25 *Aufhebung*

(1) Die Verordnungen (EWG) Nr. 4064/89 und (EG) Nr. 1310/97 werden unbeschadet des Artikels 26 Absatz 2 mit Wirkung vom 1. Mai 2004 aufgehoben.

(2) Bezugnahmen auf die aufgehobenen Verordnungen gelten als Bezugnahmen auf die vorliegende Verordnung und sind nach Massgabe der Entsprechungstabelle im Anhang zu lesen.

Artikel 26 *Inkrafttreten und Übergangsbestimmungen*

(1) Diese Verordnung tritt am zwanzigsten Tag nach ihrer Veröffentlichung im *Amtsblatt der Europäischen Union* in Kraft.

Sie gilt ab dem 1. Mai 2004.

(2) Die Verordnung (EWG) Nr. 4064/89 findet vorbehaltlich insbesondere der Vorschriften über ihre Anwendbarkeit gemäss ihrem Artikel 25 Absätze 2 und 3 sowie vorbehaltlich des Artikels 2 der Verordnung (EWG) Nr. 1310/97 weiterhin Anwendung auf Zusammenschlüsse, die vor dem Zeitpunkt der Anwendbarkeit der vorliegenden Verordnung Gegenstand eines Vertragsabschlusses oder einer Veröffentlichung im Sinne von Artikel 4 Absatz 1 der Verordnung (EWG) Nr. 4064/89 gewesen oder durch einen Kontrollerwerb im Sinne derselben Vorschrift zustande gekommen sind.

(3) Für Zusammenschlüsse, auf die diese Verordnung infolge des Beitritts eines neuen Mitgliedstaats anwendbar ist, wird das Datum der Geltung dieser Verordnung durch das Beitrittsdatum ersetzt.

Diese Verordnung ist in allen ihren Teilen verbindlich und gilt unmittelbar in jedem Mitgliedstaat.

Geschehen zu Brüssel am 20. Januar 2004.

Im Namen des Rates
Der Präsident

C. McCreevy

ANHANG

Entsprechungstabelle

Verordnung (EWG) Nr. 4064/89	Diese Verordnung
Artikel 14 Absatz 1 Buchstabe d)	Artikel 14 Absatz 1 Buchstabe d)
–	Artikel 14 Absatz 1 Buchstaben e) und f)
Artikel 14 Absatz 2 Einleitungsteil	Artikel 14 Absatz 2 Einleitungsteil
Artikel 14 Absatz 2 Buchstabe a)	Artikel 14 Absatz 2 Buchstabe d)
Artikel 14 Absatz 2 Buchstaben b) und c)	Artikel 14 Absatz 2 Buchstaben b) und c)
Artikel 14 Absatz 3	Artikel 14 Absatz 3
Artikel 14 Absatz 4	Artikel 14 Absatz 4
Artikel 15 Absatz 1 Einleitungsteil	Artikel 15 Absatz 1 Einleitungsteil
Artikel 15 Absatz 1 Buchstaben a) und b)	Artikel 15 Absatz 1 Buchstaben a) und b)
Artikel 15 Absatz 2 Einleitungsteil	Artikel 15 Absatz 1 Einleitungsteil
Artikel 15 Absatz 2 Buchstabe a)	Artikel 15 Absatz 1 Buchstabe c)
Artikel 15 Absatz 2 Buchstabe b)	Artikel 15 Absatz 1 Buchstabe d)
Artikel 15 Absatz 3	Artikel 15 Absatz 2
Artikel 16 bis 20	Artikel 16 bis 20
Artikel 21 Absatz 1	Artikel 21 Absatz 2
Artikel 21 Absatz 2	Artikel 21 Absatz 3
Artikel 21 Absatz 3	Artikel 21 Absatz 4
Artikel 22 Absatz 1	Artikel 21 Absatz 1
Artikel 22 Absatz 3	–
–	Artikel 22 Absätze 1 bis 3
Artikel 22 Absatz 4	Artikel 22 Absatz 4
Artikel 22 Absatz 5	–
–	Artikel 22 Absatz 5
Artikel 23	Artikel 23 Absatz 1
–	Artikel 23 Absatz 2
Artikel 24	Artikel 24
–	Artikel 25
Artikel 25 Absatz 1	Artikel 26 Absatz 1 Unterabsatz 1
–	Artikel 26 Absatz 1 Unterabsatz 2
Artikel 25 Absatz 2	Artikel 26 Absatz 2
Artikel 25 Absatz 3	Artikel 26 Absatz 3
–	Anhang

Verordnung (EU) 2022/720 der Kommission über die Anwendung des Artikels 101 Absatz 3 des Vertrags über die Arbeitsweise der Europäischen Union auf Gruppen von vertikalen Vereinbarungen und abgestimmten Verhaltensweisen

vom 10. Mai 2022

(Text von Bedeutung für den EWR)

DIE EUROPÄISCHE KOMMISSION —

gestützt auf den Vertrag über die Arbeitsweise der Europäischen Union,

gestützt auf die Verordnung Nr. 19/65/EWG des Rates vom 2. März 1965 über die Anwendung von Artikel 85 Absatz 3 des Vertrages auf Gruppen von Vereinbarungen und aufeinander abgestimmten Verhaltensweisen[1], insbesondere auf Artikel 1,

nach Veröffentlichung des Entwurfs dieser Verordnung[2],

nach Anhörung des Beratenden Ausschusses für Kartell- und Monopolfragen,

in Erwägung nachstehender Gründe:

(1) Nach der Verordnung Nr. 19/65/EWG ist die Kommission ermächtigt, Artikel 101 Absatz 3 des Vertrags über die Arbeitsweise der Europäischen Union (im Folgenden «AEUV») durch Verordnung auf bestimmte Gruppen von vertikalen Vereinbarungen und entsprechenden abgestimmten Verhaltensweisen anzuwenden, die unter Artikel 101 Absatz 1 AEUV fallen.

(2) In der Verordnung (EU) Nr. 330/2010 der Kommission3 ist eine Gruppe von vertikalen Vereinbarungen beschrieben, bei der die Kommission davon ausging, dass die Voraussetzungen des Artikels 101 Absatz 3 AEUV in der Regel erfüllt waren. Die Erfahrungen mit der Anwendung der Verordnung (EU) Nr. 330/2010, deren Geltungsdauer am 31. Mai 2022 endet, waren, wie in der Evaluierung der Verordnung festgestellt, insgesamt positiv. In Anbetracht dieser Erfahrungen sowie neuer Marktentwicklungen wie des stark wachsenden elektronischen Handels und neuer oder an Bedeutung gewinnender Arten ver-

---

[1] ABl. 36 vom 6.3.1965.

[2] ABl. C 359 vom 7.9.2021, S. 1.

[3] Verordnung (EU) Nr. 330/2010 der Kommission vom 20. April 2010 über die Anwendung von Artikel 101 Absatz 3 des Vertrags über die Arbeitsweise der Europäischen Union auf Gruppen von vertikalen Vereinbarungen und abgestimmten Verhaltensweisen (ABl. L 102 vom 23.4.2010, S. 1).

tikaler Vereinbarungen ist es angezeigt, eine neue Gruppenfreistellungsverordnung zu erlassen.

(3) Die Gruppe von Vereinbarungen, die in der Regel die Voraussetzungen des Artikels 101 Absatz 3 AEUV erfüllen, umfasst vertikale Vereinbarungen über den Bezug oder Verkauf von Waren oder Dienstleistungen, die zwischen nicht miteinander im Wettbewerb stehenden Unternehmen, zwischen bestimmten Wettbewerbern oder von bestimmten Vereinigungen des Wareneinzelhandels geschlossen werden. Diese Gruppe umfasst ferner vertikale Vereinbarungen, die Nebenabreden über die Übertragung oder Nutzung von Rechten des geistigen Eigentums enthalten. Der Begriff «vertikale Vereinbarungen» sollte so verstanden werden, dass er auch entsprechende abgestimmte Verhaltensweisen einschließt.

(4) Für die Anwendung des Artikels 101 Absatz 3 AEUV durch Verordnung ist es nicht erforderlich, die vertikalen Vereinbarungen zu definieren, die unter Artikel 101 Absatz 1 AEUV fallen können. Bei der Prüfung einzelner Vereinbarungen nach Artikel 101 Absatz 1 AEUV sind mehrere Faktoren, insbesondere die Marktstruktur auf der Angebots- und Nachfrageseite, zu berücksichtigen.

(5) Die durch diese Verordnung bewirkte Gruppenfreistellung sollte nur vertikalen Vereinbarungen zugutekommen, bei denen mit hinreichender Sicherheit anzunehmen ist, dass sie die Voraussetzungen des Artikels 101 Absatz 3 AEUV erfüllen.

(6) Bestimmte Arten von vertikalen Vereinbarungen können die wirtschaftliche Effizienz innerhalb einer Produktions- oder Vertriebskette erhöhen, indem sie eine bessere Koordinierung zwischen den beteiligten Unternehmen ermöglichen. Insbesondere können sie dazu beitragen, die Transaktions- und Vertriebskosten der beteiligten Unternehmen zu verringern und deren Verkäufe und Investitionen zu optimieren.

(7) Die Wahrscheinlichkeit, dass derartige effizienzsteigernde Auswirkungen stärker ins Gewicht fallen als etwaige von Beschränkungen in vertikalen Vereinbarungen ausgehende wettbewerbswidrige Auswirkungen, hängt von der Marktmacht der an der Vereinbarung beteiligten Unternehmen ab und insbesondere von dem Maß, in dem diese Unternehmen dem Wettbewerb anderer Anbieter von Waren oder Dienstleistungen ausgesetzt sind, die von ihren Kunden aufgrund der Eigenschaften, der Preise und des Verwendungszwecks der Produkte als austauschbar oder substituierbar angesehen werden.

(8) Solange der auf jedes an der Vereinbarung beteiligten Unternehmen entfallende Anteil am relevanten Markt 30 % nicht übersteigt, kann davon ausgegangen werden, dass vertikale Vereinbarungen, die nicht bestimmte Arten schwerwiegender Wettbewerbsbeschränkungen enthalten, im Allgemeinen zu einer

Verbesserung der Produktion oder des Vertriebs und zu einer angemessenen Beteiligung der Verbraucher an dem daraus entstehenden Gewinn führen.

(9) Oberhalb dieser Marktanteilsschwelle von 30 % kann nicht davon ausgegangen werden, dass vertikale Vereinbarungen, die unter Artikel 101 Absatz 1 AEUV fallen, stets objektive Vorteile mit sich bringen, die in Art und Umfang ausreichen, um die Nachteile für den Wettbewerb auszugleichen. Es kann allerdings auch nicht davon ausgegangen werden, dass diese vertikalen Vereinbarungen entweder unter Artikel 101 Absatz 1 AEUV fallen oder die Voraussetzungen des Artikels 101 Absatz 3 AEUV nicht erfüllen.

(10) Die Online-Plattformwirtschaft spielt eine immer wichtigere Rolle im Vertrieb von Waren und Dienstleistungen. In der Online-Plattformwirtschaft tätige Unternehmen ermöglichen neue Geschäftsmodelle, die anhand der mit vertikalen Beziehungen in der traditionellen Wirtschaft verbundenen Konzepte nicht immer einfach zu kategorisieren sind. Insbesondere Online-Vermittlungsdienste ermöglichen es Unternehmen, anderen Unternehmen oder Endverbrauchern Waren oder Dienstleistungen anzubieten, indem sie die Einleitung direkter Transaktionen zwischen Unternehmen oder zwischen Unternehmen und Endverbrauchern vermitteln. Vereinbarungen über die Bereitstellung von Online-Vermittlungsdiensten sind vertikale Vereinbarungen und sollten daher unter die Gruppenfreistellung auf der Grundlage dieser Verordnung fallen können, sofern die in dieser Verordnung festgelegten Voraussetzungen erfüllt sind.

(11) Die in der Verordnung (EU) 2019/1150 des Europäischen Parlaments und des Rates[4] verwendete Begriffsbestimmung von Online-Vermittlungsdiensten sollte für die Zwecke dieser Verordnung angepasst werden. Insbesondere um dem Anwendungsbereich des Artikels 101 AEUV Rechnung zu tragen, sollte sich die in dieser Verordnung verwendete Begriffsbestimmung auf Unternehmen beziehen. Sie sollte sowohl Online-Vermittlungsdienste umfassen, die die Einleitung direkter Transaktionen zwischen Unternehmen vermitteln, als auch Online-Vermittlungsdienste, die die Einleitung direkter Transaktionen zwischen Unternehmen und Endverbrauchern vermitteln.

(12) Im Falle des zweigleisigen Vertriebs verkauft ein Anbieter Waren oder Dienstleistungen nicht nur auf der vorgelagerten, sondern auch auf der nachgelagerten Stufe und steht somit mit seinen unabhängigen Händlern im Wettbewerb. Falls keine Kernbeschränkungen vorliegen und der Abnehmer nicht auf der vorgelagerten Stufe mit dem Anbieter im Wettbewerb steht, sind bei diesem

[4] Verordnung (EU) 2019/1150 des Europäischen Parlaments und des Rates vom 20. Juni 2019 zur Förderung von Fairness und Transparenz für gewerbliche Nutzer von Online-Vermittlungsdiensten (ABl. L 186 vom 11.7.2019, S. 57).

Szenario die potenziellen negativen Auswirkungen der vertikalen Vereinbarung auf die Wettbewerbsbeziehungen zwischen dem Anbieter und dem Abnehmer auf der nachgelagerten Stufe weniger bedeutend als die potenziellen positiven Auswirkungen der vertikalen Vereinbarung auf den Wettbewerb im Allgemeinen auf der vor- oder der nachgelagerten Stufe. Daher sollten vertikale Vereinbarungen, die in solchen Szenarios des zweigleisigen Vertriebs geschlossen werden, durch diese Verordnung freigestellt werden.

(13) Der Informationsaustausch zwischen einem Anbieter und einem Abnehmer kann zu den wettbewerbsfördernden Auswirkungen vertikaler Vereinbarungen beitragen, insbesondere zur Optimierung der Produktions- und Vertriebsprozesse. Im Falle des zweigleisigen Vertriebs kann der Austausch bestimmter Arten von Informationen jedoch horizontale Bedenken aufwerfen. Aus diesem Grund sollte mit dieser Verordnung nur der Informationsaustausch zwischen einem Anbieter und einem Abnehmer in einem Szenario des zweigleisigen Vertriebs freigestellt werden, in dem die ausgetauschten Informationen einen direkten Bezug zur Umsetzung der vertikalen Vereinbarung haben und zur Verbesserung der Herstellung oder des Vertriebs der Vertragswaren oder -dienstleistungen erforderlich sind.

(14) Die Begründung für die Freistellung vertikaler Vereinbarungen bei zweigleisigem Vertrieb gilt nicht für vertikale Vereinbarungen über die Bereitstellung von Online-Vermittlungsdiensten, bei denen der Anbieter der Online-Vermittlungsdienste auch ein Wettbewerber auf dem relevanten Markt für den Verkauf der vermittelten Waren oder Dienstleistungen ist. Anbieter von Online-Vermittlungsdiensten mit einer solchen Hybridstellung können die Fähigkeit und den Anreiz haben, das Ergebnis des Wettbewerbs auf dem relevanten Markt für den Verkauf der vermittelten Waren oder Dienstleistungen zu beeinflussen. Daher sollten solche vertikalen Vereinbarungen durch diese Verordnung nicht freigestellt werden.

(15) Diese Verordnung sollte keine vertikalen Vereinbarungen freistellen, die Beschränkungen enthalten, die wahrscheinlich den Wettbewerb beschränken und den Verbrauchern schaden oder die für die Herbeiführung der effizienzsteigernden Auswirkungen nicht unerlässlich sind. Insbesondere sollte die Gruppenfreistellung nach dieser Verordnung nicht für vertikale Vereinbarungen gelten, die bestimmte Arten schwerwiegender Wettbewerbsbeschränkungen enthalten, wie Mindest- und Festpreise für den Weiterverkauf und bestimmte Arten des Gebietsschutzes einschließlich der Verhinderung der wirksamen Nutzung des Internets für den Verkauf oder bestimmter Beschränkungen der Online-Werbung. Dementsprechend sollten Beschränkungen des Online-Verkaufs und der Online-Werbung unter die Gruppenfreistellung nach dieser Verordnung fallen, wenn sie nicht unmittelbar oder mittelbar, für sich allein oder in Verbindung mit anderen Umständen unter der Kontrolle der beteiligten

Unternehmen darauf abzielen, die wirksame Nutzung des Internets durch den Abnehmer oder dessen Kunden zum Verkauf der Vertragswaren oder -dienstleistungen in bestimmte Gebiete oder an bestimmte Kundengruppen zu verhindern oder die Nutzung eines ganzen Online-Werbekanals wie Preisvergleichsdienste oder Suchmaschinenwerbung zu verhindern. Beispielsweise sollten Beschränkungen des Online-Verkaufs nicht unter die Gruppenfreistellung nach dieser Verordnung fallen, wenn ihr Ziel darin besteht, das Gesamtvolumen des Online-Verkaufs der Vertragswaren oder -dienstleistungen auf dem betreffenden Markt oder die Möglichkeit für Verbraucher, die Vertragswaren oder -dienstleistungen online zu kaufen, erheblich zu verringern. Bei der Einstufung einer Beschränkung als Kernbeschränkung im Sinne des Artikels 4 Buchstabe e können Inhalt und Kontext der Beschränkung berücksichtigt werden, sie sollte jedoch nicht von den marktspezifischen Umständen oder den individuellen Eigenschaften der beteiligten Unternehmen abhängen.

(16) Durch diese Verordnung sollten keine Beschränkungen freigestellt werden, bei denen nicht mit hinreichender Sicherheit davon ausgegangen werden kann, dass sie die Voraussetzungen des Artikels 101 Absatz 3 AEUV erfüllen. Die Gruppenfreistellung sollte insbesondere an bestimmte Voraussetzungen geknüpft werden, die den Zugang zum relevanten Markt gewährleisten und Kollusion auf diesem Markt vorbeugen. Zu diesem Zweck sollte die Freistellung von Wettbewerbsverboten auf Verbote mit einer Höchstdauer von fünf Jahren beschränkt werden. Ferner sollten Verpflichtungen, die die Mitglieder eines selektiven Vertriebssystems veranlassen, die Marken bestimmter konkurrierender Anbieter nicht zu verkaufen, vom Rechtsvorteil dieser Verordnung ausgeschlossen werden. Der Rechtsvorteil dieser Verordnung sollte nicht für Paritätsverpflichtungen gelten, die Abnehmer von Online-Vermittlungsdiensten veranlassen, Endverbrauchern Waren oder Dienstleistungen nicht über konkurrierende Online-Vermittlungsdienste zu günstigeren Bedingungen anzubieten, zu verkaufen oder weiterzuverkaufen.

(17) Durch die Begrenzung des Marktanteils, den Ausschluss bestimmter vertikaler Vereinbarungen von der Gruppenfreistellung und die in dieser Verordnung festgelegten Voraussetzungen ist in der Regel sichergestellt, dass Vereinbarungen, auf die die Gruppenfreistellung Anwendung findet, die beteiligten Unternehmen nicht in die Lage versetzen, den Wettbewerb in Bezug auf einen wesentlichen Teil der betreffenden Waren oder Dienstleistungen auszuschalten.

(18) Nach Artikel 29 Absatz 1 der Verordnung (EG) Nr. 1/2003 des Rates[5] kann die Kommission den Rechtsvorteil der vorliegenden Verordnung entziehen, wenn sie in einem bestimmten Fall feststellt, dass eine Vereinbarung, für die die Gruppenfreistellung nach dieser Verordnung gilt, dennoch Wirkungen hat, die mit Artikel 101 Absatz 3 AEUV unvereinbar sind. Die Wettbewerbsbehörde eines Mitgliedstaats kann den aus dieser Verordnung erwachsenden Rechtsvorteil entziehen, wenn die Voraussetzungen nach Artikel 29 Absatz 2 der Verordnung (EG) Nr. 1/2003 erfüllt sind.

(19) Entzieht die Kommission oder eine mitgliedstaatliche Wettbewerbsbehörde den Rechtsvorteil der vorliegenden Verordnung, so trägt sie die Beweislast dafür, dass die betreffende vertikale Vereinbarung in den Anwendungsbereich des Artikels 101 Absatz 1 AEUV fällt und dass diese Vereinbarung mindestens eine der vier Voraussetzungen des Artikels 101 Absatz 3 AEUV nicht erfüllt.

(20) Bei der Entscheidung, ob der Rechtsvorteil der vorliegenden Verordnung nach Artikel 29 der Verordnung (EG) Nr. 1/2003 entzogen werden sollte, sind die wettbewerbswidrigen Auswirkungen, die sich daraus ergeben, dass der Zugang zu einem relevanten Markt oder der Wettbewerb auf diesem Markt durch gleichartige Auswirkungen paralleler Netze vertikaler Vereinbarungen erheblich eingeschränkt werden, von besonderer Bedeutung. Derartige kumulative Auswirkungen können sich insbesondere aus Alleinvertriebssystemen, Alleinbelieferungsvereinbarungen, selektiven Vertriebssystemen, Paritätsverpflichtungen oder Wettbewerbsverboten ergeben.

(21) Um die Überwachung paralleler Netze vertikaler Vereinbarungen, die gleichartige wettbewerbswidrige Auswirkungen haben und mehr als 50 % eines Marktes abdecken, zu verbessern, kann die Kommission durch Verordnung erklären, dass die vorliegende Verordnung auf vertikale Vereinbarungen, die bestimmte auf den betroffenen Markt bezogene Beschränkungen enthalten, keine Anwendung findet, und dadurch die volle Anwendbarkeit des Artikels 101 AEUV auf diese Vereinbarungen wiederherstellen —

HAT FOLGENDE VERORDNUNG ERLASSEN:

[5] Verordnung (EG) Nr. 1/2003 des Rates vom 16. Dezember 2002 zur Durchführung der in den Artikeln 81 und 82 des Vertrags niedergelegten Wettbewerbsregeln (ABl. L 1 vom 4.1.2003, S. 1).

Artikel 1 *Begriffsbestimmungen*

(1) Für die Zwecke dieser Verordnung gelten folgende Begriffsbestimmungen:

a) «vertikale Vereinbarung» ist eine Vereinbarung oder abgestimmte Verhaltensweise zwischen zwei oder mehr Unternehmen, die für die Zwecke der Vereinbarung oder der abgestimmten Verhaltensweise jeweils auf einer anderen Stufe der Produktions- oder Vertriebskette tätig sind und die die Bedingungen betrifft, zu denen die beteiligten Unternehmen Waren oder Dienstleistungen beziehen, verkaufen oder weiterverkaufen dürfen;

b) «vertikale Beschränkung» ist eine Wettbewerbsbeschränkung in einer vertikalen Vereinbarung, die unter Artikel 101 Absatz 1 AEUV fällt;

c) «Wettbewerber» ist ein tatsächlicher oder potenzieller Wettbewerber; «tatsächlicher Wettbewerber» ist ein Unternehmen, das auf demselben relevanten Markt tätig ist; «potenzieller Wettbewerber» ist ein Unternehmen, bei dem realistisch und nicht nur hypothetisch davon ausgegangen werden kann, dass es ohne die vertikale Vereinbarung wahrscheinlich innerhalb kurzer Zeit die zusätzlichen Investitionen tätigen oder andere Kosten auf sich nehmen würde, die erforderlich wären, um in den relevanten Markt einzutreten;

d) «Anbieter» ist auch ein Unternehmen, das Online-Vermittlungsdienste erbringt;

e) «Online-Vermittlungsdienste» sind Dienste der Informationsgesellschaft im Sinne des Artikels 1 Absatz 1 Buchstabe b der Richtlinie (EU) 2015/1535 des Europäischen Parlaments und des Rates[6], die es Unternehmen ermöglichen, Waren oder Dienstleistungen anzubieten,

   i) indem sie die Einleitung direkter Transaktionen mit anderen Unternehmen vermitteln oder

   ii) indem sie die Einleitung direkter Transaktionen zwischen diesen Unternehmen und Endverbrauchern vermitteln, unabhängig davon, ob und wo die Transaktionen letztlich abgeschlossen werden;

f) «Wettbewerbsverbot» ist eine unmittelbare oder mittelbare Verpflichtung, die den Abnehmer veranlasst, keine Waren oder Dienstleistungen herzustellen, zu beziehen, zu verkaufen oder weiterzuverkaufen, die mit den Vertragswaren oder -dienstleistungen im Wettbewerb stehen, oder

---

[6] Richtlinie (EU) 2015/1535 des Europäischen Parlaments und des Rates vom 9. September 2015 über ein Informationsverfahren auf dem Gebiet der technischen Vorschriften und der Vorschriften für die Dienste der Informationsgesellschaft (ABl. L 241 vom 17.9.2015, S. 1).

eine unmittelbare oder mittelbare Verpflichtung des Abnehmers, auf dem relevanten Markt mehr als 80 % seines Gesamtbezugs an Vertragswaren oder -dienstleistungen und ihren Substituten, der anhand des Werts des Bezugs oder, falls in der Branche üblich, am bezogenen Volumen im vorangehenden Kalenderjahr berechnet wird, vom Anbieter oder von einem anderen vom Anbieter benannten Unternehmen zu beziehen;

g) «selektive Vertriebssysteme» sind Vertriebssysteme, in denen sich der Anbieter verpflichtet, die Vertragswaren oder -dienstleistungen unmittelbar oder mittelbar nur an Händler zu verkaufen, die anhand festgelegter Merkmale ausgewählt werden, und in denen sich diese Händler verpflichten, die betreffenden Waren oder Dienstleistungen nicht an Händler zu verkaufen, die innerhalb des vom Anbieter für den Betrieb dieses Systems festgelegten Gebiets nicht zum Vertrieb zugelassen sind;

h) «Alleinvertriebssysteme» sind Vertriebssysteme, in denen der Anbieter ein Gebiet oder eine Kundengruppe sich selbst oder höchstens fünf Abnehmern exklusiv zuweist und allen anderen Abnehmern Beschränkungen in Bezug auf den aktiven Verkauf in das exklusiv zugewiesene Gebiet oder an die exklusiv zugewiesene Kundengruppe auferlegt;

i) «Rechte des geistigen Eigentums» umfassen unter anderem gewerbliche Schutzrechte, Know-how, Urheberrechte und verwandte Schutzrechte;

j) «Know-how» ist eine Gesamtheit nicht patentgeschützter praktischer Kenntnisse, die der Anbieter durch Erfahrung und Erprobung gewonnen hat und die geheim, wesentlich und identifiziert sind; in diesem Zusammenhang bedeutet «geheim», dass das Know-how nicht allgemein bekannt oder leicht zugänglich ist; «wesentlich» bedeutet, dass das Know-how für den Abnehmer bei der Verwendung, dem Verkauf oder dem Weiterverkauf der Vertragswaren oder -dienstleistungen bedeutsam und nützlich ist; «identifiziert» bedeutet, dass das Know-how so umfassend beschrieben ist, dass überprüft werden kann, ob die Merkmale «geheim» und «wesentlich» erfüllt sind;

k) «Abnehmer» ist auch ein Unternehmen, das auf der Grundlage einer unter Artikel 101 Absatz 1 AEUV fallenden Vereinbarung Waren oder Dienstleistungen für Rechnung eines anderen Unternehmens verkauft;

l) «aktiver Verkauf» ist die gezielte Ansprache von Kunden durch Besuche, Schreiben, E-Mails, Anrufe oder sonstige Formen der direkten Kommunikation oder durch gezielte Werbung und Absatzförderung, offline oder online, beispielsweise durch Printmedien oder digitale Medien, einschließlich Online-Medien, Preisvergleichsdiensten oder Suchmaschinenwerbung, die auf Kunden in bestimmten Gebieten oder aus bestimmten Kundengruppen ausgerichtet sind, durch den Betrieb einer Website mit einer Top-Level-Domain, die bestimmten Gebieten entspricht, oder durch das Angebot von in bestimmten Gebieten üblichen Sprachoptionen auf einer Website, sofern diese Sprachen sich von denen unterscheiden, die in dem Gebiet, in dem der Abnehmer niedergelassen ist, üblicherweise verwendet werden;

m) «passiver Verkauf» ist ein auf unaufgeforderte Anfragen einzelner Kunden zurückgehender Verkauf, einschließlich der Lieferung von Waren an oder der Erbringung von Dienstleistungen für solche Kunden, der nicht durch gezielte Ansprache der betreffenden Kunden, Kundengruppen oder Kunden in den betreffenden Gebieten ausgelöst wurde und den Verkauf infolge der Teilnahme an öffentlichen Vergabeverfahren oder privaten Aufforderungen zur Interessensbekundung einschließt.

(2) Für die Zwecke dieser Verordnung schließen die Begriffe «Unternehmen», «Anbieter» und «Abnehmer» die jeweils mit diesen verbundenen Unternehmen ein.

«Verbunde Unternehmen» sind:

a) Unternehmen, in denen ein an der Vereinbarung beteiligtes Unternehmen unmittelbar oder mittelbar
   i) die Befugnis hat, mehr als die Hälfte der Stimmrechte auszuüben, oder
   ii) die Befugnis hat, mehr als die Hälfte der Mitglieder des Leitungs- oder Aufsichtsorgans oder der zur gesetzlichen Vertretung berufenen Organe zu bestellen, oder
   iii) das Recht hat, die Geschäfte des Unternehmens zu führen, oder
b) Unternehmen, die in einem an der Vereinbarung beteiligten Unternehmen unmittelbar oder mittelbar die unter Buchstabe a aufgeführten Rechte oder Befugnisse haben, oder
c) Unternehmen, in denen ein unter Buchstabe b genanntes Unternehmen unmittelbar oder mittelbar die unter Buchstabe a aufgeführten Rechte oder Befugnisse hat, oder
d) Unternehmen, in denen ein an der Vereinbarung beteiligtes Unternehmen gemeinsam mit einem oder mehreren der unter den Buchstaben a, b und c genannten Unternehmen oder in denen zwei oder mehr der zuletzt genannten Unternehmen gemeinsam die unter Buchstabe a aufgeführten Rechte oder Befugnisse haben, oder
e) Unternehmen, in denen die folgenden Unternehmen gemeinsam die unter Buchstabe a aufgeführten Rechte oder Befugnisse haben
   i) an der Vereinbarung beteiligte Unternehmen oder mit ihnen jeweils verbundene Unternehmen im Sinne der Buchstaben a bis d, oder

ii) eines oder mehrere der an der Vereinbarung beteiligten Unternehmen oder eines oder mehrere der mit ihnen verbundenen Unternehmen im Sinne der Buchstaben a bis d und ein oder mehrere dritte Unternehmen.

Artikel 2 *Freistellung*

(1) Nach Artikel 101 Absatz 3 AEUV und nach Maßgabe dieser Verordnung gilt Artikel 101 Absatz 1 AEUV nicht für vertikale Vereinbarungen. Diese Freistellung gilt, soweit solche Vereinbarungen vertikale Beschränkungen enthalten.

(2) Die Freistellung nach Absatz 1 gilt nur dann für vertikale Vereinbarungen zwischen einer Unternehmensvereinigung und einem ihrer Mitglieder oder zwischen einer solchen Vereinigung und einem einzelnen Anbieter, wenn alle Mitglieder der Vereinigung Wareneinzelhändler sind und wenn keines ihrer Mitglieder zusammen mit seinen verbundenen Unternehmen einen jährlichen Gesamtumsatz von mehr als 50 Mio. EUR erwirtschaftet. Vertikale Vereinbarungen solcher Vereinigungen werden von dieser Verordnung unbeschadet der Anwendbarkeit des Artikels 101 AEUV auf horizontale Vereinbarungen zwischen den Mitgliedern einer solchen Vereinigung sowie auf Beschlüsse der Vereinigung erfasst.

(3) Die Freistellung nach Absatz 1 gilt für vertikale Vereinbarungen, die Bestimmungen enthalten, die die Übertragung von Rechten des geistigen Eigentums an den Abnehmer oder die Nutzung solcher Rechte durch den Abnehmer betreffen, sofern diese Bestimmungen nicht Hauptgegenstand der Vereinbarung sind und sofern sie sich unmittelbar auf die Nutzung, den Verkauf oder den Weiterverkauf von Waren oder Dienstleistungen durch den Abnehmer oder seine Kunden beziehen. Die Freistellung gilt unter der Voraussetzung, dass diese Bestimmungen für die Vertragswaren oder -dienstleistungen keine Wettbewerbsbeschränkungen enthalten, die denselben Zweck verfolgen wie vertikale Beschränkungen, die durch diese Verordnung nicht freigestellt sind.

(4) Die Freistellung nach Absatz 1 gilt nicht für vertikale Vereinbarungen zwischen Wettbewerbern. Diese Freistellung gilt jedoch für zwischen konkurrierenden Unternehmen geschlossene, nicht wechselseitige vertikale Vereinbarungen, wenn

a) der Anbieter auf der vorgelagerten Stufe als Hersteller, Importeur oder Großhändler und zugleich auf der nachgelagerten Stufe als Importeur, Großhändler oder Einzelhändler von Waren tätig ist, während der Abnehmer ein auf der nachgelagerten Stufe tätiger Importeur, Großhändler oder Einzelhändler, jedoch kein Wettbewerber auf der vorgelagerten Stufe ist, auf der er die Vertragswaren bezieht, oder

b) der Anbieter ein auf mehreren Handelsstufen tätiger Dienstleister ist, der Abnehmer demgegenüber Dienstleistungen auf der Einzelhandelsstufe anbietet und auf der Handelsstufe, auf der er die Vertragsdienstleistungen bezieht, kein Wettbewerber ist.

(5) Die Ausnahmen nach Absatz 4 Buchstaben a und b gelten nicht für den Informationsaustausch zwischen Anbietern und Abnehmern, der entweder nicht direkt die Umsetzung der vertikalen Vereinbarung betrifft oder nicht zur Verbesserung der Produktion oder des Vertriebs der Vertragswaren oder -dienstleistungen erforderlich ist oder keine dieser beiden Voraussetzungen erfüllt.

(6) Die Ausnahmen nach Absatz 4 Buchstaben a und b gelten nicht für vertikale Vereinbarungen in Bezug auf die Bereitstellung von Online-Vermittlungsdiensten, wenn der Anbieter der Online-Vermittlungsdienste ein Wettbewerber auf dem relevanten Markt für den Verkauf der vermittelten Waren oder Dienstleistungen ist.

(7) Diese Verordnung gilt nicht für vertikale Vereinbarungen, deren Gegenstand in den Geltungsbereich einer anderen Gruppenfreistellungsverordnung fällt, außer wenn dies in einer solchen Verordnung vorgesehen ist.

Artikel 3 *Marktanteilsschwelle*

(1) Die Freistellung nach Artikel 2 gilt nur, wenn der Anteil des Anbieters an dem relevanten Markt, auf dem er die Vertragswaren oder -dienstleistungen anbietet, und der Anteil des Abnehmers an dem relevanten Markt, auf dem er die Vertragswaren oder -dienstleistungen bezieht, jeweils nicht mehr als 30 % beträgt.

(2) Bezieht ein Unternehmen im Rahmen einer Mehrparteienvereinbarung die Vertragswaren oder -dienstleistungen von einem an der Vereinbarung beteiligten Unternehmen und verkauft es sie anschließend an ein anderes, ebenfalls an der Vereinbarung beteiligtes Unternehmen, so gilt die Freistellung nach Artikel 2 nur, wenn es die Voraussetzungen des Absatzes 1 als Abnehmer wie auch als Anbieter erfüllt.

Artikel 4 *Beschränkungen, die zum Ausschluss des Rechtsvorteils der Gruppenfreistellung führen – Kernbeschränkungen*

Die Freistellung nach Artikel 2 gilt nicht für vertikale Vereinbarungen, die unmittelbar oder mittelbar, für sich allein oder in Verbindung mit anderen Umständen unter der Kontrolle der beteiligten Unternehmen Folgendes bezwecken:

a) die Beschränkung der Möglichkeit des Abnehmers, seinen Verkaufspreis selbst festzusetzen; dies gilt unbeschadet der Möglichkeit des Anbieters, Höchstverkaufspreise festzusetzen oder Preisempfehlungen auszusprechen, sofern sich diese nicht infolge der Ausübung von Druck oder der

Gewährung von Anreizen durch eines der beteiligten Unternehmen tatsächlich wie Fest- oder Mindestverkaufspreise auswirken;

b) wenn der Anbieter ein Alleinvertriebssystem betreibt, die Beschränkung des Gebiets oder der Kunden, in das bzw. an die der Alleinvertriebshändler die Vertragswaren oder -dienstleistungen aktiv oder passiv verkaufen darf, mit Ausnahme

  i) der Beschränkung des aktiven Verkaufs durch den Alleinvertriebshändler und durch seine Direktkunden in ein Gebiet oder an eine Kundengruppe, das bzw. die dem Anbieter vorbehalten ist oder von dem Anbieter höchstens fünf weiteren Alleinvertriebshändlern exklusiv zugewiesen wurde,

  ii) der Beschränkung des aktiven oder passiven Verkaufs durch den Alleinvertriebshändler und durch seine Kunden an nicht zugelassene Händler in einem Gebiet, in dem der Anbieter ein selektives Vertriebssystem für die Vertragswaren oder -dienstleistungen betreibt,

  iii) der Beschränkung des Niederlassungsorts des Alleinvertriebshändlers,

  iv) der Beschränkung des aktiven oder passiven Verkaufs an Endverbraucher durch einen Alleinvertriebshändler, der auf der Großhandelsstufe tätig ist,

  v) der Beschränkung der Möglichkeit des Alleinvertriebshändlers, Teile, die zur Weiterverwendung geliefert werden, aktiv oder passiv an Kunden zu verkaufen, die diese Teile für die Herstellung derselben Art von Waren verwenden würden, wie sie der Anbieter herstellt;

c) wenn der Anbieter ein selektives Vertriebssystem betreibt,

  i) die Beschränkung der Gebiete oder Kunden, in bzw. an die die Mitglieder des selektiven Vertriebssystems die Vertragswaren oder -dienstleistungen aktiv oder passiv verkaufen dürfen, mit Ausnahme

    1. der Beschränkung des aktiven Verkaufs durch Mitglieder des selektiven Vertriebssystems und durch ihre Direktkunden in ein Gebiet oder an eine Kundengruppe, das bzw. die dem Anbieter vorbehalten ist oder von dem Anbieter höchstens fünf Alleinvertriebshändlern exklusiv zugewiesen wurde,

    2. der Beschränkung des aktiven oder passiven Verkaufs durch Mitglieder des selektiven Vertriebssystems und durch ihre Kunden an nicht zugelassene Händler in dem Gebiet, in dem das selektive Vertriebssystem betrieben wird,

3. der Beschränkung des Niederlassungsorts der Mitglieder des selektiven Vertriebssystems,
4. der Beschränkung des aktiven oder passiven Verkaufs an Endverbraucher durch auf der Großhandelsstufe tätige Mitglieder des selektiven Vertriebssystems,
5. der Beschränkung der Möglichkeit, Teile, die zur Weiterverwendung geliefert werden, aktiv oder passiv an Kunden zu verkaufen, die diese Teile für die Herstellung derselben Art von Waren verwenden würden, wie sie der Anbieter herstellt;

ii) die Beschränkung von Querlieferungen zwischen Mitgliedern des selektiven Vertriebssystems, die auf derselben Handelsstufe oder unterschiedlichen Handelsstufen tätig sind;

iii) die Beschränkung des aktiven oder passiven Verkaufs an Endverbraucher durch auf der Einzelhandelsstufe tätige Mitglieder des selektiven Vertriebssystems, unbeschadet Buchstabe c Ziffer i Nummern 1 und 3;

d) wenn der Anbieter weder ein Alleinvertriebssystem noch ein selektives Vertriebssystem betreibt, die Beschränkung der Gebiete oder Kunden, in bzw. an die der Abnehmer die Vertragswaren oder -dienstleistungen aktiv oder passiv verkaufen darf, mit Ausnahme

i) der Beschränkung des aktiven Verkaufs durch den Abnehmer und durch seine Direktkunden in ein Gebiet oder an eine Kundengruppe, das bzw. die dem Anbieter vorbehalten ist oder von dem Anbieter höchstens fünf Alleinvertriebshändlern exklusiv zugewiesen wurde,

ii) der Beschränkung des aktiven oder passiven Verkaufs durch den Abnehmer und durch seine Kunden an nicht zugelassene Händler in einem Gebiet, in dem der Anbieter ein selektives Vertriebssystem für die Vertragswaren oder -dienstleistungen betreibt,

iii) der Beschränkung des Niederlassungsorts des Abnehmers,

iv) der Beschränkung des aktiven oder passiven Verkaufs an Endverbraucher durch einen Abnehmer, der auf der Großhandelsstufe tätig ist,

v) der Beschränkung der Möglichkeit des Abnehmers, Teile, die zur Weiterverwendung geliefert werden, aktiv oder passiv an Kunden zu verkaufen, die diese Teile für die Herstellung derselben Art von Waren verwenden würden, wie sie der Anbieter herstellt;

e) die Verhinderung der wirksamen Nutzung des Internets zum Verkauf der Vertragswaren oder -dienstleistungen durch den Abnehmer oder seine Kunden, da dies eine Beschränkung des Gebiets oder der Kunden, in das bzw. an die die Vertragswaren oder -dienstleistungen verkauft werden dürfen, im Sinne der Buchstaben b, c oder d darstellt, unbeschadet der Möglichkeit, dem Abnehmer Folgendes aufzuerlegen:

i) andere Beschränkungen des Online-Verkaufs oder

ii) Beschränkungen der Online-Werbung, die nicht darauf abzielen, die Nutzung eines ganzen Online-Werbekanals zu verhindern;

f) die zwischen einem Anbieter von Teilen und einem Abnehmer, der diese Teile weiterverwendet, vereinbarte Beschränkung der Möglichkeit des Anbieters, die Teile als Ersatzteile an Endverbraucher, Reparaturbetriebe, Großhändler oder andere Dienstleister zu verkaufen, die der Abnehmer nicht mit der Reparatur oder Wartung seiner Waren betraut hat.

Artikel 5 *Nicht freigestellte Beschränkungen*

(1) Die Freistellung nach Artikel 2 gilt nicht für die folgenden, in vertikalen Vereinbarungen enthaltenen Verpflichtungen:

a) unmittelbare oder mittelbare Wettbewerbsverbote, die für eine unbestimmte Dauer oder für eine Dauer von mehr als 5 Jahren gelten,

b) unmittelbare oder mittelbare Verpflichtungen, die den Abnehmer veranlassen, Waren oder Dienstleistungen nach Beendigung der Vereinbarung nicht herzustellen, zu beziehen, zu verkaufen oder weiterzuverkaufen,

c) unmittelbare oder mittelbare Verpflichtungen, die die Mitglieder eines selektiven Vertriebssystems veranlassen, Marken bestimmter konkurrierender Anbieter nicht zu verkaufen,

d) unmittelbare oder mittelbare Verpflichtungen, die einen Abnehmer von Online-Vermittlungsdiensten veranlassen, Endverbrauchern Waren oder Dienstleistungen nicht über konkurrierende Online-Vermittlungsdienste zu günstigeren Bedingungen anzubieten, zu verkaufen oder weiterzuverkaufen.

(2) Abweichend von Absatz 1 Buchstabe a gilt die Begrenzung auf fünf Jahre nicht, wenn die Vertragswaren oder -dienstleistungen vom Abnehmer in Räumlichkeiten und auf Grundstücken verkauft werden, die im Eigentum des Anbieters stehen oder von diesem von nicht mit dem Abnehmer verbundenen Dritten gemietet oder gepachtet worden sind, und das Wettbewerbsverbot nicht über den Zeitraum hinausreicht, in dem der Abnehmer diese Räumlichkeiten und Grundstücke nutzt.

(3) Abweichend von Absatz 1 Buchstabe b gilt die Freistellung nach Artikel 2 für unmittelbare oder mittelbare Verpflichtungen, die den Abnehmer veranlassen, Waren oder Dienstleistungen nach Beendigung der Vereinbarung nicht herzustellen, zu beziehen, zu verkaufen oder weiterzuverkaufen, sofern sämtliche folgenden Voraussetzungen erfüllt sind:

a) die Verpflichtungen beziehen sich auf Waren oder Dienstleistungen, die mit den Vertragswaren oder -dienstleistungen im Wettbewerb stehen;

b) die Verpflichtungen beschränken sich auf Räumlichkeiten und Grundstücke, von denen aus der Abnehmer während der Vertragslaufzeit seine Geschäfte betrieben hat;

c) das Wettbewerbsverbot ist unerlässlich, um Know-how, das dem Abnehmer vom Anbieter übertragen wurde, zu schützen;

d) die Dauer der Verpflichtungen ist auf höchstens ein Jahr nach Beendigung der Vereinbarung begrenzt

Absatz 1 Buchstabe b gilt unbeschadet der Möglichkeit, Nutzung und Offenlegung von nicht allgemein zugänglichem Know-how unbefristeten Beschränkungen zu unterwerfen.

Artikel 6 *Entzug des Rechtsvorteils im Einzelfall*

(1) Nach Artikel 29 Absatz 1 der Verordnung (EG) Nr. 1/2003 des Rates kann die Kommission den Rechtsvorteil der vorliegenden Verordnung entziehen, wenn sie in einem bestimmten Fall feststellt, dass eine vertikale Vereinbarung, für die die Freistellung nach Artikel 2 der vorliegenden Verordnung gilt, dennoch Wirkungen hat, die mit Artikel 101 Absatz 3 AEUV unvereinbar sind. Solche Wirkungen können beispielsweise auftreten, wenn der relevante Markt für die Bereitstellung von Online-Vermittlungsdiensten stark konzentriert ist und der Wettbewerb zwischen den Anbietern solcher Dienste durch die kumulative Wirkung paralleler Netze ähnlicher Vereinbarungen beschränkt wird, die die Möglichkeiten von Abnehmern von Online-Vermittlungsdiensten beschränken, Waren oder Dienstleistungen über ihre Direktvertriebskanäle Endnutzern zu günstigeren Bedingungen anzubieten, zu verkaufen oder weiterzuverkaufen.

(2) Die Wettbewerbsbehörde eines Mitgliedstaats kann den aus dieser Verordnung erwachsenden Rechtsvorteil entziehen, wenn die Voraussetzungen nach Artikel 29 Absatz 2 der Verordnung (EG) Nr. 1/2003 erfüllt sind.

Artikel 7 *Nichtanwendung dieser Verordnung*

Nach Artikel 1a der Verordnung Nr. 19/65/EWG kann die Kommission durch Verordnung erklären, dass in Fällen, in denen mehr als 50 % des relevanten Marktes von parallelen Netzen gleichartiger vertikaler Beschränkungen abgedeckt werden, die vorliegende Verordnung auf vertikale Vereinbarungen, die bestimmte Beschränkungen des Wettbewerbs auf diesem Markt enthalten, keine Anwendung findet.

Artikel 8 *Anwendung der Marktanteilsschwelle*

Für die Anwendung der Marktanteilsschwellen im Sinne des Artikels 3 gelten folgende Vorschriften:

a) der Marktanteil des Anbieters wird anhand des Absatzwerts und der Marktanteil des Abnehmers anhand des Bezugswerts berechnet. Liegen keine Angaben über den Absatz- bzw. Bezugswert vor, so können zur Ermittlung des Marktanteils des betreffenden Unternehmens Schätzungen vorgenommen werden, die auf anderen verlässlichen Marktdaten einschließlich der Absatz- und Bezugsmengen beruhen;
b) die Marktanteile werden anhand der Angaben für das vorangegangene Kalenderjahr ermittelt;
c) der Marktanteil des Anbieters schließt Waren oder Dienstleistungen ein, die zum Zweck des Verkaufs an vertikal integrierte Händler geliefert werden;
d) beträgt ein Marktanteil ursprünglich nicht mehr als 30 % und überschreitet er anschließend diese Schwelle, so gilt die Freistellung nach Artikel 2 im Anschluss an das Jahr, in dem die Schwelle von 30 % erstmals überschritten wurde, noch für zwei weitere Kalenderjahre;
e) der Marktanteil der in Artikel 1 Absatz 2 Unterabsatz 2 Buchstabe e genannten Unternehmen wird zu gleichen Teilen jedem Unternehmen zugerechnet, das die in Buchstabe a des genannten Unterabsatzes aufgeführten Rechte oder Befugnisse hat.

Artikel 9 *Anwendung der Umsatzschwelle*

(1) Für die Berechnung des jährlichen Gesamtumsatzes im Sinne des Artikels 2 Absatz 2 sind die Umsätze zu addieren, die das jeweilige an der vertikalen Vereinbarung beteiligte Unternehmen und die mit ihm verbundenen Unternehmen im vorangegangenen Geschäftsjahr mit allen Waren und Dienstleistungen ohne Steuern und sonstige Abgaben erzielt haben. Dabei werden Umsätze zwischen dem an der vertikalen Vereinbarung beteiligten Unternehmen und den mit ihm verbundenen Unternehmen oder zwischen den mit ihm verbundenen Unternehmen nicht mitgerechnet.

(2) Die Freistellung nach Artikel 2 bleibt bestehen, wenn der jährliche Gesamtumsatz im Zeitraum von zwei aufeinanderfolgenden Geschäftsjahren die Schwelle um nicht mehr als 10 % übersteigt.

Artikel 10 *Übergangszeitraum*

Das Verbot nach Artikel 101 Absatz 1 AEUV gilt in der Zeit vom 1. Juni 2022 bis zum 31. Mai 2023 nicht für bereits am 31. Mai 2022 in Kraft befindliche Vereinbarungen, die zwar die Freistellungskriterien dieser Verordnung nicht erfüllen, aber am 31. Mai 2022 die Freistellungskriterien der Verordnung (EU) Nr. 330/2010 erfüllt haben.

Artikel 11 *Geltungsdauer*

Diese Verordnung tritt am 1. Juni 2022 in Kraft.

Ihre Geltungsdauer endet am 31. Mai 2034.

Diese Verordnung ist in allen ihren Teilen verbindlich und gilt unmittelbar in jedem Mitgliedstaat.

Brüssel, den 10. Mai 2022

Für die Kommission

Die Präsidentin

Ursula VON DER LEYEN

II. Lauterkeitsrecht

Richtlinie 2005/29/EG des europäischen Parlaments und des Rates über unlautere Geschäftspraktiken von Unternehmen gegenüber Verbrauchern im Binnenmarkt und zur Änderung der Richtlinie 84/450/EWG des Rates, der Richtlinie 97/7/EG, 98/27/EG und 2002/65/EG des Europäischen Parlaments und des Rates sowie der Verordnung (EG) Nr. 2006/2004 des Europäischen Parlaments und des Rates (Richtlinie über unlautere Geschäftspraktiken)

vom 11. Mai 2005

(Stand 28. Mai 2022)

(Text von Bedeutung für den EWR)

DAS EUROPÄISCHE PARLAMENT UND
DER RAT DER EUROPÄISCHEN UNION –

(ABl. L 149 vom 11.6.2005, S. 22)

gestützt auf den Vertrag zur Gründung der Europäischen Gemeinschaft, insbesondere auf Artikel 95,

auf Vorschlag der Kommission,

nach Stellungnahme des Europäischen Wirtschafts- und Sozialausschusses[1],

gemäss dem Verfahren des Artikels 251 des Vertrags[2],

in Erwägung nachstehender Gründe:

(1) Nach Artikel 153 Absatz 1 und Absatz 3 Buchstabe a des Vertrags hat die Gemeinschaft durch Massnahmen, die sie nach Artikel 95 erlässt, einen Beitrag zur Gewährleistung eines hohen Verbraucherschutzniveaus zu leisten.

(2) Gemäss Artikel 14 Absatz 2 des Vertrags umfasst der Binnenmarkt einen Raum ohne Binnengrenzen, in dem der freie Verkehr von Waren und Dienstleistungen sowie die Niederlassungsfreiheit gewährleistet sind. Die Entwick-

---

1 ABl. C 108 vom 30.4.2004, S. 81.

2 Stellungnahme des Europäischen Parlaments vom 20. April 2004 (ABl. C 104 E vom 30.4.2004, S. 260), Gemeinsamer Standpunkt des Rates vom 15. November 2004 (ABl. C 38 E vom 15.2.2005, S. 1) und Standpunkt des Europäischen Parlaments vom 24. Februar 2005 (noch nicht im Amtsblatt veröffentlicht). Beschluss des Rates vom 12. April 2005.

lung der Lauterkeit des Geschäftsverkehrs innerhalb dieses Raums ohne Binnengrenzen ist für die Förderung grenzüberschreitender Geschäftstätigkeiten wesentlich.

(3) Die Rechtsvorschriften der Mitgliedstaaten in Bezug auf unlautere Geschäftspraktiken unterscheiden sich deutlich voneinander, wodurch erhebliche Verzerrungen des Wettbewerbs und Hemmnisse für das ordnungsgemässe Funktionieren des Binnenmarktes entstehen können. Im Bereich der Werbung legt die Richtlinie 84/450/EWG des Rates vom 10. September 1984 über irreführende und vergleichende Werbung[3] Mindestkriterien für die Angleichung der Rechtsvorschriften im Bereich der irreführenden Werbung fest, hindert die Mitgliedstaaten jedoch nicht daran, Vorschriften aufrechtzuerhalten oder zu erlassen, die einen weiterreichenden Schutz der Verbraucher vorsehen. Deshalb unterscheiden sich die Rechtsvorschriften der Mitgliedstaaten im Bereich der irreführenden Werbung erheblich.

(4) Diese Unterschiede führen zu Unsicherheit darüber, welche nationalen Regeln für unlautere Geschäftspraktiken gelten, die die wirtschaftlichen Interessen der Verbraucher schädigen, und schaffen viele Hemmnisse für Unternehmen wie Verbraucher. Diese Hemmnisse verteuern für die Unternehmen die Ausübung der Freiheiten des Binnenmarkts, insbesondere, wenn Unternehmen grenzüberschreitend Marketing-, Werbe- oder Verkaufskampagnen betreiben wollen. Auch für Verbraucher schaffen solche Hemmnisse Unsicherheit hinsichtlich ihrer Rechte und untergraben ihr Vertrauen in den Binnenmarkt.

(5) In Ermangelung einheitlicher Regeln auf Gemeinschaftsebene könnten Hemmnisse für den grenzüberschreitenden Dienstleistungs- und Warenverkehr oder die Niederlassungsfreiheit im Lichte der Rechtsprechung des Gerichtshofs der Europäischen Gemeinschaften gerechtfertigt sein, sofern sie dem Schutz anerkannter Ziele des öffentlichen Interesses dienen und diesen Zielen angemessen sind. Angesichts der Ziele der Gemeinschaft, wie sie in den Bestimmungen des Vertrags und im sekundären Gemeinschaftsrecht über die Freizügigkeit niedergelegt sind, und in Übereinstimmung mit der in der Mitteilung der Kommission «Folgedokument zum Grünbuch über kommerzielle Kommunikationen im Binnenmarkt» genannten Politik der Kommission auf dem Gebiet der kommerziellen Kommunikation sollten solche Hemmnisse beseitigt werden. Diese Hemmnisse können nur beseitigt werden, indem in dem Masse, wie es für das ordnungsgemässe Funktionieren des Binnenmarktes und im Hinblick auf das Erfordernis der Rechtssicherheit notwendig ist, auf Gemeinschaftsebene einheitliche Regeln, die ein hohes Verbraucherschutzniveau gewährleisten, festgelegt und bestimmte Rechtskonzepte geklärt werden.

---

[3] ABl. L 250 vom 19.9.1984, S. 17. Richtlinie geändert durch die Richtlinie 97/55/EG des Europäischen Parlaments und des Rates (ABl. L 290 vom 23.10.1997, S. 18).

(6) Die vorliegende Richtlinie gleicht deshalb die Rechtsvorschriften der Mitgliedstaaten über unlautere Geschäftspraktiken einschliesslich der unlauteren Werbung an, die die wirtschaftlichen Interessen der Verbraucher unmittelbar und dadurch die wirtschaftlichen Interessen rechtmässig handelnder Mitbewerber mittelbar schädigen. Im Einklang mit dem Verhältnismässigkeitsprinzip schützt diese Richtlinie die Verbraucher vor den Auswirkungen solcher unlauteren Geschäftspraktiken, soweit sie als wesentlich anzusehen sind, berücksichtigt jedoch, dass die Auswirkungen für den Verbraucher in manchen Fällen unerheblich sein können. Sie erfasst und berührt nicht die nationalen Rechtsvorschriften in Bezug auf unlautere Geschäftspraktiken, die lediglich die wirtschaftlichen Interessen von Mitbewerbern schädigen oder sich auf ein Rechtsgeschäft zwischen Gewerbetreibenden beziehen; die Mitgliedstaaten können solche Praktiken, falls sie es wünschen, unter uneingeschränkter Wahrung des Subsidiaritätsprinzips im Einklang mit dem Gemeinschaftsrecht weiterhin regeln. Diese Richtlinie erfasst und berührt auch nicht die Bestimmungen der Richtlinie 84/450/EWG über Werbung, die für Unternehmen, nicht aber für Verbraucher irreführend ist, noch die Bestimmungen über vergleichende Werbung. Darüber hinaus berührt diese Richtlinie auch nicht die anerkannten Werbe- und Marketingmethoden wie rechtmässige Produktplatzierung, Markendifferenzierung oder Anreize, die auf rechtmässige Weise die Wahrnehmung von Produkten durch den Verbraucher und sein Verhalten beeinflussen können, die jedoch seine Fähigkeit, eine informierte Entscheidung zu treffen, nicht beeinträchtigen.

(7) Diese Richtlinie bezieht sich auf Geschäftspraktiken, die in unmittelbarem Zusammenhang mit der Beeinflussung der geschäftlichen Entscheidungen des Verbrauchers in Bezug auf Produkte stehen. Sie bezieht sich nicht auf Geschäftspraktiken, die vorrangig anderen Zielen dienen, wie etwa bei kommerziellen, für Investoren gedachten Mitteilungen, wie Jahresberichten und Unternehmensprospekten. Sie bezieht sich nicht auf die gesetzlichen Anforderungen in Fragen der guten Sitten und des Anstands, die in den Mitgliedstaaten sehr unterschiedlich sind. Geschäftspraktiken wie beispielsweise das Ansprechen von Personen auf der Strasse zu Verkaufszwecken können in manchen Mitgliedstaaten aus kulturellen Gründen unerwünscht sein. Die Mitgliedstaaten sollten daher im Einklang mit dem Gemeinschaftsrecht in ihrem Hoheitsgebiet weiterhin Geschäftspraktiken aus Gründen der guten Sitten und des Anstands verbieten können, auch wenn diese Praktiken die Wahlfreiheit des Verbrauchers nicht beeinträchtigen. Bei der Anwendung dieser Richtlinie, insbesondere der Generalklauseln, sollten die Umstände des Einzelfalles umfassend gewürdigt werden.

(8) Diese Richtlinie schützt unmittelbar die wirtschaftlichen Interessen der Verbraucher vor unlauteren Geschäftspraktiken im Geschäftsverkehr zwischen Unternehmen und Verbrauchern. Sie schützt somit auch mittelbar rechtmässig

handelnde Unternehmen vor Mitbewerbern, die sich nicht an die Regeln dieser Richtlinie halten, und gewährleistet damit einen lauteren Wettbewerb in dem durch sie koordinierten Bereich. Selbstverständlich gibt es andere Geschäftspraktiken, die zwar nicht den Verbraucher schädigen, sich jedoch nachteilig für die Mitbewerber und gewerblichen Kunden auswirken können. Die Kommission sollte sorgfältig prüfen, ob auf dem Gebiet des unlauteren Wettbewerbs über den Regelungsbereich dieser Richtlinie hinausgehende gemeinschaftliche Massnahmen erforderlich sind, und sollte gegebenenfalls einen Gesetzgebungsvorschlag zur Erfassung dieser anderen Aspekte des unlauteren Wettbewerbs vorlegen.

(9) Diese Richtlinie berührt nicht individuelle Klagen von Personen, die durch eine unlautere Geschäftspraxis geschädigt wurden. Sie berührt ferner nicht die gemeinschaftlichen und nationalen Vorschriften in den Bereichen Vertragsrecht, Schutz des geistigen Eigentums, Sicherheit und Gesundheitsschutz im Zusammenhang mit Produkten, Niederlassungsbedingungen und Genehmigungsregelungen, einschliesslich solcher Vorschriften, die sich im Einklang mit dem Gemeinschaftsrecht auf Glücksspiele beziehen, sowie die Wettbewerbsregeln der Gemeinschaft und die nationalen Rechtsvorschriften zur Umsetzung derselben. Die Mitgliedstaaten können somit unabhängig davon, wo der Gewerbetreibende niedergelassen ist, unter Berufung auf den Schutz der Gesundheit und der Sicherheit der Verbraucher in ihrem Hoheitsgebiet für Geschäftspraktiken Beschränkungen aufrechterhalten oder einführen oder diese Praktiken verbieten, beispielsweise im Zusammenhang mit Spirituosen, Tabakwaren und Arzneimitteln. Für Finanzdienstleistungen und Immobilien sind aufgrund ihrer Komplexität und der ihnen inhärenten ernsten Risiken detaillierte Anforderungen erforderlich, einschliesslich positiver Verpflichtungen für die betreffenden Gewerbetreibenden. Deshalb lässt diese Richtlinie im Bereich der Finanzdienstleistungen und Immobilien das Recht der Mitgliedstaaten unberührt, zum Schutz der wirtschaftlichen Interessen der Verbraucher über ihre Bestimmungen hinauszugehen. Es ist nicht angezeigt, in dieser Richtlinie die Zertifizierung und Angabe des Feingehalts von Artikeln aus Edelmetall zu regeln.

(10) Es muss sichergestellt werden, dass diese Richtlinie insbesondere in Fällen, in denen Einzelvorschriften über unlautere Geschäftspraktiken in speziellen Sektoren anwendbar sind auf das geltende Gemeinschaftsrecht abgestimmt ist. Diese Richtlinie ändert daher die Richtlinie 84/450/EWG, die Richtlinie 97/7/EG des Europäischen Parlaments und des Rates vom 20. Mai 1997 über den Verbraucherschutz bei Vertragsabschlüssen im Fernabsatz[4], die Richtlinie 98/27/EG des Europäischen Parlaments und des Rates vom 19. Mai

[4] ABl. L 144 vom 4.6.1997, S. 19. Richtlinie geändert durch die Richtlinie 2002/65/EG (ABl. L 271 vom 9.10.2002, S. 16).

1998 über Unterlassungsklagen zum Schutz der Verbraucherinteressen[5] und die Richtlinie 2002/65/EG des Europäischen Parlaments und des Rates vom 23. September 2002 über den Fernabsatz von Finanzdienstleistungen an Verbraucher[6]. Diese Richtlinie gilt dementsprechend nur insoweit, als keine spezifischen Vorschriften des Gemeinschaftsrechts vorliegen, die spezielle Aspekte unlauterer Geschäftspraktiken regeln, wie etwa Informationsanforderungen oder Regeln darüber, wie dem Verbraucher Informationen zu vermitteln sind. Sie bietet den Verbrauchern in den Fällen Schutz, in denen es keine spezifischen sektoralen Vorschriften auf Gemeinschaftsebene gibt, und untersagt es Gewerbetreibenden, eine Fehlvorstellung von der Art ihrer Produkte zu wecken. Dies ist besonders wichtig bei komplexen Produkten mit einem hohen Risikograd für die Verbraucher, wie etwa bestimmten Finanzdienstleistungen. Diese Richtlinie ergänzt somit den gemeinschaftlichen Besitzstand in Bezug auf Geschäftspraktiken, die den wirtschaftlichen Interessen der Verbraucher schaden.

(11) Das hohe Mass an Konvergenz, das die Angleichung der nationalen Rechtsvorschriften durch diese Richtlinie hervorbringt, schafft ein hohes allgemeines Verbraucherschutzniveau. Diese Richtlinie stellt ein einziges generelles Verbot jener unlauteren Geschäftspraktiken auf, die das wirtschaftliche Verhalten des Verbrauchers beeinträchtigen. Sie stellt ausserdem Regeln über aggressive Geschäftspraktiken auf, die gegenwärtig auf Gemeinschaftsebene nicht geregelt sind.

(12) Durch die Angleichung wird die Rechtssicherheit sowohl für Verbraucher als auch für Unternehmen beträchtlich erhöht. Sowohl die Verbraucher als auch die Unternehmen werden in die Lage versetzt, sich an einem einzigen Rechtsrahmen zu orientieren, der auf einem klar definierten Rechtskonzept beruht, das alle Aspekte unlauterer Geschäftspraktiken in der EU regelt. Dies wird zur Folge haben, dass die durch die Fragmentierung der Vorschriften über unlautere, die wirtschaftlichen Interessen der Verbraucher schädigende Geschäftspraktiken verursachten Handelshemmnisse beseitigt werden und die Verwirklichung des Binnenmarktes in diesem Bereich ermöglicht wird.

(13) Zur Erreichung der Ziele der Gemeinschaft durch die Beseitigung von Hemmnissen für den Binnenmarkt ist es notwendig, die in den Mitgliedstaaten existierenden unterschiedlichen Generalklauseln und Rechtsgrundsätze zu ersetzen. Das durch diese Richtlinie eingeführte einzige, gemeinsame generelle Verbot umfasst daher unlautere Geschäftspraktiken, die das wirtschaftliche Verhalten der Verbraucher beeinträchtigen. Zur Förderung des Verbrauchervertrauens sollte das generelle Verbot für unlautere Geschäftspraktiken sowohl

---

[5] ABl. L 166 vom 11.6.1998, S. 51. Richtlinie zuletzt geändert durch die Richtlinie 2002/65/EG.

[6] ABl. L 271 vom 9.10.2002, S. 16.

ausserhalb einer vertraglichen Beziehung zwischen Gewerbetreibenden und Verbrauchern als auch nach Abschluss eines Vertrags und während dessen Ausführung gelten. Das generelle Verbot wird durch Regeln über die beiden bei weitem am meisten verbreiteten Arten von Geschäftspraktiken konkretisiert, nämlich die irreführenden und die aggressiven Geschäftspraktiken.

(14) Es ist wünschenswert, dass der Begriff der irreführenden Praktiken auch Praktiken, einschliesslich irreführender Werbung, umfasst, die den Verbraucher durch Täuschung den Praktiken der Mitgliedstaaten zur irreführenden Werbung unterteilt diese Richtlinie irreführende Praktiken in irreführende Handlungen und irreführende Unterlassungen. Im Hinblick auf Unterlassungen legt diese Richtlinie eine bestimmte Anzahl von Basisinformationen fest, die der Verbraucher benötigt, um eine informierte geschäftliche Entscheidung treffen zu können. Solche Informationen müssen nicht notwendigerweise in jeder Werbung enthalten sein, sondern nur dann, wenn der Gewerbetreibende zum Kauf auffordert; dieses Konzept wird in dieser Richtlinie klar definiert. Die in dieser Richtlinie vorgesehene vollständige Angleichung hindert die Mitgliedstaaten nicht daran, in ihren nationalen Rechtsvorschriften für bestimmte Produkte, zum Beispiel Sammlungsstücke oder elektrische Geräte, die wesentlichen Kennzeichen festzulegen, deren Weglassen bei einer Aufforderung zum Kauf rechtserheblich wäre. Mit dieser Richtlinie wird nicht beabsichtigt, die Wahl für die Verbraucher einzuschränken, indem die Werbung für Produkte, die anderen Produkten ähneln, untersagt wird, es sei denn, dass diese Ähnlichkeit eine Verwechslungsgefahr für die Verbraucher hinsichtlich der kommerziellen Herkunft des Produkts begründet und daher irreführend ist. Diese Richtlinie sollte das bestehende Gemeinschaftsrecht unberührt lassen, das den Mitgliedstaaten ausdrücklich die Wahl zwischen mehreren Regelungsoptionen für den Verbraucherschutz auf dem Gebiet der Geschäftspraktiken lässt. Die vorliegende Richtlinie sollte insbesondere Artikel 13 Absatz 3 der Richtlinie 2002/58/EG des Europäischen Parlaments und des Rates vom 12. Juli 2002 über die Verarbeitung personenbezogener Daten und den Schutz der Privatsphäre in der elektronischen Kommunikation[7] unberührt lassen.

(15) Legt das Gemeinschaftsrecht Informationsanforderungen in Bezug auf Werbung, kommerzielle Kommunikation oder Marketing fest, so werden die betreffenden Informationen im Rahmen dieser Richtlinie als wesentlich angesehen. Die Mitgliedstaaten können die Informationsanforderungen in Bezug auf das Vertragsrecht oder mit vertragsrechtlichen Auswirkungen aufrechterhalten oder erweitern, wenn dies aufgrund der Mindestklauseln in den bestehenden gemeinschaftlichen Rechtsakten zulässig ist. Eine nicht erschöpfende Auflistung solcher im Besitzstand vorgesehenen Informationsanforderungen

[7] ABl. L 201 vom 31.7.2002, S. 37.

ist in Anhang II enthalten. Aufgrund der durch diese Richtlinie eingeführten vollständigen Angleichung werden nur die nach dem Gemeinschaftsrecht vorgeschriebenen Informationen als wesentlich für die Zwecke des Artikels 7 Absatz 5 dieser Richtlinie betrachtet. Haben die Mitgliedstaaten auf der Grundlage von Mindestklauseln Informationsanforderungen eingeführt, die über das hinausgehen, was im Gemeinschaftsrecht geregelt ist, so kommt das Vorenthalten dieser Informationen einem irreführenden Unterlassen nach dieser Richtlinie nicht gleich. Die Mitgliedstaaten können demgegenüber, sofern dies nach den gemeinschaftsrechtlichen Mindestklauseln zulässig ist, im Einklang mit dem Gemeinschaftsrecht strengere Bestimmungen aufrechterhalten oder einführen, um ein höheres Schutzniveau für die individuellen vertraglichen Rechte der Verbraucher zu gewährleisten.

(16) Die Bestimmungen über aggressive Handelspraktiken sollten solche Praktiken einschliessen, die die Wahlfreiheit des Verbrauchers wesentlich beeinträchtigen. Dabei handelt es sich um Praktiken, die sich der Belästigung, der Nötigung, einschliesslich der Anwendung von Gewalt, und der unzulässigen Beeinflussung bedienen.

(17) Es ist wünschenswert, dass diejenigen Geschäftspraktiken, die unter allen Umständen unlauter sind, identifiziert werden, um grössere Rechtssicherheit zu schaffen. Anhang I enthält daher eine umfassende Liste solcher Praktiken. Hierbei handelt es sich um die einzigen Geschäftspraktiken, die ohne eine Beurteilung des Einzelfalls anhand der Bestimmungen der Artikel 5 bis 9 als unlauter gelten können. Die Liste kann nur durch eine Änderung dieser Richtlinie abgeändert werden.

(18) Es ist angezeigt, alle Verbraucher vor unlauteren Geschäftspraktiken zu schützen; der Gerichtshof hat es allerdings bei seiner Rechtsprechung im Zusammenhang mit Werbung seit dem Erlass der Richtlinie 84/450/EWG für erforderlich gehalten, die Auswirkungen auf einen fiktiven typischen Verbraucher zu prüfen. Dem Verhältnismässigkeitsprinzip entsprechend und um die wirksame Anwendung der vorgesehenen Schutzmassnahmen zu ermöglichen, nimmt diese Richtlinie den Durchschnittsverbraucher, der angemessen gut unterrichtet und angemessen aufmerksam und kritisch ist, unter Berücksichtigung sozialer, kultureller und sprachlicher Faktoren in der Auslegung des Gerichtshofs als Massstab, enthält aber auch Bestimmungen zur Vermeidung der Ausnutzung von Verbrauchern, deren Eigenschaften sie für unlautere Geschäftspraktiken besonders anfällig machen. Richtet sich eine Geschäftspraxis speziell an eine besondere Verbrauchergruppe wie z.B. Kinder, so sollte die Auswirkung der Geschäftspraxis aus der Sicht eines Durchschnittsmitglieds dieser Gruppe beurteilt werden. Es ist deshalb angezeigt, in die Liste der Geschäftspraktiken, die unter allen Umständen unlauter sind, eine Bestimmung aufzunehmen, mit der an Kinder gerichtete Werbung zwar nicht völlig untersagt wird, mit der Kinder

aber vor unmittelbaren Kaufaufforderungen geschützt werden. Der Begriff des Durchschnittsverbrauchers beruht dabei nicht auf einer statistischen Grundlage. Die nationalen Gerichte und Verwaltungsbehörden müssen sich bei der Beurteilung der Frage, wie der Durchschnittsverbraucher in einem gegebenen Fall typischerweise reagieren würde, auf ihre eigene Urteilsfähigkeit unter Berücksichtigung der Rechtsprechung des Gerichtshofs verlassen.

(19) Sind Verbraucher aufgrund bestimmter Eigenschaften wie Alter, geistige oder körperliche Gebrechen oder Leichtgläubigkeit besonders für eine Geschäftspraxis oder das ihr zugrunde liegende Produkt anfällig und wird durch diese Praxis voraussichtlich das wirtschaftliche Verhalten nur dieser Verbraucher in einer für den Gewerbetreibenden vernünftigerweise vorhersehbaren Art und Weise wesentlich beeinflusst, muss sichergestellt werden, dass diese entsprechend geschützt werden, indem die Praxis aus der Sicht eines Durchschnittsmitglieds dieser Gruppe beurteilt wird.

(20) Es ist zweckmässig, die Möglichkeit von Verhaltenskodizes vorzusehen, die es Gewerbetreibenden ermöglichen, die Grundsätze dieser Richtlinie in spezifischen Wirtschaftsbranchen wirksam anzuwenden. In Branchen, in denen es spezifische zwingende Vorschriften gibt, die das Verhalten von Gewerbetreibenden regeln, ist es zweckmässig, dass aus diesen auch die Anforderungen an die berufliche Sorgfalt in dieser Branche ersichtlich sind. Die von den Urhebern der Kodizes auf nationaler oder auf Gemeinschaftsebene ausgeübte Kontrolle hinsichtlich der Beseitigung unlauterer Geschäftspraktiken könnte die Inanspruchnahme der Verwaltungsbehörden oder Gerichte unnötig machen und sollte daher gefördert werden. Mit dem Ziel, ein hohes Verbraucherschutzniveau zu erreichen, könnten Verbraucherverbände informiert und an der Ausarbeitung von Verhaltenskodizes beteiligt werden.

(21) Personen oder Organisationen, die nach dem nationalen Recht ein berechtigtes Interesse geltend machen können, müssen über Rechtsbehelfe verfügen, die es ihnen erlauben, vor Gericht oder bei einer Verwaltungsbehörde, die über Beschwerden entscheiden oder geeignete gerichtliche Schritte einleiten kann, gegen unlautere Geschäftspraktiken vorzugehen. Zwar wird die Beweislast vom nationalen Recht bestimmt, die Gerichte und Verwaltungsbehörden sollten aber in die Lage versetzt werden, von Gewerbetreibenden zu verlangen, dass sie den Beweis für die Richtigkeit der von ihnen behaupteten Tatsachen erbringen.

(22) Es ist notwendig, dass die Mitgliedstaaten Sanktionen für Verstösse gegen diese Richtlinie festlegen und für deren Durchsetzung sorgen. Die Sanktionen müssen wirksam, verhältnismässig und abschreckend sein.

(23) Da die Ziele dieser Richtlinie, nämlich durch Angleichung der Rechts- und Verwaltungsvorschriften der Mitgliedstaaten über unlautere Geschäftspraktiken die durch derartige Vorschriften verursachten Handelshemmnisse zu

beseitigen und ein hohes gemeinsames Verbraucherschutzniveau zu gewährleisten, auf Ebene der Mitgliedstaaten nicht ausreichend erreicht werden können und daher besser auf Gemeinschaftsebene zu erreichen sind, kann die Gemeinschaft im Einklang mit dem in Artikel 5 des Vertrags niedergelegten Subsidiaritätsprinzip tätig werden. Entsprechend dem in demselben Artikel genannten Verhältnismässigkeitsprinzip geht diese Richtlinie nicht über das für die Beseitigung der Handelshemmnisse und die Gewährleistung eines hohen gemeinsamen Verbraucherschutzniveaus erforderliche Mass hinaus.

(24) Diese Richtlinie sollte überprüft werden um sicherzustellen, dass Handelshemmnisse für den Binnenmarkt beseitigt und ein hohes Verbraucherschutzniveau erreicht wurden. Diese Überprüfung könnte zu einem Vorschlag der Kommission zur Änderung dieser Richtlinie führen, der eine begrenzte Verlängerung der Geltungsdauer der Ausnahmeregelung des Artikels 3 Absatz 5 vorsehen und/oder Änderungsvorschläge zu anderen Rechtsvorschriften über den Verbraucherschutz beinhalten könnte, in denen die von der Kommission im Rahmen der verbraucherpolitischen Strategie der Gemeinschaft eingegangene Verpflichtung zur Überprüfung des Besitzstands zur Erreichung eines hohen gemeinsamen Verbraucherschutzniveaus zum Ausdruck kommt.

(25) Diese Richtlinie achtet die insbesondere in der Charta der Grundrechte der Europäischen Union anerkannten Grundrechte und Grundsätze

HABEN FOLGENDE RICHTLINIE ERLASSEN:

Kapitel 1: Allgemeine Bestimmungen

Artikel 1 *Zweck der Richtlinie*

Zweck dieser Richtlinie ist es, durch Angleichung der Rechts- und Verwaltungsvorschriften der Mitgliedstaaten über unlautere Geschäftspraktiken, die die wirtschaftlichen Interessen der Verbraucher beeinträchtigen, zu einem reibungslosen Funktionieren des Binnenmarkts und zum Erreichen eines hohen Verbraucherschutzniveaus beizutragen.

Artikel 2 *Definitionen*

Im Sinne dieser Richtlinie bezeichnet der Ausdruck

a) «Verbraucher» jede natürliche Person, die im Geschäftsverkehr im Sinne dieser Richtlinie zu Zwecken handelt, die nicht ihrer gewerblichen, handwerklichen oder beruflichen Tätigkeit zugerechnet werden können;

b) «Gewerbetreibender» jede natürliche oder juristische Person, die im Geschäftsverkehr im Sinne dieser Richtlinie im Rahmen ihrer gewerblichen, handwerklichen oder beruflichen Tätigkeit handelt, und jede Person, die im Namen oder Auftrag des Gewerbetreibenden handelt;

c) «Produkte» jede Ware oder Dienstleistung, einschließlich Immobilien, digitaler Dienstleistungen und digitaler Inhalte, sowie Rechte und Verpflichtungen;

d) «Geschäftspraktiken von Unternehmen gegenüber Verbrauchern» (nachstehend auch «Geschäftspraktiken» genannt) jede Handlung, Unterlassung, Verhaltensweise oder Erklärung, kommerzielle Mitteilung einschliesslich Werbung und Marketing eines Gewerbetreibenden, die unmittelbar mit der Absatzförderung, dem Verkauf oder der Lieferung eines Produkts an Verbraucher zusammenhängt;

e) «wesentliche Beeinflussung des wirtschaftlichen Verhaltens des Verbrauchers» die Anwendung einer Geschäftspraxis, um die Fähigkeit des Verbrauchers, eine informierte Entscheidung zu treffen, spürbar zu beeinträchtigen und damit den Verbraucher zu einer geschäftlichen Entscheidung zu veranlassen, die er andernfalls nicht getroffen hätte;

f) «Verhaltenskodex eine Vereinbarung oder ein Vorschriftenkatalog, die bzw. der nicht durch die Rechts- und Verwaltungsvorschriften eines Mitgliedstaates vorgeschrieben ist und das Verhalten der Gewerbetreibenden definiert, die sich in Bezug auf eine oder mehrere spezielle Geschäftspraktiken oder Wirtschaftszweige auf diesen Kodex verpflichten;

g) «Urheber eines Kodex» jede Rechtspersönlichkeit, einschliesslich einzelner Gewerbetreibender oder Gruppen von Gewerbetreibenden, die für die Formulierung und Überarbeitung eines Verhaltenskodex und/oder für die Überwachung der Einhaltung dieses Kodex durch alle diejenigen, die sich darauf verpflichtet haben, zuständig ist;

h) «berufliche Sorgfalt» der Standard an Fachkenntnissen und Sorgfalt, bei denen billigerweise davon ausgegangen werden kann, dass der Gewerbetreibende sie gegenüber dem Verbraucher gemäss den anständigen Marktgepflogenheiten und/oder dem allgemeinen Grundsatz von Treu und Glauben in seinem Tätigkeitsbereich anwendet;

i) «Aufforderung zum Kauf» jede kommerzielle Kommunikation, die die Merkmale des Produkts und den Preis in einer Weise angibt, die den Mitteln der verwendeten kommerziellen Kommunikation angemessen ist und den Verbraucher dadurch in die Lage versetzt, einen Kauf zu tätigen;

j) «unzulässige Beeinflussung» die Ausnutzung einer Machtposition gegenüber dem Verbraucher zur Ausübung von Druck, auch ohne die Anwendung oder Androhung von körperlicher Gewalt, in einer Weise, die die Fähigkeit des Verbrauchers zu einer informierten Entscheidung wesentlich einschränkt;

k) «geschäftliche Entscheidung» jede Entscheidung eines Verbraucher darüber, ob, wie und unter welchen Bedingungen er einen Kauf tätigen, eine Zahlung insgesamt oder teilweise leisten, ein Produkt behalten oder abgeben oder ein vertragliches Recht im Zusammenhang mit dem Produkt ausüben will, unabhängig davon, ob der Verbraucher beschliesst, tätig zu werden oder ein Tätigwerden zu unterlassen;

l) «reglementierter Beruf» eine berufliche Tätigkeit oder eine Reihe beruflicher Tätigkeiten, bei der die Aufnahme oder Ausübung oder eine der Arten der Ausübung direkt oder indirekt durch Rechts- oder Verwaltungsvorschriften an das Vorhandensein bestimmter Berufsqualifikationen gebunden ist.

m) «Ranking» die relative Hervorhebung von Produkten, wie sie vom Gewerbetreibenden dargestellt, organisiert oder kommuniziert wird, unabhängig von den technischen Mitteln, die für die Darstellung, Organisation oder Kommunikation verwendet werden; n) „Online-Marktplatz" einen Dienst, der es Verbrauchern durch die Verwendung von Software, einschließlich einer Website, eines Teils einer Website oder einer Anwendung, die vom oder im Namen des Gewerbetreibenden betrieben wird, ermöglicht, Fernabsatzverträge mit anderen Gewerbetreibenden oder Verbrauchern, abzuschließen.

n) «Online-Marktplatz» einen Dienst, der es Verbrauchern durch die Verwendung von Software, einschließlich einer Website, eines Teils einer Website oder einer Anwendung, die vom oder im Namen des Gewerbetreibenden betrieben wird, ermöglicht, Fernabsatzverträge mit anderen Gewerbetreibenden oder Verbrauchern, abzuschließen.

Artikel 3 *Anwendungsbereich*

(1) Diese Richtlinie gilt für unlautere Geschäftspraktiken im Sinne des Artikels 5 von Unternehmen gegenüber Verbrauchern vor, während und nach Abschluss eines auf ein Produkt bezogenen Handelsgeschäfts.

(2) Diese Richtlinie lässt das Vertragsrecht und insbesondere die Bestimmungen über die Wirksamkeit, das Zustandekommen oder die Wirkungen eines Vertrags unberührt.

(3) Diese Richtlinie lässt die Rechtsvorschriften der Gemeinschaft oder der Mitgliedstaaten in Bezug auf die Gesundheits- und Sicherheitsaspekte von Produkten unberührt.

(4) Kollidieren die Bestimmungen dieser Richtlinie mit anderen Rechtsvorschriften der Gemeinschaft, die besondere Aspekte unlauterer Geschäftspraktiken regeln, so gehen die Letzteren vor und sind für diese besonderen Aspekte massgebend.

(5) Diese Richtlinie hindert die Mitgliedstaaten nicht daran, Bestimmungen zum Schutz der berechtigten Interessen der Verbraucher in Bezug auf aggressive oder irreführende Vermarktungs- oder Verkaufspraktiken im Zusammenhang mit unerbetenen Besuchen eines Gewerbetreibenden in der Wohnung eines Verbrauchers oder Ausflügen, die von einem Gewerbetreibenden in der Absicht oder mit dem Ergebnis organisiert werden, dass für den Verkauf von Produkten bei Verbrauchern geworben wird oder Produkte an Verbraucher verkauft werden, zu erlassen. Diese Bestimmungen müssen verhältnismässig, nicht diskriminierend und aus Gründen des Verbraucherschutzes gerechtfertigt sein.

(6) Die Mitgliedstaaten teilen der Kommission unverzüglich die auf der Grundlage von Absatz 5 erlassenen nationalen Vorschriften sowie alle nachfolgenden Änderungen mit. Die Kommission stellt diese Informationen den Verbrauchern und den Gewerbetreibenden in leicht zugänglicher Weise auf einer speziellen Website zur Verfügung.

(7) Diese Richtlinie lässt die Bestimmungen über die Zuständigkeit der Gerichte unberührt.

(8) Diese Richtlinie lässt alle Niederlassungs- oder Genehmigungsbedingungen, berufsständischen Verhaltenskodizes oder andere spezifische Regeln für reglementierte Berufe unberührt, damit die strengen Integritätsstandards, die die Mitgliedstaaten den in dem Beruf tätigen Personen nach Massgabe des Gemeinschaftsrechts auferlegen können, gewährleistet bleiben.

(9) Im Zusammenhang mit «Finanzdienstleistungen» im Sinne der Richtlinie 2002/65/EG und Immobilien können die Mitgliedstaaten Anforderungen stellen, die im Vergleich zu dem durch diese Richtlinie angeglichenen Bereich restriktiver und strenger sind.

(10) Diese Richtlinie gilt nicht für die Anwendung der Rechts- und Verwaltungsvorschriften der Mitgliedstaaten in Bezug auf die Zertifizierung und Angabe des Feingehalts von Artikeln aus Edelmetall.

Artikel 4 *Binnenmarkt*

Die Mitgliedstaaten dürfen den freien Dienstleistungsverkehr und den freien Warenverkehr nicht aus Gründen, die mit dem durch diese Richtlinie angeglichenen Bereich zusammenhängen, einschränken.

Kapitel 2: Unlautere Geschäftspraktiken

Artikel 5 *Verbot unlauterer Geschäftspraktiken*

(1) Unlautere Geschäftspraktiken sind verboten.

(2) Eine Geschäftspraxis ist unlauter, wenn

a) sie den Erfordernissen der beruflichen Sorgfaltspflicht widerspricht

und

b) sie in Bezug auf das jeweilige Produkt das wirtschaftliche Verhalten des Durchschnittsverbrauchers, den sie erreicht oder an den sie sich richtet oder des durchschnittlichen Mitglieds einer Gruppe von Verbrauchern, wenn sich eine Geschäftspraxis an eine bestimmte Gruppe von Verbrauchern wendet, wesentlich beeinflusst oder dazu geeignet ist, es wesentlich zu beeinflussen.

(3) Geschäftspraktiken, die voraussichtlich in einer für den Gewerbetreibenden vernünftigerweise vorhersehbaren Art und Weise das wirtschaftliche Verhalten nur einer eindeutig identifizierbaren Gruppe von Verbrauchern wesentlich beeinflussen, die aufgrund von geistigen oder körperlichen Gebrechen, Alter oder Leichtgläubigkeit im Hinblick auf diese Praktiken oder die ihnen zugrunde liegenden Produkte besonders schutzbedürftig sind, werden aus der Perspektive eines durchschnittlichen Mitglieds dieser Gruppe beurteilt. Die übliche und rechtmässige Werbepraxis, übertriebene Behauptungen oder nicht wörtlich zu nehmende Behauptungen aufzustellen, bleibt davon unberührt.

(4) Unlautere Geschäftspraktiken sind insbesondere solche, die

a) irreführend im Sinne der Artikel 6 und 7

oder

b) aggressiv im Sinne der Artikel 8 und 9 sind.

(5) Anhang I enthält eine Liste jener Geschäftspraktiken, die unter allen Umständen als unlauter anzusehen sind. Diese Liste gilt einheitlich in allen Mitgliedstaaten und kann nur durch eine Änderung dieser Richtlinie abgeändert werden.

Abschnitt 1: Irreführende Geschäftspraktiken

Artikel 6 *Irreführende Handlungen*

(1) Eine Geschäftspraxis gilt als irreführend, wenn sie falsche Angaben enthält und somit unwahr ist oder wenn sie in irgendeiner Weise, einschliesslich sämtlicher Umstände ihrer Präsentation, selbst mit sachlich richtigen Angaben den Durchschnittsverbraucher in Bezug auf einen oder mehrere der nachstehend aufgeführten Punkte täuscht oder ihn zu täuschen geeignet ist und ihn in jedem Fall tatsächlich oder voraussichtlich zu einer geschäftlichen Entscheidung veranlasst, die er ansonsten nicht getroffen hätte:

a) das Vorhandensein oder die Art des Produkts;

b) die wesentlichen Merkmale des Produkts wie Verfügbarkeit, Vorteile, Risiken, Ausführung, Zusammensetzung, Zubehör, Kundendienst und Beschwerdeverfahren, Verfahren und Zeitpunkt der Herstellung oder Erbringung, Lieferung, Zwecktauglichkeit, Verwendung, Menge, Beschaffenheit, geografische oder kommerzielle Herkunft oder die von der Verwendung zu erwartenden Ergebnisse oder die Ergebnisse und wesentlichen Merkmale von Tests oder Untersuchungen, denen das Produkt unterzogen wurde;

c) den Umfang der Verpflichtungen des Gewerbetreibenden, die Beweggründe für die Geschäftspraxis und die Art des Vertriebsverfahrens, die Aussagen oder Symbole jeder Art, die im Zusammenhang mit direktem oder indirektem Sponsoring stehen oder sich auf eine Zulassung des Gewerbetreibenden oder des Produkts beziehen;

d) der Preis, die Art der Preisberechnung oder das Vorhandensein eines besonderer Preisvorteils;

e) die Notwendigkeit einer Leistung, eines Ersatzteils, eines Austauschs oder einer Reparatur;

f) die Person, die Eigenschaften oder die Rechte des Gewerbetreibenden oder seines Vertreters, wie Identität und Vermögen, seine Befähigungen, seinen Status, seine Zulassung, Mitgliedschaften oder Beziehungen sowie gewerbliche oder kommerzielle Eigentumsrechte oder Rechte an geistigem Eigentum oder seine Auszeichnungen und Ehrungen;

g) die Rechte des Verbrauchers einschliesslich des Rechts auf Ersatzlieferung oder Erstattung gemäss der Richtlinie 1999/44/EG des Europäischen Parlaments und des Rates vom 25. Mai 1999 zu bestimmten Aspekten des Verbrauchsgüterkaufs und der Garantien für Verbrauchsgüter[8] oder die Risiken, denen er sich möglicherweise aussetzt.

(2) Eine Geschäftspraxis gilt ferner als irreführend, wenn sie im konkreten Fall unter Berücksichtigung aller tatsächlichen Umstände einen Durchschnittsverbraucher zu einer geschäftlichen Entscheidung veranlasst oder zu veranlassen geeignet ist, die er ansonsten nicht getroffen hätte, und Folgendes beinhaltet:

a) jegliche Art der Vermarktung eines Produkts, einschliesslich vergleichender Werbung, die eine Verwechslungsgefahr mit einem anderen Produkt, Warenzeichen, Warennamen oder anderen Kennzeichen eines Mitbewerbers begründet;

b) die Nichteinhaltung von Verpflichtungen, die der Gewerbetreibende im Rahmen von Verhaltenskodizes, auf die er sich verpflichtet hat, eingegangen ist, sofern

   i) es sich nicht um eine Absichtserklärung, sondern um eine eindeutige Verpflichtung handelt, deren Einhaltung nachprüfbar ist,

   und

   ii) der Gewerbetreibende im Rahmen einer Geschäftspraxis darauf hinweist, dass er durch den Kodex gebunden ist.

c) jegliche Art der Vermarktung einer Ware in einem Mitgliedstaat als identisch mit einer in anderen Mitgliedstaaten vermarkteten Ware, obgleich sich diese Waren in ihrer Zusammensetzung oder ihren Merkmalen wesentlich voneinander unterscheiden, sofern dies nicht durch legitime und objektive Faktoren gerechtfertigt ist;

Artikel 7 *Irreführende Unterlassungen*

(1) Eine Geschäftspraxis gilt als irreführend, wenn sie im konkreten Fall unter Berücksichtigung aller tatsächlichen Umstände und der Beschränkungen des Kommunikationsmediums wesentliche Informationen vorenthält, die der durchschnittliche Verbraucher je nach den Umständen benötigt, um eine informierte geschäftliche Entscheidung zu treffen, und die somit einen Durchschnittsverbraucher zu einer geschäftlichen Entscheidung veranlasst oder zu veranlassen geeignet ist, die er sonst nicht getroffen hätte.

(2) Als irreführende Unterlassung gilt es auch, wenn ein Gewerbetreibender wesentliche Informationen gemäss Absatz 1 unter Berücksichtigung der darin beschriebenen Einzelheiten verheimlicht oder auf unklare, unverständliche, zweideutige Weise oder nicht rechtzeitig bereitstellt oder wenn er den kommer-

[8] ABl. L 171 vom 7.7.1999, S. 12.

ziellen Zweck der Geschäftspraxis nicht kenntlich macht, sofern er sich nicht unmittelbar aus den Umständen ergibt, und dies jeweils einen Durchschnittsverbraucher zu einer geschäftlichen Entscheidung veranlasst oder zu veranlassen geeignet ist, die er ansonsten nicht getroffen hätte.

(3) Werden durch das für die Geschäftspraxis verwendete Kommunikationsmedium räumliche oder zeitliche Beschränkungen auferlegt, so werden diese Beschränkungen und alle Massnahmen, die der Gewerbetreibende getroffen hat, um den Verbrauchern die Informationen anderweitig zur Verfügung zu stellen, bei der Entscheidung darüber, ob Informationen vorenthalten wurden, berücksichtigt.

(4) Im Falle der Aufforderung zum Kauf gelten folgende Informationen als wesentlich, sofern sie sich nicht unmittelbar aus den Umständen ergeben:

a) die wesentlichen Merkmale des Produkts in dem für das Medium und das Produkt angemessenen Umfang;

b) Anschrift und Identität des Gewerbetreibenden, wie sein Handelsname und gegebenenfalls Anschrift und Identität des Gewerbetreibenden, für den er handelt;

c) der Preis einschliesslich aller Steuern und Abgaben oder in den Fällen, in denen der Preis aufgrund der Beschaffenheit des Produkts vernünftigerweise nicht im Voraus berechnet werden kann, die Art der Preisberechnung sowie gegebenenfalls alle zusätzlichen Fracht-, Liefer- oder Zustellkosten oder in den Fällen, in denen diese Kosten vernünftigerweise nicht im Voraus berechnet werden können, die Tatsache, dass solche zusätzliche Kosten anfallen können;

d) die Zahlungs-, Liefer- und Leistungsbedingungen, falls sie von den Erfordernissen der beruflichen Sorgfalt abweichen;

e) für Produkte und Rechtsgeschäfte, die ein Rücktritts- oder Widerrufsrecht beinhalten, das Bestehen eines solchen Rechts.

f) für Produkte, die auf Online-Marktplätzen angeboten werden, ob es sich bei dem Dritten, der die Produkte anbietet, um einen Gewerbetreibenden handelt oder nicht, auf der Grundlage der Erklärung dieses Dritten gegenüber dem Anbieter des Online-Marktplatzes.

(4a) Wenn Verbrauchern die Möglichkeit geboten wird, mithilfe eines Stichworts, einer Wortgruppe oder einer anderen Eingabe nach Produkten zu suchen, die von verschiedenen Gewerbetreibenden oder von Verbrauchern angeboten werden, gelten, unabhängig davon, wo Rechtsgeschäfte letztendlich abgeschlossen werden, allgemeine Informationen, die die Hauptparameter für die Festlegung des Rankings der dem Verbraucher im Ergebnis der Suche vorgeschlagenen Produkte, sowie die relative Gewichtung dieser Parameter im Vergleich zu anderen Parametern, betreffen und die in einem bestimmten Bereich der Online-Benutzeroberfläche zur Verfügung gestellt werden, der von der Seite, auf der die Suchergebnisse angezeigt werden, unmittelbar und leicht zugänglich ist, als wesentlich,. Dieser Absatz gilt nicht für Anbieter von OnlineSuchmaschinen im Sinne von Artikel 2 Nummer 6 der Verordnung (EU) 2019/1150 des Europäischen Parlaments und des Rates (1).

(5) Die im Gemeinschaftsrecht festgelegten Informationsanforderungen in Bezug auf kommerzielle Kommunikation einschliesslich Werbung oder Marketing, auf die in der nicht erschöpfenden Liste des Anhangs II verwiesen wird, gelten als wesentlich.

(6) Wenn ein Gewerbetreibender Verbraucherbewertungen von Produkten zugänglich macht, gelten Informationen darüber, ob und wie der Gewerbetreibende sicherstellt, dass die veröffentlichten Bewertungen von Verbrauchern stammen, die die Produkte tatsächlich verwendet oder erworben haben, als wesentlich.

Abschnitt 2: Aggressive Geschäftspraktiken

Artikel 8 *Aggressive Geschäftspraktiken*

Eine Geschäftspraxis gilt als aggressiv, wenn sie im konkreten Fall unter Berücksichtigung aller tatsächlichen Umstände die Entscheidungs- oder Verhaltensfreiheit des Durchschnittsverbrauchers in Bezug auf das Produkt durch Belästigung, Nötigung, einschliesslich der Anwendung körperlicher Gewalt, oder durch unzulässige Beeinflussung tatsächlich oder voraussichtlich erheblich beeinträchtigt und dieser dadurch tatsächlich oder voraussichtlich dazu veranlasst wird, eine geschäftliche Entscheidung zu treffen, die er andernfalls nicht getroffen hätte.

Artikel 9 *Belästigung, Nötigung und unzulässige Beeinflussung*

Bei der Feststellung, ob im Rahmen einer Geschäftspraxis die Mittel der Belästigung, der Nötigung, einschliesslich der Anwendung körperlicher Gewalt, oder der unzulässigen Beeinflussung eingesetzt werden, ist abzustellen auf:

a) Zeitpunkt, Ort, Art oder Dauer des Einsatzes;

b) die Verwendung drohender oder beleidigender Formulierungen oder Verhaltensweisen;

c) die Ausnutzung durch den Gewerbetreibenden von konkreten Unglückssituationen oder Umständen von solcher Schwere, dass sie das Urteilsvermögen des Verbrauchers beeinträchtigen, worüber sich der Gewerbetreibende bewusst ist, um die Entscheidung des Verbrauchers in Bezug auf das Produkt zu beeinflussen;

d) belastende oder unverhältnismässige Hindernisse nicht-vertraglicher Art, mit denen der Gewerbetreibende den Verbraucher an der Ausübung seiner vertraglichen Rechte zu hindern versucht, wozu auch das Recht gehört, den Vertrag zu kündigen oder zu einem anderen Produkt oder einem anderen Gewerbetreibenden zu wechseln;

e) Drohungen mit rechtlich unzulässigen Handlungen.

Kapitel 3: Verhaltenskodizes

Artikel 10 *Verhaltenskodizes*

Diese Richtlinie schliesst die Kontrolle – die von den Mitgliedstaaten gefördert werden kann – unlauterer Geschäftspraktiken durch die Urheber von Kodizes und die Inanspruchnahme solcher Einrichtungen durch die in Artikel 11 genannten Personen oder Organisationen nicht aus, wenn entsprechende Verfahren vor solchen Einrichtungen zusätzlich zu den Gerichts- oder Verwaltungsverfahren gemäss dem genannten Artikel zur Verfügung stehen.

Die Inanspruchnahme derartiger Kontrolleinrichtungen bedeutet keineswegs einen Verzicht auf einen Rechtsbehelf vor einem Gericht oder einer Verwaltungsbehörde gemäss Artikel 11.

Kapitel 4: Schlussbestimmungen

Artikel 11 *Durchsetzung*

(1) Die Mitgliedstaaten stellen im Interesse der Verbraucher sicher, dass geeignete und wirksame Mittel zur Bekämpfung unlauterer Geschäftspraktiken vorhanden sind, um die Einhaltung dieser Richtlinie durchzusetzen.

Diese Mittel umfassen Rechtsvorschriften, die es Personen oder Organisationen, die nach dem nationalen Recht ein berechtigtes Interesse an der Bekämpfung unlauterer Geschäftspraktiken haben, einschliesslich Mitbewerbern, gestatten,

a) gerichtlich gegen solche unlauteren Geschäftspraktiken vorzugehen und/oder

b) gegen solche unlauteren Geschäftspraktiken ein Verfahren bei einer Verwaltungsbehörde einzuleiten, die für die Entscheidung über Beschwerden oder für die Einleitung eines geeigneten gerichtlichen Verfahrens zuständig ist.

Jedem Mitgliedstaat bleibt es vorbehalten zu entscheiden, welcher dieser Rechtsbehelfe zur Verfügung stehen wird und ob das Gericht oder die Verwaltungsbehörde ermächtigt werden soll, vorab die Durchführung eines Verfahrens vor anderen bestehenden Einrichtungen zur Regelung von Beschwerden, einschliesslich der in Artikel 10 genannten Einrichtungen, zu verlangen. Diese Rechtsbehelfe stehen unabhängig davon zur Verfügung, ob die Verbraucher sich im Hoheitsgebiet des Mitgliedstaats, in dem der Gewerbetreibende niedergelassen ist, oder in einem anderen Mitgliedstaat befinden.

Jedem Mitgliedstaat bleibt vorbehalten zu entscheiden,

a) ob sich diese Rechtsbehelfe getrennt oder gemeinsam gegen mehrere Gewerbetreibende desselben Wirtschaftssektors richten können

   und

b) ob sich diese Rechtsbehelfe gegen den Urheber eines Verhaltenskodex richten können, wenn der betreffende Kodex der Nichteinhaltung rechtlicher Vorschriften Vorschub leistet.

(2) Im Rahmen der in Absatz 1 genannten Rechtsvorschriften übertragen die Mitgliedstaaten den Gerichten oder Verwaltungsbehörden Befugnisse, die sie ermächtigen, in Fällen, in denen sie diese Massnahmen unter Berücksichtigung aller betroffenen Interessen und insbesondere des öffentlichen Interesses für erforderlich halten,

a) die Einstellung der unlauteren Geschäftspraktiken anzuordnen oder ein geeignetes gerichtliches Verfahren zur Anordnung der Einstellung der betreffenden unlauteren Geschäftspraxis einzuleiten,

   oder

b) falls die unlautere Geschäftspraxis noch nicht angewandt wurde, ihre Anwendung jedoch bevorsteht, diese Praxis zu verbieten oder ein geeignetes gerichtliches Verfahren zur Anordnung des Verbots dieser Praxis einzuleiten,

auch wenn kein tatsächlicher Verlust oder Schaden bzw. Vorsatz oder Fahrlässigkeit seitens des Gewerbetreibenden nachweisbar ist.

Die Mitgliedstaaten sehen ferner vor, dass die in Unterabsatz 1 genannten Massnahmen im Rahmen eines beschleunigten Verfahrens mit

- vorläufiger Wirkung oder
- endgültiger Wirkung

getroffen werden können, wobei jedem Mitgliedstaat vorbehalten bleibt zu entscheiden, welche dieser beiden Möglichkeiten gewählt wird.

Ausserdem können die Mitgliedstaaten den Gerichten oder Verwaltungsbehörden Befugnisse übertragen, die sie ermächtigen, zur Beseitigung der fortdauernden Wirkung unlauterer Geschäftspraktiken, deren Einstellung durch eine rechtskräftige Entscheidung angeordnet worden ist,

a) die Veröffentlichung dieser Entscheidung ganz oder auszugsweise und in der von ihnen für angemessen erachteten Form zu verlangen;

b) ausserdem die Veröffentlichung einer berichtigenden Erklärung zu verlangen.

(3) Die in Absatz 1 genannten Verwaltungsbehörden müssen

a) so zusammengesetzt sein, dass ihre Unparteilichkeit nicht in Zweifel gezogen werden kann;

b) über ausreichende Befugnisse verfügen, um die Einhaltung ihrer Entscheidungen über Beschwerden wirksam überwachen und durchsetzen zu können;

c) in der Regel ihre Entscheidungen begründen.

Werden die in Absatz 2 genannten Befugnisse ausschliesslich von einer Verwaltungsbehörde ausgeübt, so sind die Entscheidungen stets zu begründen. In diesem Fall sind ferner Verfahren vorzusehen, in denen eine fehlerhafte oder unsachgemässe Ausübung der Befugnisse durch die Verwaltungsbehörde oder eine fehlerhafte oder unsachgemässe Nichtausübung dieser Befugnisse von den Gerichten überprüft werden kann.

Artikel 11*a* *Rechtsschutz*

(1) Verbraucher, die durch unlautere Geschäftspraktiken geschädigt wurden, haben Zugang zu angemessenen und wirksamen Rechtsbehelfen, einschließlich Ersatz des dem Verbraucher entstandenen Schadens sowie gegebenenfalls Preisminderung oder Beendigung des Vertrags. Die Mitgliedstaaten können die Voraussetzungen für die Anwendung und die Folgen der Rechtsbehelfe festlegen. Die Mitgliedstaaten können gegebenenfalls die Schwere und Art der unlauteren Geschäftspraktik, den dem Verbraucher entstandenen Schaden sowie weitere relevante Umstände berücksichtigen.

(2) Diese Rechtsbehelfe berühren nicht die Anwendung anderer Rechtsbehelfe, die den Verbrauchern nach dem Unionsrecht oder dem nationalen Recht zur Verfügung stehen.

Artikel 12 *Gerichte und Verwaltungsbehörden: Begründung von Behauptungen*

Die Mitgliedstaaten übertragen den Gerichten oder Verwaltungsbehörden Befugnisse, die sie ermächtigen, in den in Artikel 11 vorgesehenen Verfahren vor den Zivilgerichten oder Verwaltungsbehörden

a) vom Gewerbetreibenden den Beweis der Richtigkeit von Tatsachenbehauptungen im Zusammenhang mit einer Geschäftspraxis zu verlangen, wenn ein solches Verlangen unter Berücksichtigung der berechtigten

Interessen des Gewerbetreibenden und anderer Verfahrensbeteiligter im Hinblick auf die Umstände des Einzelfalls angemessen erscheint,

und

b) Tatsachenbehauptungen als unrichtig anzusehen, wenn der gemäss Buchstabe a verlangte Beweis nicht angetreten wird oder wenn er von dem Gericht oder der Verwaltungsbehörde für unzureichend erachtet wird.

Artikel 13 *Sanktionen*

(1) Die Mitgliedstaaten erlassen Vorschriften über Sanktionen, die bei Verstössen gegen die gemäss dieser Richtlinie erlassenen nationalen Vorschriften zu verhängen sind, und treffen alle für die Anwendung der Sanktionen erforderlichen Massnahmen. Die vorgesehenen Sanktionen müssen wirksam, verhältnismässig und abschreckend sein.

(2) Die Mitgliedstaaten stellen sicher, dass bei der Verhängung der Sanktionen folgende als nicht abschließend zu verstehende und beispielhafte Kriterien, sofern zutreffend, berücksichtigt werden:

a) die Art, die Schwere, der Umfang und die Dauer des Verstosses;

b) Massnahmen des Gewerbetreibenden zur Minderung oder Beseitigung des Schadens, der Verbrauchern entstanden ist;

c) frühere Verstösse des Gewerbetreibenden;

d) vom Gewerbetreibenden aufgrund des Verstoßes erlangte finanzielle Vorteile oder vermiedene Verluste, wenn dazu die entsprechenden Daten verfügbar sind;

e) Sanktionen, die gegen den Gewerbetreibenden für denselben Verstoss in grenzüberschreitenden Fällen in anderen Mitgliedstaaten verhängt wurden, sofern Informationen über solche Sanktionen im Rahmen des aufgrund der Verordnung (EU) 2017/2394 des Europäischen Parlaments und des Rates (1) errichteten Mechanismus verfügbar sind;

f) andere erschwerende oder mildernde Umstände im jeweiligen Fall.

(3) Die Mitgliedstaaten stellen sicher, dass im Rahmen der Verhängung von Sanktionen nach Artikel 21 der Verordnung (EU) 2017/2394 entweder Geldbußen im Verwaltungsverfahren verhängt werden können oder gerichtliche Verfahren zur Verhängung von Geldbussen eingeleitet werden können oder beides erfolgen kann, wobei sich der Höchstbetrag solcher Geldbussen auf mindestens 4 % des Jahresumsatzes des Gewerbetreibenden in dem (den) betreffenden Mitgliedstaat(en) beläuft. Unbeschadet der genannten Verordnung können die Mitgliedstaaten die Verhängung von Geldbussen aus verfassungsrechtlichen Gründen beschränken auf:

a) Verstösse gegen die Artikel 6, 7, 8 und 9 sowie gegen Anhang I dieser Richtlinie und

b) die fortgesetzte Anwendung einer Geschäftspraktik durch einen Gewerbetreibenden, die von der zuständigen nationalen Behörde oder dem zuständigen nationalen Gericht als unlauter eingestuft worden ist, wenn diese Geschäftspraktik keinen Verstoss gemäss Buchstaben a darstellt.

(4) Für den Fall, dass eine Geldbuße gemäß Absatz 3 zu verhängen ist, jedoch keine Informationen über den Jahresumsatz des Gewerbetreibenden verfügbar sind, sehen die Mitgliedstaaten die Möglichkeit der Verhängung von Geldbussen mit einem Höchstbetrag von mindestens 2 Mio. EUR vor.

(5) Die Mitgliedstaaten teilen der Kommission ihre Vorschriften und Massnahmen nach Absatz 1 bis zum 28. November 2021 mit und unterrichten sie unverzüglich über etwaige spätere Änderungen dieser Vorschriften und Massnahmen.

[...]

Artikel 17 *Information*

Die Mitgliedstaaten treffen angemessene Massnahmen, um die Verbraucher über die nationalen Bestimmungen zur Umsetzung dieser Richtlinie zu informieren, und regen gegebenenfalls Gewerbetreibende und Urheber von Kodizes dazu an, die Verbraucher über ihre Verhaltenskodizes zu informieren.

Artikel 18 *Änderung*

(1) Die Kommission legt dem Europäischen Parlament und dem Rat spätestens am 12. Juni 2011 einen umfassenden Bericht über die Anwendung dieser Richtlinie, insbesondere von Artikel 3 Absatz 9, Artikel 4 und Anhang I, den Anwendungsbereich einer weiteren Angleichung und die Vereinfachung des Gemeinschaftsrechts zum Verbraucherschutz sowie, unter Berücksichtigung des Artikels 3 Absatz 5, über Massnahmen vor, die auf Gemeinschaftsebene ergriffen werden müssen, um sicherzustellen, dass ein angemessenes Verbraucherschutzniveau beibehalten wird. Dem Bericht wird erforderlichenfalls ein Vorschlag zur Änderung dieser Richtlinie oder anderer einschlägiger Teile des Gemeinschaftsrechts beigefügt.

(2) Das Europäische Parlament und der Rat streben gemäss dem Vertrag danach, binnen zwei Jahren nach Vorlage eines Vorschlags der Kommission nach Absatz 1 geeignete Massnahmen zu treffen.

Artikel 19 *Umsetzung*

Die Mitgliedstaaten erlassen und veröffentlichen bis zum 12. Juni 2007 die Rechts- und Verwaltungsvorschriften, die erforderlich sind, um dieser Richtlinie nachzukommen. Sie setzen die Kommission davon und von allen späteren Änderungen unverzüglich in Kenntnis.

Sie wenden diese Vorschriften ab dem 12. Dezember 2007 an. Wenn die Mitgliedstaaten diese Vorschriften erlassen, nehmen sie in den Vorschriften selbst oder durch einen Hinweis bei der amtlichen Veröffentlichung auf diese Richtlinie Bezug. Die Mitgliedstaaten regeln die Einzelheiten der Bezugnahme.

Artikel 20 *Inkrafttreten*

Artikel 21 *Adressaten*

Diese Richtlinie ist an die Mitgliedstaaten gerichtet. Geschehen zu Strassburg am 11. Mai 2005.

Diese Richtlinie tritt am Tag nach ihrer Veröffentlichung im *Amtsblatt der Europäischen Union* in Kraft.

In Namen des Europäischen Parlaments
Der Präsident

J. P. Borrell Fontelles

Im Namen des Rates
Der Präsident

N. Schmit

Anhang I

Geschäftspraktiken, die unter allen Umständen als Unlauter gelten

Irreführende Geschäftspraktiken

1. Die Behauptung eines Gewerbetreibenden, zu den Unterzeichnern eines Verhaltenskodex zu gehören, obgleich dies nicht der Fall ist.
2. Die Verwendung von Gütezeichen, Qualitätskennzeichen oder Ähnlichem ohne die erforderliche Genehmigung.
3. Die Behauptung, ein Verhaltenskodex sei von einer öffentlichen oder anderen Stelle gebilligt, obgleich dies nicht der Fall ist.
4. Die Behauptung, dass ein Gewerbetreibender (einschliesslich seiner Geschäftspraktiken) oder ein Produkt von einer öffentlichen oder privaten Stelle bestätigt, gebilligt oder genehmigt worden sei, obwohl dies nicht der Fall ist, oder die Aufstellung einer solchen Behauptung, ohne dass den Bedingungen für die Bestätigung, Billigung oder Genehmigung entsprochen wird.
5. Aufforderung zum Kauf von Produkten zu einem bestimmten Preis, ohne dass darüber aufgeklärt wird, dass der Gewerbetreibende hinreichende Gründe für die Annahme hat, dass er nicht in der Lage sein wird, dieses oder ein gleichwertiges Produkt zu dem genannten Preis für einen Zeitraum und in einer Menge zur Lieferung bereitzustellen oder durch einen anderen Gewerbetreibenden bereitstellen zu lassen, wie es in Bezug auf das Produkt, den Umfang der für das Produkt eingesetzten Werbung und den Angebotspreis angemessen wäre (Lockangebote).
6. Aufforderung zum Kauf von Produkten zu einem bestimmten Preis und dann
   a) Weigerung, dem Verbraucher den beworbenen Artikel zu zeigen, oder
   b) Weigerung, Bestellungen dafür anzunehmen oder innerhalb einer vertretbaren Zeit zu liefern, oder
   c) Vorführung eines fehlerhaften Exemplars

   in der Absicht, stattdessen ein anderes Produkt abzusetzen («bait-and-switch»-Technik).
7. Falsche Behauptung, dass das Produkt nur eine sehr begrenzte Zeit oder nur eine sehr begrenzte Zeit zu bestimmten Bedingungen verfügbar sein werde, um so den Verbraucher zu einer sofortigen Entscheidung zu verleiten, so dass er weder Zeit noch Gelegenheit hat, eine informierte Entscheidung zu treffen.

8. Verbrauchern, mit denen der Gewerbetreibende vor Abschluss des Geschäfts in einer Sprache kommuniziert hat, bei der es sich nicht um eine Amtssprache des Mitgliedstaats handelt, in dem der Gewerbetreibende niedergelassen ist, wird eine nach Abschluss des Geschäfts zu erbringende Leistung zugesichert, diese Leistung wird anschliessend aber nur in einer anderen Sprache erbracht, ohne dass der Verbraucher eindeutig hierüber aufgeklärt wird, bevor er das Geschäft tätigt.
9. Behauptung oder anderweitige Herbeiführung des Eindrucks, ein Produkt könne rechtmässig verkauft werden, obgleich dies nicht der Fall ist.
10. Den Verbrauchern gesetzlich zugestandene Rechte werden als Besonderheit des Angebots des Gewerbetreibenden präsentiert.
11. Es werden redaktionelle Inhalte in Medien zu Zwecken der Verkaufsförderung eingesetzt und der Gewerbetreibende hat diese Verkaufsförderung bezahlt, ohne dass dies aus dem Inhalt oder aus für den Verbraucher klar erkennbaren Bildern und Tönen eindeutig hervorgehen würde (als Information getarnte Werbung). Die Richtlinie 89/552/EWG ([9]) bleibt davon unberührt.

11a. Anzeige von Suchergebnissen aufgrund der Online-Suchanfrage eines Verbrauchers ohne dass etwaige bezahlte Werbung oder spezielle Zahlungen, die dazu dienen, ein höheres Ranking der jeweiligen Produkte im Rahmen der Suchergebnisse zu erreichen, eindeutig offengelegt werden.

12. Aufstellen einer sachlich falschen Behauptung über die Art und das Ausmass der Gefahr für die persönliche Sicherheit des Verbrauchers oder seiner Familie für den Fall, dass er das Produkt nicht kauft.
13. Werbung für ein Produkt, das einem Produkt eines bestimmten Herstellers ähnlich ist, in einer Weise, die den Verbraucher absichtlich dazu verleitet, zu glauben, das Produkt sei von jenem Hersteller hergestellt worden, obwohl dies nicht der Fall ist.
14. Einführung, Betrieb oder Förderung eines Schneeballsystems zur Verkaufsförderung, bei dem der Verbraucher die Möglichkeit vor Augen hat, eine Vergütung zu erzielen, die hauptsächlich durch die Einführung neuer Verbraucher in ein solches System und weniger durch den Verkauf oder Verbrauch von Produkten zu erzielen ist.

[9] Richtlinie 89/552/EWG des Rates vom 3. Oktober 1989 zur Koordinierung bestimmter Rechts- und Verwaltungsvorschriften der Mitgliedstaaten über die Ausübung der Fernsehtätigkeit (ABl. L 298 vom 17.10.1989, S. 23). Geändert durch die Richtlinie 97/36/EG des Europäischen Parlaments und des Rates (ABl. L 202 vom 30.7.1997, S. 60).

15. Behauptung, der Gewerbetreibende werde demnächst sein Geschäft aufgeben oder seine Geschäftsräume verlegen, obwohl er dies keineswegs beabsichtigt.
16. Behauptung, Produkte könnten die Gewinnchancen bei Glücksspielen erhöhen.
17. Falsche Behauptung, ein Produkt könne Krankheiten, Funktionsstörungen oder Missbildungen heilen.
18. Erteilung sachlich falscher Informationen über die Marktbedingungen oder die Möglichkeit, das Produkt zu finden, mit dem Ziel, den Verbraucher dazu zu bewegen, das Produkt zu weniger günstigen Bedingungen als den normalen Marktbedingungen zu kaufen.
19. Es werden Wettbewerbe und Preisausschreiben angeboten, ohne dass die beschriebenen Preise oder ein angemessenes Äquivalent vergeben werden.
20. Ein Produkt wird als «gratis», «umsonst», «kostenfrei» oder Ähnliches beschrieben, obwohl der Verbraucher weitere Kosten als die Kosten zu tragen hat, die im Rahmen des Eingehens auf die Geschäftspraktik und für die Abholung oder Lieferung der Ware unvermeidbar sind.
21. Werbematerialien wird eine Rechnung oder ein ähnliches Dokument mit einer Zahlungsaufforderung beigefügt, die dem Verbraucher den Eindruck vermitteln, dass er das beworbene Produkt bereits bestellt hat, obwohl dies nicht der Fall ist.
22. Fälschliche Behauptung oder Erweckung des Eindrucks, dass der Händler nicht für die Zwecke seines Handels, Geschäfts, Gewerbes oder Berufs handelt, oder fälschliches Auftreten als Verbraucher.
23. Erwecken des fälschlichen Eindrucks, dass der Kundendienst im Zusammenhang mit einem Produkt in einem anderen Mitgliedstaat verfügbar sei als demjenigen, in dem das Produkt verkauft wird.

23a. Der Wiederverkauf von Eintrittskarten für Veranstaltungen an Verbraucher, wenn der Gewerbetreibende diese Eintrittskarten unter Verwendung automatisierter Verfahren erworben hat, die dazu dienen, Beschränkungen in Bezug auf die Zahl der von einer Person zu erwerbenden Eintrittskarten oder andere für den Verkauf der Eintrittskarten geltende Regeln zu umgehen.

23b. Die Behauptung, dass Bewertungen eines Produkts von Verbrauchern stammen, die das Produkt tatsächlich verwendet oder erworben haben, ohne dass angemessene und verhältnismässige Schritte unternommen wurden, um zu prüfen, ob die Bewertungen wirklich von solchen Verbrauchern stammen.

23c. Die Abgabe gefälschter Bewertungen oder Empfehlungen von Verbrauchern bzw. die Erteilung des Auftrags an andere juristische oder natürliche

Personen, gefälschte Bewertungen oder Empfehlungen von Verbrauchern abzugeben, sowie die falsche Darstellung von Verbraucherbewertungen oder Empfehlungen in sozialen Medien zu Zwecken der Verkaufsförderung.

Aggressive Geschäftspraktiken

24. Erwecken des Eindrucks, der Verbraucher könne die Räumlichkeiten ohne Vertragsabschluss nicht verlassen.
25. Nichtbeachtung der Aufforderung des Verbrauchers bei persönlichen Besuchen in dessen Wohnung, diese zu verlassen bzw. nicht zurückzukehren, ausser in Fällen und in den Grenzen, in denen dies nach dem nationalen Recht gerechtfertigt ist, um eine vertragliche Verpflichtung durchzusetzen.
26. Kunden werden durch hartnäckiges und unerwünschtes Ansprechen über Telefon, Fax, E-Mail oder sonstige für den Fernabsatz geeignete Medien geworben, ausser in Fällen und in den Grenzen, in denen ein solches Verhalten nach den nationalen Rechtsvorschriften gerechtfertigt ist, um eine vertragliche Verpflichtung durchzusetzen. Dies gilt unbeschadet des Artikels 10 der Richtlinie 97/7/EG sowie der Richtlinien 95/46/EG[10] und 2002/58/EG.
27. Aufforderung eines Verbrauchers, der eine Versicherungspolice in Anspruch nehmen möchte, Dokumente vorzulegen, die vernünftigerweise nicht als relevant für die Gültigkeit des Anspruchs anzusehen sind, oder systematische Nichtbeantwortung einschlägiger Schreiben, um so den Verbraucher von der Ausübung seiner vertraglichen Rechte abzuhalten.
28. Einbeziehung einer direkten Aufforderung an Kinder in eine Werbung, die beworbenen Produkte zu kaufen oder ihre Eltern oder andere Erwachsene zu überreden, die beworbenen Produkte für sie zu kaufen. Diese Bestimmung gilt unbeschadet des Artikels 16 der Richtlinie 89/552/EWG über die Ausübung der Fernsehtätigkeit.
29. Aufforderung des Verbrauchers zur sofortigen oder späteren Bezahlung oder zur Rücksendung oder Verwahrung von Produkten, die der Gewebetreibende geliefert, der Verbraucher aber nicht bestellt hat (unbestellte Waren oder Dienstleistungen); ausgenommen hiervon sind Produkte, bei denen es sich um Ersatzlieferungen gemäss Artikel 7 Absatz 3 der Richtlinie 97/7/EG handelt.

[10] Richtlinie 95/46/EG des Europäischen Parlaments und des Rates vom 24. Oktober 1995 zum Schutz natürlicher Personen bei der Verarbeitung personenbezogener Daten und zum freien Datenverkehr (ABl. L 281 vom 23.11.1995, S. 31). Geändert durch die Verordnung (EG) Nr. 1882/2003 (ABl. L 284 vom 31.10.2003, S. 1).

30. Ausdrücklicher Hinweis gegenüber dem Verbraucher, dass Arbeitsplatz oder Lebensunterhalt des Gewerbetreibenden gefährdet sind, falls der Verbraucher das Produkt oder die Dienstleistung nicht erwirbt.

31. Erwecken des fälschlichen Eindrucks, der Verbraucher habe bereits einen Preis gewonnen, werde einen Preis gewinnen oder werde durch eine bestimmte Handlung einen Preis oder einen sonstigen Vorteil gewinnen, obwohl:
    - es in Wirklichkeit keinen Preis oder sonstigen Vorteil gibt, oder
    - die Möglichkeit des Verbrauchers, Handlungen in Bezug auf die Inanspruchnahme des Preises oder eines sonstigen Vorteils vorzunehmen, in Wirklichkeit von der Zahlung eines Betrags oder der Übernahme von Kosten durch den Verbraucher abhängig gemacht wird.

Anhang II

Bestimmungen des Gemeinschaftsrechts zur Regelung der Bereiche Werbung und kommerzielle Kommunikation

Artikel 4 und 5 der Richtlinie 97/7/EG

Artikel 3 der Richtlinie 90/314/EWG des Rates vom 13. Juni 1990 über Pauschalreisen[11]

Artikel 3 Absatz 3 der Richtlinie 94/47/EG des Europäischen Parlaments und des Rates vom 26. Oktober 1994 zum Schutz der Erwerber im Hinblick auf bestimmte Aspekte von Verträgen über den Erwerb von Teilzeitnutzungsrechten an Immobilien[12]

Artikel 3 Absatz 4 der Richtlinie 98/6/EG des Europäischen Parlaments und des Rates vom 16. Februar 1998 über den Schutz der Verbraucher bei der Angabe der Preise der ihnen angebotenen Erzeugnisse[13]

Artikel 86 bis 100 der Richtlinie 2001/83/EG des Europäischen Parlaments und des Rates vom 6. November 2001 zur Schaffung eines Gemeinschaftskodexes für Humanarzneimittel[14]

Artikel 5 und 6 der Richtlinie 2000/31/EG des Europäischen Parlaments und des Rates vom 8. Juni 2000 über bestimmte rechtliche Aspekte der Dienste der Informationsgesellschaft, insbesondere des elektronischen Geschäftsverkehrs, im Binnenmarkt («Richtlinie über den elektronischen Geschäftsverkehr»)[15]

Artikel 1 Buchstabe d der Richtlinie 98/7/EG des Europäischen Parlaments und des Rates vom 16. Februar 1998 zur Änderung der Richtlinie 87/102/EWG des Rates zur Angleichung der Rechts- und Verwaltungsvorschriften der Mitgliedstaaten über den Verbraucherkredit[16]

Artikel 3 und 4 der Richtlinie 2002/65/EG

Artikel 1 Nummer 9 der Richtlinie 2001/107/EG des Europäischen Parlaments und des Rates vom 21. Januar 2002 zur Änderung der Richtlinie 85/611/EWG des Rates zur Koordinierung der Rechts- und Verwaltungsvorschriften betreffend bestimmte Organismen für gemeinsame Anlagen in Wertpapieren

---

[11] ABl. L 158 vom 23.6.1990, S. 59.

[12] ABl. L 280 vom 29.10.1994, S. 83.

[13] ABl. L 80 vom 18.3.1998, S. 27.

[14] ABl. L 311 vom 28.11.2001, S. 67. Richtlinie zuletzt geändert durch die Richtlinie 2004/27/EG (ABl. L 136 vom 30.4.2004, S. 34).

[15] ABl. L 178 vom 17.7.2000, S. 1.

[16] ABl. L 101 vom 1.4.1998, S. 17.

(OGAW) zwecks Festlegung von Bestimmungen für Verwaltungsgesellschaften und vereinfache Prospekte[17]

Artikel 12 und 13 der Richtlinie 2002/92/EG des Europäischen Parlaments und des Rates vom 9. Dezember 2002 über Versicherungsvermittlung[18]

Artikel 36 der Richtlinie 2002/83/EG des Europäischen Parlaments und des Rates vom 5. November 2002 über Lebensversicherungen[19]

Artikel 19 der Richtlinie 2004/39/EG des Europäischen Parlaments und des Rates vom 21. April 2004 über Märkte für Finanzinstrumente[20]

Artikel 31 und 43 der Richtlinie 92/49/EWG des Rates vom 18. Juni 1992 zur Koordinierung der Rechts- und Verwaltungsvorschriften für die Direktversicherung (mit Ausnahme der Lebensversicherung)[21] (Dritte Richtlinie Schadenversicherung)

Artikel 5, 7 und 8 der Richtlinie 2003/71/EG des Europäischen Parlaments und des Rates vom 4. November 2003 betreffend den Prospekt, der beim öffentlichen Angebot von Wertpapieren oder bei deren Zulassung zum Handel zu veröffentlichen[22]

---

[17] ABl. L 41 vom 13.2.2002, S. 20.

[18] ABl. L 9 vom 15.1.2003, S. 3.

[19] ABl. L 345 vom 19.12.2002, S. 1. Richtlinie geändert durch die Richtlinie 2004/66/EG des Rates (ABl. L 168 vom 1.5.2004, S. 35).

[20] ABl. L 145 vom 30.4.2004, S. 1.

[21] ABl. L 228 vom 11.8.1992, S. 1. Richtlinie zuletzt geändert durch die Richtlinie 2002/87/EG des Europäischen Parlaments und des Rates (ABl. L 35 vom 11.2.2003, S. 1).

[22] ABl. L 345 vom 31.12.2003, S. 64.

Richtlinie 2006/114/EG des europäischen Parlaments und des Rates über irreführende und vergleichende Werbung (kodifizierte Fassung)

vom 12. Dezember 2006

(Text von Bedeutung für den EWR)

DAS EUROPÄISCHE PARLAMENT UND DER RAT DER EUROPÄISCHEN UNION –

gestützt auf den Vertrag zur Gründung der Europäischen Gemeinschaft, insbesondere auf Artikel 95,

auf Vorschlag der Kommission,

nach Stellungnahme des Europäischen Wirtschafts- und Sozialausschusses[1],

gemäss dem Verfahren des Artikels 251 des Vertrags[2],

in Erwägung nachstehender Gründe:

(1) Die Richtlinie 84/450/EWG des Rates vom 10. September 1984 über irreführende und vergleichende Werbung[3] ist mehrfach und in wesentlichen Punkten geändert worden[4]. Aus Gründen der Übersichtlichkeit und Klarheit empfiehlt es sich, sie zu kodifizieren.

(2) Die in den Mitgliedstaaten geltenden Vorschriften gegen irreführende Werbung weichen stark voneinander ab. Da die Werbung über die Grenzen der einzelnen Mitgliedstaaten hinausreicht, wirkt sie sich unmittelbar auf das reibungslose Funktionieren des Binnenmarktes aus.

(3) Irreführende und unzulässige vergleichende Werbung ist geeignet, zur Verfälschung des Wettbewerbs im Binnenmarkt zu führen.

(4) Die Werbung berührt unabhängig davon, ob sie zum Abschluss eines Vertrags führt, die wirtschaftlichen Interessen der Verbraucher und der Gewerbetreibenden.

(5) Die Unterschiede zwischen den einzelstaatlichen Rechtsvorschriften über Werbung, die für Unternehmen irreführend ist, behindern die Durchführung

---

1 Stellungnahme vom 26. Oktober 2006 (noch nicht im Amtsblatt veröffentlicht).

2 Stellungnahme des Europäischen Parlaments vom 12. Oktober 2006 (noch nicht im Amtsblatt veröffentlicht) und Beschluss des Rates vom 30. November 2006.

3 ABl. L 250 vom 19.9.1984, S. 17. Zuletzt geändert durch die Richtlinie 2005/29/EG des Europäischen Parlaments und des Rates (ABl. L 149 vom 11.6.2005, S. 22).

4 Siehe Anhang I Teil A.

von Werbekampagnen, die die Grenzen eines Staates überschreiten, und beeinflussen so den freien Verkehr von Waren und Dienstleistungen.

(6) Mit der Vollendung des Binnenmarktes ist das Angebot vielfältig. Da die Verbraucher und Gewerbetreibenden aus dem Binnenmarkt den grösstmöglichen Vorteil ziehen können und sollen, und da die Werbung ein sehr wichtiges Instrument ist, mit dem überall in der Gemeinschaft wirksam Märkte für Erzeugnisse und Dienstleistungen erschlossen werden können, sollten die wesentlichen Vorschriften für Form und Inhalt der Werbung einheitlich sein und die Bedingungen für vergleichende Werbung in den Mitgliedstaaten harmonisiert werden. Unter diesen Umständen sollte dies dazu beitragen, die Vorteile der verschiedenen vergleichbaren Erzeugnisse objektiv herauszustellen. Vergleichende Werbung kann ferner den Wettbewerb zwischen den Anbietern von Waren und Dienstleistungen im Interesse der Verbraucher fördern.

(7) Es sollten objektive Mindestkriterien aufgestellt werden, nach denen beurteilt werden kann, ob eine Werbung irreführend ist.

(8) Vergleichende Werbung kann, wenn sie wesentliche, relevante, nachprüfbare und typische Eigenschaften vergleicht und nicht irreführend ist, ein zulässiges Mittel zur Unterrichtung der Verbraucher über ihre Vorteile darstellen. Der Begriff «vergleichende Werbung» sollte breit gefasst werden, so dass alle Arten der vergleichenden Werbung abgedeckt werden.

(9) Es sollten Bedingungen für zulässige vergleichende Werbung vorgesehen werden, soweit der vergleichende Aspekt betroffen ist, mit denen festgelegt wird, welche Praktiken der vergleichenden Werbung den Wettbewerb verzerren, die Mitbewerber schädigen und die Entscheidung der Verbraucher negativ beeinflussen können. Diese Bedingungen für zulässige vergleichende Werbung sollten Kriterien beinhalten, die einen objektiven Vergleich der Eigenschaften von Waren und Dienstleistungen ermöglichen.

(10) Werden in der vergleichenden Werbung die Ergebnisse der von Dritten durchgeführten vergleichenden Tests angeführt oder wiedergegeben, so sollten die internationalen Vereinbarungen zum Urheberrecht und die innerstaatlichen Bestimmungen über vertragliche und ausservertragliche Haftung gelten.

(11) Die Bedingungen für vergleichende Werbung sollten kumulativ sein und uneingeschränkt eingehalten werden. Die Wahl der Form und der Mittel für die Umsetzung dieser Bedingungen sollte gemäss dem Vertrag den Mitgliedstaaten überlassen bleiben, sofern Form und Mittel noch nicht durch diese Richtlinie festgelegt sind.

(12) Zu diesen Bedingungen sollte insbesondere die Einhaltung der Vorschriften gehören, die sich aus der Verordnung (EG) Nr. 510/2006 des Rates vom 20. März 2006 zum Schutz von geographischen Angaben und Ursprungs-

bezeichnungen für Agrarerzeugnisse und Lebensmittel[5], insbesondere aus Artikel 13 dieser Verordnung, und den übrigen Gemeinschaftsvorschriften im Bereich der Landwirtschaft ergeben.

(13) Gemäss Artikel 5 der Ersten Richtlinie 89/104/EWG des Rates vom 21. Dezember 1988 zur Angleichung der Rechtsvorschriften der Mitgliedstaaten über die Marken[6] steht dem Inhaber einer eingetragenen Marke ein Ausschliesslichkeitsrecht zu, das insbesondere das Recht einschliesst, Dritten im geschäftlichen Verkehr die Benutzung eines identischen oder ähnlichen Zeichens für identische Produkte oder Dienstleistungen, gegebenenfalls sogar für andere Produkte, zu untersagen.

(14) Indessen kann es für eine wirksame vergleichende Werbung unerlässlich sein, Waren oder Dienstleistungen eines Mitbewerbers dadurch erkennbar zu machen, dass auf eine ihm gehörende Marke oder auf seinen Handelsnamen Bezug genommen wird.

(15) Eine solche Benutzung von Marken, Handelsnamen oder anderen Unterscheidungszeichen eines Mitbewerbers verletzt nicht das Ausschliesslichkeitsrecht Dritter, wenn sie unter Beachtung der in dieser Richtlinie aufgestellten Bedingungen erfolgt und nur eine Unterscheidung bezweckt, durch die Unterschiede objektiv herausgestellt werden sollen.

(16) Personen oder Organisationen, die nach dem nationalen Recht ein berechtigtes Interesse an der Angelegenheit haben, sollten die Möglichkeit besitzen, vor Gericht oder bei einer Verwaltungsbehörde, die über Beschwerden entscheiden oder geeignete gerichtliche Schritte einleiten kann, gegen irreführende und unzulässige vergleichende Werbung vorzugehen.

(17) Die Gerichte oder Verwaltungsbehörden sollten die Befugnis haben, die Einstellung einer irreführenden oder einer unzulässigen vergleichenden Werbung anzuordnen oder zu erwirken. In bestimmten Fällen kann es zweckmässig sein, irreführende und unzulässige vergleichende Werbung zu untersagen, noch ehe sie veröffentlicht worden ist. Das bedeutet jedoch nicht, dass die Mitgliedstaaten verpflichtet sind, eine Regelung einzuführen, die eine systematische Vorabkontrolle der Werbung vorsieht.

(18) Freiwillige Kontrollen, die durch Einrichtungen der Selbstverwaltung zur Unterbindung irreführender und unzulässiger vergleichender Werbung durchgeführt werden, können die Einleitung eines Verwaltungs- oder Gerichtsverfahrens entbehrlich machen und sollten deshalb gefördert werden.

---

5 ABl. L 93 vom 31.3.2006, S. 12.

6 ABl. L 40 vom 11.2.1989, S. 1. Geändert durch den Beschluss 92/10/EWG (ABl. L 6 vom 11.1.1992, S. 35).

(19) Zwar wird die Beweislast vom nationalen Recht bestimmt, die Gerichte und Verwaltungsbehörden sollten aber in die Lage versetzt werden, von Gewerbetreibenden zu verlangen, den Beweis für die Richtigkeit der von ihnen behaupteten Tatsachen zu erbringen.

(20) Die Regelung der vergleichenden Werbung ist für das reibungslose Funktionieren des Binnenmarktes erforderlich, und eine Aktion auf Gemeinschaftsebene ist daher notwendig. Eine Richtlinie ist das geeignete Instrument, da sie einheitliche allgemeine Prinzipien festlegt, es aber den Mitgliedstaaten überlässt, die Form und die geeignete Methode zu wählen, um diese Ziele zu erreichen. Sie entspricht dem Subsidiaritätsprinzip.

(21) Die vorliegende Richtlinie sollte die Verpflichtungen der Mitgliedstaaten hinsichtlich der in Anhang I Teil B genannten Fristen für die Umsetzung der dort genannten Richtlinien in innerstaatliches Recht und für die Anwendung dieser Richtlinien unberührt lassen –

HABEN FOLGENDE RICHTLINIE ERLASSEN:

Artikel 1

Zweck dieser Richtlinie ist der Schutz von Gewerbetreibenden vor irreführender Werbung und deren unlauteren Auswirkungen sowie die Festlegung der Bedingungen für zulässige vergleichende Werbung.

Artikel 2

Im Sinne dieser Richtlinie bedeutet

a) «Werbung» jede Äusserung bei der Ausübung eines Handels, Gewerbes, Handwerks oder freien Berufs mit dem Ziel, den Absatz von Waren oder die Erbringung von Dienstleistungen, einschliesslich unbeweglicher Sachen, Rechte und Verpflichtungen, zu fördern;

b) «irreführende Werbung» jede Werbung, die in irgendeiner Weise – einschliesslich ihrer Aufmachung – die Personen, an die sie sich richtet oder die von ihr erreicht werden, täuscht oder zu täuschen geeignet ist und die infolge der ihr innewohnenden Täuschung ihr wirtschaftliches Verhalten beeinflussen kann oder aus diesen Gründen einen Mitbewerber schädigt oder zu schädigen geeignet ist;

c) «vergleichende Werbung» jede Werbung, die unmittelbar oder mittelbar einen Mitbewerber oder die Erzeugnisse oder Dienstleistungen, die von einem Mitbewerber angeboten werden, erkennbar macht;

d) «Gewerbetreibender» jede natürliche oder juristische Person, die im Rahmen ihrer gewerblichen, handwerklichen oder beruflichen Tätigkeit handelt, und jede Person, die im Namen oder Auftrag des Gewerbetreibenden handelt;

e) «Urheber eines Kodex» jede Rechtspersönlichkeit, einschliesslich einzelner Gewerbetreibender oder Gruppen von Gewerbetreibenden, die für die Formulierung und Überarbeitung eines Verhaltenskodex und/oder für die Überwachung der Einhaltung dieses Kodex durch alle diejenigen, die sich darauf verpflichtet haben, zuständig ist.

Artikel 3

Bei der Beurteilung der Frage, ob eine Werbung irreführend ist, sind alle ihre Bestandteile zu berücksichtigen, insbesondere in ihr enthaltene Angaben über:

a) die Merkmale der Waren oder Dienstleistungen wie Verfügbarkeit, Art, Ausführung, Zusammensetzung, Verfahren und Zeitpunkt der Herstellung oder Erbringung, die Zwecktauglichkeit, Verwendungsmöglichkeit, Menge, Beschaffenheit, die geographische oder kommerzielle Herkunft oder die von der Verwendung zu erwartenden Ergebnisse oder die Ergebnisse und wesentlichen Bestandteile von Tests der Waren oder Dienstleistungen;

b) den Preis oder die Art und Weise, in der er berechnet wird, und die Bedingungen unter denen die Waren geliefert oder die Dienstleistungen erbracht werden;

c) die Art, die Eigenschaften und die Rechte des Werbenden, wie seine Identität und sein Vermögen, seine Befähigungen und seine gewerblichen, kommerziellen oder geistigen Eigentumsrechte oder seine Auszeichnungen oder Ehrungen.

Artikel 4

Vergleichende Werbung gilt, was den Vergleich anbelangt, als zulässig, sofern folgende Bedingungen erfüllt sind:

a) Sie ist nicht irreführend im Sinne der Artikel 2 Buchstabe b, Artikel 3 und Artikel 8 Absatz 1 der vorliegenden Richtlinie oder im Sinne der Artikel 6 und 7 der Richtlinie 2005/29/EG des Europäischen Parlaments und des Rates vom 11. Mai 2005 über unlautere Geschäftspraktiken im binnenmarktinternen Geschäftsverkehr zwischen Unternehmen und Verbrauchern (Richtlinie über unlautere Geschäftspraktiken)[7];

b) sie vergleicht Waren oder Dienstleistungen für den gleichen Bedarf oder dieselbe Zweckbestimmung;

c) sie vergleicht objektiv eine oder mehrere wesentliche, relevante, nachprüfbare und typische Eigenschaften dieser Waren und Dienstleistungen, zu denen auch der Preis gehören kann;

d) durch sie werden weder die Marken, die Handelsnamen oder andere Unterscheidungszeichen noch die Waren, die Dienstleistungen, die Tätigkeiten oder die Verhältnisse eines Mitbewerbers herabgesetzt oder verunglimpft;

e) bei Waren mit Ursprungsbezeichnung bezieht sie sich in jedem Fall auf Waren mit der gleichen Bezeichnung;

f) sie nutzt den Ruf einer Marke, eines Handelsnamens oder anderer Unterscheidungszeichen eines Mitbewerbers oder der Ursprungsbezeichnung von Konkurrenzerzeugnissen nicht in unlauterer Weise aus;

g) sie stellt nicht eine Ware oder eine Dienstleistung als Imitation oder Nachahmung einer Ware oder Dienstleistung mit geschützter Marke oder geschütztem Handelsnamen dar;

h) sie begründet keine Verwechslungsgefahr bei den Gewerbetreibenden, zwischen dem Werbenden und einem Mitbewerber oder zwischen

[7] ABl. L 149 vom 11.6.2005, S. 22.

den Warenzeichen, Warennamen, sonstigen Kennzeichen, Waren oder Dienstleistungen des Werbenden und denen eines Mitbewerbers.

Artikel 5

(1) Die Mitgliedstaaten stellen im Interesse der Gewerbetreibenden und ihrer Mitbewerber sicher, dass geeignete und wirksame Mittel zur Bekämpfung der irreführenden Werbung vorhanden sind, und gewährleisten die Einhaltung der Bestimmungen über vergleichende Werbung.

Diese Mittel umfassen Rechtsvorschriften, die es den Personen oder Organisationen, die nach dem nationalen Recht ein berechtigtes Interesse am Verbot irreführender Werbung oder an der Regelung vergleichender Werbung haben, gestatten,

a) gerichtlich gegen eine solche Werbung vorzugehen

oder

b) eine solche Werbung vor eine Verwaltungsbehörde zu bringen, die zuständig ist, über Beschwerden zu entscheiden oder geeignete gerichtliche Schritte einzuleiten.

(2) Es obliegt jedem Mitgliedstaat zu entscheiden, welches der in Absatz 1 Unterabsatz 2 genannten Mittel gegeben sein soll und ob das Gericht oder die Verwaltungsbehörden ermächtigt werden sollen, vorab die Durchführung eines Verfahrens vor anderen bestehenden Einrichtungen zur Regelung von Beschwerden, einschliesslich der in Artikel 6 genannten Einrichtungen, zu verlangen.

Es obliegt jedem Mitgliedstaat zu entscheiden,

a) ob sich diese Rechtsbehelfe getrennt oder gemeinsam gegen mehrere Gewerbetreibende desselben Wirtschaftssektors richten können

und

b) ob sich diese Rechtsbehelfe gegen den Urheber eines Verhaltenskodex richten können, wenn der betreffende Kodex der Nichteinhaltung rechtlicher Vorschriften Vorschub leistet.

c) ob sich diese Rechtsbehelfe gegen den Urheber eines Verhaltenskodex richten können, wenn der betreffende Kodex der Nichteinhaltung rechtlicher Vorschriften Vorschub leistet.

(3) Im Rahmen der in den Absätzen 1 und 2 genannten Vorschriften übertragen die Mitgliedstaaten den Gerichten oder Verwaltungsbehörden Befugnisse, die sie ermächtigen, in Fällen, in denen sie diese Massnahmen unter Berücksichtigung aller betroffenen Interessen und insbesondere des Allgemeininteresses für erforderlich halten,

a) die Einstellung einer irreführenden oder unzulässigen vergleichenden Werbung anzuordnen oder geeignete gerichtliche Schritte zur Veranlassung der Einstellung dieser Werbung einzuleiten,

oder

b) sofern eine irreführende oder unzulässige vergleichende Werbung noch nicht veröffentlicht ist, die Veröffentlichung aber bevorsteht, die Veröffentlichung zu verbieten oder geeignete gerichtliche Schritte einzuleiten, um das Verbot dieser Veröffentlichung anzuordnen.

Unterabsatz 1 soll auch angewandt werden, wenn kein Beweis eines tatsächlichen Verlustes oder Schadens oder der Absicht oder Fahrlässigkeit seitens des Werbenden erbracht wird.

Die Mitgliedstaaten sehen vor, dass die in Unterabsatz 1 bezeichneten Massnahmen nach ihrem Ermessen im Rahmen eines beschleunigten Verfahrens entweder mit vorläufiger oder mit endgültiger Wirkung getroffen werden.

(4) Die Mitgliedstaaten können den Gerichten oder Verwaltungsbehörden Befugnisse übertragen, die es diesen gestatten, zur Ausräumung der fortdauernden Wirkung einer irreführenden oder unzulässigen vergleichenden Werbung, deren Einstellung durch eine rechtskräftige Entscheidung angeordnet worden ist,

a) die Veröffentlichung dieser Entscheidung ganz oder auszugsweise und in der von ihnen für angemessen erachteten Form zu verlangen;

b) ausserdem die Veröffentlichung einer berichtigenden Erklärung zu verlangen.

(5) Die in Absatz 1 Unterabsatz 2 Buchstabe b genannten Verwaltungsbehörden müssen

a) so zusammengesetzt sein, dass ihre Unparteilichkeit nicht in Zweifel gezogen werden kann;

b) ausreichende Befugnisse haben, die Einhaltung ihrer Entscheidungen wirksam zu überwachen und durchzusetzen, sofern sie über die Beschwerden entscheiden;

c) in der Regel ihre Entscheidungen begründen.

(6) Werden die in den Absätzen 3 und 4 genannten Befugnisse ausschliesslich von einer Verwaltungsbehörde ausgeübt, sind die Entscheidungen stets zu begründen. In diesem Fall sind Verfahren vorzusehen, in denen eine fehlerhafte oder unsachgemässe Ausübung der Befugnisse durch die Verwaltungsbehörde oder eine ungerechtfertigte oder unsachgemässe Unterlassung, diese Befugnisse auszuüben, von den Gerichten überprüft werden kann.

Artikel 6

Diese Richtlinie schliesst die freiwillige Kontrolle irreführender oder vergleichender Werbung durch Einrichtungen der Selbstverwaltung oder die Inanspruchnahme dieser Einrichtungen durch die in Artikel 5 Absatz 1 Unterabsatz 2 genannten Personen oder Organisationen nicht aus, unter der Bedingung, dass entsprechende Verfahren vor solchen Einrichtungen zusätzlich zu den in Artikel 5 Absatz 1 Unterabsatz 2 genannten Gerichts- oder Verwaltungsverfahren zur Verfügung stehen. Die Mitgliedstaaten können diese freiwillige Kontrolle fördern.

Artikel 7

Die Mitgliedstaaten übertragen den Gerichten oder Verwaltungsbehörden Befugnisse, die sie ermächtigen, in den in Artikel 5 genannten Verfahren vor den Zivilgerichten oder Verwaltungsbehörden

a) vom Werbenden Beweise für die Richtigkeit von in der Werbung enthaltenen Tatsachenbehauptungen zu verlangen, wenn ein solches Verlangen unter Berücksichtigung der berechtigten Interessen des Werbenden und anderer Verfahrensbeteiligter im Hinblick auf die Umstände des Einzelfalls angemessen erscheint, und bei vergleichender Werbung vom Werbenden zu verlangen, die entsprechenden Beweise kurzfristig vorzulegen,

   sowie

b) Tatsachenbehauptungen als unrichtig anzusehen, wenn der gemäss Buchstabe a verlangte Beweis nicht angetreten wird oder wenn er von dem Gericht oder der Verwaltungsbehörde für unzureichend erachtet wird.

Artikel 8

(1) Diese Richtlinie hindert die Mitgliedstaaten nicht daran, Bestimmungen aufrechtzuerhalten oder zu erlassen, die bei irreführender Werbung einen weiterreichenden Schutz der Gewerbetreibenden und Mitbewerber vorsehen.

Unterabsatz 1 gilt nicht für vergleichende Werbung, soweit es sich um den Vergleich handelt.

(2) Diese Richtlinie gilt unbeschadet der Rechtsvorschriften der Gemeinschaft, die auf die Werbung für bestimmte Waren und/oder Dienstleistungen anwendbar sind, sowie unbeschadet der Beschränkungen oder Verbote für die Werbung in bestimmten Medien.

(3) Aus den die vergleichende Werbung betreffenden Bestimmungen dieser Richtlinie ergibt sich keine Verpflichtung für diejenigen Mitgliedstaaten, die unter Einhaltung der Vorschriften des Vertrags ein Werbeverbot für bestimmte

Waren oder Dienstleistungen aufrechterhalten oder einführen, vergleichende Werbung für diese Waren oder Dienstleistungen zuzulassen; dies gilt sowohl für unmittelbar ausgesprochene Verbote als auch für Verbote durch eine Einrichtung oder Organisation, die gemäss den Rechtsvorschriften des Mitgliedstaats für die Regelung eines Handels, Gewerbes, Handwerks oder freien Berufs zuständig ist. Sind diese Verbote auf bestimmte Medien beschränkt, so gilt diese Richtlinie für diejenigen Medien, die nicht unter diese Verbote fallen.

(4) Diese Richtlinie hindert die Mitgliedstaaten nicht daran, unter Einhaltung der Bestimmungen des Vertrags Verbote oder Beschränkungen für die Verwendung von Vergleichen in der Werbung für Dienstleistungen freier Berufe aufrechtzuerhalten oder einzuführen, und zwar unabhängig davon, ob diese Verbote oder Beschränkungen unmittelbar auferlegt oder von einer Einrichtung oder Organisation verfügt werden, die nach dem Recht der Mitgliedstaaten für die Regelung der Ausübung einer beruflichen Tätigkeit zuständig ist.

Artikel 9

Die Mitgliedstaaten teilen der Kommission den Wortlaut der wichtigsten innerstaatlichen Rechtsvorschriften mit, die sie auf dem unter diese Richtlinie fallenden Gebiet erlassen.

Artikel 10

Die Richtlinie 84/450/EWG wird unbeschadet der Verpflichtungen der Mitgliedstaaten hinsichtlich der in Anhang I Teil B genannten Fristen für die Umsetzung der dort genannten Richtlinien in innerstaatliches Recht und für die Anwendung dieser Richtlinien aufgehoben.

Verweisungen auf die aufgehobene Richtlinie gelten als Verweisungen auf die vorliegende Richtlinie und sind nach Massgabe der Entsprechungstabelle in Anhang II zu lesen.

Artikel 11

Diese Richtlinie tritt am 12. Dezember 2007 in Kraft.

Artikel 12

Diese Richtlinie ist an alle Mitgliedstaaten gerichtet.

Geschehen zu Strassburg am 12. Dezember 2006.

In Namen des Europäischen Parlaments	*Im Namen des Rates*
Der Präsident	*Der Präsident*
J. P. Borrell Fontelles	M. Pekkarinen

Anhang I

Teil A: Aufgehobene Richtlinie mit ihren nachfolgenden Änderungen

Richtlinie 84/450/EWG des Rates (ABl. L 250 vom 19.9.1984, S. 17)	
Richtlinie 97/55/EG des Europäischen Parlaments und des Rates (ABl. L 290 vom 23.10.1997, S. 18)	nur Artikel 14
Richtlinie 2005/29/EG des Europäischen Parlaments und des Rates (ABl. L 149 vom 11.6.2005, S. 22)	

Teil B: Fristen für die Umsetzung in innerstaatliches Recht und Anwendungsfristen

(gemäss Artikel 10)

Richtlinie	Umsetzungsfrist	Anpassungsdatum
84/450/EWG	1. Oktober 1986	–
97/55/EG	23. April 2000	–
2005/29/EG	12. Juni 2007	12. Dezember 2007

Anhang II

Entsprechungstabelle

Richtlinie 84/450/EWG	Vorliegende Richtlinie
Artikel 1	Artikel 1
Artikel 2 einleitende Worte	Artikel 2 einleitende Worte
Artikel 2 Nummer 1	Artikel 2 Buchstabe a)
Artikel 2 Nummer 2	Artikel 2 Buchstabe b)
Artikel 2 Nummer 2a	Artikel 2 Buchstabe c)
Artikel 2 Nummer 3	Artikel 2 Buchstabe d)
Artikel 2 Nummer 4	Artikel 2 Buchstabe e)
Artikel 3	Artikel 3
Artikel 3a Absatz 1	Artikel 4
Artikel 4 Absatz 1 Unterabsatz 1 Satz 1	Artikel 5 Absatz 1 Unterabsatz 1
Artikel 4 Absatz 1 Unterabsatz 1 Satz 2	Artikel 5 Absatz 1 Unterabsatz 2
Artikel 4 Absatz 1 Unterabsatz 2	Artikel 5 Absatz 2 Unterabsatz 1

Artikel 4 Absatz 1 Unterabsatz 3	Artikel 5 Absatz 2 Unterabsatz 2
Artikel 4 Absatz 2 Unterabsatz 1 einleitende Worte	Artikel 5 Absatz 3 Unterabsatz 1 einleitende Worte
Artikel 4 Absatz 2 Unterabsatz 1 erster Gedankenstrich	Artikel 5 Absatz 3 Unterabsatz 1 Buchstabe a
Artikel 4 Absatz 2 Unterabsatz 1 zweiter Gedankenstrich	Artikel 5 Absatz 3 Unterabsatz 1 Buchstabe b
Artikel 4 Absatz 2 Unterabsatz 1 letzte Worte	Artikel 5 Absatz 3 Unterabsatz 2
Artikel 4 Absatz 2 Unterabsatz 2 einleitende Worte	Artikel 5 Absatz 3 Unterabsatz 3
Artikel 4 Absatz 2 Unterabsatz 2 erster Gedankenstrich	Artikel 5 Absatz 3 Unterabsatz 3
Artikel 4 Absatz 2 Unterabsatz 2 zweiter Gedankenstrich	Artikel 5 Absatz 3 Unterabsatz 3
Artikel 4 Absatz 2 Unterabsatz 2 letzte Worte	Artikel 5 Absatz 3 Unterabsatz 3
Artikel 4 Absatz 2 Unterabsatz 3 einleitende Worte	Artikel 5 Absatz 4 einleitende Worte
Artikel 4 Absatz 2 Unterabsatz 3 erster Gedankenstrich	Artikel 5 Absatz 4 Buchstabe a
Artikel 4 Absatz 2 Unterabsatz 3 zweiter Gedankenstrich	Artikel 5 Absatz 4 Buchstabe b
Artikel 4 Absatz 3 Unterabsatz 1	Artikel 5 Absatz 5
Artikel 4 Absatz 3 Unterabsatz 2	Artikel 5 Absatz 6
Artikel 5	Artikel 6
Artikel 6	Artikel 7
Artikel 7 Absatz 1	Artikel 8 Absatz 1 Unterabsatz 1
Artikel 7 Absatz 2	Artikel 8 Absatz 1 Unterabsatz 2
Artikel 7 Absatz 3	Artikel 8 Absatz 2
Artikel 7 Absatz 4	Artikel 8 Absatz 3
Artikel 7 Absatz 5	Artikel 8 Absatz 4
Artikel 8 Absatz 1	–
Artikel 8 Absatz 2	Artikel 9
–	Artikel 10
–	Artikel 11
Artikel 9	Artikel 12
–	Anhang I
–	Anhang II

C. Immaterialgüterrecht

Bundesgesetz über die Erfindungspatente (Patentgesetz, PatG)[1]

vom 25. Juni 1954 (Stand am 1. Juli 2023)

Die Bundesversammlung der Schweizerischen Eidgenossenschaft,

gestützt auf Artikel 122 der Bundesverfassung[2],[3] nach Einsicht in eine Botschaft des Bundesrates vom 25. April 1950[4] sowie in eine Ergänzungsbotschaft vom 28. Dezember 1951[5],

beschliesst:

Erster Titel: Allgemeine Bestimmungen

1. Abschnitt: Voraussetzungen und Wirkung des Patentes

A. Patentierbare Erfindungen
I. Grundsatz[6]

Art. 1

[1] Für neue gewerblich anwendbare Erfindungen werden Erfindungspatente erteilt.

[2] Was sich in nahe liegender Weise aus dem Stand der Technik (Art. 7 Abs. 2) ergibt, ist keine patentierbare Erfindung.[7]

[3] Die Patente werden ohne Gewährleistung des Staates erteilt.[8]

AS **1955** 871

1 Fassung gemäss Ziff. I des BG vom 3. Febr. 1995, in Kraft seit 1. Sept. 1995 (AS **1995** 2879; BBl **1993** III 706).

2 SR **101**

3 Fassung gemäss Anhang Ziff. 6 des BG vom 21. Juni 2013, in Kraft seit 1. Jan. 2017 (AS **2015** 3631; BBl **2009** 8533).

4 BBl **1950** I 977

5 BBl **1952** I 1

6 Fassung gemäss Art. 2 des BB vom 16. Dez. 2005 über die Genehmigung der Akte zur Revision des Europäischen Patentübereinkommens und über die Änderung des Patentgesetzes, in Kraft seit 13. Dez. 2007 (AS **2007** 6479; BBl **2005** 3773).

7 Fassung gemäss Art. 2 des BB vom 16. Dez. 2005 über die Genehmigung der Akte zur Revision des Europäischen Patentübereinkommens und über die Änderung des Patentgesetzes, in Kraft seit 13. Dez. 2007 (AS **2007** 6479; BBl **2005** 3773).

8 Fassung gemäss Ziff. I des BG vom 17. Dez. 1976, in Kraft seit 1. Jan. 1978 (AS **1977** 1997; BBl **1976** II 1).

II. Der menschliche Körper und seine Bestandteile

Art. 1*a*[9]

[1] Der menschliche Körper als solcher in allen Phasen seiner Entstehung und Entwicklung, einschliesslich des Embryos, ist nicht patentierbar.

[2] Bestandteile des menschlichen Körpers in ihrer natürlichen Umgebung sind nicht patentierbar. Ein Bestandteil des menschlichen Körpers ist jedoch als Erfindung patentierbar, wenn er technisch bereitgestellt wird, ein technischer Nutzeffekt angegeben wird und die weiteren Voraussetzungen von Artikel 1 erfüllt sind; Artikel 2 bleibt vorbehalten.

III. Gensequenzen

Art. 1*b*[10]

[1] Eine natürlich vorkommende Sequenz oder Teilsequenz eines Gens ist als solche nicht patentierbar.

[2] Sequenzen, die sich von einer natürlich vorkommenden Sequenz oder Teilsequenz eines Gens ableiten, sind jedoch als Erfindung patentierbar, wenn sie technisch bereitgestellt werden, ihre Funktion konkret angegeben wird und die weiteren Voraussetzungen von Artikel 1 erfüllt sind; Artikel 2 bleibt vorbehalten.

B. Ausschluss von der Patentierung

Art. 2[11]

[1] Von der Patentierung ausgeschlossen sind Erfindungen, deren Verwertung die Menschenwürde verletzen oder die Würde der Kreatur missachten oder auf andere Weise gegen die öffentliche Ordnung oder die guten Sitten verstossen würde. Insbesondere werden keine Patente erteilt für:

a. Verfahren zum Klonen menschlicher Lebewesen und die damit gewonnenen Klone;

b. Verfahren zur Bildung von Mischwesen unter Verwendung menschlicher Keimzellen, menschlicher totipotenter Zellen oder menschlicher embryonaler Stammzellen und die damit gewonnenen Wesen;

---

[9] Eingefügt durch Ziff. I des BG vom 17. Dez. 1976, in Kraft seit 1. Jan. 1978 (AS **1977** 1997; BBl **1976** II 1). Fassung gemäss Ziff. I des BG vom 22. Juni 2007, in Kraft seit 1. Juli 2008 (AS **2008** 2551; BBl **2006** 1).

[10] Fassung gemäss Ziff. I des BG vom 22. Juni 2007, in Kraft seit 1. Juli 2008 (AS **2008** 2551; BBl **2006** 1).

[11] Fassung gemäss Ziff. I des BG vom 22. Juni 2007, in Kraft seit 1. Juli 2008 (AS **2008** 2551; BBl **2006** 1).

c. Verfahren der Parthenogenese unter Verwendung menschlichen Keimguts und die damit erzeugten Parthenoten;
d. Verfahren zur Veränderung der in der Keimbahn enthaltenen Identität des menschlichen Lebewesens und die damit gewonnenen Keimbahnzellen;
e. unveränderte menschliche embryonale Stammzellen und Stammzelllinien;
f. die Verwendung menschlicher Embryonen zu nicht medizinischen Zwecken;
g. Verfahren zur Veränderung der genetischen Identität von Tieren, die geeignet sind, diesen Tieren Leiden zuzufügen, ohne durch überwiegende schutzwürdige Interessen gerechtfertigt zu sein, sowie die mit Hilfe solcher Verfahren erzeugten Tiere.

[2] Von der Patentierung sind ferner ausgeschlossen:
a. Verfahren der Chirurgie, Therapie und Diagnostik, die am menschlichen oder am tierischen Körper angewendet werden;
b. Pflanzensorten und Tierrassen und im Wesentlichen biologische Verfahren zur Züchtung von Pflanzen und Tieren; unter Vorbehalt von Absatz 1 patentierbar sind jedoch mikrobiologische oder sonstige technische Verfahren und die damit gewonnenen Erzeugnisse sowie Erfindungen, deren Gegenstand Pflanzen oder Tiere sind und deren Ausführung technisch nicht auf eine bestimmte Pflanzensorte oder Tierrasse beschränkt ist.

C. Recht auf das Patent
I. Grundsatz

Art. 3

[1] Das Recht auf das Patent steht dem Erfinder, seinem Rechtsnachfolger oder dem Dritten zu, welchem die Erfindung aus einem andern Rechtsgrund gehört.

[2] Haben mehrere gemeinsam eine Erfindung gemacht, so steht ihnen dieses Recht gemeinsam zu.

[3] Haben mehrere die Erfindung unabhängig voneinander gemacht, so steht dieses Recht dem zu, der sich auf die frühere oder prioritätsältere Anmeldung berufen kann.

II. Im Prüfungsverfahren

Art. 4

Im Verfahren vor dem Eidgenössischen Institut für Geistiges Eigentum[12] (IGE)[13] gilt der Patentbewerber als berechtigt, die Erteilung des Patentes zu beantragen.

D. Nennung des Erfinders
I. Anspruch des Erfinders

Art. 5

1 Der Patentbewerber hat dem IGE den Erfinder schriftlich zu nennen.[14]

2 Die vom Patentbewerber genannte Person wird im Patentregister, in der Veröffentlichung des Patentgesuchs und der Patenterteilung sowie in der Patentschrift als Erfinder aufgeführt.[15]

3 Absatz 2 ist entsprechend anwendbar, wenn ein Dritter ein vollstreckbares Urteil vorlegt, aus welchem hervorgeht, dass nicht die vom Patentbewerber genannte Person, sondern der Dritte der Erfinder ist.

II. Verzicht auf Nennung

Art. 6

1 Wenn der vom Patentbewerber genannte Erfinder darauf verzichtet, unterbleiben die in Artikel 5 Absatz 2 vorgeschriebenen Massnahmen.

2 Ein im Voraus erklärter Verzicht des Erfinders auf Nennung ist ohne rechtliche Wirkung.

---

12 Ausdruck gemäss Ziff. I des BG vom 9. Okt. 1998, in Kraft seit 1. Mai 1999 (AS **1999** 1363; BBl **1998** 1633).

13 Ausdruck gemäss Anhang Ziff. 6 des BG vom 21. Juni 2013, in Kraft seit 1. Jan. 2017 (AS **2015** 3631; BBl **2009** 8533).

14 Fassung gemäss Ziff. I des BG vom 17. Dez. 1976, in Kraft seit 1. Jan. 1978 (AS **1977** 1997; BBl **1976** II 1).

15 Fassung gemäss Ziff. I des BG vom 22. Juni 2007, in Kraft seit 1. Juli 2008 (AS **2008** 2551; BBl **2006** 1).

E. Neuheit der Erfindung
I. Stand der Technik

Art. 7[16]

1 Eine Erfindung gilt als neu, wenn sie nicht zum Stand der Technik gehört.

2 Den Stand der Technik bildet alles, was vor dem Anmelde- oder dem Prioritätsdatum der Öffentlichkeit durch schriftliche oder mündliche Beschreibung, durch Benützung oder in sonstiger Weise zugänglich gemacht worden ist.

3 In Bezug auf die Neuheit umfasst der Stand der Technik auch den Inhalt einer früheren oder prioritätsälteren Anmeldung für die Schweiz in der ursprünglich eingereichten Fassung, deren Anmelde- oder Prioritätsdatum vor dem in Absatz 2 genannten Datum liegt und die erst an oder nach diesem Datum der Öffentlichkeit zugänglich gemacht wurde, sofern:

a. im Falle einer internationalen Anmeldung die Voraussetzungen nach Artikel 138 erfüllt sind;

b. im Falle einer europäischen Anmeldung, die aus einer internationalen Anmeldung hervorgegangen ist, die Voraussetzungen nach Artikel 153 Absatz 5 des Europäischen Patentübereinkommens vom 5. Oktober 1973 in seiner revidierten Fassung vom 29. November 2000 erfüllt sind;

c. im Falle einer europäischen Anmeldung die Gebühren nach Artikel 79 Absatz 2 des Europäischen Patentübereinkommens vom 5. Oktober 1973 in seiner revidierten Fassung vom 29. November 2000[17] für die wirksame Benennung der Schweiz entrichtet wurden.[18]

II. ...

Art. 7*a*[19]

---

16 Fassung gemäss Ziff. I des BG vom 17. Dez. 1976, in Kraft seit 1. Jan. 1978 (AS **1977** 1997; BBl **1976** II 1).

17 SR **0.232.142.2**

18 Eingefügt durch Ziff. I des BG vom 22. Juni 2007, in Kraft seit 1. Juli 2008 (AS **2008** 2551; BBl **2006** 1).

19 Eingefügt durch Ziff. I des BG vom 17. Dez. 1976 (AS **1977** 1997; BBl **1976** II 1). Aufgehoben durch Ziff. I des BG vom 22. Juni 2007, mit Wirkung seit 1. Juli 2008 (AS **2008** 2551; BBl **2006** 1).

III. Unschädliche Offenbarungen

Art. 7*b*[20]

Ist die Erfindung innerhalb von sechs Monaten vor dem Anmeldeoder dem Prioritätsdatum der Öffentlichkeit zugänglich gemacht worden, so zählt diese Offenbarung nicht zum Stand der Technik, wenn sie unmittelbar oder mittelbar zurückgeht:[21]

a. auf einen offensichtlichen Missbrauch zum Nachteil des Patentbewerbers oder seines Rechtsvorgängers oder
b. auf die Tatsache, dass der Patentbewerber oder sein Rechtsvorgänger die Erfindung auf einer offiziellen oder offiziell anerkannten internationalen Ausstellung im Sinne des Übereinkommens vom 22. November 1928[22] über die internationalen Ausstellungen zur Schau gestellt hat, und er dies bei der Einreichung des Patentgesuches erklärt und durch einen genügenden Ausweis rechtzeitig belegt hat.

IV. Neue Verwendung bekannter Stoffe
a. Erste medizinische Indikation

Art. 7*c*[23]

Stoffe und Stoffgemische, die als solche, aber nicht in Bezug auf ihre Verwendung in einem chirurgischen, therapeutischen oder diagnostischen Verfahren nach Artikel 2 Absatz 2 Buchstabe a[24] zum Stand der Technik gehören, gelten als neu, soweit sie nur für eine solche Verwendung bestimmt sind.

b. Weitere medizinische Indikationen

Art. 7*d*[25]

Stoffe und Stoffgemische, die als solche, aber nicht in Bezug auf eine gegenüber der ersten medizinischen Indikation nach Artikel 7c spezifische Verwendung in einem chirurgischen, therapeutischen oder diagnostischen

---

[20] Eingefügt durch Ziff. I des BG vom 17. Dez. 1976, in Kraft seit 1. Jan. 1978 (AS **1977** 1997; BBl **1976** II 1).

[21] Fassung gemäss Ziff. I des BG vom 3. Febr. 1995, in Kraft seit 1. Sept. 1995 (AS **1995** 2879; BBl **1993** III 706).

[22] SR **0.945.11**

[23] Eingefügt durch Ziff. I des BG vom 17. Dez. 1976 (AS **1977** 1997; BBl **1976** II 1). Fassung gemäss Ziff. I des BG vom 22. Juni 2007, in Kraft seit 1. Juli 2008 (AS **2008** 2551; BBl **2006** 1).

[24] Berichtigt von der Redaktionskommission der BVers (Art. 58 Abs. 1 ParlG – SR **171.10**).

[25] Eingefügt durch Art. 2 des BB vom 16. Dez. 2005 über die Genehmigung der Akte zur Revision des Europäischen Patentübereinkommens und über die Änderung des Patent-

Verfahren nach Artikel 2 Absatz 2 Buchstabe a[26] zum Stand der Technik gehören, gelten als neu, soweit sie nur für die Verwendung zur Herstellung eines Mittels zu chirurgischen, therapeutischen oder diagnostischen Zwecken bestimmt sind.

F. Wirkung des Patents
I. Ausschliesslichkeitsrecht

Art. 8[27]

[1] Das Patent verschafft seinem Inhaber das Recht, anderen zu verbieten, die Erfindung gewerbsmässig zu benützen.

[2] Als Benützung gelten insbesondere das Herstellen, das Lagern, das Anbieten, das Inverkehrbringen, die Ein-, Aus- und Durchfuhr sowie der Besitz zu diesen Zwecken.

[3] Die Durchfuhr kann nicht verboten werden, soweit der Patentinhaber die Einfuhr in das Bestimmungsland nicht verbieten kann.

II. Herstellungsverfahren

Art. 8*a*[28]

[1] Betrifft die Erfindung ein Herstellungsverfahren, so erstreckt sich die Wirkung des Patents auch auf die unmittelbaren Erzeugnisse des Verfahrens.

[2] Handelt es sich bei den unmittelbaren Erzeugnissen um biologisches Material, so erstreckt sich die Wirkung des Patents zudem auf Erzeugnisse, die durch Vermehrung dieses biologischen Materials gewonnen werden und dieselben Eigenschaften aufweisen. Artikel 9a Absatz 3 bleibt vorbehalten.[29]

gesetzes (AS **2007** 6479; BBl **2005** 3773). Fassung gemäss Ziff. I des BG vom 22. Juni 2007, in Kraft seit 1. Juli 2008 (AS **2008** 2551; BBl **2006** 1).

[26] Berichtigt von der Redaktionskommission der BVers (Art. 58 Abs. 1 ParlG – SR **171.10**).

[27] Fassung gemäss Ziff. I des BG vom 22. Juni 2007, in Kraft seit 1. Juli 2008 (AS **2008** 2551; BBl **2006** 1).

[28] Eingefügt durch Ziff. I des BG vom 22. Juni 2007, in Kraft seit 1. Juli 2008 (AS **2008** 2551; BBl **2006** 1).

[29] Zweiter Satz eingefügt durch Ziff. I des BG vom 19. Dez. 2008, in Kraft seit 1. Juli 2009 (AS **2009** 2615; BBl **2008** 303).

III. Genetische Information

Art. 8*b*[30]

Betrifft die Erfindung ein Erzeugnis, das aus einer genetischen Information besteht oder eine solche enthält, so erstreckt sich die Wirkung des Patents auf jedes Material, in das dieses Erzeugnis eingebracht wird und in dem die genetische Information enthalten ist und ihre Funktion erfüllt. Die Artikel 1a Absatz 1 und 9a Absatz 3 bleiben vorbehalten.[31]

IV. Nukleotidsequenzen

Art. 8*c*[32]

Der Schutz aus einem Anspruch auf eine Nukleotidsequenz, die sich von einer natürlich vorkommenden Sequenz oder Teilsequenz eines Gens ableitet, ist auf die Sequenzabschnitte beschränkt, welche die im Patent konkret beschriebene Funktion erfüllen.

G. Ausnahmen von der Wirkung des Patents
I. Im Allgemeinen

Art. 9[33]

[1] Die Wirkung des Patents erstreckt sich nicht auf:

a. Handlungen, die im privaten Bereich zu nicht gewerblichen Zwecken vorgenommen werden;
b. Handlungen zu Forschungs- und Versuchszwecken, die der Gewinnung von Erkenntnissen über den Gegenstand der Erfindung einschliesslich seiner Verwendungen dienen; insbesondere ist jede wissenschaftliche Forschung am Gegenstand der Erfindung frei;
c. Handlungen, die für die Zulassung eines Arzneimittels im Inland oder in Ländern mit vergleichbarer Arzneimittelkontrolle vorausgesetzt sind;
d. die Benützung der Erfindung zu Unterrichtszwecken an Lehrstätten;
e. die Benützung biologischen Materials zum Zweck der Züchtung oder der Entdeckung und Entwicklung einer Pflanzensorte;

---

[30] Eingefügt durch Ziff. I des BG vom 22. Juni 2007, in Kraft seit 1. Juli 2008 (AS **2008** 2551; BBl **2006** 1).

[31] Fassung zweiter Satz gemäss Ziff. I des BG vom 19. Dez. 2008, in Kraft seit 1. Juli 2009 (AS **2009** 2615; BBl **2008** 303).

[32] Eingefügt durch Ziff. I des BG vom 22. Juni 2007, in Kraft seit 1. Juli 2008 (AS **2008** 2551; BBl **2006** 1).

[33] Fassung gemäss Ziff. I des BG vom 22. Juni 2007, in Kraft seit 1. Juli 2008 (AS **2008** 2551; BBl **2006** 1).

f. biologisches Material, das im Bereich der Landwirtschaft zufällig oder technisch nicht vermeidbar gewonnen wird.

g. Handlungen im Rahmen einer medizinischen Tätigkeit, die sich auf eine einzelne Person oder ein einzelnes Tier bezieht und Arzneimittel betrifft, insbesondere die Verschreibung, Abgabe oder Anwendung von Arzneimitteln durch gesetzlich dazu berechtigte Personen;[34]

h. die unmittelbare Einzelzubereitung von Arzneimitteln in Apotheken in Ausführung einer ärztlichen Verschreibung sowie auf Handlungen, welche die auf diese Weise zubereiteten Arzneimittel betreffen.[35]

[2] Abreden, welche die Befugnisse nach Absatz 1 einschränken oder aufheben, sind nichtig.

II. Im Besonderen

Art. 9*a*[36]

[1] Hat der Patentinhaber eine patentgeschützte Ware im Inland oder im Europäischen Wirtschaftsraum in Verkehr gebracht oder ihrem Inverkehrbringen im Inland oder im Europäischen Wirtschaftsraum zugestimmt, so darf diese Ware gewerbsmässig eingeführt und im Inland gewerbsmässig gebraucht oder weiterveräussert werden.

[2] Hat er eine Vorrichtung, mit der ein patentgeschütztes Verfahren angewendet werden kann, im Inland oder im Europäischen Wirtschaftsraum in Verkehr gebracht oder ihrem Inverkehrbringen im Inland oder im Europäischen Wirtschaftsraum zugestimmt, so sind der erste und jeder spätere Erwerber der Vorrichtung berechtigt, dieses Verfahren anzuwenden.

[3] Hat der Patentinhaber patentgeschütztes biologisches Material im Inland oder im Europäischen Wirtschaftsraum in Verkehr gebracht oder seinem Inverkehrbringen im Inland oder im Europäischen Wirtschaftsraum zugestimmt, so darf dieses Material eingeführt und im Inland vermehrt werden, soweit dies für die bestimmungsgemässe Verwendung notwendig ist. Das so gewonnene Material darf nicht für eine weitere Vermehrung verwendet werden. Artikel 35a bleibt vorbehalten.

---

[34] Eingefügt durch Anhang Ziff. 2 des BG vom 18. März 2016, in Kraft seit 1. Jan. 2019 (AS **2017** 2745, **2018** 3575; BBl **2013** 1).

[35] Eingefügt durch Anhang Ziff. 2 des BG vom 18. März 2016, in Kraft seit 1. Jan. 2019 (AS **2017** 2745, **2018** 3575; BBl **2013** 1).

[36] Eingefügt durch Ziff. I des BG vom 22. Juni 2007 (AS **2008** 2551; BBl **2006** 1). Fassung gemäss Ziff. I des BG vom 19. Dez. 2008, in Kraft seit 1. Juli 2009 (AS **2009** 2615; BBl **2008** 303).

4 Hat der Patentinhaber eine patentgeschützte Ware ausserhalb des Europäischen Wirtschaftsraums in Verkehr gebracht oder ihrem Inverkehrbringen ausserhalb des Europäischen Wirtschaftsraums zugestimmt und hat der Patentschutz für die funktionelle Beschaffenheit der Ware nur untergeordnete Bedeutung, so darf die Ware gewerbsmässig eingeführt werden. Die untergeordnete Bedeutung wird vermutet, wenn der Patentinhaber nicht das Gegenteil glaubhaft macht.

5 Ungeachtet der Absätze 1–4 bleibt die Zustimmung des Patentinhabers für das Inverkehrbringen einer patentgeschützten Ware im Inland vorbehalten, wenn ihr Preis im Inland oder im Land des Inverkehrbringens staatlich festgelegt ist.

Art. 10[37]

H. Hinweise auf Patentschutz
I. Patentzeichen

Art. 11

1 Erzeugnisse, welche durch ein Patent geschützt sind, oder ihre Verpackung können mit dem Patentzeichen versehen werden, welches aus dem eidgenössischen Kreuz und der Patentnummer besteht. Der Bundesrat kann zusätzliche Angaben vorschreiben.[38]

2 Der Patentinhaber kann von den Mitbenützern und Lizenzträgern verlangen, dass sie das Patentzeichen auf den von ihnen hergestellten Erzeugnissen oder deren Verpackung anbringen.

3 Der Mitbenützer oder Lizenzträger, welcher dem Verlangen des Patentinhabers nicht nachkommt, haftet diesem, unbeschadet des Anspruches auf Anbringen des Patentzeichens, für den aus der Unterlassung entstehenden Schaden.

II. Andere Hinweise

Art. 12

1 Wer seine Geschäftspapiere, Anzeigen jeder Art, Erzeugnisse oder Waren mit einer andern auf Patentschutz hinweisenden Bezeichnung in Verkehr setzt oder feilhält, ist verpflichtet, jedermann auf Anfrage hin die Nummer des Patentgesuches oder des Patentes anzugeben, auf welche sich die Bezeichnung stützt.

2 Wer andern die Verletzung seiner Rechte vorwirft oder sie vor solcher Verletzung warnt, hat auf Anfrage hin die gleiche Auskunft zu geben.

---

37 Aufgehoben durch Ziff. I des BG vom 17. Dez. 1976, mit Wirkung seit 1. Jan. 1978 (AS **1977** 1997; BBl **1976** II 1).

38 Fassung gemäss Ziff. I des BG vom 17. Dez. 1976, in Kraft seit 1. Jan. 1978 (AS **1977** 1997; BBl **1976** II 1).

J. Auslandswohnsitz

Art. 13[39]

[1] Wer an einem Verwaltungsverfahren nach diesem Gesetz beteiligt ist und in der Schweiz keinen Wohnsitz oder Sitz hat, muss ein Zustellungsdomizil in der Schweiz bezeichnen, es sei denn, das Völkerrecht oder die zuständige ausländische Stelle gestatte der Behörde, Schriftstücke im betreffenden Staat direkt zuzustellen.[40] Ein Zustellungsdomizil in der Schweiz ist nicht erforderlich für:[41]

a. die Einreichung eines Patentgesuchs zum Zweck der Zuerkennung eines Anmeldedatums;

b. die Bezahlung von Gebühren, die Einreichung von Übersetzungen sowie die Einreichung und Behandlung von Anträgen nach der Patenterteilung, soweit die Anträge zu keiner Beanstandung Anlass geben.[42]

[1bis] Das IGE ist befugt, gegenüber der zuständigen ausländischen Stelle zu erklären, dass im Bereich des geistigen Eigentums in der Schweiz die direkte Zustellung zulässig ist, sofern der Schweiz Gegenrecht gewährt wird.[43]

[2] Vorbehalten bleiben die Bestimmungen über die berufsmässige Prozessvertretung.

K. Dauer des Patentes
I. Höchstdauer

Art. 14

[1] Das Patent kann längstens bis zum Ablauf von 20 Jahren seit dem Datum der Anmeldung dauern.[44]

---

[39] Fassung gemäss Ziff. I des BG vom 17. Dez. 1976, in Kraft seit 1. Jan. 1978 (AS **1977** 1997; BBl **1976** II 1).

[40] Fassung gemäss Anhang Ziff. 4 des BB vom 28. Sept. 2018 über die Genehmigung und die Umsetzung des Übereinkommens Nr. 94 des Europarates über die Zustellung von Schriftstücken in Verwaltungssachen im Ausland, in Kraft seit 1. April 2019 (AS **2019** 975; BBl **2017** 5947).

[41] Fassung gemäss Anhang Ziff. 3 des Patentanwaltsgesetzes vom 20. März 2009, in Kraft seit 1. Juli 2011 (AS **2011** 2259; BBl **2008** 407).

[42] Fassung gemäss Art. 2 des BB vom 22. Juni 2007, in Kraft seit 1. Juli 2008 (AS **2008** 2677; BBl **2006** 1).

[43] Eingefügt durch Anhang Ziff. 4 des BB vom 28. Sept. 2018 über die Genehmigung und die Umsetzung des Übereinkommens Nr. 94 des Europarates über die Zustellung von Schriftstücken in Verwaltungssachen im Ausland, in Kraft seit 1. April 2019 (AS **2019** 975; BBl **2017** 5947).

[44] Fassung gemäss Ziff. I des BG vom 17. Dez 1976, in Kraft seit 1. Jan. 1978 (AS **1977** 1997; BBl **1976** II 1).

[2] …[45]

II. Vorzeitiges Erlöschen

Art. 15

[1] Das Patent erlischt:

a. wenn der Inhaber in schriftlicher Eingabe an das IGE darauf verzichtet;

b. wenn eine fällig gewordene Jahresgebühr nicht rechtzeitig bezahlt wird.[46]

[2] …[47]

L. Vorbehalt

Art. 16[48]

Patentbewerber und Patentinhaber schweizerischer Staatsangehörigkeit können sich auf die Bestimmungen des für die Schweiz verbindlichen Textes der Pariser Verbandsübereinkunft vom 20. März 1883[49] zum Schutz des gewerblichen Eigentums berufen, wenn jene günstiger sind als die Bestimmungen dieses Gesetzes.

2. Abschnitt: Prioritätsrecht

A. Voraussetzungen und Wirkung der Priorität[50]

Art. 17

[1] Ist eine Erfindung in einem Land, für das die Pariser Verbandsübereinkunft vom 20. März 1883[51] zum Schutz des gewerblichen Eigentums oder das Abkommen vom 15. April 1994[52] zur Errichtung der Welthandelsorganisation (Anhang 1C, Abkommen über handelsbezogene Aspekte der Rechte an geistigem Eigentum) gilt, oder mit Wirkung für ein solches Land vorschriftsgemäss

---

[45] Aufgehoben durch Ziff. I des BG vom 17. Dez. 1976, mit Wirkung seit 1. Jan. 1978 (AS **1977** 1997; BBl **1976** II 1).

[46] Fassung gemäss Ziff. I des BG vom 17. Dez 1976, in Kraft seit 1. Jan. 1978 (AS **1977** 1997; BBl **1976** II 1).

[47] Aufgehoben durch Ziff. I des BG vom 17. Dez. 1976, mit Wirkung seit 1. Jan. 1978 (AS **1977** 1997; BBl **1976** II 1).

[48] Fassung gemäss Ziff. I des BG vom 17. Dez 1976, in Kraft seit 1. Jan. 1978 (AS **1977** 1997; BBl **1976** II 1).

[49] SR **0.232.01/.04**

[50] Fassung gemäss Ziff. I des BG vom 17. Dez 1976, in Kraft seit 1. Jan. 1978 (AS **1977** 1997; BBl **1976** II 1).

[51] SR **0.232.01/.04**

[52] SR **0.632.20**

zum Schutz durch Patent, Gebrauchsmuster oder Erfinderschein angemeldet worden, so entsteht nach Massgabe von Artikel 4 der Pariser Verbandsübereinkunft ein Prioritätsrecht. Dieses kann für das in der Schweiz für die gleiche Erfindung innerhalb von zwölf Monaten nach der Erstanmeldung eingereichte Patentgesuch beansprucht werden.[53]

1bis Die Erstanmeldung in einem Land, das der Schweiz Gegenrecht hält, hat die gleiche Wirkung wie die Erstanmeldung in einem Land der Pariser Verbandsübereinkunft.[54]

1ter Absatz 1 und Artikel 4 der Pariser Verbandsübereinkunft gelten sinngemäss bezüglich einer schweizerischen Erstanmeldung, sofern sich aus diesem Gesetz oder der Verordnung nichts anderes ergibt.[55]

2 Das Prioritätsrecht besteht darin, dass der Anmeldung keine Tatsachen entgegengehalten werden können, die seit der ersten Anmeldung eingetreten sind.[56]

3 …[57]

B. Legitimation[58]

Art. 18

1 …[59]

2 Das Prioritätsrecht kann vom Erstanmelder oder von demjenigen beansprucht werden, der das Recht des Erstanmelders erworben hat, die gleiche Erfindung in der Schweiz zur Patentierung anzumelden.[60]

---

53 Fassung gemäss Art. 2 des BB vom 16. Dez. 2005 über die Genehmigung der Akte zur Revision des Europäischen Patentübereinkommens und über die Änderung des Patentgesetzes, in Kraft seit 13. Dez. 2007 (AS **2007** 6479, BBl **2005** 3773).

54 Eingefügt durch Ziff. I des BG vom 17. Dez. 1976, in Kraft seit 1. Jan. 1978 (AS **1977** 1997; BBl **1976** II 1).

55 Eingefügt durch Ziff. I des BG vom 3. Febr. 1995, in Kraft seit 1. Sept. 1995 (AS **1995** 2879; BBl **1993** III 706).

56 Fassung gemäss Ziff. I des BG vom 17. Dez. 1976, in Kraft seit 1. Jan. 1978 (AS **1977** 1997; BBl **1976** II 1).

57 Aufgehoben durch Ziff. I des BG vom 17. Dez. 1976, mit Wirkung seit 1. Jan. 1978 (AS **1977** 1997; BBl **1976** II 1)

58 Fassung gemäss Ziff. I des BG vom 17. Dez. 1976, in Kraft seit 1. Jan. 1978 (AS **1977** 1997; BBl **1976** II 1).

59 Aufgehoben durch Ziff. I des BG vom 17. Dez. 1976, mit Wirkung seit 1. Jan. 1978 (AS 1977 **1997**; BBl **1976** II 1).

60 Fassung gemäss Ziff. I des BG vom 17. Dez. 1976, in Kraft seit 1. Jan. 1978 (AS **1977** 1997; BBl **1976** II 1).

[3] Sind die Erstanmeldung, die Anmeldung in der Schweiz oder beide von einer Person bewirkt worden, der kein Recht auf das Patent zustand, so kann der Berechtigte die Priorität aus der Erstanmeldung geltend machen.[61]

C. Formvorschriften

Art. 19[62]

[1] Wer ein Prioritätsrecht beanspruchen will, hat dem IGE eine Prioritätserklärung abzugeben und einen Prioritätsbeleg einzureichen.

[2] Der Prioritätsanspruch ist verwirkt, wenn die Fristen und Formerfordernisse der Verordnung nicht beachtet werden.

D. Beweislast im Prozess

Art. 20

[1] Die Anerkennung des Prioritätsanspruches im Patenterteilungsverfahren befreit den Patentinhaber im Prozessfall nicht davon, den Bestand des Prioritätsrechtes nachzuweisen.

[2] Es wird vermutet, dass die Anmeldung, deren Priorität beansprucht wird, eine Erstanmeldung (Art. 17 Abs. 1 und 1bis) ist.[63]

E. Verbot des Doppelschutzes

Art. 20*a*[64]

Hat der Erfinder oder sein Rechtsnachfolger für die gleiche Erfindung zwei gültige Patente mit gleichem Anmelde- oder Prioritätsdatum erhalten, so verliert das Patent aus der älteren Anmeldung seine Wirkung, soweit die sachlichen Geltungsbereiche der beiden Patente übereinstimmen.

Art. 21–23[65]

---

[61] Fassung gemäss Ziff. I des BG vom 17. Dez. 1976, in Kraft seit 1. Jan. 1978 (AS **1977** 1997; BBl **1976** II 1).

[62] Fassung gemäss Ziff. I des BG vom 17. Dez. 1976, in Kraft seit 1. Jan. 1978 (AS **1977** 1997; BBl **1976** II 1).

[63] Fassung gemäss Ziff. I des BG vom 17. Dez. 1976, in Kraft seit 1. Jan. 1978 (AS **1977** 1997; BBl **1976** II 1).

[64] Eingefügt durch Ziff. I des BG vom 3. Febr. 1995, in Kraft seit 1. Sept. 1995 (AS **1995** 2879; BBl **1993** III 706).

[65] Aufgehoben durch Ziff. I des BG vom 17. Dez. 1976, mit Wirkung seit 1. Jan. 1978 (AS **1977** 1997; BBl **1976** II 1).

3. Abschnitt: Änderungen im Bestand des Patentes

A. Teilverzicht
I. Voraussetzungen

Art. 24[66]

[1] Der Patentinhaber kann auf das Patent teilweise verzichten, indem er beim IGE den Antrag stellt,

a. einen Patentanspruch (Art. 51 und 55) aufzuheben, oder

b. einen unabhängigen Patentanspruch durch Zusammenlegung mit einem oder mehreren von ihm abhängigen Patentansprüchen einzuschränken, oder

c. einen unabhängigen Patentanspruch auf anderem Weg einzuschränken; in diesem Fall muss der eingeschränkte Patentanspruch sich auf die gleiche Erfindung beziehen und eine Ausführungsart definieren, die in der veröffentlichten Patentschrift und in der für das Anmeldedatum massgebenden Fassung des Patentgesuches vorgesehen ist.

[2] ...[67]

II. Errichtung neuer Patente

Art. 25[68]

[1] Können die nach einem Teilverzicht verbleibenden Patentansprüche nach den Artikeln 52 und 55 nicht im nämlichen Patent bestehen, so muss das Patent entsprechend eingeschränkt werden.

[2] Für die wegfallenden Patentansprüche kann der Patentinhaber die Errichtung eines oder mehrerer neuer Patente beantragen, die das Anmeldedatum des ursprünglichen Patentes erhalten.

[3] Nach Eintragung des Teilverzichts im Patentregister setzt das IGE dem Patentinhaber eine Frist für den Antrag auf Errichtung neuer Patente nach Absatz 2; nachher erlischt das Antragsrecht.

---

[66] Fassung gemäss Ziff. I des BG vom 17. Dez. 1976, in Kraft seit 1. Jan. 1978 (AS **1977** 1997; BBl **1976** II 1).

[67] Aufgehoben durch Art. 2 des BB vom 16. Dez. 2005 über die Genehmigung der Akte zur Revision des Europäischen Patentübereinkommens und über die Änderung des Patentgesetzes, mit Wirkung seit 13. Dez. 2007 (AS **2007** 6479, BBl **2005** 3773).

[68] Fassung gemäss Ziff. I des BG vom 17. Dez. 1976, in Kraft seit 1. Jan. 1978 (AS **1977** 1997; BBl **1976** II 1).

B. Nichtigkeitsklage
I. Nichtigkeitsgründe

Art. 26

[1] Der Richter stellt auf Klage hin die Nichtigkeit des Patents fest, wenn:

a. der Gegenstand des Patents nach den Artikeln 1, 1*a*, 1*b* und 2 nicht patentierbar ist;

b. die Erfindung in der Patentschrift nicht so dargelegt ist, dass der Fachmann sie ausführen kann;

c. der Gegenstand des Patents über den Inhalt des Patentgesuchs in der für das Anmeldedatum massgebenden Fassung hinausgeht;

d. der Patentinhaber weder der Erfinder noch dessen Rechtsnachfolger ist noch aus einem andern Rechtsgrund ein Recht auf das Patent hatte.[69]

[2] Ist ein Patent unter Anerkennung einer Priorität erteilt worden und hat die Anmeldung, deren Priorität beansprucht ist, nicht zum Patent geführt, so kann der Richter vom Patentinhaber verlangen, die Gründe anzugeben und Beweismittel vorzulegen; wird die Auskunft verweigert, so würdigt dies der Richter nach freiem Ermessen.[70]

II. Teilnichtigkeit

Art. 27

[1] Trifft ein Nichtigkeitsgrund nur für einen Teil der patentierten Erfindung zu, so ist das Patent durch den Richter entsprechend einzuschränken.

[2] Der Richter hat den Parteien Gelegenheit zu geben, sich zu der von ihm in Aussicht genommenen Neufassung des Patentanspruches zu äussern; er kann überdies die Vernehmlassung des IGE einholen.

[3] Artikel 25 ist entsprechend anwendbar.

III. Klagerecht

Art. 28[71]

Die Nichtigkeitsklage steht jedermann zu, der ein Interesse nachweist, die Klage aus Artikel 26 Absatz 1 Buchstabe d indessen nur dem Berechtigten.

---

[69] Fassung gemäss Ziff. I des BG vom 22. Juni 2007, in Kraft seit 1. Juli 2008 (AS **2008** 2551; BBl **2006** 1).

[70] Fassung gemäss Ziff. I des BG vom 17. Dez. 1976, in Kraft seit 1. Jan. 1978 (AS **1977** 1997; BBl **1976** II 1).

[71] Fassung gemäss Ziff. I des BG vom 22. Juni 2007, in Kraft seit 1. Juli 2008 (AS **2008** 2551; BBl **2006** 1).

C. Wirkung der Änderung im Bestand des Patents

Art. 28*a*[72]

Die Wirkung des erteilten Patents gilt in dem Umfang, in dem der Patentinhaber auf das Patent verzichtet oder der Richter auf Klage hin die Nichtigkeit festgestellt hat, als von Anfang an nicht eingetreten.

4. Abschnitt: Änderungen im Recht auf das Patent und im Recht am Patent; Lizenzerteilung

A. Abtretungsklage
I. Voraussetzungen und Wirkung gegenüber Dritten

Art. 29

[1] Ist das Patentgesuch von einem Bewerber eingereicht worden, der gemäss Artikel 3 kein Recht auf das Patent hat, so kann der Berechtigte auf Abtretung des Patentgesuches oder, wenn das Patent bereits erteilt worden ist, entweder auf Abtretung oder auf Erklärung der Nichtigkeit des Patentes klagen

[2] …[73]

[3] Wird die Abtretung verfügt, so fallen die inzwischen Dritten eingeräumten Lizenzen oder andern Rechte dahin; diese Dritten haben jedoch, wenn sie bereits in gutem Glauben die Erfindung im Inland gewerbsmässig benützt oder besondere Veranstaltungen dazu getroffen haben, Anspruch auf Erteilung einer nicht ausschliesslichen Lizenz.[74]

[4] Vorbehalten bleiben alle Schadenersatzansprüche.

[5] Artikel 40*e* ist entsprechend anwendbar.[75]

---

[72] Eingefügt durch Art. 2 des BB vom 16. Dez. 2005 über die Genehmigung der Akte zur Revision des Europäischen Patentübereinkommens und über die Änderung des Patentgesetzes, in Kraft seit 13. Dez. 2007 (AS **2007** 6479, BBl **2005** 3773).

[73] Aufgehoben durch Ziff. I des BG vom 17. Dez. 1976, mit Wirkung seit 1. Jan. 1978 (AS **1977** 1997; BBl **1976** II 1).

[74] Fassung gemäss Ziff. I des BG vom 16. Dez. 1994, in Kraft seit 1. Juli 1995 (AS **1995** 2606; BBl **1994** IV 950).

[75] Eingefügt durch Ziff. I des BG vom 16. Dez. 1994 (AS **1995** 2606; BBl **1994** IV 950). Fassung gemäss Ziff. I des BG vom 22. Juni 2007, in Kraft seit 1. Juli 2008 (AS **2008** 2551; BBl **2006** 1).

II. Teilabtretung

Art. 30

[1] Vermag der Kläger sein Recht nicht hinsichtlich aller Patentansprüche nachzuweisen, so ist die Abtretung des Patentgesuches oder des Patentes unter Streichung jener Patentansprüche zu verfügen, für die er sein Recht nicht nachgewiesen hat.[76]

[2] Artikel 25 ist entsprechend anwendbar.

III. Klagefrist

Art. 31

[1] Die Abtretungsklage ist vor Ablauf von zwei Jahren seit dem amtlichen Datum der Veröffentlichung der Patentschrift anzuheben.

[2] Die Klage gegen einen bösgläubigen Beklagten ist an keine Frist gebunden.

B. Enteignung des Patentes

Art. 32

[1] Wenn das öffentliche Interesse es verlangt, kann der Bundesrat das Patent ganz oder zum Teil enteignen.

[2] Der Enteignete hat Anspruch auf volle Entschädigung, welche im Streitfall vom Bundesgericht festgesetzt wird; die Bestimmungen des II. Abschnittes des Bundesgesetzes vom 20. Juni 1930[77] über die Enteignung sind entsprechend anwendbar.

C. Übergang der Rechte auf das Patent und am Patent

Art. 33

[1] Das Recht auf das Patent und das Recht am Patent gehen auf die Erben über; sie können ganz oder zum Teil auf andere übertragen werden.

[2] Stehen diese Rechte im Eigentum mehrerer, so kann jeder Berechtigte seine Befugnisse nur mit Zustimmung der andern ausüben; jeder kann aber selbständig über seinen Anteil verfügen und Klage wegen Patentverletzung anheben.

[2bis] Die Übertragung des Patentgesuches und des Patentes durch Rechtsgeschäft bedarf zu ihrer Gültigkeit der schriftlichen Form.[78]

---

[76] Fassung gemäss Ziff. I des BG vom 17. Dez. 1976, in Kraft seit 1. Jan. 1978 (AS **1977** 1997; BBl **1976** II 1).

[77] SR **711**

[78] Eingefügt durch Ziff. 1 des BG vom 17. Dez. 1976, in Kraft seit 1. Jan. 1978 (AS **1977** 1997; BBl **1976** II 1).

[3] Zur Übertragung des Patentes bedarf es der Eintragung im Patentregister nicht; bis zur Eintragung können jedoch die in diesem Gesetz vorgesehenen Klagen gegen den bisherigen Inhaber gerichtet werden.

[4] Gegenüber einem gutgläubigen Erwerber von Rechten am Patent sind entgegenstehende Rechte Dritter unwirksam, die im Patentregister nicht eingetragen sind.

D. Lizenzerteilung

Art. 34

[1] Der Patentbewerber oder Patentinhaber kann einen andern zur Benützung der Erfindung ermächtigen (Lizenzerteilung).

[2] Steht das Patentgesuch oder das Patent im Eigentum mehrerer, so kann eine Lizenz nur mit Zustimmung aller Berechtigten erteilt werden.

[3] Gegenüber einem gutgläubigen Erwerber von Rechten am Patent sind entgegenstehende Lizenzen unwirksam, die im Patentregister nicht eingetragen sind.

5. Abschnitt: Gesetzliche Beschränkungen im Recht aus dem Patent

A. Mitbenützungsrecht; ausländische Verkehrsmittel

Art. 35

[1] Das Patent kann demjenigen nicht entgegengehalten werden, der bereits vor dem Anmelde- oder Prioritätsdatum die Erfindung im guten Glauben im Inland gewerbsmässig benützt oder besondere Anstalten dazu getroffen hat.[79]

[2] Wer sich auf Absatz 1 zu berufen vermag, darf die Erfindung zu seinen Geschäftszwecken benützen; diese Befugnis kann nur zusammen mit dem Geschäft vererbt oder übertragen werden.

[3] Auf Verkehrsmittel, welche nur vorübergehend in das Inland gelangen, und auf Einrichtungen an solchen erstreckt sich die Wirkung des Patentes nicht.

[79] Fassung gemäss Ziff. I des BG vom 17. Dez. 1976, in Kraft seit 1. Jan. 1978 (AS **1977** 1997; BBl **1976** II 1).

A^bis. Landwirteprivileg
I. Grundsatz

Art. 35*a*[80]

[1] Landwirte, die durch den Patentinhaber oder mit dessen Zustimmung in Verkehr gebrachtes pflanzliches Vermehrungsmaterial erworben haben, dürfen das im eigenen Betrieb durch den Anbau dieses Materials gewonnene Erntegut im eigenen Betrieb vermehren.

[2] Landwirte, die durch den Patentinhaber oder mit dessen Zustimmung in Verkehr gebrachtes tierisches Vermehrungsmaterial oder in Verkehr gebrachte Tiere erworben haben, dürfen die im eigenen Betrieb durch Verwendung dieses Materials oder dieser Tiere gewonnenen Tiere im eigenen Betrieb vermehren.

[3] Die Landwirte benötigen die Zustimmung des Patentinhabers, wenn sie das gewonnene Erntegut beziehungsweise das gewonnene Tier oder das tierische Vermehrungsmaterial Dritten zu Vermehrungszwecken abgeben wollen.

[4] Vertragliche Abmachungen, die das Landwirteprivileg im Bereich der Lebens- und Futtermittelherstellung einschränken oder aufheben, sind nichtig.

II. Umfang und Entschädigung

Art. 35*b*[81]

Der Bundesrat bestimmt die vom Landwirteprivileg erfassten Pflanzenarten; dabei berücksichtigt er insbesondere deren Bedeutung als Rohstoff für Nahrungsmittel und Futtermittel.

B. Abhängige Schutzrechte
I. Abhängige Erfindung[82]

Art. 36[83]

[1] Kann eine patentierte Erfindung ohne Verletzung eines älteren Patentes nicht benützt werden, so hat der Inhaber des jüngeren Patentes Anspruch auf eine nicht ausschliessliche Lizenz in dem für die Benützung erforderlichen Umfang, sofern seine Erfindung im Vergleich mit derjenigen des älteren Patentes einen

[80] Eingefügt durch Art. 2 Ziff. 2 des BB vom 5. Okt. 2007, in Kraft seit 1. Sept. 2008 (AS **2008** 3897; BBl **2004** 4155).

[81] Eingefügt durch Art. 2 Ziff. 2 des BB vom 5. Okt. 2007, in Kraft seit 1. Sept. 2008 (AS **2008** 3897; BBl **2004** 4155).

[82] Fassung gemäss Art. 2 Ziff. 2 des BB vom 5. Okt. 2007, in Kraft seit 1. Sept. 2008 (AS **2008** 3897; BBl **2004** 4155).

[83] Fassung gemäss Ziff. I des BG vom 16. Dez. 1994, in Kraft seit 1. Juli 1995 (AS **1995** 2606; BBl **1994** IV 950).

namhaften technischen Fortschritt von erheblicher wirtschaftlicher Bedeutung aufweist.

[2] Die Lizenz zur Benützung der Erfindung, die Gegenstand des älteren Patentes ist, kann nur zusammen mit dem jüngeren Patent übertragen werden.

[3] Der Inhaber des älteren Patentes kann die Erteilung der Lizenz an die Bedingung knüpfen, dass ihm der Inhaber des jüngeren eine Lizenz zur Benützung seiner Erfindung erteilt.

II. Abhängiges Sortenschutzrecht

Art. 36*a*[84]

[1] Kann ein Sortenschutzrecht ohne Verletzung eines früher erteilten Patents nicht beansprucht oder benützt werden, so hat der Pflanzenzüchter beziehungsweise der Sortenschutzinhaber Anspruch auf eine nicht ausschliessliche Lizenz in dem für die Erlangung und Benützung seines Sortenschutzrechts erforderlichen Umfang, sofern die Pflanzensorte einen namhaften Fortschritt von erheblicher wirtschaftlicher Bedeutung gegenüber der patentgeschützten Erfindung darstellt. Bei Sorten für Landwirtschaft und Ernährung sind die Kriterien der Saatgut-Verordnung vom 7. Dezember 1998[85] als Anhaltspunkte zu berücksichtigen.

[2] Der Patentinhaber kann die Erteilung der Lizenz an die Bedingung knüpfen, dass ihm der Sortenschutzinhaber eine Lizenz zur Benützung seines Sortenschutzrechtes erteilt.

C. Ausführung der Erfindung im Inland
I. Klage auf Lizenzerteilung

Art. 37

[1] Nach Ablauf von drei Jahren seit der Patenterteilung, frühestens jedoch vier Jahre nach der Patentanmeldung, kann jeder, der ein Interesse nachweist, beim Richter auf Erteilung einer nicht ausschliesslichen Lizenz für die Benützung der Erfindung klagen, wenn der Patentinhaber sie bis zur Anhebung der Klage nicht in genügender Weise im Inland ausgeführt hat und diese Unterlassung nicht zu rechtfertigen vermag. Als Ausführung im Inland gilt auch die Einfuhr.[86]

[2] ...[87]

---

[84] Eingefügt durch Art. 2 Ziff. 2 des BB vom 5. Okt. 2007, in Kraft seit 1. Sept. 2008 (AS **2008** 3897; BBl **2004** 4155).

[85] SR **916.151**

[86] Fassung gemäss Ziff. I des BG vom 16. Dez. 1994, in Kraft seit 1. Juli 1995 (AS **1995** 2606; BBl **1994** IV 950).

[87] Aufgehoben durch Ziff. I des BG vom 16. Dez. 1994, mit Wirkung seit 1. Juli 1995 (AS **1995** 2606; BBl **1994** IV 950).

[3] Der Richter kann dem Kläger auf dessen Antrag schon nach Klageerhebung unter Vorbehalt des Endurteils die Lizenz einräumen, wenn der Kläger ausser den in Absatz 1 genannten Voraussetzungen ein Interesse an der sofortigen Benützung der Erfindung glaubhaft macht und dem Beklagten angemessene Sicherheit leistet; dem Beklagten ist vorher Gelegenheit zur Stellungnahme zu geben.[88]

II. Klage auf Löschung des Patentes

Art. 38

[1] Wenn dem Bedürfnis des inländischen Marktes durch die Erteilung von Lizenzen nicht genügt wird, so kann jeder, der ein Interesse nachweist, nach Ablauf von zwei Jahren seit der Einräumung der ersten Lizenz auf Grund von Artikel 37 Absatz 1 auf Löschung des Patentes klagen.

[2] Ist nach der Gesetzgebung des Landes, dem der Patentinhaber angehört, oder in dem er niedergelassen ist, die Klage auf Löschung des Patentes mangels Ausführung der Erfindung im Inland schon nach Ablauf von drei Jahren seit der Patenterteilung gestattet, so kann unter den in Artikel 37 für die Lizenzerteilung genannten Voraussetzungen statt auf Erteilung einer Lizenz auf Löschung des Patentes geklagt werden.[89]

III. Ausnahmen

Art. 39

Der Bundesrat kann die Artikel 37 und 38 gegenüber den Angehörigen von Ländern, welche Gegenrecht halten, ausser Kraft setzen.

D. Lizenz im öffentlichen Interesse

Art. 40

[1] Wenn es das öffentliche Interesse verlangt, kann derjenige, dessen Lizenzgesuch vom Patentinhaber ohne ausreichende Gründe abgelehnt worden ist, beim Richter auf Erteilung einer Lizenz für die Benützung der Erfindung klagen.[90]

[2] ...[91]

[88] Fassung gemäss Ziff. I des BG vom 16. Dez. 1994, in Kraft seit 1. Juli 1995 (AS **1995** 2606; BBl **1994** IV 950).

[89] Fassung gemäss Ziff. I des BG vom 17. Dez. 1976, in Kraft seit 1. Jan. 1978 (AS **1977** 1997; BBl **1976** II 1).

[90] Fassung gemäss Ziff. I des BG vom 17. Dez. 1976, in Kraft seit 1. Jan. 1978 (AS **1977** 1997; BBl **1976** II 1).

[91] Aufgehoben durch Ziff. I des BG vom 16. Dez. 1994, mit Wirkung seit 1. Juli 1995 (AS **1995** 2606; BBl **1994** IV 950).

E. Zwangslizenzen auf dem Gebiet der Halbleitertechnik

Art. 40*a*[92]

Für Erfindungen auf dem Gebiet der Halbleitertechnik darf eine nicht ausschliessliche Lizenz nur zur Behebung einer in einem Gerichts- oder Verwaltungsverfahren festgestellten wettbewerbswidrigen Praxis erteilt werden.

F. Forschungswerkzeuge

Art. 40*b*[93]

Wer eine patentierte biotechnologische Erfindung als Instrument oder Hilfsmittel zur Forschung benützen will, hat Anspruch auf eine nicht ausschliessliche Lizenz.

G. Zwangslizenzen für Diagnostika

Art. 40*c*[94]

Für Erfindungen, die ein Erzeugnis oder ein Verfahren zur Diagnose beim Menschen zum Gegenstand haben, wird zur Behebung einer im Gerichts- oder Verwaltungsverfahren festgestellten wettbewerbswidrigen Praxis eine nicht ausschliessliche Lizenz erteilt.

H. Zwangslizenzen für die Ausfuhr pharmazeutischer Produkte

Art. 40*d*[95]

[1] Jedermann kann beim Richter auf Erteilung einer nicht ausschliesslichen Lizenz klagen für die Herstellung patentgeschützter pharmazeutischer Produkte und für deren Ausfuhr in ein Land, das über keine oder ungenügende eigene Herstellungskapazitäten auf pharmazeutischem Gebiet verfügt und diese Produkte zur Bekämpfung von Problemen der öffentlichen Gesundheit benötigt, insbesondere im Zusammenhang mit HIV/Aids, Tuberkulose, Malaria und anderen Epidemien (begünstigtes Land).

[2] Länder, die in der Welthandelsorganisation (WTO) erklärt haben, dass sie ganz oder teilweise auf die Beanspruchung einer Lizenz nach Absatz 1 verzich-

---

[92] Eingefügt durch Ziff. I des BG vom 16. Dez. 1994, in Kraft seit 1. Juli 1995 (AS **1995** 2606; BBl **1994** IV 950).

[93] Eingefügt durch Ziff. I des BG vom 16. Dez. 1994 (AS **1995** 2606; BBl **1994** IV 950). Fassung gemäss Ziff. I des BG vom 22. Juni 2007, in Kraft seit 1. Juli 2008 (AS **2008** 2551; BBl **2006** 1).

[94] Eingefügt durch Ziff. I des BG vom 22. Juni 2007, in Kraft seit 1. Juli 2008 (AS **2008** 2551; BBl **2006** 1).

[95] Eingefügt durch Ziff. I des BG vom 22. Juni 2007, in Kraft seit 1. Juli 2008 (AS **2008** 2551; BBl **2006** 1).

ten, sind nach Massgabe dieser Erklärung als begünstigtes Land ausgeschlossen. Alle anderen Länder, welche die Voraussetzungen von Absatz 1 erfüllen, können begünstigte Länder sein.

[3] Die Lizenz nach Absatz 1 ist auf die Herstellung derjenigen Menge des pharmazeutischen Produkts beschränkt, welche die Bedürfnisse des begünstigten Landes deckt; die gesamte Menge ist in das begünstigte Land auszuführen.

[4] Der Inhaber der Lizenz nach Absatz 1 sowie jeder Produzent, der Produkte unter Lizenz herstellt, muss sicherstellen, dass klar erkennbar ist, dass seine Produkte unter einer Lizenz nach Absatz 1 hergestellt wurden, und dass die Produkte sich durch die Verpackung oder durch eine geeignete Farb- oder Formgebung von patentgeschützten Produkten unterscheiden, sofern dies keine erhebliche Auswirkung auf den Preis der Produkte im begünstigten Land hat.

[5] Der Bundesrat regelt die Voraussetzungen für die Erteilung von Lizenzen nach Absatz 1. Er legt insbesondere fest, über welche Informationen oder Benachrichtigungen der zuständige Richter verfügen muss, um über die Erteilung der Lizenz nach Absatz 1 entscheiden zu können, und regelt die Massnahmen nach Absatz 4.

I. Gemeinsame Bestimmungen zu den Artikeln 36–40d

Art. 40*e*[96]

[1] Die in den Artikeln 36–40*d* vorgesehenen Lizenzen werden nur unter der Voraussetzung erteilt, dass Bemühungen des Gesuchstellers um Erteilung einer vertraglichen Lizenz zu angemessenen Marktbedingungen innerhalb einer angemessenen Frist erfolglos geblieben sind; im Falle einer Lizenz nach Artikel 40*d* gilt eine Frist von 30 Werktagen als angemessen. Solche Bemühungen sind nicht notwendig im Falle eines nationalen Notstandes, bei äusserster Dringlichkeit oder bei öffentlichem, nicht gewerblichem Gebrauch.

[2] Umfang und Dauer der Lizenz sind auf den Zweck beschränkt, für den sie erteilt worden ist.

[3] Die Lizenz kann nur zusammen mit dem Geschäftsteil, auf den sich ihre Verwertung bezieht, übertragen werden. Dies gilt auch für Unterlizenzen.

[4] Die Lizenz wird vorwiegend für die Versorgung des inländischen Marktes erteilt. Artikel 40*d* bleibt vorbehalten.

[5] Der Patentinhaber hat Anspruch auf eine angemessene Vergütung. Bei deren Bemessung werden die Umstände des Einzelfalles und der wirtschaftliche Wert

[96] Eingefügt durch Ziff. I des BG vom 22. Juni 2007, in Kraft seit 1. Juli 2008 (AS **2008** 2551; BBl **2006** 1).

der Lizenz berücksichtigt. Im Falle einer Lizenz nach Artikel 40*d* wird die Vergütung unter Berücksichtigung des wirtschaftlichen Werts der Lizenz im Einfuhrland, des Entwicklungsstands und der gesundheitlichen und humanitären Dringlichkeit festgelegt. Der Bundesrat präzisiert die Art der Berechnung.

6 Der Richter entscheidet über Erteilung und Entzug der Lizenz, über deren Umfang und Dauer sowie über die zu leistende Vergütung. Insbesondere entzieht er dem Berechtigten auf Antrag die Lizenz, wenn die Umstände, die zu ihrer Erteilung geführt haben, nicht mehr gegeben sind und auch nicht zu erwarten ist, dass sie erneut eintreten. Vorbehalten bleibt ein angemessener Schutz der rechtmässigen Interessen des Berechtigten. Im Falle der Erteilung einer Lizenz nach Artikel 40*d* haben Rechtsmittel keine aufschiebende Wirkung.

6. Abschnitt: Gebühren[97]

Art. 41[98]

Das Erlangen und Aufrechterhalten eines Patents sowie das Behandeln von besonderen Anträgen setzen die Bezahlung der in der Verordnung dafür vorgesehenen Gebühren voraus.

Art. 42–44[99]

Art. 45–46[100]

97 Fassung gemäss Ziff. I des BG vom 17. Dez. 1976, in Kraft seit 1. Jan. 1978 (AS **1977** 1997; BBl **1976** II 1).

98 Fassung gemäss Anhang Ziff. 4 des BG vom 24. März 1995 über Statut und Aufgaben des Eidgenössischen Instituts für Geistiges Eigentum, in Kraft seit 1. Jan. 1996 (AS **1995** 5050; BBl **1994** III 964).

99 Aufgehoben durch Anhang Ziff. 4 des BG vom 24. März 1995 über Statut und Aufgaben des Eidgenössischen Instituts für Geistiges Eigentum, mit Wirkung seit 1. Jan. 1996 (AS **1995** 5050; BBl **1994** III 964).

100 Aufgehoben durch Ziff. I des BG vom 17. Dez. 1976, mit Wirkung seit 1. Jan. 1978 (AS **1977** 1997; BBl **1976** II 1).

7. Abschnitt: Weiterbehandlung und Wiedereinsetzung in den früheren Stand[101]

A. Weiterbehandlung

Art. 46*a*[102]

[1] Hat der Patentbewerber oder der Patentinhaber eine gesetzliche oder vom IGE angesetzte Frist versäumt, so kann er beim IGE die Weiterbehandlung beantragen.[103]

[2] Er muss den Antrag innerhalb von zwei Monaten seit dem Zugang der Benachrichtigung des IGE über das Fristversäumnis einreichen, spätestens jedoch innerhalb von sechs Monaten nach Ablauf der versäumten Frist.[104] Innerhalb dieser Fristen muss er zudem die unterbliebene Handlung vollständig nachholen, gegebenenfalls das Patentgesuch vervollständigen und die Weiterbehandlungsgebühr bezahlen.

[3] Durch die Gutheissung des Weiterbehandlungsantrags wird der Zustand hergestellt, der bei rechtzeitiger Handlung eingetreten wäre. Vorbehalten bleibt Artikel 48.

[4] Die Weiterbehandlung ist ausgeschlossen beim Versäumen:

a. der Fristen, die nicht gegenüber dem IGE einzuhalten sind;

b. der Fristen für die Einreichung des Weiterbehandlungsantrags (Abs. 2);

c. der Fristen für die Einreichung des Wiedereinsetzungsgesuchs (Art. 47 Abs. 2);

d. der Fristen für die Einreichung eines Patentgesuchs mit Beanspruchung des Prioritätsrechts und für die Prioritätserklärung (Art. 17 und 19);

e. …[105]

f. der Frist für die Änderung der technischen Unterlagen (Art. 58 Abs. 1);

---

[101] Ursprünglich vor Art. 47. Fassung gemäss Ziff. I des BG vom 3. Febr. 1995, in Kraft seit 1. Sept. 1995 (AS **1995** 2879; BBl **1993** III 706).

[102] Eingefügt durch Ziff. I des BG vom 3. Febr. 1995, in Kraft seit 1. Sept. 1995 (AS **1995** 2879; BBl **1993** III 706).

[103] Fassung gemäss Anhang Ziff. 23 des Verwaltungsgerichtsgesetzes vom 17. Juni 2005, in Kraft seit 1. Jan. 2007 (AS **2006** 2197 1069; BBl **2001** 4202).

[104] Fassung gemäss Art. 2 des BB vom 22. Juni 2007, in Kraft seit 1. Juli 2008 (AS **2008** 2677; BBl **2006** 1).

[105] Aufgehoben durch Art. 2 des BB vom 16. Dez. 2005 über die Genehmigung der Akte zur Revision des Europäischen Patentübereinkommens und über die Änderung des Patentgesetzes, mit Wirkung seit 13. Dez. 2007 (AS **2007** 6479; BBl **2005** 3773).

g. ...[106]

h.[107] von Fristen für das Gesuch um Erteilung eines ergänzenden Schutzzertifikats (Art. 140*f* Abs. 1, 146 Abs. 2 und 147 Abs. 3) oder um Verlängerung von dessen Dauer (Art. 140*o* Abs. 1) sowie um Erteilung eines pädiatrischen ergänzenden Schutzzertifikates (Art. 140*v* Abs. 1);

i. der Fristen, die durch Verordnung festgelegt worden sind und bei deren Überschreitung die Weiterbehandlung ausgeschlossen ist.

B. Wiedereinsetzung in den früheren Stand[108]

Art. 47

[1] Vermag der Patentbewerber oder Patentinhaber glaubhaft zu machen, dass er ohne sein Verschulden an der Einhaltung einer durch das Gesetz oder die Vollziehungsverordnung vorgeschriebenen oder vom IGE angesetzten Frist verhindert wurde, so ist ihm auf sein Gesuch hin Wiedereinsetzung in den früheren Stand zu gewähren.

[2] Das Gesuch ist innert zwei Monaten seit dem Wegfall des Hindernisses, spätestens aber innert eines Jahres seit dem Ablauf der versäumten Frist bei der Behörde einzureichen, bei welcher die versäumte Handlung vorzunehmen war; gleichzeitig ist die versäumte Handlung nachzuholen.

[3] Eine Wiedereinsetzung ist nicht zulässig im Fall von Absatz 2 hievor (Frist für das Wiedereinsetzungsgesuch).

[4] Wird dem Gesuch entsprochen, so wird dadurch der Zustand hergestellt, welcher bei rechtzeitiger Handlung eingetreten wäre; vorbehalten bleibt Artikel 48.

C. Vorbehalt von Rechten Dritter[109]

Art. 48

[1] Das Patent kann demjenigen nicht entgegengehalten werden, der die Erfindung im Inland gutgläubig während der folgenden Zeitabschnitte gewerbsmässig benützt oder dazu besondere Anstalten getroffen hat:

---

[106] Aufgehoben durch Art. 2 des BB vom 22. Juni 2007, mit Wirkung seit 1. Juli 2008 (AS **2008** 2677; BBl **2006** 1).

[107] Fassung gemäss Anhang Ziff. 2 des BG vom 18. März 2016, in Kraft seit 1. Jan. 2019 (AS **2017** 2745, **2018** 3575 3793; BBl 2013 1).

[108] Fassung gemäss Ziff. I des BG vom 3. Febr. 1995, in Kraft seit 1. Sept. 1995 (AS **1995** 2879; BBl **1993** III 706).

[109] Fassung gemäss Ziff. I des BG vom 3. Febr. 1995, in Kraft seit 1. Sept. 1995 (AS **1995** 2879; BBl **1993** III 706).

a. zwischen dem letzten Tag der Frist für die Zahlung einer Patentjahresgebühr (…[110]) und dem Tag, an dem ein Weiterbehandlungsantrag (Art. 46*a*) oder ein Wiedereinsetzungsgesuch (Art. 47) eingereicht worden ist;

b. zwischen dem letzten Tag der Prioritätsfrist (Art. 17 Abs. 1) und dem Tag, an dem das Patentgesuch eingereicht worden ist.[111]

2 Dieses Mitbenützungsrecht richtet sich nach Artikel 35 Absatz 2.

3 Wer das Mitbenützungsrecht gemäss Absatz 1 Buchstabe *a* beansprucht, hat dem Patentinhaber dafür mit Wirkung vom Wiederaufleben des Patentes an eine angemessene Entschädigung zu bezahlen.

4 Im Streitfall entscheidet der Richter über den Bestand und den Umfang des Mitbenützungsrechtes sowie über die Höhe einer nach Absatz 3 zu bezahlenden Entschädigung.

8. Abschnitt:[112] Vertretung und Aufsicht

A. Vertretung

Art. 48*a*

1 Niemand ist verpflichtet, sich in einem Verfahren nach diesem Gesetz vor den Verwaltungsbehörden vertreten zu lassen.

2 Wer als Partei ein Verfahren nach diesem Gesetz vor den Verwaltungsbehörden nicht selbst führen will, muss sich durch einen Vertreter mit Zustellungsdomizil in der Schweiz vertreten lassen.

B. Aufsicht

Art. 48*b*

Artikel 13 des Patentanwaltsgesetzes vom 20. März 2009[113] gilt sinngemäss für Vertreter, die nicht im Patentanwaltsregister eingetragen sind.

[110] Verweis gestrichen durch Anhang Ziff. 4 des BG vom 24. März 1995 über Statut und Aufgaben des Eidgenössischen Instituts für Geistiges Eigentum, mit Wirkung seit 1. Jan. 1996 (AS **1995** 5050; BBl **1994** III 964).

[111] Fassung gemäss Ziff. I des BG vom 3. Febr. 1995, in Kraft seit 1. Sept. 1995 (AS **1995** 2879; BBl **1993** III 706).

[112] Eingefügt durch Anhang Ziff. 3 des Patentanwaltsgesetzes vom 20. März 2009, in Kraft seit 1. Juli 2011 (AS **2011** 2259; BBl **2008** 407).

[113] SR **935.62**

Zweiter Titel: Die Patenterteilung

1. Abschnitt: Die Patentanmeldung

A. Form der Anmeldung
I. Im Allgemeinen[114]

Art. 49

[1] Wer ein Erfindungspatent erlangen will, hat beim IGE ein Patentgesuch einzureichen.

[2] Das Patentgesuch muss enthalten:

a. einen Antrag auf Erteilung des Patentes;

b.[115] eine Beschreibung der Erfindung und im Falle der Beanspruchung einer Sequenz, die sich von einer Sequenz oder Teilsequenz eines Gens ableitet, eine konkrete Beschreibung der von ihr erfüllten Funktion;

c. einen oder mehrere Patentansprüche;

d. die Zeichnungen, auf die sich die Beschreibung oder die Patentansprüche beziehen;

e. eine Zusammenfassung.[116]

[3] ...[117]

II. Angaben über die Quelle genetischer Ressourcen und traditionellen Wissens

Art. 49*a*[118]

[1] Das Patentgesuch muss Angaben enthalten über die Quelle:

a. der genetischen Ressource, zu welcher der Erfinder oder der Patentbewerber Zugang hatte, sofern die Erfindung direkt auf dieser Ressource beruht;

---

[114] Fassung gemäss Ziff. I des BG vom 22. Juni 2007, in Kraft seit 1. Juli 2008 (AS **2008** 2551; BBl **2006** 1).

[115] Fassung gemäss Ziff. I des BG vom 22. Juni 2007, in Kraft seit 1. Juli 2008 (AS **2008** 2551; BBl **2006** 1).

[116] Fassung gemäss Ziff. I des BG vom 17. Dez. 1976, in Kraft seit 1. Jan. 1978 (AS **1977** 1997; BBl **1976** II 1).

[117] Aufgehoben durch Anhang Ziff. 4 des BG vom 24. März 1995 über Statut und Aufgaben des Eidgenössischen Instituts für Geistiges Eigentum, mit Wirkung seit 1. Jan. 1996 (AS **1995** 5050; BBl **1994** III 964).

[118] Eingefügt durch Ziff. I des BG vom 22. Juni 2007, in Kraft seit 1. Juli 2008 (AS **2008** 2551; BBl **2006** 1).

b. von traditionellem Wissen indigener oder lokaler Gemeinschaften über genetische Ressourcen, zu dem der Erfinder oder der Patentbewerber Zugang hatte, sofern die Erfindung direkt auf solchem Wissen beruht.

[2] Ist die Quelle weder dem Erfinder noch dem Patentbewerber bekannt, so muss der Patentbewerber dies schriftlich bestätigen.

B. Offenbarung der Erfindung
I. Im Allgemeinen[119]

Art. 50

[1] Die Erfindung ist im Patentgesuch so darzulegen, dass der Fachmann sie ausführen kann.[120]

[2] ...[121]

II. Biologisches Material

Art. 50*a*[122]

[1] Kann eine Erfindung, welche die Herstellung oder Verwendung biologischen Materials betrifft, nicht ausreichend dargelegt werden, so ist die Darlegung durch die Hinterlegung einer Probe des biologischen Materials und, in der Beschreibung, durch Angaben über die wesent- lichen Merkmale des biologischen Materials sowie einen Hinweis auf die Hinterlegung zu vervollständigen.

[2] Kann bei einer Erfindung, die biologisches Material als Erzeugnis betrifft, die Herstellung nicht ausreichend dargelegt werden, so ist die Darlegung durch die Hinterlegung einer Probe des biologischen Materials und, in der Beschreibung, durch einen Hinweis auf die Hinterlegung zu vervollständigen oder zu ersetzen.

[3] Die Erfindung gilt nur dann als im Sinne von Artikel 50 offenbart, wenn die Probe des biologischen Materials spätestens am Anmeldedatum bei einer anerkannten Hinterlegungsstelle hinterlegt worden ist und das Patentgesuch in seiner ursprünglich eingereichten Fassung Angaben zum biologischen Material und den Hinweis auf die Hinterlegung enthält.

[119] Fassung gemäss Ziff. I des BG vom 22. Juni 2007, in Kraft seit 1. Juli 2008 (AS **2008** 2551; BBl **2006** 1).
[120] Fassung gemäss Ziff. I des BG vom 17. Dez. 1976, in Kraft seit 1. Jan. 1978 (AS **1977** 1997; BBl **1976** II 1).
[121] Aufgehoben durch Ziff. I des BG vom 17. Dez. 1976, mit Wirkung seit 1. Jan. 1978 (AS **1977** 1997; BBl **1976** II 1).
[122] Eingefügt durch Ziff. I des BG vom 22. Juni 2007, in Kraft seit 1. Juli 2008 (AS **2008** 2551; BBl **2006** 1).

[4] Der Bundesrat regelt im Einzelnen die Anforderungen an die Hinterlegung, an die Angaben zum biologischen Material und an den Hinweis auf die Hinterlegung

C. Patentansprüche
I. Tragweite

Art. 51[123]

[1] Die Erfindung ist in einem oder mehreren Patentansprüchen zu definieren.

[2] Die Patentansprüche bestimmen den sachlichen Geltungsbereich des Patentes.

[3] Die Beschreibung und die Zeichnungen sind zur Auslegung der Patentansprüche heranzuziehen.

II. Unabhängige Patentansprüche

Art. 52[124]

[1] Jeder unabhängige Patentanspruch darf nur eine einzige Erfindung definieren, und zwar:

a. ein Verfahren, oder
b. ein Erzeugnis, ein Ausführungsmittel oder eine Vorrichtung, oder
c. eine Anwendung eines Verfahrens, oder
d. eine Verwendung eines Erzeugnisses.

[2] Ein Patent kann mehrere unabhängige Patentansprüche umfassen, wenn sie eine Gruppe von Erfindungen definieren, die untereinander so verbunden sind, dass sie eine einzige allgemeine erfinderische Idee verwirklichen.

Art. 53–54[125]

[123] Fassung gemäss Ziff. I des BG vom 17. Dez. 1976, in Kraft seit 1. Jan. 1978 (AS **1977** 1997; BBl **1976** II 1).

[124] Fassung gemäss Ziff. I des BG vom 17. Dez. 1976, in Kraft seit 1. Jan. 1978 (AS **1977** 1997; BBl **1976** II 1).

[125] Aufgehoben durch Ziff. I des BG vom 17. Dez. 1976, mit Wirkung seit 1. Jan. 1978 (AS **1977** 1997; BBl **1976** II 1).

III. Abhängige Patentansprüche

Art. 55[126]

Besondere Ausführungsarten der in einem unabhängigen Patentanspruch definierten Erfindung können durch abhängige Patentansprüche umschrieben werden.

Art. 55*a*[127]

D. Zusammenfassung

Art. 55*b*[128]

Die Zusammenfassung dient ausschliesslich der technischen Information.

E. Anmeldedatum
I. Im Allgemeinen[129]

Art. 56

[1] Als Anmeldedatum gilt der Tag, an dem der letzte der folgenden Bestandteile eingereicht wird:

a. ein ausdrücklicher oder stillschweigender Antrag auf Erteilung eines Patents;

b. Angaben, anhand deren die Identität des Patentbewerbers festgestellt werden kann;

c. ein Bestandteil, der dem Aussehen nach als Beschreibung angesehen werden kann.[130]

[2] Für Postsendungen ist der Zeitpunkt massgebend, an welchem sie der Schweizerischen Post zuhanden des IGE übergeben wurden.[131]

---

[126] Fassung gemäss Ziff. I des BG vom 17. Dez. 1976, in Kraft seit 1. Jan. 1978 (AS **1977** 1997; BBl **1976** II 1).

[127] Eingefügt durch Ziff. I des BG vom 17. Dez. 1976 (AS **1977** 1997; BBl **1976** II 1). Aufgehoben durch Anhang Ziff. 4 des BG vom 24. März 1995 über Statut und Aufgaben des Eidgenössischen Instituts für Geistiges Eigentum, mit Wirkung seit 1. Jan. 1996 (AS **1995** 5050; BBl **1994** III 964).

[128] Eingefügt durch Ziff. I des BG vom 17. Dez. 1976, in Kraft seit 1. Jan. 1978 (AS **1977** 1997; BBl **1976** II 1).

[129] Fassung gemäss Art. 2 des BB vom 22. Juni 2007, in Kraft seit 1. Juli 2008 (AS **2008** 2677; BBl **2006** 1).

[130] Fassung gemäss Art. 2 des BB vom 22. Juni 2007, in Kraft seit 1. Juli 2008 (AS **2008** 2677; BBl **2006** 1).

[131] Fassung gemäss Anhang Ziff. 6 des Postorganisationsgesetzes vom 30. April 1997, in Kraft seit 1. Jan. 1998 (AS **1997** 2465; BBl **1996** III 1306).

[3] Der Bundesrat regelt die Einzelheiten, insbesondere die Sprache, in der die Bestandteile nach Absatz 1 einzureichen sind, das Anmeldedatum und die Veröffentlichung, falls ein fehlender Teil der Beschreibung oder eine fehlende Zeichnung nachgereicht wird, sowie den Ersatz der Beschreibung und der Zeichnungen durch einen Verweis auf ein früher eingereichtes Patentgesuch.[132]

II. Bei Teilung des Patentgesuches

Art. 57[133]

[1] Ein Patentgesuch, das aus der Teilung eines früheren hervorgeht, erhält dessen Anmeldedatum,

a. wenn es bei seiner Einreichung ausdrücklich als Teilgesuch bezeichnet wurde,

b. wenn das frühere Gesuch zur Zeit der Einreichung des Teilgesuches noch hängig war und

c. soweit sein Gegenstand nicht über den Inhalt des früheren Gesuches in der ursprünglich eingereichten Fassung hinausgeht.

[2] …[134]

F. Änderung der technischen Unterlagen

Art. 58[135]

[1] Dem Patentbewerber ist bis zum Abschluss des Prüfungsverfahrens mindestens einmal Gelegenheit zu geben, die technischen Unterlagen zu ändern.

[2] Die technischen Unterlagen dürfen nicht so geändert werden, dass der Gegenstand des geänderten Patentgesuchs über den Inhalt der ursprünglich eingereichten technischen Unterlagen hinausgeht.

---

[132] Eingefügt durch Art. 2 des BB vom 22. Juni 2007, in Kraft seit 1. Juli 2008 (AS **2008** 2677; BBl **2006** 1).

[133] Fassung gemäss Ziff. I des BG vom 17. Dez. 1976, in Kraft seit 1. Jan. 1978 (AS **1977** 1997; BBl **1976** II 1).

[134] Aufgehoben durch Art. 2 des BB vom 22. Juni 2007, mit Wirkung seit 1. Juli 2008 (AS **2008** 2677; BBl **2006** 1).

[135] Fassung gemäss Art. 2 des BB vom 22. Juni 2007, in Kraft seit 1. Juli 2008 (AS **2008** 2677; BBl **2006** 1).

G. Veröffentlichung von Patentgesuchen

Art. 58*a*[136]

[1] Das IGE veröffentlicht Patentgesuche:

a. unverzüglich nach Ablauf von 18 Monaten nach dem Anmeldedatum oder, wenn eine Priorität in Anspruch genommen wurde, nach dem Prioritätsdatum;

b. auf Antrag des Anmelders vor Ablauf der Frist nach Buchstabe a.

[2] Die Veröffentlichung enthält die Beschreibung, die Patentansprüche und gegebenenfalls die Zeichnungen, ferner die Zusammenfassung, sofern diese vor Abschluss der technischen Vorbereitungen für die Veröffentlichung vorliegt, und gegebenenfalls den Bericht über den Stand der Technik oder die Recherche internationaler Art nach Artikel 59 Absatz 5. Ist der Bericht über den Stand der Technik oder die Recherche internationaler Art nach Artikel 59 Absatz 5 nicht mit dem Patentgesuch veröffentlicht worden, so werden sie gesondert veröffentlicht.

2. Abschnitt: Das Prüfungsverfahren

A. Prüfungsgegenstand[137]

Art. 59

[1] Entspricht der Gegenstand des Patentgesuchs den Artikeln 1, 1*a*, 1*b* und 2 nicht oder bloss teilweise, so teilt das IGE dies dem Patentbe werber unter Angabe der Gründe mit und setzt ihm eine Frist zur Stellungnahme.[138]

[2] Genügt das Patentgesuch andern Vorschriften des Gesetzes oder der Verordnung nicht, so setzt das IGE dem Patentbewerber eine Frist zur Behebung der Mängel.[139]

[3] …[140]

---

[136] Eingefügt durch Ziff. I des BG vom 22. Juni 2007, in Kraft seit 1. Juli 2008 (AS **2008** 2551; BBl **2006** 1).

[137] Fassung gemäss Ziff. I des BG vom 17. Dez. 1976, in Kraft seit 1. Jan. 1978 (AS **1977** 1997; BBl **1976** II 1).

[138] Fassung gemäss Ziff. I des BG vom 22. Juni 2007, in Kraft seit 1. Juli 2008 (AS **2008** 2551; BBl **2006** 1).

[139] Fassung gemäss Ziff. I des BG vom 17. Dez. 1976, in Kraft seit 1. Jan. 1978 (AS **1977** 1997; BBl **1976** II 1).

[140] Aufgehoben durch Ziff. I des BG vom 17. Dez. 1976, mit Wirkung seit 1. Jan. 1978 (AS **1977** 1997; BBl **1976** II 1).

4 Das IGE prüft nicht, ob die Erfindung neu ist und ob sie sich in naheliegender Weise aus dem Stand der Technik ergibt.[141]

5 Der Gesuchsteller kann gegen Zahlung einer Gebühr:

a. innerhalb von 14 Monaten nach dem Anmeldedatum oder, wenn eine Priorität in Anspruch genommen wurde, nach dem Prioritätsdatum beantragen, dass das IGE einen Bericht über den Stand der Technik erstellt; oder

b. innerhalb von sechs Monaten nach dem Anmeldedatum einer Erstanmeldung beantragen, dass das IGE eine Recherche internationaler Art vermittelt.[142]

6 Ist keine Abklärung nach Absatz 5 vorgenommen worden, so kann jede Person, die nach Artikel 65 Akteneinsicht verlangen kann, gegen Zahlung einer Gebühr beantragen, dass das IGE einen Bericht über den Stand der Technik erstellt.[143]

B. Prüfungsabschluss

Art. 59*a*[144]

1 Sind die Voraussetzungen für die Erteilung des Patentes erfüllt, so teilt das IGE dem Patentbewerber den Abschluss des Prüfungsverfahrens mit.

2 ...[145]

3 Das IGE weist das Patentgesuch zurück, wenn

a. das Gesuch nicht zurückgezogen wird, obwohl die Erteilung eines Patentes aus den Gründen nach Artikel 59 Absatz 1 ausgeschlossen ist, oder

b. die nach Artikel 59 Absatz 2 gerügten Mängel nicht behoben werden.

---

141 Fassung gemäss Ziff. I des BG vom 17. Dez. 1976, in Kraft seit 1. Jan. 1978 (AS **1977** 1997; BBl **1976** II 1).

142 Fassung gemäss Ziff. I des BG vom 22. Juni 2007, in Kraft seit 1. Juli 2008 (AS **2008** 2551; BBl **2006** 1).

143 Fassung gemäss Ziff. I des BG vom 22. Juni 2007, in Kraft seit 1. Juli 2008 (AS **2008** 2551; BBl **2006** 1).

144 Eingefügt durch Ziff. I des BG vom 17. Dez. 1976, in Kraft seit 1. Jan. 1978 (AS **1977** 1997; BBl **1976** II 1).

145 Aufgehoben durch Anhang Ziff. 4 des BG vom 24. März 1995 über Statut und Aufgaben des Eidgenössischen Instituts für Geistiges Eigentum, mit Wirkung seit 1. Jan. 1996 (AS **1995** 5050; BBl **1994** III 964).

Art. 59*b*[146]

C. Einspruch

Art. 59*c*[147]

[1] Innerhalb von neun Monaten nach der Veröffentlichung der Eintragung in das Patentregister kann jede Person beim IGE gegen ein von diesem erteiltes Patent Einspruch einlegen. Der Einspruch ist schriftlich einzureichen und zu begründen.

[2] Der Einspruch kann nur darauf gestützt werden, dass der Gegenstand des Patents nach den Artikeln 1*a*, 1*b* und 2 von der Patentierung ausgeschlossen ist.

[3] Heisst das IGE den Einspruch ganz oder teilweise gut, so kann es das Patent widerrufen oder in geändertem Umfang aufrechterhalten. Der Einspruchsentscheid unterliegt der Beschwerde an das Bundesverwaltungsgericht.

[4] Der Bundesrat regelt die Einzelheiten, namentlich das Verfahren.

Art. 59*d*[148]

3. Abschnitt: Patentregister; Veröffentlichungen des IGE; elektronischer Behördenverkehr[149]

A. Patentregister

Art. 60

[1] Das Patent wird vom IGE durch Eintragung ins Patentregister erteilt.[150]

[1bis] Ins Patentregister werden insbesondere folgende Angaben eingetragen: Nummer des Patentes, Klassifikationssymbole, Titel der Erfindung, Anmelde-

[146] Eingefügt durch Ziff. I des BG vom 17. Dez. 1976 (AS **1977** 1997; BBl **1976** II 1). Aufgehoben durch Ziff. I des BG vom 22. Juni 2007, mit Wirkung seit 1. Juli 2008 (AS **2008** 2551; BBl **2006** 1).

[147] Eingefügt durch Ziff. I des BG vom 17. Dez. 1976 (AS **1977** 1997; BBl **1976** II 1). Fassung gemäss Ziff. I des BG vom 22. Juni 2007, in Kraft seit 1. Juli 2008 (AS **2008** 2551; BBl **2006** 1).

[148] Eingefügt durch Ziff. I des BG vom 17. Dez. 1976 (AS **1977** 1997; BBl **1976** II 1). Aufgehoben durch Ziff. I des BG vom 22. Juni 2007, mit Wirkung seit 1. Juli 2008 (AS **2008** 2551; BBl **2006** 1).

[149] Fassung gemäss Anhang Ziff. 6 des BG vom 19. Dez. 2003 über die elektronische Signatur, in Kraft seit 1. Jan. 2005 (AS **2004** 5085; BBl **2001** 5679).

[150] Fassung gemäss Ziff. I des BG vom 17. Dez. 1976, in Kraft seit 1. Jan. 1978 (AS **1977** 1997; BBl **1976** II 1).

datum, Name und Wohnsitz des Patentinhabers sowie gegebenenfalls Prioritätsangaben, Name und Geschäftssitz des Vertreters, Name des Erfinders.[151]

[2] Im Patentregister sind ferner alle Änderungen im Bestand des Patentes oder im Recht am Patent einzutragen.

[3] …[152]

B. Veröffentlichungen
I. Betr. Patentgesuche und eingetragene Patente

Art. 61

[1] Das IGE veröffentlicht:

a. das Patentgesuch mit den in Artikel 58*a* Absatz 2 aufgeführten Angaben;
b. die Eintragung des Patents ins Patentregister, mit den in Artikel 60 Absatz 1bis aufgeführten Angaben;
c. die Löschung des Patents im Patentregister;
d. die im Register eingetragenen Änderungen im Bestand des Patents und im Recht am Patent.[153]

[2] …[154]

[3] Das IGE bestimmt das Publikationsorgan.[155]

Art. 62[156]

[151] Eingefügt durch Ziff. I des BG vom 17. Dez. 1976, in Kraft seit 1. Jan. 1978 (AS **1977** 1997; BBl **1976** II 1).
[152] Aufgehoben durch Ziff. I des BG vom 22. Juni 2007, mit Wirkung seit 1. Juli 2008 (AS **2008** 2551; BBl **2006** 1).
[153] Fassung gemäss Ziff. I des BG vom 22. Juni 2007, in Kraft seit 1. Juli 2008 (AS **2008** 2551; BBl **2006** 1).
[154] Eingefügt durch Ziff. I des BG vom 17. Dez. 1976 (AS **1977** 1997; BBl **1976** II 1). Aufgehoben durch Ziff. I des BG vom 22. Juni 2007, mit Wirkung seit 1. Juli 2008 (AS **2008** 2551; BBl **2006** 1).
[155] Eingefügt durch Ziff. I des BG vom 9. Okt. 1998 (AS **1999** 1363; BBl **1998** 1633). Fassung gemäss Anhang Ziff. II 4 des Designgesetzes vom 5. Okt. 2001, in Kraft seit 1. Juli 2002 (AS **2002** 1456; BBl **2000** 2729).
[156] Aufgehoben durch Ziff. I des BG vom 22. Juni 2007, mit Wirkung seit 1. Juli 2008 (AS **2008** 2551; BBl **2006** 1).

II. Patentschrift[157]

Art. 63[158]

[1] Das IGE gibt für jedes erteilte Patent eine Patentschrift heraus.[159]

[2] Diese enthält die Beschreibung, die Patentansprüche, die Zusammenfassung und gegebenenfalls die Zeichnungen sowie die Registerangaben (Art. 60 Abs. 1bis).

Art. 63*a*[160]

C. Patenturkunde

Art. 64

[1] Sobald die Patentschrift zur Herausgabe bereit ist, stellt das IGE die Patenturkunde aus.

[2] Diese besteht aus einer Bescheinigung, in welcher die Erfüllung der gesetzlichen Bedingungen für die Erlangung des Patentes festgestellt wird, und aus einem Exemplar der Patentschrift.

D. Akteneinsicht

Art. 65[161]

[1] Nach der Veröffentlichung des Patentgesuchs darf jedermann in das Aktenheft Einsicht nehmen. Der Bundesrat darf das Einsichtsrecht nur einschränken, wenn Fabrikations- oder Geschäftsgeheimnisse oder andere überwiegende Interessen entgegenstehen.

[2] Der Bundesrat regelt, in welchen Fällen vor der Veröffentlichung des Patentgesuchs Einsicht in das Aktenheft gewährt wird. Er regelt insbesondere auch die Einsichtnahme in Patentgesuche, die vor deren Veröffentlichung zurückgewiesen oder zurückgenommen wurden.

---

[157] Fassung gemäss Ziff. I des BG vom 22. Juni 2007, in Kraft seit 1. Juli 2008 (AS **2008** 2551; BBl **2006** 1).

[158] Fassung gemäss Ziff. I des BG vom 17. Dez. 1976, in Kraft seit 1. Jan. 1978 (AS **1977** 1997; BBl **1976** II 1).

[159] Fassung gemäss Ziff. I des BG vom 22. Juni 2007, in Kraft seit 1. Juli 2008 (AS **2008** 2551; BBl **2006** 1).

[160] Eingefügt durch Ziff. I des BG vom 17. Dez. 1976 (AS **1977** 1997; BBl **1976** II 1). Aufgehoben durch Ziff. I des BG vom 22. Juni 2007, mit Wirkung seit 1. Juli 2008 (AS **2008** 2551; BBl **2006** 1).

[161] Fassung gemäss Ziff. I des BG vom 22. Juni 2007, in Kraft seit 1. Juli 2008 (AS **2008** 2551; BBl **2006** 1).

E. Elektronischer Behördenverkehr

Art. 65*a*[162]

[1] Der Bundesrat kann das IGE ermächtigen, die elektronische Kommunikation im Rahmen der allgemeinen Bestimmungen der Bundesrechtspflege zu regeln.

[2] Das Aktenheft und die Akten können in elektronischer Form geführt und aufbewahrt werden.

[3] Das Patentregister kann in elektronischer Form geführt werden.

[4] Das IGE kann seine Datenbestände insbesondere im elektronischen Abrufverfahren Dritten zugänglich machen; es kann dafür ein Entgelt verlangen.

[5] Die Veröffentlichungen des IGE können in elektronischer Form erfolgen; die elektronische Fassung ist jedoch nur massgebend, wenn die Daten ausschliesslich elektronisch veröffentlicht werden.

Dritter Titel: Rechtsschutz

1. Abschnitt: Gemeinsame Bestimmungen für den zivilrechtlichen und strafrechtlichen Schutz

A. Haftungstatbestände

Art. 66

Gemäss den nachfolgenden Bestimmungen kann zivil- und strafrechtlich zur Verantwortung gezogen werden:

a. wer die patentierte Erfindung widerrechtlich benützt; als Benützung gilt auch die Nachahmung;

b.[163] wer sich weigert, der zuständigen Behörde Herkunft und Menge der in seinem Besitz befindlichen Erzeugnisse, die widerrechtlich hergestellt oder in Verkehr gebracht worden sind, anzugeben und Adressaten sowie Ausmass einer Weitergabe an gewerbliche Abnehmer zu nennen;

c. wer an Erzeugnissen oder ihrer Verpackung das Patentzeichen ohne Ermächtigung des Patentinhabers oder des Lizenznehmers entfernt;

d. wer zu diesen Handlungen anstiftet, bei ihnen mitwirkt, ihre Begehung begünstigt oder erleichtert.

---

[162] Eingefügt durch Anhang Ziff. 6 des BG vom 19. Dez. 2003 über die elektronische Signatur, in Kraft seit 1. Jan. 2005 (AS **2004** 5085; BBl **2001** 5679).

[163] Fassung gemäss Ziff. I des BG vom 22. Juni 2007, in Kraft seit 1. Juli 2008 (AS **2008** 2551; BBl **2006** 1).

B. Umkehrung der Beweislast

Art. 67

[1] Betrifft die Erfindung ein Verfahren zur Herstellung eines neuen Erzeugnisses, so gilt bis zum Beweis des Gegenteils jedes Erzeugnis von gleicher Beschaffenheit als nach dem patentierten Verfahren hergestellt.

[2] Absatz 1 ist entsprechend anwendbar im Fall eines Verfahrens zur Herstellung eines bekannten Erzeugnisses, wenn der Patentinhaber eine Patentverletzung glaubhaft macht.

C. Wahrung des Fabrikations- oder Geschäftsgeheimnisses

Art. 68

[1] Fabrikations- oder Geschäftsgeheimnisse der Parteien sind zu wahren.

[2] Beweismittel, durch welche solche Geheimnisse offenbart werden können, dürfen dem Gegner nur insoweit zugänglich gemacht werden, als dies mit der Wahrung der Geheimnisse vereinbar ist.

D. Verwertung oder Zerstörung von Erzeugnissen oder Einrichtungen

Art. 69

[1] Im Falle der Verurteilung kann der Richter die Einziehung und die Verwertung oder Zerstörung der widerrechtlich hergestellten Erzeugnisse oder der vorwiegend zu ihrer Herstellung dienenden Einrichtungen, Geräte und sonstigen Mittel anordnen.[164]

[2] Der Verwertungsreinerlös wird zunächst zur Bezahlung der Busse, dann zur Bezahlung der Untersuchungs- und Gerichtskosten und endlich zur Bezahlung einer rechtskräftig festgestellten Schadenersatz- und Prozesskostenforderung des Verletzten verwendet; ein Überschuss fällt dem bisherigen Eigentümer der verwerteten Gegenstände zu.

[3] Auch im Fall einer Klageabweisung oder eines Freispruchs kann der Richter die Zerstörung der vorwiegend zur Patentverletzung dienenden Einrichtungen, Geräte und sonstigen Mittel anordnen.[165]

---

[164] Fassung gemäss Ziff. I des BG vom 16. Dez. 1994, in Kraft seit 1. Juli 1995 (AS **1995** 2606; BBl **1994** IV 950).

[165] Fassung gemäss Ziff. I des BG vom 16. Dez. 1994, in Kraft seit 1. Juli 1995 (AS **1995** 2606; BBl **1994** IV 950).

E. Veröffentlichung des Urteils

Art. 70

[1] Der Richter kann die obsiegende Partei ermächtigen, das Urteil auf Kosten der Gegenpartei zu veröffentlichen; er bestimmt dabei Art, Umfang und Zeitpunkt der Veröffentlichung.

[2] In Strafsachen (Art. 81–82) richtet sich die Veröffentlichung des Urteils nach Artikel 68 des Strafgesetzbuches[166].[167]

F. Mitteilung von Urteilen

Art. 70*a*[168]

Die Gerichte stellen rechtskräftige Urteile dem IGE in vollständiger Ausfertigung unentgeltlich zu.

G. Verbot der Stufenklagen[169]

Art. 71

Wer eine der in den Artikeln 72, 73, 74 oder 81 vorgesehenen Klagen erhoben hat und später wegen der gleichen oder einer gleichartigen Handlung auf Grund eines andern Patentes eine weitere Klage gegen die gleiche Person erhebt, hat die Gerichts- und Parteikosten des neuen Prozesses zu tragen, wenn er nicht glaubhaft macht, dass er im früheren Verfahren ohne sein Verschulden nicht in der Lage war, auch dieses andere Patent geltend zu machen.

2. Abschnitt: Besondere Bestimmungen für den zivilrechtlichen Schutz

A. Klage auf Unterlassung oder Beseitigung

Art. 72

[1] Wer durch eine der in Artikel 66 genannten Handlungen bedroht oder in seinen Rechten verletzt ist, kann auf Unterlassung oder auf Beseitigung des rechtswidrigen Zustandes klagen.

---

[166] SR **311.0**

[167] Fassung gemäss Ziff. I des BG vom 22. Juni 2007, in Kraft seit 1. Juli 2008 (AS **2008** 2551; BBl **2006** 1).

[168] Eingefügt durch Ziff. I des BG vom 22. Juni 2007, in Kraft seit 1. Juli 2008 (AS **2008** 2551; BBl **2006** 1).

[169] Fassung gemäss Ziff. I des BG vom 22. Juni 2007, in Kraft seit 1. Juli 2008 (AS **2008** 2551; BBl **2006** 1).

[2] …[170]

B. Klage auf Schadenersatz

Art. 73

[1] Wer eine der in Artikel 66 genannten Handlungen absichtlich oder fahrlässig begeht, wird dem Geschädigten nach Massgabe des Obligationenrechts[171] zum Ersatz des Schadens verpflichtet.

[2] …[172]

[3] Die Schadenersatzklage kann erst nach Erteilung des Patents angehoben werden; mit ihr kann aber der Schaden geltend gemacht werden, den der Beklagte verursacht hat, seit er vom Inhalt des Patentgesuchs Kenntnis erlangt hatte, spätestens jedoch seit dessen Veröffentlichung.[173]

[4] …[174]

C. Klage auf Feststellung

Art. 74

Wer ein Interesse daran nachweist, kann auf Feststellung des Vorhandenseins oder des Fehlens eines nach diesem Gesetz zu beurteilenden Tatbestandes oder Rechtsverhältnisses klagen, insbesondere:

1. dass ein bestimmtes Patent zu Recht besteht;
2. dass der Beklagte eine der in Artikel 66 genannten Handlungen begangen hat;
3. dass der Kläger keine der in Artikel 66 genannten Handlungen begangen hat;
4.[175] dass ein bestimmtes Patent gegenüber dem Kläger kraft Gesetzes unwirksam ist;

[170] Eingefügt durch Ziff. I des BG vom 17. Dez. 1976 (AS 1977 1997; BBl 1976 II 1). Aufgehoben durch Ziff. I des BG vom 22. Juni 2007, mit Wirkung seit 1. Juli 2008 (AS **2008** 2551; BBl **2006** 1).

[171] SR **220**

[172] Aufgehoben durch Anhang 1 Ziff. II 12 der Zivilprozessordnung vom 19. Dez. 2008, mit Wirkung seit 1. Jan. 2011 (AS **2010** 1739; BBl **2006** 7221).

[173] Fassung gemäss Ziff. I des BG vom 22. Juni 2007, in Kraft seit 1. Juli 2008 (AS **2008** 2551; BBl **2006** 1).

[174] Eingefügt durch Ziff. I des BG vom 17. Dez. 1976 (AS **1977** 1997; BBl **1976** II 1). Aufgehoben durch Ziff. I des BG vom 22. Juni 2007, mit Wirkung seit 1. Juli 2008 (AS **2008** 2551; BBl **2006** 1).

[175] Fassung gemäss Ziff. I des BG vom 17. Dez. 1976, in Kraft seit 1. Jan. 1978 (AS **1977** 1997; BBl **1976** II 1).

5. dass für zwei bestimmte Patente die Voraussetzungen von Artikel 36 für die Erteilung einer Lizenz vorliegen oder nicht vorliegen;
6. dass der Kläger die Erfindung gemacht hat, die Gegenstand eines bestimmten Patentgesuches oder Patentes ist;
7.[176] dass ein bestimmtes Patent, das gegen das Verbot des Doppelschutzes verstösst, dahingefallen ist.

D. Klagebefugnis von Lizenznehmern

Art. 75[177]

[1] Wer über eine ausschliessliche Lizenz verfügt, ist unabhängig von der Eintragung der Lizenz im Register selbständig zur Klage nach Artikel 72 oder 73 berechtigt, sofern dies im Lizenzvertrag nicht ausdrücklich ausgeschlossen worden ist.

[2] Alle Lizenznehmer können einer Klage nach Artikel 73 beitreten, um ihren eigenen Schaden geltend zu machen.

Art. 76[178]

E. Vorsorgliche Massnahmen

Art. 77[179]

[1] Ersucht eine Person um Anordnung vorsorglicher Massnahmen, so kann sie insbesondere verlangen, dass das Gericht anordnet:

a. Massnahmen zur Beweissicherung, zur Wahrung des bestehenden Zustandes oder zur vorläufigen Vollstreckung von Unterlassungs- und Beseitigungsansprüchen;
b. eine genaue Beschreibung:
   1. der angeblich widerrechtlich angewendeten Verfahren,
   2. der angeblich widerrechtlich hergestellten Erzeugnisse sowie der zur Herstellung dienenden Hilfsmittel; oder
c. die Beschlagnahme dieser Gegenstände.

---

[176] Fassung gemäss Ziff. I des BG vom 17. Dez. 1976, in Kraft seit 1. Jan. 1978 (AS **1977** 1997; BBl **1976** II 1).

[177] Fassung gemäss Ziff. I des BG vom 22. Juni 2007, in Kraft seit 1. Juli 2008 (AS **2008** 2551; BBl **2006** 1).

[178] Aufgehoben durch Anhang 1 Ziff. II 12 der Zivilprozessordnung vom 19. Dez. 2008, mit Wirkung seit 1. Jan. 2001 (AS **2010** 1739; BBl **2006** 7221).

[179] Fassung gemäss Anhang Ziff. 4 des Patentgerichtsgesetzes vom 20. März 2009, in Kraft seit 1. Jan. 2012 (AS **2010** 513, **2011** 2241; BBl **2008** 455).

2 Beantragt eine Partei eine Beschreibung, so hat sie glaubhaft zu machen, dass ein ihr zustehender Anspruch verletzt ist oder eine Verletzung zu befürchten ist.

3 Macht die Gegenpartei geltend, dass es sich um Fabrikations- oder Geschäftsgeheimnisse handelt, so trifft das Gericht die erforderlichen Massnahmen zu deren Wahrung. Es kann die antragstellende Partei von der Teilnahme an der Durchführung der Beschreibung ausschliessen.

4 Die Beschreibung mit oder ohne Beschlagnahme wird von einem Mitglied des Bundespatentgerichts durchgeführt, nötigenfalls unter Beizug einer sachverständigen Person. Soweit erforderlich, erfolgt sie in Zusammenarbeit mit den zuständigen kantonalen Instanzen.

5 Bevor die antragstellende Partei vom Ergebnis der Beschreibung Kenntnis nimmt, erhält die Gegenpartei Gelegenheit zur Stellungnahme.

Art. 78[180]

Art. 79 und 80[181]

3. Abschnitt: Besondere Bestimmungen für den strafrechtlichen Schutz

A. Strafbestimmungen
I. Patentverletzung

Art. 81

1 Wer vorsätzlich eine Handlung nach Artikel 66 begeht, wird auf Antrag des Verletzten mit Freiheitsstrafe bis zu einem Jahr oder Geldstrafe bestraft.[182]

2 Das Antragsrecht erlischt nach Ablauf von sechs Monaten seit dem Tag, an welchem dem Verletzten der Täter bekannt wurde.

3 Handelt der Täter gewerbsmässig, so wird er von Amtes wegen verfolgt. Die Strafe ist Freiheitsstrafe bis zu fünf Jahren oder Geldstrafe. …[183, 184]

---

[180] Aufgehoben durch Anhang Ziff. 11 des Gerichtsstandsgesetzes vom 24. März 2000, (AS **2000** 2355; BBl **1999** 2829).

[181] Aufgehoben durch Anhang 1 Ziff. II 12 der Zivilprozessordnung vom 19. Dez. 2008, mit Wirkung seit 1. Jan. 2011 (AS **2010** 1739; BBl **2006** 7221).

[182] Fassung gemäss Ziff. I des BG vom 22. Juni 2007, in Kraft seit 1. Juli 2008 (AS **2008** 2551; BBl **2006** 1).

[183] Dritter Satz aufgehoben durch Ziff. I 8 des BG vom 17. Dez. 2021 über die Harmonisierung der Strafrahmen, mit Wirkung seit 1. Juli 2023 (AS **2023** 259; BBl **2018** 2827).

[184] Eingefügt durch Ziff. I des BG vom 22. Juni 2007, in Kraft seit 1. Juli 2008 (AS **2008** 2551; BBl **2006** 1).

II. Falsche Angaben über die Quelle

Art. 81*a*[185]

[1] Wer vorsätzlich falsche Angaben nach Artikel 49*a* macht, wird mit Busse bis zu 100'000 Franken bestraft.

[2] Der Richter kann die Veröffentlichung des Urteils anordnen.

III. Patentberühmung[186]

Art. 82

[1] Wer seine Geschäftspapiere, Anzeigen jeder Art, Erzeugnisse oder Waren vorsätzlich mit einer Bezeichnung in Verkehr setzt oder feilhält, die geeignet ist, zu Unrecht den Glauben zu erwecken, dass ein Patentschutz für die Erzeugnisse oder Waren besteht, wird mit Busse bestraft.[187]

[2] Der Richter kann die Veröffentlichung des Urteils anordnen.

B. Anwendbarkeit der allgemeinen Bestimmungen des StGB

Art. 83

Die allgemeinen Bestimmungen des Strafgesetzbuches[188] sind anwendbar, soweit dieses Gesetz keine abweichenden Vorschriften enthält.

B^{bis}. Widerhandlungen in Geschäftsbetrieben

Art. 83*a*[189]

Bei Widerhandlungen in Geschäftsbetrieben durch Untergebene, Beauftragte oder Vertreter gelten die Artikel 6 und 7 des Bundesgesetzes vom 22. März 1974[190] über das Verwaltungsstrafrecht.

[185] Eingefügt durch Ziff. I des BG vom 22. Juni 2007, in Kraft seit 1. Juli 2008 (AS **2008** 2551; BBl **2006** 1).

[186] Fassung gemäss Ziff. I des BG vom 22. Juni 2007, in Kraft seit 1. Juli 2008 (AS **2008** 2551; BBl **2006** 1).

[187] Fassung gemäss Ziff. I des BG vom 22. Juni 2007, in Kraft seit 1. Juli 2008 (AS **2008** 2551; BBl **2006** 1).

[188] SR **311.0**

[189] Eingefügt durch Anhang Ziff. 6 des BG vom 21. Juni 2013, in Kraft seit 1. Jan. 2017 (AS **2015** 3631; BBl **2009** 8533).

[190] SR **313.0**

C. Gerichtsstand

Art. 84

[1] Zur Verfolgung und Beurteilung einer strafbaren Handlung sind die Behörden des Ortes zuständig, wo die Tat ausgeführt wurde oder wo der Erfolg eingetreten ist; fallen mehrere Orte in Betracht oder sind an der Tat mehrere Mittäter beteiligt, so sind die Behörden des Ortes zuständig, wo die Untersuchung zuerst angehoben wurde.

[2] Zur Verfolgung und Beurteilung der Anstifter und Gehilfen sind die Behörden zuständig, denen die Verfolgung und Beurteilung des Täters obliegt.

D. Zuständigkeit der kantonalen Behörden
I. Im Allgemeinen

Art. 85

[1] Die Verfolgung und Beurteilung einer strafbaren Handlung ist Sache der kantonalen Behörden.

[2] Urteile, Strafbescheide der Verwaltungsbehörden und Einstellungsbeschlüsse sind ohne Verzug in vollständiger Ausfertigung unentgeltlich der Bundesanwaltschaft mitzuteilen.

II. Einrede der Patentnichtigkeit

Art. 86

[1] Erhebt der Angeschuldigte die Einrede der Nichtigkeit des Patents, so kann ihm der Richter eine angemessene Frist zur Anhebung der Nichtigkeitsklage unter geeigneter Androhung für den Säumnisfall ansetzen; ist das Patent nicht auf Neuheit und erfinderische Tätigkeit geprüft worden und hat der Richter Zweifel an der Gültigkeit des Patents, oder hat der Angeschuldigte Umstände glaubhaft gemacht, welche die Nichtigkeitseinrede als begründet erscheinen lassen, so kann der Richter dem Verletzten eine angemessene Frist zur Anhebung der Klage auf Feststellung der Rechtsbeständigkeit des Patents, ebenfalls unter geeigneter Androhung für den Säumnisfall, ansetzen.[191]

[2] Wird daraufhin die Klage rechtzeitig angehoben, so ist das Strafverfahren bis zum endgültigen Entscheid über die Klage einzustellen; unterdessen ruht die Verjährung.

[3] ...[192]

[191] Fassung gemäss Ziff. I des BG vom 22. Juni 2007, in Kraft seit 1. Juli 2008 (AS **2008** 2551; BBl **2006** 1).

[192] Aufgehoben durch Anhang Ziff. 11 des Gerichtsstandsgesetzes vom 24. März 2000, mit Wirkung seit 1. Jan. 2001 (AS **2000** 2355; BBl **1999** 2829).

4. Abschnitt:[193] Hilfeleistung des Bundesamts für Zoll und Grenzsicherheit[194]

A. Anzeige verdächtiger Waren

Art. 86*a*

[1] Die Zollverwaltung ist ermächtigt, den Patentinhaber zu benachrichtigen, wenn der Verdacht besteht, dass das Verbringen ins schweizerische Zollgebiet oder aus dem schweizerischen Zollgebiet von Waren bevorsteht, die ein in der Schweiz gültiges Patent verletzen.[195]

[2] In diesem Fall ist die Zollverwaltung ermächtigt, die Waren während drei Werktagen zurückzubehalten, damit die antragsberechtigte Person einen Antrag nach Artikel 86*b* Absatz 1 stellen kann.

B. Antrag auf Hilfeleistung

Art. 86*b*

[1] Hat der Patentinhaber oder der klageberechtigte Lizenznehmer konkrete Anhaltspunkte dafür, dass das Verbringen ins schweizerische Zollgebiet oder aus dem schweizerischen Zollgebiet von Waren bevorsteht, die ein in der Schweiz gültiges Patent verletzen, so kann er bei der Zollverwaltung schriftlich beantragen, die Freigabe der Waren zu verweigern.[196]

[2] Der Antragsteller muss alle ihm zur Verfügung stehenden Angaben machen, die für den Entscheid der Zollverwaltung erforderlich sind; dazu gehört eine genaue Beschreibung der Waren.

[3] Die Zollverwaltung entscheidet endgültig über den Antrag. Sie kann eine Gebühr zur Deckung der Verwaltungskosten erheben.

---

[193] Eingefügt durch Ziff. I des BG vom 22. Juni 2007, in Kraft seit 1. Juli 2008 (AS **2008** 2551; BBl **2006** 1).

[194] Die Bezeichnung der Verwaltungseinheit wurde in Anwendung von Art. 20 Abs. 2 der Publikationsverordnung vom 7. Okt. 2015 (SR 170.512.1) auf den 1. Jan. 2022 angepasst (AS **2021** 589). Diese Anpassung wurde im ganzen Text vorgenommen.

[195] Fassung gemäss Anhang Ziff. 6 des BG vom 21. Juni 2013, in Kraft seit 1. Jan. 2017 (AS **2015** 3631; BBl **2009** 8533).

[196] Fassung gemäss Anhang Ziff. 6 des BG vom 21. Juni 2013, in Kraft seit 1. Jan. 2017 (AS **2015** 3631; BBl **2009** 8533).

C. Zurückbehalten von Waren

Art. 86*c*

[1] Hat die Zollverwaltung aufgrund eines Antrags nach Artikel 86*b* Absatz 1 den begründeten Verdacht, dass eine zum Verbringen ins schweizerische Zollgebiet oder aus dem schweizerischen Zollgebiet bestimmte Ware ein in der Schweiz gültiges Patent verletzt, so teilt sie dies einerseits dem Antragsteller und andererseits dem Anmelder, Besitzer oder Eigentümer der Ware mit.[197]

[2] Sie behält die Ware bis höchstens zehn Werktage vom Zeitpunkt der Mitteilung nach Absatz 1 an zurück, damit der Antragsteller vorsorgliche Massnahmen erwirken kann.

[3] In begründeten Fällen kann sie die Ware während höchstens zehn weiteren Werktagen zurückbehalten.

D. Proben oder Muster

Art. 86*d*

[1] Während des Zurückbehaltens der Ware ist die Zollverwaltung ermächtigt, dem Antragsteller auf Antrag Proben oder Muster zur Prüfung zu übergeben oder zuzusenden oder ihm die Besichtigung der zurückbehaltenen Ware zu gestatten.

[2] Die Proben oder Muster werden auf Kosten des Antragstellers entnommen und versandt.

[3] Sie müssen nach erfolgter Prüfung, soweit sinnvoll, zurückgegeben werden. Verbleiben Proben oder Muster beim Antragsteller, so unterliegen sie den Bestimmungen der Zollgesetzgebung.

E. Wahrung von Fabrikations- und Geschäftsgeheimnissen

Art. 86*e*

[1] Gleichzeitig mit der Benachrichtigung nach Artikel 86*c* Absatz 1 informiert die Zollverwaltung den Anmelder, Besitzer oder Eigentümer der Ware über die mögliche Übergabe von Proben oder Mustern beziehungsweise die Besichtigungsmöglichkeit nach Artikel 86*d* Absatz 1.

[2] Der Anmelder, Besitzer oder Eigentümer kann verlangen, zur Wahrung seiner Fabrikations- oder Geschäftsgeheimnisse bei der Besichtigung anwesend zu sein.

---

[197] Fassung gemäss Anhang Ziff. 6 des BG vom 21. Juni 2013, in Kraft seit 1. Jan. 2017 (AS **2015** 3631; BBl **2009** 8533).

[3] Die Zollverwaltung kann auf begründeten Antrag des Anmelders, Besitzers oder Eigentümers die Übergabe von Proben oder Mustern verweigern.

F. Antrag auf Vernichtung der Ware
I. Verfahren

Art. 86*f*

[1] Zusammen mit dem Antrag nach Artikel 86*b* Absatz 1 kann der Antragsteller bei der Zollverwaltung schriftlich beantragen, die Ware zu vernichten.

[2] Wird ein Antrag auf Vernichtung gestellt, so teilt die Zollverwaltung dies dem Anmelder, Besitzer oder Eigentümer der Ware im Rahmen der Mitteilung nach Artikel 86*c* Absatz 1 mit.

[3] Der Antrag auf Vernichtung führt nicht dazu, dass die Fristen nach Artikel 86*c* Absätze 2 und 3 zur Erwirkung vorsorglicher Massnahmen verlängert werden.

II. Zustimmung

Art. 86*g*

[1] Für die Vernichtung der Ware ist die Zustimmung des Anmelders, Besitzers oder Eigentümers erforderlich.

[2] Die Zustimmung gilt als erteilt, wenn der Anmelder, Besitzer oder Eigentümer die Vernichtung nicht innerhalb der Fristen nach Artikel 86*c* Absätze 2 und 3 ausdrücklich ablehnt.

III. Beweismittel

Art. 86*h*

Vor der Vernichtung der Ware entnimmt die Zollverwaltung Proben oder Muster und bewahrt sie als Beweismittel auf für allfällige Klagen auf Schadenersatz.

IV. Schadenersatz

Art. 86*i*

[1] Erweist sich die Vernichtung der Ware als unbegründet, so haftet ausschliesslich der Antragsteller für den entstandenen Schaden.

[2] Hat der Anmelder, Besitzer oder Eigentümer der Vernichtung schriftlich zugestimmt, so entstehen gegenüber dem Antragsteller auch dann keine Ansprüche auf Schadenersatz, wenn sich die Vernichtung später als unbegründet erweist.

V. Kosten

Art. 86*j*

[1] Die Vernichtung der Ware erfolgt auf Kosten des Antragstellers.

[2] Über die Kosten für die Entnahme und Aufbewahrung von Proben oder Mustern nach Artikel 86*h* entscheidet das Gericht im Zusammenhang mit der Beurteilung der Schadenersatzansprüche nach Artikel 86*i* Absatz 1.

G. Haftungserklärung und Schadenersatz

Art. 86*k*

[1] Ist durch das Zurückbehalten der Ware ein Schaden zu befürchten, so kann die Zollverwaltung das Zurückbehalten davon abhängig machen, dass der Antragsteller ihr eine Haftungserklärung abgibt. An deren Stelle kann die Zollverwaltung vom Antragsteller in begründeten Fällen eine angemessene Sicherheitsleistung verlangen.

[2] Der Antragsteller muss den Schaden, der durch das Zurückbehalten der Ware und die Entnahme von Proben oder Mustern entstanden ist, ersetzen, wenn vorsorgliche Massnahmen nicht angeordnet werden oder sich als unbegründet erweisen.

Vierter Titel: …

Art. 87–90[198]

Art. 91–94[199]

Art. 95[200]

Art. 96–101[201]

Art. 102–103[202]

---

[198] Aufgehoben durch Ziff. I des BG vom 22. Juni 2007, mit Wirkung seit 1. Juli 2008 (AS **2008** 2551; BBl **2006** 1).

[199] Aufgehoben durch Anhang Ziff. 10 des BG vom 4. Okt. 1991, mit Wirkung seit 15. Febr. 1992 (AS **1992** 288; BBl **1991** II 465).

[200] Aufgehoben durch Ziff. I des BG vom 17. Dez. 1976, mit Wirkung seit 1. Jan. 1978 (AS **1977** 1997: BBl **1976** II 1).

[201] Aufgehoben durch Ziff. I des BG vom 22. Juni 2007, mit Wirkung seit 1. Juli 2008 (AS **2008** 2551; BBl **2006** 1).

[202] Aufgehoben durch Ziff. I des BG vom 17. Dez. 1976, mit Wirkung seit 1. Jan. 1978 (AS **1977** 1997; BBl **1976** II 1).

Art. 104–106[203]

Art. 106*a*[204]

Art. 107–108[205]

Fünfter Titel: Europäische Patentanmeldungen und europäische Patente[206]

1. Abschnitt: Anwendbares Recht[207]

Geltungsbereich des Gesetzes; Verhältnis zum Europäischen Übereinkommen

Art. 109[208]

[1] Dieser Titel gilt für europäische Patentanmeldungen und europäische Patente, die für die Schweiz wirksam sind.

[2] Die übrigen Bestimmungen dieses Gesetzes gelten, soweit sich aus dem Übereinkommen vom 5. Oktober 1973[209] über die Erteilung europäischer Patente (Europäisches Patentübereinkommen) und diesem Titel nichts anderes ergibt.

[3] Die für die Schweiz verbindliche Fassung des Europäischen Patentübereinkommens geht diesem Gesetz vor.

---

203 Aufgehoben durch Ziff. I des BG vom 22. Juni 2007, mit Wirkung seit 1. Juli 2008 (AS **2008** 2551; BBl **2006** 1).

204 Eingefügt durch Ziff. I des BG vom 17. Dez. 1976 (AS **1977** 1997; BBl **1976** II 1). Aufgehoben durch Ziff. I des BG vom 22. Juni 2007, mit Wirkung seit 1. Juli 2008 (AS **2008** 2551; BBl **2006** 1).

205 Aufgehoben durch Ziff. I des BG vom 17. Dez. 1976, mit Wirkung seit 1. Jan. 1978 (AS **1977** 1997; BBl **1976** II 1).

206 Eingefügt durch Ziff. I des BG vom 17. Dez. 1976, in Kraft seit 1. Juni 1978 (AS **1977** 1997; BBl **1976** II 1).

207 Eingefügt durch Ziff. I des BG vom 17. Dez. 1976, in Kraft seit 1. Juni 1978 (AS **1977** 1997; BBl **1976** II 1).

208 Fassung gemäss Ziff. I des BG vom 17. Dez. 1976, in Kraft seit 1. Jan. 1978 (AS **1977** 1997; BBl **1976** II 1).

209 [AS **1977** 1711, **1979** 621 Art. 1, **1995** 4187, **1996** 793, **1997** 1647 Art. 1, **2007** 3673 Art. 1 3674 Art. 1]. Siehe heute: das Europäische Patentübereinkommen, revidiert in München am 29. November 2000 (SR **0.232.142.2**).

2. Abschnitt: Wirkungen der europäischen Patentanmeldung und des europäischen Patents und Änderungen im Bestand des europäischen Patents[210]

A. Grundsatz
I. Wirkungen[211]

Art. 110[212]

Die europäische Patentanmeldung, für die der Anmeldetag feststeht, und das europäische Patent haben in der Schweiz dieselbe Wirkung wie ein beim IGE vorschriftsmässig eingereichtes Patentgesuch und ein von diesem IGE erteiltes Erfindungspatent.

II. Änderungen im Bestand des Patents

Art. 110*a*[213]

Eine Änderung im Bestand des europäischen Patents durch einen rechtskräftigen Entscheid in einem Verfahren vor dem Europäischen Patentamt hat dieselbe Wirkung wie ein rechtskräftiges Urteil in einem Verfahren in der Schweiz.

B. Vorläufiger Schutz der europäischen Patentanmeldung

Art. 111[214]

[1] Die veröffentlichte europäische Patentanmeldung verschafft dem Anmelder keinen Schutz nach Artikel 64 des Europäischen Patentübereinkommens.

[2] Mit der Schadenersatzklage kann aber der Schaden geltend gemacht werden, den der Beklagte verursacht hat, seitdem er vom Inhalt der europäischen Patentanmeldung Kenntnis erlangt hatte, spätestens jedoch seit der Veröffentlichung der Anmeldung durch das Europäische Patentamt.

---

[210] Eingefügt durch Ziff. I des BG vom 17. Dez. 1976 (AS **1977** 1997; BBl **1976** II 1). Fassung gemäss Art. 2 des BB vom 16. Dez. 2005 über die Genehmigung der Akte zur Revision des Europäischen Patentübereinkommens und über die Änderung des Patentgesetzes, in Kraft seit 13. Dez. 2007 (AS **2007** 6479, BBl **2005** 3773).

[211] Fassung gemäss Art. 2 des BB vom 16. Dez. 2005 über die Genehmigung der Akte zur Revision des Europäischen Patentübereinkommens und über die Änderung des Patentgesetzes, in Kraft seit 13. Dez. 2007 (AS **2007** 6479, BBl **2005** 3773).

[212] Fassung gemäss Ziff. I des BG vom 17. Dez. 1976, in Kraft seit 1. Jan. 1978 (AS **1977** 1997; BBl **1976** II 1).

[213] Eingefügt durch Art. 2 des BB vom 16. Dez. 2005 über die Genehmigung der Akte zur Revision des Europäischen Patentübereinkommens und über die Änderung des Patentgesetzes, in Kraft seit 13. Dez. 2007 (AS **2007** 6479, BBl **2005** 3773).

[214] Fassung gemäss Ziff. I des BG vom 17. Dez. 1976, in Kraft seit 1. Jan. 1978 (AS **1977** 1997; BBl **1976** II 1).

Art. 112–116[215]

3. Abschnitt: Verwaltung des europäischen Patentes[216]

A. Register für europäische Patente

Art. 117[217]

Das IGE trägt das europäische Patent, sobald auf die Erteilung im Europäischen Patentblatt hingewiesen worden ist, mit den im europäischen Patentregister vermerkten Angaben in das schweizerische Register für europäische Patente ein.

B. Veröffentlichungen

Art. 118[218]

Die Eintragungen im schweizerischen Register für europäische Patente werden vom IGE veröffentlicht.

Art. 119[219]

Art. 120[220]

---

[215] Aufgehoben durch Art. 2 des BB vom 16. Dez. 2005 über die Genehmigung des Übereinkommens über die Anwendung des Artikels 65 des Europäischen Patentübereinkommens und über die Änderung des Patentgesetzes, mit Wirkung seit 1. Mai 2008 (AS **2008** 1739; BBl **2005** 3773).

[216] Eingefügt durch Ziff. I des BG vom 17. Dez. 1976, in Kraft seit 1. Juni 1978 (AS **1977** 1997; BBl **1976** II 1).

[217] Fassung gemäss Ziff. I des BG vom 17. Dez. 1976, in Kraft seit 1. Juni 1978 (AS **1977** 1997; BBl **1976** II 1).

[218] Fassung gemäss Ziff. I des BG vom 17. Dez. 1976, in Kraft seit 1. Juni 1978 (AS **1977** 1997; BBl **1976** II 1).

[219] Eingefügt durch Ziff. I des BG vom 17. Dez. 1976 (AS **1977** 1997; BBl **1976** II 1). Aufgehoben durch Anhang Ziff. 4 des BG vom 24. März 1995 über Statut und Aufgaben des Eidgenössischen Instituts für Geistiges Eigentum, mit Wirkung seit 1. Jan. 1996 (AS **1995** 5050; BBl **1994** III 964).

[220] Eingefügt durch Ziff. I des BG vom 17. Dez. 1976 (AS **1977** 1997; BBl **1976** II 1). Aufgehoben durch Anhang Ziff. 3 des Patentanwaltsgesetzes vom 20. März 2009, mit Wirkung seit 1. Juli 2011 (AS **2011** 2259; BBl **2008** 407).

4. Abschnitt: Umwandlung der europäischen Patentanmeldung[221]

A. Umwandlungsgründe

Art. 121[222]

[1] Die europäische Patentanmeldung kann in ein schweizerisches Patentgesuch umgewandelt werden:

a.[223] 211 im Falle von Artikel 135 Absatz 1 Buchstabe a des Europäischen Patentübereinkommens;

b. bei Versäumnis der Frist nach Artikel 14 Absatz 2 des Europäischen Patentübereinkommens, wenn die Anmeldung ursprünglich in italienischer Sprache eingereicht worden ist;

c. ...[224].

[2] ...[225]

B. Rechtswirkungen

Art. 122[226]

[1] Ist der Umwandlungsantrag vorschriftsgemäss gestellt und dem IGE rechtzeitig zugestellt worden, so gilt das Patentgesuch als am Anmeldetag der europäischen Patentanmeldung eingereicht.

[2] Unterlagen der europäischen Patentanmeldung oder des europäischen Patentes, die beim Europäischen Patentamt eingereicht worden sind, gelten als gleichzeitig beim IGE eingereicht.

[3] Die mit der europäischen Patentanmeldung erworbenen Rechte bleiben gewahrt.

---

[221] Eingefügt durch Ziff. I des BG vom 17. Dez. 1976, in Kraft seit 1. Juni 1978 (AS **1977** 1997; BBl **1976** II 1).

[222] Eingefügt durch Ziff. I des BG vom 17. Dez. 1976, in Kraft seit 1. Juni 1978 (AS **1977** 1997; BBl **1976** II 1).

[223] Fassung gemäss Art. 2 des BB vom 16. Dez. 2005 über die Genehmigung der Akte zur Revision des Europäischen Patentübereinkommens und über die Änderung des Patentgesetzes, in Kraft seit 13. Dez. 2007 (AS **2007** 6479, BBl **2005** 3773).

[224] Aufgehoben durch Ziff. I des BG vom 22. Juni 2007, mit Wirkung seit 1. Juli 2008 (AS **2008** 2551; BBl **2006** 1).

[225] Aufgehoben durch Ziff. I des BG vom 22. Juni 2007, mit Wirkung seit 1. Juli 2008 (AS **2008** 2551; BBl **2006** 1).

[226] Eingefügt durch Ziff. I des BG vom 17. Dez. 1976, in Kraft seit 1. Juni 1978 (AS **1977** 1997; BBl **1976** II 1).

C. Übersetzung

Art. 123[227]

Ist die Sprache der ursprünglichen Fassung der europäischen Patentanmeldung nicht eine schweizerische Amtssprache, so setzt das IGE dem Patentbewerber eine Frist zur Einreichung einer Übersetzung in eine schweizerische Amtssprache.

D. Vorbehalt des Europäischen Patentübereinkommens

Art. 124[228]

[1] Auf das aus der Umwandlung hervorgegangene Patentgesuch sind vorbehältlich Artikel 137 Absatz 1 des Europäischen Patentübereinkommens die für schweizerische Patentgesuche geltenden Bestimmungen anwendbar.

[2] Die Patentansprüche eines aus der Umwandlung des europäischen Patentes hervorgegangenen Patentgesuches dürfen nicht so abgefasst werden, dass der Schutzbereich erweitert wird.

5. Abschnitt: Bestimmungen für den zivilrechtlichen und strafrechtlichen Schutz[229]

A. Verbot des Doppelschutzes
I. Vorrang des europäischen Patentes

Art. 125[230]

[1] Soweit für die gleiche Erfindung demselben Erfinder oder seinem Rechtsnachfolger sowohl ein schweizerisches als auch ein für die Schweiz wirksames europäisches Patent mit gleichem Anmelde- oder Prioritätsdatum erteilt worden sind, fällt die Wirkung des schweizerischen Patentes in dem Zeitpunkt dahin, in dem

a. die Einspruchsfrist gegen das europäische Patent unbenützt abgelaufen ist, oder

[227] Eingefügt durch Ziff. I des BG vom 17. Dez. 1976, in Kraft seit 1. Juni 1978 (AS **1977** 1997; BBl **1976** II 1).
[228] Eingefügt durch Ziff. I des BG vom 17. Dez. 1976, in Kraft seit 1. Juni 1978 (AS **1977** 1997; BBl **1976** II 1).
[229] Eingefügt durch Ziff. I des BG vom 17. Dez. 1976, in Kraft seit 1. Juni 1978 (AS **1977** 1997; BBl **1976** II 1).
[230] Eingefügt durch Ziff. I des BG vom 17. Dez. 1976, in Kraft seit 1. Juni 1978 (AS **1977** 1997; BBl **1976** II 1).

b. das europäische Patent im Einspruchsverfahren rechtskräftig aufrechterhalten worden ist.

[2] Artikel 27 gilt sinngemäss.

II. Vorrang des aus der Umwandlung hervorgegangenen Patentes

Art. 126[231]

[1] Soweit für die gleiche Erfindung demselben Erfinder oder seinem Rechtsnachfolger sowohl ein aus einer schweizerischen oder internationalen Anmeldung (Art. 131 ff.) als auch ein aus einer umgewandelten europäischen Patentanmeldung hervorgegangenes Patent mit gleichem Anmelde- oder Prioritätsdatum erteilt worden sind, fällt die Wirkung des ersten Patentes im Zeitpunkt der Erteilung des Patentes für die umgewandelte europäische Patentanmeldung dahin.

[2] Artikel 27 gilt sinngemäss.

B. Verfahrensregeln
I. Beschränkung des Teilverzichts

Art. 127[232]

Ein teilweiser Verzicht auf das europäische Patent kann nicht beantragt werden, solange beim Europäischen Patentamt gegen dieses Patent ein Einspruch möglich oder über einen Einspruch, eine Beschränkung oder einen Widerruf noch nicht rechtskräftig entschieden worden ist.

II. Aussetzen des Verfahrens
a. Zivilrechtsstreitigkeiten

Art. 128[233]

Der Richter kann das Verfahren, insbesondere das Urteil aussetzen, wenn:

a. das Europäische Patentamt über eine Beschränkung oder einen Widerruf des europäischen Patents noch nicht rechtskräftig entschieden hat;

[231] Eingefügt durch Ziff. I des BG vom 17. Dez. 1976, in Kraft seit 1. Juni 1978 (AS **1977** 1997; BBl **1976** II 1).

[232] Eingefügt durch Ziff. I des BG vom 17. Dez. 1976 (AS **1977** 1997; BBl **1976** II 1). Fassung gemäss Art. 2 des BB vom 16. Dez. 2005 über die Genehmigung der Akte zur Revision des Europäischen Patentübereinkommens und über die Änderung des Patentgesetzes, in Kraft seit 13. Dez. 2007 (AS **2007** 6479; BBl **2005** 3773).

[233] Eingefügt durch Ziff. I des BG vom 17. Dez. 1976 (AS **1977** 1997; BBl **1976** II 1). Fassung gemäss Art. 2 des BB vom 16. Dez. 2005 über die Genehmigung der Akte zur Revision des Europäischen Patentübereinkommens und über die Änderung des Patentgesetzes, in Kraft seit 13. Dez. 2007 (AS **2007** 6479; BBl **2005** 3773).

b. die Gültigkeit des europäischen Patents streitig ist und eine Partei nachweist, dass beim Europäischen Patentamt ein Einspruch noch möglich oder über einen Einspruch noch nicht rechtskräftig entschieden worden ist;
c. das Europäische Patentamt über einen Antrag auf Überprüfung einer Entscheidung nach Artikel 112*a* des Europäischen Patentübereinkommens noch nicht rechtskräftig entschieden hat.

b. Strafverfahren

Art. 129[234]

[1] Erhebt im Falle des Artikels 86 der Angeschuldigte die Einrede der Nichtigkeit des europäischen Patentes, so kann der Richter, soweit gegen dieses Patent beim Europäischen Patentamt noch Einspruch erhoben oder dem Einspruchsverfahren beigetreten werden kann, eine angemessene Frist ansetzen, um Einspruch zu erheben oder dem Einspruchsverfahren beizutreten.

[2] Artikel 86 Absatz 2 gilt sinngemäss.

6. Abschnitt: Rechtshilfegesuche des Europäischen Patentamtes[235]

Vermittlungsstelle

Art. 130[236]

Das IGE nimmt die Rechtshilfegesuche des Europäischen Patentamtes entgegen und leitet sie an die zuständige Behörde weiter.

---

[234] Eingefügt durch Ziff. I des BG vom 17. Dez. 1976, in Kraft seit 1. Juni 1978 (AS **1977** 1997; BBl **1976** II 1).
[235] Eingefügt durch Ziff. I des BG vom 17. Dez. 1976, in Kraft seit 1. Juni 1978 (AS **1977** 1997; BBl **1976** II 1).
[236] Eingefügt durch Ziff. I des BG vom 17. Dez. 1976, in Kraft seit 1. Juni 1978 (AS **1977** 1997; BBl **1976** II 1).

Sechster Titel: Internationale Patentanmeldungen[237]

1. Abschnitt: Anwendbares Recht[238]

Geltungsbereich des Gesetzes; Verhältnis zum Zusammenarbeitsvertrag

Art. 131[239]

[1] Dieser Titel gilt für internationale Anmeldungen im Sinne des Vertrages vom 19. Juni 1970[240] über die internationale Zusammenarbeit auf dem Gebiet des Patentwesens (Zusammenarbeitsvertrag), für die das IGE Anmelde-, Bestimmungs- oder ausgewähltes Amt ist.[241]

[2] Die übrigen Bestimmungen dieses Gesetzes gelten soweit sich aus dem Zusammenarbeitsvertrag und diesem Titel nichts anderes ergibt.

[3] Die für die Schweiz verbindliche Fassung des Zusammenarbeitsvertrages geht diesem Gesetz vor.

2. Abschnitt: In der Schweiz eingereichte Anmeldungen[242]

A. Anmeldeamt

Art. 132[243]

Das IGE ist Anmeldeamt im Sinne des Artikels 2 des Zusammenarbeitsvertrages für internationale Anmeldungen von Personen, die schweizerische Staatsangehörige sind oder in der Schweiz ihren Sitz oder Wohnsitz haben.

---

[237] Eingefügt durch Ziff. I des BG vom 17. Dez. 1976, in Kraft seit 1. Juni 1978 (AS **1977** 1997; BBl **1976** II 1).

[238] Eingefügt durch Ziff. I des BG vom 17. Dez. 1976, in Kraft seit 1. Juni 1978 (AS **1977** 1997; BBl **1976** II 1).

[239] Eingefügt durch Ziff. I des BG vom 17. Dez. 1976, in Kraft seit 1. Juni 1978 (AS **1977** 1997; BBl **1976** II 1).

[240] SR **0.232.141.1**

[241] Fassung gemäss Ziff. I des BG vom 3. Febr. 1995, in Kraft seit 1. Sept. 1995 (AS **1995** 2879; BBl **1993** III 706).

[242] Eingefügt durch Ziff. I des BG vom 17. Dez. 1976, in Kraft seit 1. Juni 1978 (AS **1977** 1997; BBl **1976** II 1).

[243] Eingefügt durch Ziff. I des BG vom 17. Dez. 1976, in Kraft seit 1. Juni 1978 (AS **1977** 1997, **1978** 550; BBl **1976** II 1).

B. Verfahren

Art. 133[244]

[1] Für das Verfahren vor dem IGE als Anmeldeamt gelten der Zusammenarbeitsvertrag und ergänzend dieses Gesetz.

[2] Für die internationale Anmeldung ist ausser den Gebühren nach dem Zusammenarbeitsvertrag noch eine Übermittlungsgebühr an das IGE zu bezahlen.

[3] Artikel 13 ist nicht anwendbar.

3. Abschnitt: Für die Schweiz bestimmte Anmeldungen; ausgewähltes Amt[245]

A. Bestimmungs- und ausgewähltes Amt

Art. 134[246]

Das IGE ist Bestimmungs- und ausgewähltes Amt im Sinne von Artikel 2 des Zusammenarbeitsvertrages für internationale Anmeldungen, mit denen der Schutz von Erfindungen in der Schweiz beantragt wird und die nicht die Wirkung einer Anmeldung für ein europäisches Patent haben.

B. Wirkungen der internationalen Anmeldung
I. Grundsatz

Art. 135[247]

Die internationale Anmeldung, für die das IGE Bestimmungsamt ist, hat, wenn das Anmeldedatum feststeht, in der Schweiz dieselbe Wirkung wie ein bei diesem IGE vorschriftsmässig eingereichtes schweizerisches Patentgesuch.

---

[244] Eingefügt durch Ziff. I des BG vom 17. Dez. 1976, in Kraft seit 1. Juni 1978 (AS **1977** 1997, **1978** 550; BBl **1976** II 1).

[245] Eingefügt durch Ziff. I des BG vom 17. Dez. 1976 (AS **1977** 1997; BBl **1976** II 1). Fassung gemäss Ziff. I des BG vom 3. Febr. 1995, in Kraft seit 1. Sept. 1995 (AS **1995** 2879; BBl **1993** III 706).

[246] Eingefügt durch Ziff. I des BG vom 17. Dez. 1976 (AS **1977** 1997; BBl **1976** II 1). Fassung gemäss Ziff. I des BG vom 3. Febr. 1995, in Kraft seit 1. Sept. 1995 (AS **1995** 2879; BBl **1993** III 706).

[247] Eingefügt durch Ziff. I des BG vom 17. Dez. 1976, in Kraft seit 1. Juni 1978 (AS **1977** 1997, **1978** 550; BBl **1976** II 1).

II. Prioritätsrecht

Art. 136[248]

Das Prioritätsrecht nach Artikel 17 kann für die internationale Anmeldung auch beansprucht werden, wenn die Erstanmeldung in der Schweiz oder nur für die Schweiz bewirkt worden ist.

III. Vorläufiger Schutz

Art. 137[249]

Die Artikel 111 und 112 dieses Gesetzes gelten sinngemäss für die nach Artikel 21 des Zusammenarbeitsvertrages veröffentlichte internationale Anmeldung, für die das IGE Bestimmungsamt ist.

C. Formerfordernisse

Art. 138[250]

Der Anmelder hat dem IGE innerhalb von 30 Monaten nach dem Anmelde- oder dem Prioritätsdatum:

a. den Erfinder schriftlich zu nennen;

b. Angaben über die Quelle zu machen (Art. 49*a*);

c. die Anmeldegebühr zu bezahlen;

d. eine Übersetzung in eine schweizerische Amtssprache einzureichen, sofern die internationale Anmeldung nicht in einer solchen Sprache abgefasst ist.

D. ...

Art. 139[251]

[248] Eingefügt durch Ziff. I des BG vom 17. Dez. 1976, in Kraft seit 1. Juni 1978 (AS **1977** 1997, **1978** 550; BBl **1976** II 1).

[249] Eingefügt durch Ziff. I des BG vom 17. Dez. 1976, in Kraft seit 1. Juni 1978 (AS **1977** 1997, **1978** 550; BBl **1976** II 1).

[250] Eingefügt durch Ziff. I des BG vom 17. Dez. 1976 (AS **1977** 1997; BBl **1976** II 1). Fassung gemäss Ziff. I des BG vom 22. Juni 2007, in Kraft seit 1. Juli 2008 (AS **2008** 2551; BBl **2006** 1).

[251] Eingefügt durch Ziff. I des BG vom 17. Dez. 1976 (AS **1977** 1997; BBl **1976** II 1). Aufgehoben durch Ziff. I des BG vom 22. Juni 2007, mit Wirkung seit 1. Juli 2008 (AS **2008** 2551; BBl **2006** 1).

E. Verbot des Doppelschutzes

Art. 140[252]

[1] Soweit für die gleiche Erfindung dem gleichen Erfinder oder seinem Rechtsnachfolger zwei Patente mit gleichem Prioritätsdatum erteilt worden sind, fällt im Zeitpunkt der Erteilung des Patentes aus der internationalen Anmeldung die Wirkung des Patentes aus der nationalen Anmeldung dahin, gleichgültig, ob für das Patent aus der internationalen Anmeldung die Priorität der nationalen, oder für das Patent aus der nationalen Anmeldung die Priorität der internationalen Anmeldung beansprucht ist.

[2] Artikel 27 ist entsprechend anwendbar.

Siebenter Titel:[253] Ergänzende Schutzzertifikate[254]

1. Abschnitt: Ergänzende Schutzzertifikate für Arzneimittel[255]

A. Grundsatz

Art. 140*a*[256]

[1] Das IGE erteilt für Wirkstoffe oder Wirkstoffzusammensetzungen von Arzneimitteln auf Gesuch hin ein ergänzendes Schutzzertifikat (Zertifikat). Ein Zertifikat wird nur erteilt, wenn kein pädiatrisches ergänzendes Schutzzertifikat nach Artikel 140*t* Absatz 1 vorliegt.[257]

[1bis] Ein Wirkstoff ist ein zur Zusammensetzung eines Arzneimittels gehörender Stoff chemischen oder biologischen Ursprungs, der eine medizinische Wirkung auf den Organismus hat. Eine Wirkstoffzusammensetzung ist eine Kombination aus mehreren Stoffen, die alle eine medizinische Wirkung auf den Organismus haben.[258]

---

[252] Eingefügt durch Ziff. I des BG vom 17. Dez. 1976, in Kraft seit 1. Juni 1978 (AS **1977** 1997, **1978** 550; BBl **1976** II 1).

[253] Eingefügt durch Ziff. I des BG vom 3. Febr. 1995, in Kraft seit 1. Sept. 1995 (AS **1995** 2879; BBl **1993** III 706).

[254] Fassung gemäss Ziff. I des BG vom 9. Okt. 1998, in Kraft seit 1. Mai 1999 (AS **1999** 1363; BBl **1998** 1633).

[255] Titel eingefügt durch Ziff. I des BG vom 9. Okt. 1998, in Kraft seit 1. Mai 1999 (AS **1999** 1363; BBl **1998** 1633).

[256] Fassung gemäss Ziff. I des BG vom 9. Okt. 1998, in Kraft seit 1. Mai 1999 (AS **1999** 1363; BBl **1998** 1633).

[257] Zweiter Satz eingefügt durch Anhang Ziff. 2 des BG vom 18. März 2016, in Kraft seit 1. Jan. 2019 (AS **2017** 2745, **2018** 3575; BBl **2013** 1).

[258] Eingefügt durch Anhang Ziff. 2 des BG vom 18. März 2016, in Kraft seit 1. Jan. 2019 (AS **2017** 2745, **2018** 3575; BBl **2013** 1).

[2] Wirkstoffe oder Wirkstoffzusammensetzungen werden in diesem Abschnitt als Erzeugnisse bezeichnet.

B. Voraussetzungen

Art. 140*b*

[1] Das Zertifikat wird erteilt, wenn im Zeitpunkt des Gesuchs:

a. das Erzeugnis als solches, ein Verfahren zu seiner Herstellung oder eine Verwendung durch ein Patent geschützt ist;

b.[259] ein Arzneimittel mit dem Erzeugnis nach Artikel 9 des Heilmittelgesetzes vom 15. Dezember 2000[260] (HMG) in der Schweiz zugelasen ist.

[2] Es wird aufgrund der ersten Zulassung erteilt.[261]

C. Anspruch

Art. 140*c*

[1] Anspruch auf das Zertifikat hat der Patentinhaber.

[2] Je Erzeugnis wird das Zertifikat nur einmal erteilt.[262]

[3] Reichen jedoch aufgrund unterschiedlicher Patente für das gleiche Erzeugnis mehrere Patentinhaber ein Gesuch ein und ist noch kein Zertifikat erteilt worden, so kann das Zertifikat jedem Gesuchsteller erteilt werden.[263]

D. Schutzgegenstand und Wirkungen

Art. 140*d*

[1] Das Zertifikat schützt, in den Grenzen des sachlichen Geltungsbereichs des Patents, alle Verwendungen des Erzeugnisses als Arzneimittel, die vor Ablauf des Zertifikats genehmigt werden.

[2] Es gewährt die gleichen Rechte wie das Patent und unterliegt den gleichen Beschränkungen.

---

[259] Fassung gemäss Anhang Ziff. 2 des BG vom 18. März 2016, in Kraft seit 1. Jan. 2019 (AS **2017** 2745, **2018** 3575; BBl **2013** 1).

[260] SR **812.21**

[261] Fassung gemäss Anhang Ziff. 2 des BG vom 18. März 2016, in Kraft seit 1. Jan. 2019 (AS **2017** 2745, **2018** 3575; BBl **2013** 1).

[262] Eingefügt durch Ziff. I des BG vom 9. Okt. 1998, in Kraft seit 1. Mai 1999 (AS **1999** 1363; BBl **1998** 1633).

[263] Eingefügt durch Ziff. I des BG vom 9. Okt. 1998, in Kraft seit 1. Mai 1999 (AS **1999** 1363; BBl **1998** 1633).

E. Schutzdauer

Art. 140*e*

[1] Das Zertifikat gilt ab Ablauf der Höchstdauer des Patents für einen Zeitraum, welcher der Zeit zwischen dem Anmeldedatum nach Artikel 56 und dem Datum der ersten Zulassung des Arzneimittels mit dem Erzeugnis in der Schweiz entspricht, abzüglich fünf Jahre.[264]

[2] Es gilt für höchstens fünf Jahre.

[3] Der Bundesrat kann bestimmen, dass als erste Zulassung im Sinne von Absatz 1 die erste Zulassung eines Arzneimittels mit dem Erzeugnis im Europäischen Wirtschaftsraum gilt, falls sie dort früher erteilt wird als in der Schweiz.[265]

F. Frist für die Einreichung des Gesuchs

Art. 140*f*

[1] Das Gesuch um Erteilung des Zertifikats muss eingereicht werden:

a. innerhalb von sechs Monaten nach der ersten Genehmigung für das Inverkehrbringen des Erzeugnisses als Arzneimittel in der Schweiz;

b. innerhalb von sechs Monaten nach der Erteilung des Patents, wenn dieses später erteilt wird als die erste Zulassung.[266]

[2] Wird die Frist nicht eingehalten, so weist das IGE das Gesuch zurück.

G. Erteilung des Zertifikats

Art. 140*g*

Das IGE erteilt das Zertifikat durch Eintragung desselben ins Patentregister.

H. Gebühren

Art. 140*h*

[1] Für das Zertifikat sind eine Anmeldegebühr und Jahresgebühren zu bezahlen.

[2] Die Jahresgebühren sind für die gesamte Laufzeit des Zertifikats auf einmal und im Voraus zu bezahlen.[267]

---

[264] Fassung gemäss Anhang Ziff. 2 des BG vom 18. März 2016, in Kraft seit 1. Jan. 2019 (AS **2017** 2745, **2018** 3575; BBl **2013** 1).

[265] Fassung gemäss Anhang Ziff. 2 des BG vom 18. März 2016, in Kraft seit 1. Jan. 2019 (AS **2017** 2745, **2018** 3575; BBl **2013** 1).

[266] Fassung gemäss Anhang Ziff. 2 des BG vom 18. März 2016, in Kraft seit 1. Jan. 2019 (AS **2017** 2745, **2018** 3575; BBl **2013** 1).

[267] Fassung gemäss Ziff. I des BG vom 22. Juni 2007, in Kraft seit 1. Juli 2008 (AS **2008** 2551; BBl **2006** 1).

3 ...[268]

I. Vorzeitiges Erlöschen und Sistierung

Art. 140*i*

1 Das Zertifikat erlischt, wenn:

a. der Inhaber in schriftlicher Eingabe an das IGE darauf verzichtet;

b. die Jahresgebühren nicht rechtzeitig bezahlt werden;

c.[269] alle Zulassungen von Arzneimitteln mit dem Erzeugnis widerrufen werden (Art. 16*a* HMG[270]).

2 Das Zertifikat wird sistiert, wenn die Zulassungen sistiert werden. Die Sistierung unterbricht die Laufzeit des Zertifikats nicht.[271]

3 Das Schweizerische Heilmittelinstitut teilt dem IGE den Widerruf oder die Sistierung der Zulassung mit.[272]

K. Nichtigkeit

Art. 140*k*

1 Das Zertifikat ist nichtig, wenn:

a.[273] es entgegen Artikel 140*b*, 140*c* Absatz 2, 146 Absatz 1 oder 147 Absatz 1 erteilt worden ist;

b. das Patent vor Ablauf seiner Höchstdauer erlischt (Art. 15);

c. die Nichtigkeit des Patents festgestellt wird;

d. das Patent derart eingeschränkt wird, dass dessen Ansprüche das Erzeugnis, für welches das Zertifikat erteilt wurde, nicht mehr erfassen;

e. nach dem Erlöschen des Patents Gründe vorliegen, welche die Feststellung der Nichtigkeit nach Buchstabe c oder eine Einschränkung nach Buchstabe d gerechtfertigt hätten.

---

268 Aufgehoben durch Ziff. I des BG vom 22. Juni 2007, mit Wirkung seit 1. Juli 2008 (AS **2008** 2551; BBl **2006** 1).

269 Fassung gemäss Anhang Ziff. 2 des BG vom 18. März 2016, in Kraft seit 1. Jan. 2019 (AS **2017** 2745, **2018** 3575; BBl **2013** 1).

270 SR **812.21**

271 Fassung gemäss Anhang Ziff. 2 des BG vom 18. März 2016, in Kraft seit 1. Jan. 2019 (AS **2017** 2745, **2018** 3575; BBl **2013** 1).

272 Fassung gemäss Anhang Ziff. 2 des BG vom 18. März 2016, in Kraft seit 1. Jan. 2019 (AS **2017** 2745, **2018** 3575; BBl **2013** 1).

273 Fassung gemäss Ziff. I des BG vom 9. Okt. 1998, in Kraft seit 1. Mai 1999 (AS **1999** 1363; BBl **1998** 1633).

[2] Jedermann kann bei der Behörde, die für die Feststellung der Nichtigkeit des Patents zuständig ist, Klage auf Feststellung der Nichtigkeit des Zertifikats erheben.

L. Verfahren, Register, Veröffentlichungen

Art. 140*l*

[1] Der Bundesrat regelt das Verfahren zur Erteilung der Zertifikate, deren Eintragung in das Patentregister sowie die Veröffentlichungen des IGE.

[2] Er berücksichtigt die Regelung in der Europäischen Union.[274]

M. Anwendbares Recht

Art. 140*m*

Soweit die Bestimmungen über die Zertifikate keine Regelung enthalten, gelten die Bestimmungen des ersten, zweiten, dritten und fünften Titels dieses Gesetzes sinngemäss.

2. Abschnitt:[275] Verlängerung der Dauer der ergänzenden Schutzzertifikate für Arzneimittel

A. Voraussetzungen

Art. 140*n*

[1] Das IGE verlängert die Schutzdauer (Art. 140*e*) erteilter Zertifikate um sechs Monate, wenn die Zulassung (Art. 9 HMG[276]) eines Arzneimittels mit dem Erzeugnis:

a. eine Bestätigung enthält, wonach die Arzneimittelinformation die Ergebnisse aller Studien wiedergibt, die in Übereinstimmung mit dem bei der Zulassung berücksichtigten pädiatrischen Prüfkonzept (Art. 11 Abs. 2 Bst. a Ziff. 6 HMG) durchgeführt wurden; und

b. spätestens sechs Monate nach dem Gesuch um die erste Zulassung eines Arzneimittels mit dem Erzeugnis im Europäischen Wirtschaftsraum, bei dem die dazugehörende Arzneimittelinformation die Ergebnisse aller Studien wiedergibt, die in Übereinstimmung mit dem bei der Zulassung be-

---

[274] Fassung gemäss Anhang Ziff. 2 des BG vom 18. März 2016, in Kraft seit 1. Jan. 2019 (AS **2017** 2745, **2018** 3575; BBl **2013** 1).

[275] Eingefügt durch Ziff. I des BG vom 9. Okt. 1998 (AS 1999 1363; BBl 1998 1633). Fassung gemäss Anhang Ziff. 2 des BG vom 18. März 2016, in Kraft seit 1. Jan. 2019 (AS **2017** 2745, **2018** 3575; BBl **2013** 1).

[276] SR **812.21**

rücksichtigten pädiatrischen Prüfkonzept durchgeführt wurden, beantragt wurde.

[2] Die Schutzdauer eines Zertifikats kann nur einmal verlängert werden.

B. Frist für die Einreichung des Gesuchs

Art. 140*o*

[1] Das Gesuch um Verlängerung der Schutzdauer eines Zertifikats kann frühestens mit dem Gesuch um Erteilung eines Zertifikats und spätestens zwei Jahre vor dessen Ablauf gestellt werden.

[2] Wird die Frist nicht eingehalten, so weist das IGE das Gesuch zurück.

C. Verlängerung der Schutzdauer

Art. 140*p*

Das IGE verlängert die Schutzdauer des Zertifikats durch deren Eintragung im Patentregister.

D. Gebühr

Art. 140*q*

Für die Verlängerung der Schutzdauer eines Zertifikats ist eine Gebühr zu bezahlen.

E. Widerruf

Art. 140*r*

[1] Das IGE kann eine Verlängerung der Schutzdauer eines Zertifikats widerrufen, wenn sie im Widerspruch zu Artikel 140*n* gewährt wurde oder wenn sie Artikel 140n nachträglich widerspricht.

[2] Jede Person kann beim IGE einen Antrag auf Widerruf der Verlängerung der Schutzdauer stellen.

F. Verfahren, Register, Veröffentlichungen

Art. 140*s*

[1] Der Bundesrat regelt das Verfahren zur Verlängerung der Schutzdauer der Zertifikate, deren Eintragung in das Patentregister sowie die Veröffentlichungen des IGE.

[2] Er berücksichtigt die Regelung in der Europäischen Union.

2a. Abschnitt:[277] Pädiatrische ergänzende Schutzzertifikate für Arzneimittel

A. Voraussetzungen

Art. 140*t*

[1] Das IGE erteilt für Wirkstoffe oder Wirkstoffzusammensetzungen von Arzneimitteln auf Gesuch hin ein pädiatrisches ergänzendes Schutzzertifikat (pädiatrisches Zertifikat) mit einer Schutzdauer von sechs Monaten ab Ablauf der Höchstdauer des Patents, wenn die Zulassung (Art. 9 HMG[278]) eines Arzneimittels mit dem Erzeugnis:

a. eine Bestätigung enthält, wonach die Arzneimittelinformation die Ergebnisse aller Studien wiedergibt, die in Übereinstimmung mit dem bei der Zulassung berücksichtigten pädiatrischen Prüfkonzept (Art. 11 Abs. 2 Bst. a Ziff. 6 HMG) durchgeführt wurden; und

b. spätestens sechs Monate nach dem Gesuch um die erste Zu-lassung eines Arzneimittels mit dem Erzeugnis im Europäischen Wirtschaftsraum, bei dem die dazugehörende Arzneimittelinformation die Ergebnisse aller Studien wiedergibt, die in Übereinstimmung mit dem bei der Zulassung berücksichtigten pädiatrischen Prüfkonzept durchgeführt wurden, beantragt wurde.

[2] Ein pädiatrisches Zertifikat wird nur erteilt, wenn kein ergänzendes Schutzzertifikat nach Artikel 140*a* Absatz 1 vorliegt.

[3] Artikel 140*b* Absatz 1 gilt sinngemäss.

[4] Die Schutzdauer eines pädiatrischen Zertifikats kann nicht verlängert werden.

B. Anspruch

Art. 140*u*

[1] Anspruch auf das pädiatrische Zertifikat hat der Patentinhaber.

[2] Je Erzeugnis wird das pädiatrische Zertifikat nur einmal erteilt.

[3] Reichen jedoch aufgrund unterschiedlicher Patente für das gleiche Erzeugnis mehrere Patentinhaber ein Gesuch ein, so kann das pädiatrische Zertifikat jedem Gesuchsteller erteilt werden, sofern die Zustimmung des Adressaten der Bestätigung nach Artikel 140*t* Absatz 1 Buchstabe a vorliegt.

---

[277] Eingefügt durch Anhang Ziff. 2 des BG vom 18. März 2016, in Kraft seit 1. Jan. 2019 (AS **2017** 2745, **2018** 3575; BBl **2013** 1).

[278] SR **812.21**

C. Frist für Einreichung des Gesuchs

Art. 140*v*

[1] Das Gesuch um Erteilung eines pädiatrischen Zertifikats kann spätestens zwei Jahre vor Ablauf der Höchstdauer des Patents gestellt werden.

[2] Wird die Frist nicht eingehalten, so weist das IGE das Gesuch zurück.

D. Gebühr

Art. 140*w*

Für das pädiatrische Zertifikat ist eine Gebühr zu bezahlen.

E. Nichtigkeit

Art. 140*x*

[1] Das pädiatrische Zertifikat ist nichtig, wenn:

a. es entgegen Artikel 140*t* erteilt worden ist oder wenn es Artikel 140*t* nachträglich widerspricht;

b. es entgegen Artikel 140*u* Absatz 2 erteilt worden ist;

c. das Patent vor Ablauf seiner Höchstdauer erlischt (Art. 15);

d. die Nichtigkeit des Patents festgestellt wird;

e. das Patent derart eingeschränkt wird, dass dessen Ansprüche das Erzeugnis, für welches das pädiatrische Zertifikat erteilt wurde, nicht mehr erfassen;

f. nach dem Erlöschen des Patents Gründe vorliegen, welche die Feststellung der Nichtigkeit nach Buchstabe d oder eine Einschränkung nach Buchstabe e gerechtfertigt hätten.

[2] Jedermann kann bei der Behörde, die für die Feststellung der Nichtigkeit des Patents zuständig ist, Klage auf Feststellung der Nichtigkeit des pädiatrischen Zertifikats erheben.

F. Verfahren, Register, Veröffentlichungen, anwendbares Recht

Art. 140*y*

Die Artikel 140*a* Absatz 1bis und 2, 140*d*, 140*g*, 140*i*, 140*l* Absatz 1 und 140*m* gelten sinngemäss.

3. Abschnitt:[279] Ergänzende Schutzzertifikate für Pflanzenschutzmittel

Art. 140*z*

[1] Das IGE erteilt für Wirkstoffe oder Wirkstoffzusammensetzungen von Pflanzenschutzmitteln auf Gesuch hin ein Zertifikat.

[2] Die Artikel 140*a* Absatz 2–140*m* gelten sinngemäss.

[3] Wirkstoffe sind Stoffe und Mikroorganismen, einschliesslich Viren, mit allgemeiner oder spezifischer Wirkung:

a. gegen Schadorganismen;

b. auf Pflanzen, Pflanzenteile oder Pflanzenerzeugnisse.

Schlusstitel: Schluss- und Übergangsbestimmungen[280]

A. Ausführungsmassnahmen

Art. 141[281]

[1] Der Bundesrat trifft die zur Ausführung dieses Gesetzes nötigen Massnahmen.

[2] Er kann insbesondere Vorschriften aufstellen über die Bildung der Prüfungsstellen und der Einspruchsabteilungen, über deren Geschäftskreis und Verfahren sowie über Fristen und Gebühren.[282]

B. Übergang vom alten zum neuen Recht
I. Patente

Art. 142[283]

Patente, die beim Inkrafttreten der Änderung vom 22. Juni 2007 dieses Gesetzes noch nicht erloschen sind, unterstehen von diesem Zeitpunkt an dem neuen Recht. Die Nichtigkeitsgründe richten sich weiterhin nach dem alten Recht.[284]

---

[279] Eingefügt durch Ziff. 2 des BG vom 18. März 2016, in Kraft seit 1. Jan. 2019 (AS **2017** 2745, **2018** 3575; BBl **2013** 1)

[280] Fassung gemäss Ziff. I des BG vom 17. Dez. 1976, in Kraft seit 1. Jan. 1978 (AS **1977** 1997; BBl **1976** II 1).

[281] Eingefügt durch Ziff. I des BG vom 17. Dez. 1976, in Kraft seit 1. Jan. 1978 (AS **1977** 1997; BBl **1976** II 1).

[282] Fassung gemäss Anhang Ziff. 23 des Verwaltungsgerichtsgesetzes vom 17. Juni 2005, in Kraft seit 1. Jan. 2007 (AS **2006** 2197; BBl **2001** 4202).

[283] Eingefügt durch Ziff. I des BG vom 17. Dez. 1976 (AS **1977** 1997; BBl **1976** II 1). Fassung gemäss Ziff. I des BG vom 22. Juni 2007, in Kraft seit 1. Juli 2008 (AS **2008** 2551; BBl **2006** 1).

[284] Zweiter Satz eingefügt durch Anhang Ziff. 3 des Patentanwaltsgesetzes vom 20. März 2009, in Kraft seit 1. Juli 2011 (AS **2011** 2259; BBl **2008** 407).

II. Patentgesuche

Art. 143[285]

[1] Patentgesuche, die beim Inkrafttreten der Änderung vom 22. Juni 2007 dieses Gesetzes hängig sind, unterstehen von diesem Zeitpunkt an dem neuen Recht.

[2] Jedoch richten sich weiterhin nach altem Recht:

a. die Ausstellungsimmunität;

b. die Patentierbarkeit, wenn die Voraussetzungen dafür nach altem Recht günstiger sind.

Art. 144[286]

III. Zivilrechtliche Verantwortlichkeit

Art. 145[287]

[1] Die zivilrechtliche Verantwortlichkeit richtet sich nach den zur Zeit der Handlung geltenden Bestimmungen.

[2] Die Artikel 75 und 77 Absatz 5 sind nur auf Lizenzverträge anwendbar, die nach Inkrafttreten der Änderung vom 22. Juni 2007 dieses Gesetzes abgeschlossen oder bestätigt worden sind.[288]

C. Ergänzende Schutzzertifikate für Pflanzenschutzmittel
I. Genehmigung vor dem Inkrafttreten

Art. 146[289]

[1] Das ergänzende Schutzzertifikat kann für jedes Erzeugnis erteilt werden, das beim Inkrafttreten der Änderung vom 9. Oktober 1998[290] dieses Gesetzes durch

---

[285] Eingefügt durch Ziff. I des BG vom 17. Dez. 1976 (AS **1977** 1997; BBl **1976** II 1). Fassung gemäss Ziff. I des BG vom 22. Juni 2007, in Kraft seit 1. Juli 2008 (AS **2008** 2551; BBl **2006** 1).

[286] Eingefügt durch Ziff. I des BG vom 17. Dez. 1976 (AS **1977** 1997; BBl **1976** II 1). Aufgehoben durch Ziff. I des BG vom 22. Juni 2007, mit Wirkung seit 1. Juli 2008 (AS **2008** 2551; BBl **2006** 1).

[287] Eingefügt durch Ziff. I des BG vom 17. Dez. 1976, in Kraft seit 1. Jan. 1978 (AS **1977** 1997; BBl **1976** II 1).

[288] Eingefügt durch Ziff. I des BG vom 22. Juni 2007, in Kraft seit 1. Juli 2008 (AS **2008** 2551; BBl **2006** 1).

[289] Eingefügt durch Ziff. I des BG vom 3. Febr. 1995 (AS **1995** 2879; BBl **1993** III 706). Fassung gemäss Ziff. I des BG vom 9. Okt. 1998, in Kraft seit 1. Mai 1999 (AS **1999** 1363; BBl **1998** 1633).

[290] AS **1999** 1363

ein Patent geschützt ist und für das die Genehmigung für das Inverkehrbringen gemäss Artikel 140*b* nach dem 1. Januar 1985 erteilt wurde.

2 Das Gesuch um Erteilung des Zertifikats ist innerhalb von sechs Monaten nach dem Inkrafttreten der Änderung vom 9. Oktober 1998 dieses Gesetzes einzureichen. Wird die Frist nicht eingehalten, so weist das IGE das Gesuch zurück.

II. Erloschene Patente

Art. 147[291]

1 Zertifikate werden auch aufgrund von Patenten erteilt, die zwischen dem 8. Februar 1997 und dem Inkrafttreten der Änderung vom 9. Oktober 1998[292] dieses Gesetzes nach Ablauf der Höchstdauer erloschen sind.

2 Die Schutzdauer des Zertifikats berechnet sich nach Artikel 140*e*; seine Wirkungen beginnen jedoch erst mit der Veröffentlichung des Gesuchs um Erteilung des Zertifikats.

3 Das Gesuch ist innerhalb von zwei Monaten nach dem Inkrafttreten der Änderung vom 9. Oktober 1998 dieses Gesetzes zu stellen. Wird die Frist nicht eingehalten, so weist das IGE das Gesuch zurück.

4 Artikel 48 Absätze 1, 2 und 4 gilt entsprechend für den Zeitraum zwischen dem Erlöschen des Patentes und der Veröffentlichung des Gesuchs.

D. Übergangsbestimmung zur Änderung vom 16. Dezember 2005 des Patentgesetzes

Art. 148[293]

1 Für europäische Patente, die nicht in einer schweizerischen Amtssprache veröffentlicht werden, braucht keine Übersetzung der Patentschrift nach Artikel 113 Absatz 1[294] eingereicht zu werden, wenn die Veröffentlichung des Hinweises auf die Patenterteilung im Europäischen Patentblatt oder, im Falle der Aufrechterhaltung des Patents mit geändertem Umfang, die Veröffentlichung des Hinweises auf die Entscheidung über einen Einspruch oder, im Falle der

---

291 Eingefügt durch Ziff. I des BG vom 3. Febr. 1995 (AS **1995** 2879; BBl **1993** III 706). Fassung gemäss Ziff. I des BG vom 9. Okt. 1998, in Kraft seit 1. Mai 1999 (AS **1999** 1363; BBl **1998** 1633).

292 AS **1999** 1363; BBl **1998** 1633

293 Eingefügt durch Art. 2 des BB vom 16. Dez. 2005 über die Genehmigung des Übereinkommens über die Anwendung des Artikels 65 des Europäischen Patentübereinkommens und über die Änderung des Patentgesetzes, in Kraft seit 1. Mai 2008 (AS **2008** 1739; BBl **2005** 3773).

294 AS **1977** 1997

Beschränkung des Patents, die Veröffentlichung des Hinweises auf die Beschränkung weniger als drei Monate vor Inkrafttreten der Änderung vom 16. Dezember 2005 dieses Gesetzes erfolgt.

2 Die Artikel 114[295] und 116[296] sind auch nach Inkrafttreten der Änderung vom 16. Dezember 2005 dieses Gesetzes auf Übersetzungen anwendbar, die nach Artikel 112[297] entweder dem Beklagten zugestellt oder der Öffentlichkeit durch Vermittlung des IGE zugänglich gemacht oder nach Artikel 113[298] dem IGE eingereicht wurden.

E. Übergangsbestimmungen zur Änderung vom 18. März 2016 des Patentgesetzes

Art. 149[299]

1 Für die Dauer von fünf Jahren nach Inkrafttreten der Änderung vom 18. März 2016[300] dieses Gesetzes kann das Gesuch um Verlängerung der Schutzdauer eines Zertifikats spätestens sechs Monate vor dessen Ablauf gestellt werden.

2 Für die Dauer von fünf Jahren nach Inkrafttreten der vorliegenden Änderung kann das Gesuch um Erteilung eines pädiatrischen Zertifikats spätestens sechs Monate vor Ablauf der Höchstdauer des Patents gestellt werden.

3 Wird die Zulassung (Art. 9 HMG[301]) eines Arzneimittels mit dem Erzeugnis (Art. 140n Abs. 1 Einleitungssatz beziehungsweise 140t Abs. 1 Einleitungssatz) innert sechs Monaten nach Inkrafttreten der vorliegenden Änderung beantragt, so finden die Artikel 140n Absatz 1 Buchstabe b beziehungsweise 140t Absatz 1 Buchstabe b keine Anwendung.

Datum des Inkrafttretens: 1. Januar 1956[302]

Art. 89 Abs. 2, 90 Abs. 2 und 3, 91 Abs. 2 und 3, 96 Abs. 1 und 3, 101 Abs. 1, 105 Abs. 3: 1. Oktober 1959[303]

---

295 AS **1977** 1997, **1999** 1363

296 AS **1977** 1997

297 AS **1977** 1997, **1999** 1363

298 AS **1977** 1997, **1995** 2879, **2007** 6479

299 Eingefügt durch Anhang Ziff. 2 des BG vom 18. März 2016, in Kraft seit 1. Jan. 2019 (AS **2017** 2745, **2018** 3575; BBl **2013** 1).

300 AS **2017** 2745

301 SR **812.21**

302 BRB vom 18. Okt. 1955

303 BRB vom 8. Sept. 1959 (AS **1959** 861)

Bundesgesetz über das Bundespatentgericht (Patentgerichtsgesetz, PatGG)

vom 20. März 2009 (Stand am 1. August 2018)

Die Bundesversammlung der Schweizerischen Eidgenossenschaft,

gestützt auf Artikel 191*a* Absatz 3 der Bundesverfassung[1], nach Einsicht in die Botschaft des Bundesrates vom 7. Dezember 2007[2],

beschliesst:

1. Kapitel: Stellung

Art. 1 *Grundsatz*

[1] Das Bundespatentgericht ist das erstinstanzliche Patentgericht des Bundes.

[2] Es entscheidet als Vorinstanz des Bundesgerichts.

Art. 2 *Unabhängigkeit*

Das Bundespatentgericht ist in seiner rechtsprechenden Tätigkeit unabhängig und nur dem Recht verpflichtet.

Art. 3 *Aufsicht*

[1] Das Bundesgericht übt die administrative Aufsicht über die Geschäftsführung des Bundespatentgerichts aus.

[2] Die Bundesversammlung übt die Oberaufsicht aus.

[3] Das Bundespatentgericht unterbreitet dem Bundesgericht jährlich seinen Entwurf für den Voranschlag sowie seine Rechnung und seinen Geschäftsbericht zuhanden der Bundesversammlung.

Art. 4 *Finanzierung*

Das Bundespatentgericht finanziert sich aus Gerichtsgebühren sowie aus Beiträgen des Eidgenössischen Instituts für Geistiges Eigentum (IGE), die den jährlich vereinnahmten Patentgebühren entnommen werden.

AS **2010** 513

[1] SR **101**

[2] BBl **2008** 455

Art. 5 *Infrastruktur und Personal für administrative Hilfsarbeiten*

[1] Das Bundesverwaltungsgericht stellt seine Infrastruktur dem Bundespatentgericht zu Selbstkosten zur Verfügung und stellt das Personal zur Erfüllung der administrativen Hilfsarbeiten des Bundespatentgerichts.

[2] Das Personal für administrative Hilfsarbeiten ist in seiner Tätigkeit für das Bundespatentgericht dessen Verwaltungskommission[3] unterstellt.

Art. 5*a*[4] *Datenschutz bei der Benutzung der elektronischen Infrastruktur*

[1] Für die Benutzung der elektronischen Infrastruktur des Bundesverwaltungsgerichts finden im Rahmen der Verwaltungstätigkeit des Bundespatentgerichts die Artikel 57*i*–57*q* des Regierungs- und Verwaltungsorganisationsgesetzes vom 21. März 1997[5] sinngemäss Anwendung.

[2] Das Bundespatentgericht erlässt die Ausführungsbestimmungen.

Art. 6 *Tagungs- und Dienstort*

Das Bundespatentgericht tagt am Sitz des Bundesverwaltungsgerichts. Dieser Tagungsort gilt auch als Dienstort für die hauptamtlichen Richterinnen und Richter, die Gerichtsschreiberinnen und Gerichtsschreiber sowie das Personal für administrative Hilfsarbeiten.

Art. 7 *Besonderer Tagungsort*

Wenn die Umstände es rechtfertigen, kann das Bundespatentgericht an einem anderen Ort tagen. Die Kantone stellen die notwendige Infrastruktur unentgeltlich zur Verfügung.

2. Kapitel: Richterinnen und Richter

Art. 8 *Zusammensetzung*

[1] Das Bundespatentgericht setzt sich aus Richterinnen und Richtern mit juristischer sowie Richterinnen und Richtern mit technischer Ausbildung zusammen. Die Richterinnen und Richter müssen über ausgewiesene Kenntnisse auf dem Gebiet des Patentrechts verfügen.

---

[3] Ausdruck gemäss Ziff. I des BG vom 16. März 2018, in Kraft seit 1. Aug. 2018 (AS **2018** 2753; BBl **2017** 7527 7539). Diese Änd. wurde im ganzen Erlass berücksichtigt.

[4] Eingefügt durch Ziff. II 4 des BG vom 1. Okt. 2010 (Datenschutz bei der Benutzung der elektronischen Infrastruktur), in Kraft seit 1. April 2012 (AS **2012** 941; BBl **2009** 8513).

[5] SR **172.010**

[2] Dem Bundespatentgericht gehören zwei hauptamtliche Richterinnen beziehungsweise Richter sowie eine ausreichende Anzahl nebenamtlicher Richterinnen beziehungsweise Richter an. Die Mehrheit der nebenamtlichen Richterinnen beziehungsweise Richter muss technisch ausgebildet sein.

Art. 9 *Wahl*

[1] Die Richterinnen und Richter werden von der Bundesversammlung gewählt.

[2] Wählbar ist, wer in eidgenössischen Angelegenheiten stimmberechtigt ist.

[3] Bei der Wahl ist auf eine angemessene Vertretung der technischen Sachgebiete und der Amtssprachen zu achten.

[4] Bei der Vorbereitung der Wahl können das IGE sowie die im Patentwesen tätigen Fachorganisationen und interessierten Kreise angehört werden.

Art. 10 *Unvereinbarkeit in der Tätigkeit*

[1] Die Richterinnen und Richter dürfen weder der Bundesversammlung noch dem Bundesrat noch einem eidgenössischen Gericht angehören.

[2] Sie dürfen keine Tätigkeit ausüben, welche die Erfüllung der Amtspflichten, die Unabhängigkeit oder das Ansehen des Gerichts beeinträchtigt.

[3] Sie dürfen keine amtliche Funktion für einen ausländischen Staat ausüben.

[4] Hauptamtliche Richterinnen und Richter dürfen nicht berufsmässig Dritte vor Gericht vertreten.

[5] Hauptamtliche Richterinnen und Richter, die im Vollpensum tätig sind, dürfen kein Amt eines Kantons bekleiden und keine andere Erwerbstätigkeit ausüben. Sie dürfen auch nicht als Mitglied der Geschäftsleitung, der Verwaltung, der Aufsichtsstelle oder der Revisionsstelle eines wirtschaftlichen Unternehmens tätig sein.

Art. 11 *Andere Beschäftigungen*

Für die Ausübung einer anderen Erwerbstätigkeit ausserhalb des Gerichts bedürfen hauptamtliche Richterinnen und Richter, die im Teilpensum tätig sind, einer Ermächtigung der Gerichtsleitung.

Art. 12 *Unvereinbarkeit in der Person*

[1] Dem Bundespatentgericht dürfen nicht gleichzeitig als Richterinnen oder Richter angehören:

a. Ehegatten, eingetragene Partnerinnen oder Partner und Personen, die in dauernder Lebensgemeinschaft leben;

b. Ehegatten oder eingetragene Partnerinnen oder Partner von Geschwistern und Personen, die mit Geschwistern in dauernder Lebensgemeinschaft leben;

c. Verwandte in gerader Linie sowie bis und mit dem dritten Grad in der Seitenlinie;

d. Verschwägerte in gerader Linie sowie bis und mit dem dritten Grad in der Seitenlinie.

[2] Die Regelung von Absatz 1 Buchstabe d gilt bei dauernden Lebensgemeinschaften sinngemäss.

Art. 13 *Amtsdauer*

[1] Die Amtsdauer der Richterinnen und Richter beträgt sechs Jahre. Die Wiederwahl ist zulässig.

[2] Richter und Richterinnen scheiden am Ende des Jahres aus ihrem Amt aus, in dem sie das 68. Altersjahr vollenden.[6]

[3] Frei gewordene Stellen werden für den Rest der Amtsdauer wieder besetzt.

Art. 14 *Amtsenthebung*

Die Wahlbehörde kann eine Richterin oder einen Richter vor Ablauf der Amtsdauer des Amtes entheben, wenn diese oder dieser:

a. vorsätzlich oder grobfahrlässig Amtspflichten schwer verletzt hat; oder

b. die Fähigkeit, das Amt auszuüben, auf Dauer verloren hat.

Art. 15 *Amtseid*

[1] Die Richterinnen und Richter werden vor ihrem Amtsantritt auf gewissenhafte Pflichterfüllung vereidigt.

[2] Sie leisten den Eid vor dem Gesamtgericht.

[3] Statt des Eids kann ein Gelübde abgelegt werden.

Art. 16[7]

---

6 Fassung gemäss Ziff. I 2 des BG vom 16. März 2012 (Änderung des Höchstalters für Richter und Richterinnen), in Kraft seit 1. Dez. 2012 (AS **2012** 5647; BBl **2011** 8995 9013).

7 Aufgehoben durch Anhang Ziff. 5 des BG vom 17. Juni 2011 (Gesuche um Aufhebung der Immunität), mit Wirkung seit 5. Dez. 2011 (AS **2011** 4627; BBl **2010** 7345 7385).

Art. 17 *Arbeitsverhältnis und Besoldung*

Die Bundesversammlung regelt das Arbeitsverhältnis und die Besoldung der Richterinnen und Richter in einer Verordnung.

3. Kapitel: Organisation und Verwaltung

Art. 18 *Präsidium*

[1] Die Bundesversammlung wählt eine hauptamtliche Richterin oder einen hauptamtlichen Richter zur Präsidentin beziehungsweise zum Präsidenten des Bundespatentgerichts.

[2] Die Präsidentin oder der Präsident wird für die volle Amtsdauer gewählt. Die Wiederwahl ist zulässig.

[3] Die Präsidentin oder der Präsident muss juristisch ausgebildet sein.

[4] Sie oder er führt den Vorsitz im Gesamtgericht und vertritt das Gericht nach aussen.

[5] Die Stellvertretung wird durch die Vizepräsidentin oder den Vizepräsidenten ausgeübt.

Art. 19[8] *Gesamtgericht*

[1] Das Gesamtgericht wählt als Vizepräsidentin oder Vizepräsidenten:

a. die zweite hauptamtliche Richterin oder den zweiten hauptamtlichen Richter; oder

b. eine nebenamtliche Richterin oder einen nebenamtlichen Richter mit juristischer Ausbildung.

[2] Wählt es die zweite hauptamtliche Richterin als Vizepräsidentin oder den zweiten hauptamtlichen Richter als Vizepräsidenten, so wählt es aus den nebenamtlichen Richterinnen und Richtern das dritte Mitglied der Verwaltungskommission. Die Bestellung einer Ersatzperson kann in einem Reglement vorgesehen werden.

[3] Wahlen des Gesamtgerichts sind gültig, wenn an der Sitzung oder am Zirkulationsverfahren mindestens zwei Drittel aller Richterinnen und Richter teilnehmen.

[8] Fassung gemäss Ziff. I des BG vom 16. März 2018, in Kraft seit 1. Aug. 2018 (AS **2018** 2753; BBl **2017** 7527 7539).

Art. 20 *Verwaltungskommission*

[1] Die Verwaltungskommission trägt die Verantwortung für die Gerichtsverwaltung.

[2] Sie setzt sich zusammen aus:

a. der Präsidentin oder dem Präsidenten des Bundespatentgerichts;
b. der Vizepräsidentin oder dem Vizepräsidenten;
c. der zweiten hauptamtlichen Richterin oder dem zweiten hauptamtlichen Richter oder, wenn diese oder dieser die Vizepräsidentschaft ausübt, einer nebenamtlichen Richterin oder einem nebenamtlichen Richter.[9]

[3] Die Verwaltungskommission ist zuständig für:

a. den Erlass von Reglementen über die Organisation und Verwaltung des Gerichts, die Geschäftsverteilung, die Zusammensetzung der Spruchkörper, die Information, die Gerichtsgebühren sowie die Entschädigungen an Parteien, amtliche Vertreterinnen und Vertreter, Sachverständige sowie Zeuginnen und Zeugen;
b. alle Aufgaben, die dieses Gesetz nicht einem anderen Organ zuweist.

Art. 21 *Spruchkörper*

[1] Das Gericht entscheidet in der Regel in Dreierbesetzung (Spruchkörper), wobei mindestens eine Person technisch ausgebildet und eine Person juristisch ausgebildet sein muss.

[2] Das Gericht entscheidet auf präsidiale Anordnung als Spruchkörper aus fünf Personen, wobei mindestens eine Person technisch und eine Person juristisch ausgebildet sein muss, wenn dies im Interesse der Rechtsfortbildung oder der Einheit der Rechtsprechung angezeigt ist.

[3] Sind im Streitfall mehrere technische Sachgebiete zu beurteilen, so entscheidet das Gericht auf präsidiale Anordnung als Spruchkörper aus bis zu sieben Personen, von denen mindestens eine juristisch ausgebildet sein muss.

[4] Die Besetzung der technisch ausgebildeten Richterinnen oder Richter wird nach dem im Streitfall in Frage stehenden technischen Sachgebiet vorgenommen.

[5] Dem Spruchkörper muss immer mindestens eine hauptamtliche Richterin oder ein hauptamtlicher Richter angehören; ausgenommen sind Fälle höherer Gewalt.

---

[9] Fassung gemäss Ziff. I des BG vom 16. März 2018, in Kraft seit 1. Aug. 2018 (AS **2018** 2753; BBl **2017** 7527 7539).

Art. 22 *Abstimmung*

1 Für Wahlen des Gesamtgerichts und der Verwaltungskommission gilt die absolute Mehrheit der Stimmen.[10]

1bis Die Verwaltungskommission fasst ihre Entscheide mit einfachem Mehr.[11]

2 Bei Stimmengleichheit ist die Stimme der Präsidentin oder des Präsidenten ausschlaggebend; bei Wahlen und Anstellungen entscheidet das Los.

3 Die nebenamtlichen und die im Teilpensum tätigen hauptamtlichen Richterinnen und Richter haben volles Stimmrecht.

4 Richterinnen und Richter treten in Angelegenheiten, an denen sie ein persönliches Interesse haben, in den Ausstand.

Art. 23 *Einzelrichterin oder Einzelrichter*

1 Die Präsidentin oder der Präsident entscheidet als Einzelrichterin beziehungsweise Einzelrichter über:

a. das Nichteintreten auf offensichtlich unzulässige Klagen;

b. Gesuche um vorsorgliche Massnahmen;

c. Gesuche um unentgeltliche Rechtspflege;

d. die Abschreibung von Verfahren zufolge Gegenstandslosigkeit, Rückzugs, Anerkennung oder Vergleichs;

e. Klagen auf Erteilung einer Lizenz nach Artikel 40*d* des Patentgesetzes vom 25. Juni 1954[12].

2 Er oder sie kann andere juristisch ausgebildete Richterinnen oder Richter oder die zweite hauptamtliche Richterin oder den zweiten hauptamtlichen Richter mit diesen oder einzelnen dieser Aufgaben betrauen.[13]

3 Wenn die rechtlichen oder tatsächlichen Verhältnisse es erfordern, kann die Einzelrichterin beziehungsweise der Einzelrichter mit zwei weiteren Richterinnen oder Richtern in Dreierbesetzung entscheiden.[14] Ist das Verständnis eines

---

10 Fassung gemäss Ziff. I des BG vom 16. März 2018, in Kraft seit 1. Aug. 2018 (AS **2018** 2753; BBl **2017** 7527 7539).

11 Fassung gemäss Ziff. I des BG vom 16. März 2018, in Kraft seit 1. Aug. 2018 (AS **2018** 2753; BBl **2017** 7527 7539).

12 SR **232.14**

13 Fassung gemäss Ziff. I des BG vom 16. März 2018, in Kraft seit 1. Aug. 2018 (AS **2018** 2753; BBl **2017** 7527 7539).

14 Fassung gemäss Ziff. I des BG vom 16. März 2018, in Kraft seit 1. Aug. 2018 (AS **2018** 2753; BBl **2017** 7527 7539).

technischen Sachverhalts für den Entscheid von besonderer Bedeutung, muss in Dreierbesetzung entschieden werden.

Art. 24 *Gerichtsschreiberinnen und Gerichtsschreiber*

[1] Die Gerichtsschreiberinnen und Gerichtsschreiber wirken bei der Instruktion der Fälle und bei der Entscheidfindung mit. Sie haben beratende Stimme.

[2] Sie erarbeiten unter der Verantwortung einer Richterin oder eines Richters Referate und redigieren die Entscheide des Bundespatentgerichts.

[3] Sie erfüllen weitere Aufgaben, die ihnen in einem Reglement übertragen werden.

[4] Das Arbeitsverhältnis und die Besoldung der Gerichtsschreiberinnen und Gerichtsschreiber richten sich nach dem Bundespersonalgesetz vom 24. März 2000[15].

Art. 25 *Information*

Das Bundespatentgericht informiert die Öffentlichkeit über seine Rechtsprechung.

4. Kapitel: Zuständigkeiten

Art. 26

[1] Das Bundespatentgericht ist ausschliesslich zuständig für:

a. Bestandes- und Verletzungsklagen sowie Klagen auf Erteilung einer Lizenz betreffend Patente;
b. die Anordnung vorsorglicher Massnahmen vor Eintritt der Rechtshängigkeit einer Klage nach Buchstabe a;
c. die Vollstreckung seiner in ausschliesslicher Zuständigkeit getroffenen Entscheide.

[2] Es ist zuständig auch für andere Zivilklagen, die in Sachzusammenhang mit Patenten stehen, insbesondere betreffend die Berechtigung an Patenten oder deren Übertragung. Die Zuständigkeit des Bundespatentgerichts schliesst diejenige der kantonalen Gerichte nicht aus.

[3] Ist vor dem kantonalen Gericht vorfrageweise oder einredeweise die Nichtigkeit oder Verletzung eines Patents zu beurteilen, so setzt die Richterin oder der Richter den Parteien eine angemessene Frist zur Anhebung der Bestandesklage oder der Verletzungsklage vor dem Bundespatentgericht. Das kantonale Ge-

[15] SR **172.220.1**

richt setzt das Verfahren bis zum rechtskräftigen Entscheid über die Klage aus. Wird nicht innert Frist Klage vor dem Bundespatentgericht erhoben, so nimmt das kantonale Gericht das Verfahren wieder auf und die Vorfrage oder Einrede bleibt unberücksichtigt.

4 Erhebt die beklagte Partei vor dem kantonalen Gericht die Widerklage der Nichtigkeit oder der Verletzung eines Patents, so überweist das kantonale Gericht beide Klagen an das Bundespatentgericht.

5. Kapitel: Verfahren

1. Abschnitt: Anwendbares Recht

Art. 27

Das Verfahren vor dem Bundespatentgericht richtet sich nach der Zivilprozessordnung vom 19. Dezember 2008[16], soweit das Patentgesetz vom 25. Juni 1954[17] oder dieses Gesetz nichts anderes bestimmt.

2. Abschnitt: Ausstand

Art. 28

Nebenamtliche Richterinnen und Richter treten in den Ausstand bei Verfahren, in denen eine Person derselben Anwalts- oder Patentanwaltskanzlei oder desselben Arbeitgebers wie sie eine Partei vertritt.

3. Abschnitt: Parteivertretung

Art. 29

1 In Verfahren betreffend den Bestand eines Patents können auch Patentanwältinnen oder Patentanwälte im Sinne von Artikel 2 des Patentanwaltsgesetzes vom 20. März 2009[18] als Parteivertretung vor dem Bundespatentgericht auftreten, sofern sie den Patentanwaltsberuf unabhängig ausüben.

2 Die unabhängige Ausübung ihres Berufes ist auf Aufforderung des Bundespatentgerichts mittels geeigneter Unterlagen nachzuweisen.

3 Patentanwältinnen oder Patentanwälte im Sinne von Artikel 2 des Patentanwaltsgesetzes vom 20. März 2009 erhalten in allen Verhandlungen vor dem Bundespatentgericht Gelegenheit zur technischen Erörterung des Sachverhalts.

---

16 SR **272**
17 SR **232.14**
18 SR **935.62**

4. Abschnitt: Prozesskosten und unentgeltliche Rechtspflege

Art. 30 *Prozesskosten*

Prozesskosten sind:

a. die Gerichtskosten;

b. die Parteientschädigung.

Art. 31 *Gerichtskosten*

[1] Gerichtskosten sind:

a. die Gerichtsgebühr;

b. die Auslagen, namentlich die Kosten für das Kopieren von Rechtsschriften, für den Versand von Vorladungen und anderen Zustellungen, für Übersetzungen, ausgenommen solche zwischen Amtssprachen, sowie die Entschädigungen für Sachverständige, Zeuginnen und Zeugen.

[2] Die Gerichtsgebühr richtet sich nach Streitwert, Umfang und Schwierigkeit der Sache, Art der Prozessführung sowie finanzieller Lage der Parteien.

[3] Sie beträgt in der Regel 1000–150'000 Franken.

[4] Wenn besondere Gründe es rechtfertigen, kann das Bundespatentgericht bei der Festsetzung der Gerichtsgebühr vom Rahmen nach Absatz 3 abweichen.

[5] Auf die Erhebung von Gerichtskosten, die weder eine Partei noch Dritte veranlasst haben, kann verzichtet werden.

Art. 32 *Parteientschädigung*

Das Bundespatentgericht spricht die Parteientschädigung nach dem Tarif (Art. 33) zu. Die Parteien können eine Kostennote einreichen.

Art. 33 *Tarif*

Das Bundespatentgericht setzt den Tarif für die Prozesskosten fest.

Art. 34 *Liquidation der Prozesskosten bei unentgeltlicher Rechtspflege*

[1] Unterliegt die unentgeltlich prozessführende Partei, so werden die Prozesskosten wie folgt liquidiert:

a. Die unentgeltliche Rechtsbeiständin oder der unentgeltliche Rechtsbeistand wird vom Bundespatentgericht angemessen entschädigt.

b. Die Gerichtskosten gehen zulasten des Bundespatentgerichts.

c. Der Gegenpartei werden die Vorschüsse, die sie geleistet hat, zurückerstattet.

d. Die unentgeltlich prozessführende Partei hat der Gegenpartei die Parteientschädigung zu bezahlen.

² Obsiegt die unentgeltlich prozessführende Partei und ist die Parteientschädigung bei der Gegenpartei nicht oder voraussichtlich nicht einbringlich, so wird die unentgeltliche Rechtsbeiständin oder der unentgeltliche Rechtsbeistand aus der Gerichtskasse angemessen entschädigt. Die unentgeltlich prozessführende Partei hat der Gerichtskasse Ersatz zu leisten, wenn sie später dazu in der Lage ist.

5. Abschnitt: Prozessleitung und prozessuales Handeln

Art. 35 *Instruktionsrichterin oder Instruktionsrichter*

¹ Die Präsidentin oder der Präsident leitet als Instruktionsrichterin beziehungsweise Instruktionsrichter das Verfahren bis zum Entscheid. Mit dieser Aufgabe kann sie oder er betrauen:

a. eine andere juristisch ausgebildete Richterin oder einen anderen juristisch ausgebildeten Richter; oder

b. die zweite hauptamtliche Richterin oder den zweiten hauptamtlichen Richter.[19]

² Die Instruktionsrichterin beziehungsweise der Instruktionsrichter kann jederzeit eine Richterin oder einen Richter mit technischer Ausbildung beiziehen; diese oder dieser hat beratende Stimme.

Art. 36 *Verfahrenssprache*

¹ Das Gericht bestimmt eine der Amtssprachen als Verfahrenssprache. Auf die Sprache der Parteien wird Rücksicht genommen, sofern es sich um eine Amtssprache handelt.

² Jede Partei kann sich bei Eingaben und mündlichen Verhandlungen einer anderen Amtssprache als der Verfahrenssprache bedienen.

³ Mit Zustimmung des Gerichts und der Parteien kann auch die englische Sprache benutzt werden. Das Urteil und verfahrensleitende Anordnungen werden in jedem Fall in einer Amtssprache abgefasst.

⁴ Reicht eine Partei Urkunden ein, die weder in einer Amtssprache noch im Falle von Absatz 3 in englischer Sprache abgefasst sind, so kann das Bundespatentgericht mit dem Einverständnis der Gegenpartei darauf verzichten, eine

[19] Fassung gemäss Ziff. I des BG vom 16. März 2018, in Kraft seit 1. Aug. 2018 (AS **2018** 2753; BBl **2017** 7527 7539).

Übersetzung zu verlangen. Im Übrigen ordnet es eine Übersetzung an, wo dies notwendig ist.

6. Abschnitt: Gutachten

Art. 37

[1] Die sachverständige Person erstattet ihr Gutachten schriftlich.

[2] Die Parteien erhalten Gelegenheit, zum Gutachten schriftlich Stellung zu nehmen.

[3] Bei besonderer Sachkunde einer technisch ausgebildeten Richterin oder eines technisch ausgebildeten Richters sind deren Fachvoten zu protokollieren. Die Parteien erhalten Gelegenheit, zum Protokoll Stellung zu nehmen.

7. Abschnitt: Stellungnahme zum Beweisergebnis

Art. 38

Nach Abschluss der Beweisabnahme gibt das Bundespatentgericht den Parteien auf begründeten Antrag Gelegenheit, zum Beweisergebnis schriftlich Stellung zu nehmen.

8. Abschnitt: Verfahren und Entscheid zur Erteilung und zur Änderung der Bedingungen einer Lizenz nach Artikel 40*d* des Patentgesetzes

Art. 39

[1] Das Verfahren zur Erteilung sowie zur Änderung der Bedingungen einer Lizenz nach Artikel 40*d* des Patentgesetzes vom 25. Juni 1954[20] wird durch eine Klage eingeleitet, die in einer der Formen nach Artikel 130 der Zivilprozessordnung[21] zu stellen ist.[22]

[2] Es ist innerhalb eines Monats nach Anhebung der Klage durch Entscheid zu erledigen.

[3] Im Übrigen gelten die Bestimmungen der Zivilprozessordnung vom 19. Dezember 2008 über das summarische Verfahren.

---

[20] SR **232.14**

[21] SR **272**

[22] AS **2010** 6413

6. Kapitel: Schlussbestimmungen

Art. 40 *Änderung bisherigen Rechts*

Die Änderung bisherigen Rechts wird im Anhang geregelt.

Art. 41 *Übergangsbestimmung*

Das Bundespatentgericht übernimmt, sofern es zuständig ist, die Beurteilung der Verfahren, die beim Inkrafttreten dieses Gesetzes bei kantonalen Gerichten hängig sind, sofern die Hauptverhandlung noch nicht durchgeführt worden ist.

Art. 42 *Referendum und Inkrafttreten*

[1] Dieses Gesetz untersteht dem fakultativen Referendum.

[2] Der Bundesrat bestimmt das Inkrafttreten.

Datum des Inkrafttretens: 1. März 2010[23]
Die Art. 21, 23, 26–32 und 34–41 treten am 1. Januar 2012 in Kraft.[24]

Anhang

(Art. 40)

Änderung bisherigen Rechts

Die nachstehenden Bundesgesetze werden wie folgt geändert:

…[25]

---

[23] BRB vom 16. Dez. 2009

[24] AS **2011** 2241

[25] Die Änderungen können unter AS **2010** 513 konsultiert werden.

Bundesgesetz über den Schutz von Marken und Herkunftsangaben (Markenschutzgesetz, MSchG)

vom 28. August 1992 (Stand am 1. Juli 2023)

Die Bundesversammlung der Schweizerischen Eidgenossenschaft,

gestützt auf Artikel 122 der Bundesverfassung[1, 2]

nach Einsicht in eine Botschaft des Bundesrates vom 21. November 1990[3],
beschliesst:

1. Titel: Marken

1. Kapitel: Allgemeine Bestimmungen

1. Abschnitt: Schutz der Marken

Art. 1 *Begriff*

[1] Die Marke ist ein Zeichen, das geeignet ist, Waren oder Dienstleistungen eines Unternehmens von solchen anderer Unternehmen zu unterscheiden.

[2] Marken können insbesondere Wörter, Buchstaben, Zahlen, bildliche Darstellungen, dreidimensionale Formen oder Verbindungen solcher Elemente untereinander oder mit Farben sein.

Art. 2 *Absolute Ausschlussgründe*

Vom Markenschutz ausgeschlossen sind:

a. Zeichen, die Gemeingut sind, es sei denn, dass sie sich als Marke für die Waren oder Dienstleistungen durchgesetzt haben, für die sie beansprucht werden;

b. Formen, die das Wesen der Ware ausmachen, und Formen der Ware oder Verpackung, die technisch notwendig sind;

c. irreführende Zeichen;

d. Zeichen, die gegen die öffentliche Ordnung, die guten Sitten oder geltendes Recht verstossen.

AS **1993** 274

1 SR **101**

2 Fassung gemäss Ziff. I des BG vom 21. Juni 2013, in Kraft seit 1. Jan. 2017 (AS **2015** 3631; BBl **2009** 8533).

3 BBl **1991** I 1.

Art. 3 *Relative Ausschlussgründe*

[1] Vom Markenschutz ausgeschlossen sind weiter Zeichen, die:

a. mit einer älteren Marke identisch und für die gleichen Waren oder Dienstleistungen bestimmt sind wie diese;

b. mit einer älteren Marke identisch und für gleichartige Waren oder Dienstleistungen bestimmt sind, so dass sich daraus eine Verwechslungsgefahr ergibt;

c. einer älteren Marke ähnlich und für gleiche oder gleichartige Waren oder Dienstleistungen bestimmt sind, so dass sich daraus eine Verwechslungsgefahr ergibt.

[2] Als ältere Marken gelten:

a. hinterlegte oder eingetragene Marken, die eine Priorität nach diesem Gesetz (Art. 6–8) geniessen;

b. Marken, die zum Zeitpunkt der Hinterlegung des unter Absatz 1 fallenden Zeichens im Sinne von Artikel 6bis der Pariser Verbandsübereinkunft vom 20. März 1883[4] zum Schutz des gewerblichen Eigentums (Pariser Verbandsübereinkunft) in der Schweiz notorisch bekannt sind.

[3] Auf die Ausschlussgründe nach diesem Artikel kann sich nur der Inhaber der älteren Marke berufen.

Art. 4 *Eintragung zugunsten Nutzungsberechtigter*

Keinen Schutz geniessen ferner Marken, die ohne Zustimmung des Inhabers auf den Namen von Agenten, Vertretern oder anderen zum Gebrauch Ermächtigten eingetragen werden oder die nach Wegfall der Zustimmung im Register eingetragen bleiben.

2. Abschnitt: Entstehung des Markenrechts; Priorität

Art. 5 *Entstehung des Markenrechts*

Das Markenrecht entsteht mit der Eintragung im Register.

Art. 6 *Hinterlegungspriorität*

Das Markenrecht steht demjenigen zu, der die Marke zuerst hinterlegt.

[4] SR **0.232.01/.04**

Art. 7 *Priorität nach der Pariser Verbandsübereinkunft*

[1] Ist eine Marke erstmals in einem anderen Mitgliedstaat der Pariser Verbandsübereinkunft[5] oder mit Wirkung für einen solchen Staat vorschriftsgemäss hinterlegt worden, so kann der Hinterleger oder sein Rechtsnachfolger für die Hinterlegung der gleichen Marke in der Schweiz das Datum der Ersthinterlegung beanspruchen, sofern die Hinterlegung in der Schweiz innerhalb von sechs Monaten nach der Ersthinterlegung erfolgt.

[2] Die Ersthinterlegung in einem Staat, welcher der Schweiz Gegenrecht hält, hat die gleiche Wirkung wie die Ersthinterlegung in einem Mitgliedstaat der Pariser Verbandsübereinkunft.

Art. 8 *Ausstellungspriorität*

Wer eine mit einer Marke gekennzeichnete Ware oder Dienstleistung auf einer offiziellen oder offiziell anerkannten Ausstellung im Sinne des Übereinkommens vom 22. November 1928[6] über die internationalen Ausstellungen in einem Mitgliedstaat der Pariser Verbandsübereinkunft[7] vorstellt, kann für die Hinterlegung das Datum des Eröffnungstages der Ausstellung beanspruchen, sofern er die Marke innerhalb von sechs Monaten nach diesem Zeitpunkt hinterlegt.

Art. 9 *Prioritätserklärung*

[1] Wer die Priorität nach der Pariser Verbandsübereinkunft[8] oder die Ausstellungspriorität beansprucht, hat beim Eidgenössischen Institut für Geistiges Eigentum (IGE) eine Prioritätserklärung abzugeben. Das IGE kann die Einreichung eines Prioritätsbelegs verlangen.[9]

[2] Der Anspruch ist verwirkt, wenn die in der Verordnung festgelegten Fristen und Formerfordernisse nicht beachtet werden.

[3] Die Eintragung einer Priorität begründet lediglich eine Vermutung zugunsten des Markeninhabers.

---

[5] SR **0.232.01/.04**

[6] SR **0.945.11**

[7] SR **0.232.01/.04**

[8] SR **0.232.01/.04**

[9] Fassung gemäss Ziff. I des BG vom 21. Juni 2013, in Kraft seit 1. Jan. 2017 (AS **2015** 3631; BBl **2009** 8533).

3. Abschnitt: Bestand des Markenrechts

Art. 10 *Gültigkeitsdauer und Verlängerung der Eintragung*

[1] Die Eintragung ist während zehn Jahren vom Hinterlegungsdatum an gültig.

[2] Die Eintragung wird jeweils um zehn Jahre verlängert, wenn ein Verlängerungsantrag vorliegt und die in der Verordnung dafür vorgesehenen Gebühren bezahlt sind.[10]

[3] Der Verlängerungsantrag muss innerhalb der letzten zwölf Monate vor Ablauf der Gültigkeitsdauer, spätestens jedoch innerhalb von sechs Monaten nach ihrem Ablauf beim IGE eingereicht werden.[11]

[4] …[12]

Art. 11 *Gebrauch der Marke*

[1] Die Marke ist geschützt, soweit sie im Zusammenhang mit den Waren und Dienstleistungen gebraucht wird, für die sie beansprucht wird.

[2] Als Gebrauch der Marke gelten auch der Gebrauch in einer von der Eintragung nicht wesentlich abweichenden Form und der Gebrauch für die Ausfuhr.

[3] Der Gebrauch der Marke mit Zustimmung des Inhabers gilt als Gebrauch durch diesen selbst.

Art. 12 *Folgen des Nichtgebrauchs*

[1] Hat der Inhaber die Marke im Zusammenhang mit den Waren oder Dienstleistungen, für die sie beansprucht wird, während eines ununterbrochenen Zeitraums von fünf Jahren nach unbenütztem Ablauf der Widerspruchsfrist oder nach Abschluss des Widerspruchsverfahrens nicht gebraucht, so kann er sein Markenrecht nicht mehr geltend machen, ausser wenn wichtige Gründe für den Nichtgebrauch vorliegen.

[2] Wird der Gebrauch der Marke nach mehr als fünf Jahren erstmals oder erneut aufgenommen, so lebt das Markenrecht mit Wirkung der ursprünglichen Priorität wieder auf, sofern vor dem Zeitpunkt der erstmaligen oder erneuten Auf-

---

[10] Fassung gemäss Anhang Ziff. 2 des BG vom 24. März 1995 über Statut und Aufgaben des Eidgenössischen Instituts für Geistiges Eigentum, in Kraft seit 1. Jan. 1996 (AS **1995** 5050; BBl **1994** III 964).

[11] Fassung gemäss Ziff. I des BG vom 21. Juni 2013, in Kraft seit 1. Jan. 2017 (AS **2015** 3631; BBl **2009** 8533).

[12] Aufgehoben durch Anhang Ziff. 2 des BG vom 24. März 1995 über Statut und Aufgaben des Eidgenössischen Instituts für Geistiges Eigentum, mit Wirkung seit 1. Jan. 1996 (AS **1995** 5050; BBl **1994** III 964).

nahme des Gebrauchs niemand den Nichtgebrauch der Marke nach Absatz 1 geltend gemacht hat.

[3] Wer den Nichtgebrauch der Marke geltend macht, hat ihn glaubhaft zu machen; der Beweis des Gebrauchs obliegt sodann dem Markeninhaber.

4. Abschnitt: Inhalt des Markenrechts

Art. 13 *Ausschliessliches Recht*

[1] Das Markenrecht verleiht dem Inhaber das ausschliessliche Recht, die Marke zur Kennzeichnung der Waren oder Dienstleistungen, für die sie beansprucht wird, zu gebrauchen und darüber zu verfügen.

[2] Der Markeninhaber kann anderen verbieten, ein Zeichen zu gebrauchen, das nach Artikel 3 Absatz 1 vom Markenschutz ausgeschlossen ist, so insbesondere:

a. das Zeichen auf Waren oder deren Verpackung anzubringen;

b. unter dem Zeichen Waren anzubieten, in Verkehr zu bringen oder zu diesem Zweck zu lagern;

c. unter dem Zeichen Dienstleistungen anzubieten oder zu erbringen;

d. unter dem Zeichen Waren ein-, aus- oder durchzuführen;[13]

e. das Zeichen auf Geschäftspapieren, in der Werbung oder sonst wie im geschäftlichen Verkehr zu gebrauchen.

[2bis] Die Ansprüche nach Absatz 2 Buchstabe d stehen dem Markeninhaber auch dann zu, wenn die Ein-, Aus- oder Durchfuhr von gewerblich hergestellten Waren zu privaten Zwecken erfolgt.[14]

[3] Die Ansprüche nach diesem Artikel stehen dem Markeninhaber auch gegenüber Nutzungsberechtigten nach Artikel 4 zu.[15]

Art. 14 *Einschränkung zugunsten vorbenützter Zeichen*

[1] Der Markeninhaber kann einem anderen nicht verbieten, ein von diesem bereits vor der Hinterlegung gebrauchtes Zeichen im bisherigen Umfang weiter zu gebrauchen.

---

[13] Fassung gemäss Anhang Ziff. 3 des BG vom 22. Juni 2007, Kraft seit 1. Juli 2008 (AS **2008** 2551; BBl **2006** 1).

[14] Eingefügt durch Anhang Ziff. 3 des BG vom 22. Juni 2007, Kraft seit 1. Juli 2008 (AS **2008** 2551; BBl **2006** 1).

[15] Fassung gemäss Anhang Ziff. 3 des BG vom 22. Juni 2007, Kraft seit 1. Juli 2008 (AS **2008** 2551; BBl **2006** 1).

[2] Dieses Weiterbenützungsrecht kann nur zusammen mit dem Unternehmen übertragen werden.

Art. 15 *Berühmte Marke*

[1] Der Inhaber einer berühmten Marke kann anderen deren Gebrauch für jede Art von Waren oder Dienstleistungen verbieten, wenn ein solcher Gebrauch die Unterscheidungskraft der Marke gefährdet oder deren Ruf ausnützt oder beeinträchtigt.

[2] Rechte, die erworben wurden, bevor die Marke Berühmtheit erlangt hat, bleiben unberührt.

Art. 16 *Wiedergabe von Marken in Wörterbüchern und anderen Nachschlagewerken*

Ist in einem Wörterbuch, in einem anderen Nachschlagewerk oder in einem ähnlichen Werk eine eingetragene Marke ohne einen Hinweis auf ihre Eintragung wiedergegeben, so kann der Markeninhaber vom Verleger, Herausgeber oder Verteiler des Werkes verlangen, spätestens bei einem Neudruck einen entsprechenden Hinweis aufzunehmen.

5. Abschnitt: Änderungen im Markenrecht

Art. 17 *Übertragung*

[1] Der Markeninhaber kann die Marke für die Waren oder Dienstleistungen, für die sie beansprucht wird, ganz oder teilweise übertragen.

[2] Die Übertragung bedarf zu ihrer Gültigkeit der schriftlichen Form. Sie ist gegenüber gutgläubigen Dritten erst wirksam, wenn sie im Register eingetragen ist.

[3] Klagen nach diesem Gesetz können bis zur Eintragung der Übertragung im Register gegen den bisherigen Inhaber gerichtet werden.

[4] Ohne gegenteilige Vereinbarung werden mit der Übertragung eines Unternehmens auch seine Marken übertragen.

Art. 17*a*[16] *Teilung des Eintragungsgesuchs oder der Eintragung*

[1] Der Markeninhaber kann jederzeit die Teilung der Eintragung oder des Eintragungsgesuchs verlangen.[17]

[2] Die Waren und Dienstleistungen werden auf die Teilgesuche oder Teileintragungen aufgeteilt.

[3] Die Teilgesuche oder Teileintragungen behalten das Hinterlegungs- und Prioritätsdatum des Ursprungsgesuchs oder der Ursprungseintragung bei.

Art. 18 *Lizenz*

[1] Der Markeninhaber kann die Marke für die Waren oder Dienstleistungen, für die sie beansprucht wird, ganz oder teilweise und für das gesamte Gebiet oder einen Teil der Schweiz anderen zum Gebrauch überlassen.

[2] Die Lizenz wird auf Antrag eines Beteiligten in das Register eingetragen. Sie erhält damit Wirkung gegenüber einem später erworbenen Recht an der Marke.

Art. 19 *Nutzniessung und Pfandrecht; Zwangsvollstreckung*

[1] Die Marke kann Gegenstand einer Nutzniessung, eines Pfandrechts sowie von Vollstreckungsmassnahmen sein.

[2] Die Nutzniessung und die Verpfändung sind gegenüber gutgläubigen Dritten erst wirksam, wenn sie im Register eingetragen sind.

6. Abschnitt: Völkerrechtliche Verträge

Art. 20

[1] ...[18]

[2] Gewähren für die Schweiz verbindliche völkerrechtliche Verträge weitergehende Rechte als dieses Gesetz, so gelten diese auch für schweizerische Staatsangehörige.

---

[16] Eingefügt durch Ziff. I des BG vom 4. Okt. 1996, in Kraft seit 1. Mai 1997 (AS **1997** 1028; BBl **1996** II 1425).

[17] Fassung gemäss Ziff. I des BG vom 21. Juni 2013, in Kraft seit 1. Jan. 2017 (AS **2015** 3631; BBl **2009** 8533).

[18] Aufgehoben durch Ziff. II 11 des BG vom 20. März 2008 zur formellen Bereinigung des Bundesrechts, mit Wirkung seit 1. Aug. 2008 (AS 2008 3437; BBl 2007 6121).

2. Kapitel: Garantiemarke und Kollektivmarke

Art. 21 *Garantiemarke*

[1] Die Garantiemarke ist ein Zeichen, das unter der Kontrolle des Markeninhabers von verschiedenen Unternehmen gebraucht wird und dazu dient, die Beschaffenheit, die geographische Herkunft, die Art der Herstellung oder andere gemeinsame Merkmale von Waren oder Dienstleistungen dieser Unternehmen zu gewährleisten.

[2] Die Garantiemarke darf nicht für Waren oder Dienstleistungen des Markeninhabers oder eines mit ihm wirtschaftlich eng verbundenen Unternehmens gebraucht werden.

[3] Der Markeninhaber muss jedermann gegen angemessenes Entgelt den Gebrauch der Garantiemarke für Waren oder Dienstleistungen gestatten, welche die nach dem Markenreglement gewährleisteten gemeinsamen Merkmale aufweisen.

Art. 22 *Kollektivmarke*

Die Kollektivmarke ist ein Zeichen einer Vereinigung von Fabrikations-, Handels- oder Dienstleistungsunternehmungen, das dazu dient, Waren oder Dienstleistungen der Mitglieder der Vereinigung von solchen anderer Unternehmen zu unterscheiden.

Art. 23 *Markenreglement*

[1] Der Hinterleger einer Garantie- oder Kollektivmarke muss dem IGE[19] ein Reglement über den Gebrauch der Marke einreichen.

[2] Das Reglement der Garantiemarke nennt die gemeinsamen Merkmale der Waren oder Dienstleistungen, welche die Marke gewährleisten soll; weiter muss es eine wirksame Kontrolle über den Gebrauch der Marke und angemessene Sanktionen vorsehen.

[3] Das Reglement der Kollektivmarke bezeichnet den Kreis der Unternehmen, die zum Gebrauch der Marke berechtigt sind.

[4] Das Reglement darf nicht gegen die öffentliche Ordnung, die guten Sitten oder geltendes Recht verstossen.

---

[19] Ausdruck gemäss Ziff. I des BG vom 21. Juni 2013, in Kraft seit 1. Jan. 2017 (AS **2015** 3631; BBl **2009** 8533). Die Änd. wurde im ganzen Text berücksichtigt.

Art. 24 *Genehmigung des Reglements*

Das Reglement muss vom IGE genehmigt werden. Die Genehmigung wird erteilt, wenn die Voraussetzungen nach Artikel 23 erfüllt sind.

Art. 25 *Rechtswidriges Reglement*

Erfüllt das Reglement die Voraussetzungen nach Artikel 23 nicht oder nicht mehr und schafft der Markeninhaber nicht innerhalb einer vom Richter anzusetzenden Frist Abhilfe, so ist die Eintragung der Marke nach Ablauf dieser Frist nichtig.

Art. 26 *Reglementswidriger Gebrauch*

Duldet der Markeninhaber einen wiederholten Gebrauch der Garantie- oder Kollektivmarke, der wesentliche Bestimmungen des Reglements verletzt, und schafft er nicht innerhalb einer vom Richter anzusetzenden Frist Abhilfe, so ist die Eintragung der Marke nach Ablauf dieser Frist nichtig.

Art. 27 *Übertragung und Lizenz*

Die Übertragung der Garantie- oder Kollektivmarke sowie die Erteilung von Lizenzen an Kollektivmarken sind nur gültig, wenn sie im Register eingetragen sind.

2*a*. Kapitel:[20] Geografische Marke

Art. 27*a* *Gegenstand*

In Abweichung von Artikel 2 Buchstabe a kann eine geografische Marke eingetragen werden:

a.[21] für eine nach Artikel 16 des Landwirtschaftsgesetzes vom 29. April 1998[22] (LwG) eingetragene Ursprungsbezeichnung oder eingetragene geografische Angabe oder für eine nach Artikel 50*b* des vorliegenden Gesetzes eingetragene geografische Angabe;

---

[20] Eingefügt durch Ziff. I des BG vom 21. Juni 2013, in Kraft seit 1. Jan. 2017 (AS **2015** 3631; BBl **2009** 8533).

[21] Fassung gemäss Anhang des BB vom 19. März 2021 über die Genehmigung der Genfer Akte des Lissabonner Abk. über Ursprungsbezeichnungen und geografische Angaben und über ihre Umsetzung, in Kraft seit 1. Dez. 2021 (AS **2021** 742; BBl **2020** 5827).

[22] SR **910.1**

b. für eine nach Artikel 63 LwG geschützte kontrollierte Ursprungsbezeichnung oder für eine ausländische Weinbezeichnung, die den Anforderungen im Sinne von Artikel 63 LwG entspricht;
c. für eine Herkunftsangabe, die Gegenstand einer Verordnung des Bundesrates nach Artikel 50 Absatz 2 ist, oder für eine ausländische Herkunftsangabe, die sich auf eine gleichwertige ausländische Regelung stützt.

Art. 27*b* *Eintragungsberechtigte*

Die Eintragung einer geografischen Marke kann verlangt werden:

a. von einer Gruppierung, die die Ursprungsbezeichnung oder die geografische Angabe hat eintragen lassen, oder, wenn diese Gruppierung nicht mehr besteht, von der repräsentativen Gruppierung, die sich für den Schutz dieser Ursprungsbezeichnung oder geografischen Angabe einsetzt;
b. vom Schweizer Kanton, der die kontrollierte Ursprungsbezeichnung schützt, oder von der ausländischen Behörde, die für die Regelung von Weinbezeichnungen zuständig ist, welche Artikel 63 LwG[23] entsprechen, sowie von der Gruppierung, die eine solche ausländische Weinbezeichnung hat schützen lassen;
c. von der Dachorganisation einer Branche, für die der Bundesrat gestützt auf Artikel 50 Absatz 2 eine Verordnung erlassen hat oder die sich auf eine gleichwertige ausländische Regelung stützt.

Art. 27*c* *Markenreglement*

[1] Der Hinterleger einer geografischen Marke muss dem IGE ein Reglement über den Gebrauch der Marke einreichen.

[2] Das Reglement muss dem Pflichtenheft oder der massgebenden Regelung entsprechen; es darf für den Gebrauch der geografischen Marke kein Entgelt vorsehen.

Art. 27*d* *Rechte*

[1] Eine geografische Marke darf von jeder Person gebraucht werden, sofern die Anforderungen des Reglements erfüllt werden.

[2] Der Inhaber einer geografischen Marke kann anderen verbieten, diese im geschäftlichen Verkehr für identische oder vergleichbare Waren zu gebrauchen, sofern der Gebrauch nicht dem Reglement entspricht.

---

[23] SR **910.1**

Art. 27*e* *Nicht anwendbare Bestimmungen*

[1] Die geografische Marke kann in Abweichung der Artikel 17 und 18 nicht übertragen oder lizenziert werden.

[2] Der Inhaber einer geografischen Marke kann in Abweichung von Artikel 31 keinen Widerspruch gegen die Eintragung einer Marke erheben.

[3] Die Bestimmungen über den Gebrauch und die Folgen des Nichtgebrauchs der Marke nach den Artikeln 11 und 12 sind nicht anwendbar.

3. Kapitel: Eintragung der Marken

1. Abschnitt: Eintragungsverfahren

Art. 28 *Hinterlegung*

[1] Jede Person kann eine Marke hinterlegen.

[2] Für die Hinterlegung sind beim IGE einzureichen:

a. das Eintragungsgesuch mit Angabe des Namens oder der Firma des Hinterlegers;
b. die Wiedergabe der Marke;
c. das Verzeichnis der Waren oder Dienstleistungen, für welche die Marke beansprucht wird.

[3] Für die Hinterlegung müssen die in der Verordnung dafür vorgesehenen Gebühren bezahlt werden.[24]

[4] ...[25]

Art. 29 *Hinterlegungsdatum*

[1] Eine Marke gilt als hinterlegt, sobald die in Artikel 28 Absatz 2 genannten Unterlagen eingereicht sind.

[2] Wird die Marke nach der Hinterlegung ersetzt oder in wesentlichen Teilen geändert oder wird das Verzeichnis der Waren und Dienstleistungen erweitert, so gilt als Hinterlegungsdatum der Tag, an dem diese Änderungen eingereicht werden.

---

[24] Fassung gemäss Anhang Ziff. 2 des BG vom 24. März 1995 über Statut und Aufgaben des Eidgenössischen Instituts für Geistiges Eigentum, in Kraft seit 1. Jan. 1996 (AS **1995** 5050; BBl **1994** III 964).

[25] Aufgehoben durch Anhang Ziff. 2 des BG vom 24. März 1995 über Statut und Aufgaben des Eidgenössischen Instituts für Geistiges Eigentum, mit Wirkung seit 1. Jan. 1996 (AS **1995** 5050; BBl **1994** III 964).

Art. 30 *Entscheid und Eintragung*

[1] Das IGE tritt auf das Eintragungsgesuch nicht ein, wenn die Hinterlegung den Erfordernissen nach Artikel 28 Absatz 2 nicht entspricht.

[2] Es weist das Eintragungsgesuch zurück, wenn:

a. die Hinterlegung den in diesem Gesetz oder in der Verordnung festgelegten formalen Erfordernissen nicht entspricht;

b. die vorgeschriebenen Gebühren nicht bezahlt sind;

c. absolute Ausschlussgründe vorliegen;

d. die Garantie- oder Kollektivmarke den Erfordernissen der Artikel 21–23 nicht entspricht;

e.[26] die geografische Marke den Erfordernissen der Artikel 27*a*–27*c* nicht entspricht.

[3] Es trägt die Marke ein, wenn keine Zurückweisungsgründe vorliegen.

2. Abschnitt: Widerspruchsverfahren

Art. 31 *Widerspruch*

[1] Der Inhaber einer älteren Marke kann gestützt auf Artikel 3 Absatz 1 gegen die Eintragung Widerspruch erheben.

[1bis] Er kann keinen Widerspruch gegen die Eintragung einer geografischen Marke erheben.[27]

[2] Der Widerspruch ist innerhalb von drei Monaten nach der Veröffentlichung der Eintragung beim IGE schriftlich mit Begründung einzureichen. Innerhalb dieser Frist ist auch die Widerspruchsgebühr zu bezahlen.

Art. 32 *Glaubhaftmachung des Gebrauchs*

Behauptet der Widerspruchsgegner den Nichtgebrauch der älteren Marke nach Artikel 12 Absatz 1, so hat der Widersprechende den Gebrauch seiner Marke oder wichtige Gründe für den Nichtgebrauch glaubhaft zu machen.

Art. 33 *Entscheid über den Widerspruch*

Ist der Widerspruch begründet, so wird die Eintragung ganz oder teilweise widerrufen; andernfalls wird der Widerspruch abgewiesen.

---

[26] Eingefügt durch Ziff. I des BG vom 21. Juni 2013, in Kraft seit 1. Jan. 2017 (AS **2015** 3631; BBl **2009** 8533).

[27] Eingefügt durch Ziff. I des BG vom 21. Juni 2013, in Kraft seit 1. Jan. 2017 (AS **2015** 3631; BBl **2009** 8533).

Art. 34 *Parteientschädigung*

Mit dem Entscheid über den Widerspruch hat das IGE zu bestimmen, ob und in welchem Masse die Kosten der obsiegenden Partei von der unterliegenden zu ersetzen sind.

3. Abschnitt: Löschung der Eintragung

Art. 35 *Voraussetzung*[28]

Das IGE löscht eine Markeneintragung ganz oder teilweise; wenn:

a. der Inhaber die Löschung beantragt;

b. die Eintragung nicht verlängert wird;

c. die Eintragung durch ein rechtskräftiges richterliches Urteil nichtig erklärt wird;

d.[29] die geschützte Ursprungsbezeichnung oder die geschützte geografische Angabe, auf die sich eine geografische Marke stützt, gelöscht wird;

e.[30] ein Antrag auf Löschung gutgeheissen wird.

Art. 35*a*[31] *Antrag*

[1] Jede Person kann beim IGE einen Antrag auf Löschung der Marke wegen Nichtgebrauchs nach Artikel 12 Absatz 1 stellen.

[2] Der Antrag kann frühestens gestellt werden:

a. fünf Jahre nach unbenütztem Ablauf der Widerspruchsfrist; oder

b. im Falle eines Widerspruchsverfahrens: fünf Jahre nach Abschluss des Widerspruchsverfahrens.

[3] Der Antrag gilt erst als gestellt, wenn die entsprechende Gebühr bezahlt ist.

Art. 35*b*[32] *Entscheid*

[1] Das IGE weist den Antrag ab, wenn:

---

[28] Fassung gemäss Ziff. I des BG vom 21. Juni 2013, in Kraft seit 1. Jan. 2017 (AS **2015** 3631; BBl **2009** 8533).

[29] Eingefügt durch Ziff. I des BG vom 21. Juni 2013, in Kraft seit 1. Jan. 2017 (AS **2015** 3631; BBl **2009** 8533).

[30] Eingefügt durch Ziff. I des BG vom 21. Juni 2013, in Kraft seit 1. Jan. 2017 (AS **2015** 3631; BBl **2009** 8533).

[31] Eingefügt durch Ziff. I des BG vom 21. Juni 2013, in Kraft seit 1. Jan. 2017 (AS **2015** 3631; BBl **2009** 8533).

[32] Eingefügt durch Ziff. I des BG vom 21. Juni 2013, in Kraft seit 1. Jan. 2017 (AS **2015** 3631; BBl **2009** 8533).

a. der Antragsteller den Nichtgebrauch der Marke nicht glaubhaft macht; oder
b. der Markeninhaber den Gebrauch der Marke oder wichtige Gründe für den Nichtgebrauch glaubhaft macht.

2 Wird der Nichtgebrauch nur für einen Teil der beanspruchten Waren oder Dienstleistungen glaubhaft gemacht, so heisst das IGE den Antrag nur für diesen Teil gut.

3 Das IGE bestimmt mit dem Entscheid über den Antrag, ob und in welchem Masse die Kosten der obsiegenden Partei von der unterliegenden zu ersetzen sind.

Art. 35*c*[33] *Verfahren*

Der Bundesrat regelt die Einzelheiten des Verfahrens.

4. Abschnitt: …

Art. 36[34]

5. Abschnitt: Register, Veröffentlichungen und elektronischer Behördenverkehr[35]

Art. 37 *Führung des Registers*

Das IGE führt das Markenregister.

Art. 38 *Veröffentlichungen*

1 Das IGE veröffentlicht:
a. die Eintragung der Marken (Art. 30 Abs. 3);
b. die Verlängerung von Markeneintragungen (Art. 10 Abs. 2);
c. den Widerruf von Markeneintragungen (Art. 33);
d. die Löschung von Markeneintragungen (Art. 35).

2 Der Bundesrat legt fest, welche weiteren Eintragungen veröffentlicht werden.

---

33 Eingefügt durch Ziff. I des BG vom 21. Juni 2013, in Kraft seit 1. Jan. 2017 (AS **2015** 3631; BBl **2009** 8533).

34 Aufgehoben durch Anhang Ziff. 21 des Verwaltungsgerichtsgesetzes vom 17. Juni 2005, mit Wirkung seit 1. Jan. 2007 (AS **2006** 2197; BBl **2001** 4202).

35 Fassung gemäss Anhang Ziff. 4 des BG vom 19. Dez. 2003 über die elektronische Signatur, in Kraft seit 1. Jan. 2005 (AS **2004** 5085; BBl **2001** 5679).

[3] Das IGE bestimmt das Publikationsorgan.[36]

Art. 39 *Öffentlichkeit des Registers; Akteneinsicht*

[1] Jede Person kann in das Register Einsicht nehmen, über dessen Inhalt Auskünfte einholen und Auszüge verlangen.

[2] Sie hat zudem das Recht, in das Aktenheft eingetragener Marken Einsicht zu nehmen.

[3] Der Bundesrat regelt die Fälle, in denen schon vor der Eintragung Einsicht in das Aktenheft gewährt wird.

Art. 40[37] *Elektronischer Behördenverkehr*

[1] Der Bundesrat kann das IGE ermächtigen, die elektronische Kommunikation im Rahmen der allgemeinen Bestimmungen der Bundesrechtspflege zu regeln.

[2] Das Aktenheft und die Akten können in elektronischer Form geführt und aufbewahrt werden.

[3] Das Markenregister kann in elektronischer Form geführt werden.

[4] Das IGE kann seine Datenbestände insbesondere im elektronischen Abrufverfahren Dritten zugänglich machen; es kann dafür ein Entgelt verlangen.

[5] Die Veröffentlichungen des IGE können in elektronischer Form erfolgen; die elektronische Fassung ist jedoch nur massgebend, wenn die Daten ausschliesslich elektronisch veröffentlicht werden.

6. Abschnitt: Weiterbehandlung bei Fristversäumnis

Art. 41

[1] Versäumt der Hinterleger oder der Rechtsinhaber eine Frist, die gegenüber dem IGE einzuhalten ist, so kann er bei diesem die Weiterbehandlung beantragen. Vorbehalten bleibt Artikel 24 Absatz 1 des Bundesgesetzes vom 20. Dezember 1968[38] über das Verwaltungsverfahren.[39]

[2] Der Antrag muss innerhalb von zwei Monaten, nachdem der Gesuchsteller von der Fristversäumnis Kenntnis erhalten hat, spätestens jedoch innerhalb von

---

36 Fassung gemäss Anhang Ziff. II 3 des Designgesetzes vom 5. Okt. 2001, in Kraft seit 1. Juli 2002 (AS **2002** 1456; BBl **2000** 2729).

37 Fassung gemäss Anhang Ziff. 4 des BG vom 19. Dez. 2003 über die elektronische Signatur, in Kraft seit 1. Jan. 2005 (AS **2004** 5085; BBl **2001** 5679).

38 SR **172.021**

39 Fassung gemäss Anhang Ziff. 3 des BG vom 22. Juni 2007, Kraft seit 1. Juli 2008 (AS **2008** 2551; BBl **2006** 1).

sechs Monaten nach Ablauf der versäumten Frist eingereicht werden; innerhalb dieser Frist müssen zudem die unterbliebene Handlung vollständig nachgeholt und die in der Verordnung dafür vorgesehenen Gebühren bezahlt werden.[40]

3 Wird dem Antrag entsprochen, so wird dadurch der Zustand hergestellt, der bei rechtzeitiger Handlung eingetreten wäre.

4 Die Weiterbehandlung ist ausgeschlossen bei Versäumnis:

a. der Fristen für die Einreichung des Weiterbehandlungsantrags (Abs. 2);

b. der Fristen für die Inanspruchnahme einer Priorität nach den Artikeln 7 und 8;

c. der Frist für die Einreichung des Widerspruchs nach Artikel 31 Absatz 2;

d.[41] der Frist für die Einreichung des Verlängerungsantrags nach Artikel 10 Absatz 3;

e.[42] der Fristen im Löschungsverfahren nach den Artikeln 35*a*–35*c*.

7. Abschnitt: Vertretung

Art. 42[43]

1 Wer an einem Verwaltungsverfahren nach diesem Gesetz beteiligt ist und in der Schweiz keinen Wohnsitz oder Sitz hat, muss ein Zustellungsdomizil in der Schweiz bezeichnen , es sei denn, das Völkerrecht oder die zuständige ausländische Stelle gestatte der Behörde, Schriftstücke im betreffenden Staat direkt zuzustellen.

2 Das IGE ist befugt, gegenüber der zuständigen ausländischen Stelle zu erklären, dass im Bereich das geistigen Eigentums in der Schweiz die direkte Zustellung zulässig ist, sofern der Schweiz Gegenrecht gewährt wird.

---

40 Fassung gemäss Anhang Ziff. 2 des BG vom 24. März 1995 über Statut und Aufgaben des Eidgenössischen Instituts für Geistiges Eigentum, in Kraft seit 1. Jan. 1996 (AS **1995** 5050; BBl **1994** III 964).

41 Eingefügt durch Anhang Ziff. 3 des BG vom 22. Juni 2007, Kraft seit 1. Juli 2008 (AS **2008** 2551; BBl **2006** 1).

42 Eingefügt durch Ziff. I des BG vom 21. Juni 2013, in Kraft seit 1. Jan. 2017 (AS **2015** 3631; BBl **2009** 8533).

43 Fassung gemäss Anhang Ziff. 2 des BB vom 28. Sept. 2018 über die Genehmigung und die Umsetzung des Übereinkommens Nr. 94 des Europarates über die Zustellung von Schriftstücken in Verwaltungssachen im Ausland, in Kraft seit 1. April 2019 (AS **2019** 975; BBl **2017** 5947).

8. Abschnitt: Gebühren

Art. 43

[1] Ausser in den in diesem Gesetz genannten Fällen sind Gebühren zu entrichten für Amtshandlungen, die durch einen besonderen Antrag veranlasst werden.

[2] …[44]

4. Kapitel:[45] Internationale Markenregistrierung

Art. 44 *Anwendbares Recht*

[1] Dieses Kapitel gilt für internationale Registrierungen nach dem Madrider Abkommen vom 14. Juli 1967[46] über die internationale Registrierung von Marken (Madrider Markenabkommen) und dem Protokoll vom 27. Juni 1989[47] zum Madrider Abkommen über die internationale Registrierung von Marken (Madrider Protokoll), die durch Vermittlung des IGE veranlasst werden oder die für die Schweiz wirksam sind.

[2] Die übrigen Bestimmungen dieses Gesetzes gelten, soweit sich aus dem Madrider Markenabkommen, aus dem Madrider Protokoll oder aus diesem Kapitel nichts anderes ergibt.

Art. 45 *Gesuche um Registrierungen im internationalen Register*

[1] Durch Vermittlung des IGE können veranlasst werden:

a. die internationale Registrierung einer Marke, wenn die Schweiz Ursprungsland im Sinne von Artikel 1 Absatz 3 des Madrider Markenabkommens[48] oder von Artikel 2 Absatz 1 des Madrider Protokolls[49] ist;

b. die Änderung einer internationalen Registrierung, wenn die Schweiz das Land des Markeninhabers im Sinne des Madrider Markenabkommens oder des Madrider Protokolls ist;

---

[44] Aufgehoben durch Anhang Ziff. 2 des BG vom 24. März 1995 über Statut und Aufgaben des Eidgenössischen Instituts für Geistiges Eigentum, mit Wirkung seit 1. Jan. 1996 (AS **1995** 5050; BBl **1994** III 964).

[45] Fassung gemäss Ziff. I des BG vom 4. Okt. 1996, in Kraft 1. Mai 1997 (AS **1997** 1028; BBl **1996** II 1425).

[46] SR **0.232.112.3**

[47] SR **0.232.112.4**

[48] SR **0.232.112.3**

[49] SR **0.232.112.4**

c. die internationale Registrierung eines Eintragungsgesuchs, wenn die Schweiz Ursprungsland im Sinne von Artikel 2 Absatz 1 des Madrider Protokolls ist.

[2] Für die internationale Registrierung einer Marke oder eines Eintragungsgesuchs oder für die Änderung einer internationalen Registrierung sind die im Madrider Markenabkommen, im Madrider Protokoll und in der Verordnung dafür vorgesehenen Gebühren zu bezahlen.

Art. 46 *Wirkung der internationalen Registrierung in der Schweiz*

[1] Eine internationale Registrierung mit Schutzwirkung für die Schweiz hat dieselbe Wirkung wie die Hinterlegung beim IGE und die Eintragung im schweizerischen Register.

[2] Diese Wirkung gilt als nicht eingetreten, wenn und soweit der international registrierten Marke der Schutz für die Schweiz verweigert wird.

Art. 46*a* *Umwandlung einer internationalen Registrierung in ein nationales Eintragungsgesuch*

[1] Eine internationale Registrierung kann in ein nationales Eintragungsgesuch umgewandelt werden, wenn:

a. das Gesuch innerhalb von drei Monaten nach Löschung der internationalen Registrierung beim IGE eingereicht wird;

b. internationale Registrierung und nationales Eintragungsgesuch dieselbe Marke betreffen;

c. die im Gesuch aufgeführten Waren und Dienstleistungen in Bezug auf die Schutzwirkung für die Schweiz tatsächlich von der internationalen Registrierung erfasst waren;

d. das nationale Eintragungsgesuch den übrigen Vorschriften dieses Gesetzes entspricht.

[2] Widersprüche gegen die Eintragung von Marken, die nach Absatz 1 hinterlegt wurden, sind unzulässig.

2. Titel: Herkunftsangaben und geografische Angaben[50]

1. Kapitel: Allgemien Bestimmungen[51]

Art. 47 *Grundsatz*

[1] Herkunftsangaben sind direkte oder indirekte Hinweise auf die geographische Herkunft von Waren oder Dienstleistungen, einschliesslich Hinweisen auf die Beschaffenheit oder auf Eigenschaften, die mit der Herkunft zusammenhängen.

[2] Geographische Namen und Zeichen, die von den massgebenden Verkehrskreisen nicht als Hinweis auf eine bestimmte Herkunft der Waren oder Dienstleistungen verstanden werden, gelten nicht als Herkunftsangabe im Sinne von Absatz 1.

[3] Unzulässig ist der Gebrauch:

a. unzutreffender Herkunftsangaben;

b. von Bezeichnungen, die mit einer unzutreffenden Herkunftsangabe verwechselbar sind;

c.[52] eines Namens, einer Firma, einer Adresse oder einer Marke im Zusammenhang mit Waren oder Dienstleistungen fremder Herkunft, wenn sich daraus eine Täuschungsgefahr ergibt.

[3bis] Werden Herkunftsangaben zusammen mit Zusätzen wie «Art», «Typ», «Stil» oder «Nachahmung» gebraucht, so müssen die gleichen Anforderungen erfüllt werden, die für den Gebrauch der Herkunftsangaben ohne diese Zusätze gelten.[53]

[3ter] Angaben zu Forschung oder Design oder anderen spezifischen Tätigkeiten, die mit dem Produkt im Zusammenhang stehen, dürfen nur verwendet werden, wenn diese Tätigkeit vollumfänglich am angegebenen Ort stattfindet.[54]

---

[50] Fassung gemäss Anhang des BB vom 19. März 2021 über die Genehmigung der Genfer Akte des Lissabonner Abk. über Ursprungsbezeichnungen und geografische Angaben und über ihre Umsetzung, in Kraft seit 1. Dez. 2021 (AS **2021** 742; BBl **2020** 5827).

[51] Eingefügt durch Anhang des BB vom 19. März 2021 über die Genehmigung der Genfer Akte des Lissabonner Abk. über Ursprungsbezeichnungen und geografische Angaben und über ihre Umsetzung, in Kraft seit 1. Dez. 2021 (AS **2021** 742; BBl **2020** 5827).

[52] Fassung gemäss Ziff. I des BG vom 21. Juni 2013, in Kraft seit 1. Jan. 2017 (AS **2015** 3631; BBl **2009** 8533).

[53] Eingefügt durch Ziff. I des BG vom 21. Juni 2013, in Kraft seit 1. Jan. 2017 (AS **2015** 3631; BBl **2009** 8533).

[54] Eingefügt durch Ziff. I des BG vom 21. Juni 2013, in Kraft seit 1. Jan. 2017 (AS **2015** 3631; BBl **2009** 8533).

[4] Regionale oder lokale Herkunftsangaben für Dienstleistungen werden als zutreffend betrachtet, wenn diese Dienstleistungen die Herkunftskriterien für das betreffende Land als Ganzes erfüllen.

Art. 48[55] *Herkunftsangabe für Waren*

[1] Die Herkunftsangabe für eine Ware ist zutreffend, wenn die Anforderungen nach den Artikeln 48*a*–48*c* erfüllt sind.

[2] Allfällige zusätzliche Anforderungen wie die Einhaltung ortsüblicher oder am Herkunftsort vorgeschriebener Herstellungs- oder Verarbeitungsgrundsätze und Qualitätsanforderungen müssen ebenfalls erfüllt sein.

[3] Alle Anforderungen sind im Einzelfall nach dem Verständnis der massgebenden Verkehrskreise und gegebenenfalls nach Massgabe ihres Einflusses auf den Ruf der betreffenden Waren zu bestimmen.

[4] Bei Naturprodukten und Lebensmitteln gelten für Schweizer Herkunftsangaben als Ort der Herkunft oder der Verarbeitung das schweizerische Staatsgebiet und die Zollanschlussgebiete. Der Bundesrat kann die Grenzgebiete definieren, die ausnahmsweise für schweizerische Herkunftsangaben auch als Ort der Herkunft oder der Verarbeitung gelten.

[5] Erfüllt eine ausländische Herkunftsangabe die gesetzlichen Anforderungen des entsprechenden Landes, so ist sie zutreffend. Vorbehalten bleibt eine allfällige Täuschung der Konsumenten in der Schweiz.

Art. 48*a*[56] *Naturprodukte*

Die Herkunft eines Naturprodukts entspricht:

a. für mineralische Erzeugnisse: dem Ort der Gewinnung;
b. für pflanzliche Erzeugnisse: dem Ort der Ernte;
c. für Fleisch: dem Ort, an dem die Tiere den überwiegenden Teil ihres Lebens verbracht haben;
d. für andere aus Tieren gewonnene Erzeugnisse: dem Ort der Haltung der Tiere;
e. für Jagdbeute und Fischfänge: dem Ort der Jagd oder des Fischfangs;
f. für Zuchtfische: dem Ort der Aufzucht.

---

[55] Fassung gemäss Ziff. I des BG vom 21. Juni 2013, in Kraft seit 1. Jan. 2017 (AS **2015** 3631; BBl **2009** 8533).
[56] Eingefügt durch Ziff. I des BG vom 21. Juni 2013, in Kraft seit 1. Jan. 2017 (AS **2015** 3631; BBl **2009** 8533).

Art. 48*b*[57] *Lebensmittel*

[1] Unter diese Bestimmung fallen Lebensmittel im Sinne des Lebensmittelgesetzes vom 9. Oktober 1992[58] (LMG) mit Ausnahme der Naturprodukte nach Artikel 48*a* des vorliegenden Gesetzes. Der Bundesrat regelt die Unterscheidung im Einzelnen.

[2] Die Herkunft eines Lebensmittels entspricht dem Ort, von dem mindestens 80 Prozent des Gewichts der Rohstoffe, aus denen sich das Lebensmittel zusammensetzt, kommen. Bei Milch und Milchprodukten sind 100 Prozent des Gewichts des Rohstoffes Milch erforderlich.

[3] Von der Berechnung nach Absatz 2 sind ausgeschlossen:

a. Naturprodukte, die wegen natürlichen Gegebenheiten nicht am Herkunftsort produziert werden können;

b. Naturprodukte, die temporär am Herkunftsort nicht in genügender Menge verfügbar sind.

[4] Bei der Berechnung nach Absatz 2 müssen alle Rohstoffe angerechnet werden, für die der Selbstversorgungsgrad der Schweiz mindestens 50 Prozent beträgt. Rohstoffe, für die der Selbstversorgungsgrad 20–49,9 Prozent beträgt, sind nur zur Hälfte anzurechnen. Rohstoffe, für die der Selbstversorgungsgrad weniger als 20 Prozent beträgt, können von der Berechnung ausgenommen werden. Der Bundesrat regelt die Einzelheiten.

[5] Die Herkunftsangabe muss ausserdem dem Ort entsprechen, an dem die Verarbeitung stattgefunden hat, die dem Lebensmittel seine wesentlichen Eigenschaften verliehen hat.

Art. 48*c*[59] *Andere Produkte, insbesondere industrielle Produkte*

[1] Die Herkunft eines anderen Produkts, insbesondere eines industriellen Produkts, entspricht dem Ort, an dem mindestens 60 Prozent der Herstellungskosten anfallen.

[2] Bei der Berechnung nach Absatz 1 werden berücksichtigt:

a. die Kosten für Fabrikation und Zusammensetzung;

b. die Kosten für Forschung und Entwicklung;

---

[57] Eingefügt durch Ziff. I des BG vom 21. Juni 2013, in Kraft seit 1. Jan. 2017 (AS **2015** 3631; BBl **2009** 8533).

[58] SR **817.0**

[59] Eingefügt durch Ziff. I des BG vom 21. Juni 2013, in Kraft seit 1. Jan. 2017 (AS **2015** 3631; BBl **2009** 8533).

c. die Kosten für gesetzlich vorgeschriebene oder branchenweit einheitlich geregelte Qualitätssicherung und Zertifizierung.

[3] Von der Berechnung nach Absatz 1 sind ausgeschlossen:

a. Kosten für Naturprodukte, die wegen natürlichen Gegebenheiten nicht am Herkunftsort produziert werden können;

b. Kosten für Rohstoffe, die gemäss einer nach Artikel 50 Absatz 2 erlassenen Verordnung aus objektiven Gründen am Herkunftsort nicht in genügender Menge verfügbar sind;

c. Verpackungskosten;

d. Transportkosten;

e. die Kosten für den Vertrieb der Ware, wie die Kosten für Marketing und für Kundenservice.

[4] Die Herkunftsangabe muss ausserdem dem Ort entsprechen, an dem die Tätigkeit vorgenommen worden ist, die dem Produkt seine wesentlichen Eigenschaften verliehen hat. In jedem Fall muss ein wesentlicher Fabrikationsschritt an diesem Ort stattgefunden haben.

Art. 48*d*[60] *Ausnahmen*

Den Anforderungen nach den Artikeln 48*a*–48*c* muss nicht entsprochen werden, wenn:

a. eine geografische Angabe vor dem Inkrafttreten dieser Bestimmung nach Artikel 16 LwG[61] eingetragen wurde; oder

b. ein Hersteller den Nachweis erbringt, dass die verwendete Herkunftsangabe dem Verständnis der massgebenden Verkehrskreise entspricht.

Art. 49[62] *Herkunftsangabe für Dienstleistungen*

[1] Die Herkunftsangabe einer Dienstleistung ist zutreffend, wenn:

a. sie dem Geschäftssitz derjenigen Person entspricht, welche die Dienstleistung erbringt; und

b. sich ein Ort der tatsächlichen Verwaltung dieser Person im gleichen Land befindet.

---

[60] Eingefügt durch Ziff. I des BG vom 21. Juni 2013, in Kraft seit 1. Jan. 2017 (AS **2015** 3631; BBl **2009** 8533).

[61] SR **910.1**

[62] Fassung gemäss Ziff. I des BG vom 21. Juni 2013, in Kraft seit 1. Jan. 2017 (AS **2015** 3631; BBl **2009** 8533).

[2] Erfüllt eine Muttergesellschaft die Voraussetzungen von Absatz 1 Buchstabe a und erfüllt entweder sie selbst oder eine von ihr tatsächlich beherrschte und im gleichen Land ansässige Tochtergesellschaft die Voraussetzungen von Absatz 1 Buchstabe b, so gilt die Herkunftsangabe auch für die gleichartigen Dienstleistungen der ausländischen Tochtergesellschaften und Zweigniederlassungen der Muttergesellschaft als zutreffend.

[3] Allfällige zusätzliche Anforderungen, wie die Einhaltung üblicher oder vorgeschriebener Grundsätze für das Erbringen der Dienstleistung oder die traditionelle Verbundenheit derjenigen Person, welche die Dienstleistung erbringt, mit dem Herkunftsland, müssen ebenfalls erfüllt sein.

[4] Erfüllt eine ausländische Herkunftsangabe die gesetzlichen Anforderungen des entsprechenden Landes, so ist sie zutreffend. Vorbehalten bleibt eine allfällige Täuschung der Konsumenten in der Schweiz.

Art. 49*a*[63] *Herkunftsangabe in der Werbung*

Die Herkunftsangabe in der Werbung ist zutreffend, wenn diese der Herkunft aller darin beworbenen Produkte und Dienstleistungen nach den Artikeln 48–49 entspricht.

Art. 50[64] *Besondere Bestimmungen*

[1] Rechtfertigt es das Interesse der Konsumenten, das allgemeine Interesse der Wirtschaft oder einzelner Branchen, so kann der Bundesrat die Anforderungen nach den Artikeln 48 Absatz 2 und 48*a*–49 näher umschreiben.

[2] Er kann, insbesondere auf Antrag und Vorentwurf einer Branche, die Voraussetzungen näher umschreiben, unter denen eine schweizerische Herkunftsangabe für bestimmte Waren oder Dienstleistungen gebraucht werden darf.

[3] Er hört vorher die beteiligten Kantone und die interessierten Berufs- und Wirtschaftsverbände sowie die Konsumentenorganisationen an.

Art. 50*a*[65] *Produzentenkennzeichen*

Wenn die Interessen einer Wirtschaftsbranche es erfordern, kann der Bundesrat vorschreiben, dass auf den Waren dieser Wirtschaftsbranche ein Produzentenkennzeichen anzubringen ist.

---

[63] Eingefügt durch Ziff. I des BG vom 21. Juni 2013, in Kraft seit 1. Jan. 2017 (AS **2015** 3631; BBl **2009** 8533).

[64] Fassung gemäss Ziff. I des BG vom 21. Juni 2013, in Kraft seit 1. Jan. 2017 (AS **2015** 3631; BBl **2009** 8533).

[65] Ursprünglich Art. 51.

2. Kapitel: Registrierung von geographischen Angaben[66]

Art. 50*b*[67] …

[1] Der Bundesrat schafft ein Register für geografische Angaben für Waren, mit Ausnahme von landwirtschaftlichen Erzeugnissen, verarbeiteten landwirtschaftlichen Erzeugnissen und Wein sowie waldwirtschaftlichen Erzeugnissen und deren Verarbeitungsprodukten.

[2] Er regelt insbesondere:

a. die Eintragungsberechtigung;

b. die Voraussetzungen für die Registrierung, insbesondere die Anforderungen an das Pflichtenheft;

c. das Registrierungs- und das Einspracheverfahren;

d. die Kontrolle.

[3] Für Verfügungen und Dienstleistungen im Zusammenhang mit dem Register werden Gebühren erhoben.

[4] Eingetragene geografische Angaben können nicht zu Gattungsbezeichnungen werden. Gattungsbezeichnungen dürfen nicht als geografische Angaben eingetragen werden.

[5] Wer eine eingetragene geografische Angabe für identische oder vergleichbare Waren verwendet, muss das Pflichtenheft erfüllen. Diese Verpflichtung gilt nicht für die Verwendung von Marken, die mit einer ins Register eingetragenen geografischen Angabe identisch oder dieser ähnlich sind und die gutgläubig hinterlegt oder eingetragen oder an denen Rechte durch gutgläubige Benutzung erworben wurden:

a. vor dem 1. Januar 1996; oder

b. bevor der Name der eingetragenen geografischen Angabe im Ursprungsland geschützt worden ist, sofern für die Marke keiner der in diesem Gesetz vorgesehenen Gründe für Nichtigkeit oder Verfall vorliegen.

[6] Wird eine Marke, die eine geografische Angabe enthält, die mit einer zur Eintragung angemeldeten geografischen Angabe identisch oder dieser ähnlich ist, für identische oder vergleichbare Waren hinterlegt, so wird das Markenprü-

---

[66] Eingefügt durch Anhang des BB vom 19. März 2021 über die Genehmigung der Genfer Akte des Lissabonner Abk. über Ursprungsbezeichnungen und geografische Angaben und über ihre Umsetzung, in Kraft seit 1. Dez. 2021 (AS **2021** 742; BBl **2020** 5827).

[67] Ursprünglich Art. 50a (ohne Sachüberschrift). Eingefügt durch Ziff. I des BG vom 21. Juni 2013, in Kraft seit 1. Jan. 2017 (AS **2015** 3631; BBl **2009** 8533).

fungsverfahren bis zum rechtskräftigen Entscheid über das Gesuch um Eintragung der geografischen Angabe sistiert.

[7] Nach der Eintragung der geografischen Angabe kann die Marke nur für identische oder vergleichbare Waren eingetragen werden. Die Waren müssen auf die im Pflichtenheft umschriebene geografische Herkunft eingeschränkt werden.

[8] Eingetragene geografische Angaben sind insbesondere geschützt gegen:

a. jede kommerzielle Verwendung für andere Erzeugnisse, durch die der Ruf geschützter Bezeichnungen ausgenutzt wird;

b. jede Anmassung, Nachmachung oder Nachahmung.

3. Kapitel:[68] International Registrierung von geografischen Angaben

Art. 50*c* *Internationales Register für Ursprungsbezeichnungen und geografische Angaben*

[1] Die internationale Registrierung von Ursprungsbezeichnungen und geografischen Angaben richtet sich nach der Genfer Akte vom 20. Mai 2015[69] des Lissabonner Abkommens über Ursprungsbezeichnungen und geografische Angaben (Genfer Akte) sowie nach den Bestimmungen dieses Kapitels.

[2] Das IGE ist mit der Verwaltung der Genfer Akte für die Schweiz in den folgenden Bereichen beauftragt:

a. internationale Registrierung von Ursprungsbezeichnungen und geografischen Angaben, deren geografisches Ursprungsgebiet auf schweizerischem Staatsgebiet liegt (Art. 50*d*);

b. Wirksamkeit der internationalen Registrierung von Ursprungsbezeichnungen und geografischen Angaben, deren Schutz auf schweizerischem Staatsgebiet verlangt wurde (Art. 50*e*).

Art. 50*d* *Internationale Registrierung von Ursprungsbezeichnungen und geografischen Angaben, deren geografisches Ursprungsgebiet auf schweizerischem Staatsgebiet liegt*

[1] Die internationale Registrierung oder die Änderung der internationalen Registrierung einer Ursprungsbezeichnung oder geografischen Angabe, deren geografisches Ursprungsgebiet auf schweizerischem Staatsgebiet liegt, können beim IGE verlangt werden:

---

[68] Eingefügt durch Anhang des BB vom 19. März 2021 über die Genehmigung der Genfer Akte des Lissabonner Abk. über Ursprungsbezeichnungen und geografische Angaben und über ihre Umsetzung, in Kraft seit 1. Dez. 2021 (AS **2021** 742; BBl **2020** 5827).

[69] SR 0.232.111.14

a. von der Gruppierung, die die Ursprungsbezeichnung oder geografische Angabe nach Artikel 16 LwG[70] oder Artikel 50*b* des vorliegenden Gesetzes hat eintragen lassen, oder, wenn diese Gruppierung nicht mehr besteht, von einer repräsentativen Gruppierung, die sich für den Schutz dieser Ursprungsbezeichnung oder geografischen Angabe einsetzt;

b. vom Kanton, der eine kontrollierte Ursprungsbezeichnung nach Artikel 63 LwG schützt;

c. von der Dachorganisation einer Branche, für die der Bundesrat gestützt auf Artikel 50 Absatz 2 eine Verordnung erlassen hat;

d. vom Inhaber einer Marke, die eine Ursprungsbezeichnung oder geografische Angabe im Sinne von Artikel 2 der Genfer Akte[71] darstellt, sofern die Ursprungsbezeichnung oder geografische Angabe weder nach Artikel 16 oder 63 LwG noch nach Artikel 50 Absatz 2 oder 50*b* des vorliegenden Gesetzes geschützt ist.

[2] Der Bundesrat regelt die Einzelheiten des Verfahrens.

Art. 50*e* *Wirksamkeit der internationalen Registrierung von Ursprungsbezeichnungen und geografischen Angaben, deren Schutz auf schweizerischem Staatsgebiet verlangt wurde*

[1] Die Wirksamkeit der internationalen Registrierung einer Ursprungsbezeichnung oder geografischen Angabe, deren Schutz auf schweizerischem Staatsgebiet verlangt wurde, kann insbesondere aus den folgenden Gründen verweigert werden:

a. Die Bezeichnung oder Angabe entspricht nicht den Begriffsbestimmungen nach Artikel 2 der Genfer Akte[72].

b. Der Schutz aufgrund der internationalen Registrierung verstösst gegen das Recht, die öffentliche Ordnung oder die guten Sitten.

c. Der Schutz aufgrund der internationalen Registrierung verstösst gegen eine ältere Marke, die in gutem Glauben für ein identisches oder vergleichbares Produkt eingetragen wurde.

[2] Das IGE entscheidet von Amtes wegen, ob ein Grund nach Absatz 1 Buchstabe a oder b vorliegt.

[3] Ein Dritter kann beim IGE alle Gründe nach Absatz 1 geltend machen.

---

[70] SR 910.1
[71] SR 0.232.111.14
[72] SR 0.232.111.14

[4] Darüber hinaus kann er die Gewährung der Übergangsfrist nach Artikel 17 der Genfer Akte verlangen, um eine ältere, gutgläubige Verwendung einer Bezeichnung oder Angabe, die Gegenstand einer internationalen Registrierung ist, zu beenden.

[5] Eine Marke, die in gutem Glauben hinterlegt oder registriert wurde, bevor die Bezeichnung oder Angabe, die Gegenstand der internationalen Registrierung ist, auf schweizerischem Staatsgebiet geschützt wurde, und deren Verwendung für ein identisches oder vergleichbares Produkt gegen Artikel 11 der Genfer Akte verstossen würde, kann dennoch weiterhin verwendet werden, sofern keine Nichtigkeits- oder Verwirkungsgründe nach diesem Gesetz entgegenstehen. Ihre Registrierung kann unter den gleichen Bedingungen verlängert werden.

[6] Artikel 50*b* Absätze 6 und 7 findet sinngemäss Anwendung.

[7] Der Bundesrat regelt die Einzelheiten des Verfahrens.

Art. 50*f* *Gebühren*

Das IGE kann mittels Verordnung vorsehen, dass gegenüber dem Gesuchsteller Gebühren erhoben werden für:

a. die Behandlung eines Gesuchs um die internationale Registrierung von Ursprungsbezeichnungen und geografischen Angaben, deren geografisches Ursprungsgebiet auf schweizerischem Staatsgebiet liegt, oder eines Gesuchs um die Änderung der genannten Registrierung (Art. 50*d* Abs. 1);

b. die materielle Prüfung der internationalen Registrierung einer Ursprungsbezeichnung oder geografischen Angabe, deren Schutz auf schweizerischem Staatsgebiet verlangt wird (Art. 50*e* Abs. 2);

c. die Behandlung eines Gesuchs um die Verweigerung der Wirksamkeit der internationalen Registrierung einer Ursprungsbezeichnung oder geografischen Angabe auf schweizerischem Staatsgebiet (Art. 50*e* Abs. 3);

d. die Behandlung eines Gesuchs um die Gewährung einer Übergangsfrist (Art. 50*e* Abs. 4).

Art. 51

Aufgehoben

3. Titel: Rechtsschutz

1. Kapitel: Zivilrechtlicher Schutz

Art. 51*a*[73] *Beweislastumkehr*

Der Benutzer einer Herkunftsangabe muss beweisen, dass diese zutreffend ist.

Art. 52 *Feststellungsklage*

Wer ein rechtliches Interesse nachweist, kann vom Richter feststellen lassen, dass ein Recht oder Rechtsverhältnis nach diesem Gesetz besteht oder nicht besteht.

Art. 53 *Klage auf Übertragung der Marke*

[1] Der Kläger kann anstatt auf Feststellung der Nichtigkeit der Markeneintragung auf Übertragung der Marke klagen, wenn der Beklagte sich diese angemasst hat.

[2] Der Anspruch erlischt zwei Jahre nach Veröffentlichung der Eintragung oder nach Wegfall der Zustimmung des Markeninhabers gemäss Artikel 4.

[3] Wird die Übertragung verfügt, so fallen die inzwischen Dritten eingeräumten Lizenzen oder anderen Rechte dahin; diese Dritten haben jedoch, wenn sie in gutem Glauben die Marke im Inland gewerbsmässig benützt oder besondere Anstalten dazu getroffen haben, Anspruch auf Erteilung einer nicht ausschliesslichen Lizenz.[74]

[4] Vorbehalten bleiben Ansprüche auf Schadenersatz.[75]

Art. 54[76] *Mitteilung von Entscheiden*

Die urteilende Behörde stellt dem IGE Entscheide, einschliesslich solcher über vorsorgliche Massnahmen, und Abschreibungsbeschlüsse nach ihrem Erlass ohne Verzug in vollständiger Ausfertigung und unentgeltlich zu.

---

[73] Eingefügt durch Ziff. I des BG vom 21. Juni 2013, in Kraft seit 1. Jan. 2017 (AS **2015** 3631; BBl **2009** 8533).

[74] Eingefügt durch Anhang Ziff. 3 des BG vom 22. Juni 2007, Kraft seit 1. Juli 2008 (AS **2008** 2551; BBl **2006** 1).

[75] Eingefügt durch Anhang Ziff. 3 des BG vom 22. Juni 2007, Kraft seit 1. Juli 2008 (AS **2008** 2551; BBl **2006** 1).

[76] Fassung gemäss Ziff. I des BG vom 21. Juni 2013, in Kraft seit 1. Jan. 2017 (AS **2015** 3631; BBl **2009** 8533).

Art. 55 *Leistungsklage*

[1] Wer in seinem Recht an der Marke oder an einer Herkunftsangabe verletzt oder gefährdet wird, kann vom Richter verlangen:

a. eine drohende Verletzung zu verbieten;

b. eine bestehende Verletzung zu beseitigen;

c.[77] den Beklagten zu verpflichten, Herkunft und Menge der in seinem Besitz befindlichen Gegenstände, die widerrechtlich mit der Marke oder der Herkunftsangabe versehen sind, anzugeben und Adressaten sowie Ausmass einer Weitergabe an gewerbliche Abnehmer zu nennen.

[2] Vorbehalten bleiben die Klagen nach dem Obligationenrecht[78] auf Schadenersatz, auf Genugtuung sowie auf Herausgabe eines Gewinns entsprechend den Bestimmungen über die Geschäftsführung ohne Auftrag.

[2bis] Die Leistungsklage kann erst nach der Eintragung der Marke im Register angehoben werden. Ein Schaden kann rückwirkend auf den Zeitpunkt geltend gemacht werden, in dem der Beklagte vom Inhalt des Eintragungsgesuchs Kenntnis erhalten hat.[79]

[3] Als Markenrechtsverletzung gilt auch der reglementswidrige Gebrauch einer Garantie- oder Kollektivmarke.

[4] Wer über eine ausschliessliche Lizenz verfügt, ist unabhängig von der Eintragung der Lizenz im Register selbständig zur Klage berechtigt, sofern dies im Lizenzvertrag nicht ausdrücklich ausgeschlossen worden ist. Alle Lizenznehmer können einer Verletzungsklage beitreten, um ihren eigenen Schaden geltend zu machen.[80]

Art. 56[81] *Klageberechtigung der Verbände, Konsumentenorganisationen und Behörden*

[1] Zu Feststellungsklagen (Art. 52) und Leistungsklagen (Art. 55 Abs. 1), die den Schutz von Herkunftsangaben betreffen, sind ferner berechtigt:

---

77 Fassung gemäss Anhang Ziff. 3 des BG vom 22. Juni 2007, Kraft seit 1. Juli 2008 (AS **2008** 2551; BBl **2006** 1).

78 SR **220**

79 Eingefügt durch Anhang Ziff. 3 des BG vom 22. Juni 2007, Kraft seit 1. Juli 2008 (AS **2008** 2551; BBl **2006** 1).

80 Eingefügt durch Anhang Ziff. 3 des BG vom 22. Juni 2007, Kraft seit 1. Juli 2008 (AS **2008** 2551; BBl **2006** 1).

81 Fassung gemäss Ziff. I des BG vom 21. Juni 2013, in Kraft seit 1. Jan. 2017 (AS **2015** 3631; BBl **2009** 8533).

a. Berufs- und Wirtschaftsverbände, die nach den Statuten zur Wahrung der wirtschaftlichen Interessen ihrer Mitglieder befugt sind;
b. Organisationen von gesamtschweizerischer oder regionaler Bedeutung, die sich nach den Statuten dem Konsumentenschutz widmen;
c. das IGE, soweit Bezeichnungen wie «Schweiz», «schweizerisch» oder andere Bezeichnungen oder Symbole, die auf das geografische Gebiet der Schweizerischen Eidgenossenschaft im Sinne von Artikel 48 Absatz 4 hinweisen, verwendet werden;
d. der betroffene Kanton, soweit sein Name oder andere auf sein geografisches Gebiet hinweisende Bezeichnungen oder Symbole verwendet werden.

2 Verbände und Organisationen nach Absatz 1 Buchstaben a und b sind zu Klagen nach Artikel 52 berechtigt, die eine Garantiemarke (Art. 21 Abs. 1) oder Kollektivmarke (Art. 22) betreffen.

3 Die Kantone bezeichnen die zuständige Stelle für Klagen nach Absatz 1 Buchstabe d.

Art. 57 *Einziehung im Zivilverfahren*

1 Der Richter kann die Einziehung von Gegenständen, die widerrechtlich mit einer Marke oder einer Herkunftsangabe versehen sind, oder der vorwiegend zu ihrer Herstellung dienenden Einrichtungen, Geräte und sonstigen Mittel anordnen.[82]

2 Er entscheidet darüber, ob die Marke oder die Herkunftsangabe unkenntlich zu machen ist oder ob die Gegenstände unbrauchbar zu machen, zu vernichten oder in einer bestimmten Weise zu verwenden sind.

Art. 58[83]

Art. 59[84] *Vorsorgliche Massnahmen*

Ersucht eine Person um die Anordnung vorsorglicher Massnahmen, so kann sie insbesondere verlangen, dass das Gericht Massnahmen anordnet:

a. zur Beweissicherung;

---

[82] Fassung gemäss Anhang Ziff. 3 des BG vom 22. Juni 2007, Kraft seit 1. Juli 2008 (AS **2008** 2551; BBl **2006** 1).

[83] Aufgehoben gemäss Anhang 1 Ziff. II 10 der Zivilprozessordnung vom 19. Dez. 2008, mit Wirkung seit 1. Jan. 2011 (AS **2010** 1739; BBl **2006** 7221).

[84] Fassung gemäss Anhang 1 Ziff. II 10 der Zivilprozessordnung vom 19. Dez. 2008, in Kraft seit 1. Jan. 2011 (AS **2010** 1739; BBl **2006** 7221).

b. zur Ermittlung der Herkunft widerrechtlich mit der Marke oder der Herkunftsangabe versehener Gegenstände;

c. zur Wahrung des bestehenden Zustandes; oder

d. zur vorläufigen Vollstreckung von Unterlassungs- und Beseitigungsansprüchen.

Art. 60 *Veröffentlichung des Urteils*

Der Richter kann auf Antrag der obsiegenden Partei anordnen, dass das Urteil auf Kosten der anderen Partei veröffentlicht wird. Er bestimmt Art und Umfang der Veröffentlichung.

2. Kapitel: Strafbestimmungen

Art. 61[85] *Markenrechtsverletzung*

[1] Auf Antrag des Verletzten wird mit Freiheitsstrafe bis zu einem Jahr oder Geldstrafe bestraft, wer vorsätzlich das Markenrecht eines anderen verletzt, indem er:

a. sich die Marke des anderen anmasst oder diese nachmacht oder nachahmt;

b.[86] unter der angemassten, nachgemachten oder nachgeahmten Marke Waren in Verkehr setzt oder Dienstleistungen erbringt, solche Waren anbietet, ein-, aus- oder durchführt, sie zum Zweck des Inverkehrbringens lagert oder für sie wirbt oder solche Dienstleistungen anbietet oder für sie wirbt.

[2] Ebenso wird auf Antrag des Verletzten bestraft, wer sich weigert, Herkunft und Menge der in seinem Besitz befindlichen Gegenstände, die widerrechtlich mit der Marke versehen sind, anzugeben und Adressaten sowie Ausmass einer Weitergabe an gewerbliche Abnehmer zu nennen.

[3] Handelt der Täter gewerbsmässig, so wird er von Amtes wegen verfolgt. Die Strafe ist Freiheitsstrafe bis zu fünf Jahren oder Geldstrafe. …[87]

---

[85] Fassung gemäss Anhang Ziff. 3 des BG vom 22. Juni 2007, Kraft seit 1. Juli 2008 (AS **2008** 2551; BBl **2006** 1).

[86] Fassung gemäss Ziff. I des BG vom 21. Juni 2013, in Kraft seit 1. Jan. 2017 (AS **2015** 3631; BBl **2009** 8533).

[87] Dritter Satz aufgehoben durch Ziff. I 6 des BG vom 17. Dez. 2021 über die Harmonisierung der Strafrahmen, mit Wirkung seit 1. Juli 2023 (AS **2023** 259; BBl **2018** 2827).

Art. 62 *Betrügerischer Markengebrauch*

1 Auf Antrag des Verletzten wird mit Freiheitsstrafe bis zu einem Jahr oder Geldstrafe bestraft, wer:[88]

a. Waren oder Dienstleistungen zum Zwecke der Täuschung widerrechtlich mit der Marke eines anderen kennzeichnet und auf diese Weise den Anschein erweckt, es handle sich um Originalwaren oder -dienstleistungen;

b. widerrechtlich mit der Marke eines anderen gekennzeichnete Waren oder Dienstleistungen als Originalwaren anbietet oder in Verkehr setzt oder als Originaldienstleistungen anbietet oder erbringt.

2 Handelt der Täter gewerbsmässig, so wird er von Amtes wegen verfolgt. Die Strafe ist Freiheitsstrafe bis zu fünf Jahren oder Geldstrafe. …[89], [90]

3 …[91]

Art. 63 *Reglementswidriger Gebrauch einer Garantie- oder Kollektivmarke*

1 Auf Antrag des Verletzten wird mit Freiheitsstrafe bis zu einem Jahr oder Geldstrafe bestraft, wer eine Garantie- oder Kollektivmarke vorsätzlich in reglementswidriger Weise gebraucht.[92]

2 Ebenso wird auf Antrag des Verletzten bestraft, wer sich weigert, die Herkunft der reglementswidrig mit einer Garantie- oder Kollektivmarke versehenen und in seinem Besitz befindlichen Gegenstände anzugeben.

3 Sind nur unwesentliche Bestimmungen des Reglements betroffen, so kann von einer Bestrafung abgesehen werden.

---

88 Fassung gemäss Anhang Ziff. 3 des BG vom 22. Juni 2007, Kraft seit 1. Juli 2008 (AS **2008** 2551; BBl **2006** 1).

89 Fassung gemäss Anhang Ziff. 3 des BG vom 22. Juni 2007, Kraft seit 1. Juli 2008 (AS **2008** 2551; BBl **2006** 1).

90 Dritter Satz aufgehoben durch Ziff. I 6 des BG vom 17. Dez. 2021 über die Harmonisierung der Strafrahmen, mit Wirkung seit 1. Juli 2023 (AS **2023** 259; BBl **2018** 2827).

91 Aufgehoben durch Ziff. I des BG vom 21. Juni 2013, mit Wirkung seit 1. Jan. 2017 (AS **2015** 3631; BBl **2009** 8533).

92 Fassung gemäss Anhang Ziff. 3 des BG vom 22. Juni 2007, Kraft seit 1. Juli 2008 (AS **2008** 2551; BBl **2006** 1).

[4] Handelt der Täter gewerbsmässig, so wird er von Amtes wegen verfolgt. Die Strafe ist Freiheitsstrafe bis zu fünf Jahren oder Geldstrafe. …[93, 94]

Art. 64[95] *Gebrauch unzutreffender Herkunftsangaben*

[1] Mit Freiheitsstrafe bis zu einem Jahr oder mit Geldstrafe wird bestraft, wer vorsätzlich:

a. eine unzutreffende Herkunftsangabe gebraucht;

b. eine mit einer unzutreffenden Herkunftsangabe verwechselbare Bezeichnung gebraucht;

c. eine Täuschungsgefahr schafft, indem er einen Namen, eine Firma, eine Adresse oder eine Marke im Zusammenhang mit Waren oder Dienstleistungen fremder Herkunft gebraucht.

[2] Handelt der Täter gewerbsmässig, so ist die Strafe Freiheitsstrafe bis zu fünf Jahren oder Geldstrafe. …[96]

[3] Das IGE kann bei der zuständigen Strafverfolgungsbehörde Anzeige erstatten und im Verfahren die Rechte einer Privatklägerschaft wahrnehmen.

Art. 65 *Widerhandlungen betreffend das Produzentenkennzeichen*

Wer vorsätzlich die Vorschriften über das Produzentenkennzeichen verletzt, wird mit Busse bis zu 20 000 Franken bestraft.

Art. 65*a*[97] *Nicht strafbare Handlungen*

Handlungen nach Artikel 13 Absatz 2bis sind nicht strafbar.

Art. 66 *Aussetzung des Verfahrens*

[1] Der Richter kann das Strafverfahren aussetzen, wenn der Angeschuldigte die Nichtigkeit der Markeneintragung in einem Zivilverfahren geltend macht.

---

[93] Fassung gemäss Anhang Ziff. 3 des BG vom 22. Juni 2007, Kraft seit 1. Juli 2008 (AS **2008** 2551; BBl **2006** 1).

[94] Dritter Satz aufgehoben durch Ziff. I 6 des BG vom 17. Dez. 2021 über die Harmonisierung der Strafrahmen, mit Wirkung seit 1. Juli 2023 (AS **2023** 259; BBl **2018** 2827).

[95] Fassung gemäss Ziff. I des BG vom 21. Juni 2013, in Kraft seit 1. Jan. 2017 (AS **2015** 3631; BBl **2009** 8533).

[96] Zweiter Satz aufgehoben durch Ziff. I 6 des BG vom 17. Dez. 2021 über die Harmonisierung der Strafrahmen, mit Wirkung seit 1. Juli 2023 (AS **2023** 259; BBl **2018** 2827).

[97] Eingefügt durch Anhang Ziff. 3 des BG vom 22. Juni 2007, Kraft seit 1. Juli 2008 (AS **2008** 2551; BBl **2006** 1).

[2] Wendet der Angeschuldigte im Strafverfahren die Nichtigkeit der Markeneintragung ein, so kann ihm der Richter zu ihrer Geltendmachung in einem Zivilverfahren eine angemessene Frist ansetzen.

[3] Während der Aussetzung ruht die Verjährung.

Art. 67 *Widerhandlungen in Geschäftsbetrieben*

Bei Widerhandlungen in Geschäftsbetrieben, durch Untergebene, Beauftragte oder Vertreter gelten die Artikel 6 und 7 des Verwaltungsstrafrechtsgesetzes vom 22. März 1974[98].

Art. 68[99] *Einziehung im Strafverfahren*

Artikel 69 des Strafgesetzbuches[100] ist anwendbar; der Richter kann anordnen, dass ein widerrechtlich mit einer Marke oder einer Herkunftsangabe versehener Gegenstand als Ganzes einzuziehen ist.

Art. 69 *Zuständigkeit der kantonalen Behörden*

Die Strafverfolgung ist Sache der Kantone.

3. Kapitel: Hilfeleistung des Bundesamtes für Zoll und Grenzsicherheit[101]

Art. 70[102] *Anzeige verdächtiger Sendungen*

[1] Das Bundesamt für Zoll und Grenzsicherheit (BAZG) ist ermächtigt, den Markeninhaber, den an einer Herkunftsangabe Berechtigten oder eine nach Artikel 56 klageberechtigte Partei zu benachrichtigen, wenn der Verdacht besteht, dass das Verbringen von widerrechtlich mit einer Marke oder einer Herkunftsangabe versehenen Waren ins schweizerische Zollgebiet oder aus dem schweizerischen Zollgebiet bevorsteht.[103]

---

[98] SR **313.0**

[99] Fassung gemäss Anhang Ziff. 3 des BG vom 22. Juni 2007, Kraft seit 1. Juli 2008 (AS **2008** 2551; BBl **2006** 1).

[100] SR **311.0**

[101] Fassung gemäss Ziff. I 3 der V vom 12. Juni 2020 über die Anpassung von Gesetzen infolge der Änderung der Bezeichnung der Eidgenössischen Zollverwaltung im Rahmen von deren Weiterentwicklung, in Kraft seit 1. Jan. 2022 (AS **2020** 2743).

[102] Fassung gemäss Anhang Ziff. 3 des BG vom 22. Juni 2007, Kraft seit 1. Juli 2008 (AS **2008** 2551; BBl **2006** 1).

[103] Fassung gemäss Ziff. I 3 der V vom 12. Juni 2020 über die Anpassung von Gesetzen infolge der Änderung der Bezeichnung der Eidgenössischen Zollverwaltung im Rahmen von deren Weiterentwicklung, in Kraft seit 1. Jan. 2022 (AS **2020** 2743).

[2] In diesem Fall ist das BAZG[104] ermächtigt, die Waren während drei Werktagen zurückzubehalten, damit der Markeninhaber, der an einer Herkunftsangabe Berechtigte oder ein nach Artikel 56 klageberechtigter Berufs- oder Wirtschaftsverband einen Antrag nach Artikel 71 stellen kann.

Art. 71 *Antrag auf Hilfeleistung*

[1] Hat der Markeninhaber, der klageberechtigte Lizenznehmer, der an einer Herkunftsangabe Berechtigte oder eine nach Artikel 56 klageberechtigte Partei konkrete Anhaltspunkte dafür, dass das Verbringen von widerrechtlich mit einer Marke oder einer Herkunftsangabe versehenen Waren ins schweizerische Zollgebiet oder aus dem schweizerischen Zollgebiet bevorsteht, so kann er oder sie der Zollverwaltung schriftlich beantragen, die Freigabe der Waren zu verweigern.[105]

[2] Der Antragsteller muss alle ihm zur Verfügung stehenden Angaben machen, die für den Entscheid der Zollverwaltung erforderlich sind; dazu gehört eine genaue Beschreibung der Waren.

[3] Die Zollverwaltung entscheidet über den Antrag endgültig. Sie kann eine Gebühr zur Deckung der Verwaltungskosten erheben.

Art. 72[106] *Zurückbehalten von Waren*

[1] Hat die Zollverwaltung aufgrund eines Antrags nach Artikel 71 Absatz 1 den begründeten Verdacht, dass eine zum Verbringen ins schweizerische Zollgebiet oder aus dem schweizerischen Zollgebiet bestimmte Ware widerrechtlich mit einer Marke oder einer Herkunftsangabe versehen ist, so teilt sie dies einerseits dem Antragsteller und andererseits dem Anmelder, Besitzer oder Eigentümer der Ware mit.[107]

[2] Sie behält die Ware bis höchstens zehn Werktage vom Zeitpunkt der Mitteilung nach Absatz 1 an zurück, damit der Antragsteller vorsorgliche Massnahmen erwirken kann.

---

[104] Ausdruck gemäss Ziff. I 3 der V vom 12. Juni 2020 über die Anpassung von Gesetzen infolge der Änderung der Bezeichnung der Eidgenössischen Zollverwaltung im Rahmen von deren Weiterentwicklung, in Kraft seit 1. Jan. 2022 (AS **2020** 2743). Diese Änd. wurde im ganzen Erlass berücksichtigt.

[105] Fassung gemäss Ziff. I des BG vom 21. Juni 2013, in Kraft seit 1. Jan. 2017 (AS **2015** 3631; BBl **2009** 8533).

[106] Fassung gemäss Anhang Ziff. 3 des BG vom 22. Juni 2007, Kraft seit 1. Juli 2008 (AS **2008** 2551; BBl **2006** 1).

[107] Fassung gemäss Ziff. I des BG vom 21. Juni 2013, in Kraft seit 1. Jan. 2017 (AS **2015** 3631; BBl **2009** 8533).

[3] In begründeten Fällen kann sie die Ware während höchstens zehn weiteren Werktagen zurückbehalten.

Art. 72*a*[108] *Proben oder Muster*

[1] Während des Zurückbehaltens der Ware ist die Zollverwaltung ermächtigt, dem Antragsteller auf Antrag Proben oder Muster zur Prüfung zu übergeben oder zuzusenden oder ihm die Besichtigung der zurückbehaltenen Ware zu gestatten.

[2] Die Proben oder Muster werden auf Kosten des Antragstellers entnommen und versandt.

[3] Sie müssen nach erfolgter Prüfung, soweit sinnvoll, zurückgegeben werden. Verbleiben Proben oder Muster beim Antragsteller, so unterliegen sie den Bestimmungen der Zollgesetzgebung.

Art. 72*b*[109] *Wahrung von Fabrikations- und Geschäftsgeheimnissen*

[1] Gleichzeitig mit der Benachrichtigung nach Artikel 72 Absatz 1 informiert die Zollverwaltung den Anmelder, Besitzer oder Eigentümer der Ware über die mögliche Übergabe von Proben oder Mustern beziehungsweise die Besichtigungsmöglichkeit nach Artikel 72a Absatz 1.

[2] Der Anmelder, Besitzer oder Eigentümer kann verlangen, zur Wahrung seiner Fabrikations- oder Geschäftsgeheimnisse bei der Besichtigung anwesend zu sein.

[3] Die Zollverwaltung kann auf begründeten Antrag des Anmelders, Besitzers oder Eigentümers die Übergabe von Proben oder Mustern verweigern.

Art. 72*c*[110] *Antrag auf Vernichtung der Ware*

[1] Zusammen mit dem Antrag nach Artikel 71 Absatz 1 kann der Antragsteller bei der Zollverwaltung schriftlich beantragen, die Ware zu vernichten.

[2] Wird ein Antrag auf Vernichtung gestellt, so teilt die Zollverwaltung dies dem Anmelder, Besitzer oder Eigentümer der Ware im Rahmen der Mitteilung nach Artikel 72 Absatz 1 mit.

---

[108] Eingefügt durch Anhang Ziff. 3 des BG vom 22. Juni 2007, Kraft seit 1. Juli 2008 (AS **2008** 2551; BBl **2006** 1).

[109] Eingefügt durch Anhang Ziff. 3 des BG vom 22. Juni 2007, Kraft seit 1. Juli 2008 (AS **2008** 2551; BBl **2006** 1).

[110] Eingefügt durch Anhang Ziff. 3 des BG vom 22. Juni 2007, Kraft seit 1. Juli 2008 (AS **2008** 2551; BBl **2006** 1).

[3] Der Antrag auf Vernichtung führt nicht dazu, dass die Fristen nach Artikel 72 Absätze 2 und 3 zur Erwirkung vorsorglicher Massnahmen verlängert werden.

Art. 72*d* [111] *Zustimmung*

[1] Für die Vernichtung der Ware ist die Zustimmung des Anmelders, Besitzers oder Eigentümers erforderlich.

[2] Die Zustimmung gilt als erteilt, wenn der Anmelder, Besitzer oder Eigentümer die Vernichtung nicht innerhalb der Fristen nach Artikel 72 Absätze 2 und 3 ausdrücklich ablehnt.

Art. 72*e* [112] *Beweismittel*

Vor der Vernichtung der Ware entnimmt die Zollverwaltung Proben oder Muster und bewahrt sie als Beweismittel auf für allfällige Klagen auf Schadenersatz.

Art. 72*f* [113] *Schadenersatz*

[1] Erweist sich die Vernichtung der Ware als unbegründet, so haftet ausschliesslich der Antragsteller für den entstandenen Schaden.

[2] Hat der Anmelder, Besitzer oder Eigentümer der Vernichtung schriftlich zugestimmt, so entstehen gegenüber dem Antragsteller auch dann keine Ansprüche auf Schadenersatz, wenn sich die Vernichtung später als unbegründet erweist.

Art. 72*g* [114] *Kosten*

[1] Die Vernichtung der Ware erfolgt auf Kosten des Antragstellers.

[2] Über die Kosten für die Entnahme und Aufbewahrung von Proben oder Mustern nach Artikel 72*e* entscheidet das Gericht im Zusammenhang mit der Beurteilung der Schadenersatzansprüche nach Artikel 72*f* Absatz 1.

---

[111] Eingefügt durch Anhang Ziff. 3 des BG vom 22. Juni 2007, Kraft seit 1. Juli 2008 (AS **2008** 2551; BBl **2006** 1).

[112] Eingefügt durch Anhang Ziff. 3 des BG vom 22. Juni 2007, Kraft seit 1. Juli 2008 (AS **2008** 2551; BBl **2006** 1).

[113] Eingefügt durch Anhang Ziff. 3 des BG vom 22. Juni 2007, Kraft seit 1. Juli 2008 (AS **2008** 2551; BBl **2006** 1).

[114] Eingefügt durch Anhang Ziff. 3 des BG vom 22. Juni 2007, Kraft seit 1. Juli 2008 (AS **2008** 2551; BBl **2006** 1).

Art. 72*h*[115] *Haftungserklärung und Schadenersatz*

[1] Ist durch das Zurückbehalten der Ware ein Schaden zu befürchten, so kann die Zollverwaltung das Zurückbehalten davon abhängig machen, dass der Antragsteller ihr eine Haftungserklärung abgibt. An deren Stelle kann die Zollverwaltung vom Antragsteller in begründeten Fällen eine angemessene Sicherheitsleistung verlangen.

[2] Der Antragsteller muss den Schaden, der durch das Zurückbehalten der Ware und die Entnahme von Proben oder Mustern entstanden ist, ersetzen, wenn vorsorgliche Massnahmen nicht angeordnet werden oder sich als unbegründet erweisen.

4. Titel: Schlussbestimmungen

1. Kapitel: Vollzug

Art. 73

Der Bundesrat erlässt die Ausführungsbestimmungen.

2. Kapitel: Aufhebung und Änderung von Bundesrecht

Art. 74 *Aufhebung bisherigen Rechts*

Das Bundesgesetz vom 26. September 1890[116] betreffend den Schutz der Fabrik- und Handelsmarken, der Herkunftsbezeichnungen von Waren und der gewerblichen Auszeichnungen wird aufgehoben. Jedoch ist Artikel 16bis Absatz 2 bis zum Inkrafttreten von Artikel 36 dieses Gesetzes weiterhin anwendbar.

Art. 75 *Änderung bisherigen Rechts*

1. und 2. …[117]

3. Der Ausdruck «Fabrik- und Handelsmarken» wird in sämtlichen Erlassen durch «Marken» ersetzt; davon ausgenommen sind die Artikel 1 und 2 des Bundesgesetzes vom 5. Juni 1931[118] zum Schutz öffentlicher Wappen und anderer öffentlicher Zeichen. Die betreffenden Erlasse sind bei nächster Gelegenheit entsprechend anzupassen.

---

[115] Eingefügt durch Anhang Ziff. 3 des BG vom 22. Juni 2007, Kraft seit 1. Juli 2008 (AS **2008** 2551; BBl **2006** 1).

[116] [BS **2** 845; AS **1951** 903 Art. 1, **1971** 1617, **1988** 1776 Anhang Ziff. I Bst. e].

[117] Diese Änderungen können unter AS **1993** 274 konsultiert werden.

[118] SR **232.21**

3. Kapitel: Übergangsbestimmungen

Art. 76 *Hinterlegte oder eingetragene Marken*

[1] Die beim Inkrafttreten dieses Gesetzes hinterlegten oder eingetragenen Marken unterstehen von diesem Zeitpunkt an dem neuen Recht.

[2] Davon abweichend gelten jedoch folgende Bestimmungen:

a. Die Priorität richtet sich nach altem Recht.

b. Die Gründe für die Zurückweisung von Eintragungsgesuchen, ausgenommen die absoluten Ausschlussgründe, richten sich nach altem Recht.

c. Widersprüche gegen die Eintragung von Marken, die beim Inkrafttreten dieses Gesetzes hinterlegt waren, sind unzulässig.

d. Die Gültigkeit der Eintragung endet mit dem Ablauf der nach altem Recht geltenden Frist; bis dahin kann sie jederzeit verlängert werden.

e. Die erste Verlängerung der Eintragung von Kollektivmarken unterliegt den gleichen Formvorschriften wie eine Hinterlegung.

Art. 77 *Bisher nicht eintragbare Marken*

Sind beim Inkrafttreten dieses Gesetzes Eintragungsgesuche für Marken hängig, die nach dem alten, nicht aber nach dem neuen Recht von der Eintragung ausgeschlossen sind, so gilt als Hinterlegungsdatum der Tag des Inkrafttretens.

Art. 78 *Gebrauchspriorität*

[1] Wer eine Marke vor dem Inkrafttreten dieses Gesetzes auf Waren oder deren Verpackung oder zur Kennzeichnung von Dienstleistungen zuerst gebraucht hat, ist gegenüber dem ersten Hinterleger besser berechtigt, sofern er die Marke innerhalb von zwei Jahren nach Inkrafttreten dieses Gesetzes hinterlegt und zugleich den Zeitpunkt angibt, in dem die Marke in Gebrauch genommen wurde.

[2] ...[119]

Art. 78*a*[120] *Klagebefugnis von Lizenznehmern*

Die Artikel 55 Absatz 4 und 59 Absatz 5 sind nur auf Lizenzverträge anwendbar, die nach Inkrafttreten der Änderung vom 22. Juni 2007 dieses Gesetzes abgeschlossen oder bestätigt worden sind.

---

[119] Aufgehoben durch Ziff. II 11 des BG vom 20. März 2008 zur formellen Bereinigung des Bundesrechts, mit Wirkung seit 1. Aug. 2008 (AS **2008** 3437; BBl **2007** 6121).

[120] Eingefügt durch Anhang Ziff. 3 des BG vom 22. Juni 2007, Kraft seit 1. Juli 2008 (AS **2008** 2551; BBl **2006** 1).

4. Kapitel: Referendum und Inkrafttreten

Art. 79

[1] Dieses Gesetz untersteht dem fakultativen Referendum.

[2] Der Bundesrat bestimmt das Inkrafttreten.

Datum des Inkrafttretens: Alle Bestimmungen ohne Art. 36: 1. April 1993[121]
Art. 36: 1. Januar 1994[122]

[121] BRB vom 23. Dez. 1992
[122] V vom 26. April 1993 (AS **1993** 1839)

Bundesgesetz über das Urheberrecht und verwandte Schutzrechte (Urheberrechtsgesetz, URG)

vom 9. Oktober 1992 (Stand am 1. Juli 2023)

Die Bundesversammlung der Schweizerischen Eidgenossenschaft,

gestützt auf die Artikel 31bis Absatz 2, 64 und 64bis der Bundesverfassung[1],[2]
nach Einsicht in die Botschaft des Bundesrates vom 19. Juni 1989[3],

beschliesst:

1. Titel: Gegenstand

Art. 1

[1] Dieses Gesetz regelt:

a. den Schutz der Urheber und Urheberinnen von Werken der Literatur und Kunst;

b. den Schutz der ausübenden Künstler und Künstlerinnen, der Hersteller und Herstellerinnen von Ton- und Tonbildträgern sowie der Sendeunternehmen;

c. die Bundesaufsicht über die Verwertungsgesellschaften.

[2] Völkerrechtliche Verträge bleiben vorbehalten.

2. Titel: Urheberrecht

1. Kapitel: Das Werk

Art. 2 *Werkbegriff*

[1] Werke sind, unabhängig von ihrem Wert oder Zweck, geistige Schöpfungen der Literatur und Kunst, die individuellen Charakter haben.

[2] Dazu gehören insbesondere:

AS **1993** 1798

[1] [BS **1** 3]. Den genannten Bestimmungen entsprechen heute Art. 95, 122 und 123 der BV vom 18. April 1999 (SR **101**).

[2] Fassung gemäss Anhang Ziff. 9 des Gerichtsstandsgesetzes vom 24. März 2000, in Kraft seit 1. Jan. 2000 (AS **2000** 2355; BBl **1999** 2829).

[3] BBl **1989** III 477

a. literarische, wissenschaftliche und andere Sprachwerke;

b. Werke der Musik und andere akustische Werke;

c. Werke der bildenden Kunst, insbesondere der Malerei, der Bildhauerei und der Graphik;

d. Werke mit wissenschaftlichem oder technischem Inhalt wie Zeichnungen, Pläne, Karten oder plastische Darstellungen;

e. Werke der Baukunst;

f. Werke der angewandten Kunst;

g. fotografische, filmische und andere visuelle oder audiovisuelle Werke;

h. choreographische Werke und Pantomimen.

[3] Als Werke gelten auch Computerprogramme.

[3bis] Fotografische Wiedergaben und mit einem der Fotografie ähnlichen Verfahren hergestellte Wiedergaben dreidimensionaler Objekte gelten als Werke, auch wenn sie keinen individuellen Charakter haben.[4]

[4] Ebenfalls geschützt sind Entwürfe, Titel und Teile von Werken, sofern es sich um geistige Schöpfungen mit individuellem Charakter handelt.

Art. 3 *Werke zweiter Hand*

[1] Geistige Schöpfungen mit individuellem Charakter, die unter Verwendung bestehender Werke so geschaffen werden, dass die verwendeten Werke in ihrem individuellen Charakter erkennbar bleiben, sind Werke zweiter Hand.

[2] Solche Werke sind insbesondere Übersetzungen sowie audiovisuelle und andere Bearbeitungen.

[3] Werke zweiter Hand sind selbständig geschützt.

[4] Der Schutz der verwendeten Werke bleibt vorbehalten.

Art. 4 *Sammelwerke*

[1] Sammlungen sind selbständig geschützt, sofern es sich bezüglich Auswahl oder Anordnung um geistige Schöpfungen mit individuellem Charakter handelt.

[2] Der Schutz von in das Sammelwerk aufgenommenen Werken bleibt vorbehalten.

---

[4] Eingefügt durch Ziff. I des BG vom 27. Sept. 2019, in Kraft seit 1. April 2020 (AS **2020** 1003; BBl **2018** 591).

Art. 5 *Nicht geschützte Werke*

[1] Durch das Urheberrecht nicht geschützt sind:

a. Gesetze, Verordnungen, völkerrechtliche Verträge und andere amtliche Erlasse;

b. Zahlungsmittel;

c. Entscheidungen, Protokolle und Berichte von Behörden und öffentlichen Verwaltungen;

d. Patentschriften und veröffentlichte Patentgesuche.

[2] Ebenfalls nicht geschützt sind amtliche oder gesetzlich geforderte Sammlungen und Übersetzungen der Werke nach Absatz 1.

2. Kapitel: Urheber und Urheberin

Art. 6 *Begriff*

Urheber oder Urheberin ist die natürliche Person, die das Werk geschaffen hat.

Art. 7 *Miturheberschaft*

[1] Haben mehrere Personen als Urheber oder Urheberinnen an der Schaffung eines Werks mitgewirkt, so steht ihnen das Urheberrecht gemeinschaftlich zu.

[2] Haben sie nichts anderes vereinbart, so können sie das Werk nur mit Zustimmung aller verwenden; die Zustimmung darf nicht wider Treu und Glauben verweigert werden.

[3] Jeder Miturheber und jede Miturheberin kann Rechtsverletzungen selbständig verfolgen, jedoch nur Leistung an alle fordern.

[4] Lassen sich die einzelnen Beiträge trennen und ist nichts anderes vereinbart, so darf jeder Miturheber und jede Miturheberin den eigenen Beitrag selbständig verwenden, wenn dadurch die Verwertung des gemeinsamen Werkes nicht beeinträchtigt wird.

Art. 8 *Vermutung der Urheberschaft*

[1] Solange nichts anderes nachgewiesen ist, gilt als Urheber oder als Urheberin, wer auf den Werkexemplaren oder bei der Veröffentlichung des Werks mit dem eigenen Namen, einem Pseudonym oder einem Kennzeichen genannt wird.

[2] Solange die Urheberschaft ungenannt oder bei einem Pseudonym oder einem Kennzeichen unbekannt bleibt, kann diejenige Person das Urheberrecht ausüben, die das Werk herausgibt. Wird auch diese Person nicht genannt, so kann das Urheberrecht ausüben, wer das Werk veröffentlicht hat.

3. Kapitel: Inhalt des Urheberrechts

1. Abschnitt: Verhältnis des Urhebers oder der Urheberin zum Werk

Art. 9 *Anerkennung der Urheberschaft*

[1] Der Urheber oder die Urheberin hat das ausschliessliche Recht am eigenen Werk und das Recht auf Anerkennung der Urheberschaft.

[2] Der Urheber oder die Urheberin hat das ausschliessliche Recht zu bestimmen, ob, wann, wie und unter welcher Urheberbezeichnung das eigene Werk erstmals veröffentlicht werden soll.

[3] Ein Werk ist veröffentlicht, wenn der Urheber oder die Urheberin es selber erstmals ausserhalb eines privaten Kreises im Sinne von Artikel 19 Absatz 1 Buchstabe a einer grösseren Anzahl Personen zugänglich gemacht oder einer solchen Veröffentlichung zugestimmt hat.

Art. 10 *Verwendung des Werks*

[1] Der Urheber oder die Urheberin hat das ausschliessliche Recht zu bestimmen, ob, wann und wie das Werk verwendet wird.

[2] Der Urheber oder die Urheberin hat insbesondere das Recht:

a. Werkexemplare wie Druckerzeugnisse, Ton-, Tonbild- oder Datenträger herzustellen;

b. Werkexemplare anzubieten, zu veräussern oder sonst wie zu verbreiten;

c.[5] das Werk direkt oder mit irgendwelchen Mitteln vorzutragen, aufzuführen, vorzuführen, anderswo wahrnehmbar oder so zugänglich zu machen, dass Personen von Orten und zu Zeiten ihrer Wahl dazu Zugang haben;

d. das Werk durch Radio, Fernsehen oder ähnliche Einrichtungen, auch über Leitungen, zu senden;

e. gesendete Werke mit Hilfe von technischen Einrichtungen, deren Träger nicht das ursprüngliche Sendeunternehmen ist, insbesondere auch über Leitungen, weiterzusenden;

f.[6] zugänglich gemachte, gesendete und weitergesendete Werke wahrnehmbar zu machen.

[3] Der Urheber oder die Urheberin eines Computerprogrammes hat zudem das ausschliessliche Recht, dieses zu vermieten.

---

[5] Fassung gemäss Art. 2 des BB vom 5. Okt. 2007, in Kraft seit 1. Juli 2008 (AS **2008** 2497; BBl **2006** 3389).

[6] Fassung gemäss Art. 2 des BB vom 5. Okt. 2007, in Kraft seit 1. Juli 2008 (AS **2008** 2497; BBl **2006** 3389).

Art. 11 *Werkintegrität*

[1] Der Urheber oder die Urheberin hat das ausschliessliche Recht zu bestimmen;

a. ob, wann und wie das Werk geändert werden darf;

b. ob, wann und wie das Werk zur Schaffung eines Werks zweiter Hand verwendet oder in ein Sammelwerk aufgenommen werden darf.

[2] Selbst wenn eine Drittperson vertraglich oder gesetzlich befugt ist, das Werk zu ändern oder es zur Schaffung eines Werkes zweiter Hand zu verwenden, kann sich der Urheber oder die Urheberin jeder Entstellung des Werks widersetzen, die ihn oder sie in der Persönlichkeit verletzt.

[3] Zulässig ist die Verwendung bestehender Werke zur Schaffung von Parodien oder mit ihnen vergleichbaren Abwandlungen des Werks.

2. Abschnitt: Verhältnis der Urheberschaft zum Eigentum am Werkexemplar

Art. 12 *Erschöpfungsgrundsatz*

[1] Hat ein Urheber oder eine Urheberin ein Werkexemplar veräussert oder der Veräusserung zugestimmt, so darf dieses weiterveräussert oder sonst wie verbreitet werden.

[1bis] Exemplare von audiovisuellen Werken dürfen so lange nicht weiterveräussert oder vermietet werden, als der Urheber oder die Urheberin dadurch in der Ausübung des Aufführungsrechts (Art. 10 Abs. 2 Bst. c) beeinträchtigt wird.[7]

[2] Hat ein Urheber oder eine Urheberin ein Computerprogramm veräussert oder der Veräusserung zugestimmt, so darf dieses gebraucht oder weiterveräussert werden.

[3] Ausgeführte Werke der Baukunst dürfen vom Eigentümer oder von der Eigentümerin geändert werden; vorbehalten bleibt Artikel 11 Absatz 2.

Art. 13 *Vermieten von Werkexemplaren*

[1] Wer Werkexemplare der Literatur und Kunst vermietet oder sonst wie gegen Entgelt zur Verfügung stellt, schuldet dem Urheber oder der Urheberin hiefür eine Vergütung.

---

[7] Eingefügt durch Art. 36 Ziff. 3 des Filmgesetzes vom 14. Dez. 2001 (AS **2002** 1904; BBl **2000** 5429). Fassung gemäss Ziff. II des BG vom 20. Juni 2003, in Kraft seit 1. April 2004 (AS **2004** 1385; BBl **2002** 2022 5506).

[2] Keine Vergütungspflicht besteht bei:

a. Werken der Baukunst;

b. Werkexemplaren der angewandten Kunst;

c. Werkexemplaren, die für eine vertraglich vereinbarte Nutzung von Urheberrechten vermietet oder ausgeliehen werden.

[3] Die Vergütungsansprüche können nur von zugelassenen Verwertungsgesellschaften (Art. 40 ff.) geltend gemacht werden.

[4] Dieser Artikel findet keine Anwendung auf Computerprogramme. Das ausschliessliche Recht nach Artikel 10 Absatz 3 bleibt vorbehalten.

Art. 13*a*[8] *Zugänglichmachen von audiovisuellen Werken*

[1] Wer ein audiovisuelles Werk erlaubterweise so zugänglich macht, dass Personen von Orten und Zeiten ihrer Wahl Zugang dazu haben, schuldet den Urhebern und Urheberinnen, die das audiovisuelle Werk geschaffen haben, hierfür eine Vergütung.

[2] Keine Vergütung ist geschuldet, wenn:

a. der Urheber oder die Urheberin oder deren Erben das ausschliessliche Recht auf Zugänglichmachen persönlich verwerten; oder

b. es sich bei dem audiovisuellen Werk um Folgendes handelt:

1. Firmenportraits, Industriefilme, Werbe- oder Promotionsfilme, Computerspiele, Dienst- oder Auftragswerke von Sendeunternehmen oder andere journalistische Dienst- und Auftragswerke,
2. Archivwerke von Sendeunternehmen (Art. 22*a*),
3. verwaiste Werke (Art. 22*b*).

[3] Der Vergütungsanspruch ist unübertragbar und unverzichtbar und steht nur den Urhebern und Urheberinnen zu; er tritt an die Stelle einer Vergütung für die vertraglich vereinbarte Verwendung des audiovisuellen Werks. Er kann nur von zugelassenen Verwertungsgesellschaften geltend gemacht werden.

[4] Urhebern und Urheberinnen eines audiovisuellen Werks, das nicht von einer Person mit Wohnsitz oder Sitz in der Schweiz produziert wurde, steht ein Anspruch auf Vergütung nur zu, wenn das Land, in dem das audiovisuelle Werk produziert wurde, für dessen Zugänglichmachung ebenfalls einen kollektiv wahrzunehmenden Vergütungsanspruch für Urheber und Urheberinnen vorsieht.

---

[8] Eingefügt durch Ziff. I des BG vom 27. Sept. 2019, in Kraft seit 1. April 2020 (AS 2020 1003; BBl 2018 591).

[5] Dieser Artikel ist nicht anwendbar auf in audiovisuellen Werken enthaltene Musik. Die Urheber und Urheberinnen von Werken der Musik haben Anspruch auf einen angemessenen Anteil aus dem Erlös ihrer kollektiv verwerteten ausschliesslichen Rechte.

Art. 14 *Zutritts- und Ausstellungsrecht des Urhebers oder der Urheberin*

[1] Wer ein Werkexemplar zu Eigentum hat oder besitzt, muss es dem Urheber oder der Urheberin so weit zugänglich machen, als dies zur Ausübung des Urheberrechts erforderlich ist und kein berechtigtes eigenes Interesse entgegensteht.

[2] Der Urheber oder die Urheberin kann die Überlassung eines Werkexemplars zur Ausstellung im Inland verlangen, sofern ein überwiegendes Interesse nachgewiesen wird.

[3] Die Herausgabe kann von der Leistung einer Sicherheit für die unversehrte Rückgabe des Werkexemplars abhängig gemacht werden. Kann das Werkexemplar nicht unversehrt zurückgegeben werden, so haftet der Urheber oder die Urheberin auch ohne Verschulden.

Art. 15 *Schutz vor Zerstörung*

[1] Müssen Eigentümer und Eigentümerinnen von Originalwerken, zu denen keine weiteren Werkexemplare bestehen, ein berechtigtes Interesse des Urhebers oder der Urheberin an der Werkerhaltung annehmen, so dürfen sie solche Werke nicht zerstören, ohne dem Urheber oder der Urheberin vorher die Rücknahme anzubieten. Sie dürfen dafür nicht mehr als den Materialwert verlangen.

[2] Sie müssen dem Urheber oder der Urheberin die Nachbildung des Originalexemplars in angemessener Weise ermöglichen, wenn die Rücknahme nicht möglich ist.

[3] Bei Werken der Baukunst hat der Urheber oder die Urheberin nur das Recht, das Werk zu fotografieren und auf eigene Kosten Kopien der Pläne herauszuverlangen.

4. Kapitel: Rechtsübergang; Zwangsvollstreckung

Art. 16 *Rechtsübergang*

[1] Das Urheberrecht ist übertragbar und vererblich.

[2] Die Übertragung eines im Urheberrecht enthaltenen Rechtes schliesst die Übertragung anderer Teilrechte nur mit ein, wenn dies vereinbart ist.

[3] Die Übertragung des Eigentums am Werkexemplar schliesst urheberrechtliche Verwendungsbefugnisse selbst dann nicht ein, wenn es sich um das Originalwerk handelt.

Art. 17 *Rechte an Programmen*

Wird in einem Arbeitsverhältnis bei Ausübung dienstlicher Tätigkeiten sowie in Erfüllung vertraglicher Pflichten ein Computerprogramm geschaffen, so ist der Arbeitgeber oder die Arbeitgeberin allein zur Ausübung der ausschliesslichen Verwendungsbefugnisse berechtigt.

Art. 18 *Zwangsvollstreckung*

Der Zwangsvollstreckung unterliegen die in Artikel 10 Absätze 2 und 3 sowie in Artikel 11 genannten Rechte, soweit der Urheber oder die Urheberin sie bereits ausgeübt hat und das Werk mit der Zustimmung des Urhebers oder der Urheberin bereits veröffentlicht worden ist.

5. Kapitel: Schranken des Urheberrechts

Art. 19 *Verwendung zum Eigengebrauch*

[1] Veröffentlichte Werke dürfen zum Eigengebrauch verwendet werden. Als Eigengebrauch gilt:

a. jede Werkverwendung im persönlichen Bereich und im Kreis von Personen, die unter sich eng verbunden sind, wie Verwandte oder Freunde;

b. jede Werkverwendung der Lehrperson für den Unterricht in der Klasse;

c. das Vervielfältigen von Werkexemplaren in Betrieben, öffentlichen Verwaltungen, Instituten, Kommissionen und ähnlichen Einrichtungen für die interne Information oder Dokumentation.

[2] Wer zum Eigengebrauch berechtigt ist, darf unter Vorbehalt von Absatz 3 die dazu erforderlichen Vervielfältigungen auch durch Dritte herstellen lassen; als Dritte im Sinne dieses Absatzes gelten auch Bibliotheken, andere öffentliche Institutionen und Geschäftsbetriebe, die ihren Benützern und Benützerinnen Kopiergeräte zur Verfügung stellen.[9]

[3] Ausserhalb des privaten Kreises nach Absatz 1 Buchstabe a sind nicht zulässig:[10]

---

[9] Fassung gemäss Ziff. I des BG vom 5. Okt. 2007, in Kraft seit 1. Juli 2008 (AS **2008** 2421; BBl **2006** 3389).

[10] Fassung gemäss Ziff. I des BG vom 5. Okt. 2007, in Kraft seit 1. Juli 2008 (AS **2008** 2421; BBl **2006** 3389).

a. die vollständige oder weitgehend vollständige Vervielfältigung im Handel erhältlicher Werkexemplare;
b. die Vervielfältigung von Werken der bildenden Kunst;
c. die Vervielfältigung von graphischen Aufzeichnungen von Werken der Musik;
d. die Aufnahme von Vorträgen, Aufführungen oder Vorführungen eines Werkes auf Ton-, Tonbild- oder Datenträger.

3bis Vervielfältigungen, die beim Abrufen von erlaubterweise zugänglich gemachten Werken hergestellt werden, sind von den in diesem Artikel enthaltenen Einschränkungen des Eigengebrauchs sowie von den Vergütungsansprüchen nach Artikel 20 ausgenommen.[11]

4 Dieser Artikel findet keine Anwendung auf Computerprogramme.

Art. 20 *Vergütung für den Eigengebrauch*

1 Die Werkverwendung im privaten Kreis gemäss Artikel 19 Absatz 1 Buchstabe a ist unter Vorbehalt von Absatz 3 vergütungsfrei.

2 Wer zum Eigengebrauch nach Artikel 19 Absatz 1 Buchstabe b oder Buchstabe c oder wer als Drittperson nach Artikel 19 Absatz 2 Werke auf irgendwelche Art vervielfältigt, schuldet dem Urheber oder der Urheberin hiefür eine Vergütung.

3 Wer Leerkassetten und andere zur Aufnahme von Werken geeignete Ton- und Tonbildträger herstellt oder importiert, schuldet dem Urheber oder der Urheberin für die Werkverwendungen nach Artikel 19 eine Vergütung.

4 Die Vergütungsansprüche können nur von zugelassenen Verwertungsgesellschaften geltend gemacht werden.

Art. 21 *Entschlüsselung von Computerprogrammen*

1 Wer das Recht hat, ein Computerprogramm zu gebrauchen, darf sich die erforderlichen Informationen über Schnittstellen zu unabhängig entwickelten Programmen durch Entschlüsselung des Programmcodes beschaffen oder durch Drittpersonen beschaffen lassen.

2 Die durch Entschlüsselung des Programmcodes gewonnenen Schnittstelleninformationen dürfen nur zur Entwicklung, Wartung sowie zum Gebrauch von interoperablen Computerprogrammen verwendet werden, soweit dadurch we-

[11] Eingefügt durch Ziff. I des BG vom 5. Okt. 2007, in Kraft seit 1. Juli 2008 (AS **2008** 2421; BBl **2006** 3389).

der die normale Auswertung des Programms noch die rechtmässigen Interessen der Rechtsinhaber und -inhaberinnen unzumutbar beeinträchtigt werden.

Art. 22 *Verbreitung gesendeter Werke*

[1] Die Rechte, gesendete Werke zeitgleich und unverändert wahrnehmbar zu machen oder im Rahmen der Weiterleitung eines Sendeprogrammes weiterzusenden, können nur über zugelassene Verwertungsgesellschaften geltend gemacht werden.

[2] Die Weitersendung von Werken über technische Einrichtungen, die von vorneherein auf eine kleine Empfängerzahl beschränkt sind, wie Anlagen eines Mehrfamilienhauses oder einer geschlossenen Überbauung, ist erlaubt.

[3] Dieser Artikel ist nicht anwendbar auf die Weiterleitung von Programmen des Abonnementsfernsehens und von Programmen, die nirgends in der Schweiz empfangbar sind.

Art. 22*a*[12] *Nutzung von Archivwerken der Sendeunternehmen*

[1] Die folgenden Rechte an Archivwerken von Sendeunternehmen nach dem Bundesgesetz vom 24. März 2006[13] über Radio und Fernsehen können unter Vorbehalt von Absatz 3 nur über zugelassene Verwertungsgesellschaften geltend gemacht werden:

a. das Recht, das Archivwerk unverändert ganz oder als Ausschnitt zu senden;
b. das Recht, das Archivwerk unverändert ganz oder als Ausschnitt so zugänglich zu machen, dass Personen an Orten oder zu Zeiten ihrer Wahl dazu Zugang haben;
c. die für die Nutzung nach den Buchstaben a und b notwendigen Vervielfältigungsrechte.

[2] Als Archivwerk eines Sendeunternehmens gilt ein auf Ton- oder Tonbildträger festgelegtes Werk, das vom Sendeunternehmen selbst, unter eigener redaktioneller Verantwortung und mit eigenen Mitteln oder aber in dessen alleinigem Auftrag und auf dessen Kosten von Dritten hergestellt wurde und dessen erste Sendung mindestens zehn Jahre zurückliegt. Sind in ein Archivwerk andere Werke oder Werkteile integriert, so gilt Absatz 1 auch für die Geltendmachung der Rechte an diesen Werken oder Werkteilen, sofern diese nicht in erheblichem Mass die Eigenart des Archivwerks bestimmen.

---

[12] Eingefügt durch Ziff. I des BG vom 5. Okt. 2007, in Kraft seit 1. Juli 2008 (AS **2008** 2421; BBl **2006** 3389).

[13] SR **784.40**

[3] Wurde über die Rechte nach Absatz 1 und deren Abgeltung vor der ersten Sendung oder innerhalb von zehn Jahren nach dieser eine vertragliche Vereinbarung geschlossen, so gelten ausschliesslich deren Bestimmungen. Auf die Rechte der Sendeunternehmen nach Artikel 37 findet Absatz 1 keine Anwendung. Die Sendeunternehmen und die Drittberechtigten sind gegenüber der Verwertungsgesellschaft auf Verlangen zur Auskunft über die vertraglichen Vereinbarungen verpflichtet.

Art. 22*b*[14] *Verwendung von verwaisten Werken*

[1] Ein Werk gilt als verwaist, wenn die Inhaber und Inhaberinnen der Rechte an dem Werk nach einer mit verhältnismässigem Aufwand durchgeführten Recherche unbekannt oder unauffindbar sind.

[2] Die Rechte nach Artikel 10 am verwaisten Werk können nur über zugelassene Verwertungsgesellschaften geltend gemacht werden, wenn das Werk auf der Grundlage eines Werkexemplars verwendet wird, das:

a. sich in Beständen öffentlicher oder öffentlich zugänglicher Bibliotheken, Bildungseinrichtungen, Museen, Sammlungen und Archive oder in Beständen von Archiven der Sendeunternehmen befindet; und
b. in der Schweiz hergestellt, vervielfältigt, zugänglich gemacht oder einer Institution im Sinne von Buchstabe a übergeben wurde.

[3] Verwaiste Werke gelten als veröffentlicht. Sind in einem verwaisten Werk andere Werke oder Werkteile integriert, so gilt Absatz 2 auch für die Geltendmachung der Rechte an diesen Werken oder Werkteilen, sofern diese nicht in erheblichem Mass die Eigenart des Exemplars bestimmen.

[4] Für die Verwendung des Werks haben die Rechtsinhaber und -inhaberinnen Anspruch auf Vergütung. Diese darf die im Verteilungsreglement der entsprechenden Verwertungsgesellschaft für die Verwendung des Werks vorgesehene Vergütung nicht übersteigen.

[5] Für die Verwendung einer grösseren Anzahl von Werken auf der Grundlage von Werkexemplaren aus Beständen nach Absatz 2 Buchstabe a findet Artikel 43*a* Anwendung.

[6] Melden sich innert 10 Jahren keine Rechtsinhaber und -inhaberinnen, so wird der Erlös aus der Verwertung in Abweichung von Artikel 48 Absatz 2 gesamthaft zum Zweck der Sozialvorsorge und der angemessenen Kulturförderung verwendet.

[14] Eingefügt durch Ziff. I des BG vom 5. Okt. 2007, in Kraft seit 1. Juli 2008 (AS **2008** 2421; BBl **2006** 3389). Fassung gemäss Ziff. I des BG vom 27. Sept. 2019, in Kraft seit 1. April 2020 (AS **2020** 1003; BBl **2018** 591).

Art. 22c[15] *Zugänglichmachen gesendeter musikalischer Werke*

[1] Das Recht, in Radio- und Fernsehsendungen enthaltene nichttheatralische Werke der Musik in Verbindung mit ihrer Sendung zugänglich zu machen, kann nur über zugelassene Verwertungsgesellschaften geltend gemacht werden, wenn:

a. die Sendung überwiegend vom Sendeunternehmen selber oder in seinem Auftrag hergestellt wurde;

b. die Sendung einem nichtmusikalischen Thema gewidmet war, das gegenüber der Musik im Vordergrund stand und vor der Sendung in der üblichen Art angekündigt wurde; und

c. durch das Zugänglichmachen der Absatz von Musik auf Tonträgern oder durch Online-Angebote Dritter nicht beeinträchtigt wird.

[2] Unter den Voraussetzungen nach Absatz 1 kann auch das Recht auf Vervielfältigung zum Zwecke des Zugänglichmachens nur von zugelassenen Verwertungsgesellschaften geltend gemacht werden.

Art. 23 *Zwangslizenz zur Herstellung von Tonträgern*

[1] Ist ein Werk der Musik mit oder ohne Text im In- oder Ausland auf Tonträger aufgenommen und in dieser Form mit der Zustimmung des Urhebers oder Urheberin angeboten, veräussert oder sonst wie verbreitet worden, so können alle Hersteller und Herstellerinnen von Tonträgern mit einer gewerblichen Niederlassung im Inland vom Inhaber oder von der Inhaberin des Urheberrechts gegen Entgelt die gleiche Erlaubnis für die Schweiz ebenfalls beanspruchen.

[2] Der Bundesrat kann die Bedingung der gewerblichen Niederlassung im Inland gegenüber den Angehörigen von Ländern, die Gegenrecht gewähren, ausser Kraft setzen.

Art. 24 *Archivierungs- und Sicherungsexemplare*

[1] Um die Erhaltung des Werks sicherzustellen, darf davon eine Kopie angefertigt werden. Ein Exemplar muss in einem der Allgemeinheit nicht zugänglichen Archiv aufbewahrt und als Archivexemplar gekennzeichnet werden.

[1bis] Öffentlich zugängliche Bibliotheken, Bildungseinrichtungen, Museen, Sammlungen und Archive dürfen die zur Sicherung und Erhaltung ihrer Be-

---

[15] Eingefügt durch Ziff. I des BG vom 5. Okt. 2007, in Kraft seit 1. Juli 2008 (AS **2008** 2421; BBl **2006** 3389).

stände notwendigen Werkexemplare herstellen, sofern mit diesen Vervielfältigungen kein wirtschaftlicher oder kommerzieller Zweck verfolgt wird.[16]

[2] Wer das Recht hat, ein Computerprogramm zu gebrauchen, darf davon eine Sicherungskopie herstellen; diese Befugnis kann nicht vertraglich wegbedungen werden.

Art. 24*a*[17] *Vorübergehende Vervielfältigungen*

Die vorübergehende Vervielfältigung eines Werks ist zulässig, wenn sie:

a. flüchtig oder begleitend ist;

b. einen integralen und wesentlichen Teil eines technischen Verfahrens darstellt;

c. ausschliesslich der Übertragung in einem Netz zwischen Dritten durch einen Vermittler oder einer rechtmässigen Nutzung dient; und

d. keine eigenständige wirtschaftliche Bedeutung hat.

Art. 24*b*[18] *Vervielfältigungen zu Sendezwecken*

[1] Gegenüber den Sendeunternehmen, die dem Bundesgesetz vom 24. März 2006[19] über Radio und Fernsehen unterstehen, kann das Vervielfältigungsrecht an nichttheatralischen Werken der Musik bei der Verwendung von im Handel erhältlichen Ton- und Tonbildträgern zum Zweck der Sendung nur über eine zugelassene Verwertungsgesellschaft geltend gemacht werden.

[2] Nach Absatz 1 hergestellte Vervielfältigungen dürfen weder veräussert noch sonst wie verbreitet werden; sie müssen vom Sendeunternehmen mit eigenen Mitteln hergestellt werden. Sie sind wieder zu löschen, wenn sie ihren Zweck erfüllt haben. Artikel 11 bleibt vorbehalten.

Art. 24*c*[20] *Verwendung durch Menschen mit Behinderungen*

[1] Ein Werk darf in einer für Menschen mit Behinderungen zugänglichen Form vervielfältigt werden, soweit diese das Werk in seiner bereits veröffentlichten

---

[16] Eingefügt durch Ziff. I des BG vom 5. Okt. 2007 (AS **2008** 2421; BBl **2006** 3389). Fassung gemäss Ziff. I des BG vom 27. Sept. 2019, in Kraft seit 1. April 2020 (AS **2020** 1003; BBl **2018** 591).

[17] Eingefügt durch Ziff. I des BG vom 5. Okt. 2007, in Kraft seit 1. Juli 2008 (AS **2008** 2421; BBl **2006** 3389).

[18] Eingefügt durch Ziff. I des BG vom 5. Okt. 2007, in Kraft seit 1. Juli 2008 (AS **2008** 2421; BBl **2006** 3389).

[19] SR **784.40**

[20] Eingefügt durch Ziff. I des BG vom 5. Okt. 2007, in Kraft seit 1. Juli 2008 (AS **2008** 2421; BBl **2006** 3389). Fassung gemäss Anhang des BB vom 21. Juni 2019 über die

Form nicht oder nur unter erschwerenden Bedingungen sinnlich wahrnehmen können.

[2] Vervielfältigungen nach Absatz 1 dürfen nur für den Gebrauch durch Menschen mit Behinderungen und ohne Gewinnzweck hergestellt, verbreitet und zugänglich gemacht werden.

[3] Vervielfältigungen nach Absatz 1 und Vervielfältigungen, die gemäss einer entsprechenden gesetzlichen Schranke eines anderen Landes hergestellt wurden, dürfen ein- und ausgeführt werden, wenn sie:

a. ausschliesslich von Menschen mit Behinderungen verwendet werden; und

b. von einer nicht gewinnorientierten Organisation erlangt wurden, die als eine ihrer Haupttätigkeiten Menschen mit Behinderungen Dienstleistungen in den Bereichen der Bildung, der pädagogischen Ausbildung, des angepassten Lesens oder des Zugangs zu Informationen bereitstellt.

[4] Für die Vervielfältigung, die Verbreitung und das Zugänglichmachen eines Werks in einer für Menschen mit Behinderungen zugänglichen Form hat der Urheber oder die Urheberin Anspruch auf Vergütung, sofern es sich nicht nur um die Herstellung einzelner Werkexemplare handelt.

[5] Der Vergütungsanspruch kann nur von einer zugelassenen Verwertungsgesellschaft geltend gemacht werden.

Art. 24*d*[21] *Verwendung von Werken zum Zweck der wissenschaftlichen Forschung*

[1] Zum Zweck der wissenschaftlichen Forschung ist es zulässig, ein Werk zu vervielfältigen, wenn die Vervielfältigung durch die Anwendung eines technischen Verfahrens bedingt ist und zu den zu vervielfältigenden Werken ein rechtmässiger Zugang besteht.

[2] Die im Rahmen dieses Artikels angefertigten Vervielfältigungen dürfen nach Abschluss der wissenschaftlichen Forschung zu Archivierungs- und Sicherungszwecken aufbewahrt werden.

[3] Dieser Artikel gilt nicht für die Vervielfältigung von Computerprogrammen.

Genehmigung des Vertrags von Marrakesch über die Erleichterung des Zugangs zu veröffentlichten Werken für blinde, sehbehinderte oder sonst lesebehinderte Menschen und über seine Umsetzung, in Kraft seit 1. April 2020 (AS **2020** 1013; BBl **2018** 591).

[21] Eingefügt durch Ziff. I des BG vom 27. Sept. 2019, in Kraft seit 1. April 2020 (AS 2020 1003; BBl 2018 591).

Art. 24e[22] *Bestandesverzeichnisse*

[1] Öffentliche sowie öffentlich zugängliche Bibliotheken, Bildungseinrichtungen, Museen, Sammlungen und Archive dürfen in den Verzeichnissen, die der Erschliessung und Vermittlung ihrer Bestände dienen, kurze Auszüge aus den sich in ihren Beständen befindlichen Werken oder Werkexemplaren wiedergeben, sofern dadurch die normale Verwertung der Werke nicht beeinträchtigt wird.

[2] Als kurzer Auszug gelten insbesondere folgende Werkteile:

a. bei literarischen, wissenschaftlichen und anderen Sprachwerken:
   1. Cover als kleinformatiges Bild mit geringer Auflösung,
   2. Titel,
   3. Frontispiz,
   4. Inhalts- und Literaturverzeichnis,
   5. Umschlagseiten,
   6. Zusammenfassungen wissenschaftlicher Werke;

b. bei Werken der Musik und anderen akustischen Werken sowie bei filmischen und anderen audiovisuellen Werken:
   1. Cover als kleinformatiges Bild mit geringer Auflösung,
   2. ein von den Rechtsinhabern und -inhaberinnen öffentlich zugänglich gemachter Ausschnitt,
   3. ein kurzer Ausschnitt in reduzierter Auflösung oder reduziertem Format;

c. bei Werken der bildenden Kunst, insbesondere der Malerei, der Bildhauerei und der Grafik, sowie bei fotografischen und anderen visuellen Werken: die Gesamtansicht der Werke als kleinformatiges Bild mit geringer Auflösung.

Art. 25 *Zitate*

[1] Veröffentlichte Werke dürfen zitiert werden, wenn das Zitat zur Erläuterung, als Hinweis oder zur Veranschaulichung dient und der Umfang des Zitats durch diesen Zweck gerechtfertigt ist.

[2] Das Zitat als solches und die Quelle müssen bezeichnet werden. Wird in der Quelle auf die Urheberschaft hingewiesen, so ist diese ebenfalls anzugeben.

---

[22] Eingefügt durch Ziff. I des BG vom 27. Sept. 2019, in Kraft seit 1. April 2020 (AS 2020 1003; BBl 2018 591).

Art. 26 *Museums-, Messe- und Auktionskataloge*

Ein Werk, das sich in einer öffentlich zugänglichen Sammlung befindet, darf in einem von der Verwaltung der Sammlung herausgegebenen Katalog abgebildet werden; die gleiche Regelung gilt für die Herausgabe von Messe- und Auktionskatalogen.

Art. 27 *Werke auf allgemein zugänglichem Grund*

[1] Ein Werk, das sich bleibend an oder auf allgemein zugänglichem Grund befindet, darf abgebildet werden; die Abbildung darf angeboten, veräussert, gesendet oder sonst wie verbreitet werden.

[2] Die Abbildung darf nicht dreidimensional und auch nicht zum gleichen Zweck wie das Original verwendbar sein.

Art. 28 *Berichterstattung über aktuelle Ereignisse*

[1] Soweit es für die Berichterstattung über aktuelle Ereignisse erforderlich ist, dürfen die dabei wahrgenommenen Werke aufgezeichnet, vervielfältigt, vorgeführt, gesendet, verbreitet oder sonst wie wahrnehmbar gemacht werden.

[2] Zum Zweck der Information über aktuelle Fragen dürfen kurze Ausschnitte aus Presseartikeln sowie aus Radio- und Fernsehberichten vervielfältigt, verbreitet und gesendet oder weitergesendet werden; der Ausschnitt und die Quelle müssen bezeichnet werden. Wird in der Quelle auf die Urheberschaft hingewiesen, so ist diese ebenfalls anzugeben.

6. Kapitel: Schutzdauer

Art. 29 *Im Allgemeinen*

[1] Ein Werk ist urheberrechtlich geschützt, sobald es geschaffen ist, unabhängig davon, ob es auf einem Träger festgehalten ist oder nicht.

[2] Der Schutz erlischt:

a. 50 Jahre nach dem Tod des Urhebers oder der Urheberin für Computerprogramme;

a^bis^.[23] 50 Jahre nach der Herstellung für fotografische Wiedergaben und mit einem der Fotografie ähnlichen Verfahren hergestellte Wiedergaben dreidimensionaler Objekte, wenn die Wiedergaben keinen individuellen Charakter haben;

---

[23] Eingefügt durch Ziff. I des BG vom 27. Sept. 2019, in Kraft seit 1. April 2020 (AS **2020** 1003; BBl **2018** 591).

b. 70 Jahre nach dem Tod des Urhebers oder der Urheberin für alle anderen Werke.

3 Muss angenommen werden, der Urheber oder die Urheberin sei seit mehr als 50 beziehungsweise 70 Jahren[24] tot, so besteht kein Schutz mehr.

4 Auf fotografische Wiedergaben und mit einem der Fotografie ähnlichen Verfahren hergestellte Wiedergaben dreidimensionaler Objekte sind die Artikel 30 und 31 nicht anwendbar, wenn die Wiedergaben keinen individuellen Charakter haben.[25]

Art. 30 *Miturheberschaft*

1 Haben mehrere Personen an der Schaffung eines Werks mitgewirkt (Art. 7), so erlischt der Schutz:

a. 50 Jahre nach dem Tod der zuletzt verstorbenen Person für Computerprogramme[26];

b. 70 Jahre nach dem Tod der zuletzt verstorbenen Person für alle anderen Werke[27]

2 Lassen sich die einzelnen Beiträge trennen, so erlischt der Schutz der selbständig verwendbaren Beiträge 50 beziehungsweise 70 Jahre[28] nach dem Tod des jeweiligen Urhebers oder der jeweiligen Urheberin.

3 Bei Filmen und anderen audiovisuellen Werken fällt für die Berechnung der Schutzdauer nur der Regisseur oder die Regisseurin in Betracht.

Art. 31 *Unbekannte Urheberschaft*

1 Ist der Urheber oder die Urheberin eines Werks unbekannt, so erlischt dessen Schutz 70 Jahre nach der Veröffentlichung oder, wenn das Werk in Lieferungen veröffentlicht wurde, 70 Jahre nach der letzten Lieferung.

---

24 Berichtigt von der Redaktionskommission der BVers (Art. 58 Abs. 1 ParlG; SR **171.10**).

25 Eingefügt durch Ziff. I des BG vom 27. Sept. 2019, in Kraft seit 1. April 2020 (AS **2020** 1003; BBl **2018** 591).

26 Berichtigt von der Redaktionskommission der BVers (Art. 58 Abs. 1 ParlG; SR **171.10**).

27 Berichtigt von der Redaktionskommission der BVers (Art. 58 Abs. 1 ParlG; SR **171.10**).

28 Berichtigt von der Redaktionskommission der BVers (Art. 58 Abs. 1 ParlG; SR **171.10**).

[2] Wird vor Ablauf dieser Schutzfrist allgemein bekannt, welche Person[29] das Werk geschaffen hat, so erlischt der Schutz:

a. 50 Jahre nach ihrem Tod für Computerprogramme[30];

b. 70 Jahre nach ihrem Tod für alle anderen Werke[31].

Art. 32 *Berechnung*

Die Schutzdauer wird vom 31. Dezember desjenigen Jahres an berechnet, in dem das für die Berechnung massgebende Ereignis eingetreten ist.

3. Titel: Verwandte Schutzrechte

Art. 33 *Rechte der ausübenden Künstler und Künstlerinnen*

[1] Ausübende Künstler und Künstlerinnen sind natürliche Personen, die ein Werk oder eine Ausdrucksform der Volkskunst darbieten oder an einer solchen Darbietung künstlerisch mitwirken.[32]

[2] Die ausübenden Künstler und Künstlerinnen haben das ausschliessliche Recht, ihre Darbietung oder deren Festlegung:[33]

a.[34] direkt oder mit irgendwelchen Mitteln anderswo wahrnehmbar oder so zugänglich zu machen, dass Personen von Orten und zu Zeiten ihrer Wahl dazu Zugang haben;

b. durch Radio, Fernsehen oder ähnliche Verfahren, auch über Leitungen, zu senden, sowie die gesendete Darbietung mit Hilfe von technischen Einrichtungen, deren Träger nicht das ursprüngliche Sendeunternehmen ist, weiterzusenden;

c. auf Ton-, Tonbild- oder Datenträger aufzunehmen und solche Aufnahmen zu vervielfältigen;

---

[29] Berichtigt von der Redaktionskommission der BVers (Art. 58 Abs. 1 ParlG; SR **171.10**).

[30] Berichtigt von der Redaktionskommission der BVers (Art. 58 Abs. 1 ParlG; SR **171.10**).

[31] Berichtigt von der Redaktionskommission der BVers (Art. 58 Abs. 1 ParlG; SR **171.10**).

[32] Fassung gemäss Art. 2 des BB vom 5. Okt. 2007, in Kraft seit 1. Juli 2008 (AS **2008** 2497; BBl **2006** 3389).

[33] Fassung gemäss Art. 2 des BB vom 5. Okt. 2007, in Kraft seit 1. Juli 2008 (AS **2008** 2497; BBl **2006** 3389).

[34] Fassung gemäss Art. 2 des BB vom 5. Okt. 2007, in Kraft seit 1. Juli 2008 (AS **2008** 2497; BBl **2006** 3389).

d. als Vervielfältigungsexemplare anzubieten, zu veräussern oder sonst wie zu verbreiten;

e.[35] wahrnehmbar zu machen, wenn sie gesendet, weitergesendet oder zugänglich gemacht wird.

Art. 33*a*[36] *Persönlichkeitsrechte der ausübenden Künstler und Künstlerinnen*

[1] Die ausübenden Künstler und Künstlerinnen haben das Recht auf Anerkennung der Interpreteneigenschaft an ihren Darbietungen.

[2] Der Schutz der ausübenden Künstler und Künstlerinnen vor Beeinträchtigungen ihrer Darbietungen richtet sich nach den Artikeln 28–28*l* des Zivilgesetzbuches[37].

Art. 34[38] *Mehrere ausübende Künstler und Künstlerinnen*

[1] Haben mehrere Personen an einer Darbietung künstlerisch mitgewirkt, so stehen ihnen die verwandten Schutzrechte nach den Regeln von Artikel 7 gemeinschaftlich zu.

[2] Treten ausübende Künstler und Künstlerinnen als Gruppe unter einem gemeinsamen Namen auf, so ist die von der Künstlergruppe bezeichnete Vertretung befugt, die Rechte der Mitglieder geltend zu machen. Solange die Gruppe keine Vertretung bezeichnet hat, ist zur Geltendmachung der Rechte befugt, wer die Darbietung veranstaltet, sie auf Ton-, Tonbild- oder Datenträger aufgenommen oder sie gesendet hat.

[3] Bei einer Chor-, Orchester- oder Bühnenaufführung ist für eine Verwendung der Darbietung nach Artikel 33 die Zustimmung folgender Personen erforderlich:

a. der Solisten und Solistinnen;

b. des Dirigenten oder der Dirigentin;

c. des Regisseurs oder der Regisseurin;

d. der Vertretung der Künstlergruppe nach Absatz 2.

---

[35] Fassung gemäss Art. 2 des BB vom 5. Okt. 2007, in Kraft seit 1. Juli 2008(AS **2008** 2497; BBl **2006** 3389).

[36] Eingefügt durch Art. 2 des BB vom 5. Okt. 2007, in Kraft seit 1. Juli 2008 (AS **2008** 2497; BBl **2006** 3389).

[37] SR **210**

[38] Fassung gemäss Ziff. I des BG vom 5. Okt. 2007, in Kraft seit 1. Juli 2008 (AS **2008** 2421; BBl **2006** 3389).

[4] Wer das Recht hat, eine Darbietung auf Tonbildträgern zu verwerten, gilt als befugt, Dritten zu erlauben, die aufgenommene Darbietung so zugänglich zu machen, dass Personen von Orten und zu Zeiten ihrer Wahl dazu Zugang haben.

[5] Fehlen entsprechende statutarische oder vertragliche Bestimmungen, so finden auf das Verhältnis zwischen den nach den Absätzen 2 und 4 befugten Personen und den von ihnen vertretenen Künstlern und Künstlerinnen die Regeln über die Geschäftsführung ohne Auftrag Anwendung.

Art. 35 *Vergütungsanspruch für die Verwendung von Ton- und Tonbildträgern*

[1] Werden im Handel erhältliche Ton- oder Tonbildträger zum Zweck der Sendung, der Weitersendung, des öffentlichen Empfangs (Art. 33 Abs. 2 Bst. e) oder der Aufführung verwendet, so haben ausübende Künstler und Künstlerinnen Anspruch auf Vergütung.

[2] Der Hersteller oder die Herstellerin des benutzten Trägers ist an der Vergütung für die ausübenden Künstler und Künstlerinnen angemessen zu beteiligen.

[3] Die Vergütungsansprüche können nur von zugelassenen Verwertungsgesellschaften geltend gemacht werden.

[4] Ausländischen ausübenden Künstlern und Künstlerinnen, die ihren gewöhnlichen Aufenthalt nicht in der Schweiz haben, steht ein Anspruch auf Vergütung nur zu, wenn der Staat, dem sie angehören, den schweizerischen Staatsangehörigen ein entsprechendes Recht gewährt.

Art. 35*a*[39] *Zugänglichmachen von Darbietungen in audiovisuellen Werken*

[1] Wer ein audiovisuelles Werk erlaubterweise so zugänglich macht, dass Personen von Orten und Zeiten ihrer Wahl Zugang dazu haben, schuldet den ausübenden Künstlern und Künstlerinnen, die an einer darin enthaltenen Darbietung mitgewirkt haben, hierfür eine Vergütung.

[2] Keine Vergütung ist geschuldet, wenn:

a. die ausübenden Künstler und Künstlerinnen oder deren Erben das ausschliessliche Recht persönlich verwerten; oder

b. es sich bei dem audiovisuellen Werk um Folgendes handelt:

   1. Firmenportraits, Industriefilme, Werbe- oder Promotionsfilme, Computerspiele, Musikvideos, Konzertaufnahmen, Dienst- oder Auftragswerke von Sendeunternehmen oder andere journalistische Dienst- und Auftragswerke,

---

[39] Eingefügt durch Ziff. I des BG vom 27. Sept. 2019, in Kraft seit 1. April 2020 (AS **2020** 1003; BBl **2018** 591).

2. Archivwerke von Sendeunternehmen (Art. 22*a*),
3. verwaiste Werke (Art. 22*b*).

[3] Der Vergütungsanspruch ist unübertragbar und unverzichtbar und steht nur den ausübenden Künstlern und Künstlerinnen zu; er tritt an die Stelle einer Vergütung für die vertraglich vereinbarte Verwendung der Darbietung. Er kann nur von zugelassenen Verwertungsgesellschaften geltend gemacht werden.

[4] Ausübenden Künstlern und Künstlerinnen steht für ihre Darbietungen in einem audiovisuellen Werk, das nicht von einer Person mit Wohnsitz oder Sitz in der Schweiz produziert wurde, ein Anspruch auf Vergütung nur zu, wenn das Land, in dem das audiovisuelle Werk produziert wurde, für dessen Zugänglichmachung ebenfalls einen kollektiv wahrzunehmenden Vergütungsanspruch für ausübende Künstler und Künstlerinnen vorsieht.

Art. 36[40] *Rechte des Herstellers oder der Herstellerin von Ton- oder Tonbildträgern*

Der Hersteller oder die Herstellerin von Ton- oder Tonbildträgern hat das ausschliessliche Recht, die Aufnahmen:

a. zu vervielfältigen und die Vervielfältigungsexemplare anzubieten, zu veräussern oder sonst wie zu verbreiten;
b. mit irgendwelchen Mitteln so zugänglich zu machen, dass Personen von Orten und zu Zeiten ihrer Wahl dazu Zugang haben.

Art. 37 *Rechte der Sendeunternehmen*

Das Sendeunternehmen hat das ausschliessliche Recht:

a. seine Sendung weiterzusenden;
b. seine Sendung wahrnehmbar zu machen;
c. seine Sendung auf Ton-, Tonbild- oder Datenträger aufzunehmen und solche Aufnahmen zu vervielfältigen;
d. die Vervielfältigungsexemplare seiner Sendung anzubieten, zu veräussern oder sonst wie zu verbreiten;
e.[41] seine Sendung mit irgendwelchen Mitteln so zugänglich zu machen, dass Personen von Orten und zu Zeiten ihrer Wahl dazu Zugang haben.

---

[40] Fassung gemäss Art. 2 des BB vom 5. Okt. 2007, in Kraft seit 1. Juli 2008 (AS **2008** 2497; BBl **2006** 3389).

[41] Eingefügt durch Art. 2 des BB vom 5. Okt. 2007, in Kraft seit 1. Juli 2008 (AS **2008** 2497; BBl **2006** 3389).

Art. 38 *Rechtsübergang, Zwangsvollstreckung und Schranken des Schutzes*

Die Bestimmungen der Artikel 12 Absatz 1 und Artikel 13 sowie das 4. und 5. Kapitel des zweiten Titels dieses Gesetzes finden sinngemäss Anwendung auf die Rechte, die den ausübenden Künstlern und Künstlerinnen sowie den Herstellern und Herstellerinnen von Ton- oder Tonbildträgern und dem Sendeunternehmen zustehen.

Art. 39 *Schutzdauer*

1 Der Schutz beginnt mit der Darbietung des Werks oder der Ausdrucksform der Volkskunst durch die ausübenden Künstler und Künstlerinnen, mit der Veröffentlichung des Ton- oder Tonbildträgers oder mit seiner Herstellung, wenn keine Veröffentlichung erfolgt; er erlischt nach 70 Jahren. Der Schutz einer Sendung beginnt mit deren Ausstrahlung; er erlischt nach 50 Jahren.[42]

1bis Das Recht auf Anerkennung der Interpreteneigenschaft nach Artikel 33*a* Absatz 1 erlischt mit dem Tod des ausübenden Künstlers oder der ausübenden Künstlerin, jedoch nicht vor dem Ablauf der Schutzfrist nach Absatz 1.[43]

2 Die Schutzdauer wird vom 31. Dezember desjenigen Jahres an berechnet, in dem das für die Berechnung massgebende Ereignis eingetreten ist.

3*a*. Titel:[44] Schutz von technischen Massnahmen und von Informationen für die Wahrnehmung von Rechten

Art. 39*a* *Schutz technischer Massnahmen*

1 Wirksame technische Massnahmen zum Schutz von Werken und anderen Schutzobjekten dürfen nicht umgangen werden.

2 Als wirksame technische Massnahmen im Sinne von Absatz 1 gelten Technologien und Vorrichtungen wie Zugangs- und Kopierkontrollen, Verschlüsselungs-, Verzerrungs- und andere Umwandlungsmechanismen, die dazu bestimmt und geeignet sind, unerlaubte Verwendungen von Werken und anderen Schutzobjekten zu verhindern oder einzuschränken.

3 Verboten sind das Herstellen, Einführen, Anbieten, Veräussern oder das sonstige Verbreiten, Vermieten, Überlassen zum Gebrauch, die Werbung für und der

42 Fassung gemäss Ziff. I des BG vom 27. Sept. 2019, in Kraft seit 1. April 2020 (AS **2020** 1003; BBl **2018** 591).

43 Eingefügt durch Art. 2 des BB vom 5. Okt. 2007, in Kraft seit 1. Juli 2008 (AS **2008** 2497; BBl **2006** 3389).

44 Eingefügt durch Art. 2 des BB vom 5. Okt. 2007, in Kraft seit 1. Juli 2008 (AS **2008** 2497; BBl **2006** 3389).

Besitz zu Erwerbszwecken von Vorrichtungen, Erzeugnissen oder Bestandteilen sowie das Erbringen von Dienstleistungen, die:

a. Gegenstand einer Verkaufsförderung, Werbung oder Vermarktung mit dem Ziel der Umgehung wirksamer technischer Massnahmen sind;

b. abgesehen von der Umgehung wirksamer technischer Massnahmen nur einen begrenzten wirtschaftlichen Zweck oder Nutzen haben; oder

c. hauptsächlich entworfen, hergestellt, angepasst oder erbracht werden, um die Umgehung wirksamer technischer Massnahmen zu ermöglichen oder zu erleichtern.

[4] Das Umgehungsverbot kann gegenüber denjenigen Personen nicht geltend gemacht werden, welche die Umgehung ausschliesslich zum Zweck einer gesetzlich erlaubten Verwendung vornehmen.

Art. 39*b* *Beobachtungsstelle für technische Massnahmen*

[1] Der Bundesrat setzt eine Fachstelle ein, die:

a. die Auswirkungen der technischen Massnahmen nach Artikel 39*a* Absatz 2 auf die in den Artikeln 19–28 geregelten Schranken des Urheberrechts beobachtet und darüber Bericht erstattet;

b. als Verbindungsstelle zwischen den Nutzer- und Konsumentenkreisen und den Anwendern und Anwenderinnen technischer Massnahmen dient und partnerschaftliche Lösungen fördert.

[2] Der Bundesrat regelt die Aufgaben und die Organisation der Fachstelle im Einzelnen. Wenn das durch die Schranken des Urheberrechts geschützte öffentliche Interesse es erfordert, kann er vorsehen, dass die Fachstelle Massnahmen verfügen kann.

Art. 39*c* *Schutz von Informationen für die Wahrnehmung von Rechten*

[1] Informationen für die Wahrnehmung von Urheber- und verwandten Schutzrechten dürfen nicht entfernt oder geändert werden.

[2] Geschützt sind elektronische Informationen zur Identifizierung von Werken und anderen Schutzobjekten oder über Modalitäten und Bedingungen zu deren Verwendung sowie Zahlen oder Codes, die derartige Informationen darstellen, wenn ein solches Informationselement:

a. an einem Ton-, Tonbild- oder Datenträger angebracht ist; oder

b. im Zusammenhang mit einer unkörperlichen Wiedergabe eines Werkes oder eines anderen Schutzobjekts erscheint.

[3] Werke oder andere Schutzobjekte, an denen Informationen für die Wahrnehmung von Urheber- und verwandten Schutzrechten entfernt oder geändert wurden, dürfen in dieser Form weder vervielfältigt, eingeführt, angeboten,

veräussert oder sonstwie verbreitet noch gesendet, wahrnehmbar oder zugänglich gemacht werden.

3*b*.[45] Titel: Pflicht der Betreiber von Internet-Hosting-Diensten, die von Benützern und Benützerinnen eingegebene Informationen speichern

Art. 39*d*

[1] Der Betreiber eines Internet-Hosting-Dienstes, der von Benützern und Benützerinnen eingegebene Informationen speichert, ist verpflichtet zu verhindern, dass ein Werk oder ein anderes Schutzobjekt Dritten mithilfe seines Dienstes erneut widerrechtlich zugänglich gemacht wird, wenn die folgenden Voraussetzungen erfüllt sind:

a. Das Werk oder das andere Schutzobjekt wurde bereits über denselben Internet-Hosting-Dienst Dritten widerrechtlich zugänglich gemacht.

b. Der Betreiber wurde auf die Rechtsverletzung hingewiesen.

c. Der Internet-Hosting-Dienst hat eine besondere Gefahr solcher Rechtsverletzungen geschaffen, namentlich durch eine technische Funktionsweise oder eine wirtschaftliche Ausrichtung, die Rechtsverletzungen begünstigt.

[2] Der Betreiber muss diejenigen Massnahmen ergreifen, die ihm unter Berücksichtigung der Gefahr solcher Rechtsverletzungen technisch und wirtschaftlich zuzumuten sind.

4. Titel: Verwertungsgesellschaften

1. Kapitel: Der Bundesaufsicht unterstellte Verwertungsbereiche

Art. 40

[1] Der Bundesaufsicht sind unterstellt:

a. die Verwertung der ausschliesslichen Rechte zur Aufführung und Sendung nichttheatralischer Werke der Musik und zur Herstellung von Tonträgern oder Tonbildträgern solcher Werke;

a^bis.[46] das Geltendmachen von ausschliesslichen Rechten nach den Artikeln 22, 22*a*–22*c* und 24*b*;

---

[45] Eingefügt durch Ziff. I des BG vom 27. Sept. 2019, in Kraft seit 1. April 2020 (AS **2020** 1003; BBl **2018** 591).

[46] Eingefügt durch Ziff. I des BG vom 5. Okt. 2007, in Kraft seit 1. Juli 2008 (AS **2008** 2421; BBl **2006** 3389).

b.[47] das Geltendmachen der in diesem Gesetz vorgesehenen Vergütungsansprüche nach den Artikeln 13, 13*a,* 20, 24*c,* 35 und 35*a.*

[2] Der Bundesrat kann weitere Verwertungsbereiche der Bundesaufsicht unterstellen, wenn es das öffentliche Interesse erfordert.

[3] Die persönliche Verwertung der ausschliesslichen Rechte nach Absatz 1 Buchstabe a durch den Urheber oder die Urheberin oder deren Erben ist nicht der Bundesaufsicht unterstellt.

2. Kapitel: Bewilligung

Art. 41 *Grundsatz*

Wer Rechte verwertet, die der Bundesaufsicht unterstellt sind, braucht eine Bewilligung des Instituts für geistiges Eigentum (IGE)[48].

Art. 42 *Voraussetzungen*

[1] Bewilligungen erhalten nur Verwertungsgesellschaften, die:

a. nach schweizerischem Recht gegründet wurden, ihren Sitz in der Schweiz haben und ihre Geschäfte von der Schweiz aus führen;

b. die Verwertung von Urheberrechten oder verwandten Schutzrechten zum Hauptzweck haben;

c. allen Rechtsinhabern und -inhaberinnen offen stehen;

d. den Urhebern und Urheberinnen und den ausübenden Künstlern und Künstlerinnen ein angemessenes Mitbestimmungsrecht einräumen;

e. für die Einhaltung der gesetzlichen Vorschriften, insbesondere aufgrund ihrer Statuten, Gewähr bieten;

f. eine wirksame und wirtschaftliche Verwertung erwarten lassen.

[2] In der Regel wird pro Werkkategorie und für die verwandten Schutzrechte je nur einer Gesellschaft eine Bewilligung erteilt.

Art. 43 *Dauer; Veröffentlichung*

[1] Die Bewilligung wird für fünf Jahre erteilt; sie kann jeweils für weitere fünf Jahre erneuert werden.

---

[47] Fassung gemäss Ziff. I des BG vom 27. Sept. 2019, in Kraft seit 1. April 2020 (AS **2020** 1003; BBl **2018** 591).

[48] Ausdruck gemäss Anhang Ziff. 3 des BG vom 21. Juni 2013, in Kraft seit 1. Jan. 2017 (AS **2015** 3631; BBl **2009** 8533). Die Änd. wurde im ganzen Text berücksichtigt.

[2] Erteilung, Erneuerung, Änderung, Entzug und Nichterneuerung der Bewilligung werden veröffentlicht.

2*a*. Kapitel:[49] Erweiterte Kollektivlizenzen

Art. 43*a*

[1] Eine Verwertungsgesellschaft kann für die Verwendung einer grösseren Anzahl veröffentlichter Werke und geschützter Leistungen die ausschliesslichen Rechte, für deren Verwertung sie nicht der Bewilligungspflicht von Artikel 41 untersteht, auch für Rechtsinhaber und -inhaberinnen wahrnehmen, die nicht von ihr vertreten werden, sofern die folgenden Voraussetzungen erfüllt sind:

a. Die lizenzierte Verwendung beeinträchtigt nicht die normale Verwertung von geschützten Werken und geschützten Leistungen.

b. Die Verwertungsgesellschaft vertritt im Anwendungsbereich der Lizenz eine massgebende Anzahl von Rechtsinhabern und -inhaberinnen.

[2] Werke, die sich in Beständen öffentlicher oder öffentlich zugänglicher Bibliotheken, Archive oder anderer Gedächtnisinstitutionen befinden, gelten als veröffentlicht im Sinne von Absatz 1.

[3] Die Verwertungsgesellschaften machen die erweiterten Kollektivlizenzen vor deren Inkrafttreten in geeigneter Weise, insbesondere durch Veröffentlichung an leicht zugänglicher und auffindbarer Stelle, bekannt.

[4] Rechtsinhaber und -inhaberinnen und Inhaber und Inhaberinnen einer ausschliesslichen Lizenz können von der Verwertungsgesellschaft, die eine erweiterte Kollektivlizenz erteilt, verlangen, dass ihre Rechte von einer bestimmten Kollektivlizenz ausgenommen werden; die Anwendbarkeit dieser Kollektivlizenz auf die betreffenden geschützten Werke oder die betreffenden geschützten Leistungen endet mit dem Zugang der Ausnahmeerklärung.

[5] Auf erweiterte Kollektivlizenzen finden weder die Vorschriften über die Tarife (Art. 46 und 47) noch die Vorschriften über die Aufsicht über die Tarife (Art. 55–60) Anwendung; hingegen sind Erlöse aus diesen Verwertungen nach den Grundsätzen von Artikel 49 zu verteilen. Die Verwertung aufgrund des vorliegenden Artikels untersteht der Auskunfts- und Rechenschaftspflicht (Art. 50) und der Aufsicht über die Geschäftsführung (Art. 52–54).

---

[49] Eingefügt durch Ziff. I des BG vom 27. Sept. 2019, in Kraft seit 1. April 2020 (AS **2020** 1003; BBl **2018** 591).

3. Kapitel: Pflichten der Verwertungsgesellschaften

Art. 44 *Verwertungspflicht*

Die Verwertungsgesellschaften sind gegenüber den Rechtsinhabern und -inhaberinnen verpflichtet, die zu ihrem Tätigkeitsgebiet gehörenden Rechte wahrzunehmen.

Art. 45 *Grundsätze der Geschäftsführung*

[1] Die Verwertungsgesellschaften müssen ihre Geschäfte nach den Grundsätzen einer geordneten und wirtschaftlichen Verwaltung führen.

[2] Sie müssen die Verwertung nach festen Regeln und nach dem Gebot der Gleichbehandlung besorgen.

[3] Sie dürfen keinen eigenen Gewinn anstreben.

[4] Sie schliessen nach Möglichkeit mit ausländischen Verwertungsgesellschaften Gegenseitigkeitsverträge ab.

Art. 46 *Tarifpflicht*

[1] Die Verwertungsgesellschaften stellen für die von ihnen geforderten Vergütungen Tarife auf.

[2] Sie verhandeln über die Gestaltung der einzelnen Tarife mit den massgebenden Nutzerverbänden.

[3] Sie legen die Tarife der Schiedskommission (Art. 55) zur Genehmigung vor und veröffentlichen die genehmigten Tarife.

Art. 47 *Gemeinsamer Tarif*

[1] Sind mehrere Verwertungsgesellschaften im gleichen Nutzungsbereich tätig, so stellen sie für die gleiche Verwendung von Werken oder Darbietungen einen gemeinsamen Tarif nach einheitlichen Grundsätzen auf und bezeichnen eine unter ihnen als gemeinsame Zahlstelle.

[2] Der Bundesrat kann weitere Vorschriften über ihre Zusammenarbeit erlassen.

Art. 48 *Grundlagen der Verteilung*

[1] Die Verwertungsgesellschaften sind verpflichtet, ein Verteilungsreglement aufzustellen und es dem IGE zur Genehmigung zu unterbreiten.[50]

---

[50] Fassung gemäss Ziff. I des BG vom 27. Sept. 2019, in Kraft seit 1. April 2020 (AS **2020** 1003; BBl **2018** 591).

[2] Mit Zustimmung des obersten Organs der Gesellschaft können Teile des Verwertungserlöses zum Zweck der Sozialvorsorge und einer angemessenen Kulturförderung verwendet werden.

Art. 49 *Verteilung des Verwertungserlöses*

[1] Die Verwertungsgesellschaften müssen den Verwertungserlös nach Massgabe des Ertrags der einzelnen Werke und Darbietungen verteilen. Sie haben zur Feststellung der Berechtigten alle ihnen zumutbaren Anstrengungen zu unternehmen.

[2] Ist diese Verteilung mit einem unzumutbaren Aufwand verbunden, so dürfen die Verwertungsgesellschaften das Ausmass des Ertrags schätzen; die Schätzungen müssen auf überprüfbaren und sachgerechten Gesichtspunkten beruhen.

[3] Der Erlös soll zwischen den ursprünglichen Rechtsinhabern und -inhaberinnen und andern Berechtigten so aufgeteilt werden, dass den Urhebern und Urheberinnen und den ausübenden Künstlern und Künstlerinnen in der Regel ein angemessener Anteil verbleibt. Eine andere Verteilung ist zulässig, wenn der Aufwand unzumutbar wäre.

[4] Das Verteilungsreglement hebt vertragliche Abmachungen der ursprünglichen Rechtsinhaber und -inhaberinnen mit Dritten nicht auf.

Art. 50 *Auskunfts- und Rechenschaftspflicht*

Die Verwertungsgesellschaften müssen dem IGE[51] alle Auskünfte erteilen und alle Unterlagen zur Verfügung stellen, die für die Durchführung der Aufsicht erforderlich sind, sowie jährlich in einem Geschäftsbericht Rechenschaft über ihre Tätigkeit ablegen.

4. Kapitel: Auskunftspflicht gegenüber den Verwertungsgesellschaften

Art. 51

[1] Soweit es ihnen zuzumuten ist, müssen die Werknutzer und -nutzerinnen den Verwertungsgesellschaften alle Auskünfte erteilen, welche diese für die Gestaltung und die Anwendung der Tarife sowie die Verteilung des Erlöses benötigen, in einer Form erteilen, die dem Stand der Technik entspricht und eine automatische Datenverarbeitung zulässt.[52]

---

[51] Ausdruck gemäss Ziff. I Abs. 1 des BG vom 27. Sept. 2019, in Kraft seit 1. April 2020 (AS **2020** 1003; BBl **2018** 591). Diese Änd. wurde in den in der AS genannten Bestimmungen vorgenommen.

[52] Fassung gemäss Ziff. I des BG vom 27. Sept. 2019, in Kraft seit 1. April 2020 (AS **2020** 1003; BBl **2018** 591).

[1bis] Verwertungsgesellschaften sind berechtigt, die nach diesem Artikel erhaltenen Auskünfte untereinander auszutauschen, soweit dies zur Ausübung ihrer Tätigkeit erforderlich ist.[53]

[2] Die Verwertungsgesellschaften sind verpflichtet, Geschäftsgeheimnisse zu wahren.

5. Kapitel: Aufsicht über die Verwertungsgesellschaften

1. Abschnitt: Aufsicht über die Geschäftsführung

Art. 52[54] *Aufsichtsbehörde*

[1] Das IGE (Aufsichtsbehörde) beaufsichtigt die Verwertungsgesellschaften.

Art. 53 *Umfang der Aufsicht*

[1] Die Aufsichtsbehörde überwacht die Geschäftsführung der Verwertungsgesellschaften und sorgt dafür, dass sie ihren Pflichten nachkommen. Sie prüft und genehmigt den Geschäftsbericht.

[2] Sie kann über die Auskunftspflicht (Art. 50) Weisungen erlassen.

[3] Zur Ausübung ihrer Befugnisse kann sie auch nicht zur Bundesverwaltung gehörende Beauftragte beiziehen; diese unterstehen der Schweigepflicht.

Art. 54 *Massnahmen bei Pflichtverletzungen*

[1] Kommt eine Verwertungsgesellschaft ihren Pflichten nicht nach, so setzt die Aufsichtsbehörde eine angemessene Frist zur Herstellung des rechtmässigen Zustandes; wird die Frist nicht eingehalten, so ergreift sie die notwendigen Massnahmen.

[2] Bei Ungehorsam gegen Verfügungen kann die Aufsichtsbehörde nach entsprechender Androhung die Bewilligung einschränken oder entziehen.

[3] Die Aufsichtsbehörde kann rechtskräftige Verfügungen auf Kosten der Verwertungsgesellschaft veröffentlichen.

---

[53] Eingefügt durch Ziff. I des BG vom 27. Sept. 2019, in Kraft seit 1. April 2020 (AS **2020** 1003; BBl **2018** 591).

[54] Fassung gemäss Ziff. I des BG vom 27. Sept. 2019, in Kraft seit 1. April 2020 (AS **2020** 1003; BBl **2018** 591).

2. Abschnitt: Aufsicht über die Tarife

Art. 55 *Eidgenössische Schiedskommission für die Verwertung von Urheberrechten und verwandten Schutzrechten*

[1] Die Eidgenössische Schiedskommission für die Verwertung von Urheberrechten und verwandten Schutzrechten (Schiedskommission) ist zuständig für die Genehmigung der Tarife der Verwertungsgesellschaften (Art. 46).

[2] Der Bundesrat wählt die Mitglieder. Er regelt Organisation und Verfahren der Schiedskommission im Rahmen des Verwaltungsverfahrensgesetzes vom 20. Dezember 1968[55].

[3] Die Schiedskommission nimmt für ihre Entscheidungen keine Weisungen entgegen; das Personal des Kommissionssekretariates untersteht für diese Tätigkeit dem Kommissionspräsidenten beziehungsweise der Kommissionspräsidentin.

Art. 56 *Zusammensetzung der Schiedskommission*

[1] Die Schiedskommission besteht aus dem Präsidenten beziehungsweise der Präsidentin, zwei beisitzenden Mitgliedern, zwei Ersatzleuten sowie weiteren Mitgliedern.

[2] Die weiteren Mitglieder werden von den Verwertungsgesellschaften und den massgebenden Nutzerverbänden von Werken und Darbietungen vorgeschlagen.

Art. 57 *Besetzung für den Entscheid*

[1] Die Schiedskommission entscheidet mit fünf Mitgliedern: dem Präsidenten beziehungsweise der Präsidentin, zwei beisitzenden Mitgliedern und zwei weiteren Mitgliedern.

[2] Der Präsident beziehungsweise die Präsidentin bezeichnet für jedes Geschäft die zwei weiteren Mitglieder, die sachkundig sein müssen. Dabei ist jeweils ein auf Vorschlag der Verwertungsgesellschaften und ein auf Vorschlag der Nutzerverbände gewähltes Mitglied zu berücksichtigen.

[3] Die Zugehörigkeit eines der sachkundigen Mitglieder zu einer Verwertungsgesellschaft oder einem Nutzerverband ist für sich allein kein Ausstandsgrund.

Art. 58 *Administrative Aufsicht*

[1] Das Eidgenössische Justiz- und Polizeidepartement ist administrative Aufsichtsbehörde der Schiedskommission.

---

[55] SR **172.021**

[2] Die Schiedskommission erstattet dem Departement alljährlich Bericht über ihre Geschäftsführung.

Art. 59 *Tarifgenehmigung*

[1] Die Schiedskommission genehmigt einen ihr vorgelegten Tarif, wenn er in seinem Aufbau und in den einzelnen Bestimmungen angemessen ist.

[2] Sie kann nach Anhörung der am Verfahren beteiligten Verwertungsgesellschaft und der Nutzerverbände (Art. 46 Abs. 2) Änderungen vornehmen.

[3] Rechtskräftig genehmigte Tarife sind für die Gerichte verbindlich.

Art. 60 *Grundsatz der Angemessenheit*

[1] Bei der Festlegung der Entschädigung sind zu berücksichtigen:

a. der aus der Nutzung des Werks, der Darbietung, des Ton- oder Tonbildträgers oder der Sendung erzielte Ertrag oder hilfsweise der mit der Nutzung verbundene Aufwand;

b. die Art und Anzahl der benutzten Werke, Darbietungen, Ton- oder Tonbildträger oder Sendungen;

c. das Verhältnis geschützter zu ungeschützten Werken, Darbietungen, Ton- oder Tonbildträger oder Sendungen sowie zu anderen Leistungen.

[2] Die Entschädigung beträgt in der Regel höchstens zehn Prozent des Nutzungsertrags oder -aufwands für die Urheberrechte und höchstens drei Prozent für die verwandten Schutzrechte; sie ist jedoch so festzusetzen, dass die Berechtigten bei einer wirtschaftlichen Verwaltung ein angemessenes Entgelt erhalten.

[3] Die Werkverwendungen nach Artikel 19 Absatz 1 Buchstabe b sind tariflich zu begünstigen.

[4] Das Vermieten von Werkexemplaren nach Artikel 13 durch öffentliche oder öffentlich zugängliche Bibliotheken ist zur Wahrung des Vermittlungsauftrags dieser Institution tariflich zu begünstigen.[56]

5. Titel: Rechtsschutz

1. Kapitel: Zivilrechtlicher Schutz

Art. 61 *Feststellungsklage*

Wer ein rechtliches Interesse nachweist, kann gerichtlich feststellen lassen, ob ein Recht oder Rechtsverhältnis nach diesem Gesetz vorhanden ist oder fehlt.

---

[56] Eingefügt durch Ziff. I des BG vom 27. Sept. 2019, in Kraft seit 1. April 2020 (AS **2020** 1003; BBl **2018** 591).

Art. 62 *Leistungsklagen*

[1] Wer in seinem Urheber- oder verwandten Schutzrecht verletzt oder gefährdet wird, kann vom Gericht verlangen:

a. eine drohende Verletzung zu verbieten;

b. eine bestehende Verletzung zu beseitigen;

c.[57] die beklagte Partei zu verpflichten, Herkunft und Menge der in ihrem Besitz befindlichen Gegenstände, die widerrechtlich hergestellt oder in Verkehr gebracht worden sind, anzugeben und Adressaten sowie Ausmass einer Weitergabe an gewerbliche Abnehmer und Abnehmerinnen zu nennen.

[1bis] Eine Gefährdung von Urheber- oder verwandten Schutzrechten liegt insbesondere vor bei Handlungen nach den Artikeln 39*a* Absätze 1 und 3 sowie 39*c* Absätze 1 und 3 sowie bei Verletzung der Pflichten nach Artikel 39*d*.[58]

[2] Vorbehalten bleiben die Klagen nach dem Obligationenrecht[59] auf Schadenersatz, auf Genugtuung sowie auf Herausgabe eines Gewinns entsprechend den Bestimmungen über die Geschäftsführung ohne Auftrag.

[3] Wer über eine ausschliessliche Lizenz verfügt, ist selbständig zur Klage berechtigt, sofern dies im Lizenzvertrag nicht ausdrücklich ausgeschlossen worden ist. Alle Lizenznehmer und Lizenznehmerinnen können einer Verletzungsklage beitreten, um ihren eigenen Schaden geltend zu machen.[60]

Art. 63 *Einziehung im Zivilverfahren*

[1] Das Gericht kann die Einziehung und Verwertung oder Vernichtung der widerrechtlich hergestellten Gegenstände oder der vorwiegend zu ihrer Herstellung dienenden Einrichtungen, Geräte und sonstigen Mittel anordnen.[61]

[2] Ausgenommen sind ausgeführte Werke der Baukunst.

---

[57] Fassung gemäss Anhang Ziff. 1 des BG vom 22. Juni 2007, in Kraft seit 1. Juli 2008 (AS **2008** 2551; BBl **2006** 1).

[58] Eingefügt durch Art. 2 des BB vom 5. Okt. 2007 (AS **2008** 2497; BBl **2006** 3389). Fassung gemäss Ziff. I des BG vom 27. Sept. 2019, in Kraft seit 1. April 2020 (AS **2020** 1003; BBl **2018** 591).

[59] SR **220**

[60] Eingefügt durch Anhang Ziff. 1 des BG vom 22. Juni 2007, in Kraft seit 1. Juli 2008 (AS **2008** 2551; BBl **2006** 1).

[61] Fassung gemäss Anhang Ziff. 1 des BG vom 22. Juni 2007, in Kraft seit 1. Juli 2008 (AS **2008** 2551; BBl **2006** 1).

Art. 64[62]

Art. 65[63] *Vorsorgliche Massnahmen*

Ersucht eine Person um die Anordnung vorsorglicher Massnahmen, so kann sie insbesondere verlangen, dass das Gericht Massnahmen anordnet:

a. zur Beweissicherung;

b. zur Ermittlung der Herkunft widerrechtlich hergestellter oder in Verkehr gebrachter Gegenstände;

c. zur Wahrung des bestehenden Zustandes; oder

d. zur vorläufigen Vollstreckung von Unterlassungs- und Beseitigungsansprüchen.

Art. 66 *Veröffentlichung des Urteils*

Das Gericht kann auf Antrag der obsiegenden Partei anordnen, dass das Urteil auf Kosten der anderen Partei veröffentlicht wird. Es bestimmt Art und Umfang der Veröffentlichung.

Art. 66*a*[64] *Mitteilung von Urteilen*

Die Gerichte stellen rechtskräftige Urteile dem IGE in vollständiger Ausfertigung unentgeltlich zu.

2. Kapitel: Strafbestimmungen

Art. 67 *Urheberrechtsverletzung*

[1] Auf Antrag der in ihren Rechten verletzten Person wird mit Freiheitsstrafe bis zu einem Jahr oder Geldstrafe bestraft, wer vorsätzlich und unrechtmässig:[65]

a. ein Werk unter einer falschen oder einer andern als der vom Urheber oder von der Urheberin bestimmten Bezeichnung verwendet;

b. ein Werk veröffentlicht;

c. ein Werk ändert;

---

[62] Aufgehoben durch Anhang I Ziff. II 9 der Zivilprozessordnung vom 19. Dez. 2008, mit Wirkung seit 1. Jan. 2011 (AS **2010** 1739; BBl **2006** 7221).

[63] Fassung gemäss Anhang 1 Ziff. II 9 der Zivilprozessordnung vom 19. Dez. 2008, in Kraft seit 1. Jan. 2011 (AS **2010** 1739; BBl **2006** 7221).

[64] Eingefügt durch Anhang Ziff. 1 des BG vom 22. Juni 2007, in Kraft seit 1. Juli 2008 (AS **2008** 2551; BBl **2006** 1).

[65] Fassung gemäss Art. 2 des BB vom 5. Okt. 2007, in Kraft seit 1. Juli 2008 (AS **2008** 2497; BBl **2006** 3389).

d. ein Werk zur Schaffung eines Werks zweiter Hand verwendet;

e. auf irgendeine Weise Werkexemplare herstellt;

f. Werkexemplare anbietet, veräussert oder sonst wie verbreitet;

g. ein Werk direkt oder mit Hilfe irgendwelcher Mittel vorträgt, aufführt, vorführt oder anderswo wahrnehmbar macht;

gbis.[66] ein Werk mit irgendwelchen Mitteln so zugänglich macht, dass Personen von Orten und zu Zeiten ihrer Wahl dazu Zugang haben;

h. ein Werk durch Radio, Fernsehen oder ähnliche Verfahren, auch über Leitungen, sendet oder ein gesendetes Werk mittels technischer Einrichtungen, deren Träger nicht das ursprüngliche Sendeunternehmen ist, weitersendet;

i.[67] ein zugänglich gemachtes, gesendetes oder weitergesendetes Werk wahrnehmbar macht;

k.[68] sich weigert, der zuständigen Behörde Herkunft und Menge der in seinem Besitz befindlichen Gegenstände, die widerrechtlich hergestellt oder in Verkehr gebracht worden sind, anzugeben und Adressaten sowie Ausmass einer Weitergabe an gewerbliche Abnehmer und Abnehmerinnen zu nennen;

l. ein Computerprogramm vermietet.

[2] Wer eine Tat nach Absatz 1 gewerbsmässig begangen hat, wird von Amtes wegen verfolgt. Die Strafe ist Freiheitsstrafe bis zu fünf Jahren oder Geldstrafe. ...[69, 70]

Art. 68 *Unterlassung der Quellenangabe*

Wer es vorsätzlich unterlässt, in den gesetzlich vorgesehenen Fällen (Art. 25 und 28) die benützte Quelle und, falls er in ihr genannt ist, den Urheber anzugeben, wird auf Antrag der in ihren Rechten verletzten Person mit Busse bestraft.

---

[66] Eingefügt durch Art. 2 des BB vom 5. Okt. 2007, in Kraft seit 1. Juli 2008 (AS **2008** 2497; BBl **2006** 3389).

[67] Fassung gemäss Art. 2 des BB vom 5. Okt. 2007, in Kraft seit 1. Juli 2008 (AS **2008** 2497; BBl **2006** 3389).

[68] Fassung gemäss Anhang Ziff. 1 des BG vom 22. Juni 2007, in Kraft seit 1. Juli 2008 (AS **2008** 2551; BBl **2006** 1).

[69] Dritter Satz aufgehoben durch Ziff. I 4 des BG vom 17. Dez. 2021 über die Harmonisierung der Strafrahmen, mit Wirkung seit 1. Juli 2023 (AS **2023** 259; BBl **2018** 2827).

[70] Fassung gemäss Art. 2 des BB vom 5. Okt. 2007, in Kraft seit 1. Juli 2008 (AS **2008** 2497; BBl **2006** 3389).

Art. 69 *Verletzung von verwandten Schutzrechten*

[1] Auf Antrag der in ihren Rechten verletzten Person wird mit Freiheitsstrafe bis zu einem Jahr oder Geldstrafe bestraft, wer vorsätzlich und unrechtmässig:[71]

a. eine Werkdarbietung durch Radio, Fernsehen oder ähnliche Verfahren, auch über Leitungen, sendet;

b. eine Werkdarbietung auf Ton-, Tonbild- oder Datenträger aufnimmt;

c. Vervielfältigungsexemplare einer Werkdarbietung anbietet, veräussert oder sonst wie verbreitet;

d. eine gesendete Werkdarbietung mittels technischer Einrichtungen, deren Träger nicht das ursprüngliche Sendeunternehmen ist, weitersendet;

e.[72] eine zugänglich gemachte, gesendete oder weitergesendete Werkdarbietung wahrnehmbar macht;

e[bis].[73] eine Werkdarbietung unter einem falschen oder einem anderen als dem vom ausübenden Künstler oder von der ausübenden Künstlerin bestimmten Künstlernamen verwendet;

e[ter].[74] eine Werkdarbietung, einen Ton- oder Tonbildträger oder eine Sendung mit irgendwelchen Mitteln so zugänglich macht, dass Personen von Orten und zu Zeiten ihrer Wahl dazu Zugang haben;

f. einen Ton- oder Tonbildträger vervielfältigt, die Vervielfältigungsexemplare anbietet, veräussert oder sonst wie verbreitet;

g. eine Sendung weitersendet;

h. eine Sendung auf Ton-, Tonbild- oder Datenträger aufnimmt;

i. eine auf Ton-, Tonbild- oder Datenträger festgelegte Sendung vervielfältigt oder solche Vervielfältigungsexemplare verbreitet;

k.[75] sich weigert, der zuständigen Behörde Herkunft und Menge der in seinem Besitz befindlichen Träger einer nach Artikel 33, 36 oder 37 geschützten Leistung, die widerrechtlich hergestellt oder in Verkehr gebracht worden

---

[71] Fassung gemäss Art. 2 des BB vom 5. Okt. 2007, in Kraft seit 1. Juli 2008 (AS **2008** 2497; BBl **2006** 3389).

[72] Fassung gemäss Art. 2 des BB vom 5. Okt. 2007, in Kraft seit 1. Juli 2008 (AS **2008** 2497; BBl **2006** 3389).

[73] Eingefügt durch Art. 2 des BB vom 5. Okt. 2007, in Kraft seit 1. Juli 2008 (AS **2008** 2497; BBl **2006** 3389).

[74] Eingefügt durch Art. 2 des BB vom 5. Okt. 2007, in Kraft seit 1. Juli 2008 (AS **2008** 2497; BBl **2006** 3389).

[75] Fassung gemäss Anhang Ziff. 1 des BG vom 22. Juni 2007, in Kraft seit 1. Juli 2008 (AS **2008** 2551; BBl **2006** 1).

sind, anzugeben und Adressaten sowie Ausmass einer Weitergabe an gewerbliche Abnehmer und Abnehmerinnen zu nennen.

[2] Wer eine Tat nach Absatz 1 gewerbsmässig begangen hat, wird von Amtes wegen verfolgt. Die Strafe ist Freiheitsstrafe bis zu fünf Jahren oder Geldstrafe. …[76, 77]

Art. 69*a*[78] *Verletzung des Schutzes von technischen Massnahmen und von Informationen für die Wahrnehmung von Rechten*

[1] Auf Antrag der in ihrem Schutz verletzten Person wird mit Busse bestraft, wer vorsätzlich und unrechtmässig:

a. wirksame technische Massnahmen nach Artikel 39*a* Absatz 2 mit der Absicht umgeht, eine gesetzlich unerlaubte Verwendung von Werken oder anderen Schutzobjekten vorzunehmen;

b. Vorrichtungen, Erzeugnisse oder Bestandteile herstellt, einführt, anbietet, veräussert oder sonst wie verbreitet, vermietet, zum Gebrauch überlässt, dafür wirbt oder zu Erwerbszwecken besitzt oder Dienstleistungen erbringt, die:
   1. Gegenstand einer Verkaufsförderung, Werbung oder Vermarktung mit dem Ziel der Umgehung wirksamer technischer Massnahmen sind,
   2. abgesehen von der Umgehung wirksamer technischer Massnahmen nur einen begrenzten wirtschaftlichen Zweck oder Nutzen haben, oder
   3. hauptsächlich entworfen, hergestellt, angepasst oder erbracht werden, um die Umgehung wirksamer technischer Massnahmen zu ermöglichen oder zu erleichtern;

c. elektronische Informationen zur Wahrnehmung der Urheber- und verwandten Schutzrechte nach Artikel 39*c* Absatz 2 entfernt oder ändert;

d. Werke oder andere Schutzobjekte, an denen Informationen über die Wahrnehmung von Rechten nach Artikel 39*c* Absatz 2 entfernt oder geändert wurden, vervielfältigt, einführt, anbietet, veräussert oder sonstwie verbreitet, sendet, wahrnehmbar oder zugänglich macht.

[2] Wer eine Tat nach Absatz 1 gewerbsmässig begangen hat, wird von Amtes wegen verfolgt. Die Strafe ist Freiheitsstrafe bis zu einem Jahr oder Geldstrafe.

---

[76] Dritter Satz aufgehoben durch Ziff. I 4 des BG vom 17. Dez. 2021 über die Harmonisierung der Strafrahmen, mit Wirkung seit 1. Juli 2023 (AS **2023** 259; BBl **2018** 2827).

[77] Fassung gemäss Art. 2 des BB vom 5. Okt. 2007, in Kraft seit 1. Juli 2008 (AS **2008** 2497; BBl **2006** 3389).

[78] Eingefügt durch Art. 2 des BB vom 5. Okt. 2007, in Kraft seit 1. Juli 2008 (AS **2008** 2497; BBl **2006** 3389).

[3] Handlungen nach Absatz 1 Buchstaben c und d sind nur strafbar, wenn sie von einer Person vorgenommen werden, der bekannt ist oder den Umständen nach bekannt sein muss, dass sie damit die Verletzung eines Urheber- oder verwandten Schutzrechts veranlasst, ermöglicht, erleichtert oder verschleiert.

Art. 70[79] *Unerlaubte Geltendmachung von Rechten*

Wer ohne erforderliche Bewilligung (Art. 41) Urheber- oder verwandte Schutzrechte geltend macht, deren Verwertung der Bundesaufsicht unterstellt ist (Art. 40), wird mit Busse bestraft.

Art. 71 *Widerhandlungen in Geschäftsbetrieben*

Für Widerhandlungen in Geschäftsbetrieben, durch Beauftragte und dergleichen sind die Artikel 6 und 7 des Verwaltungsstrafrechtsgesetzes vom 22. März 1974[80] anwendbar.

Art. 72[81] *Einziehung im Strafverfahren*

Ausgeführte Werke der Baukunst können nicht nach Artikel 69 des Strafgesetzbuches[82] eingezogen werden.

Art. 73 *Strafverfolgung*

[1] Die Strafverfolgung ist Sache der Kantone.

[2] Widerhandlungen nach Artikel 70 werden vom IGE nach dem Verwaltungsstrafrechtsgesetz vom 22. März 1974[83] verfolgt und beurteilt.

3. Kapitel:[84] Beschwerde an das Bundesverwaltungsgericht

Art. 74

[1] Gegen Verfügungen der Aufsichtsbehörde und der Schiedskommission kann beim Bundesverwaltungsgericht Beschwerde geführt werden.

[79] Fassung gemäss Anhang Ziff. 1 des BG vom 22. Juni 2007, in Kraft seit 1. Juli 2008 (AS **2008** 2551; BBl **2006** 1).

[80] SR **313.0**

[81] Fassung gemäss Anhang Ziff. 1 des BG vom 22. Juni 2007, in Kraft seit 1. Juli 2008 (AS **2008** 2551; BBl **2006** 1).

[82] SR **311.0**

[83] SR **313.0**

[84] Fassung gemäss Anhang Ziff. 19 des Verwaltungsgerichtsgesetzes vom 17. Juni 2005, in Kraft seit 1. Jan. 2007 (AS **2006** 2197; BBl **2001** 4202).

[2] Das Beschwerdeverfahren vor dem Bundesverwaltungsgericht richtet sich nach dem Verwaltungsgerichtsgesetz vom 17. Juni 2005[85] und dem Verwaltungsverfahrensgesetz vom 20. Dezember 1968[86] (VwVG). Vorbehalten bleiben folgende Ausnahmen:

a. Beschwerden gegen Verfügungen der Schiedskommission haben keine aufschiebende Wirkung; eine Erteilung der aufschiebenden Wirkung im Einzelfall ist ausgeschlossen.

b. Artikel 53 VwVG ist nicht anwendbar.

c. Zur Einreichung einer Vernehmlassung setzt das Bundesverwaltungsgericht eine Frist von höchstens 30 Tagen; diese kann nicht erstreckt werden.

d. Ein weiterer Schriftenwechsel nach Artikel 57 Absatz 2 VwVG findet in der Regel nicht statt.[87]

4. Kapitel: Hilfeleistung des Bundesamtes für Zoll und Grenzsicherheit[88]

Art. 75[89] *Anzeige verdächtiger Waren*

[1] Das Bundesamt für Zoll und Grenzsicherheit (BAZG) ist ermächtigt, die Inhaber und Inhaberinnen der Urheber- oder der verwandten Schutzrechte sowie die zugelassenen Verwertungsgesellschaften zu benachrichtigen, wenn der Verdacht besteht, dass die Ein-, Aus- oder Durchfuhr von Waren bevorsteht, deren Verbreitung gegen die in der Schweiz geltende Gesetzgebung über das Urheberrecht oder die verwandten Schutzrechte verstösst.[90]

[2] In diesem Fall ist das BAZG[91] ermächtigt, die Waren während drei Werktagen zurückzubehalten, damit die antragsberechtigten Personen einen Antrag nach Artikel 76 Absatz 1 stellen können.

---

85 SR **173.32**

86 SR **172.021**

87 Fassung gemäss Ziff. I des BG vom 27. Sept. 2019, in Kraft seit 1. April 2020 (AS **2020** 1003; BBl **2018** 591).

88 Fassung gemäss Ziff. I 1 der V vom 12. Juni 2020 über die Anpassung von Gesetzen infolge der Änderung der Bezeichnung der Eidgenössischen Zollverwaltung im Rahmen von deren Weiterentwicklung, in Kraft seit 1. Jan. 2022 (AS **2020** 2743).

89 Fassung gemäss Anhang Ziff. 1 des BG vom 22. Juni 2007, in Kraft seit 1. Juli 2008 (AS **2008** 2551; BBl **2006** 1).

90 Fassung gemäss Ziff. I 1 der V vom 12. Juni 2020 über die Anpassung von Gesetzen infolge der Änderung der Bezeichnung der Eidgenössischen Zollverwaltung im Rahmen von deren Weiterentwicklung, in Kraft seit 1. Jan. 2022 (AS **2020** 2743).

91 Ausdruck gemäss Ziff. I 1 der V vom 12. Juni 2020 über die Anpassung von Gesetzen infolge der Änderung der Bezeichnung der Eidgenössischen Zollverwaltung im Rah-

Art. 76 *Antrag auf Hilfeleistung*

[1] Haben Inhaber oder Inhaberinnen beziehungsweise klageberechtigte Lizenznehmer oder Lizenznehmerinnen von Urheber- oder von verwandten Schutzrechten oder eine zugelassene Verwertungsgesellschaft konkrete Anhaltspunkte dafür, dass die Ein-, Aus- oder Durchfuhr von Waren bevorsteht, deren Verbreitung gegen die in der Schweiz geltende Gesetzgebung über das Urheberrecht oder die verwandten Schutzrechte verstösst, so können sie beim BAZG schriftlich beantragen, die Freigabe der Waren zu verweigern.[92]

[2] Die Antragsteller haben alle ihnen greifbaren zweckdienlichen Angaben zu machen, welche das BAZG benötigt, um über den Antrag entscheiden zu können. Sie übergeben ihr namentlich eine genaue Beschreibung der Waren.

[3] Das BAZG entscheidet endgültig über den Antrag. Sie kann eine Gebühr zur Deckung der Verwaltungskosten erheben.[93]

Art. 77[94] *Zurückbehalten von Waren*

[1] Hat das BAZG aufgrund eines Antrags nach Artikel 76 Absatz 1 den begründeten Verdacht, dass das Verbringen ins schweizerische Zollgebiet oder aus dem schweizerischen Zollgebiet von Waren gegen die in der Schweiz geltende Gesetzgebung über das Urheberrecht oder die verwandten Schutzrechte verstösst, so teilt sie dies einerseits dem Antragsteller oder der Antragstellerin und andererseits dem Anmelder, Besitzer oder Eigentümer beziehungsweise der Anmelderin, Besitzerin oder Eigentümerin der Ware mit.[95]

[2] Das BAZG behält die Ware bis höchstens zehn Werktage vom Zeitpunkt der Mitteilung nach Absatz 1 an zurück, damit der Antragsteller oder die Antragstellerin vorsorgliche Massnahmen erwirken kann.

[3] In begründeten Fällen kann sie die Ware während höchstens zehn weiteren Werktagen zurückbehalten.

---

men von deren Weiterentwicklung, in Kraft seit 1. Jan. 2022 (AS **2020** 2743). Diese Änd. wurde im ganzen Erlass berücksichtigt.

[92] Fassung gemäss Anhang Ziff. 3 des BG vom 21. Juni 2013, in Kraft seit 1. Jan. 2017 (AS **2015** 3631; BBl **2009** 8533).

[93] Fassung gemäss Anhang Ziff. 1 des BG vom 22. Juni 2007, in Kraft seit 1. Juli 2008 (AS **2008** 2551; BBl **2006** 1).

[94] Fassung gemäss Anhang Ziff. 1 des BG vom 22. Juni 2007, in Kraft seit 1. Juli 2008 (AS **2008** 2551; BBl **2006** 1).

[95] Fassung gemäss Anhang Ziff. 3 des BG vom 21. Juni 2013, in Kraft seit 1. Jan. 2017 (AS **2015** 3631; BBl **2009** 8533).

Art. 77*a*[96] *Proben oder Muster*

[1] Während des Zurückbehaltens der Ware ist das BAZG ermächtigt, dem Antragsteller oder der Antragstellerin auf Antrag Proben oder Muster zur Prüfung zu übergeben oder zuzusenden oder ihm oder ihr die Besichtigung der zurückbehaltenen Ware zu gestatten.

[2] Die Proben oder Muster werden auf Kosten des Antragstellers oder der Antragstellerin entnommen und versandt.

[3] Sie müssen nach erfolgter Prüfung, soweit sinnvoll, zurückgegeben werden. Verbleiben Proben oder Muster beim Antragsteller oder bei der Antragstellerin, so unterliegen sie den Bestimmungen der Zollgesetzgebung.

Art. 77*b*[97] *Wahrung von Fabrikations- und Geschäftsgeheimnissen*

[1] Gleichzeitig mit der Benachrichtigung nach Artikel 77 Absatz 1 informiert das BAZG den Anmelder, Besitzer oder Eigentümer beziehungsweise die Anmelderin, Besitzerin oder Eigentümerin der Ware über die mögliche Übergabe von Proben oder Mustern beziehungsweise die Besichtigungsmöglichkeit nach Artikel 77*a* Absatz 1.

[2] Der Anmelder, Besitzer oder Eigentümer beziehungsweise die Anmelderin, Besitzerin oder Eigentümerin kann verlangen, zur Wahrung seiner beziehungsweise ihrer Fabrikations- oder Geschäftsgeheimnisse bei der Besichtigung anwesend zu sein.

[3] Das BAZG kann auf begründeten Antrag des Anmelders, Besitzers oder Eigentümers beziehungsweise der Anmelderin, Besitzerin oder Eigentümerin die Übergabe von Proben oder Mustern verweigern.

Art. 77*c*[98] *Antrag auf Vernichtung der Ware*

[1] Zusammen mit dem Antrag nach Artikel 76 Absatz 1 kann der Antragsteller oder die Antragstellerin beim BAZG schriftlich beantragen, die Ware zu vernichten.

[2] Wird ein Antrag auf Vernichtung gestellt, so teilt das BAZG dies dem Anmelder, Besitzer oder Eigentümer beziehungsweise der Anmelderin, Besitzerin oder Eigentümerin der Ware im Rahmen der Mitteilung nach Artikel 77 Absatz 1 mit.

---

96 Eingefügt durch Anhang Ziff. 1 des BG vom 22. Juni 2007, in Kraft seit 1. Juli 2008 (AS **2008** 2551; BBl **2006** 1).

97 Eingefügt durch Anhang Ziff. 1 des BG vom 22. Juni 2007, in Kraft seit 1. Juli 2008 (AS **2008** 2551; BBl **2006** 1).

98 Eingefügt durch Anhang Ziff. 1 des BG vom 22. Juni 2007, in Kraft seit 1. Juli 2008 (AS **2008** 2551; BBl **2006** 1).

[3] Der Antrag auf Vernichtung führt nicht dazu, dass die Fristen nach Artikel 77 Absätze 2 und 3 zur Erwirkung vorsorglicher Massnahmen verlängert werden.

Art. 77*d*[99] *Zustimmung*

[1] Für die Vernichtung der Ware ist die Zustimmung des Anmelders, Besitzers oder Eigentümers beziehungsweise der Anmelderin, Besitzerin oder Eigentümerin erforderlich.

[2] Die Zustimmung gilt als erteilt, wenn der Anmelder, Besitzer oder Eigentümer beziehungsweise die Anmelderin, Besitzerin oder Eigentümerin die Vernichtung nicht innerhalb der Fristen nach Artikel 77 Absätze 2 und 3 ausdrücklich ablehnt.

Art. 77*e*[100] *Beweismittel*

Vor der Vernichtung der Ware entnimmt das BAZG Proben oder Muster und bewahrt sie als Beweismittel auf für allfällige Klagen auf Schadenersatz.

Art. 77*f*[101] *Schadenersatz*

[1] Erweist sich die Vernichtung der Ware als unbegründet, so haftet ausschliesslich der Antragsteller oder die Antragstellerin für den entstandenen Schaden.

[2] Hat der Anmelder, Besitzer oder Eigentümer beziehungsweise die Anmelderin, Besitzerin oder Eigentümerin der Vernichtung schriftlich zugestimmt, so entstehen gegenüber dem Antragsteller oder der Antragstellerin auch dann keine Ansprüche auf Schadenersatz, wenn sich die Vernichtung später als unbegründet erweist.

Art. 77*g*[102] *Kosten*

[1] Die Vernichtung der Ware erfolgt auf Kosten des Antragstellers oder der Antragstellerin.

[2] Über die Kosten für die Entnahme und Aufbewahrung von Proben oder Mustern nach Artikel 77*e* entscheidet das Gericht im Zusammenhang mit der Beurteilung der Schadenersatzansprüche nach Artikel 77*f* Absatz 1.

---

[99] Eingefügt durch Anhang Ziff. 1 des BG vom 22. Juni 2007, in Kraft seit 1. Juli 2008 (AS **2008** 2551; BBl **2006** 1).

[100] Eingefügt durch Anhang Ziff. 1 des BG vom 22. Juni 2007, in Kraft seit 1. Juli 2008 (AS **2008** 2551; BBl **2006** 1).

[101] Eingefügt durch Anhang Ziff. 1 des BG vom 22. Juni 2007, in Kraft seit 1. Juli 2008 (AS **2008** 2551; BBl **2006** 1).

[102] Eingefügt durch Anhang Ziff. 1 des BG vom 22. Juni 2007, in Kraft seit 1. Juli 2008 (AS **2008** 2551; BBl **2006** 1).

Art. 77*h*[103] *Haftungserklärung und Schadenersatz*

[1] Ist durch das Zurückbehalten der Ware ein Schaden zu befürchten, so kann das BAZG das Zurückbehalten davon abhängig machen, dass der Antragsteller oder die Antragstellerin ihr eine Haftungserklärung abgibt. An deren Stelle kann das BAZG vom Antragsteller oder von der Antragstellerin in begründeten Fällen eine angemessene Sicherheitsleistung verlangen.

[2] Der Antragsteller oder die Antragstellerin muss den Schaden, der durch das Zurückbehalten der Ware und die Entnahme von Proben oder Mustern entstanden ist, ersetzen, wenn vorsorgliche Massnahmen nicht angeordnet werden oder sich als unbegründet erweisen.

5*a*. Titel:[104] Bearbeitung von Personendaten zum Zweck der Strafantragsstellung oder der Strafanzeigeerstattung

Art. 77*i*

[1] Die Rechtsinhaber und -inhaberinnen, die in ihren Urheberrechten oder in ihren verwandten Schutzrechten verletzt werden, dürfen Personendaten bearbeiten, soweit dies zum Zweck der Strafantragsstellung oder der Strafanzeigeerstattung notwendig ist und sie rechtmässig darauf zugreifen können. Sie dürfen diese Daten auch für die adhäsionsweise Geltendmachung von zivilrechtlichen Ansprüchen oder für deren Geltendmachung nach abgeschlossenem Strafverfahren verwenden.

[2] Sie haben den Zweck der Datenbearbeitung, die Art der bearbeiteten Daten und den Umfang der Datenbearbeitung offenzulegen.

[3] Sie dürfen die Personendaten nach Absatz 1 nicht mit Daten verknüpfen, die zu anderen Zwecken gesammelt wurden.

6. Titel: Schlussbestimmungen

1. Kapitel: Vollzug und Aufhebung bisherigen Rechts

Art. 78 *Ausführungsbestimmungen*

Der Bundesrat erlässt die Ausführungsbestimmungen.

---

[103] Eingefügt durch Anhang Ziff. 1 des BG vom 22. Juni 2007, in Kraft seit 1. Juli 2008 (AS **2008** 2551; BBl **2006** 1).

[104] Eingefügt durch Ziff. I des BG vom 27. Sept. 2019, in Kraft seit 1. April 2020 (AS **2020** 1003; BBl **2018** 591).

Art. 79 *Aufhebung von Bundesgesetzen*

Es werden aufgehoben:

a. das Bundesgesetz vom 7. Dezember 1922[105] betreffend das Urheberrecht an Werken der Literatur und Kunst;

b. das Bundesgesetz vom 25. September 1940[106] betreffend die Verwertung von Urheberrechten.

2. Kapitel: Übergangsbestimmungen

Art. 80 *Bestehende Schutzobjekte*

[1] Dieses Gesetz gilt auch für Werke, Darbietungen, Ton- und Tonbildträger sowie Sendungen, die vor seinem Inkrafttreten geschaffen waren.

[2] War die Verwendung eines Werkes, einer Darbietung, eines Ton- und Tonbildträgers oder einer Sendung, die nach diesem Gesetz widerrechtlich wäre, bisher erlaubt, so darf sie vollendet werden, wenn sie vor dem Inkrafttreten dieses Gesetzes begonnen wurde.

Art. 81 *Bestehende Verträge*

[1] Vor Inkrafttreten dieses Gesetzes abgeschlossene Verträge über Urheber- oder verwandte Schutzrechte und aufgrund solcher Verträge getroffene Verfügungen bleiben nach dem bisherigen Recht wirksam.

[2] Soweit nichts anderes vereinbart ist, sind diese Verträge nicht anwendbar auf Rechte, die erst durch dieses Gesetz geschaffen werden.

[3] Die Artikel 13*a* und 35*a* sind nicht anwendbar auf Verträge, die vor Inkrafttreten der Änderung vom 27. September 2019 abgeschlossen wurden.[107]

Art. 81*a*[108] *Klagebefugnis von Lizenznehmern*

Die Artikel 62 Absatz 3 und 65 Absatz 5 sind nur auf Lizenzverträge anwendbar, die nach Inkrafttreten der Änderung vom 22. Juni 2007 dieses Gesetzes abgeschlossen oder bestätigt worden sind.

[105] [BS **2** 817; AS **1955** 855]

[106] [BS **2** 834]

[107] Eingefügt durch Ziff. I des BG vom 27. Sept. 2019, in Kraft seit 1. April 2020 (AS **2020** 1003; BBl **2018** 591).

[108] Eingefügt durch Anhang Ziff. 1 des BG vom 22. Juni 2007, in Kraft seit 1. Juli 2008 (AS **2008** 2551; BBl **2006** 1).

Art. 82 *Bewilligungen für die Verwertung von Urheberrechten*

Die nach dem Bundesgesetz vom 25. September 1940[109] betreffend die Verwertung von Urheberrechten zugelassenen Verwertungsgesellschaften müssen innert sechs Monaten nach Inkrafttreten dieses Gesetzes um eine neue Bewilligung (Art. 41) nachsuchen.

Art. 83 *Tarife*

[1] Nach altem Recht genehmigte Tarife der konzessionierten Verwertungsgesellschaften bleiben bis zum Ablauf ihrer Gültigkeitsdauer in Kraft.

[2] Vergütungen nach den Artikeln 13, 20 und 35 sind ab Inkrafttreten dieses Gesetzes geschuldet; sie können ab Genehmigung des entsprechenden Tarifes geltend gemacht werden.

3. Kapitel: Referendum und Inkrafttreten

Art. 84

[1] Dieses Gesetz untersteht dem fakultativen Referendum.

[2] Der Bundesrat bestimmt das Inkrafttreten.

Datum des Inkrafttretens[110] 1. Juli 1993

Art. 74 Abs. 1: 1. Januar 1994

---

[109] [BS **2** 834]

[110] BRB vom 26. April 1993.

Bundesgesetz über den Schutz von Design (Designgesetz, DesG)

vom 5. Oktober 2001 (Stand am 1. Juli 2023)

Die Bundesversammlung der Schweizerischen Eidgenossenschaft,

gestützt auf die Artikel 122 der Bundesverfassung[1],[2] nach Einsicht in die Botschaft des Bundesrates vom 16. Februar 2000[3],

beschliesst:

1. Kapitel: Allgemeine Bestimmungen

1. Abschnitt: Schutzgegenstand und Schutzvoraussetzungen

Art. 1 *Schutzgegenstand*

Dieses Gesetz schützt Gestaltungen von Erzeugnissen oder Teilen von Erzeugnissen, die namentlich durch die Anordnung von Linien, Flächen, Konturen oder Farben oder durch das verwendete Material charakterisiert sind, als Design.

Art. 2 *Schutzvoraussetzungen*

[1] Design ist schutzfähig, soweit es neu ist und Eigenart aufweist.

[2] Design ist nicht neu, wenn der Öffentlichkeit vor dem Hinterlegungs- oder Prioritätsdatum ein identisches Design zugänglich gemacht worden ist, welches den in der Schweiz beteiligten Verkehrskreisen bekannt sein konnte.

[3] Design weist keine Eigenart auf, wenn es sich nach dem Gesamteindruck von Design, welches den in der Schweiz beteiligten Verkehrskreisen bekannt sein konnte, nur in unwesentlichen Merkmalen unterscheidet.

Art. 3 *Unschädliche Offenbarungen*

Die Offenbarung eines Designs kann bis zu einer Dauer von zwölf Monaten vor dem Hinterlegungs- oder Prioritätsdatum der Person, die das Recht innehat (Rechtsinhaberin), nicht entgegengehalten werden, wenn:

AS **2002** 1456

[1] SR **101**

[2] Fassung gemäss Anhang Ziff. 5 des BG vom 21. Juni 2013, in Kraft seit 1. Jan. 2017 (AS **2015** 3631; BBl **2009** 8533).

[3] BBl **2000** 2729

a. Dritte das Design missbräuchlich zum Nachteil der berechtigten Person offenbart haben;

b. die berechtigte Person das Design selber offenbart hat.

Art. 4 *Ausschlussgründe*

Der Designschutz ist ausgeschlossen, wenn:

a. kein Design im Sinne von Artikel 1 hinterlegt ist;

b. das Design im Zeitpunkt der Hinterlegung die Voraussetzungen nach Artikel 2 nicht erfüllt;

c. die Merkmale des Designs ausschliesslich durch die technische Funktion des Erzeugnisses bedingt sind;

d. das Design Bundesrecht oder Staatsverträge verletzt;

e. das Design gegen die öffentliche Ordnung oder die guten Sitten verstösst.

2. Abschnitt: Bestand des Designrechts

Art. 5 *Entstehung des Designrechts und Dauer des Schutzes*

[1] Das Designrecht entsteht mit der Eintragung im Design-Register (Register).

[2] Der Schutz besteht während fünf Jahren vom Datum der Hinterlegung an.

[3] Er kann um vier Schutzperioden von jeweils fünf Jahren verlängert werden.

Art. 6 *Hinterlegungspriorität*

Das Designrecht steht demjenigen zu, der das Design zuerst hinterlegt.

Art. 7 *Berechtigung zur Hinterlegung*

[1] Zur Hinterlegung berechtigt ist diejenige Person, die das Design entworfen hat, deren Rechtsnachfolgerin oder eine Drittperson, welcher das Recht aus einem andern Rechtsgrund gehört.

[2] Haben mehrere Personen ein Design gemeinsam entworfen, so sind sie ohne gegenteilige Vereinbarung gemeinschaftlich zur Hinterlegung berechtigt.

3. Abschnitt: Schutzbereich und Wirkung

Art. 8 *Schutzbereich*

Der Schutz des Designrechts erstreckt sich auf Designs, welche die gleichen wesentlichen Merkmale aufweisen und dadurch den gleichen Gesamteindruck erwecken wie ein bereits eingetragenes Design.

Art. 9 *Wirkungen des Designrechts*

[1] Das Designrecht verleiht der Rechtsinhaberin das Recht, andern zu verbieten, das Design zu gewerblichen Zwecken zu gebrauchen. Als Gebrauch gelten insbesondere das Herstellen, das Lagern, das Anbieten, das Inverkehrbringen, die Ein-, Aus- und Durchfuhr sowie der Besitz zu diesen Zwecken.

[1bis] Die Rechtsinhaberin kann die Ein-, Aus- und Durchfuhr von gewerblich hergestellten Waren auch dann verbieten, wenn sie zu privaten Zwecken erfolgt.[4]

[2] Die Rechtsinhaberin kann Dritten auch verbieten, bei einer widerrechtlichen Gebrauchshandlung mitzuwirken, deren Begehung zu begünstigen oder zu erleichtern.

Art. 10 *Auskunftspflicht der Rechtsinhaberin*

Wer auf Waren oder Geschäftspapieren auf Designschutz hinweist, ohne die Nummer des Designrechts zu nennen, ist verpflichtet, die Nummer auf Anfrage unentgeltlich bekannt zu geben.

Art. 11 *Mehrere Rechtsinhaberinnen*

Mehreren Rechtsinhaberinnen stehen ohne gegenteilige Vereinbarung die Befugnisse nach Artikel 9 gesamtheitlich zu.

Art. 12 *Weiterbenützungsrecht*

[1] Die Rechtsinhaberin kann Dritten nicht verbieten, ein von diesen im Inland während der folgenden Zeitabschnitte gutgläubig gebrauchtes Design im bisherigen Umfang weiter zu gebrauchen:

a. vor dem Hinterlegungs- oder Prioritätsdatum;

b. während der Dauer des Aufschubs der Veröffentlichung (Art. 26).

[2] Das Weiterbenützungsrecht ist nur zusammen mit dem Unternehmen übertragbar.

Art. 13 *Mitbenützungsrecht*

[1] Die Rechtsinhaberin kann das eingetragene Design Dritten nicht entgegenhalten, wenn die Dritten es im Inland zwischen dem letzten Tag der Frist für die Zahlung der Gebühr für eine weitere Schutzperiode und dem Tag, an dem ein Weiterbehandlungsantrag (Art. 31) eingereicht worden ist, gutgläubig gewerbsmässig gebraucht oder dazu besondere Anstalten getroffen haben.

[2] Das Mitbenützungsrecht ist nur zusammen mit dem Unternehmen übertragbar.

---

[4] Eingefügt durch Anhang Ziff. 4 des BG vom 22. Juni 2007, in Kraft seit 1. Juli 2008 (AS **2008** 2551; BBl **2006** 1).

[3] Wer das Mitbenützungsrecht beansprucht, hat der Rechtsinhaberin ab Wiederaufleben des Designrechts eine angemessene Entschädigung zu bezahlen.

Art. 14 *Übertragung*

[1] Die Rechtsinhaberin kann das Designrecht ganz oder teilweise übertragen.

[2] Die Übertragung bedarf zu ihrer Gültigkeit der schriftlichen Form, nicht aber der Eintragung im Register. Sie ist gegenüber gutgläubigen Dritten erst wirksam, wenn sie im Register eingetragen ist.

[3] Bis zur Eintragung der Übertragung im Register:

a. können gutgläubige Lizenznehmerinnen und Lizenznehmer mit befreiender Wirkung an die bisherige Rechtsinhaberin leisten;
b. können Klagen nach diesem Gesetz gegen die bisherige Rechtsinhaberin gerichtet werden.

Art. 15 *Lizenz*

[1] Die Rechtsinhaberin kann das Designrecht oder einzelne Befugnisse daraus Dritten ausschliesslich oder nicht ausschliesslich zum Gebrauch überlassen.

[2] Die Lizenz wird auf Antrag einer der beteiligten Personen in das Register eingetragen. Sie erhält damit Geltung gegenüber einem später erworbenen Recht am Design.

Art. 16 *Nutzniessung und Pfandrecht*

[1] Das Designrecht kann Gegenstand einer Nutzniessung oder eines Pfandrechts sein.

[2] Eine Nutzniessung und ein Pfandrecht können gegenüber gutgläubigen Erwerberinnen und Erwerbern des Designrechts nur geltend gemacht werden, wenn sie im Register eingetragen sind. Die Eintragung erfolgt auf Antrag einer der beteiligten Personen.

[3] Bis zur Eintragung einer Nutzniessung im Register können gutgläubige Lizenznehmerinnen und Lizenznehmer mit befreiender Wirkung an die bisherige Rechtsinhaberin leisten.

Art. 17 *Zwangsvollstreckung*

Das Designrecht unterliegt der Zwangsvollstreckung.

4. Abschnitt: Vertretung

Art. 18[5]

[1] Wer an einem Verwaltungsverfahren nach diesem Gesetz beteiligt ist und in der Schweiz keinen Wohnsitz oder Sitz hat, muss ein Zustellungsdomizil in der Schweiz bezeichnen, es sei denn, das Völkerrecht oder die zuständige ausländische Stelle gestattet der Behörde, Schriftstücke im betreffenden Staat direkt zuzustellen.

[2] Das Eidgenössische Institut für Geistiges Eigentum (IGE) ist befugt, gegenüber der zuständigen ausländischen Stelle zu erklären, dass im Bereich des geistigen Eigentums in der Schweiz die direkte Zustellung zulässig ist, sofern der Schweiz Gegenrecht gewährt wird.

2. Kapitel: Hinterlegung und Eintragung

1. Abschnitt: Hinterlegung

Art. 19 *Allgemeine Voraussetzungen*

[1] Ein Design gilt als hinterlegt, wenn beim IGE ein Eintragungsgesuch eingereicht wird. Das Gesuch enthält:[6]

a. einen Antrag auf Eintragung;

b. eine zur Reproduktion geeignete Abbildung des Designs; erfüllt sie diese Voraussetzung nicht, so setzt das IGE der hinterlegenden Person eine Frist zur Behebung dieses Mangels.

[2] Innert der vom IGE[7] gesetzten Frist ist zudem die vorgesehene Gebühr für die erste Schutzperiode zu bezahlen.

[3] Wird ein flächenhaftes Design (Muster) hinterlegt und ist der Aufschub der Veröffentlichung nach Artikel 26 beantragt worden, so kann an Stelle der Abbildung ein Exemplar des Designs eingereicht werden. Soll der Designschutz

---

[5] Fassung gemäss Anhang Ziff. 3 des BB vom 28. Sept. 2018 über die Genehmigung und Umsetzung des Übereinkommens Nr. 94 des Europarates über die Zustellung von Schriftstücken in Verwaltungssachen im Ausland, in Kraft seit 1. April 2019 (AS **2019** 975; BBl **2017** 5947).

[6] Fassung gemäss Anhang Ziff. 3 des BB vom 28. Sept. 2018 über die Genehmigung und die Umsetzung des Übereinkommens Nr. 94 des Europarates über die Zustellung von Schriftstücken in Verwaltungssachen im Ausland, in Kraft seit 1. April 2019 (AS **2019** 975; BBl **2017** 5947).

[7] Ausdruck gemäss Anhang Ziff. 5 des BG vom 21. Juni 2013, in Kraft seit 1. Jan. 2017 (AS **2015** 3631; BBl **2009** 8533). Die Änd. wurde im ganzen Text berücksichtigt.

nach Ablauf eines Aufschubs aufrechterhalten werden, so ist dem IGE vorab eine zur Reproduktion geeignete Abbildung des Designs nachzureichen.

4 Das Design kann erläuternd zur Abbildung gegen Entrichtung einer Gebühr mit höchstens 100 Wörtern beschrieben werden.

Art. 20 *Sammelhinterlegung*

1 Designs, die nach dem Abkommen von Locarno vom 8. Oktober 1968[8] über die Errichtung der internationalen Klassifikation für gewerbliche Muster und Modelle derselben Klasse angehören, können in einer Sammelhinterlegung hinterlegt werden.

2 Der Bundesrat kann die Sammelhinterlegung hinsichtlich Grösse und Gewicht beschränken.

Art. 21 *Wirkung der Hinterlegung*

Die Hinterlegung begründet die Vermutung der Neuheit und der Eigenart sowie der Berechtigung zur Hinterlegung.

2. Abschnitt: Priorität

Art. 22 *Voraussetzungen und Wirkungen der Priorität*

1 Ist ein Design erstmals in einem anderen Mitgliedstaat der Pariser Verbandsübereinkunft vom 20. März 1883[9] zum Schutz des gewerblichen Eigentums oder mit Wirkung für einen solchen Staat vorschriftsgemäss hinterlegt worden, so kann die hinterlegende Person oder deren Rechtsnachfolgerin für die Hinterlegung des gleichen Designs in der Schweiz das Datum der Ersthinterlegung beanspruchen, sofern die Hinterlegung in der Schweiz innerhalb von sechs Monaten nach der Ersthinterlegung erfolgt.

2 Die Ersthinterlegung in einem Staat, welcher der Schweiz Gegenrecht hält, hat die gleiche Wirkung wie die Ersthinterlegung in einem Mitgliedstaat der Pariser Verbandsübereinkunft.

Art. 23 *Formvorschriften*

1 Wer ein Prioritätsrecht beanspruchen will, hat dem IGE eine Prioritätserklärung einzureichen. Das IGE kann die Einreichung eines Prioritätsbelegs verlangen.

---

8 SR **0.232.121.3**
9 SR **0.232.01/.04**

[2] Der Anspruch verwirkt, wenn die vom Bundesrat festzulegenden Fristen und Formerfordernisse nicht eingehalten werden.

[3] Die Eintragung einer Priorität begründet lediglich eine Vermutung zu Gunsten der Rechtsinhaberin.

3. Abschnitt: Eintragung und Schutzverlängerung; elektronischer Behördenverkehr[10]

Art. 24 *Eintragung*

[1] Ein nach den gesetzlichen Vorschriften hinterlegtes Design wird in das Register eingetragen.

[2] Das IGE tritt auf das Eintragungsgesuch nicht ein, wenn die formellen Erfordernisse nach Artikel 19 Absätze 1 und 2 nicht erfüllt sind.

[3] Es weist das Eintragungsgesuch ab, wenn offensichtlich ein Ausschlussgrund nach Artikel 4 Buchstaben a, d oder e vorliegt.

[4] Im Register werden ferner alle Änderungen im Bestand des Designrechts oder in der Berechtigung am Design eingetragen. Der Bundesrat kann die Eintragung weiterer Angaben wie Verfügungsbeschränkungen von Gerichten oder Zwangsvollstreckungsbehörden vorsehen.

Art. 25 *Veröffentlichung*

[1] Das IGE veröffentlicht auf Grund der Eintragungen im Register die in der Verordnung vorgesehenen Angaben sowie eine Reproduktion des hinterlegten Designs.

[2] Das IGE bestimmt das Publikationsorgan.

Art. 26 *Aufschub der Veröffentlichung*

[1] Die hinterlegende Person kann schriftlich beantragen, dass die Veröffentlichung um höchstens 30 Monate, vom Hinterlegungs- oder Prioritätsdatum an gerechnet, aufgeschoben wird.

[2] Während des Aufschubs kann die Rechtsinhaberin jederzeit die sofortige Veröffentlichung verlangen.

[3] Das IGE hält das hinterlegte Design bis zum Ablauf des Aufschubs geheim. Die Geheimhaltung ist unbefristet, wenn die Hinterlegung vor Ablauf des Aufschubs zurückgenommen wird.

---

[10] Fassung gemäss Anhang Ziff. 5 des BG vom 19. Dez. 2003 über die elektronische Signatur, in Kraft seit 1. Jan. 2005 (AS **2004** 5085; BBl **2001** 5679).

Art. 26a[11] *Elektronischer Behördenverkehr*

[1] Der Bundesrat kann das IGE ermächtigen, die elektronische Kommunikation im Rahmen der allgemeinen Bestimmungen der Bundesrechtspflege zu regeln.

[2] Das Aktenheft und die Akten können in elektronischer Form geführt und aufbewahrt werden.

[3] Das Register kann in elektronischer Form geführt werden.

[4] Das IGE kann seine Datenbestände insbesondere im elektronischen Abrufverfahren Dritten zugänglich machen; es kann dafür ein Entgelt verlangen.

[5] Die Veröffentlichungen des IGE können in elektronischer Form erfolgen; die elektronische Fassung ist jedoch nur massgebend, wenn die Daten ausschliesslich elektronisch veröffentlicht werden.

Art. 27 *Öffentlichkeit des Registers und Akteneinsicht*

[1] Jede Person kann in das Register Einsicht nehmen, über dessen Inhalt Auskünfte einholen und Auszüge verlangen; Artikel 26 bleibt vorbehalten.

[2] Sie hat zudem das Recht, in das Aktenheft eingetragener Designs Einsicht zu nehmen. Der Bundesrat darf das Einsichtsrecht nur einschränken, wenn Fabrikations- oder Geschäftsgeheimnisse oder andere überwiegende Interessen entgegenstehen.

[3] Ausnahmsweise besteht das Einsichtsrecht in das Aktenheft schon vor der Eintragung, soweit dadurch die Voraussetzungen und der Umfang des Schutzes (Art. 2–17) nicht verändert werden. Der Bundesrat regelt die Einzelheiten.

Art. 28 *Löschung der Eintragung*

Das IGE löscht eine Eintragung ganz oder teilweise, wenn:

a. die Rechtsinhaberin die Löschung beantragt;
b. die Eintragung nicht verlängert wird;
c. die vorgesehenen Gebühren nicht bezahlt sind;
d. die Eintragung durch ein rechtskräftiges richterliches Urteil für nichtig erklärt wird; oder
e. die Schutzfrist nach Artikel 5 abgelaufen ist.

---

[11] Eingefügt durch Anhang Ziff. 5 des BG vom 19. Dez. 2003 über die elektronische Signatur, in Kraft seit 1. Jan. 2005 (AS **2004** 5085; BBl **2001** 5679).

Art. 29 *Internationale Hinterlegung*

Wer ein gewerbliches Muster oder Modell (Design) international mit Benennung Schweiz hinterlegt, erlangt dadurch den Schutz dieses Gesetzes wie bei einer Hinterlegung in der Schweiz. Soweit die Bestimmungen des Haager Abkommens vom 6. November 1925[12] über die internationale Hinterlegung gewerblicher Muster und Modelle für die Inhaberin oder den Inhaber der internationalen Hinterlegung günstiger sind als dieses Gesetz, gehen sie diesem vor.

4. Abschnitt: Gebühren

Art. 30

Die Höhe der nach diesem Gesetz und seiner Verordnung zu zahlenden Gebühren sowie die Zahlungsmodalitäten richten sich nach der Gebührenordnung des Eidgenössischen Instituts für Geistiges Eigentum vom 28. April 1997[13] (IGE-GebO).

3. Kapitel: Rechtsschutz

1. Abschnitt: Weiterbehandlung bei Fristversäumnis

Art. 31

[1] Versäumt die hinterlegende Person oder die Rechtsinhaberin eine Frist, die gegenüber dem IGE einzuhalten ist, so kann sie bei diesem die Weiterbehandlung beantragen.[14]

[2] Der Antrag muss innerhalb von zwei Monaten ab Kenntnisnahme des Fristversäumnisses eingereicht werden, spätestens jedoch innerhalb von sechs Monaten nach Ablauf der versäumten Frist. Innerhalb dieser Fristen muss zudem die unterbliebene Handlung vollständig nachgeholt und die Weiterbehandlungsgebühr bezahlt werden.

[3] Die Gutheissung des Weiterbehandlungsantrags durch das IGE stellt den Zustand her, der bei rechtzeitiger Handlung eingetreten wäre.

[4] Die Weiterbehandlung ist ausgeschlossen beim Versäumen der Fristen:

a. für die Einreichung des Weiterbehandlungsantrags;

b. für die Inanspruchnahme einer Priorität.

---

[12] [BS **11** 1039]. Siehe heute: das Abk. vom 28. Nov. 1960 (SR **0.232.121.2**).

[13] SR **232.148**

[14] Fassung gemäss Anhang Ziff. 4 des BG vom 22. Juni 2007, in Kraft seit 1. Juli 2008 (AS **2008** 2551; BBl **2006** 1).

2. Abschnitt: …

Art. 32[15]

3. Abschnitt: Zivilrechtlicher Schutz

Art. 33 *Feststellungsklage*

Wer ein rechtliches Interesse nachweist, kann gerichtlich feststellen lassen, dass ein Recht oder Rechtsverhältnis nach diesem Gesetz besteht oder nicht besteht.

Art. 34 *Abtretungsklage*

1 Wer ein besseres Recht geltend macht, kann gegen die Rechtsinhaberin auf Abtretung des Designrechts klagen.

2 Ist die Rechtsinhaberin gutgläubig, so ist ihr gegenüber die Klage innerhalb von zwei Jahren seit der Veröffentlichung des Designs anzuheben.

3 Wird die Abtretung verfügt, so fallen die inzwischen Dritten eingeräumten Lizenzen oder andern Rechte dahin; diese Dritten haben jedoch, wenn sie in gutem Glauben das Design im Inland gewerbsmässig benützt oder besondere Anstalten dazu getroffen haben, Anspruch auf Erteilung einer nicht ausschliesslichen Lizenz.

4 Vorbehalten bleiben alle Schadenersatzansprüche.

Art. 35 *Leistungsklage*

1 Die Rechtsinhaberin, die in ihren Rechten verletzt oder gefährdet wird, kann vom Gericht verlangen:

a. eine drohende Verletzung zu verbieten;

b. eine bestehende Verletzung zu beseitigen;

c. die beklagte Partei zu verpflichten, Herkunft und Umfang der in ihrem Besitz befindlichen, widerrechtlich hergestellten Gegenstände anzugeben und Adressaten sowie Umfang einer Weitergabe an gewerbliche Abnehmerinnen und Abnehmer zu nennen.

2 Vorbehalten bleiben die Klagen nach dem Obligationenrecht[16] auf Schadenersatz, auf Genugtuung sowie auf Herausgabe eines Gewinns entsprechend den Bestimmungen über die Geschäftsführung ohne Auftrag.

---

15 Aufgehoben durch Anhang Ziff. 22 des Verwaltungsgerichtsgesetzes vom 17. Juni 2005, mit Wirkung seit 1. Jan. 2007 (AS **2006** 2197 1069; BBl **2001** 4202).

16 SR **220**

[3] Die Leistungsklage kann erst nach der Eintragung des Designs im Register angehoben werden. Ein Schaden kann rückwirkend auf den Zeitpunkt geltend gemacht werden, in dem die beklagte Partei vom Inhalt des Eintragungsgesuchs Kenntnis erhalten hat.

[4] Wer über eine ausschliessliche Lizenz verfügt, ist unabhängig von der Eintragung der Lizenz im Register selbstständig zur Klage berechtigt, sofern dies im Lizenzvertrag nicht ausdrücklich ausgeschlossen worden ist. Alle Lizenznehmerinnen und Lizenznehmer können einer Verletzungsklage beitreten, um ihren eigenen Schaden geltend zu machen.

Art. 36 *Einziehung im Zivilverfahren*

Das Gericht kann die Einziehung und Verwertung oder Vernichtung[17] der widerrechtlich hergestellten Gegenstände oder der vorwiegend zu ihrer Herstellung dienenden Einrichtungen, Geräte und sonstigen Mittel anordnen.

Art. 37[18]

Art. 38[19] *Vorsorgliche Massnahmen*

Ersucht eine Person um die Anordnung vorsorglicher Massnahmen, so kann sie insbesondere verlangen, dass das Gericht Massnahmen anordnet:

a. zur Beweissicherung;
b. zur Ermittlung der Herkunft widerrechtlich hergestellter Gegenstände;
c. zur Wahrung des bestehenden Zustandes; oder
d. zur vorläufigen Vollstreckung von Unterlassungs- und Beseitigungsansprüchen.

Art. 39 *Veröffentlichung des Urteils*

Das Gericht kann auf Antrag der obsiegenden Partei anordnen, dass das Urteil auf Kosten der anderen Partei veröffentlicht wird. Es bestimmt Art und Umfang der Veröffentlichung.

---

[17] Berichtigt von der Redaktionskommission der BVers (Art. 33 GVG – AS **1974** 1051).
[18] Aufgehoben durch Anhang 1 Ziff. II 11 der Zivilprozessordnung vom 19. Dez. 2008, mit Wirkung seit 1. Jan. 2011 (AS **2010** 1739; BBl **2006** 7221).
[19] Fassung gemäss Anhang 1 Ziff. II 11 der Zivilprozessordnung vom 19. Dez. 2008, in Kraft seit 1. Jan. 2011 (AS **2010** 1739; BBl **2006** 7221).

Art. 40[20] *Mitteilung von Urteilen*

Die Gerichte stellen rechtskräftige Urteile dem IGE in vollständiger Ausfertigung unentgeltlich zu.

4. Abschnitt: Strafrechtlicher Schutz

Art. 41 *Designrechtsverletzung*

[1] Eine Person wird auf Antrag der Rechtsinhaberin mit Freiheitsstrafe bis zu einem Jahr oder Geldstrafe bestraft, wenn sie deren Designrecht vorsätzlich verletzt, indem sie:[21]

a. das Design widerrechtlich gebraucht;

b. bei einer Gebrauchshandlung mitwirkt, deren Begehung begünstigt oder erleichtert;

c. sich weigert, der zuständigen Behörde die Herkunft und den Umfang der in ihrem Besitz befindlichen, widerrechtlich hergestellten Gegenstände anzugeben und Adressat sowie Umfang einer Weitergabe an gewerbliche Abnehmerinnen und Abnehmer zu nennen.

[2] Gewerbsmässige Handlungen werden von Amtes wegen verfolgt. Die Strafe ist Freiheitsstrafe bis zu fünf Jahren oder Geldstrafe. …[22, 23]

Art. 41*a*[24] *Nicht strafbare Handlungen*

Handlungen nach Artikel 9 Absatz 1bis sind nicht strafbar.

Art. 42 *Widerhandlung in Geschäftsbetrieben*

Bei Widerhandlungen in Geschäftsbetrieben durch Untergebene, Beauftragte oder Vertreter gelten die Artikel 6 und 7 des Bundesgesetzes vom 22. März 1974[25] über das Verwaltungsstrafrecht.

---

[20] Fassung gemäss Anhang Ziff. 4 des BG vom 22. Juni 2007, in Kraft seit 1. Juli 2008 (AS **2008** 2551; BBl **2006** 1).

[21] Fassung gemäss Anhang Ziff. 4 des BG vom 22. Juni 2007, in Kraft seit 1. Juli 2008 (AS **2008** 2551; BBl **2006** 1).

[22] Dritter Satz aufgehoben durch Ziff. I 7 des BG vom 17. Dez. 2021 über die Harmonisierung der Strafrahmen, mit Wirkung seit 1. Juli 2023 (AS **2023** 259; BBl **2018** 2827).[22, 23]

[23] Fassung gemäss Anhang Ziff. 4 des BG vom 22. Juni 2007, in Kraft seit 1. Juli 2008 (AS **2008** 2551; BBl **2006** 1).

[24] Eingefügt durch Anhang Ziff. 4 des BG vom 22. Juni 2007, in Kraft seit 1. Juli 2008 (AS **2008** 2551; BBl **2006** 1).

[25] SR **313.0**

Art. 43 *Aussetzung des Verfahrens*

[1] Macht die angeschuldigte Person die Nichtigkeit oder die Nichtverletzung des Designrechts in einem Zivilverfahren geltend, so kann das Gericht das Strafverfahren aussetzen.

[2] Wird im Strafverfahren die Nichtigkeit oder die Nichtverletzung des Designrechts behauptet, so kann das Gericht zu ihrer Geltendmachung in einem Zivilverfahren eine angemessene Frist setzen.

[3] Während der Aussetzung ruht die Verjährung.

Art. 44 *Einziehung im Strafverfahren*

Das Gericht kann selbst im Falle eines Freispruchs die Einziehung oder Vernichtung der widerrechtlich hergestellten Gegenstände sowie der vorwiegend zu ihrer Herstellung dienenden Einrichtungen, Geräte und sonstigen Mittel anordnen.

Art. 45 *Strafverfolgung*

Die Strafverfolgung ist Sache der Kantone.

5. Abschnitt: Hilfeleistung des Bundesamtes für Zoll und Grenzsicherheit[26]

Art. 46 *Anzeige verdächtiger Waren*[27]

[1] Das Bundesamt für Zoll und Grenzsicherheit (BAZG) ist ermächtigt, die Rechtsinhaberin eines hinterlegten Designs zu benachrichtigen, wenn der Verdacht besteht, dass das Verbringen von widerrechtlich hergestellten Gegenständen ins schweizerische Zollgebiet oder aus dem schweizerischen Zollgebiet bevorsteht.[28]

[2] In diesem Falle ist das BAZG[29] ermächtigt, die Gegenstände während drei Arbeitstagen zurückzuhalten, damit die Rechtsinhaberin einen Antrag nach Artikel 47 stellen kann.

---

[26] Fassung gemäss Ziff. I 4 der V vom 12. Juni 2020 über die Anpassung von Gesetzen infolge der Änderung der Bezeichnung der Eidgenössischen Zollverwaltung im Rahmen von deren Weiterentwicklung, in Kraft seit 1. Jan. 2022 (AS **2020** 2743).

[27] Fassung gemäss Anhang Ziff. 4 des BG vom 22. Juni 2007, in Kraft seit 1. Juli 2008 (AS **2008** 2551; BBl **2006** 1).

[28] Fassung gemäss Ziff. I 4 der V vom 12. Juni 2020 über die Anpassung von Gesetzen infolge der Änderung der Bezeichnung der Eidgenössischen Zollverwaltung im Rahmen von deren Weiterentwicklung, in Kraft seit 1. Jan. 2022 (AS **2020** 2743).

[29] Ausdruck gemäss Ziff. I 4 der V vom 12. Juni 2020 über die Anpassung von Gesetzen infolge der Änderung der Bezeichnung der Eidgenössischen Zollverwaltung im Rah-

Art. 47 *Antrag auf Hilfeleistung*

[1] Hat die Rechtsinhaberin oder die klageberechtigte Lizenznehmerin beziehungsweise der klageberechtigte Lizenznehmer eines hinterlegten Designs konkrete Anhaltspunkte dafür, dass das Verbringen von widerrechtlich hergestellten Gegenständen ins schweizerische Zollgebiet oder aus dem schweizerischen Zollgebiet bevorsteht, so kann sie oder er beim BAZG schriftlich beantragen, die Freigabe der Gegenstände zu verweigern.[30]

[2] Die den Antrag stellende Person (Antragstellerin) muss alle ihr zur Verfügung stehenden Angaben machen, die für den Entscheid des BAZG erforderlich sind; dazu gehört eine genaue Beschreibung der Gegenstände.

[3] Das BAZG entscheidet endgültig über den Antrag. Sie kann eine Gebühr zur Deckung der Verwaltungskosten erheben.

Art. 48 *Zurückbehaltung der Gegenstände*

[1] Hat das BAZG aufgrund eines Antrags nach Artikel 47 Absatz 1 den begründeten Verdacht, dass zum Verbringen ins schweizerische Zollgebiet oder aus dem schweizerischen Zollgebiet bestimmte Gegenstände widerrechtlich hergestellt worden sind, so teilt sie dies einerseits der Antragstellerin beziehungsweise dem Antragsteller und andererseits der Anmelderin, Besitzerin oder Eigentümerin beziehungsweise dem Anmelder, Besitzer oder Eigentümer der Gegenstände mit.[31]

[2] Das BAZG behält die betreffenden Gegenstände bis zu zehn Arbeitstage vom Zeitpunkt der Mitteilung nach Absatz 1 an zurück, damit die Antragstellerin vorsorgliche Massnahmen erwirken kann.

[3] In begründeten Fällen kann das BAZG die betreffenden Gegenstände während höchstens zehn weiteren Arbeitstagen zurückbehalten.

Art. 48*a*[32] *Proben oder Muster*

[1] Während des Zurückbehaltens der Gegenstände ist das BAZG ermächtigt, der Antragstellerin auf Antrag Proben oder Muster zur Prüfung zu übergeben oder zuzusenden oder ihr die Besichtigung der Gegenstände zu gestatten.

---

men von deren Weiterentwicklung, in Kraft seit 1. Jan. 2022 (AS **2020** 2743). Diese Änd. wurde im ganzen Erlass berücksichtigt.

30 Fassung gemäss Anhang Ziff. 5 des BG vom 21. Juni 2013, in Kraft seit 1. Jan. 2017 (AS **2015** 3631; BBl **2009** 8533).

31 Fassung gemäss Anhang Ziff. 5 des BG vom 21. Juni 2013, in Kraft seit 1. Jan. 2017 (AS **2015** 3631; BBl **2009** 8533).

32 Eingefügt durch Anhang Ziff. 4 des BG vom 22. Juni 2007, in Kraft seit 1. Juli 2008 (AS **2008** 2551; BBl **2006** 1).

[2] Die Proben oder Muster werden auf Kosten der Antragstellerin entnommen und versandt.

[3] Sie müssen nach erfolgter Prüfung, soweit sinnvoll, zurückgegeben werden. Verbleiben Proben oder Muster bei der Antragstellerin, so unterliegen sie den Bestimmungen der Zollgesetzgebung.

Art. 48*b*[33] *Wahrung von Fabrikations- und Geschäftsgeheimnissen*

[1] Gleichzeitig mit der Benachrichtigung nach Artikel 48 Absatz 1 informiert das BAZG die Anmelderin, Besitzerin oder Eigentümerin beziehungsweise den Anmelder, Besitzer oder Eigentümer über die mögliche Übergabe von Proben oder Mustern beziehungsweise die Besichtigungsmöglichkeit nach Artikel 48*a* Absatz 1.

[2] Die Anmelderin, Besitzerin oder Eigentümerin beziehungsweise der Anmelder, Besitzer oder Eigentümer kann verlangen, zur Wahrung ihrer beziehungsweise seiner Fabrikations- oder Geschäftsgeheimnisse bei der Besichtigung anwesend zu sein.

[3] Das BAZG kann auf begründeten Antrag der Anmelderin, Besitzerin oder Eigentümerin beziehungsweise des Anmelders, Besitzers oder Eigentümers die Übergabe von Proben oder Mustern verweigern.

Art. 48*c*[34] *Antrag auf Vernichtung der Gegenstände*

[1] Zusammen mit dem Antrag nach Artikel 47 Absatz 1 kann die Antragstellerin beim BAZG schriftlich beantragen, die Gegenstände zu vernichten.

[2] Wird ein Antrag auf Vernichtung gestellt, so teilt das BAZG dies der Anmelderin, Besitzerin oder Eigentümerin beziehungsweise dem Anmelder, Besitzer oder Eigentümer im Rahmen der Mitteilung nach Artikel 48 Absatz 1 mit.

[3] Der Antrag auf Vernichtung führt nicht dazu, dass die Fristen nach Artikel 48 Absätze 2 und 3 zur Erwirkung vorsorglicher Massnahmen verlängert werden.

Art. 48*d*[35] *Zustimmung*

[1] Für die Vernichtung der Gegenstände ist die Zustimmung der Anmelderin, Besitzerin oder Eigentümerin beziehungsweise des Anmelders, Besitzers oder Eigentümers erforderlich.

---

[33] Eingefügt durch Anhang Ziff. 4 des BG vom 22. Juni 2007, in Kraft seit 1. Juli 2008 (AS **2008** 2551; BBl **2006** 1).

[34] Eingefügt durch Anhang Ziff. 4 des BG vom 22. Juni 2007, in Kraft seit 1. Juli 2008 (AS **2008** 2551; BBl **2006** 1).

[35] Eingefügt durch Anhang Ziff. 4 des BG vom 22. Juni 2007, in Kraft seit 1. Juli 2008 (AS **2008** 2551; BBl **2006** 1).

[2] Die Zustimmung gilt als erteilt, wenn die Anmelderin, Besitzerin oder Eigentümerin beziehungsweise der Anmelder, Besitzer oder Eigentümer die Vernichtung nicht innerhalb der Fristen nach Artikel 48 Absätze 2 und 3 ausdrücklich ablehnt.

Art. 48*e*[36] *Beweismittel*

Vor der Vernichtung der Gegenstände entnimmt das BAZG Proben oder Muster und bewahrt sie als Beweismittel auf für allfällige Klagen auf Schadenersatz.

Art. 48*f*[37] *Schadenersatz*

[1] Erweist sich die Vernichtung der Gegenstände als unbegründet, so haftet auschliesslich die Antragstellerin für den entstandenen Schaden.

[2] Hat die Anmelderin, Besitzerin oder Eigentümerin beziehungsweise der Anmelder, Besitzer oder Eigentümer der Vernichtung schriftlich zugestimmt, so entstehen gegenüber der Antragstellerin auch dann keine Ansprüche auf Schadenersatz, wenn sich die Vernichtung später als unbegründet erweist.

Art. 48*g*[38] *Kosten*

[1] Die Vernichtung der Gegenstände erfolgt auf Kosten der Antragstellerin.

[2] Über die Kosten für die Entnahme und Aufbewahrung von Proben oder Mustern nach Artikel 48*e* entscheidet das Gericht im Zusammenhang mit der Beurteilung der Schadenersatzansprüche nach Artikel 48*f* Absatz 1.

Art. 49[39] *Haftungserklärung und Schadenersatz*

[1] Ist durch das Zurückbehalten der Gegenstände ein Schaden zu befürchten, so kann das BAZG das Zurückbehalten davon abhängig machen, dass die Antragstellerin ihr eine Haftungserklärung abgibt. An deren Stelle kann das BAZG von der Antragstellerin in begründeten Fällen eine angemessene Sicherheitsleistung verlangen.

[2] Die Antragstellerin muss den Schaden, der durch das Zurückbehalten der Gegenstände und die Entnahme von Proben oder Mustern entstanden ist, erset-

---

[36] Eingefügt durch Anhang Ziff. 4 des BG vom 22. Juni 2007, in Kraft seit 1. Juli 2008 (AS **2008** 2551; BBl **2006** 1).

[37] Eingefügt durch Anhang Ziff. 4 des BG vom 22. Juni 2007, in Kraft seit 1. Juli 2008 (AS **2008** 2551; BBl **2006** 1).

[38] Eingefügt durch Anhang Ziff. 4 des BG vom 22. Juni 2007, in Kraft seit 1. Juli 2008 (AS **2008** 2551; BBl **2006** 1).

[39] Fassung gemäss Anhang Ziff. 4 des BG vom 22. Juni 2007, in Kraft seit 1. Juli 2008 (AS **2008** 2551; BBl **2006** 1).

zen, wenn vorsorgliche Massnahmen nicht angeordnet werden oder sich als unbegründet erweisen.

4. Kapitel: Schlussbestimmungen

Art. 50 *Vollzug*

Der Bundesrat erlässt die Ausführungsbestimmungen.

Art. 51 *Aufhebung und Änderung bisherigen Rechts*

Die Aufhebung und die Änderung bisherigen Rechts werden im Anhang geregelt.

Art. 52 *Übergangsbestimmungen*

[1] Eingetragene Muster und Modelle unterstehen ab dem Inkrafttreten dieses Gesetzes dem neuen Recht. Mit dem Gesuch um Verlängerung für eine vierte Schutzperiode ist dem IGE eine zur Reproduktion geeignete Abbildung des Designs einzureichen.

[2] Beim Inkrafttreten dieses Gesetzes bereits hinterlegte, aber noch nicht eingetragene Muster und Modelle unterstehen bis zum Zeitpunkt der Eintragung dem bisherigen Recht.

[3] Beim Inkrafttreten dieses Gesetzes versiegelt eingetragene Muster und Modelle bleiben bis zum Ende der ersten Schutzperiode versiegelt.

[4] Artikel 35 Absatz 4 findet nur auf Lizenzverträge Anwendung, welche nach Inkrafttreten dieses Gesetzes abgeschlossen oder bestätigt worden sind.

Art. 53 *Referendum und Inkrafttreten*

[1] Dieses Gesetz untersteht dem fakultativen Referendum.

[2] Der Bundesrat bestimmt das Inkrafttreten.

Datum des Inkrafttretens: 1. Juli 2002[40]

[40] BRB vom 8. März 2002

Anhang

(Art. 51)

Aufhebung und Änderung bisherigen Rechts

I

Das Bundesgesetz vom 30. März 1900[41] betreffend die gewerblichen Muster und Modelle wird aufgehoben.

II

Die nachstehenden Bundesgesetze werden wie folgt geändert:

...[42]

---

[41] [BS **2** 873; AS **1956** 805, **1962** 459, **1988** 1776 Anhang Ziff. I Bst. f, **1992** 288 Anhang Ziff. 9, **1995** 1784 5050 Anhang Ziff. 3]

[42] Die Änderungen können unter AS **2002** 1456 konsultiert werden.

Bundesgesetz über Statut und Aufgaben des Eidgenössischen Instituts für Geistiges Eigentum (IGEG)

vom 24. März 1995 (Stand am 1. Januar 2017)

Die Bundesversammlung der Schweizerischen Eidgenossenschaft,

gestützt auf Artikel 122 der Bundesverfassung[1],[2] nach Einsicht in die Botschaft des Bundesrates vom 30. Mai 1994[3],

beschliesst:

1. Abschnitt: Organisationsform und Aufgaben

Art. 1 *Organisationsform*

[1] Das Eidgenössische Institut für Geistiges Eigentum (IGE)[4] ist eine öffentlich-rechtliche Anstalt des Bundes mit eigener Rechtspersönlichkeit.

[2] Das IGE ist in seiner Organisation und Betriebsführung selbständig; es führt ein eigenes Rechnungswesen.

[3] Das IGE wird nach betriebswirtschaftlichen Grundsätzen geführt.

Art. 2 *Aufgaben*

[1] Das IGE erfüllt folgende Aufgaben:

a.[5] Es besorgt die Vorbereitung der Erlasse über die Erfindungspatente, das Design, das Urheberrecht und verwandte Schutzrechte, die Topographien von Halbleitererzeugnissen, die Marken und Herkunftsangaben, öffentlichen Wappen und anderen öffentlichen Kennzeichen sowie der übrigen Erlasse auf dem Gebiet des geistigen Eigentums, soweit nicht andere Verwaltungseinheiten des Bundes zuständig sind.

AS **1995** 5050

1 SR **101**

2 Fassung gemäss Anhang Ziff. 1 des BG vom 21. Juni 2013, in Kraft seit 1. Jan. 2017 (AS **2015** 3631; BBl **2009** 8533).

3 BBl **1994** III 964

4 Ausdruck gemäss Anhang Ziff. 1 des BG vom 21. Juni 2013, in Kraft seit 1. Jan. 2017 (AS **2015** 3631; BBl **2009** 8533). Diese Änd. wurde im ganzen Erlass berücksichtigt.

5 Fassung gemäss Anhang Ziff. II 2 des Designgesetzes vom 5. Okt. 2001, in Kraft seit 1. Juli 2002 (AS **2002** 1456; BBl **2000** 2729).

b. Es vollzieht nach Massgabe der Spezialgesetzgebung die Erlasse nach Buchstabe a sowie die völkerrechtlichen Verträge auf dem Gebiet des Geistigen Eigentums.

c. Es berät im gemeinwirtschaftlichen Bereich den Bundesrat und die übrigen Bundesbehörden in Fragen des Geistigen Eigentums.

d. Es vertritt die Schweiz, falls erforderlich in Zusammenarbeit mit anderen Verwaltungseinheiten des Bundes, im Rahmen von internationalen Organisationen und Übereinkommen auf dem Gebiet des Geistigen Eigentums.

e. Es wirkt bei der Vertretung der Schweiz im Rahmen anderer internationaler Organisationen und Übereinkommen mit, soweit diese das Geistige Eigentum mitbetreffen.

f. Es beteiligt sich an der technischen Zusammenarbeit auf dem Gebiet des Geistigen Eigentums.

g. Es erbringt in seinem Zuständigkeitsbereich auf der Grundlage des Privatrechts Dienstleistungen; insbesondere informiert es über die immaterialgüterrechtlichen Schutzsysteme, über Schutztitel und über den Stand der Technik.

[2] Der Bundesrat kann dem IGE weitere Aufgaben zuweisen; die Artikel 13 und 14 sind anwendbar.[6]

[3] Das IGE arbeitet mit der Europäischen Patentorganisation, mit andern internationalen sowie mit in- und ausländischen Organisationen zusammen.

[3bis] Das IGE kann bei der Erfüllung der Aufgaben nach Absatz 1 Buchstabe f völkerrechtliche Verträge von beschränkter Tragweite abschliessen. Es koordiniert sich dabei mit den anderen Bundesstellen, die im Bereich der internationalen Zusammenarbeit tätig sind.[7]

[4] Es kann gegen Entgelt Dienstleistungen anderer Verwaltungseinheiten des Bundes in Anspruch nehmen.

2. Abschnitt: Organe und Personal

Art. 3 *Organe*

[1] Die Organe des IGE sind:

a. der Institutsrat;

---

[6] Fassung gemäss Ziff. I 1 des BG vom 17. Juni 2005 über das Entlastungsprogramm 2004, in Kraft seit 1. Jan. 2006 (AS **2005** 5427; BBl **2005** 759).

[7] Eingefügt durch Anhang Ziff. 1 des BG vom 21. Juni 2013, in Kraft seit 1. Jan. 2017 (AS **2015** 3631; BBl **2009** 8533).

b. der Direktor oder die Direktorin;

c. die Revisionsstelle.

[2] Sie werden vom Bundesrat gewählt.

Art. 4 *Institutsrat*

[1] Der Institutsrat setzt sich aus dem Präsidenten oder der Präsidentin und acht weiteren Mitgliedern zusammen.

[2] Er genehmigt den Geschäftsbericht, die Jahresrechnung und den Voranschlag des IGE.

[3] Er stellt dem Bundesrat Antrag auf Genehmigung der Gebührenordnung.[8]

[4] Er bestimmt die Zusammensetzung der Direktion.

[5] Für das Honorar der Mitglieder des Institutsrates und die weiteren mit diesen Personen vereinbarten Vertragsbedingungen gilt Artikel 6*a* Absätze 1–5 des Bundespersonalgesetzes vom 24. März 2000[9] sinngemäss.[10]

Art. 5 *Direktor oder Direktorin*

[1] Der Direktor oder die Direktorin ist bei der Erfüllung der hoheitlichen Aufgaben an die Weisungen des Bundesrats beziehungsweise des zuständigen Departements gebunden; Artikel 1 Absatz 2 und die Spezialgesetzgebung bleiben vorbehalten.

[2] Der Direktor oder die Direktorin steht der Direktion vor und erstattet der Aufsichtsbehörde jährlich einen Rechenschaftsbericht über die Tätigkeit des IGE.

Art. 6 *Revisionsstelle*

Die Revisionsstelle überprüft die Rechnungsführung und erstattet dem Institutsrat Bericht.

---

[8] Fassung gemäss Ziff. I 1 des BG vom 17. Juni 2005 über das Entlastungsprogramm 2004, in Kraft seit 1. Jan. 2006 (AS **2005** 5427; BBl **2005** 759).

[9] SR **172.220.1**

[10] Eingefügt durch Ziff. I 1 des BG vom 20. Juni 2003 über die Entlöhnung und weitere Vertragsbedingungen des obersten Kaders und der Mitglieder leitender Organe von Unternehmen und Anstalten des Bundes, in Kraft seit 1. Febr. 2004 (AS **2004** 297; BBl **2002** 7496 7514).

Art. 7 *Geschäftsführung*

[1] Die Direktion ist für die Geschäftsführung des IGE verantwortlich, soweit nicht nach Artikel 4 oder Artikel 8 Absatz 3 ausdrücklich der Institutsrat zuständig ist.

[2] Sie erstellt jährlich den Geschäftsbericht, die Jahresrechnung und den Voranschlag.

Art. 8 *Personal*

[1] Das IGE stellt sein Personal öffentlichrechtlich an; der Bundesrat erlässt die erforderlichen Vorschriften.

[2] Bei der Anstellung des Personals besitzt das IGE umfassende Kompetenzen.

[3] Die Anstellungsbedingungen der Direktionsmitglieder werden vom Institutsrat festgelegt. Artikel 6*a* Absätze 1–5 des Bundespersonalgesetzes vom 24. März 2000[11] gilt sinngemäss.[12]

3. Abschnitt: Aufsicht

Art. 9

[1] Das IGE untersteht der Aufsicht des Bundesrates.

[2] Die gesetzlichen Befugnisse der Eidgenössischen Finanzkontrolle sowie die Oberaufsicht des Parlaments über die Verwaltung bleiben vorbehalten.

4. Abschnitt: Planung und Finanzierung

Art. 10 *Planung*

Die Planung des IGE über Betrieb und Entwicklung erfolgt namentlich mit folgenden Instrumenten:

a. dem Leitbild;

b. einer rollenden Vierjahresplanung;

c. dem jährlichen Voranschlag.

---

[11] SR **172.220.1**

[12] Zweiter Satz eingefügt durch Ziff. I 1 des BG vom 20. Juni 2003 über die Entlöhnung und weitere Vertragsbedingungen des obersten Kaders und der Mitglieder leitender Organe von Unternehmen und Anstalten des Bundes, in Kraft seit 1. Febr. 2004 (AS **2004** 297; BBl **2002** 7496 7514).

Art. 11 *Tresorerie*

[1] Das IGE verfügt beim Bund über ein Kontokorrent.

[2] Der Bund gewährt dem IGE zur Sicherstellung seiner Zahlungsbereitschaft Darlehen zu Marktzinsen.

[3] Das IGE legt überschüssige Gelder beim Bund zu Marktzinsen an.

Art. 12[13] *Betriebsmittel*

Die Betriebsmittel des IGE setzen sich zusammen aus den Gebühren für seine hoheitliche Tätigkeit sowie den Entgelten für Dienstleistungen.

Art. 13 *Gebühren für hoheitliche Tätigkeit*

[1] Das IGE erhebt Gebühren im Zusammenhang mit dem Erteilen und Aufrechterhalten von immaterialgüterrechtlichen Schutztiteln, dem Führen und Auflegen von Registern, der Bewilligungserteilung und der Aufsicht über die Verwertungsgesellschaften sowie den gesetzlich vorgeschriebenen Publikationen.

[2] …[14]

[3] Die Gebührenordnung des IGE unterliegt der Genehmigung durch den Bundesrat.

Art. 14 *Entgelte für Dienstleistungen*

Die Entgelte für Dienstleistungen des IGE richten sich nach dem Markt; das IGE gibt die jeweils geltenden Ansätze bekannt.

Art. 15[15]

Art. 16 *Reserven*

[1] Ein Gewinn des IGE wird zur Bildung von Reserven verwendet.

[2] Die Reserven dienen dem IGE namentlich zur Finanzierung künftiger Investitionen; sie dürfen eine den Bedürfnissen des IGE angemessene Höhe nicht übersteigen.

---

[13] Fassung gemäss Ziff. I 1 des BG vom 17. Juni 2005 über das Entlastungsprogramm 2004, in Kraft seit 1. Jan. 2006 (AS **2005** 5427; BBl **2005** 759).

[14] Aufgehoben durch Ziff. I 1 des BG vom 17. Juni 2005 über das Entlastungsprogramm 2004, mit Wirkung seit 1. Jan. 2006 (AS **2005** 5427; BBl **2005** 759).

[15] Aufgehoben durch Ziff. I 1 des BG vom 17. Juni 2005 über das Entlastungsprogramm 2004 mit Wirkung seit 1. Jan. 2006 (AS **2005** 5427; BBl **2005** 759).

Art. 17 *Steuerfreiheit*

1 Das IGE ist von jeder Besteuerung durch Bund, Kantone oder Gemeinden befreit.

2 Vorbehalten bleibt das Bundesrecht über:

a. die Mehrwertsteuer auf Entgelten nach Artikel 14;

b. die Verrechnungssteuer und die Stempelabgaben.

5. Abschnitt: Referendum und Inkrafttreten[16]

Art. 18[17]

Art. 19 ...[18]

1 Dieses Gesetz untersteht dem fakultativen Referendum.

2 Der Bundesrat bestimmt das Inkrafttreten.

Datum des Inkrafttretens:[19]

für die Artikel 3 und 4 Absätze 1, 2 und 4: 15. November 1995,

für die Artikel 4 Absatz 3 und 13 Absatz 3: 1. Januar 1997 für alle übrigen Bestimmungen: 1. Januar 1996.

Anhang

Änderungen bisherigen Rechts

...[20]

[16] Fassung gemäss Ziff. II 6 des BG vom 20. März 2008 zur formellen Bereinigung des Bundesrechts, in Kraft seit 1. Aug. 2008 (AS **2008** 3437; BBl **2007** 6121).

[17] Aufgehoben durch Ziff. II 6 des BG vom 20. März 2008 zur formellen Bereinigung des Bundesrechts, mit Wirkung seit 1. Aug. 2008 (AS **2008** 3437; BBl **2007** 6121).

[18] Aufgehoben durch Ziff. II 6 des BG vom 20. März 2008 zur formellen Bereinigung des Bundesrechts, in Kraft seit 1. Aug. 2008 (AS **2008** 3437; BBl **2007** 6121).

[19] BRB vom 25. Okt. 1995

[20] Die Änderungen können unter AS **1995** 5050 konsultiert werden.

Europäisches Patentübereinkommen, revidiert in München am 29. November 2000 (EPÜ 2000)

Abgeschlossen in München am 5. Oktober 1973

Von der Bundesversammlung genehmigt am 29. November 1976[1] Schweizerische Ratifikationsurkunde hinterlegt am 20. April 1977 In Kraft getreten für die Schweiz am 7. Oktober 1977
Revidiert in München am 29. November 2000[2]

Von der Bundesversammlung genehmigt am 16. Dezember 2005[3] Schweizerische Ratifikationsurkunde hinterlegt am 12. Juni 2006 In Kraft getreten für die Schweiz am 13. Dezember 2007

(Stand am 3. Mai 2013)

Erster Teil: Allgemeine und institutionelle Vorschriften

Kapitel I: Allgemeine Vorschriften

Art. 1 *Europäisches Recht für die Erteilung von Patenten*

Durch dieses Übereinkommen wird ein den Vertragsstaaten gemeinsames Recht für die Erteilung von Erfindungspatenten geschaffen.

Art. 2 *Europäisches Patent*

(1) Die nach diesem Übereinkommen erteilten Patente werden als europäische Patente bezeichnet.

(2) Das europäische Patent hat in jedem Vertragsstaat, für den es erteilt worden ist, dieselbe Wirkung und unterliegt denselben Vorschriften wie ein in diesem Staat erteiltes nationales Patent, soweit dieses Übereinkommen nichts anderes bestimmt.

Art. 3 *Territoriale Wirkung*

Die Erteilung eines europäischen Patents kann für einen oder mehrere Vertragsstaaten beantragt werden.

AS **1977** 1711. BBl **1976** II

1 Art. 1 Ziff. 3 des BB vom 29. Nov. 1976 (AS **1977** 1709)

2 AS **2007** 6485; BBl **2005** 3773

3 Art. 1 Abs. 1 des BB vom 16. Dez. 2005 (AS **2007** 6479)

Art. 4 *Europäische Patentorganisation*

(1) Durch dieses Übereinkommen wird eine Europäische Patentorganisation gegründet, nachstehend Organisation genannt. Sie ist mit verwaltungsmässiger und finanzieller Selbstständigkeit ausgestattet.

(2) Die Organe der Organisation sind:

a) das Europäische Patentamt;

b) der Verwaltungsrat.

(3) Die Organisation hat die Aufgabe, europäische Patente zu erteilen. Diese Aufgabe wird vom Europäischen Patentamt durchgeführt, dessen Tätigkeit vom Verwaltungsrat überwacht wird.

Art. 4*a* *Konferenz der Minister der Vertragsstaaten*

Eine Konferenz der für Angelegenheiten des Patentwesens zuständigen Minister der Vertragsstaaten tritt mindestens alle fünf Jahre zusammen, um über Fragen der Organisation und des europäischen Patentsystems zu beraten.

Kapitel II: Die Europäische Patentorganisation

Art. 5 *Rechtsstellung*

(1) Die Organisation besitzt Rechtspersönlichkeit.

(2) Die Organisation besitzt in jedem Vertragsstaat die weitestgehende Rechts- und Geschäftsfähigkeit, die juristischen Personen nach dessen Rechtsvorschriften zuerkannt ist; sie kann insbesondere bewegliches und unbewegliches Vermögen erwerben und veräussern sowie vor Gericht stehen.

(3) Der Präsident des Europäischen Patentamts vertritt die Organisation.

Art. 6 *Sitz*

(1) Die Organisation hat ihren Sitz in München.

(2) Das Europäische Patentamt befindet sich in München. Es hat eine Zweigstelle in Den Haag.

Art. 7 *Dienststellen des Europäischen Patentamts*

In den Vertragsstaaten und bei zwischenstaatlichen Organisationen auf dem Gebiet des gewerblichen Rechtsschutzes können, soweit erforderlich und vorbehaltlich der Zustimmung des betreffenden Vertragsstaats oder der betreffenden Organisation, durch Beschluss des Verwaltungsrats Dienststellen des Europäischen Patentamts zu Informations- oder Verbindungszwecken geschaffen werden.

Art. 8 *Vorrechte und Immunitäten*

Die Organisation, die Mitglieder des Verwaltungsrats, die Bediensteten des Europäischen Patentamts und die sonstigen Personen, die in dem diesem Übereinkommen beigefügten Protokoll über Vorrechte und Immunitäten[4] bezeichnet sind und an der Arbeit der Organisation teilnehmen, geniessen in jedem Vertragsstaat die zur Durchführung ihrer Aufgaben erforderlichen Vorrechte und Immunitäten nach Massgabe dieses Protokolls.

Art. 9 *Haftung*

(1) Die vertragliche Haftung der Organisation bestimmt sich nach dem Recht, das auf den betreffenden Vertrag anzuwenden ist.

(2) Die ausservertragliche Haftung der Organisation für Schäden, die durch sie oder die Bediensteten des Europäischen Patentamts in Ausübung ihrer Amtstätigkeit verursacht worden sind, bestimmt sich nach dem in der Bundesrepublik Deutschland geltenden Recht. Ist der Schaden durch die Zweigstelle in Den Haag oder eine Dienststelle oder durch Bedienstete, die einer dieser Stellen angehören, verursacht worden, so ist das Recht des Vertragsstaats anzuwenden, in dem sich die betreffende Stelle befindet.

(3) Die persönliche Haftung der Bediensteten des Europäischen Patentamts gegenüber der Organisation bestimmt sich nach ihrem Statut oder den für sie geltenden Beschäftigungsbedingungen.

(4) Für die Regelung von Streitigkeiten nach den Absätzen 1 und 2 sind folgende Gerichte zuständig:

a) bei Streitigkeiten nach Absatz 1 die Gerichte der Bundesrepublik Deutschland, sofern in dem von den Parteien geschlossenen Vertrag nicht ein Gericht eines anderen Staats bestimmt worden ist;

b) bei Streitigkeiten nach Absatz 2 die Gerichte der Bundesrepublik Deutschland oder des Staats, in dem sich die Zweigstelle oder die Dienststelle befindet.

Kapitel III: Das Europäische Patentamt

Art. 10 *Leitung*

(1) Die Leitung des Europäischen Patentamts obliegt dem Präsidenten, der dem Verwaltungsrat gegenüber für die Tätigkeit des Amts verantwortlich ist.

---

[4] Dieses Prot. findet sich in SR **0.192.110.923.2**.

(2) Zu diesem Zweck hat der Präsident insbesondere folgende Aufgaben und Befugnisse:

a) er trifft alle für die Tätigkeit des Europäischen Patentamts zweckmässigen Massnahmen, einschliesslich des Erlasses interner Verwaltungsvorschriften und der Unterrichtung der Öffentlichkeit;

b) er bestimmt, soweit dieses Übereinkommen nichts anderes bestimmt, welche Handlungen beim Europäischen Patentamt in München und welche Handlungen bei dessen Zweigstelle in Den Haag vorzunehmen sind;

c) er kann dem Verwaltungsrat Vorschläge für eine Änderung dieses Übereinkommens, für allgemeine Durchführungsbestimmungen und für Beschlüsse vorlegen, die zur Zuständigkeit des Verwaltungsrats gehören;

d) er bereitet den Haushaltsplan und etwaige Berichtigungs- und Nachtragshaushaltspläne vor und führt sie aus;

e) er legt dem Verwaltungsrat jedes Jahr einen Tätigkeitsbericht vor;

f) er übt das Weisungsrecht und die Aufsicht über das Personal aus;

g) vorbehaltlich des Artikels 11 ernennt er die Bediensteten und entscheidet über ihre Beförderung;

h) er übt die Disziplinargewalt über die nicht in Artikel 11 genannten Bediensteten aus und kann dem Verwaltungsrat Disziplinarmassnahmen gegenüber den in Artikel 11 Absätze 2 und 3 genannten Bediensteten vorschlagen;

i) er kann seine Aufgaben und Befugnisse übertragen.

(3) Der Präsident wird von mehreren Vizepräsidenten unterstützt. Ist der Präsident abwesend oder verhindert, so wird er nach dem vom Verwaltungsrat festgelegten Verfahren von einem der Vizepräsidenten vertreten.

Art. 11 *Ernennung hoher Bediensteter*

(1) Der Präsident des Europäischen Patentamts wird vom Verwaltungsrat ernannt.

(2) Die Vizepräsidenten werden nach Anhörung des Präsidenten des Europäischen Patentamts vom Verwaltungsrat ernannt.

(3) Die Mitglieder der Beschwerdekammern und der Grossen Beschwerdekammer einschliesslich der Vorsitzenden werden auf Vorschlag des Präsidenten des Europäischen Patentamts vom Verwaltungsrat ernannt. Sie können vom Verwaltungsrat nach Anhörung des Präsidenten des Europäischen Patentamts wieder ernannt werden.

(4) Der Verwaltungsrat übt die Disziplinargewalt über die in den Absätzen 1–3 genannten Bediensteten aus.

(5) Der Verwaltungsrat kann nach Anhörung des Präsidenten des Europäischen Patentamts auch rechtskundige Mitglieder nationaler Gerichte oder gerichtsähnlicher Behörden der Vertragsstaaten, die ihre richterliche Tätigkeit auf nationaler Ebene weiterhin ausüben können, zu Mitgliedern der Grossen Beschwerdekammer ernennen. Sie werden für einen Zeitraum von drei Jahren ernannt und können wieder ernannt werden.

Art. 12 *Amtspflichten*

Die Bediensteten des Europäischen Patentamts dürfen auch nach Beendigung ihrer Amtstätigkeit Kenntnisse, die ihrem Wesen nach unter das Berufsgeheimnis fallen, weder preisgeben noch verwenden.

Art. 13 *Streitsachen zwischen der Organisation und den Bediensteten des Europäischen Patentamts*

(1) Die Bediensteten oder ehemaligen Bediensteten des Europäischen Patentamts oder ihre Rechtsnachfolger haben das Recht, in Streitsachen zwischen ihnen und der Europäischen Patentorganisation das Verwaltungsgericht der Internationalen Arbeitsorganisation nach dessen Satzung und innerhalb der Grenzen und nach Massgabe der Bedingungen anzurufen, die im Statut der Beamten oder in der Versorgungsordnung festgelegt sind oder sich aus den Beschäftigungsbedingungen für die sonstigen Bediensteten ergeben.

(2) Eine Beschwerde ist nur zulässig, wenn der Betreffende alle Beschwerdemöglichkeiten ausgeschöpft hat, die ihm das Statut der Beamten, die Versorgungsordnung oder die Beschäftigungsbedingungen für die sonstigen Bediensteten eröffnen.

Art. 14 *Sprachen des Europäischen Patentamts, europäischer Patentanmeldungen und anderer Schriftstücke*

(1) Die Amtssprachen des Europäischen Patentamts sind Deutsch, Englisch und Französisch.

(2) Eine europäische Patentanmeldung ist in einer Amtssprache einzureichen oder, wenn sie in einer anderen Sprache eingereicht wird, nach Massgabe der Ausführungsordnung[5] in eine Amtssprache zu übersetzen. Diese Übersetzung kann während des gesamten Verfahrens vor dem Europäischen Patentamt mit der Anmeldung in der ursprünglich eingereichten Fassung in Übereinstimmung

[5] SR **0.232.142.21**

gebracht werden. Wird eine vorgeschriebene Übersetzung nicht rechtzeitig eingereicht, so gilt die Anmeldung als zurückgenommen.

(3) Die Amtssprache des Europäischen Patentamts, in der die europäische Patentanmeldung eingereicht oder in die sie übersetzt worden ist, ist in allen Verfahren vor dem Europäischen Patentamt als Verfahrenssprache zu verwenden, soweit die Ausführungsordnung nichts anderes bestimmt.

(4) Natürliche oder juristische Personen mit Wohnsitz oder Sitz in einem Vertragsstaat, in dem eine andere Sprache als Deutsch, Englisch oder Französisch Amtssprache ist, und die Angehörigen dieses Staats mit Wohnsitz im Ausland können auch fristgebundene Schriftstücke in einer Amtssprache dieses Vertragsstaats einreichen. Sie müssen jedoch nach Massgabe der Ausführungsordnung eine Übersetzung in einer Amtssprache des Europäischen Patentamts einreichen. Wird ein Schriftstück, das nicht zu den Unterlagen der europäischen Patentanmeldung gehört, nicht in der vorgeschriebenen Sprache eingereicht oder wird eine vorgeschriebene Übersetzung nicht rechtzeitig eingereicht, so gilt das Schriftstück als nicht eingereicht.

(5) Europäische Patentanmeldungen werden in der Verfahrenssprache veröffentlicht.

(6) Europäische Patentschriften werden in der Verfahrenssprache veröffentlicht und enthalten eine Übersetzung der Patentansprüche in den beiden anderen Amtssprachen des Europäischen Patentamts.

(7) In den drei Amtssprachen des Europäischen Patentamts werden veröffentlicht:

a) das Europäische Patentblatt;

b) das Amtsblatt des Europäischen Patentamts.

(8) Die Eintragungen in das Europäische Patentregister werden in den drei Amtssprachen des Europäischen Patentamts vorgenommen. In Zweifelsfällen ist die Eintragung in der Verfahrenssprache massgebend.

Art. 15 *Organe im Verfahren*

Im Europäischen Patentamt werden für die Durchführung der in diesem Übereinkommen vorgeschriebenen Verfahren gebildet:

a) eine Eingangsstelle;

b) Recherchenabteilungen;

c) Prüfungsabteilungen;

d) Einspruchsabteilungen;

e) eine Rechtsabteilung;

f) Beschwerdekammern;

g) eine Grosse Beschwerdekammer.

Art. 16 *Eingangsstelle*

Die Eingangsstelle ist für die Eingangs- und Formalprüfung europäischer Patentanmeldungen zuständig.

Art. 17 *Recherchenabteilungen*

Die Recherchenabteilungen sind für die Erstellung europäischer Recherchenberichte zuständig.

Art. 18 *Prüfungsabteilungen*

(1) Die Prüfungsabteilungen sind für die Prüfung europäischer Patentanmeldungen zuständig.

(2) Eine Prüfungsabteilung setzt sich aus drei technisch vorgebildeten Prüfern zusammen. Bis zum Erlass der Entscheidung über die europäische Patentanmeldung wird jedoch in der Regel ein Mitglied der Prüfungsabteilung mit der Bearbeitung der Anmeldung beauftragt. Die mündliche Verhandlung findet vor der Prüfungsabteilung selbst statt. Hält es die Prüfungsabteilung nach Art der Entscheidung für erforderlich, so wird sie durch einen rechtskundigen Prüfer ergänzt. Bei Stimmengleichheit gibt die Stimme des Vorsitzenden der Prüfungsabteilung den Ausschlag.

Art. 19 *Einspruchsabteilungen*

(1) Die Einspruchsabteilungen sind für die Prüfung von Einsprüchen gegen europäische Patente zuständig.

(2) Eine Einspruchsabteilung setzt sich aus drei technisch vorgebildeten Prüfern zusammen, von denen mindestens zwei nicht in dem Verfahren zur Erteilung des europäischen Patents mitgewirkt haben dürfen, gegen das sich der Einspruch richtet. Ein Prüfer, der in dem Verfahren zur Erteilung des europäischen Patents mitgewirkt hat, kann nicht den Vorsitz führen. Bis zum Erlass der Entscheidung über den Einspruch kann die Einspruchsabteilung eines ihrer Mitglieder mit der Bearbeitung des Einspruchs beauftragen. Die mündliche Verhandlung findet vor der Einspruchsabteilung selbst statt. Hält es die Einspruchsabteilung nach Art der Entscheidung für erforderlich, so wird sie durch einen rechtskundigen Prüfer ergänzt, der in dem Verfahren zur Erteilung des Patents nicht mitgewirkt haben darf. Bei Stimmengleichheit gibt die Stimme des Vorsitzenden der Einspruchsabteilung den Ausschlag.

Art. 20 *Rechtsabteilung*

(1) Die Rechtsabteilung ist zuständig für Entscheidungen über Eintragungen und Löschungen im Europäischen Patentregister sowie für Entscheidungen über Eintragungen und Löschungen in der Liste der zugelassenen Vertreter.

(2) Entscheidungen der Rechtsabteilung werden von einem rechtskundigen Mitglied getroffen.

Art. 21 *Beschwerdekammern*

(1) Die Beschwerdekammern sind für die Prüfung von Beschwerden gegen Entscheidungen der Eingangsstelle, der Prüfungsabteilungen, der Einspruchsabteilungen und der Rechtsabteilung zuständig.

(2) Bei Beschwerden gegen die Entscheidung der Eingangsstelle oder der Rechtsabteilung setzt sich eine Beschwerdekammer aus drei rechtskundigen Mitgliedern zusammen.

(3) Bei Beschwerden gegen die Entscheidung einer Prüfungsabteilung setzt sich eine Beschwerdekammer zusammen aus:

a) zwei technisch vorgebildeten Mitgliedern und einem rechtskundigen Mitglied, wenn die Entscheidung die Zurückweisung einer europäischen Patentanmeldung oder die Erteilung, die Beschränkung oder den Widerruf eines europäischen Patents betrifft und von einer aus weniger als vier Mitgliedern bestehenden Prüfungsabteilung gefasst worden ist;

b) drei technisch vorgebildeten und zwei rechtskundigen Mitgliedern, wenn die Entscheidung von einer aus vier Mitgliedern bestehenden Prüfungsabteilung gefasst worden ist oder die Beschwerdekammer der Meinung ist, dass es die Art der Beschwerde erfordert;

c) drei rechtskundigen Mitgliedern in allen anderen Fällen.

(4) Bei Beschwerden gegen die Entscheidung einer Einspruchsabteilung setzt sich eine Beschwerdekammer zusammen aus:

a) zwei technisch vorgebildeten Mitgliedern und einem rechtskundigen Mitglied, wenn die Entscheidung von einer aus drei Mitgliedern bestehenden Einspruchsabteilung gefasst worden ist;

b) drei technisch vorgebildeten und zwei rechtskundigen Mitgliedern, wenn die Entscheidung von einer aus vier Mitgliedern bestehenden Einspruchsabteilung gefasst worden ist oder die Beschwerdekammer der Meinung ist, dass es die Art der Beschwerde erfordert.

Art. 22 *Grosse Beschwerdekammer*

(1) Die Grosse Beschwerdekammer ist zuständig für:

a) Entscheidungen über Rechtsfragen, die ihr von den Beschwerdekammern nach Artikel 112 vorgelegt werden;

b) die Abgabe von Stellungnahmen zu Rechtsfragen, die ihr vom Präsidenten des Europäischen Patentamts nach Artikel 112 vorgelegt werden;

c) Entscheidungen über Anträge auf Überprüfung von Beschwerdekammerentscheidungen nach Artikel 112*a*.

(2) In Verfahren nach Absatz 1 a) und b) setzt sich die Grosse Beschwerdekammer aus fünf rechtskundigen und zwei technisch vorgebildeten Mitgliedern zusammen. In Verfahren nach Absatz 1 c) setzt sich die Grosse Beschwerdekammer nach Massgabe der Ausführungsordnung aus drei oder fünf Mitgliedern zusammen. In allen Verfahren führt ein rechtskundiges Mitglied den Vorsitz.

Art. 23 *Unabhängigkeit der Mitglieder der Kammern*

(1) Die Mitglieder der Grossen Beschwerdekammer und der Beschwerdekammern werden für einen Zeitraum von fünf Jahren ernannt und können während dieses Zeitraums ihres Amtes nicht enthoben werden, es sei denn, dass schwerwiegende Gründe vorliegen und der Verwaltungsrat auf Vorschlag der Grossen Beschwerdekammer einen entsprechenden Beschluss fasst. Unbeschadet des Satzes 1 endet die Amtszeit der Mitglieder der Kammern mit der Entlassung aus dem Dienst auf ihren Antrag oder mit Versetzung in den Ruhestand nach Massgabe des Statuts der Beamten des Europäischen Patentamts.

(2) Die Mitglieder der Kammern dürfen nicht der Eingangsstelle, den Prüfungsabteilungen, den Einspruchsabteilungen oder der Rechtsabteilung angehören.

(3) Die Mitglieder der Kammern sind bei ihren Entscheidungen an Weisungen nicht gebunden und nur diesem Übereinkommen unterworfen.

(4) Die Verfahrensordnungen der Beschwerdekammern und der Grossen Beschwerdekammer werden nach Massgabe der Ausführungsordnung erlassen. Sie bedürfen der Genehmigung des Verwaltungsrats.

Art. 24 *Ausschliessung und Ablehnung*

(1) Die Mitglieder der Beschwerdekammern und der Grossen Beschwerdekammer dürfen nicht an der Erledigung einer Sache mitwirken, an der sie ein persönliches Interesse haben, in der sie vorher als Vertreter eines Beteiligten tätig gewesen sind oder an deren abschliessender Entscheidung in der Vorinstanz sie mitgewirkt haben.

(2) Glaubt ein Mitglied einer Beschwerdekammer oder der Grossen Beschwerdekammer aus einem der in Absatz 1 genannten Gründe oder aus einem sonstigen Grund an einem Verfahren nicht mitwirken zu können, so teilt es dies der Kammer mit.

(3) Die Mitglieder der Beschwerdekammern oder der Grossen Beschwerdekammer können von jedem Beteiligten aus einem der in Absatz 1 genannten Gründe oder wegen Besorgnis der Befangenheit abgelehnt werden. Die Ablehnung ist nicht zulässig, wenn der Beteiligte Verfahrenshandlungen vorgenommen hat, obwohl er bereits den Ablehnungsgrund kannte. Die Ablehnung kann nicht mit der Staatsangehörigkeit der Mitglieder begründet werden.

(4) Die Beschwerdekammern und die Grosse Beschwerdekammer entscheiden in den Fällen der Absätze 2 und 3 ohne Mitwirkung des betroffenen Mitglieds. Bei dieser Entscheidung wird das abgelehnte Mitglied durch seinen Vertreter ersetzt.

Art. 25 *Technische Gutachten*

Auf Ersuchen des mit einer Verletzungs- oder Nichtigkeitsklage befassten zuständigen nationalen Gerichts ist das Europäische Patentamt verpflichtet, gegen eine angemessene Gebühr ein technisches Gutachten über das europäische Patent zu erstatten, das Gegenstand des Rechtsstreits ist. Für die Erstattung der Gutachten sind die Prüfungsabteilungen zuständig.

Kapitel IV: Der Verwaltungsrat

Art. 26 *Zusammensetzung*

(1) Der Verwaltungsrat besteht aus den Vertretern der Vertragsstaaten und deren Stellvertretern. Jeder Vertragsstaat ist berechtigt, einen Vertreter und einen Stellvertreter für den Verwaltungsrat zu bestellen.

(2) Die Mitglieder des Verwaltungsrats können nach Massgabe der Geschäftsordnung des Verwaltungsrats Berater oder Sachverständige hinzuziehen.

Art. 27 *Vorsitz*

(1) Der Verwaltungsrat wählt aus den Vertretern der Vertragsstaaten und deren Stellvertretern einen Präsidenten und einen Vizepräsidenten. Der Vizepräsident vertritt den Präsidenten von Amts wegen, wenn dieser verhindert ist.

(2) Amtszeit des Präsidenten und des Vizepräsidenten beträgt drei Jahre. Wiederwahl ist zulässig.

Art. 28 *Präsidium*

(1) Beträgt die Zahl der Vertragsstaaten mindestens acht, so kann der Verwaltungsrat ein aus fünf seiner Mitglieder bestehendes Präsidium bilden.

(2) Der Präsident und der Vizepräsident des Verwaltungsrats sind von Amts wegen Mitglieder des Präsidiums; die drei übrigen Mitglieder werden vom Verwaltungsrat gewählt.

(3) Die Amtszeit der vom Verwaltungsrat gewählten Präsidiumsmitglieder beträgt drei Jahre. Wiederwahl ist nicht zulässig.

(4) Das Präsidium nimmt die Aufgaben wahr, die ihm der Verwaltungsrat nach Massgabe der Geschäftsordnung zuweist.

Art. 29 *Tagungen*

(1) Der Verwaltungsrat wird von seinem Präsidenten einberufen.

(2) Der Präsident des Europäischen Patentamts nimmt an den Beratungen des Verwaltungsrats teil.

(3) Der Verwaltungsrat hält jährlich eine ordentliche Tagung ab; ausserdem tritt er auf Veranlassung seines Präsidenten oder auf Antrag eines Drittels der Vertragsstaaten zusammen.

(4) Der Verwaltungsrat berät nach Massgabe seiner Geschäftsordnung auf der Grundlage einer Tagesordnung.

(5) Jede Frage, die auf Antrag eines Vertragsstaats nach Massgabe der Geschäftsordnung auf die Tagesordnung gesetzt werden soll, wird in die vorläufige Tagesordnung aufgenommen.

Art. 30 *Teilnahme von Beobachtern*

(1) Die Weltorganisation für geistiges Eigentum ist nach Massgabe eines Abkommens zwischen der Organisation und der Weltorganisation für geistiges Eigentum auf den Tagungen des Verwaltungsrats vertreten.

(2) Andere zwischenstaatliche Organisationen, die mit der Durchführung internationaler patentrechtlicher Verfahren beauftragt sind und mit denen die Organisation ein Abkommen geschlossen hat, sind nach Massgabe dieses Abkommens auf den Tagungen des Verwaltungsrats vertreten.

(3) Alle anderen zwischenstaatlichen und nichtstaatlichen internationalen Organisationen, die eine die Organisation betreffende Tätigkeit ausüben, können vom Verwaltungsrat eingeladen werden, sich auf seinen Tagungen bei der Erörterung von Fragen, die von gemeinsamem Interesse sind, vertreten zu lassen.

Art. 31 *Sprachen des Verwaltungsrats*

(1) Der Verwaltungsrat bedient sich bei seinen Beratungen der deutschen, englischen und französischen Sprache.

(2) Die dem Verwaltungsrat unterbreiteten Dokumente und die Protokolle über seine Beratungen werden in den drei in Absatz 1 genannten Sprachen erstellt.

Art. 32 *Personal, Räumlichkeiten und Ausstattung*

Das Europäische Patentamt stellt dem Verwaltungsrat sowie den vom Verwaltungsrat eingesetzten Ausschüssen das Personal, die Räumlichkeiten und die Ausstattung zur Verfügung, die sie zur Durchführung ihrer Aufgaben benötigen.

Art. 33 *Befugnisse des Verwaltungsrats in bestimmten Fällen*

(1) Der Verwaltungsrat ist befugt, zu ändern:

a) die Dauer der in diesem Übereinkommen festgesetzten Fristen;

b) die Vorschriften des Zweiten bis Achten und des Zehnten Teils dieses Übereinkommens, um ihre Übereinstimmung mit einem internationalen Vertrag auf dem Gebiet des Patentwesens oder den Rechtsvorschriften der Europäischen Gemeinschaft auf dem Gebiet des Patentwesens zu gewährleisten;

c) die Ausführungsordnung.

(2) Der Verwaltungsrat ist befugt, in Übereinstimmung mit diesem Übereinkommen zu erlassen und zu ändern:

a) die Finanzordnung;

b) das Statut der Beamten und die Beschäftigungsbedingungen für die sonstigen Bediensteten des Europäischen Patentamts, ihre Besoldung sowie die Art der zusätzlichen Vergütung und die Verfahrensrichtlinien für deren Gewährung;

c) die Versorgungsordnung und Erhöhungen der Versorgungsbezüge entsprechend einer Erhöhung der Dienstbezüge;

d) die Gebührenordnung;

e) seine Geschäftsordnung.

(3) Der Verwaltungsrat ist befugt zu beschliessen, dass abweichend von Artikel 18 Absatz 2 die Prüfungsabteilungen für bestimmte Gruppen von Fällen aus einem technisch vorgebildeten Prüfer bestehen, wenn die Erfahrung dies rechtfertigt. Dieser Beschluss kann rückgängig gemacht werden.

(4) Der Verwaltungsrat ist befugt, den Präsidenten des Europäischen Patentamts zu ermächtigen, Verhandlungen über Abkommen mit Staaten oder zwi-

schenstaatlichen Organisationen sowie mit Dokumentationszentren, die aufgrund von Vereinbarungen mit solchen Organisationen errichtet worden sind, zu führen und diese Abkommen mit Genehmigung des Verwaltungsrats für die Europäische Patentorganisation zu schliessen.

(5) Ein Beschluss des Verwaltungsrats nach Absatz 1 b) kann nicht gefasst werden:

- in Bezug auf einen internationalen Vertrag vor dessen Inkrafttreten;
- in Bezug auf Rechtsvorschriften der Europäischen Gemeinschaft vor deren Inkrafttreten oder, wenn diese eine Frist für ihre Umsetzung vorsehen, vor Ablauf dieser Frist.

Art. 34 *Stimmrecht*

(1) Stimmberechtigt im Verwaltungsrat sind nur die Vertragsstaaten.

(2) Jeder Vertragsstaat verfügt über eine Stimme, soweit nicht Artikel 36 anzuwenden ist.

Art. 35 *Abstimmungen*

(1) Der Verwaltungsrat fasst seine Beschlüsse vorbehaltlich der Absätze 2 und 3 mit der einfachen Mehrheit der vertretenen Vertragsstaaten, die eine Stimme abgeben.

(2) Dreiviertelmehrheit der vertretenen Vertragsstaaten, die eine Stimme abgeben, ist für die Beschlüsse erforderlich, zu denen der Verwaltungsrat nach Artikel 7, Artikel 11 Absatz 1, Artikel 33 Absatz 1 a) und c) und Absätze 2–4, Artikel 39 Absatz 1, Artikel 40 Absätze 2 und 4, Artikel 46, Artikel 134*a*, Artikel 149*a* Absatz 2, Artikel 152, Artikel 153 Absatz 7, Artikel 166 und Artikel 172 befugt ist.

(3) Einstimmigkeit der Vertragsstaaten, die eine Stimme abgeben, ist für die Beschlüsse erforderlich, zu denen der Verwaltungsrat nach Artikel 33 Absatz 1 b) befugt ist. Der Verwaltungsrat fasst einen solchen Beschluss nur dann, wenn alle Vertragsstaaten vertreten sind. Ein nach Artikel 33 Absatz 1 b) gefasster Beschluss wird nicht wirksam, wenn innerhalb von zwölf Monaten nach dem Datum des Beschlusses einer der Vertragsstaaten erklärt, dass dieser Beschluss nicht verbindlich sein soll.

(4) Stimmenthaltung gilt nicht als Stimmabgabe.

Art. 36 *Stimmenwägung*

(1) Jeder Vertragsstaat kann für die Annahme und Änderung der Gebührenordnung sowie, falls dadurch die finanzielle Belastung der Vertragsstaaten vergrössert wird, für die Feststellung des Haushaltsplans und eines Berichtigungs- oder Nachtrags- haushaltsplans der Organisation nach einer ersten Abstimmung, in

der jeder Vertragsstaat über eine Stimme verfügt, unabhängig vom Ausgang der Abstimmung verlangen, dass unverzüglich eine zweite Abstimmung vorgenommen wird, in der die Stimmen nach Absatz 2 gewogen werden. Diese zweite Abstimmung ist für den Beschluss massgebend.

(2) Die Zahl der Stimmen, über die jeder Vertragsstaat in der neuen Abstimmung verfügt, errechnet sich wie folgt:

a) Die sich für jeden Vertragsstaat ergebende Prozentzahl des in Artikel 40 Absätze 3 und 4 vorgesehenen Aufbringungsschlüssels für die besonderen Finanzbeiträge wird mit der Zahl der Vertragsstaaten multipliziert und durch fünf dividiert.

b) Die so errechnete Stimmenzahl wird auf eine ganze Zahl aufgerundet.

c) Dieser Stimmenzahl werden fünf weitere Stimmen hinzugezählt.

d) Die Zahl der Stimmen eines Vertragsstaats beträgt jedoch höchstens 30.

Kapitel V: Finanzvorschriften

Art. 37 *Finanzierung des Haushalts*

Der Haushalt der Organisation wird finanziert:

a) durch eigene Mittel der Organisation;

b) durch Zahlungen der Vertragsstaaten aufgrund der für die Aufrechterhaltung der europäischen Patente in diesen Staaten erhobenen Gebühren;

c) erforderlichenfalls durch besondere Finanzbeiträge der Vertragsstaaten;

d) gegebenenfalls durch die in Artikel 146 vorgesehenen Einnahmen;

e) gegebenenfalls und ausschliesslich für Sachanlagen durch bei Dritten aufgenommene und durch Grundstücke oder Gebäude gesicherte Darlehen;

f) gegebenenfalls durch Drittmittel für bestimmte Projekte.

Art. 38 *Eigene Mittel der Organisation*

Eigene Mittel der Organisation sind:

a) alle Einnahmen aus Gebühren und sonstigen Quellen sowie Rücklagen der Organisation;

b) die Mittel des Pensionsreservefonds, der als zweckgebundenes Sondervermögen der Organisation zur Sicherung ihres Versorgungssystems durch die Bildung angemessener Rücklagen dient.

Art. 39 *Zahlungen der Vertragsstaaten aufgrund der für die Aufrechterhaltung der europäischen Patente erhobenen Gebühren*

(1) Jeder Vertragsstaat zahlt an die Organisation für jedes in diesem Staat aufrechterhaltene europäische Patent einen Betrag in Höhe eines vom Verwaltungsrat festzusetzenden Anteils an der Jahresgebühr, der 75 % nicht übersteigen darf und für alle Vertragsstaaten gleich ist. Liegt der Betrag unter einem vom Verwaltungsrat festgesetzten einheitlichen Mindestbetrag, so hat der betreffende Vertragsstaat der Organisation diesen Mindestbetrag zu zahlen.

(2) Jeder Vertragsstaat teilt der Organisation alle Angaben mit, die der Verwaltungsrat für die Feststellung der Höhe dieser Zahlungen für notwendig erachtet.

(3) Die Fälligkeit dieser Zahlungen wird vom Verwaltungsrat festgelegt.

(4) Wird eine Zahlung nicht fristgerecht in voller Höhe geleistet, so hat der Vertragsstaat den ausstehenden Betrag vom Fälligkeitstag an zu verzinsen.

Art. 40 *Bemessung der Gebühren und Anteile – besondere Finanzbeiträge*

(1) Die Höhe der Gebühren nach Artikel 38 und der Anteil nach Artikel 39 sind so zu bemessen, dass die Einnahmen hieraus den Ausgleich des Haushalts der Organisation gewährleisten.

(2) Ist die Organisation jedoch nicht in der Lage, den Haushaltsplan nach Massgabe des Absatzes 1 auszugleichen, so zahlen die Vertragsstaaten der Organisation besondere Finanzbeiträge, deren Höhe der Verwaltungsrat für das betreffende Haushaltsjahr festsetzt.

(3) Die besonderen Finanzbeiträge werden für jeden Vertragsstaat auf der Grundlage der Anzahl der Patentanmeldungen des vorletzten Jahrs vor dem Inkrafttreten dieses Übereinkommens nach folgendem Aufbringungsschlüssel festgelegt:

a) zur Hälfte im Verhältnis der Zahl der in dem jeweiligen Vertragsstaat eingereichten Patentanmeldungen;

b) zur Hälfte im Verhältnis der zweithöchsten Zahl von Patentanmeldungen, die von natürlichen oder juristischen Personen mit Wohnsitz oder Sitz in dem jeweiligen Vertragsstaat in den anderen Vertragsstaaten eingereicht worden sind.

Die Beträge, die von den Staaten zu tragen sind, in denen mehr als 25'000 Patentanmeldungen eingereicht worden sind, werden jedoch zusammengefasst und erneut im Verhältnis der Gesamtzahl der in diesen Staaten eingereichten Patentanmeldungen aufgeteilt.

(4) Kann für einen Vertragsstaat ein Beteiligungssatz nicht nach Absatz 3 ermittelt werden, so legt ihn der Verwaltungsrat im Einvernehmen mit diesem Staat fest.

(5) Artikel 39 Absätze 3 und 4 ist auf die besonderen Finanzbeiträge entsprechend anzuwenden.

(6) Die besonderen Finanzbeiträge werden mit Zinsen zu einem Satz zurückgezahlt, der für alle Vertragsstaaten einheitlich ist. Die Rückzahlungen erfolgen, soweit zu diesem Zweck Mittel im Haushaltsplan bereitgestellt werden können; der bereitgestellte Betrag wird nach dem in den Absätzen 3 und 4 vorgesehenen Aufbringungsschlüssel auf die Vertragsstaaten verteilt.

(7) Die in einem bestimmten Haushaltsjahr gezahlten besonderen Finanzbeiträge müssen in vollem Umfang zurückgezahlt sein, bevor in einem späteren Haushaltsjahr gezahlte besondere Finanzbeiträge ganz oder teilweise zurückgezahlt werden.

Art. 41 *Vorschüsse*

(1) Die Vertragsstaaten gewähren der Organisation auf Antrag des Präsidenten des Europäischen Patentamts Vorschüsse auf ihre Zahlungen und Beiträge in der vom Verwaltungsrat festgesetzten Höhe. Diese Vorschüsse werden auf die Vertragsstaaten im Verhältnis der Beträge, die von diesen Staaten für das betreffende Haushaltsjahr zu zahlen sind, aufgeteilt.

(2) Artikel 39 Absätze 3 und 4 ist auf die Vorschüsse entsprechend anzuwenden.

Art. 42 *Haushaltsplan*

(1) Der Haushaltsplan der Organisation ist auszugleichen. Er wird nach Massgabe der in der Finanzordnung festgelegten allgemein anerkannten Rechnungslegungsgrundsätze aufgestellt. Falls erforderlich, können Berichtigungs- und Nachtragshaushaltspläne festgestellt werden.

(2) Der Haushaltsplan wird in der Rechnungseinheit aufgestellt, die in der Finanzordnung bestimmt wird.

Art. 43 *Bewilligung der Ausgaben*

(1) Die in den Haushaltsplan eingesetzten Ausgaben werden für ein Haushaltsjahr bewilligt, soweit die Finanzordnung nichts anderes bestimmt.

(2) Nach Massgabe der Finanzordnung dürfen Mittel, die bis zum Ende eines Haushaltsjahrs nicht verbraucht worden sind, lediglich auf das nächste Haushaltsjahr übertragen werden; eine Übertragung von Mitteln, die für Personalausgaben vorgesehen sind, ist nicht zulässig.

(3) Die vorgesehenen Mittel werden nach Kapiteln gegliedert, in denen die Ausgaben nach Art oder Bestimmung zusammengefasst sind; soweit erforderlich, werden die Kapitel nach der Finanzordnung unterteilt.

Art. 44 *Mittel für unvorhergesehene Ausgaben*

(1) Im Haushaltsplan der Organisation können Mittel für unvorhergesehene Ausgaben veranschlagt werden.

(2) Die Verwendung dieser Mittel durch die Organisation setzt die vorherige Zustimmung des Verwaltungsrats voraus.

Art. 45 *Haushaltsjahr*

Das Haushaltsjahr beginnt am 1. Januar und endet am 31. Dezember.

Art. 46 *Entwurf und Feststellung des Haushaltsplans*

(1) Der Präsident des Europäischen Patentamts legt dem Verwaltungsrat den Entwurf des Haushaltsplans bis zu dem in der Finanzordnung vorgeschriebenen Zeitpunkt vor.

(2) Der Haushaltsplan sowie Berichtigungs- und Nachtragshaushaltspläne werden vom Verwaltungsrat festgestellt.

Art. 47 *Vorläufige Haushaltsführung*

(1) Ist zu Beginn eines Haushaltsjahrs der Haushaltsplan vom Verwaltungsrat noch nicht festgestellt, so können nach der Finanzordnung für jedes Kapitel oder jede sonstige Untergliederung monatliche Ausgaben bis zur Höhe eines Zwölftels der im Haushaltsplan für das vorausgegangene Haushaltsjahr bereitgestellten Mittel vorgenommen werden; der Präsident des Europäischen Patentamts darf jedoch höchstens über ein Zwölftel der Mittel verfügen, die in dem Entwurf des Haushaltsplans vorgesehen sind.

(2) Der Verwaltungsrat kann unter Beachtung der sonstigen Vorschriften des Absatzes 1 Ausgaben genehmigen, die über dieses Zwölftel hinausgehen.

(3) Die in Artikel 37 b) genannten Zahlungen werden einstweilen weiter nach Massgabe der Bedingungen geleistet, die nach Artikel 39 für das vorausgegangene Haushaltsjahr festgelegt worden sind.

(4) Jeden Monat zahlen die Vertragsstaaten einstweilen nach dem in Artikel 40 Absätze 3 und 4 festgelegten Aufbringungsschlüssel besondere Finanzbeiträge, sofern dies notwendig ist, um die Durchführung der Absätze 1 und 2 zu gewährleisten. Artikel 39 Absatz 4 ist auf diese Beiträge entsprechend anzuwenden.

Art. 48 *Ausführung des Haushaltsplans*

(1) Im Rahmen der zugewiesenen Mittel führt der Präsident des Europäischen Patentamts den Haushaltsplan sowie Berichtigungs- und Nachtragshaushaltspläne in eigener Verantwortung aus.

(2) Der Präsident des Europäischen Patentamts kann im Rahmen des Haushaltsplans nach Massgabe der Finanzordnung Mittel von Kapitel zu Kapitel oder von Untergliederung zu Untergliederung übertragen.

Art. 49 *Rechnungsprüfung*

(1) Die Rechnung über alle Einnahmen und Ausgaben des Haushaltsplans sowie eine Übersicht über das Vermögen und die Schulden der Organisation werden von Rechnungsprüfern geprüft, die volle Gewähr für ihre Unabhängigkeit bieten müssen und vom Verwaltungsrat für einen Zeitraum von fünf Jahren bestellt werden; die Bestellung kann verlängert oder erneuert werden.

(2) Die Prüfung erfolgt anhand der Rechnungsunterlagen und erforderlichenfalls an Ort und Stelle. Durch die Prüfung wird die Rechtmässigkeit und Ordnungsmässigkeit der Einnahmen und Ausgaben sowie die Wirtschaftlichkeit der Haushaltsfürung festgestellt. Nach Abschluss eines jeden Haushaltsjahrs erstellen die Rechnungsprüfer einen Bericht, der einen unterzeichneten Bestätigungsvermerk enthält.

(3) Der Präsident des Europäischen Patentamts legt dem Verwaltungsrat jährlich die Rechnungen des abgelaufenen Haushaltsjahrs für die Rechnungsvorgänge des Haushaltsplans und die Übersicht über das Vermögen und die Schulden zusammen mit dem Bericht der Rechnungsprüfer vor.

(4) Der Verwaltungsrat genehmigt die Jahresrechnung sowie den Bericht der Rechnungsprüfer und erteilt dem Präsidenten des Europäischen Patentamts Entlastung hinsichtlich der Ausführung des Haushaltsplans.

Art. 50 *Finanzordnung*

Die Finanzordnung regelt insbesondere:

a) die Art und Weise der Aufstellung und Ausführung des Haushaltsplans sowie der Rechnungslegung und Rechnungsprüfung;

b) die Art und Weise sowie das Verfahren, wie die in Artikel 37 vorgesehenen Zahlungen und Beiträge sowie die in Artikel 41 vorgesehenen Vorschüsse von den Vertragsstaaten der Organisation zur Verfügung zu stellen sind;

c) die Verantwortung der Anweisungsbefugten und der Rechnungsführer sowie die entsprechenden Kontrollmassnahmen;

d) die Sätze der in den Artikeln 39, 40 und 47 vorgesehenen Zinsen;

e) die Art und Weise der Berechnung der nach Artikel 146 zu leistenden Beiträge;

f) Zusammensetzung und Aufgaben eines Haushalts- und Finanzausschusses, der vom Verwaltungsrat eingesetzt werden soll;

g) die dem Haushaltsplan und dem Jahresabschluss zugrunde zu legenden allgemein anerkannten Rechnungslegungsgrundsätze.

Art. 51 *Gebühren*

(1) Das Europäische Patentamt kann Gebühren für die nach diesem Übereinkommen durchgeführten amtlichen Aufgaben und Verfahren erheben.

(2) Fristen für die Entrichtung von Gebühren, die nicht bereits im Übereinkommen bestimmt sind, werden in der Ausführungsordnung festgelegt.

(3) Sieht die Ausführungsordnung vor, dass eine Gebühr zu entrichten ist, so werden dort auch die Rechtsfolgen ihrer nicht rechtzeitigen Entrichtung festgelegt.

(4) Die Gebührenordnung bestimmt insbesondere die Höhe der Gebühren und die Art und Weise, wie sie zu entrichten sind.

Zweiter Teil: Materielles Patentrecht

Kapitel I: Patentierbarkeit

Art. 52 *Patentierbare Erfindungen*

(1) Europäische Patente werden für Erfindungen auf allen Gebieten der Technik erteilt, sofern sie neu sind, auf einer erfinderischen Tätigkeit beruhen und gewerblich anwendbar sind.

(2) Als Erfindungen im Sinne des Absatzes 1 werden insbesondere nicht angesehen:

a) Entdeckungen, wissenschaftliche Theorien und mathematische Methoden;

b) ästhetische Formschöpfungen;

c) Pläne, Regeln und Verfahren für gedankliche Tätigkeiten, für Spiele oder für geschäftliche Tätigkeiten sowie Programme für Datenverarbeitungsanlagen;

d) die Wiedergabe von Informationen.

(3) Absatz 2 steht der Patentierbarkeit der dort genannten Gegenstände oder Tätigkeiten nur insoweit entgegen, als sich die europäische Patentanmeldung oder das europäische Patent auf diese Gegenstände oder Tätigkeiten als solche bezieht.

Art. 53 *Ausnahmen von der Patentierbarkeit*

Europäische Patente werden nicht erteilt für:

a) Erfindungen, deren gewerbliche Verwertung gegen die öffentliche Ordnung oder die guten Sitten verstossen würde; ein solcher Verstoss kann nicht allein daraus hergeleitet werden, dass die Verwertung in allen oder einigen Vertragsstaaten durch Gesetz oder Verwaltungsvorschrift verboten ist;

b) Pflanzensorten oder Tierrassen sowie im Wesentlichen biologische Verfahren zur Züchtung von Pflanzen oder Tieren. Dies gilt nicht für mikrobiologische Verfahren und die mithilfe dieser Verfahren gewonnenen Erzeugnisse;

c) Verfahren zur chirurgischen oder therapeutischen Behandlung des menschlichen oder tierischen Körpers und Diagnostizierverfahren, die am menschlichen oder tierischen Körper vorgenommen werden. Dies gilt nicht für Erzeugnisse, insbesondere Stoffe oder Stoffgemische, zur Anwendung in einem dieser Verfahren.

Art. 54 *Neuheit*

(1) Eine Erfindung gilt als neu, wenn sie nicht zum Stand der Technik gehört.

(2) Den Stand der Technik bildet alles, was vor dem Anmeldetag der europäischen Patentanmeldung der Öffentlichkeit durch schriftliche oder mündliche Beschreibung, durch Benutzung oder in sonstiger Weise zugänglich gemacht worden ist.

(3) Als Stand der Technik gilt auch der Inhalt der europäischen Patentanmeldungen in der ursprünglich eingereichten Fassung, deren Anmeldetag vor dem in Absatz 2 genannten Tag liegt und die erst an oder nach diesem Tag veröffentlicht worden sind.

(4) Gehören Stoffe oder Stoffgemische zum Stand der Technik, so wird ihre Patentierbarkeit durch die Absätze 2 und 3 nicht ausgeschlossen, sofern sie zur Anwendung in einem in Artikel 53 c) genannten Verfahren bestimmt sind und ihre Anwendung in einem dieser Verfahren nicht zum Stand der Technik gehört.

(5) Ebenso wenig wird die Patentierbarkeit der in Absatz 4 genannten Stoffe oder Stoffgemische zur spezifischen Anwendung in einem in Artikel 53 c) genannten Verfahren durch die Absätze 2 und 3 ausgeschlossen, wenn diese Anwendung nicht zum Stand der Technik gehört.

Art. 55 *Unschädliche Offenbarungen*

(1) Für die Anwendung des Artikels 54 bleibt eine Offenbarung der Erfindung ausser Betracht, wenn sie nicht früher als sechs Monate vor Einreichung der

europäischen Patentanmeldung erfolgt ist und unmittelbar oder mittelbar zurückgeht:

a) auf einen offensichtlichen Missbrauch zum Nachteil des Anmelders oder seines Rechtsvorgängers oder

b) auf die Tatsache, dass der Anmelder oder sein Rechtsvorgänger die Erfindung auf amtlichen oder amtlich anerkannten Ausstellungen im Sinn des am 22. November 1928[6] in Paris unterzeichneten und zuletzt am 30. November 1972 revidierten Übereinkommens über internationale Ausstellungen zur Schau gestellt hat.

(2) Im Fall des Absatzes 1 Buchstabe b ist Absatz 1 nur anzuwenden, wenn der Anmelder bei Einreichung der europäischen Patentanmeldung angibt, dass die Erfindung tatsächlich zur Schau gestellt worden ist, und innerhalb der Frist und unter den Bedingungen, die in der Ausführungsordnung vorgeschrieben sind, eine entsprechende Bescheinigung einreicht.

Art. 56 *Erfinderische Tätigkeit*

Eine Erfindung gilt als auf einer erfinderischen Tätigkeit beruhend, wenn sie sich für den Fachmann nicht in nahe liegender Weise aus dem Stand der Technik ergibt. Gehören zum Stand der Technik auch Unterlagen im Sinn des Artikels 54 Absatz 3, so werden diese bei der Beurteilung der erfinderischen Tätigkeit nicht in Betracht gezogen.

Art. 57 *Gewerbliche Anwendbarkeit*

Eine Erfindung gilt als gewerblich anwendbar, wenn ihr Gegenstand auf irgendeinem gewerblichen Gebiet einschliesslich der Landwirtschaft hergestellt oder benutzt werden kann.

Kapitel II: Zur Einreichung und Erlangung des europäischen Patents berechtigte Personen – Erfindernennung

Art. 58 *Recht zur Anmeldung europäischer Patente*

Jede natürliche oder juristische Person und jede Gesellschaft, die nach dem für sie massgebenden Recht einer juristischen Person gleichgestellt ist, kann die Erteilung eines europäischen Patents beantragen.

[6] SR **0.945.11**

Art. 59 *Mehrere Anmelder*

Die europäische Patentanmeldung kann auch von gemeinsamen Anmeldern oder von mehreren Anmeldern, die verschiedene Vertragsstaaten benennen, eingereicht werden.

Art. 60 *Recht auf das europäische Patent*

(1) Das Recht auf das europäische Patent steht dem Erfinder oder seinem Rechtsnachfolger zu. Ist der Erfinder ein Arbeitnehmer, so bestimmt sich das Recht auf das europäische Patent nach dem Recht des Staats, in dem der Arbeitnehmer überwiegend beschäftigt ist; ist nicht festzustellen, in welchem Staat der Arbeitnehmer überwiegend beschäftigt ist, so ist das Recht des Staats anzuwenden, in dem der Arbeitgeber den Betrieb unterhält, dem der Arbeitnehmer angehört.

(2) Haben mehrere eine Erfindung unabhängig voneinander gemacht, so steht das Recht auf das europäische Patent demjenigen zu, dessen europäische Patentanmeldung den früheren Anmeldetag hat, sofern diese frühere Anmeldung veröffentlicht worden ist.

(3) Im Verfahren vor dem Europäischen Patentamt gilt der Anmelder als berechtigt, das Recht auf das europäische Patent geltend zu machen.

Art. 61 *Anmeldung europäischer Patente durch Nichtberechtigte*

(1) Wird durch rechtskräftige Entscheidung der Anspruch auf Erteilung des europäischen Patents einer Person zugesprochen, die nicht der Anmelder ist, so kann diese Person nach Massgabe der Ausführungsordnung

a) die europäische Patentanmeldung anstelle des Anmelders als eigene Anmeldung weiterverfolgen,

b) eine neue europäische Patentanmeldung für dieselbe Erfindung einreichen oder

c) beantragen, dass die europäische Patentanmeldung zurückgewiesen wird.

(2) Auf eine nach Absatz 1 b) eingereichte neue europäische Patentanmeldung ist Artikel 76 Absatz 1 entsprechend anzuwenden.

Art. 62 *Recht auf Erfindernennung*

Der Erfinder hat gegenüber dem Anmelder oder Inhaber des europäischen Patents das Recht, vor dem Europäischen Patentamt als Erfinder genannt zu werden.

Kapitel III: Wirkungen des europäischen Patents und der europäischen Patentanmeldung

Art. 63 *Laufzeit des europäischen Patents*

(1) Die Laufzeit des europäischen Patents beträgt zwanzig Jahre, gerechnet vom Anmeldetag an.

(2) Absatz 1 lässt das Recht eines Vertragsstaats unberührt, unter den gleichen Bedingungen, die für nationale Patente gelten, die Laufzeit eines europäischen Patents zu verlängern oder entsprechenden Schutz zu gewähren, der sich an den Ablauf der Laufzeit des Patents unmittelbar anschliesst,

a) um einem Kriegsfall oder einer vergleichbaren Krisenlage dieses Staats Rechnung zu tragen;

b) wenn der Gegenstand des europäischen Patents ein Erzeugnis oder ein Verfahren zur Herstellung oder eine Verwendung eines Erzeugnisses ist, das vor seinem Inverkehrbringen in diesem Staat einem gesetzlich vorgeschriebenen behördlichen Genehmigungsverfahren unterliegt.

(3) Absatz 2 ist auf die für eine Gruppe von Vertragsstaaten im Sinne des Artikels 142 gemeinsam erteilten europäischen Patente entsprechend anzuwenden.

(4) Ein Vertragsstaat, der eine Verlängerung der Laufzeit oder einen entsprechenden Schutz nach Absatz 2 b) vorsieht, kann aufgrund eines Abkommens mit der Organisation dem Europäischen Patentamt mit der Durchführung dieser Vorschriften verbundene Aufgaben übertragen.

Art. 64 *Rechte aus dem europäischen Patent*

(1) Das europäische Patent gewährt seinem Inhaber von dem Tag der Bekanntmachung des Hinweises auf seine Erteilung an in jedem Vertragsstaat, für den es erteilt ist, vorbehaltlich Absatz 2 dieselben Rechte, die ihm ein in diesem Staat erteiltes nationales Patent gewähren würde.

(2) Ist Gegenstand des europäischen Patents ein Verfahren, so erstreckt sich der Schutz auch auf die durch das Verfahren unmittelbar hergestellten Erzeugnisse.

(3) Eine Verletzung des europäischen Patents wird nach nationalem Recht behandelt.

Art. 65 *Übersetzung des europäischen Patents*

(1) Jeder Vertragsstaat kann, wenn das vom Europäischen Patentamt erteilte, in geänderter Fassung aufrechterhaltene oder beschränkte europäische Patent nicht in einer seiner Amtssprachen abgefasst ist, vorschreiben, dass der Patent-

inhaber bei seiner Zentralbehörde für den gewerblichen Rechtsschutz eine Übersetzung des Patents in der erteilten, geänderten oder beschränkten Fassung nach seiner Wahl in einer seiner Amtssprachen, oder, soweit dieser Staat die Verwendung einer bestimmten Amtssprache vorgeschrieben hat, in dieser Amtssprache einzureichen hat. Die Frist für die Einreichung der Übersetzung endet drei Monate, nachdem der Hinweis auf die Erteilung des europäischen Patents, seine Aufrechterhaltung in geänderter Fassung oder seine Beschränkung im Europäischen Patentblatt bekannt gemacht worden ist, sofern nicht der betreffende Staat eine längere Frist vorschreibt.

(2) Jeder Vertragsstaat, der eine Vorschrift nach Absatz 1 erlassen hat, kann vorschreiben, dass der Patentinhaber innerhalb einer von diesem Staat bestimmten Frist die Kosten für eine Veröffentlichung der Übersetzung ganz oder teilweise zu entrichten hat.

(3) Jeder Vertragsstaat kann vorschreiben, dass im Fall der Nichtbeachtung einer nach den Absätzen 1 und 2 erlassenen Vorschrift die Wirkungen des europäischen Patents in diesem Staat als von Anfang an nicht eingetreten gelten.

Art. 66 *Wirkung der europäischen Patentanmeldung als nationale Anmeldung*

Eine europäische Patentanmeldung, der ein Anmeldetag zuerkannt worden ist, hat in den benannten Vertragsstaaten die Wirkung einer vorschriftsmässigen nationalen Anmeldung, gegebenenfalls mit der für die europäische Patentanmeldung in Anspruch genommenen Priorität.

Art. 67 *Rechte aus der europäischen Patentanmeldung nach Veröffentlichung*

(1) Die europäische Patentanmeldung gewährt dem Anmelder vom Tag ihrer Veröffentlichung an in den benannten Vertragsstaaten einstweilen den Schutz nach Artikel 64.

(2) Jeder Vertragsstaat kann vorsehen, dass die europäische Patentanmeldung nicht den Schutz nach Artikel 64 gewährt. Der Schutz, der mit der Veröffentlichung der europäischen Patentanmeldung verbunden ist, darf jedoch nicht geringer sein als der Schutz, der sich aufgrund des Rechts des betreffenden Staats aus der zwingend vorgeschriebenen Veröffentlichung der ungeprüften nationalen Patentanmeldungen ergibt. Zumindest hat jeder Vertragsstaat vorzusehen, dass der Anmelder für die Zeit von der Veröffentlichung der europäischen Patentanmeldung an von demjenigen, der die Erfindung in diesem Vertragsstaat unter Voraussetzungen benutzt hat, die nach dem nationalen Recht im Fall der Verletzung eines nationalen Patents sein Verschulden begründen würden, eine den Umständen nach angemessene Entschädigung verlangen kann.

(3) Jeder Vertragsstaat kann für den Fall, dass keine seiner Amtssprachen Verfahrenssprache ist, vorsehen, dass der einstweilige Schutz nach den Absätzen 1 und 2 erst von dem Tag an eintritt, an dem eine Übersetzung der Patentansprüche nach Wahl des Anmelders in einer der Amtssprachen dieses Staats oder, soweit der betreffende Staat die Verwendung einer bestimmten Amtssprache vorgeschrieben hat, in dieser Amtssprache

a) der Öffentlichkeit unter den nach nationalem Recht vorgesehenen Voraussetzungen zugänglich gemacht worden ist oder

b) demjenigen übermittelt worden ist, der die Erfindung in diesem Vertragsstaat benutzt.

(4) Die in den Absätzen 1 und 2 vorgesehenen Wirkungen der europäischen Patentanmeldung gelten als von Anfang an nicht eingetreten, wenn die europäische Patentanmeldung zurückgenommen worden ist, als zurückgenommen gilt oder rechtskräftig zurückgewiesen worden ist. Das Gleiche gilt für die Wirkungen der europäischen Patentanmeldung in einem Vertragsstaat, dessen Benennung zurückgenommen worden ist oder als zurückgenommen gilt.

Art. 68 *Wirkung des Widerrufs oder der Beschränkung des europäischen Patents*

Die in den Artikeln 64 und 67 vorgesehenen Wirkungen der europäischen Patentanmeldung und des darauf erteilten europäischen Patents gelten in dem Umfang, in dem das Patent im Einspruchs-, Beschränkungs- oder Nichtigkeitsverfahren widerrufen oder beschränkt worden ist, als von Anfang an nicht eingetreten.

Art. 69[7] *Schutzbereich*

(1) Der Schutzbereich des europäischen Patents und der europäischen Patentanmeldung wird durch die Patentansprüche bestimmt. Die Beschreibung und die Zeichnungen sind jedoch zur Auslegung der Patentansprüche heranzuziehen.

(2) Für den Zeitraum bis zur Erteilung des europäischen Patents wird der Schutzbereich der europäischen Patentanmeldung durch die in der veröffentlichten Anmeldung enthaltenen Patentansprüche bestimmt. Jedoch bestimmt das europäische Patent in seiner erteilten oder im Einspruchs-, Beschränkungs- oder Nichtigkeitsverfahren geänderten Fassung rückwirkend den Schutzbereich der Anmeldung, soweit deren Schutzbereich nicht erweitert wird.

[7] Siehe auch das Auslegungsprotokoll zu diesem Art. (SR **0.232.142.25**).

Art. 70 *Verbindliche Fassung einer europäischen Patentanmeldung oder eines europäischen Patents*

(1) Der Wortlaut einer europäischen Patentanmeldung oder eines europäischen Patents in der Verfahrenssprache stellt in Verfahren vor dem Europäischen Patentamt sowie in jedem Vertragsstaat die verbindliche Fassung dar.

(2) Ist die europäische Patentanmeldung jedoch in einer Sprache eingereicht worden, die nicht Amtssprache des Europäischen Patentamts ist, so ist dieser Text die ursprünglich eingereichte Fassung der Anmeldung im Sinne dieses Übereinkommens.

(3) Jeder Vertragsstaat kann vorsehen, dass in diesem Staat eine von ihm nach diesem Übereinkommen vorgeschriebene Übersetzung in einer seiner Amtssprachen für den Fall massgebend ist, dass der Schutzbereich der europäischen Patentanmeldung oder des europäischen Patents in der Sprache der Übersetzung enger ist als der Schutzbereich in der Verfahrenssprache; dies gilt nicht für Nichtigkeitsverfahren.

(4) Jeder Vertragsstaat, der eine Vorschrift nach Absatz 3 erlässt,

a) muss dem Anmelder oder Patentinhaber gestatten, eine berichtigte Übersetzung der europäischen Patentanmeldung oder des europäischen Patents einzureichen. Die berichtigte Übersetzung hat erst dann rechtliche Wirkung, wenn die von dem Vertragsstaat in entsprechender Anwendung der Artikel 65 Absatz 2 oder Artikel 67 Absatz 3 aufgestellten Voraussetzungen erfüllt sind;

b) kann vorsehen, dass derjenige, der in diesem Staat in gutem Glauben eine Erfindung in Benutzung genommen oder wirkliche und ernsthafte Veranstaltungen zur Benutzung einer Erfindung getroffen hat, deren Benutzung keine Verletzung der Anmeldung oder des Patents in der Fassung der ursprünglichen Übersetzung darstellen würde, nach Eintritt der rechtlichen Wirkung der berichtigten Übersetzung die Benutzung in seinem Betrieb oder für die Bedürfnisse seines Betriebs unentgeltlich fortsetzen darf.

Kapitel IV: Die europäische Patentanmeldung als Gegenstand des Vermögens

Art. 71 *Übertragung und Bestellung von Rechten*

Die europäische Patentanmeldung kann für einen oder mehrere der benannten Vertragsstaaten übertragen werden oder Gegenstand von Rechten sein.

Art. 72 *Rechtsgeschäftliche Übertragung*

Die rechtsgeschäftliche Übertragung der europäischen Patentanmeldung muss schriftlich erfolgen und bedarf der Unterschrift der Vertragsparteien.

Art. 73 *Vertragliche Lizenzen*

Eine europäische Patentanmeldung kann ganz oder teilweise Gegenstand von Lizenzen für alle oder einen Teil der Hoheitsgebiete der benannten Vertragsstaaten sein.

Art. 74 *Anwendbares Recht*

Soweit in diesem Übereinkommen nichts anderes bestimmt ist, unterliegt die europäische Patentanmeldung als Gegenstand des Vermögens in jedem benannten Vertragsstaat und mit Wirkung für diesen Staat dem Recht, das in diesem Staat für nationale Patentanmeldungen gilt.

Dritter Teil: Die europäische Patentanmeldung

Kapitel I: Einreichung und Erfordernisse der europäischen Patentanmeldung

Art. 75 *Einreichung der europäischen Patentanmeldung*

(1) Die europäische Patentanmeldung kann eingereicht werden:

a) beim Europäischen Patentamt oder

b) vorbehaltlich des Artikels 76 Absatz 1 bei der Zentralbehörde für den gewerblichen Rechtsschutz oder bei anderen zuständigen Behörden eines Vertragsstaats, wenn das Recht dieses Staats es gestattet. Eine in dieser Weise eingereichte Anmeldung hat dieselbe Wirkung, wie wenn sie an demselben Tag beim Europäischen Patentamt eingereicht worden wäre.

(2) Absatz 1 steht der Anwendung der Rechts- und Verwaltungsvorschriften nicht entgegen, die in einem Vertragsstaat

a) für Erfindungen gelten, die wegen ihres Gegenstands nicht ohne vorherige Zustimmung der zuständigen Behörden dieses Staats ins Ausland übermittelt werden dürfen, oder

b) bestimmen, dass Patentanmeldungen zuerst bei einer nationalen Behörde eingereicht werden müssen, oder die unmittelbare Einreichung bei einer anderen Behörde von einer vorherigen Zustimmung abhängig machen.

Art. 76 *Europäische Teilanmeldung*

(1) Eine europäische Teilanmeldung ist nach Massgabe der Ausführungsordnung unmittelbar beim Europäischen Patentamt einzureichen. Sie kann nur für einen Gegenstand eingereicht werden, der nicht über den Inhalt der früheren Anmeldung in der ursprünglich eingereichten Fassung hinausgeht; soweit diesem Erfordernis entsprochen wird, gilt die Teilanmeldung als an dem Anmeldetag der früheren Anmeldung eingereicht und geniesst deren Prioritätsrecht.

(2) In der europäischen Teilanmeldung gelten alle Vertragsstaaten als benannt, die bei Einreichung der Teilanmeldung auch in der früheren Anmeldung benannt sind.

Art. 77 *Weiterleitung europäischer Patentanmeldungen*

(1) Die Zentralbehörde für den gewerblichen Rechtsschutz eines Vertragsstaats leitet die bei ihr oder einer anderen zuständigen Behörde dieses Staats eingereichten europäischen Patentanmeldungen nach Massgabe der Ausführungsordnung an das Europäische Patentamt weiter.

(2) Eine europäische Patentanmeldung, deren Gegenstand unter Geheimschutz gestellt worden ist, wird nicht an das Europäische Patentamt weitergeleitet.

(3) Eine europäische Patentanmeldung, die nicht rechtzeitig an das Europäische Patentamt weitergeleitet wird, gilt als zurückgenommen.

Art. 78 *Erfordernisse der europäischen Patentanmeldung*

(1) Die europäische Patentanmeldung muss

a) einen Antrag auf Erteilung eines europäischen Patents;

b) eine Beschreibung der Erfindung;

c) einen oder mehrere Patentansprüche;

d) die Zeichnungen, auf die sich die Beschreibung oder die Patentansprüche beziehen;

e) eine Zusammenfassung

enthalten und den Erfordernissen genügen, die in der Ausführungsordnung vorgeschrieben sind.

(2) Für die europäische Patentanmeldung sind die Anmeldegebühr und die Recherchengebühr zu entrichten. Wird die Anmeldegebühr oder die Recherchengebühr nicht rechtzeitig entrichtet, so gilt die Anmeldung als zurückgenommen.

Art. 79 *Benennung der Vertragsstaaten*

(1) Im Antrag auf Erteilung eines europäischen Patents gelten alle Vertragsstaaten als benannt, die diesem Übereinkommen bei Einreichung der europäischen Patentanmeldung angehören.

(2) Für die Benennung eines Vertragsstaats kann eine Benennungsgebühr erhoben werden.

(3) Die Benennung eines Vertragsstaats kann bis zur Erteilung des europäischen Patents jederzeit zurückgenommen werden.

Art. 80 *Anmeldetag*

Der Anmeldetag einer europäischen Patentanmeldung ist der Tag, an dem die in der Ausführungsordnung festgelegten Erfordernisse erfüllt sind.

Art. 81 *Erfindernennung*

In der europäischen Patentanmeldung ist der Erfinder zu nennen. Ist der Anmelder nicht oder nicht allein der Erfinder, so hat die Erfindernennung eine Erklärung darüber zu enthalten, wie der Anmelder das Recht auf das europäische Patent erlangt hat.

Art. 82 *Einheitlichkeit der Erfindung*

Die europäische Patentanmeldung darf nur eine einzige Erfindung enthalten oder eine Gruppe von Erfindungen, die untereinander in der Weise verbunden sind, dass sie eine einzige allgemeine erfinderische Idee verwirklichen.

Art. 83 *Offenbarung der Erfindung*

Die Erfindung ist in der europäischen Patentanmeldung so deutlich und vollständig zu offenbaren, dass ein Fachmann sie ausführen kann.

Art. 84 *Patentansprüche*

Die Patentansprüche müssen den Gegenstand angeben, für den Schutz begehrt wird. Sie müssen deutlich und knapp gefasst sein und von der Beschreibung gestützt werden.

Art. 85 *Zusammenfassung*

Die Zusammenfassung dient ausschliesslich der technischen Information; sie kann nicht für andere Zwecke, insbesondere nicht für die Bestimmung des Umfangs des begehrten Schutzes und für die Anwendung des Artikels 54 Absatz 3, herangezogen werden.

Art. 86 *Jahresgebühren für die europäische Patentanmeldung*

(1) Für die europäische Patentanmeldung sind nach Massgabe der Ausführungsordnung Jahresgebühren an das Europäische Patentamt zu entrichten. Sie werden für das dritte und jedes weitere Jahr, gerechnet vom Anmeldetag an, geschuldet. Wird eine Jahresgebühr nicht rechtzeitig entrichtet, so gilt die Anmeldung als zurückgenommen.

(2) Die Verpflichtung zur Zahlung von Jahresgebühren endet mit der Zahlung der Jahresgebühr, die für das Jahr fällig ist, in dem der Hinweis auf die Erteilung des europäischen Patents im Europäischen Patentblatt bekannt gemacht wird.

Kapitel II: Priorität

Art. 87 *Prioritätsrecht*

(1) Jedermann, der in einem oder mit Wirkung für

a) einen Vertragsstaat der Pariser Verbandsübereinkunft zum Schutz des gewerblichen Eigentums[8] oder

b) ein Mitglied der Welthandelsorganisation

eine Anmeldung für ein Patent, ein Gebrauchsmuster oder ein Gebrauchszertifikat vorschriftsmässig eingereicht hat, oder sein Rechtsnachfolger geniesst für die Anmeldung derselben Erfindung zum europäischen Patent während einer Frist von zwölf Monaten nach dem Anmeldetag der ersten Anmeldung ein Prioritätsrecht.

(2) Als prioritätsbegründend wird jede Anmeldung anerkannt, der nach dem nationalen Recht des Staats, in dem die Anmeldung eingereicht worden ist, oder nach zwei- oder mehrseitigen Verträgen unter Einschluss dieses Übereinkommens die Bedeutung einer vorschriftsmässigen nationalen Anmeldung zukommt.

(3) Unter vorschriftsmässiger nationaler Anmeldung ist jede Anmeldung zu verstehen, die zur Festlegung des Tags ausreicht, an dem die Anmeldung eingereicht worden ist, wobei das spätere Schicksal der Anmeldung ohne Bedeutung ist.

(4) Als die erste Anmeldung, von deren Einreichung an die Prioritätsfrist läuft, wird auch eine jüngere Anmeldung angesehen, die denselben Gegenstand betrifft wie eine erste ältere in demselben oder für denselben Staat eingereichte Anmeldung, sofern diese ältere Anmeldung bis zur Einreichung der jüngeren

[8] SR **0.232.01/.04**

Anmeldung zurückgenommen, fallen gelassen oder zurückgewiesen worden ist, und zwar bevor sie öffentlich ausgelegt worden ist und ohne dass Rechte bestehen geblieben sind; ebenso wenig darf diese ältere Anmeldung schon Grundlage für die Inanspruchnahme des Prioritätsrechts gewesen sein. Die ältere Anmeldung kann in diesem Fall nicht mehr als Grundlage für die Inanspruchnahme des Prioritätsrechts dienen.

(5) Ist die erste Anmeldung bei einer nicht der Pariser Verbandsübereinkunft zum Schutz des gewerblichen Eigentums oder dem Übereinkommen zur Errichtung der Welthandelsorganisation unterliegenden Behörde für den gewerblichen Rechtsschutz eingereicht worden, so sind die Absätze 1 bis 4 anzuwenden, wenn diese Behörde nach einer Bekanntmachung des Präsidenten des Europäischen Patentamts anerkennt, dass eine erste Anmeldung beim Europäischen Patentamt ein Prioritätsrecht unter Voraussetzungen und mit Wirkungen begründet, die denen der Pariser Verbandsübereinkunft vergleichbar sind.

Art. 88 *Inanspruchnahme der Priorität*

(1) Der Anmelder, der die Priorität einer früheren Anmeldung in Anspruch nehmen will, hat eine Prioritätserklärung und weitere erforderliche Unterlagen nach Massgabe der Ausführungsordnung einzureichen.

(2) Für eine europäische Patentanmeldung können mehrere Prioritäten in Anspruch genommen werden, selbst wenn sie aus verschiedenen Staaten stammen. Für einen Patentanspruch können mehrere Prioritäten in Anspruch genommen werden. Werden mehrere Prioritäten in Anspruch genommen, so beginnen Fristen, die vom Prioritätstag an laufen, vom frühesten Prioritätstag an zu laufen.

(3) Werden eine oder mehrere Prioritäten für die europäische Patentanmeldung in Anspruch genommen, so umfasst das Prioritätsrecht nur die Merkmale der europäischen Patentanmeldung, die in der Anmeldung oder den Anmeldungen enthalten sind, deren Priorität in Anspruch genommen worden ist.

(4) Sind bestimmte Merkmale der Erfindung, für die die Priorität in Anspruch genommen wird, nicht in den in der früheren Anmeldung aufgestellten Patentansprüchen enthalten, so reicht es für die Gewährung der Priorität aus, dass die Gesamtheit der Anmeldungsunterlagen der früheren Anmeldung diese Merkmale deutlich offenbart.

Art. 89 *Wirkung des Prioritätsrechts*

Das Prioritätsrecht hat die Wirkung, dass für die Anwendung des Artikels 54 Absätze 2 und 3 und des Artikels 60 Absatz 2 der Prioritätstag als Anmeldetag der europäischen Patentanmeldung gilt.

Vierter Teil: Erteilungsverfahren

Art. 90 *Eingangs- und Formalprüfung*

(1) Das Europäische Patentamt prüft nach Massgabe der Ausführungsordnung, ob die Anmeldung den Erfordernissen für die Zuerkennung eines Anmeldetags genügt.

(2) Kann ein Anmeldetag nach der Prüfung nach Absatz 1 nicht zuerkannt werden, so wird die Anmeldung nicht als europäische Patentanmeldung behandelt.

(3) Ist der europäischen Patentanmeldung ein Anmeldetag zuerkannt worden, so prüft das Europäische Patentamt nach Massgabe der Ausführungsordnung, ob den Erfordernissen der Artikel 14, 78, 81 und gegebenenfalls des Artikels 88 Absatz 1 und des Artikels 133 Absatz 2 sowie den weiteren in der Ausführungsordnung festgelegten Erfordernissen entsprochen worden ist.

(4) Stellt das Europäische Patentamt bei der Prüfung nach Absatz 1 oder 3 behebbare Mängel fest, so gibt es dem Anmelder Gelegenheit, diese Mängel zu beseitigen.

(5) Wird ein bei der Prüfung nach Absatz 3 festgestellter Mangel nicht beseitigt, so wird die europäische Patentanmeldung zurückgewiesen, sofern dieses Übereinkommen keine andere Rechtsfolge vorsieht. Betrifft der Mangel den Prioritätsanspruch, so erlischt der Prioritätsanspruch für die Anmeldung.

Art. 91 *Formalprüfung*

(gestrichen)

Art. 92 *Erstellung des europäischen Recherchenberichts*

Das Europäische Patentamt erstellt und veröffentlicht nach Massgabe der Ausführungsordnung einen europäischen Recherchenbericht zu der europäischen Patentanmeldung auf der Grundlage der Patentansprüche unter angemessener Berücksichtigung der Beschreibung und der vorhandenen Zeichnungen.

Art. 93 *Veröffentlichung der europäischen Patentanmeldung*

(1) Das Europäische Patentamt veröffentlicht die europäische Patentanmeldung so bald wie möglich

a) nach Ablauf von achtzehn Monaten nach dem Anmeldetag oder, wenn eine Priorität in Anspruch genommen worden ist, nach dem Prioritätstag oder

b) auf Antrag des Anmelders vor Ablauf dieser Frist.

(2) Die europäische Patentanmeldung wird gleichzeitig mit der europäischen Patentschrift veröffentlicht, wenn die Entscheidung über die Erteilung des Patents vor Ablauf der in Absatz 1 a) genannten Frist wirksam wird.

Art. 94 *Prüfung der europäischen Patentanmeldung*

(1) Das Europäische Patentamt prüft nach Massgabe der Ausführungsordnung auf Antrag, ob die europäische Patentanmeldung und die Erfindung, die sie zum Gegenstand hat, den Erfordernissen dieses Übereinkommens genügen. Der Antrag gilt erst als gestellt, wenn die Prüfungsgebühr entrichtet worden ist.

(2) Wird ein Prüfungsantrag nicht rechtzeitig gestellt, so gilt die Anmeldung als zurückgenommen.

(3) Ergibt die Prüfung, dass die Anmeldung oder die Erfindung, die sie zum Gegenstand hat, den Erfordernissen dieses Übereinkommens nicht genügt, so fordert die Prüfungsabteilung den Anmelder so oft wie erforderlich auf, eine Stellungnahme einzureichen und, vorbehaltlich des Artikels 123 Absatz 1, die Anmeldung zu ändern.

(4) Unterlässt es der Anmelder, auf eine Mitteilung der Prüfungsabteilung rechtzeitig zu antworten, so gilt die Anmeldung als zurückgenommen.

Art. 95 *Verlängerung der Frist zur Stellung des Prüfungsantrags*

(gestrichen)

Art. 96 *Prüfung der europäischen Patentanmeldung*

(gestrichen)

Art. 97 *Erteilung oder Zurückweisung*

(1) Ist die Prüfungsabteilung der Auffassung, dass die europäische Patentanmeldung und die Erfindung, die sie zum Gegenstand hat, den Erfordernissen dieses Übereinkommens genügen, so beschliesst sie die Erteilung des europäischen Patents, sofern die in der Ausführungsordnung genannten Voraussetzungen erfüllt sind.

(2) Ist die Prüfungsabteilung der Auffassung, dass die europäische Patentanmeldung oder die Erfindung, die sie zum Gegenstand hat, den Erfordernissen dieses Übereinkommens nicht genügt, so weist sie die Anmeldung zurück, sofern dieses Übereinkommen keine andere Rechtsfolge vorsieht.

(3) Die Entscheidung über die Erteilung des europäischen Patents wird an dem Tag wirksam, an dem der Hinweis auf die Erteilung im Europäischen Patentblatt bekannt gemacht wird.

Art. 98 *Veröffentlichung der europäischen Patentschrift*

Das Europäische Patentamt veröffentlicht die europäische Patentschrift so bald wie möglich nach Bekanntmachung des Hinweises auf die Erteilung des europäischen Patents im Europäischen Patentblatt.

Fünfter Teil: Einspruchs- und Beschränkungsverfahren

Art. 99 *Einspruch*

(1) Innerhalb von neun Monaten nach Bekanntmachung des Hinweises auf die Erteilung des europäischen Patents im Europäischen Patentblatt kann jedermann nach Massgabe der Ausführungsordnung beim Europäischen Patentamt gegen dieses Patent Einspruch einlegen. Der Einspruch gilt erst als eingelegt, wenn die Einspruchsgebühr entrichtet worden ist.

(2) Der Einspruch erfasst das europäische Patent für alle Vertragsstaaten, in denen es Wirkung hat.

(3) Am Einspruchsverfahren sind neben dem Patentinhaber die Einsprechenden beteiligt.

(4) Weist jemand nach, dass er in einem Vertragsstaat aufgrund einer rechtskräftigen Entscheidung anstelle des bisherigen Patentinhabers in das Patentregister dieses Staats eingetragen ist, so tritt er auf Antrag in Bezug auf diesen Staat an die Stelle des bisherigen Patentinhabers. Abweichend von Artikel 118 gelten der bisherige Patentinhaber und derjenige, der sein Recht geltend macht, nicht als gemeinsame Inhaber, es sei denn, dass beide dies verlangen.

Art. 100 *Einspruchsgründe*

Der Einspruch kann nur darauf gestützt werden, dass

a) der Gegenstand des europäischen Patents nach den Artikeln 52–57 nicht patentierbar ist;

b) das europäische Patent die Erfindung nicht so deutlich und vollständig offenbart, dass ein Fachmann sie ausführen kann;

c) der Gegenstand des europäischen Patents über den Inhalt der Anmeldung in der ursprünglich eingereichten Fassung oder, wenn das Patent auf einer Teilanmeldung oder einer nach Artikel 61 eingereichten neuen Anmeldung beruht, über den Inhalt der früheren Anmeldung in der ursprünglich eingereichten Fassung hinausgeht.

Art. 101 *Prüfung des Einspruchs – Widerruf oder Aufrechterhaltung des europäischen Patents*

(1) Ist der Einspruch zulässig, so prüft die Einspruchsabteilung nach Massgabe der Ausführungsordnung, ob wenigstens ein Einspruchsgrund nach Artikel 100 der Aufrechterhaltung des europäischen Patents entgegensteht. Bei dieser Prüfung fordert die Einspruchsabteilung die Beteiligten so oft wie erforderlich auf, eine Stellungnahme zu ihren Bescheiden oder zu den Schriftsätzen anderer Beteiligter einzureichen.

(2) Ist die Einspruchsabteilung der Auffassung, dass wenigstens ein Einspruchsgrund der Aufrechterhaltung des europäischen Patents entgegensteht, so widerruft sie das Patent. Andernfalls weist sie den Einspruch zurück.

(3) Ist die Einspruchsabteilung der Auffassung, dass unter Berücksichtigung der vom Patentinhaber im Einspruchsverfahren vorgenommenen Änderungen das europäische Patent und die Erfindung, die es zum Gegenstand hat,

a) den Erfordernissen dieses Übereinkommens genügen, so beschliesst sie die Aufrechterhaltung des Patents in geänderter Fassung, sofern die in der Ausführungsordnung genannten Voraussetzungen erfüllt sind;

b) den Erfordernissen dieses Übereinkommens nicht genügen, so widerruft sie das Patent.

Art. 102 *Widerruf oder Aufrechterhaltung des europäischen Patents*

(gestrichen)

Art. 103 *Veröffentlichung einer neuen europäischen Patentschrift*

Ist das europäische Patent nach Artikel 101 Absatz 3 a) in geänderter Fassung aufrechterhalten worden, so veröffentlicht das Europäische Patentamt eine neue europäische Patentschrift so bald wie möglich nach Bekanntmachung des Hinweises auf die Entscheidung über den Einspruch im Europäischen Patentblatt.

Art. 104 *Kosten*

(1) Im Einspruchsverfahren trägt jeder Beteiligte die ihm erwachsenen Kosten selbst, soweit nicht die Einspruchsabteilung, wenn dies der Billigkeit entspricht, nach Massgabe der Ausführungsordnung eine andere Verteilung der Kosten anordnet.

(2) Das Verfahren zur Kostenfestsetzung regelt die Ausführungsordnung.

(3) Jede unanfechtbare Entscheidung des Europäischen Patentamts über die Festsetzung der Kosten wird in jedem Vertragsstaat in Bezug auf die Vollstreckung wie ein rechtskräftiges Urteil eines Zivilgerichts des Staats behandelt, in

dem die Vollstreckung stattfindet. Eine Überprüfung dieser Entscheidung darf sich lediglich auf ihre Echtheit beziehen.

Art. 105 *Beitritt des vermeintlichen Patentverletzers*

(1) Jeder Dritte kann nach Ablauf der Einspruchsfrist nach Massgabe der Ausführungsordnung dem Einspruchsverfahren beitreten, wenn er nachweist, dass

a) gegen ihn Klage wegen Verletzung dieses Patents erhoben worden ist oder

b) er nach einer Aufforderung des Patentinhabers, eine angebliche Patentverletzung zu unterlassen, gegen diesen Klage auf Feststellung erhoben hat, dass er das Patent nicht verletze.

(2) Ein zulässiger Beitritt wird als Einspruch behandelt.

Art. 105*a* *Antrag auf Beschränkung oder Widerruf*

(1) Auf Antrag des Patentinhabers kann das europäische Patent widerrufen oder durch Änderung der Patentansprüche beschränkt werden. Der Antrag ist beim Europäischen Patentamt nach Massgabe der Ausführungsordnung zu stellen. Er gilt erst als gestellt, wenn die Beschränkungs- oder Widerrufsgebühr entrichtet worden ist.

(2) Der Antrag kann nicht gestellt werden, solange ein

(3) Einspruchsverfahren in Bezug auf das europäische Patent anhängig ist.

Art. 105*b* *Beschränkung oder Widerruf des europäischen Patents*

(1) Das Europäische Patentamt prüft, ob die in der Ausführungsordnung festgelegten Erfordernisse für eine Beschränkung oder den Widerruf des europäischen Patents erfüllt sind.

(2) Ist das Europäische Patentamt der Auffassung, dass der Antrag auf Beschränkung oder Widerruf des europäischen Patents diesen Erfordernissen genügt, so beschliesst es nach Massgabe der Ausführungsordnung die Beschränkung oder den Widerruf des europäischen Patents. Andernfalls weist es den Antrag zurück.

(3) Die Entscheidung über die Beschränkung oder den Widerruf erfasst das europäische Patent mit Wirkung für alle Vertragsstaaten, für die es erteilt worden ist. Sie wird an dem Tag wirksam, an dem der Hinweis auf die Entscheidung im Europäischen Patentblatt bekannt gemacht wird.

Art. 105*c* *Veröffentlichung der geänderten europäischen Patentschrift*

Ist das europäische Patent nach Artikel 105*b* Absatz 2 beschränkt worden, so veröffentlicht das Europäische Patentamt die geänderte europäische Patentschrift so bald wie möglich nach Bekanntmachung des Hinweises auf die Beschränkung im Europäischen Patentblatt.

Sechster Teil: Beschwerdeverfahren

Art. 106 *Beschwerdefähige Entscheidungen*

(1) Die Entscheidungen der Eingangsstelle, der Prüfungsabteilungen, der Einspruchsabteilungen und der Rechtsabteilung sind mit der Beschwerde anfechtbar. Die Beschwerde hat aufschiebende Wirkung.

(2) Eine Entscheidung, die ein Verfahren gegenüber einem Beteiligten nicht abschliesst, ist nur zusammen mit der Endentscheidung anfechtbar, sofern nicht in der Entscheidung die gesonderte Beschwerde zugelassen ist.

(3) Das Recht, Beschwerde gegen Entscheidungen über die Kostenverteilung oder Kostenfestsetzung im Einspruchsverfahren einzulegen, kann in der Ausführungsordnung eingeschränkt werden.

Art. 107 *Beschwerdeberechtigte und Verfahrensbeteiligte*

Jeder Verfahrensbeteiligte, der durch eine Entscheidung beschwert ist, kann Beschwerde einlegen. Die übrigen Verfahrensbeteiligten sind am Beschwerdeverfahren beteiligt.

Art. 108 *Frist und Form*

Die Beschwerde ist nach Massgabe der Ausführungsordnung innerhalb von zwei Monaten nach Zustellung der Entscheidung beim Europäischen Patentamt einzulegen. Die Beschwerde gilt erst als eingelegt, wenn die Beschwerdegebühr entrichtet worden ist. Innerhalb von vier Monaten nach Zustellung der Entscheidung ist die Beschwerde nach Massgabe der Ausführungsordnung zu begründen.

Art. 109 *Abhilfe*

(1) Erachtet das Organ, dessen Entscheidung angefochten wird, die Beschwerde für zulässig und begründet, so hat es ihr abzuhelfen. Dies gilt nicht, wenn dem Beschwerdeführer ein anderer an dem Verfahren Beteiligter gegenübersteht.

(2) Wird der Beschwerde innerhalb eines Monats nach Eingang der Begründung nicht abgeholfen, so ist sie unverzüglich ohne sachliche Stellungnahme der Beschwerdekammer vorzulegen.

Art. 110 *Prüfung der Beschwerde*

Ist die Beschwerde zulässig, so prüft die Beschwerdekammer, ob die Beschwerde begründet ist. Die Prüfung der Beschwerde ist nach Massgabe der Ausführungsordnung durchzuführen.

Art. 111 *Entscheidung über die Beschwerde*

(1) Nach der Prüfung, ob die Beschwerde begründet ist, entscheidet die Beschwerdekammer über die Beschwerde. Die Beschwerdekammer wird entweder im Rahmen der Zuständigkeit des Organs tätig, das die angefochtene Entscheidung erlassen hat, oder verweist die Angelegenheit zur weiteren Entscheidung an dieses Organ zurück.

(2) Verweist die Beschwerdekammer die Angelegenheit zur weiteren Entscheidung an das Organ zurück, das die angefochtene Entscheidung erlassen hat, so ist dieses Organ durch die rechtliche Beurteilung der Beschwerdekammer, die der Entscheidung zugrunde gelegt ist, gebunden, soweit der Tatbestand derselbe ist. Ist die angefochtene Entscheidungvon der Eingangsstelle erlassen worden, so ist die Prüfungsabteilung ebenfalls an die rechtliche Beurteilung der Beschwerdekammer gebunden.

Art. 112 *Entscheidung oder Stellungnahme der Grossen Beschwerdekammer*

(1) Zur Sicherung einer einheitlichen Rechtsanwendung oder wenn sich eine Rechtsfrage von grundsätzlicher Bedeutung stellt,

a) befasst die Beschwerdekammer, bei der ein Verfahren anhängig ist, von Amts wegen oder auf Antrag eines Beteiligten die Grosse Beschwerdekammer, wenn sie hierzu eine Entscheidung für erforderlich hält. Weist die Beschwerdekammer den Antrag zurück, so hat sie die Zurückweisung in der Endentscheidung zu begründen;

b) kann der Präsident des Europäischen Patentamts der Grossen Beschwerdekammer eine Rechtsfrage vorlegen, wenn zwei Beschwerdekammern über diese Frage voneinander abweichende Entscheidungen getroffen haben.

(2) In den Fällen des Absatzes 1 a) sind die am Beschwerdeverfahren Beteiligten am Verfahren vor der Grossen Beschwerdekammer beteiligt.

(3) Die in Absatz 1 a) vorgesehene Entscheidung der Grossen Beschwerdekammer ist für die Entscheidung der Beschwerdekammer über die anhängige Beschwerde bindend.

Art. 112*a* *Antrag auf Überprüfung durch die Grosse Beschwerdekammer*

(1) Jeder Beteiligte an einem Beschwerdeverfahren, der durch die Entscheidung einer Beschwerdekammer beschwert ist, kann einen Antrag auf Überprüfung der Entscheidung durch die Grosse Beschwerdekammer stellen.

(2) Der Antrag kann nur darauf gestützt werden, dass

a) ein Mitglied der Beschwerdekammer unter Verstoss gegen Artikel 24 Absatz 1 oder trotz einer Ausschlussentscheidung nach Artikel 24 Absatz 4 an der Entscheidung mitgewirkt hat;

b) der Beschwerdekammer eine Person angehörte, die nicht zum Beschwerdekammermitglied ernannt war;

c) ein schwerwiegender Verstoss gegen Artikel 113 vorliegt;

d) das Beschwerdeverfahren mit einem sonstigen, in der Ausführungsordnung genannten schwerwiegenden Verfahrensmangel behaftet war oder

e) eine nach Massgabe der Ausführungsordnung festgestellte Straftat die Entscheidung beeinflusst haben könnte.

(3) Der Antrag auf Überprüfung hat keine aufschiebende Wirkung.

(4) Der Antrag ist nach Massgabe der Ausführungsordnung einzureichen und zu begründen. Wird der Antrag auf Absatz 2 a)–d) gestützt, so ist er innerhalb von zwei Monaten nach Zustellung der Beschwerdekammerentscheidung zu stellen. Wird er auf Absatz 2 e) gestützt, so ist er innerhalb von zwei Monaten nach Feststellung der Straftat, spätestens aber fünf Jahre nach Zustellung der Beschwerdekammerentscheidung zu stellen. Der Überprüfungsantrag gilt erst als gestellt, wenn die vorgeschriebene Gebühr entrichtet worden ist.

(5) Die Grosse Beschwerdekammer prüft den Antrag nach Massgabe der Ausführungsordnung. Ist der Antrag begründet, so hebt die Grosse Beschwerdekammer die Entscheidung auf und ordnet nach Massgabe der Ausführungsordnung die Wiederaufnahme des Verfahrens vor den Beschwerdekammern an.

(6) Wer in einem benannten Vertragsstaat in gutem Glauben die Erfindung, die Gegenstand einer veröffentlichten europäischen Patentanmeldung oder eines europäischen Patents ist, in der Zeit zwischen dem Erlass der Beschwerdekammerentscheidung und der Bekanntmachung des Hinweises auf die Entscheidung der Grossen Beschwerdekammer über den Überprüfungsantrag im Europäischen Patentblatt in Benutzung genommen oder wirkliche und ernsthafte Veranstaltungen zur Benutzung getroffen hat, darf die Benutzung in seinem Betrieb oder für die Bedürfnisse seines Betriebs unentgeltlich fortsetzen.

Siebenter Teil: Gemeinsame Vorschriften

Kapitel I: Allgemeine Vorschriften für das Verfahren

Art. 113 *Rechtliches Gehör und Grundlage der Entscheidungen*

(1) Entscheidungen des Europäischen Patentamts dürfen nur auf Gründe gestützt werden, zu denen die Beteiligten sich äussern konnten.

(2) Bei der Prüfung der europäischen Patentanmeldung oder des europäischen Patents und bei den Entscheidungen darüber hat sich das Europäische Patentamt an die vom Anmelder oder Patentinhaber vorgelegte oder gebilligte Fassung zu halten.

Art. 114 *Ermittlung von Amts wegen*

(1) In den Verfahren vor dem Europäischen Patentamt ermittelt das Europäische Patentamt den Sachverhalt von Amts wegen; es ist dabei weder auf das Vorbringen noch auf die Anträge der Beteiligten beschränkt.

(2) Das Europäische Patentamt braucht Tatsachen und Beweismittel, die von den Beteiligten verspätet vorgebracht werden, nicht zu berücksichtigen.

Art. 115 *Einwendungen Dritter*

In Verfahren vor dem Europäischen Patentamt kann nach Veröffentlichung der europäischen Patentanmeldung jeder Dritte nach Massgabe der Ausführungsordnung Einwendungen gegen die Patentierbarkeit der Erfindung erheben, die Gegenstand der Anmeldung oder des Patents ist. Der Dritte ist am Verfahren nicht beteiligt.

Art. 116 *Mündliche Verhandlung*

(1) Eine mündliche Verhandlung findet entweder auf Antrag eines Beteiligten oder, sofern das Europäische Patentamt dies für sachdienlich erachtet, von Amts wegen statt. Das Europäische Patentamt kann jedoch einen Antrag auf erneute mündliche Verhandlung vor demselben Organ ablehnen, wenn die Parteien und der dem Verfahren zugrunde liegende Sachverhalt unverändert geblieben sind.

(2) Vor der Eingangsstelle findet eine mündliche Verhandlung auf Antrag des Anmelders nur statt, wenn die Eingangsstelle dies für sachdienlich erachtet oder beabsichtigt, die europäische Patentanmeldung zurückzuweisen.

(3) Die mündliche Verhandlung vor der Eingangsstelle, den Prüfungsabteilungen und der Rechtsabteilung ist nicht öffentlich.

(4) Die mündliche Verhandlung, einschliesslich der Verkündung der Entscheidung, ist vor den Beschwerdekammern und der Grossen Beschwerdekammer

nach Veröffentlichung der europäischen Patentanmeldung sowie vor der Einspruchsabteilung öffentlich, sofern das angerufene Organ nicht in Fällen anderweitig entscheidet, in denen insbesondere für einen Verfahrensbeteiligten die Öffentlichkeit des Verfahrens schwerwiegende und ungerechtfertigte Nachteile zur Folge haben könnte.

Art. 117 *Beweismittel und Beweisaufnahme*

(1) In Verfahren vor dem Europäischen Patentamt sind insbesondere folgende Beweismittel zulässig:

a) Vernehmung der Beteiligten;

b) Einholung von Auskünften;

c) Vorlegung von Urkunden;

d) Vernehmung von Zeugen;

e) Begutachtung durch Sachverständige;

f) Einnahme des Augenscheins;

g) Abgabe einer schriftlichen Erklärung unter Eid.

(2) Das Verfahren zur Durchführung der Beweisaufnahme regelt die Ausführungsordnung.

Art. 118 *Einheit der europäischen Patentanmeldung oder des europäischen Patents*

Verschiedene Anmelder oder Inhaber eines europäischen Patents für verschiedene benannte Vertragsstaaten gelten im Verfahren vor dem Europäischen Patentamt als gemeinsame Anmelder oder gemeinsame Patentinhaber. Die Einheit der Anmeldung oder des Patents im Verfahren vor dem Europäischen Patentamt wird nicht beeinträchtigt; insbesondere ist die Fassung der Anmeldung oder des Patents für alle benannten Vertragsstaaten einheitlich, sofern dieses Übereinkommen nichts anderes vorsieht.

Art. 119 *Zustellung*

Entscheidungen, Ladungen, Bescheide und Mitteilungen werden vom Europäischen Patentamt von Amts wegen nach Massgabe der Ausführungsordnung zugestellt. Die Zustellungen können, soweit dies aussergewöhnliche Umstände erfordern, durch Vermittlung der Zentralbehörden für den gewerblichen Rechtsschutz der Vertragsstaaten bewirkt werden.

Art. 120 *Fristen*

In der Ausführungsordnung werden bestimmt:

a) die Fristen, die in Verfahren vor dem Europäischen Patentamt einzuhalten und nicht bereits im Übereinkommen festgelegt sind;

b) die Art der Berechnung der Fristen sowie die Voraussetzungen, unter denen Fristen verlängert werden können;

c) die Mindest- und die Höchstdauer der vom Europäischen Patentamt zu bestimmenden Fristen.

Art. 121 *Weiterbehandlung der europäischen Patentanmeldung*

(1) Hat der Anmelder eine gegenüber dem Europäischen Patentamt einzuhaltende Frist versäumt, so kann er die Weiterbehandlung der europäischen Patentanmeldung beantragen.

(2) Das Europäische Patentamt gibt dem Antrag statt, wenn die in der Ausführungsordnung festgelegten Erfordernisse erfüllt sind. Andernfalls weist es den Antrag zurück.

(3) Wird dem Antrag stattgegeben, so gelten die Rechtsfolgen der Fristversäumung als nicht eingetreten.

(4) Von der Weiterbehandlung ausgeschlossen sind die Fristen des Artikels 87 Absatz 1, des Artikels 108 und des Artikels 112*a* Absatz 4 sowie die Fristen für den Antrag auf Weiterbehandlung und Wiedereinsetzung in den vorigen Stand. Die Ausführungsordnung kann weitere Fristen von der Weiterbehandlung ausnehmen.

Art. 122 *Wiedereinsetzung in den vorigen Stand*

(1) Der Anmelder oder Patentinhaber, der trotz Beachtung aller nach den gegebenen Umständen gebotenen Sorgfalt verhindert worden ist, gegenüber dem Europäischen Patentamt eine Frist einzuhalten, wird auf Antrag wieder in den vorigen Stand eingesetzt, wenn die Versäumung dieser Frist zur unmittelbaren Folge hat, dass die europäische Patentanmeldung oder ein Antrag zurückgewiesen wird, die Anmeldung als zurückgenommen gilt, das europäische Patent widerrufen wird oder der Verlust eines sonstigen Rechts oder eines Rechtsmittels eintritt.

(2) Das Europäische Patentamt gibt dem Antrag statt, wenn die Voraussetzungen des Absatzes 1 und die weiteren, in der Ausführungsordnung festgelegten Erfordernisse erfüllt sind. Andernfalls weist es den Antrag zurück.

(3) Wird dem Antrag stattgegeben, so gelten die Rechtsfolgen der Fristversäumung als nicht eingetreten.

(4) Von der Wiedereinsetzung ausgeschlossen ist die Frist für den Antrag auf Wiedereinsetzung. Die Ausführungsordnung kann weitere Fristen von der Wiedereinsetzung ausnehmen.

(5) Wer in einem benannten Vertragsstaat in gutem Glauben die Erfindung, die Gegenstand einer veröffentlichten europäischen Patentanmeldung oder eines europäischen Patents ist, in der Zeit zwischen dem Eintritt eines Rechtsverlusts nach Absatz 1 und der Bekanntmachung des Hinweises auf die Wiedereinsetzung im Europäischen Patentblatt in Benutzung genommen oder wirkliche und ernsthafte Veranstaltungen zur Benutzung getroffen hat, darf die Benutzung in seinem Betrieb oder für die Bedürfnisse seines Betriebs unentgeltlich fortsetzen.

(6) Dieser Artikel lässt das Recht eines Vertragsstaats unberührt, Wiedereinsetzung in Fristen zu gewähren, die in diesem Übereinkommen vorgesehen und den Behörden dieses Staats gegenüber einzuhalten sind.

Art. 123 *Änderungen*

(1) Die europäische Patentanmeldung oder das europäische Patent kann im Verfahren vor dem Europäischen Patentamt nach Massgabe der Ausführungsordnung geändert werden. In jedem Fall ist dem Anmelder zumindest einmal Gelegenheit zu geben, von sich aus die Anmeldung zu ändern.

(2) Die europäische Patentanmeldung und das europäische Patent dürfen nicht in der Weise geändert werden, dass ihr Gegenstand über den Inhalt der Anmeldung in der ursprünglich eingereichten Fassung hinausgeht.

(3) Das europäische Patent darf nicht in der Weise geändert werden, dass sein Schutzbereich erweitert wird.

Art. 124 *Auskünfte über den Stand der Technik*

(1) Das Europäische Patentamt kann nach Massgabe der Ausführungsordnung den Anmelder auffordern, Auskünfte über den Stand der Technik zu erteilen, der in nationalen oder regionalen Patentverfahren in Betracht gezogen wurde und eine Erfindung betrifft, die Gegenstand der europäischen Patentanmeldung ist.

(2) Unterlässt es der Anmelder, auf eine Aufforderung nach Absatz 1 rechtzeitig zu antworten, so gilt die europäische Patentanmeldung als zurückgenommen.

Art. 125 *Heranziehung allgemeiner Grundsätze*

Soweit dieses Übereinkommen Vorschriften über das Verfahren nicht enthält, berücksichtigt das Europäische Patentamt die in den Vertragsstaaten im Allgemeinen anerkannten Grundsätze des Verfahrensrechts.

Art. 126 *Beendigung von Zahlungsverpflichtungen*

(gestrichen)

Kapitel II: Unterrichtung der Öffentlichkeit und Behörden

Art. 127 *Europäisches Patentregister*

Das Europäische Patentamt führt ein Europäisches Patentregister, in das die in der Ausführungsordnung genannten Angaben eingetragen werden. Vor Veröffentlichung der europäischen Patentanmeldung erfolgt keine Eintragung in das Europäische Patentregister. Jedermann kann in das Europäische Patentregister Einsicht nehmen.

Art. 128 *Akteneinsicht*

(1) Einsicht in die Akten europäischer Patentanmeldungen, die noch nicht veröffentlicht worden sind, wird nur mit Zustimmung des Anmelders gewährt.

(2) Wer nachweist, dass der Anmelder sich ihm gegenüber auf seine europäische Patentanmeldung berufen hat, kann vor Veröffentlichung dieser Anmeldung und ohne Zustimmung des Anmelders Akteneinsicht verlangen.

(3) Nach Veröffentlichung einer europäischen Teilanmeldung oder einer nach Artikel 61 Absatz 1 eingereichten neuen europäischen Patentanmeldung kann jedermann Einsicht in die Akten der früheren Anmeldung auch vor deren Veröffentlichung und ohne Zustimmung des Anmelders verlangen.

(4) Nach Veröffentlichung der europäischen Patentanmeldung wird vorbehaltlich der in der Ausführungsordnung vorgeschriebenen Beschränkungen auf Antrag Einsicht in die Akten der Anmeldung und des darauf erteilten europäischen Patents gewährt.

(5) Das Europäische Patentamt kann die in der Ausführungsordnung genannten Angaben bereits vor Veröffentlichung der europäischen Patentanmeldung Dritten mitteilen oder veröffentlichen.

Art. 129 *Regelmässige Veröffentlichungen*

Das Europäische Patentamt gibt regelmässig folgende Veröffentlichungen heraus:

a) ein Europäisches Patentblatt, das die Angaben enthält, deren Veröffentlichung dieses Übereinkommen, die Ausführungsordnung oder der Präsident des Europäischen Patentamts vorschreibt;

b) ein Amtsblatt, das allgemeine Bekanntmachungen und Mitteilungen des Präsidenten des Europäischen Patentamts sowie sonstige dieses Übereinkommen und seine Anwendung betreffende Veröffentlichungen enthält.

Art. 130 *Gegenseitige Unterrichtung*

(1) Das Europäische Patentamt und die Zentralbehörden für den gewerblichen Rechtsschutz der Vertragsstaaten übermitteln einander auf Ersuchen sachdienliche Angaben über europäische oder nationale Patentanmeldungen und Patente und die sie betreffenden Verfahren, soweit dieses Übereinkommen oder das nationale Recht nichts anderes vorsieht.

(2) Absatz 1 gilt nach Massgabe von Arbeitsabkommen auch für die Übermittlung von Angaben zwischen dem Europäischen Patentamt und

a) den Zentralbehörden für den gewerblichen Rechtsschutz anderer Staaten;

b) den zwischenstaatlichen Organisationen, die mit der Erteilung von Patenten beauftragt sind;

c) jeder anderen Organisation.

(3) Die Übermittlung von Angaben nach Absatz 1 und Absatz 2 a) und b) unterliegt nicht den Beschränkungen des Artikels 128. Der Verwaltungsrat kann beschliessen, dass die Übermittlung von Angaben nach Absatz 2 c) den genannten Beschränkungen nicht unterliegt, sofern die betreffende Organisation die übermittelten Angaben bis zur Veröffentlichung der europäischen Patentanmeldung vertraulich behandelt.

Art. 131 *Amts- und Rechtshilfe*

(1) Das Europäische Patentamt und die Gerichte oder Behörden der Vertragsstaaten unterstützen einander auf Antrag durch die Erteilung von Auskünften oder die Gewährung von Akteneinsicht, soweit dieses Übereinkommen oder das nationale Recht nichts anderes vorsieht. Gewährt das Europäische Patentamt Gerichten, Staatsanwaltschaften oder Zentralbehörden für den gewerblichen Rechtsschutz Akteneinsicht, so unterliegt diese nicht den Beschränkungen des Artikels 128.

(2) Die Gerichte oder andere zuständige Behörden der Vertragsstaaten nehmen für das Europäische Patentamt auf dessen Ersuchen um Rechtshilfe Beweisaufnahmen oder andere gerichtliche Handlungen innerhalb ihrer Zuständigkeit vor.

Art. 132 *Austausch von Veröffentlichungen*

(1) Das Europäische Patentamt und die Zentralbehörden für den gewerblichen Rechtsschutz der Vertragsstaaten übermitteln einander auf entsprechendes Ersuchen kostenlos für ihre eigenen Zwecke ein oder mehrere Exemplare ihrer Veröffentlichungen.

(2) Das Europäische Patentamt kann Vereinbarungen über den Austausch oder die Übermittlung von Veröffentlichungen treffen.

Kapitel III: Vertretung

Art. 133 *Allgemeine Grundsätze der Vertretung*

(1) Vorbehaltlich des Absatzes 2 ist niemand verpflichtet, sich in den durch dieses Übereinkommen geschaffenen Verfahren durch einen zugelassenen Vertreter vertreten zu lassen.

(2) Natürliche oder juristische Personen, die weder Wohnsitz noch Sitz in einem Vertragsstaat haben, müssen in jedem durch dieses Übereinkommen geschaffenen Verfahren durch einen zugelassenen Vertreter vertreten sein und Handlungen mit Ausnahme der Einreichung einer europäischen Patentanmeldung durch ihn vornehmen; in der Ausführungsordnung können weitere Ausnahmen zugelassen werden.

(3) Natürliche oder juristische Personen mit Wohnsitz oder Sitz in einem Vertragsstaat können in jedem durch dieses Übereinkommen geschaffenen Verfahren durch einen ihrer Angestellten handeln, der kein zugelassener Vertreter zu sein braucht, aber einer Vollmacht nach Massgabe der Ausführungsordnung bedarf. In der Ausführungsordnung kann vorgeschrieben werden, ob und unter welchen Voraussetzungen Angestellte einer juristischen Person für andere juristische Personen mit Sitz in einem Vertragsstaat, die mit ihr wirtschaftlich verbunden sind, handeln können.

(4) In der Ausführungsordnung können Vorschriften über die gemeinsame Vertretung mehrerer Beteiligter, die gemeinsam handeln, vorgesehen werden.

Art. 134 *Vertretung vor dem Europäischen Patentamt*

(1) Die Vertretung natürlicher oder juristischer Personen in den durch dieses Übereinkommen geschaffenen Verfahren kann nur durch zugelassene Vertreter wahrgenommen werden, die in einer beim Europäischen Patentamt zu diesem Zweck geführten Liste eingetragen sind.

(2) Jede natürliche Person, die

a) die Staatsangehörigkeit eines Vertragsstaats besitzt,

b) ihren Geschäftssitz oder Arbeitsplatz in einem Vertragsstaat hat und

c) die europäische Eignungsprüfung bestanden hat,

kann in die Liste der zugelassenen Vertreter eingetragen werden.

(3) Während eines Zeitraums von einem Jahr ab dem Zeitpunkt, zu dem der Beitritt eines Staats zu diesem Übereinkommen wirksam wird, kann die Eintragung in diese Liste auch von jeder natürlichen Person beantragt werden, die

a) die Staatsangehörigkeit eines Vertragsstaats besitzt,

b) ihren Geschäftssitz oder Arbeitsplatz in dem Staat hat, der dem Übereinkommen beigetreten ist, und

c) befugt ist, natürliche oder juristische Personen auf dem Gebiet des Patentwesens vor der Zentralbehörde für den gewerblichen Rechtsschutz dieses Staats zu vertreten. Unterliegt diese Befugnis nicht dem Erfordernis einer besonderen beruflichen Befähigung, so muss die Person diese Vertretung in diesem Staat mindestens fünf Jahre lang regelmässig ausgeübt haben.

(4) Die Eintragung erfolgt aufgrund eines Antrags, dem die Bescheinigungen beizufügen sind, aus denen sich ergibt, dass die in Absatz 2 oder 3 genannten Voraussetzungen erfüllt sind.

(5) Die Personen, die in der Liste der zugelassenen Vertreter eingetragen sind, sind berechtigt, in den durch dieses Übereinkommen geschaffenen Verfahren aufzutreten.

(6) Jede Person, die in der Liste der zugelassenen Vertreter eingetragen ist, ist berechtigt, zur Ausübung ihrer Tätigkeit als zugelassener Vertreter einen Geschäftssitz in jedem Vertragsstaat zu begründen, in dem die Verfahren durchgeführt werden, die durch dieses Übereinkommen unter Berücksichtigung des dem Übereinkommen beigefügten Zentralisierungsprotokolls[9] geschaffen worden sind. Die Behörden dieses Staats können diese Berechtigung nur im Einzelfall in Anwendung der zum Schutz der öffentlichen Sicherheit und Ordnung erlassenen Rechtsvorschriften entziehen. Vor einer solchen Massnahme ist der Präsident des Europäischen Patentamts zu hören.

(7) Der Präsident des Europäischen Patentamts kann Befreiung erteilen:

a) in besonders gelagerten Fällen von der Voraussetzung nach Absatz 2 a) oder Absatz 3 a);

b) von der Voraussetzung nach Absatz 3 c) Satz 2, wenn der Antragsteller nachweist, dass er die erforderliche Befähigung auf andere Weise erworben hat.

(8) Die Vertretung in den durch dieses Übereinkommen geschaffenen Verfahren kann wie von einem zugelassenen Vertreter auch von jedem Rechtsanwalt, der in einem Vertragsstaat zugelassen ist und seinen Geschäftssitz in diesem

[9] SR **0.232.142.24**

Staat hat, in dem Umfang wahrgenommen werden, in dem er in diesem Staat die Vertretung auf dem Gebiet des Patentwesens ausüben kann. Absatz 6 ist entsprechend anzuwenden.

Art. 134*a* *Institut der beim Europäischen Patentamt zugelassenen Vertreter*

(1) Der Verwaltungsrat ist befugt, Vorschriften zu erlassen und zu ändern über:

a) das Institut der beim Europäischen Patentamt zugelassenen Vertreter, im folgenden Institut genannt;

b) die Vor- und Ausbildung, die eine Person besitzen muss, um zur europäischen Eignungsprüfung zugelassen zu werden, und die Durchführung dieser Eignungsprüfung;

c) die Disziplinargewalt, die das Institut oder das Europäische Patentamt über die zugelassenen Vertreter ausübt;

d) die Verschwiegenheitspflicht und das Recht des zugelassenen Vertreters, die Offenlegung von Mitteilungen zwischen ihm und seinem Mandanten oder Dritten in Verfahren vor dem Europäischen Patentamt zu verweigern.

(2) Jede Person, die in der in Artikel 134 Absatz 1 genannten Liste der zugelassenen Vertreter eingetragen ist, ist Mitglied des Instituts.

Achter Teil: Auswirkungen auf das nationale Recht

Kapitel I: Umwandlung in eine nationale Patentanmeldung

Art. 135 *Umwandlungsantrag*

(1) Die Zentralbehörde für den gewerblichen Rechtsschutz eines benannten Vertragsstaats leitet auf Antrag des Anmelders oder Inhabers eines europäischen Patents das Verfahren zur Erteilung eines nationalen Patents in den folgenden Fällen ein:

a) wenn die europäische Patentanmeldung nach Artikel 77 Absatz 3 als zurückgenommen gilt;

b) in den sonstigen vom nationalen Recht vorgesehenen Fällen, in denen nach diesem Übereinkommen die europäische Patentanmeldung zurückgewiesen oder zurückgenommen worden ist oder als zurückgenommen gilt oder das europäische Patent widerrufen worden ist.

(2) Im Fall des Absatzes 1 a) ist der Umwandlungsantrag bei der Zentralbehörde für den gewerblichen Rechtsschutz zu stellen, bei der die europäische Patentanmeldung eingereicht worden ist. Diese Behörde leitet den Antrag vorbehaltlich der Vorschriften über die nationale Sicherheit unmittelbar an die

Zentralbehörden für den gewerblichen Rechtsschutz der im Antrag bezeichneten Vertragsstaaten weiter.

(3) In den Fällen des Absatzes 1 b) ist der Umwandlungsantrag nach Massgabe der Ausführungsordnung beim Europäischen Patentamt zu stellen. Der Antrag gilt erst als gestellt, wenn die Umwandlungsgebühr entrichtet worden ist. Das Europäische Patentamt übermittelt den Umwandlungsantrag den Zentralbehörden für den gewerblichen Rechtsschutz der im Antrag bezeichneten Vertragsstaaten.

(4) Die in Artikel 66 genannte Wirkung der europäischen Patentanmeldung erlischt, wenn der Umwandlungsantrag nicht rechtzeitig übermittelt wird.

Art. 136 *Einreichung und Übermittlung des Antrags*

(gestrichen)

Art. 137 *Formvorschriften für die Umwandlung*

(1) Eine europäische Patentanmeldung, die nach Artikel 135 Absatz 2 oder 3 übermittelt worden ist, darf nicht Formerfordernissen des nationalen Rechts unterworfen werden, die von den im Übereinkommen vorgesehenen abweichen oder über sie hinausgehen.

(2) Die Zentralbehörde für den gewerblichen Rechtsschutz, der die europäische Patentanmeldung übermittelt worden ist, kann verlangen, dass der Anmelder innerhalb einer Frist, die nicht weniger als zwei Monate betragen darf,

a) die nationale Anmeldegebühr entrichtet und

b) eine Übersetzung der europäischen Patentanmeldung in einer der Amtssprachen des betreffenden Staats einreicht, und zwar der ursprünglichen Fassung der Anmeldung und gegebenenfalls der im Verfahren vor dem Europäischen Patentamt geänderten Fassung, die der Anmelder dem nationalen Verfahren zugrunde zu legen wünscht.

Kapitel II: Nichtigkeit und ältere Rechte

Art. 138 *Nichtigkeit europäischer Patente*

(1) Vorbehaltlich des Artikels 139 kann das europäische Patent mit Wirkung für einen Vertragsstaat nur für nichtig erklärt werden, wenn

a) der Gegenstand des europäischen Patents nach den Artikeln 52–57 nicht patentierbar ist;

b) das europäische Patent die Erfindung nicht so deutlich und vollständig offenbart, dass ein Fachmann sie ausführen kann;

c) der Gegenstand des europäischen Patents über den Inhalt der Anmeldung in der ursprünglich eingereichten Fassung oder, wenn das Patent auf einer Teilanmeldung oder einer nach Artikel 61 eingereichten neuen Anmeldung beruht, über den Inhalt der früheren Anmeldung in der ursprünglich eingereichten Fassung hinausgeht;

d) der Schutzbereich des europäischen Patents erweitert worden ist; oder

e) der Inhaber des europäischen Patents nicht nach Artikel 60 Absatz 1 berechtigt ist.

(2) Betreffen die Nichtigkeitsgründe nur einen Teil des europäischen Patents, so wird das Patent durch entsprechende Änderung der Patentansprüche beschränkt und für teilweise nichtig erklärt.

(3) In Verfahren vor dem zuständigen Gericht oder der zuständigen Behörde, die die Gültigkeit des europäischen Patents betreffen, ist der Patentinhaber befugt, das Patent durch Änderung der Patentansprüche zu beschränken. Die so beschränkte Fassung des Patents ist dem Verfahren zugrunde zu legen.

Art. 139 *Ältere Rechte und Rechte mit gleichem Anmelde- oder Prioritätstag*

(1) In jedem benannten Vertragsstaat haben eine europäische Patentanmeldung und ein europäisches Patent gegenüber einer nationalen Patentanmeldung und einem nationalen Patent die gleiche Wirkung als älteres Recht wie eine nationale Patentanmeldung und ein nationales Patent.

(2) Eine nationale Patentanmeldung und ein nationales Patent in einem Vertragsstaat haben gegenüber einem europäischen Patent, soweit dieser Vertragsstaat benannt ist, die gleiche Wirkung als älteres Recht wie gegenüber einem nationalen Patent.

(3) Jeder Vertragsstaat kann vorschreiben, ob und unter welchen Voraussetzungen eine Erfindung, die sowohl in einer europäischen Patentanmeldung oder einem europäischen Patent als auch in einer nationalen Patentanmeldung oder einem nationalen Patent mit gleichem Anmeldetag oder, wenn eine Priorität in Anspruch genommen worden ist, mit gleichem Prioritätstag offenbart ist, gleichzeitig durch europäische und nationale Anmeldungen oder Patente geschützt werden kann.

Kapitel III: Sonstige Auswirkungen

Art. 140 *Nationale Gebrauchsmuster und Gebrauchszertifikate*

Die Artikel 66, 124, 135, 137 und 139 sind in den Vertragsstaaten, deren Recht Gebrauchsmuster oder Gebrauchszertifikate vorsieht, auf diese Schutzrechte und deren Anmeldungen entsprechend anzuwenden.

Art. 141 *Jahresgebühren für das europäische Patent*

(1) Jahresgebühren für das europäische Patent können nur für die Jahre erhoben werden, die sich an das in Artikel 86 Absatz 2 genannte Jahr anschliessen.

(2) Werden Jahresgebühren für das europäische Patent innerhalb von zwei Monaten nach der Bekanntmachung des Hinweises auf die Erteilung des europäischen Patents im Europäischen Patentblatt fällig, so gelten diese Jahresgebühren als wirksam entrichtet, wenn sie innerhalb der genannten Frist gezahlt werden. Eine nach nationalem Recht vorgesehene Zuschlagsgebühr wird nicht erhoben.

Neunter Teil: Besondere Übereinkommen

Art. 142 *Einheitliche Patente*

(1) Eine Gruppe von Vertragsstaaten, die in einem besonderen Übereinkommen bestimmt hat, dass die für diese Staaten erteilten europäischen Patente für die Gesamtheit ihrer Hoheitsgebiete einheitlich sind, kann vorsehen, dass europäische Patente nur für alle diese Staaten gemeinsam erteilt werden können.

(2) Hat eine Gruppe von Vertragsstaaten von der Ermächtigung in Absatz 1 Gebrauch gemacht, so sind die Vorschriften dieses Teils anzuwenden.

Art. 143 *Besondere Organe des Europäischen Patentamts*

(1) Die Gruppe von Vertragsstaaten kann dem Europäischen Patentamt zusätzliche Aufgaben übertragen.

(2) Für die Durchführung der in Absatz 1 genannten zusätzlichen Aufgaben können im Europäischen Patentamt besondere, den Vertragsstaaten der Gruppe gemeinsame Organe gebildet werden. Die Leitung dieser besonderen Organe obliegt dem Präsidenten des Europäischen Patentamts; Artikel 10 Absätze 2 und 3 sind entsprechend anzuwenden.

Art. 144 *Vertretung vor den besonderen Organen*

Die Gruppe von Vertragsstaaten kann die Vertretung vor den in Artikel 143 Absatz 2 genannten Organen besonders regeln.

Art. 145 *Engerer Ausschuss des Verwaltungsrats*

(1) Die Gruppe von Vertragsstaaten kann zur Überwachung der Tätigkeit der nach Artikel 143 Absatz 2 gebildeten besonderen Organe einen engeren Ausschuss des Verwaltungsrats einsetzen, dem das Europäische Patentamt das Personal, die Räumlichkeiten und die Ausstattung zur Verfügung stellt, die er zur Durchführung seiner Aufgaben benötigt. Der Präsident des Europäischen

Patentamts ist dem engeren Ausschuss des Verwaltungsrats gegenüber für die Tätigkeit der besonderen Organe verantwortlich.

(2) Die Zusammensetzung, die Zuständigkeit und die Tätigkeit des engeren Ausschusses bestimmt die Gruppe von Vertragsstaaten.

Art. 146 *Deckung der Kosten für die Durchführung besonderer Aufgaben*

Sind dem Europäischen Patentamt nach Artikel 143 zusätzliche Aufgaben übertragen worden, so trägt die Gruppe von Vertragsstaaten die der Organisation bei der Durchführung dieser Aufgaben entstehenden Kosten. Sind für die Durchführung dieser Aufgaben im Europäischen Patentamt besondere Organe gebildet worden, so trägt die Gruppe die diesen Organen zurechenbaren Kosten für das Personal, die Räumlichkeiten und die Ausstattung. Artikel 39 Absätze 3 und 4, Artikel 41 und Artikel 47 sind entsprechend anzuwenden.

Art. 147 *Zahlungen aufgrund der für die Aufrechterhaltung des einheitlichen Patents erhobenen Gebühren*

Hat die Gruppe von Vertragsstaaten für das europäische Patent einheitliche Jahresgebühren festgesetzt, so bezieht sich der Anteil nach Artikel 39 Absatz 1 auf diese einheitlichen Gebühren; der Mindestbetrag nach Artikel 39 Absatz 1 bezieht sich auf das einheitliche Patent. Artikel 39 Absätze 3 und 4 ist entsprechend anzuwenden.

Art. 148 *Die europäische Patentanmeldung als Gegenstand des Vermögens*

(1) Artikel 74 ist anzuwenden, wenn die Gruppe von Vertragsstaaten nichts anderes bestimmt hat.

(2) Die Gruppe von Vertragsstaaten kann vorschreiben, dass die europäische Patentanmeldung, soweit für sie diese Vertragsstaaten benannt sind, nur für alle diese Vertragsstaaten und nur nach den Vorschriften des besonderen Übereinkommens Gegenstand eines Rechtsübergangs sein sowie belastet oder Zwangsvollstreckungsmassnahmen unterworfen werden kann.

Art. 149 *Gemeinsame Benennung*

(1) Die Gruppe von Vertragsstaaten kann vorschreiben, dass ihre Benennung nur gemeinsam erfolgen kann und dass die Benennung eines oder mehrerer der Vertragsstaaten der Gruppe als Benennung aller dieser Vertragsstaaten gilt.

(2) Ist das Europäische Patentamt nach Artikel 153 Absatz 1 Bestimmungsamt, so ist Absatz 1 anzuwenden, wenn der Anmelder in der internationalen Anmeldung mitgeteilt hat, dass er für einen oder mehrere der benannten Staaten der Gruppe ein europäisches Patent begehrt. Das Gleiche gilt, wenn der Anmelder in der internationalen Anmeldung einen dieser Gruppe angehörenden Vertrags-

staat benannt hat, dessen Recht vorschreibt, dass eine Bestimmung dieses Staats die Wirkung einer Anmeldung für ein europäisches Patent hat.

Art. 149*a* *Andere Übereinkommen zwischen den Vertragsstaaten*

(1) Dieses Übereinkommen lässt das Recht aller oder einiger Vertragsstaaten unberührt, besondere Übereinkommen über alle europäische Patentanmeldungen oder Patente betreffenden Fragen zu schliessen, die nach diesem Übereinkommen nationalem Recht unterliegen und dort geregelt sind, wie insbesondere

a) ein Übereinkommen über die Schaffung eines gemeinsamen europäischen Patentgerichts für die ihm angehörenden Vertragsstaaten;

b) ein Übereinkommen über die Schaffung einer gemeinsamen Einrichtung für die ihm angehörenden Vertragsstaaten, die auf Ersuchen nationaler Gerichte oder gerichtsähnlicher Behörden Gutachten über Fragen des europäischen oder damit harmonisierten nationalen Patentrechts erstattet;

c) ein Übereinkommen, dem zufolge die ihm angehörenden Vertragsstaaten auf Übersetzungen europäischer Patente nach Artikel 65 ganz oder teilweise verzichten;

d) ein Übereinkommen, dem zufolge die ihm angehörenden Vertragsstaaten vorsehen, dass nach Artikel 65 vorgeschriebene Übersetzungen europäischer Patente beim Europäischen Patentamt eingereicht und von ihm veröffentlicht werden können.

(2) Der Verwaltungsrat ist befugt zu beschliessen, dass

a) die Mitglieder der Beschwerdekammern oder der Grossen Beschwerdekammer in einem europäischen Patentgericht oder einer gemeinsamen Einrichtung tätig werden und in Verfahren vor diesem Gericht oder dieser Einrichtung nach Massgabe eines solchen Übereinkommens mitwirken dürfen;

b) das Europäische Patentamt einer gemeinsamen Einrichtung das Unterstützungspersonal, die Räumlichkeiten und die Ausstattung zur Verfügung stellt, die sie zur Durchführung ihrer Aufgaben benötigt, und die Kosten dieser Einrichtung ganz oder teilweise von der Organisation getragen werden.

Zehnter Teil: Internationale Anmeldungen nach dem Vertrag über die internationale Zusammenarbeit auf dem Gebiet des Patentwesens – EURO-PCT-Anmeldungen

Art. 150 *Anwendung des Vertrags über die internationale Zusammenarbeit auf dem Gebiet des Patentwesens*

(1) Der Vertrag über die internationale Zusammenarbeit auf dem Gebiet des Patentwesens vom 19. Juni 1970[10], im folgenden PCT genannt, ist nach Massgabe dieses Teils anzuwenden.

(2) Internationale Anmeldungen nach dem PCT können Gegenstand von Verfahren vor dem Europäischen Patentamt sein. In diesen Verfahren sind der PCT, seine Ausführungsordnung[11] und ergänzend dieses Übereinkommen anzuwenden. Bei mangelnder Übereinstimmung gehen die Vorschriften des PCT oder seiner Ausführungsordnung vor.

Art. 151 *Das Europäische Patentamt als Anmeldeamt*

Das Europäische Patentamt wird nach Massgabe der Ausführungsordnung als Anmeldeamt im Sinne des PCT tätig. Artikel 75 Absatz 2 ist anzuwenden.

Art. 152 *Das Europäische Patentamt als Internationale Recherchenbehörde oder als mit der internationalen vorläufigen Prüfung beauftragte Behörde*

Das Europäische Patentamt wird nach Massgabe einer zwischen der Organisation und dem Internationalen Büro der Weltorganisation für geistiges Eigentum geschlossenen Vereinbarung als Internationale Recherchenbehörde und als mit der internationalen vorläufigen Prüfung beauftragte Behörde im Sinne des PCT für Anmelder tätig, die entweder Staatsangehörige eines Vertragsstaats dieses Übereinkommens sind oder dort ihren Wohnsitz oder Sitz haben. Diese Vereinbarung kann vorsehen, dass das Europäische Patentamt auch für andere Anmelder tätig wird.

Art. 153 *Das Europäische Patentamt als Bestimmungsamt oder ausgewähltes Amt*

(1) Das Europäische Patentamt ist

a) Bestimmungsamt für jeden in der internationalen Anmeldung bestimmten Vertragsstaat dieses Übereinkommens, für den der PCT in Kraft ist und für den der Anmelder ein europäisches Patent begehrt, und

---

[10] SR **0.232.141.1**

[11] SR **0.232.141.11**

b) ausgewähltes Amt, wenn der Anmelder einen nach Buchstabe a bestimmten Staat ausgewählt hat.

(2) Eine internationale Anmeldung, für die das Europäische Patentamt Bestimmungsamt oder ausgewähltes Amt ist und der ein internationaler Anmeldetag zuerkannt worden ist, hat die Wirkung einer vorschriftsmässigen europäischen Anmeldung (Euro-PCT-Anmeldung).

(3) Die internationale Veröffentlichung einer Euro-PCT-Anmeldung in einer Amtssprache des Europäischen Patentamts tritt an die Stelle der Veröffentlichung der europäischen Patentanmeldung und wird im Europäischen Patentblatt bekannt gemacht.

(4) Ist die Euro-PCT-Anmeldung in einer anderen Sprache veröffentlicht, so ist beim Europäischen Patentamt eine Übersetzung in einer seiner Amtssprachen einzureichen, die von ihm veröffentlicht wird. Vorbehaltlich des Artikels 67 Absatz 3 tritt der einstweilige Schutz nach Artikel 67 Absätze 1 und 2 erst vom Tag dieser Veröffentlichung an ein.

(5) Die Euro-PCT-Anmeldung wird als europäische Patentanmeldung behandelt und gilt als Stand der Technik nach Artikel 54 Absatz 3, wenn die in Absatz 3 oder 4 und in der Ausführungsordnung festgelegten Erfordernisse erfüllt sind.

(6) Der zu einer Euro-PCT-Anmeldung erstellte internationale Recherchenbericht oder die ihn ersetzende Erklärung und deren internationale Veröffentlichung treten an die Stelle des europäischen Recherchenberichts und des Hinweises auf dessen Veröffentlichung im Europäischen Patentblatt.

(7) Zu jeder Euro-PCT-Anmeldung nach Absatz 5 wird ein ergänzender europäischer Recherchenbericht erstellt. Der Verwaltungsrat kann beschliessen, dass auf einen ergänzenden Recherchenbericht verzichtet oder die Recherchengebühr herabgesetzt wird.

Art. 154 *Das Europäische Patentamt als Internationale Recherchenbehörde*

(gestrichen)

Art. 155 *Das Europäische Patentamt als mit der internationalen vorläufigen Prüfung beauftragte Behörde*

(gestrichen)

Art. 156 *Das Europäische Patentamt als ausgewähltes Amt*

(gestrichen)

Art. 157 *Internationaler Recherchenbericht*

(gestrichen)

Art. 158 *Veröffentlichung der internationalen Anmeldung und ihre Übermittlung an das Europäische Patentamt*

(gestrichen)

Elfter Teil Übergangsbestimmungen

(gestrichen)

Zwölfter Teil: Schlussbestimmungen

Art. 164 *Ausführungsordnung und Protokolle*

(1) Die Ausführungsordnung[12], das Anerkennungsprotokoll[13], das Protokoll über Vorrechte und Immunitäten[14], das Zentralisierungsprotokoll[15], das Protokoll über die Auslegung des Artikels 69[16] sowie das Personalstandsprotokoll[17] sind Bestandteile des Übereinkommens.

(2) Bei mangelnder Übereinstimmung zwischen Vorschriften des Übereinkommens und Vorschriften der Ausführungsordnung gehen die Vorschriften des Übereinkommens vor.

Art. 165 *Unterzeichnung – Ratifikation*

(1) Dieses Übereinkommen liegt für die Staaten, die an der Regierungskonferenz über die Einführung eines europäischen Patenterteilungsverfahrens teilgenommen haben oder die über die Abhaltung dieser Konferenz unterrichtet worden sind und denen die Möglichkeit der Teilnahme geboten worden ist, bis zum 5. April 1974 zur Unterzeichnung auf.

(2) Dieses Übereinkommen bedarf der Ratifikation; die Ratifikationsurkunden werden bei der Regierung der Bundesrepublik Deutschland hinterlegt.

Art. 166 *Beitritt*

(1) Dieses Übereinkommen steht zum Beitritt offen:

a) den in Artikel 165 Absatz 1 genannten Staaten;

b) auf Einladung des Verwaltungsrats jedem anderen europäischen Staat.

[12] SR **0.232.142.21**
[13] SR **0.232.142.22**
[14] SR **0.192.110.923.2**
[15] SR **0.232.142.24**
[16] SR **0.232.142.25**
[17] SR **0.232.142.26**

(2) Jeder ehemalige Vertragsstaat, der dem Übereinkommen nach Artikel 172 Absatz 4 nicht mehr angehört, kann durch Beitritt erneut Vertragspartei des Übereinkommens werden.

(3) Die Beitrittsurkunden werden bei der Regierung der Bundesrepublik Deutschland hinterlegt.

Art. 167 *Vorbehalte*

(gestrichen)

Art. 168 *Räumlicher Anwendungsbereich*

(1) Jeder Vertragsstaat kann in seiner Ratifikations- oder Beitrittsurkunde oder zu jedem späteren Zeitpunkt durch eine Notifikation an die Regierung der Bundesrepublik Deutschland erklären, dass das Übereinkommen auf alle oder einzelne Hoheitsgebiete anzuwenden ist, für deren auswärtige Beziehungen er verantwortlich ist. Die für den betreffenden Vertragsstaat erteilten europäischen Patente haben auch in den Hoheitsgebieten Wirkung, für die eine solche Erklärung wirksam ist.

(2) Ist die in Absatz 1 genannte Erklärung in der Ratifikations- oder Beitrittsurkunde enthalten, so wird sie gleichzeitig mit der Ratifikation oder dem Beitritt wirksam; wird die Erklärung nach der Hinterlegung der Ratifikations- oder Beitrittsurkunde in einer Notifikation abgegeben, so wird diese Notifikation sechs Monate nach dem Tag ihres Eingangs bei der Regierung der Bundesrepublik Deutschland wirksam.

(3) Jeder Vertragsstaat kann jederzeit erklären, dass das Übereinkommen für alle oder einzelne Hoheitsgebiete, für die er nach Absatz 1 eine Notifikation vorgenommen hat, nicht mehr anzuwenden ist. Diese Erklärung wird ein Jahr nach dem Tag wirksam, an dem sie der Regierung der Bundesrepublik Deutschland notifiziert worden ist.

Art. 169 *Inkrafttreten*

(1) Dieses Übereinkommen tritt in Kraft drei Monate nach Hinterlegung der letzten Ratifikations- oder Beitrittsurkunde von sechs Staaten, in deren Hoheitsgebiet im Jahre 1970 insgesamt mindestens 180’000 Patentanmeldungen für die Gesamtheit dieser Staaten eingereicht wurden.

(2) Jede Ratifikation oder jeder Beitritt nach In-Kraft-Treten dieses Übereinkommens wird am ersten Tag des dritten Monats nach der Hinterlegung der Ratifikations- oder Beitrittsurkunde wirksam.

Art. 170 *Aufnahmebeitrag*

(1) Jeder Staat, der nach In-Kraft-Treten dieses Übereinkommens das Übereinkommen ratifiziert oder ihm beitritt, hat der Organisation einen Aufnahmebeitrag zu zahlen, der nicht zurückgezahlt wird.

(2) Der Aufnahmebeitrag beträgt 5 % des Betrags, der sich ergibt, wenn der für den betreffenden Staat nach dem in Artikel 40 Absätze 3 und 4 vorgesehenen Aufbringungsschlüssel ermittelte Prozentsatz, der zu dem Zeitpunkt gilt, zu dem die Ratifikation oder der Beitritt wirksam wird, auf die Summe der von den übrigen Vertragsstaaten bis zum Abschluss des diesem Zeitpunkt vorangehenden Haushaltsjahrs geschuldeten besonderen Finanzbeiträge angewendet wird.

(3) Werden besondere Finanzbeiträge für das Haushaltsjahr, das dem in Absatz 2 genannten Zeitpunkt vorausgeht, nicht mehr gefordert, so ist der in Absatz 2 Aufbringungsschlüssel derjenige, der auf den betreffenden Staat auf der Grundlage des letzten Jahrs, für das besondere Finanzbeiträge zu zahlen waren, anzuwenden gewesen wäre.

Art. 171 *Geltungsdauer des Übereinkommens*

Dieses Übereinkommen wird auf unbegrenzte Zeit geschlossen.

Art. 172 *Revision*

(1) Dieses Übereinkommen kann durch Konferenzen der Vertragsstaaten revidiert werden.

(2) Die Konferenz wird vom Verwaltungsrat vorbereitet und einberufen. Sie ist nur beschlussfähig, wenn mindestens drei Viertel der Vertragsstaaten auf ihr vertreten sind. Die revidierte Fassung des Übereinkommens bedarf zu ihrer Annahme der Dreiviertelmehrheit der auf der Konferenz vertretenen Vertragsstaaten, die eine Stimme abgeben. Stimmenthaltung gilt nicht als Stimmabgabe.

(3) Die revidierte Fassung des Übereinkommens tritt nach Hinterlegung der Ratifikations- oder Beitrittsurkunden durch die von der Konferenz festgesetzte Anzahl von Vertragsstaaten und zu dem von der Konferenz bestimmten Zeitpunkt in Kraft.

(4) Die Staaten, die die revidierte Fassung des Übereinkommens im Zeitpunkt ihres Inkrafttretens weder ratifiziert haben noch ihr beigetreten sind, gehören von diesem Zeitpunkt dem Übereinkommen nicht mehr an.

Art. 173 *Streitigkeiten zwischen Vertragsstaaten*

(1) Jede Streitigkeit zwischen Vertragsstaaten über die Auslegung oder Anwendung dieses Übereinkommens, die nicht im Verhandlungsweg beigelegt

worden ist, wird auf Ersuchen eines beteiligten Staats dem Verwaltungsrat unterbreitet, der sich bemüht, eine Einigung zwischen diesen Staaten herbeizuführen.

(2) Wird eine solche Einigung nicht innerhalb von sechs Monaten nach dem Tag erzielt, an dem der Verwaltungsrat mit der Streitigkeit befasst worden ist, so kann jeder beteiligte Staat die Streitigkeit dem Internationalen Gerichtshof zum Erlass einer bindenden Entscheidung unterbreiten.

Art. 174 *Kündigung*

Jeder Vertragsstaat kann dieses Übereinkommen jederzeit kündigen. Die Kündigung wird der Regierung der Bundesrepublik Deutschland notifiziert. Sie wird ein Jahr nach dem Tag dieser Notifikation wirksam.

Art. 175 *Aufrechterhaltung wohlerworbener Rechte*

(1) Hört ein Staat nach Artikel 172 Absatz 4 oder Artikel 174 auf, Vertragspartei dieses Übereinkommens zu sein, so berührt dies nicht die nach diesem Übereinkommen bereits erworbenen Rechte.

(2) Die europäischen Patentanmeldungen, die zu dem Zeitpunkt anhängig sind, zu dem ein benannter Staat aufhört, Vertragspartei dieses Übereinkommens zu sein, werden in Bezug auf diesen Staat vom Europäischen Patentamt so weiterbehandelt, als ob das Übereinkommen in der nach diesem Zeitpunkt geltenden Fassung auf diesen Staat anzuwenden wäre.

(3) Absatz 2 ist auf europäische Patente anzuwenden, für die zu dem in Absatz 2 genannten Zeitpunkt ein Einspruchsverfahren anhängig oder die Einspruchsfrist noch nicht abgelaufen ist.

(4) Das Recht eines ehemaligen Vertragsstaats, ein europäisches Patent nach der Fassung des Übereinkommens zu behandeln, die auf ihn anzuwenden war, wird durch diesen Artikel nicht berührt.

Art. 176 *Finanzielle Rechte und Pflichten eines ausgeschiedenen Vertragsstaats*

(1) Jeder Staat, der nach Artikel 172 Absatz 4 oder Artikel 174 nicht mehr dem Übereinkommen angehört, erhält die von ihm nach Artikel 40 Absatz 2 geleisteten besonderen Finanzbeiträge von der Organisation erst zu dem Zeitpunkt und den Bedingungen zurück, zu denen die Organisation besondere Finanzbeiträge, die im gleichen Haushaltsjahr von anderen Staaten gezahlt worden sind, zurückzahlt.

(2) Der in Absatz 1 bezeichnete Staat hat den in Artikel 39 genannten Anteil an den Jahresgebühren für die in diesem Staat aufrechterhaltenen europäischen

Patente auch in der Höhe weiterzuzahlen, die zu dem Zeitpunkt massgebend war, zu dem er aufgehört hat, Vertragspartei zu sein.

Art. 177 *Sprachen des Übereinkommens*

(1) Dieses Übereinkommen ist in einer Urschrift in deutscher, englischer und französischer Sprache abgefasst, wobei jeder Wortlaut gleichermassen verbindlich ist, und wird im Archiv der Regierung der Bundesrepublik Deutschland hinterlegt.

(2) Fassungen des Übereinkommens in anderen als den in Absatz 1 genannten Amtssprachen von Vertragsstaaten, die der Verwaltungsrat genehmigt hat, gelten als amtliche Fassungen. Bei Meinungsverschiedenheiten über die Auslegung der verschiedenen Fassungen sind die in Absatz 1 genannten Fassungen massgebend.

Art. 178 *Übermittlungen und Notifikationen*

(1) Die Regierung der Bundesrepublik Deutschland stellt beglaubigte Abschriften des Übereinkommens her und übermittelt sie den Regierungen aller Staaten, die das Übereinkommen unterzeichnet haben oder ihm beigetreten sind.

(2) Die Regierung der Bundesrepublik Deutschland notifiziert den in Absatz 1 genannten Regierungen:

a) die Hinterlegung jeder Ratifikations- oder Beitrittsurkunde;

b) Erklärungen und Notifikationen nach Artikel 168;

c) Kündigungen nach Artikel 174 und den Zeitpunkt des In-Kraft-Tretens dieser Kündigungen.

(3) Die Regierung der Bundesrepublik Deutschland lässt dieses Übereinkommen beim Sekretariat der Vereinten Nationen registrieren.

Beschluss des Verwaltungsrats vom 28. Juni 2001[18]

in Kraft seit dem 13. Dezember 2007

Art. 1

Gemäss Artikel 7 Absatz 1 Satz 2 der Revisionsakte gilt für die nachgenannten geänderten und neuen Bestimmungen des Europäischen Patentübereinkommens die folgende Übergangsregelung:

1. Die Artikel 14 (3)–(6), 51, 52, 53, 54 (3) und (4), 61, 67, 68, 69 und das Protokoll über die Auslegung des Artikels 69, sowie die Artikel 70, 86, 88, 90, 92, 93, 94, 97, 98, 106, 108, 110, 115, 117, 119, 120, 123, 124, 127, 128, 129, 133, 135, 137 und 141 sind auf die bei ihrem Inkrafttreten anhängigen europäischen Patentanmeldungen und bereits erteilten europäischen Patente anzuwenden. Jedoch ist Artikel 54 (4) der vor diesem Zeitpunkt geltenden Fassung des Übereinkommens auf diese Anmeldungen und Patente weiterhin anzuwenden.
2. Die Artikel 65, 99, 101, 103, 104, 105, 105*a*–*c* und 138 sind auf die bei ihrem Inkrafttreten bereits erteilten europäischen Patente sowie die europäischen Patente anzuwenden, die auf zu diesem Zeitpunkt anhängige europäische Patentanmeldungen erteilt werden.
3. Artikel 54 (5) ist auf die bei seinem Inkrafttreten anhängigen europäischen Patentanmeldungen anzuwenden, soweit eine Entscheidung über die Erteilung des Patents noch nicht ergangen ist.
4. Artikel 112*a* ist auf Entscheidungen der Beschwerdekammern anzuwenden, die ab seinem Inkrafttreten ergehen.
5. Die Artikel 121 und 122 sind auf die bei ihrem Inkrafttreten anhängigen europäischen Patentanmeldungen und erteilten europäischen Patente anzuwenden, soweit die Fristen für den Antrag auf Weiterbehandlung oder Wiedereinsetzung zu diesem Zeitpunkt noch nicht abgelaufen sind.
6. Die Artikel 150–153 sind auf die bei ihrem Inkrafttreten anhängigen internationalen Anmeldungen anzuwenden. Jedoch sind die Artikel 154 (3) und 155 (3) der vor diesem Zeitpunkt geltenden Fassung des Übereinkommens auf diese Anmeldungen weiterhin anzuwenden.

Art. 2

Dieser Beschluss tritt mit dem Inkrafttreten der revidierten Fassung des Übereinkommens nach Artikel 8 der Revisionsakte in Kraft.

[18] AS **2007** 7133

Geltungsbereich am 3. Mai 2013[19]

Vertragsstaaten	Ratifikation Beitritt (B)		Inkrafttreten	
Albanien	11. Februar	2010 B	1. Mai	2010
Belgien	18. Mai	2007	13. Dezember	2007
Bulgarien	30. April	2002 B	13. Dezember	2007
Deutschland	31. Oktober	2007	13. Dezember	2007
Dänemark	20. November	2006	13. Dezember	2007
Estland	30. April	2002 B	13. Dezember	2007
Finnland	23. Dezember	2005 B	13. Dezember	2007
Frankreich	5. Dezember	2007	13. Dezember	2007
Griechenland	13. Dezember	2005	13. Dezember	2007
Irland	16. Juli	2007 B	13. Dezember	2007
Island	31. August	2004 B	13. Dezember	2007
Italien	6. Dezember	2007	13. Dezember	2007
Kroatien	31. Oktober	2007 B	1. Januar	2008
Lettland	5. April	2005 B	13. Dezember	2007
Liechtenstein	23. November	2006	13. Dezember	2007
Litauen	3. September	2004 B	13. Dezember	2007
Luxemburg	18. September	2007	13. Dezember	2007
Malta	1. Dezember	2006 B	13. Dezember	2007
Mazedonien	28. Oktober	2008 B	1. Januar	2009
Monaco	12. November	2003	13. Dezember	2007
Niederlande	4. Oktober	2006	13. Dezember	2007
Norwegen	5. Oktober	2007 B	1. Januar	2008
Österreich	6. Juni	2006	13. Dezember	2007
Polen	30. Dezember	2003 B	13. Dezember	2007
Portugal	12. Dezember	2007	13. Dezember	2007
Rumänien	12. Dezember	2002 B	13. Dezember	2007
San Marino	21. April	2009 B	1. Juli	2009
Schweden	21. September	2007	13. Dezember	2007
Schweiz	12. Juni	2006	13. Dezember	2007
Serbien	15. Juli	2010 B	1. Oktober	2010
Slowakei	17. April	2002 B	13. Dezember	2007
Slowenien	18. September	2002 B	13. Dezember	2007
Spanien	13. August	2003	13. Dezember	2007
Tschechische Republik	30. April	2002 B	13. Dezember	2007
Türkei	12. November	2007	13. Dezember	2007
Ungarn	28. Oktober	2002 B	13. Dezember	2007
Vereinigtes Königreich	26. Mai	2005	13. Dezember	2007
Zypern	25. Oktober	2007 B	13. Dezember	2007

[19] AS **2007** 6485, **2009** 3947 und **2013** 1473. Eine aktualisierte Fassung des Geltungsbereiches findet sich auf der Internetseite des EDA (www.eda.admin.ch/vertraege).

Stichwortverzeichnis

B

C

D

F

G

H

I

N

O

P

Z